THEODOR FONTANE
DAS ERZÄHLERISCHE WERK

17

THEODOR FONTANE
GROSSE BRANDENBURGER AUSGABE

Herausgegeben von
Gotthard Erler

DAS ERZÄHLERISCHE WERK

Herausgegeben in Zusammenarbeit
mit dem Theodor-Fontane-Archiv

Editorische Betreuung
Christine Hehle

Theodor Fontane

Der Stechlin

Roman

Herausgegeben
von
Klaus-Peter Möller

AUFBAU-VERLAG

Mit einem Faksimile

Schloss Stechlin.

Erstes Kapitel.

Im Norden der Grafschaft Ruppin, hart an der mecklenburgischen Grenze, zieht sich von dem Städtchen Gransee bis nach Rheinsberg hin (und noch darüber hinaus) eine mehrere Meilen lange Seeenkette durch eine menschenarme, nur hie und da mit ein paar alten Dörfern, sonst aber ausschließlich mit Förstereien, Glas- und Teeröfen besetzte Waldung. Einer der Seeen, die diese Seeenkette bilden, heißt »der *Stechlin*«. Zwischen flachen, nur an einer einzigen Stelle steil und quaiartig ansteigenden Ufern liegt er da, rundum von alten Buchen eingefaßt, deren Zweige, von ihrer eignen Schwere nach unten gezogen, den See mit ihrer Spitze berühren. Hie und da wächst ein weniges von Schilf und Binsen auf, aber kein Kahn zieht seine Furchen, kein Vogel singt, und nur selten, daß ein Habicht drüber hinfliegt und seinen Schatten auf die Spiegelfläche wirft. Alles still hier. Und doch, von Zeit zu Zeit wird es an eben dieser Stelle lebendig. Das ist, wenn es weit draußen in der Welt, sei's auf Island, sei's auf Java, zu rollen und zu grollen beginnt oder gar der Aschenregen der hawaiischen Vulkane bis weit auf die Südsee hinausgetrieben wird. Dann regt sich's auch *hier*, und ein Wasserstrahl springt auf und sinkt wieder in die Tiefe. Das wissen alle, die den Stechlin umwohnen, und wenn sie davon sprechen, so setzen sie wohl auch hinzu: »Das mit dem Wasserstrahl, das ist nur das Kleine, das beinah Alltägliche; wenn's aber draußen was Großes giebt, wie vor hundert Jahren in Lissabon, dann brodelt's hier nicht bloß und sprudelt und strudelt, dann steigt statt des Wasserstrahls ein roter Hahn auf und kräht laut in die Lande hinein.«

Das ist der Stechlin, der *See* Stechlin.

Aber nicht nur der See führt diesen Namen, auch der Wald, der ihn umschließt. Und Stechlin heißt ebenso das langgestreckte Dorf, das sich, den Windungen des Sees folgend, um seine Südspitze herumzieht. Etwa hundert Häuser und Hütten bilden hier eine lange, schmale Gasse, die sich nur da, wo eine von Kloster Wutz her heranführende Kastanienallee die Gasse durchschneidet, platzartig erweitert. An eben dieser Stelle findet sich denn auch die ganze Herrlichkeit von Dorf Stechlin zusammen; das Pfarrhaus, die Schule, das Schulzenamt, der Krug, dieser letztere zugleich ein Eck- und Kramladen mit einem kleinen Mohren und einer Guirlande von Schwefelfäden in seinem Schaufenster. Dieser Ecke schräg gegenüber, unmittelbar hinter dem Pfarrhause, steigt der Kirchhof lehnan, auf ihm, so ziemlich in seiner Mitte, die frühmittelalterliche Feldsteinkirche mit einem aus dem vorigen Jahrhundert stammenden Dachreiter und einem zur Seite des alten Rundbogenportals angebrachten Holzarm, dran eine Glocke hängt. Neben diesem Kirchhof samt Kirche setzt sich dann die von Kloster Wutz her heranführende Kastanienallee noch eine kleine Strecke weiter fort, bis sie vor einer über einen sumpfigen Graben sich hinziehenden und von zwei riesigen Findlingsblöcken flankierten Bohlenbrücke Halt macht. Diese Brücke ist sehr primitiv. Jenseits derselben aber steigt das Herrenhaus auf, ein gelbgetünchter Bau mit hohem Dach und zwei Blitzableitern.

Auch dieses Herrenhaus heißt Stechlin, *Schloß* Stechlin.

Etliche hundert Jahre zurück stand hier ein wirkliches Schloß, ein Backsteinbau mit dicken Rundtürmen, aus welcher Zeit her auch noch der Graben stammt, der die von ihm durchschnittene, sich in den See hineinerstreckende Landzunge zu einer kleinen Insel machte. Das ging so bis in die Tage der Reformation. Während der Schwedenzeit aber wurde das alte Schloß niedergelegt, und man schien es seinem gänzlichen Verfall überlassen, auch nichts an seine Stelle setzen zu wollen, bis kurz nach dem Regierungsantritt Friedrich Wilhelms I. die ganze Trümmermasse beiseite geschafft und ein Neubau beliebt wurde. Dieser Neubau war das Haus, das jetzt noch stand. Es hatte denselben nüchternen Charakter wie fast alles, was unter dem Soldatenkönig entstand, und war nichts weiter als ein einfaches Corps de logis, dessen zwei vorspringende, bis dicht an den Graben reichende Seitenflügel ein Hufeisen und innerhalb desselben einen kahlen Vorhof bildeten, auf dem, als einziges Schmuckstück, eine große blanke Glaskugel sich präsentierte. Sonst sah man nichts als eine vor dem Hause sich hinziehende Rampe, von deren dem Hofe zugekehrter Vorderwand der Kalk schon wieder abfiel. Gleichzeitig war aber doch ein Bestreben unverkennbar, gerade diese Rampe zu was Besonderem zu machen, und zwar mit Hilfe mehrerer Kübel mit exotischen Blattpflanzen, darunter zwei Aloes, von denen die eine noch gut im Stande, die andre dagegen krank war. Aber gerade diese kranke war der Liebling des Schloßherrn, weil sie jeden Sommer in einer ihr freilich nicht zukommenden Blüte stand. Und das hing so zusammen. Aus dem sumpfigen Schloßgraben hatte der Wind vor langer Zeit ein fremdes Samenkorn in den Kübel der kranken Aloe geweht, und alljährlich schossen infolge davon aus der Mitte der schon angegelbten Aloeblätter die weiß und roten Dolden des Wasserliesch oder des Butomus umbellatus auf. Jeder Fremde der kam, wenn er nicht zufällig ein Kenner war, nahm diese Dolden für richtige Aloeblüten, und der Schloßherr hütete sich wohl, diesen Glauben, der eine Quelle der Erheiterung für ihn war, zu zerstören.

Und wie denn alles hier herum den Namen Stechlin führte, so natürlich auch der Schloßherr selbst. Auch *er* war ein Stechlin.

Dubslav von Stechlin, Major a. D. und schon ein gut Stück über Sechzig hinaus, war der Typus eines Märkischen von Adel, aber von der milderen Observanz, eines jener erquicklichen Originale, bei denen sich selbst die Schwächen in Vorzüge verwandeln. Er hatte noch ganz das eigentümlich sympathisch berührende Selbstgefühl all derer, die »schon vor den Hohenzollern da waren«, aber er hegte dieses Selbstgefühl nur ganz im stillen, und wenn es dennoch zum Ausdruck kam, so kleidete sich's in Humor, auch wohl in Selbstironie, weil er seinem ganzen Wesen nach überhaupt hinter alles ein Fragezeichen machte. Sein schönster Zug war eine tiefe, so recht aus dem Herzen kommende Humanität, und Dünkel und Überheblichkeit (während er sonst eine Neigung hatte, fünf gerade sein zu lassen) waren so ziemlich die einzigen Dinge, die ihn empörten. Er hörte gern eine freie Meinung, je drastischer und extremer, desto besser. Daß sich diese Meinung mit der seinigen deckte, lag ihm fern zu wünschen. Beinah das Gegenteil. Paradoxen waren seine Passion. »Ich bin nicht klug genug, selber welche zu machen, aber ich freue mich, wenn's andre thun; es ist doch immer was drin. Unanfechtbare Wahrheiten giebt es überhaupt nicht, und wenn es welche giebt, so sind sie langweilig.« Er ließ sich gern was vorplaudern und plauderte selber gern.

Des alten Schloßherrn Lebensgang war märkisch-herkömmlich gewesen. Von jung an lieber im Sattel als bei den Büchern, war er erst nach zweimaliger Scheiterung siegreich durch das Fähnrichsexamen gesteuert und gleich danach bei den brandenburgischen Kürassieren eingetreten, bei denen selbstverständlich auch schon sein Vater gestanden hatte. Dieser sein Eintritt ins Regiment fiel so ziemlich mit dem Regierungsantritt Friedrich Wilhelms IV. zusammen, und wenn er dessen erwähnte, so hob er, sich selbst persiflierend, gerne hervor, »daß alles Große seine Begleiterscheinungen habe.« Seine Jahre bei den Kürassieren waren im wesentlichen Friedensjahre gewesen; nur anno vierundsechzig war er mit in Schleswig, aber auch hier, ohne »zur Aktion« zu kommen. »Es kommt für einen Märkischen nur darauf an, überhaupt mit dabei gewesen zu sein; das andre steht in Gottes Hand.« Und er schmunzelte, wenn er dergleichen sagte, seine Hörer jedesmal in Zweifel darüber lassend, ob er's ernsthaft oder scherzhaft gemeint habe. Wenig mehr als ein Jahr vor Ausbruch des vierundsechziger Kriegs war ihm ein Sohn geboren worden, und kaum wieder in seine Garnison Brandenburg eingerückt, nahm er den Abschied, um sich auf sein seit dem Tode des Vaters halb verödetes Schloß Stechlin zurückzuziehen. Hier warteten seiner glückliche Tage, seine glücklichsten, aber sie waren von kurzer Dauer – schon das Jahr darauf starb ihm die Frau. Sich eine neue zu nehmen, widerstand ihm, halb aus Ordnungssinn und halb aus ästhetischer Rücksicht. »Wir glauben doch alle mehr oder weniger an eine Auferstehung« (das heißt, er persönlich glaubte eigentlich nicht daran), »und wenn ich dann oben ankomme mit einer rechts und einer links, so is das doch immer eine genierliche Sache.« Diese Worte – wie denn der Eltern Thun nur allzu häufig der Mißbilligung der Kinder begegnet – richteten sich in Wirklichkeit gegen seinen dreimal verheiratet gewesenen Vater, an dem er überhaupt allerlei Großes und Kleines auszusetzen hatte, so beispielsweise auch, daß man ihm, dem Sohne, den pommerschen Namen »Dubslav« beigelegt hatte. »Gewiß, meine Mutter war eine Pommersche, noch dazu von der Insel Usedom, und ihr Bruder, nun ja, der hieß Dubslav. Und so war denn gegen den Namen schon um des Onkels willen nicht viel einzuwenden, und um so weniger, als er ein Erbonkel war. (Daß er mich schließlich schändlich im Stich gelassen, ist eine Sache für sich.) Aber trotzdem bleib' ich dabei, solche Namensmanscherei verwirrt bloß. Was ein Märkischer ist, der muß Joachim heißen oder Woldemar. Bleib im Lande und taufe dich redlich. Wer aus Friesack is, darf nicht Raoul heißen.«

Dubslav von Stechlin blieb also Witwer. Das ging nun schon an die dreißig Jahre. Anfangs war's ihm schwer geworden, aber jetzt lag alles hinter ihm, und er lebte »comme philosophe« nach dem Wort und Vorbild des großen Königs, zu dem er jederzeit bewundernd aufblickte. Das war sein Mann, mehr als irgendwer, der sich seitdem einen Namen gemacht hatte. Das zeigte sich jedesmal, wenn ihm gesagt wurde, daß er einen Bismarckkopf habe. »Nun ja, ja, den hab' ich; ich soll ihm sogar ähnlich sehen. Aber die Leute sagen es immer so, als ob ich mich dafür bedanken müßte. Wenn ich nur wüßte, bei wem; vielleicht beim lieben Gott, oder am Ende gar bei Bismarck selbst. Die Stechline sind aber auch nicht von schlechten Eltern. Außerdem, ich für meine Person, ich habe bei den sechsten Kürassieren gestanden, und Bismarck bloß bei den siebenten, und die kleinere Zahl ist in Preußen bekanntlich immer die größere; – ich bin ihm also einen über. Und Friedrichsruh, wo alles jetzt hinpilgert, soll auch bloß 'ne Kate sein. Darin sind wir uns also gleich. Und solchen See, wie den ›Stechlin‹, nu, den hat er schon ganz gewiß nicht. So was kommt überhaupt bloß selten vor.«

Ja, auf seinen See war Dubslav stolz, aber destoweniger stolz war er auf sein Schloß, weshalb es ihn auch verdroß, wenn es überhaupt so genannt wurde. Von den armen Leuten ließ er sich's gefallen: »Für die ist es ein ›Schloß‹, aber sonst ist es ein alter Kasten und weiter nichts.« Und so sprach er denn lieber von seinem »Haus«, und wenn er einen Brief schrieb, so stand darüber »Haus Stechlin«. Er war sich auch bewußt, daß es kein Schloßleben war, das er führte. Vordem, als der alte Backsteinbau noch stand, mit seinen dicken Türmen und seinem Luginsland, von dem aus man, über die Kronen der Bäume weg, weit ins Land hinaussah, ja, damals war hier ein Schloßleben gewesen, und die derzeitigen alten Stechline hatten teilgenommen an allen Festlichkeiten, wie sie die Ruppiner Grafen und die mecklenburgischen Herzöge gaben, und waren mit den Boitzenburgern und den Bassewitzens verschwägert gewesen. Aber heute waren die Stechline Leute von schwachen Mitteln, die sich nur eben noch hielten und beständig bemüht waren, durch eine »gute Partie« sich wieder leidlich in die Höhe zu bringen. Auch Dubslavs Vater war auf die Weise zu seinen drei Frauen gekommen, unter denen freilich nur die erste das in sie gesetzte Vertrauen gerechtfertigt hatte. Für den jetzigen Schloßherrn, der von der zweiten Frau stammte, hatte sich daraus leider kein unmittelbarer Vorteil ergeben, und Dubslav von Stechlin wäre kleiner und großer Sorgen und Verlegenheiten nie los und ledig geworden, wenn er nicht in dem benachbarten Gransee seinen alten Freund Baruch Hirschfeld gehabt hätte. Dieser Alte, der den großen Tuchladen am Markt und außerdem die Modesachen und Damenhüte hatte, hinsichtlich deren es immer hieß, »Gerson schicke ihm alles zuerst« – dieser alte Baruch, ohne das »Geschäftliche« darüber zu vergessen, hing in der That mit einer Art Zärtlichkeit an dem Stechliner Schloßherrn, was, wenn es sich mal wieder um eine neue Schuldverschreibung handelte, regelmäßig zu heikeln Auseinandersetzungen zwischen Hirschfeld Vater und Hirschfeld Sohn führte.

»Gott, Isidor, ich weiß, du bist fürs Neue. Aber was ist das Neue? Das Neue versammelt sich immer auf unserm Markt, und mal stürmt es uns den Laden und nimmt uns die Hüte,

Stück für Stück, und die Reiherfedern und die Straußenfedern. Ich bin fürs Alte und für den guten alten Herrn von Stechlin. Is doch der Vater von seinem Großvater gefallen in der großen Schlacht bei Prag und hat gezahlt mit seinem Leben.«

»Ja, der hat gezahlt; wenigstens hat er gezahlt mit seinem Leben. Aber der von heute ...«

»Der zahlt auch, wenn er kann und wenn er hat. Und wenn er nicht hat, und ich sage: ›Herr von Stechlin, ich werde schreiben siebeneinhalb,‹ dann feilscht er nicht und dann zwackt er nicht. Und wenn er kippt, nu, da haben wir das Objekt: Mittelboden und Wald und Jagd und viel Fischfang. Ich seh' es immer so ganz klein in der Perspektiv', und ich seh' auch schon den Kirchturm.«

»Aber, Vaterleben, was sollen wir mit'm Kirchturm?«

In dieser Richtung gingen öfters die Gespräche zwischen Vater und Sohn, und was der Alte vorläufig noch in der »Perspektive« sah, das wäre vielleicht schon Wirklichkeit geworden, wenn nicht des alten Dubslav um zehn Jahre ältere Schwester mit ihrem von der Mutter her ererbten Vermögen gewesen wäre: Schwester Adelheid, Domina zu Kloster Wutz. Die half und sagte gut, wenn es schlecht stand oder gar zum Äußersten zu kommen schien. Aber sie half nicht aus Liebe zu dem Bruder – gegen den sie, ganz im Gegenteil, viel einzuwenden hatte –, sondern lediglich aus einem allgemeinen Stechlinschen Familiengefühl. Preußen war was und die Mark Brandenburg auch; aber das Wichtigste waren doch die Stechlins, und der Gedanke, das alte Schloß in andern Besitz und nun gar in einen solchen übergehen zu sehen, war ihr unerträglich. Und über all dies hinaus war ja noch ihr Patenkind da, ihr Neffe Woldemar, für den sie all die Liebe hegte, die sie dem Bruder versagte.

Ja, die Domina half, aber solcher Hilfen unerachtet wuchs

das Gefühl der Entfremdung zwischen den Geschwistern, und so kam es denn, daß der alte Dubslav, der die Schwester in Kloster Wutz weder gern besuchte noch auch ihren Besuch gern empfing, nichts von Umgang besaß als seinen Pastor Lorenzen (den früheren Erzieher Woldemars) und seinen Küster und Dorfschullehrer Krippenstapel, zu denen sich allenfalls noch Oberförster Katzler gesellte, Katzler, der Feldjäger gewesen war und ein gut Stück Welt gesehen hatte. Doch auch diese drei kamen nur, wenn sie gerufen wurden, und so war eigentlich nur einer da, der in jedem Augenblicke Red' und Antwort stand. Das war Engelke, sein alter Diener, der seit beinahe fünfzig Jahren alles mit seinem Herrn durchlebt hatte, seine glücklichen Leutnantstage, seine kurze Ehe und seine lange Einsamkeit. Engelke, noch um ein Jahr älter als sein Herr, war dessen Vertrauter geworden, aber ohne Vertraulichkeit. Dubslav verstand es, die Scheidewand zu ziehen. Übrigens wär' es auch ohne diese Kunst gegangen. Denn Engelke war einer von den guten Menschen, die nicht aus Berechnung oder Klugheit, sondern von Natur hingebend und demütig sind und in einem treuen Dienen ihr Genüge finden. Alltags war er, so Winter wie Sommer, in ein Leinwandhabit gekleidet, und nur wenn es zu Tisch ging, trug er eine richtige Livree von sandfarbenem Tuch mit großen Knöpfen dran. Es waren Knöpfe, die noch die Zeiten des Rheinsberger Prinzen Heinrich gesehen hatten, weshalb Dubslav, als er mal wieder in Verlegenheit war, zu dem jüngst verstorbenen alten Herrn von Kortschädel gesagt hatte: »Ja, Kortschädel, wenn ich so meinen Engelke, wie er da geht und steht, ins märkische Provinzialmuseum abliefern könnte, so kriegt' ich ein Jahrgehalt und wäre 'raus.«

Das war im Mai, daß der alte Stechlin diese Worte zu seinem Freunde Kortschädel gesprochen hatte. Heute aber war dritter Oktober und ein wundervoller Herbsttag dazu. Dubslav, sonst empfindlich gegen Zug, hatte die Thüren aufmachen lassen, und von dem großen Portal her zog ein erquicklicher Luftstrom bis auf die mit weiß und schwarzen Fliesen gedeckte Veranda hinaus. Eine große, etwas schadhafte Marquise war hier herabgelassen und gab Schutz gegen die Sonne, deren Lichter durch die schadhaften Stellen hindurch schienen und auf den Fliesen ein Schattenspiel aufführten. Gartenstühle standen umher, vor einer Bank aber, die sich an die Hauswand lehnte, waren doppelte Strohmatten gelegt. Auf eben dieser Bank, ein Bild des Behagens, saß der alte Stechlin in Joppe und breitkrempigem Filzhut und sah, während er aus seinem Meerschaum allerlei Ringe blies, auf ein Rundell, in dessen Mitte, von Blumen eingefaßt, eine kleine Fontäne plätscherte. Rechts daneben lief ein sogenannter Poetensteig, an dessen Ausgang ein ziemlich hoher, aus allerlei Gebälk zusammengezimmerter Aussichtsturm aufragte. Ganz oben eine Plattform mit Fahnenstange, daran die preußische Flagge wehte, schwarz und weiß, alles schon ziemlich verschlissen.

Engelke hatte vor kurzem einen roten Streifen annähen wollen, war aber mit seinem Vorschlag nicht durchgedrungen. »Laß. Ich bin nicht dafür. Das alte Schwarz und Weiß hält gerade noch; aber wenn du was rotes dran nähst, dann reißt es gewiß.«

Die Pfeife war ausgegangen, und Dubslav wollte sich eben von seinem Platz erheben und nach Engelke rufen, als dieser vom Gartensaal her auf die Veranda heraustrat.

»Das ist recht, Engelke, daß du kommst ... Aber du hast da ja was wie 'n Telegramm in der Hand. Ich kann Telegramms nicht leiden. Immer is einer dod, oder es kommt wer, der besser zu Hause geblieben wäre.«

Engelke griente. »Der junge Herr kommt.«

»Und das weißt du schon?«

»Ja, Brose hat es mir gesagt.«

»So, so. Dienstgeheimnis. Na, gieb her.«

Und unter diesen Worten brach er das Telegramm auf und las: »Lieber Papa. Bin sechs Uhr bei dir. Rex und von Czako begleiten mich. Dein Woldemar.«

Engelke stand und wartete.

»Ja, was da thun, Engelke?« sagte Dubslav und drehte das Telegramm hin und her. »Und aus Cremmen und von heute früh,« fuhr er fort. »Da müssen sie also die Nacht über schon in Cremmen gewesen sein. Auch kein Spaß.«

»Aber Cremmen is doch so weit ganz gut.«

»Nu, gewiß, gewiß. Bloß sie haben da so kurze Betten … Und wenn man, wie Woldemar, Kavallerist ist, kann man ja doch auch die acht Meilen von Berlin bis Stechlin in einer Pace machen. Warum also Nachtquartier? Und ›Rex und von Czako begleiten mich‹. Ich kenne Rex nicht und kenne von Czako nicht. Wahrscheinlich Regimentskameraden. Haben wir denn was?«

»Ich denk doch, gnäd'ger Herr. Und wovor haben wir denn unsre Mamsell? Die wird schon was finden.«

»Nu gut. Also wir haben was. Aber wen laden wir dazu ein? So bloß ich, das geht nicht. Ich mag mich keinem Menschen mehr vorsetzen. Czako, das ginge vielleicht noch. Aber Rex, wenn ich ihn auch nicht kenne, zu so was Feinem wie Rex pass' ich nicht mehr; ich bin zu altmodisch geworden. Was meinst du, ob die Gundermanns wohl können?«

»Ach, die können schon. Er gewiß, und sie kluckt auch bloß immer so rum.«

»Also Gundermanns. Gut. Und dann vielleicht Oberförsters. Das älteste Kind hat freilich die Masern, und die Frau, das heißt die Gemahlin (und Gemahlin is eigentlich auch noch nicht das rechte Wort) die erwartet wieder. Man weiß nie recht, wie man mit ihr dran ist und wie man sie nennen soll, Oberförsterin Katzler oder Durchlaucht. Aber man kann's am Ende versuchen. Und dann unser Pastor. Der hat doch wenigstens die Bildung. Gundermann allein ist zu wenig und eigentlich bloß ein Klutentreter. Und seitdem er die Siebenmühlen hat, ist er noch weniger geworden.«

Engelke nickte.

»Na, dann schick also Martin. Aber er soll sich proper machen. Oder vielleicht ist Brose noch da; der kann ja auf seinem Retourgang bei Gundermanns mit 'rangehn. Und soll ihnen sagen sieben Uhr, aber nicht früher; sie sitzen sonst so lange rum, und man weiß nicht, wovon man reden soll. Das heißt mit ihm; sie red't immerzu ... Und gieb Brosen auch 'nen Kornus und funfzig Pfennig.«

»Ich werd' ihm dreißig geben.«

»Nein, nein, funfzig. Erst hat er ja doch was gebracht, und nu nimmt er wieder was mit. Das is ja so gut wie doppelt. Also funfzig. Knaps' ihm nichts ab.«

Zweites Kapitel.

Ziemlich um dieselbe Zeit, wo der Telegraphenbote bei Gundermanns vorsprach, um die Bestellung des alten Herrn von Stechlin auszurichten, ritten Woldemar, Rex und Czako, die sich für sechs Uhr angemeldet hatten, in breiter Front von Cremmen ab; Fritz, Woldemars Reitknecht, folgte den dreien. Der Weg ging über Wutz. Als sie bis in Nähe von Dorf und Kloster dieses Namens gekommen waren, bog Woldemar vorsichtig nach links hin aus, weil er der Möglichkeit entgehen wollte, seiner Tante Adelheid, der Domina des Klosters, zu begegnen. Er stand zwar gut mit dieser und hatte sogar vor, ihr, wie herkömmlich, auf dem Rückwege nach Berlin seinen Besuch zu machen, aber in diesem Augenblick paßte ihm solche Begegnung, die sein pünktliches Eintreffen in Stechlin gehindert haben würde, herzlich schlecht. So beschrieb er denn einen weiten Halbkreis und hatte das Kloster schon um eine Viertelstunde hinter sich, als er sich wieder der Hauptstraße zuwandte. Diese, durch Moor- und Wiesengründe führend, war ein vorzüglicher Reitweg, der an vielen Stellen noch eine Grasnarbe trug, weshalb es anderthalb Meilen lang in einem scharfen Trabe vorwärts ging, bis an eine Avenue heran, die geradlinig auf Schloß Stechlin zuführte. Hier ließen alle drei die Zügel fallen und ritten im Schritt weiter. Über ihnen wölbten sich die schönen alten Kastanienbäume, was ihrem Anritt etwas Anheimelndes und zugleich etwas beinah Feierliches gab.

»Das ist ja wie ein Kirchenschiff,« sagte Rex, der am linken Flügel ritt. »Finden Sie nicht auch, Czako?«

»Wenn Sie wollen, ja. Aber Pardon, Rex, ich finde die Wendung etwas trivial für einen Ministerialassessor.«

»Nun gut, dann sagen Sie was Besseres.«

»Ich werde mich hüten. Wer unter solchen Umständen was Besseres sagen will, sagt immer was Schlechteres.«

Unter diesem sich noch eine Weile fortsetzenden Gespräche waren sie bis an einen Punkt gekommen, von dem aus man das am Ende der Avenue sich aufbauende Bild in aller Klarheit überblicken konnte. Dabei war das Bild nicht bloß klar, sondern auch so frappierend, daß Rex und Czako unwillkürlich anhielten.

»Alle Wetter, Stechlin, das ist ja reizend,« wandte sich Czako zu dem am andern Flügel reitenden Woldemar. »Ich find' es geradezu märchenhaft, Fata Morgana – das heißt, ich habe noch keine gesehn. Die gelbe Wand, die da noch das letzte Tageslicht auffängt, das ist wohl Ihr Zauberschloß? Und das Stückchen Grau da links, das taxier' ich auf eine

Kirchenecke. Bleibt nur noch der Staketzaun an der andern Seite; – da wohnt natürlich der Schulmeister. Ich verbürge mich, daß ich's damit getroffen. Aber die zwei schwarzen Riesen, die da grad' in der Mitte stehn und sich von der gelben Wand abheben (›abheben‹ ist übrigens auch trivial; entschuldigen Sie, Rex), die stehen ja da wie die Cherubim. Allerdings etwas zu schwarz. Was sind das für Leute?«

»Das sind Findlinge.«

»Findlinge?«

»Ja, Findlinge,« wiederholte Woldemar. »Aber wenn Ihnen das Wort anstößig ist, so können Sie sie auch Monolithe nennen. Es ist merkwürdig, Czako, wie hochgradig verwöhnt im Ausdruck Sie sind, wenn Sie nicht gerade selber das Wort haben ... Aber nun, meine Herren, müssen wir uns wieder in Trab setzen. Ich bin überzeugt, mein Papa steht schon ungeduldig auf seiner Rampe, und wenn er uns so im Schritt ankommen sieht, denkt er, wir bringen eine Trauernachricht oder einen Verwundeten.«

―――

Wenige Minuten später, und alle drei trabten denn auch wirklich, von Fritz gefolgt, über die Bohlenbrücke fort, erst in den Vorhof hinein und dann an der blanken Glaskugel vorüber. Der Alte stand bereits auf der Rampe, Engelke hinter ihm und hinter diesem Martin, der alte Kutscher. Im Nu waren alle drei Reiter aus dem Sattel, und Martin und Fritz nahmen die Pferde. So trat man in den Flur. »Erlaube, lieber Papa, dir zwei liebe Freunde von mir vorzustellen: Assessor von Rex, Hauptmann von Czako.«

Der alte Stechlin schüttelte jedem die Hand und sprach ihnen aus, wie glücklich er über ihren Besuch sei. »Seien Sie mir herzlich willkommen, meine Herren. Sie haben keine Ahnung, welche Freude Sie mir machen, mir, einem vergrätzten alten Einsiedler. Man sieht nichts mehr, man hört nichts mehr. Ich hoffe auf einen ganzen Sack voll Neuigkeiten.«

»Ach, Herr Major,« sagte Czako, »wir sind ja schon vierundzwanzig Stunden fort. Und, ganz abgesehen davon, wer kann heutzutage noch mit den Zeitungen konkurrieren! Ein Glück, daß manche prinzipiell einen Posttag zu spät kommen. Ich meine mit den neuesten Nachrichten. Vielleicht auch sonst noch.«

»Sehr wahr,« lachte Dubslav. »Der Konservatismus soll übrigens, seinem Wesen nach, eine Bremse sein; damit muß man vieles entschuldigen. Aber da kommen Ihre Mantelsäcke, meine Herren. Engelke, führe die Herren auf ihr Zimmer. Wir haben jetzt sechseinviertel. Um sieben, wenn ich bitten darf.«

Engelke hatte mittlerweile die beiden von Dubslav etwas altmodisch als »Mantelsäcke« bezeichneten Plaidrollen in die Hand genommen und ging damit, den beiden Herren voran, auf die doppelarmige Treppe zu, die gerade da, wo die beiden Arme derselben sich kreuzten, einen ziemlich geräumigen Podest mit Säulchengalerie bildete. Zwischen den Säulchen aber, und zwar mit Blick auf den Flur, war eine Rokoko-Uhr angebracht, mit einem Zeitgott darüber, der eine Hippe führte. Czako wies darauf hin und sagte leise zu Rex: »Ein bißchen graulich,« – ein Gefühl, drin er sich bestärkt sah, als man bis auf den mit ungeheurer Raumverschwendung angelegten Oberflur gekommen war. Über einer nach hinten zu gelegenen Saalthür hing eine Holztafel mit der Inschrift: »Museum«, während hüben und drüben, an den Flurwänden links und rechts, mächtige Birkenmaser- und Ebenholzschränke standen, wahre Prachtstücke, mit zwei großen Bildern dazwischen, eines eine Burg mit dicken Backsteintürmen, das andre ein überlebensgroßer Ritter, augenscheinlich aus der Frundsbergzeit, wo das bunt Landsknechtliche schon die Rüstung zu drapieren begann.

»Is wohl ein Ahn?« fragte Czako.

»Ja, Herr Hauptmann. Und er ist auch unten in der Kirche.«

»Auch so wie hier?«

»Nein, bloß Grabstein und schon etwas abgetreten. Aber man sieht doch noch, daß es derselbe ist.«

Czako nickte. Dabei waren sie bis an ein Eckzimmer gekommen, das mit der einen Seite nach dem Flur, mit der andern Seite nach einem schmalen Gang hin lag. Hier war auch die Thür. Engelke, vorangehend, öffnete und hing die beiden Plaidrollen an die Haken eines hier gleich an der Thür stehenden Kleiderständers. Unmittelbar daneben war ein Klingelzug mit einer grünen, etwas ausgefransten Puschel daran. Engelke wies darauf hin und sagte: »Wenn die Herren noch was wünschen... Und um sieben... Zweimal wird angeschlagen.«

Und damit ging er, die beiden ihrer Bequemlichkeit überlassend.

Es waren zwei nebeneinander gelegene Zimmer, in denen man Rex und Czako untergebracht hatte, das vordere größer und mit etwas mehr Aufwand eingerichtet, mit Stehspiegel und Toilette, der Spiegel sogar zum Kippen. Das Bett in diesem vorderen Zimmer hatte einen kleinen Himmel und daneben eine Etagere, auf deren oberem Brettchen eine Meißner Figur stand, ihr ohnehin kurzes Röckchen lüpfend, während auf dem unteren Brett ein Neues Testament lag, mit Kelch und Kreuz und einem Palmenzweig auf dem Deckel.

Czako nahm das Meißner Püppchen und sagte: »Wenn nicht unser Freund Woldemar bei diesem Arrangement seine Hand mit im Spiele gehabt hat, so haben wir hier in

Bezug auf Requisiten ein Ahnungsvermögen, wie's nicht größer gedacht werden kann. Das Püppchen pour moi, das Testament pour vous.«

»Czako, wenn Sie doch bloß das Necken lassen könnten!«

»Ach, sagen Sie doch so was nicht, Rex; Sie lieben mich ja bloß um meiner Neckereien willen.«

Und nun traten sie, von dem Vorderzimmer her, in den etwas kleineren Wohnraum, in dem Spiegel und Toilette fehlten. Dafür aber war ein Rokokosofa da, mit hellblauem Atlas und weißen Blumen darauf.

»Ja, Rex,« sagte Czako, »wie teilen wir nun? Ich denke, Sie nehmen nebenan den Himmel, und ich nehme das Rokokosofa, noch dazu mit weißen Blumen, vielleicht Lilien. Ich wette, das kleine Ding von Sofa hat eine Geschichte.«

»Rokoko hat immer eine Geschichte,« bestätigte Rex. »Aber hundert Jahr zurück. Was jetzt hier haust, sieht mir, Gott sei Dank, nicht danach aus. Ein bißchen Spuk trau' ich diesem alten Kasten allerdings schon zu; aber keine Rokokogeschichte. Rokoko ist doch immer unsittlich. Wie gefällt Ihnen übrigens der Alte?«

»Vorzüglich. Ich hätte nicht gedacht, daß unser Freund Woldemar solchen famosen Alten haben könnte.«

»Das klingt ja beinah,« sagte Rex, »wie wenn Sie gegen unsern Stechlin etwas hätten.«

»Was durchaus nicht der Fall ist. Unser Stechlin ist der beste Kerl von der Welt, und wenn ich das verdammte Wort nicht haßte, würd' ich ihn sogar einen ›perfekten Gentleman‹ nennen müssen. Aber ...«

»Nun ...«

»Aber er paßt doch nicht recht an seine Stelle.«

»An welche?«

»In sein Regiment.«

»Aber, Czako, ich verstehe Sie nicht. Er ist ja brillant angeschrieben. Liebling bei jedem. Der Oberst hält große Stücke von ihm, und die Prinzen machen ihm beinah den Hof...«

»Ja, das ist es ja eben. Die Prinzen, die Prinzen.«

»Was denn, wie denn?«

»Ach, das ist eine lange Geschichte, viel zu lang, um sie hier vor Tisch noch auszukramen. Denn es ist bereits halb, und wir müssen uns eilen. Übrigens trifft es viele, nicht bloß unsern Stechlin.«

»Immer dunkler, immer rätselvoller,« sagte Rex.

»Nun, vielleicht daß ich Ihnen das Rätsel löse. Schließlich kann man ja Toilette machen und noch seinen Diskurs daneben haben. ›Die Prinzen machen ihm den Hof‹, so geruhten Sie zu bemerken, und ich antwortete: ›Ja, das ist es eben‹. Und diese Worte kann ich Ihnen nur wiederholen. Die Prinzen – ja, damit hängt es zusammen und noch mehr damit, daß die feinen Regimenter immer feiner werden. Kucken Sie sich mal die alten Ranglisten an, das heißt wirklich alte, voriges Jahrhundert und dann so bis Anno sechs. Da finden Sie bei Regiment Garde du Corps oder bei Regiment Gensdarmes unsere guten alten Namen: Marwitz, Wakenitz, Kracht, Löschebrand, Bredow, Rochow, höchstens daß sich mal ein höher betitelter Schlesischer mit hinein verirrt. Natürlich gab es auch Prinzen damals, aber der Adel gab den Ton an, und die paar Prinzen mußten noch froh sein, wenn sie nicht störten. Damit ist es nun aber, seit wir Kaiser und Reich sind, total vorbei. Natürlich sprech' ich nicht von der Provinz, nicht von Litauen und Masuren, sondern von der Garde, von den Regimentern unter den Augen Seiner Majestät. Und nun gar erst diese Gardedragoner! Die waren immer piek, aber seit sie, pour combler le bonheur, auch noch ›Königin von Großbritannien und Irland‹ sind, wird es immer mehr davon, und je pieker sie werden, desto mehr Prinzen kommen hinein, von denen übrigens auch jetzt schon mehr da sind, als es so obenhin aussieht, denn manche sind eigentlich welche und dürfen es bloß nicht sagen. Und wenn man dann gar noch die alten mitrechnet, die bloß à la suite stehn, aber doch immer noch mit dabei sind, wenn irgend was los ist, so haben wir, wenn der Kreis geschlossen wird, zwar kein Parkett von Königen, aber doch einen Cirkus von Prinzen. Und da hinein ist nun unser guter Stechlin gestellt. Natürlich thut er, was er kann, und macht so gewisse Luxusse mit, Gefühlsluxusse, Gesinnungsluxusse und, wenn es sein muß, auch Freiheitsluxusse. So 'nen Schimmer von Sozialdemokratie. Das ist aber auf die Dauer schwierig. Richtige Prinzen können sich das leisten, die verbebeln nicht leicht. Aber Stechlin! Stechlin ist ein reizender Kerl, aber er ist doch bloß ein Mensch.«

»Und das sagen Sie, Czako, gerade Sie, der Sie das Menschliche stets betonen?«

»Ja, Rex, das thu' ich. Heut wie immer. Aber eines schickt sich nicht für alle. Der eine darf's, der andre nicht. Wenn unser Freund Stechlin sich in diese seine alte Schloßkate zurückzieht, so darf er Mensch sein, so viel er will, aber als Gardedragoner kommt er damit nicht aus. Vom alten Adam will ich nicht sprechen, das hat immer noch so 'ne Nebenbedeutung.«

Während Rex und Czako Toilette machten und abwechselnd über den alten und den jungen Stechlin verhandelten, schritten die, die den Gegenstand dieser Unterhaltung bildeten, Vater und Sohn, im Garten auf und ab und hatten auch ihrerseits ihr Gespräch.

»Ich bin dir dankbar, daß du mir deine Freunde mitgebracht hast. Hoffentlich kommen sie auf ihre Kosten. Mein

Leben verläuft ein bißchen zu einsam, und es wird ohnehin gut sein, wenn ich mich wieder an Menschen gewöhne. Du wirst gelesen haben, daß unser guter alter Kortschädel gestorben ist, und in etwa vierzehn Tagen haben wir hier 'ne Neuwahl. Da muß ich dann 'ran und mich populär machen. Die Konservativen wollen mich haben und keinen andern. Eigentlich mag ich nicht, aber ich soll, und da paßt es mir denn, daß du mir Leute bringst, an denen ich mich für die Welt sozusagen wieder wie einüben kann. Sind sie denn ausgiebig und plauderhaft?«

»O sehr, Papa, vielleicht zu sehr. Wenigstens der eine.«

»Das is gewiß der Czako. Sonderbar, die von Alexander reden alle gern. Aber ich bin sehr dafür; Schweigen kleid't nicht jeden. Und dann sollen wir uns ja auch durch die Sprache vom Tier unterscheiden. Also wer am meisten red't, ist der reinste Mensch. Und diesem Czako, dem hab' ich es gleich angesehn. Aber der Rex. Du sagst Ministerialassessor. Ist er denn von der frommen Familie?«

»Nein, Papa. Du machst dieselbe Verwechslung, die beinah' alle machen. Die fromme Familie, das sind die Reckes, gräflich und sehr vornehm. Die Rex natürlich auch, aber doch nicht so hoch hinaus und auch nicht so fromm. Allerdings nimmt mein Freund, der Ministerialassessor, einen Anlauf dazu, die Reckes womöglich einzuholen.«

»Dann hab' ich also doch recht gesehn. Er hat so die Figur, die so was vermuten läßt, ein bißchen wenig Fleisch und so glatt rasiert. Habt ihr denn beim Rasieren in Cremmen gleich einen gefunden?«

»Er hat alles immer bei sich; lauter englische. Von Solingen oder Suhl will er nichts wissen.«

»Und muß man ihn denn vorsichtig anfassen, wenn das Gespräch auf kirchliche Dinge kommt? Ich bin ja, wie du weißt, eigentlich kirchlich, wenigstens kirchlicher als mein guter Pastor (es wird immer schlimmer mit ihm), aber ich bin so im Ausdruck mitunter ungenierter, als man vielleicht sein soll, und bei ›niedergefahren zur Hölle‹ kann mir's passieren, daß ich nolens volens ein bißchen tolles Zeug rede. Wie steht es denn da mit ihm? Muß ich mich in acht nehmen? Oder macht er bloß so mit?«

»Das will ich nicht geradezu behaupten. Ich denke mir, er steht so wie die meisten stehn; das heißt, er weiß es nicht recht.«

»Ja, ja, den Zustand kenn' ich.«

»Und weil er es nicht recht weiß, hat er sozusagen die Auswahl und wählt das, was gerade gilt und nach oben hin empfiehlt. Ich kann das auch so schlimm nicht finden. Einige nennen ihn einen ›Streber‹. Aber wenn er es ist, ist er jedenfalls keiner von den schlimmsten. Er hat eigentlich einen guten Charakter, und im cercle intime kann er reizend sein. Er verändert sich dann nicht in dem, was er sagt, oder doch nur ganz wenig, aber ich möchte sagen, er verändert sich in der Art, wie er zuhört. Czako meint, unser Freund Rex halte sich mit dem Ohr für das schadlos, was er mit dem Munde versäumt. Czako wird überhaupt am besten mit ihm fertig; er schraubt ihn beständig, und Rex, was ich reizend finde, läßt sich diese Schraubereien gefallen. Daran siehst du schon, daß sich mit ihm leben läßt. Seine Frömmigkeit ist keine Lüge, bloß Erziehung, Angewohnheit, und so schließlich seine zweite Natur geworden.«

»Ich werde ihn bei Tisch neben Lorenzen setzen; die mögen dann beide sehn, wie sie miteinander fertig werden. Vielleicht erleben wir 'ne Bekehrung. Das heißt Rex den Pastor. Aber da höre ich eine Kutsche die Dorfstraße 'raufkommen. Das sind natürlich Gundermanns; die kommen immer zu früh. Der arme Kerl hat mal was von der Höflichkeit der Könige gehört und macht jetzt einen zu weitgehenden Gebrauch davon. Autodidakten übertreiben immer. Ich bin selber einer und kann also mitreden. Nun, wir sprechen morgen früh weiter; heute wird es nichts mehr. Du wirst dich auch noch ein bißchen striegeln müssen, und ich will mir 'nen schwarzen Rock anziehn. Das bin ich der guten Frau von Gundermann doch schuldig; sie putzt sich übrigens nach wie vor wie 'n Schlittenpferd und hat immer noch den merkwürdigen Federbusch in ihrem Zopf – das heißt, wenn's ihrer ist.«

Drittes Kapitel.

Engelke schlug unten im Flur zweimal an einen alten, als Tamtam fungierenden Schild, der an einem der zwei vorspringenden und zugleich die ganze Treppe tragenden Pfeiler hing. Eben diese zwei Pfeiler bildeten denn auch mit dem Podest und der in Front desselben angebrachten Rokoko-Uhr einen zum Gartensalon, diesem Hauptzimmer des Erdgeschosses, führenden, ziemlich pittoresken Portikus, von dem ein auf Besuch anwesender hauptstädtischer Architekt mal gesagt hatte: sämtliche Bausünden von Schloß Stechlin würden durch diesen verdrehten, aber malerischen Einfall wieder gut gemacht.

Die Uhr mit dem Hippenmann schlug gerade sieben, als Rex und Czako die Treppe herunter kamen und, eine Biegung machend, auf den von berufener Seite so glimpflich beurteilten sonderbaren Vorbau zusteuerten. Als die Freunde diesen passierten, sahen sie – die Thürflügel waren schon geöffnet – in aller Bequemlichkeit in den Salon hinein und nahmen hier wahr, daß etliche, ihnen zu Ehren geladene Gäste bereits erschienen waren. Dubslav, in dunkelm Überrock und die Bändchenrosette sowohl des preußischen wie des wendischen Kronenordens im Knopfloch, ging den Eintretenden entgegen, begrüßte sie nochmals mit der ihm eignen Herzlichkeit, und beide Herren gleich danach in den Kreis der schon Versammelten einführend, sagte er: »Bitte die Herrschaften miteinander bekannt machen zu dürfen: Herr und Frau von Gundermann auf Siebenmühlen, Pastor Lorenzen, Oberförster Katzler,« und dann, nach links sich wendend, »Ministerialassessor von Rex, Hauptmann von Czako vom Regiment Alexander.« Man verneigte sich gegenseitig, worauf Dubslav zwischen Rex und Pastor Lorenzen, Woldemar aber, als Adlatus seines Vaters, zwischen Czako und Katzler eine Verbindung herzustellen suchte, was auch ohne weiteres gelang, weil es hüben und drüben weder an gesellschaftlicher Gewandtheit noch an gutem Willen gebrach. Nur konnte Rex nicht umhin, die Siebenmühlener etwas eindringlich zu mustern, trotzdem Herr von Gundermann in Frack und weißer Binde, Frau von Gundermann aber in geblümtem Atlas, mit Marabufächer erschienen war, – er augenscheinlich Parvenu, sie Berlinerin aus einem nordöstlichen Vorstadtgebiet.

Rex sah das alles. Er kam aber nicht in die Lage, sich lange damit zu beschäftigen, weil Dubslav eben jetzt den Arm der Frau von Gundermann nahm und dadurch das Zeichen zum Aufbruch zu der im Nebenzimmer gedeckten Tafel gab. Alle folgten paarweise, wie sie sich vorher zusammengefunden, kamen aber durch die von seiten Dubslavs schon vorher festgesetzte Tafelordnung wieder auseinander. Die beiden Stechlins, Vater und Sohn, plazierten sich an den beiden Schmalseiten einander gegenüber, während zur Rechten und Linken von Dubslav Herr und Frau von Gundermann, rechts und links von Woldemar aber Rex und Lorenzen saßen. Die Mittelplätze hatten Katzler und Czako inne. Neben einem großen alten Eichenbüffett, ganz in Nähe der Thür, standen Engelke und Martin, Engelke in seiner sandfarbenen Livree mit den großen Knöpfen, Martin, dem nur oblag, mit der Küche

Verbindung zu halten, einfach in schwarzem Rock und Stulpstiefeln.

Der alte Dubslav war in bester Laune, stieß gleich nach den ersten Löffeln Suppe mit Frau von Gundermann vertraulich an, dankte für ihr Erscheinen und entschuldigte sich wegen der späten Einladung: »Aber erst um zwölf kam Woldemars Telegramm. Es ist das mit dem Telegraphieren solche Sache, manches wird besser, aber manches wird auch schlechter, und die feinere Sitte leidet nun schon ganz gewiß. Schon die Form, die Abfassung. Kürze soll eine Tugend sein, aber sich kurz fassen, heißt meistens auch sich grob fassen. Jede Spur von Verbindlichkeit fällt fort, und das Wort ›Herr‹ ist beispielsweise gar nicht mehr anzutreffen. Ich hatte mal einen Freund, der ganz ernsthaft versicherte: ›Der häßlichste Mops sei der schönste‹; so läßt sich jetzt beinahe sagen, ›das gröbste Telegramm ist das feinste‹. Wenigstens das in seiner Art vollendetste. Jeder, der wieder eine neue Fünfpfennigersparnis herausdoktert, ist ein Genie.«

Diese Worte Dubslavs hatten sich anfänglich an die Frau von Gundermann, sehr bald aber mehr an Gundermann selbst gerichtet, weshalb dieser letztere denn auch antwortete: »Ja, Herr von Stechlin, alles Zeichen der Zeit. Und ganz bezeichnend, daß gerade das Wort ›Herr‹, wie Sie schon hervorzuheben die Güte hatten, so gut wie abgeschafft ist. ›Herr‹ ist Unsinn geworden, ›Herr‹ paßt den Herren nicht mehr, – ich meine natürlich die, die jetzt die Welt regieren wollen. Aber es ist auch danach. Alle diese Neuerungen, an denen sich leider auch der Staat beteiligt, was sind sie? Begünstigungen der Unbotmäßigkeit, also Wasser auf die Mühlen der Sozialdemokratie. Weiter nichts. Und niemand da, der Lust und Kraft hätte, dies Wasser abzustellen. Aber trotzdem, Herr von Stechlin, – ich würde nicht widersprechen, wenn mich das Thatsächliche nicht dazu zwänge –

trotzdem geht es nicht ohne Telegraphie, gerade hier in unsrer Einsamkeit. Und dabei das beständige Schwanken der Kurse. Namentlich auch in der Mühlen- und Brettschneidebranche...«

»Versteht sich, lieber Gundermann. Was ich da gesagt habe... Wenn ich das Gegenteil gesagt hätte, wäre es ebenso richtig. Der Teufel is nich so schwarz, wie er gemalt wird, und die Telegraphie auch nicht, und wir auch nicht. Schließlich ist es doch was Großes, diese Naturwissenschaften, dieser elektrische Strom, tipp, tipp, tipp, und wenn uns daran läge (aber uns liegt nichts daran), so könnten wir den Kaiser von China wissen lassen, daß wir hier versammelt sind und seiner gedacht haben. Und dabei diese merkwürdigen Verschiebungen in Zeit und Stunde. Beinahe komisch. Als Anno siebzig die Pariser Septemberrevolution ausbrach, wußte man's in Amerika drüben um ein paar Stunden früher, als die Revolution überhaupt da war. Ich sagte: Septemberrevolution. Es kann aber auch 'ne andre gewesen sein; sie haben da so viele, daß man sie leicht verwechselt. Eine war im Juni, 'ne andre war im Juli, – wer nich ein Bombengedächtnis hat, muß da notwendig 'reinfallen... Engelke, präsentiere der gnäd'gen Frau den Fisch noch mal. Und vielleicht nimmt auch Herr von Czako...«

»Gewiß, Herr von Stechlin,« sagte Czako. »Erstlich aus reiner Gourmandise, dann aber auch aus Forschertrieb oder Fortschrittsbedürfnis. Man will doch an dem, was gerade gilt oder überhaupt Menschheitsentwickelung bedeutet, auch seinerseits nach Möglichkeit teilnehmen, und da steht denn Fischnahrung jetzt obenan. Fische sollen außerdem viel Phosphor enthalten, und Phosphor, so heißt es, macht ›helle‹.«

»Gewiß,« kicherte Frau von Gundermann, die sich bei dem Wort »helle« wie persönlich getroffen fühlte. »Phosphor war ja auch schon, eh' die Schwedischen aufkamen.«

»O, lange vorher,« bestätigte Czako. »Was mich aber,« fuhr er, sich an Dubslav wendend, fort, »an diesen Karpfen noch ganz besonders fesselt – beiläufig ein Prachtexemplar – das ist das, daß er doch höchstwahrscheinlich aus Ihrem berühmten See stammt, über den ich durch Woldemar, Ihren Herrn Sohn, bereits unterrichtet bin. Dieser merkwürdige See, dieser Stechlin! Und da frag ich mich denn unwillkürlich (denn Karpfen werden alt; daher beispielsweise die Mooskarpfen), welche Revolutionen sind an diesem hervorragenden Exemplar seiner Gattung wohl schon vorüber gegangen? Ich weiß nicht, ob ich ihn auf hundertfünfzig Jahre taxieren darf, wenn aber, so würde er als Jüngling die Lissaboner Aktion und als Urgreis den neuerlichen Ausbruch des Krakatowa mitgemacht haben. Und all das erwogen, drängt sich mir die Frage auf...«

Dubslav lächelte zustimmend.

»... Und all das erwogen, drängt sich mir die Frage auf, wenn's nun in Ihrem Stechlinsee zu brodeln beginnt oder gar die große Trichterbildung anhebt, aus der dann und wann, wenn ich recht gehört habe, der krähende Hahn aufsteigt, wie verhält sich da der Stechlinkarpfen, dieser doch offenbar Nächstbeteiligte, bei dem Anpochen derartiger Weltereignisse? Beneidet er den Hahn, dem es vergönnt ist, in die Ruppiner Lande hineinzukrähen, oder ist er umgekehrt ein Feigling, der sich in seinem Moorgrund verkriecht, also ein Bourgeois, der am andern Morgen fragt: ›Schießen sie noch?‹«

»Mein lieber Herr von Czako, die Beantwortung Ihrer Frage hat selbst für einen Anwohner des Stechlin seine Schwierigkeiten. Ins Innere der Natur dringt kein erschaffener Geist. Und zu dem innerlichsten und verschlossensten zählt der Karpfen; er ist nämlich sehr dumm. Aber nach der Wahrscheinlichkeitsrechnung wird er sich beim Eintreten der großen Eruption wohl verkrochen haben. Wir verkriechen uns nämlich alle. Heldentum ist Ausnahmezustand und meist Produkt einer Zwangslage. Sie brauchen mir übrigens nicht zuzustimmen, denn Sie sind noch im Dienst.«

»Bitte, bitte,« sagte Czako.

Sehr, sehr anders ging das Gespräch an der entgegengesetzten Seite der Tafel. Rex, der, wenn er dienstlich oder außerdienstlich aufs Land kam, immer eine Neigung spürte, sozialen Fragen nachzuhängen und beispielsweise jedesmal mit Vorliebe darauf aus war, an das Zahlenverhältnis der in und außer der Ehe geborenen Kinder alle möglichen, teils dem Gemeinwohl, teils der Sittlichkeit zu gute kommende Betrachtungen zu knüpfen, hatte sich auch heute wieder in einem mit Pastor Lorenzen angeknüpften Zwiegespräch seinem Lieblingsthema zugewandt, war aber, weil Dubslav durch eine Zwischenfrage den Faden abschnitt, in die Lage gekommen, sich vorübergehend statt mit Lorenzen mit Katzler beschäftigen zu müssen, von dem er zufällig in Erfahrung gebracht hatte, daß er früher Feldjäger gewesen sei. Das gab ihm einen guten Gesprächsstoff und ließ ihn fragen, ob der Herr Oberförster nicht mitunter schmerzlich den zwischen seiner Vergangenheit und seiner Gegenwart liegenden Gegensatz empfinde, – sein früherer Feldjägerberuf, so nehme er an, habe ihn in die weite Welt hinausgeführt, während er jetzt »stabiliert« sei. »Stabilierung« zählte zu Rex' Lieblingswendungen und entstammte jenem sorglich ausgewählten Fremdwörterschatz, den er sich – er hatte diese Dinge dienstlich zu bearbeiten gehabt – aus den Erlassen König Friedrich Wilhelms I. angeeignet und mit in sein Aktendeutsch herübergenommen hatte. Katzler, ein vorzüglicher Herr, aber auf dem

Gebiete der Konversation doch nur von einer oft unausreichenden Orientierungsfähigkeit, fand sich in des Ministerialassessors etwas gedrechseltem Gedankengange nicht gleich zurecht und war froh, als ihm der hellhörige, mittlerweile wieder frei gewordene Pastor in der durch Rex aufgeworfenen Frage zu Hilfe kam. »Ich glaube herauszuhören,« sagte Lorenzen, »daß Herr von Rex geneigt ist, dem Leben draußen in der Welt vor dem in unsrer stillen Grafschaft den Vorzug zu geben. Ich weiß aber nicht, ob wir ihm darin folgen können, *ich* nun schon gewiß nicht; aber auch unser Herr Oberförster wird mutmaßlich froh sein, seine vordem im Eisenbahncoupé verbrachten Feldjägertage hinter sich zu haben. Es heißt freilich ›im engen Kreis verengert sich der Sinn‹, und in den meisten Fällen mag es zutreffen. Aber doch nicht immer, und jedenfalls hat das Weltfremde bestimmte große Vorzüge.«

»Sie sprechen mir durchaus aus der Seele, Herr Pastor Lorenzen,« sagte Rex. »Wenn es einen Augenblick vielleicht so klang, als ob der ›Globetrotter‹ mein Ideal sei, so bin ich sehr geneigt, mit mir handeln zu lassen. Aber etwas hat es doch mit dem ›Auch-draußen-zu-Hause-sein‹ auf sich, und wenn Sie trotzdem für Einsamkeit und Stille plaidieren, so plaidieren Sie wohl in eigner Sache. Denn wie sich der Herr Oberförster aus der Welt zurückgezogen hat, so wohl auch Sie. Sie sind beide darin, ganz individuell, einem Herzenszuge gefolgt, und vielleicht, daß meine persönliche Neigung dieselben Wege ginge. Dennoch wird es andre geben, die von einem solchen Sichzurückziehen aus der Welt nichts wissen wollen, die vielleicht umgekehrt, statt in einem sich Hingeben an den Einzelnen, in der Beschäftigung mit einer Vielheit ihre Bestimmung finden. Ich glaube durch Freund Stechlin zu wissen, welche Fragen Sie seit lange beschäftigen, und bitte, Sie dazu beglückwünschen zu dürfen. Sie stehen in der christlich-sozialen Bewegung. Aber nehmen Sie deren Schöpfer, der Ihnen persönlich vielleicht nahe steht, er und sein Thun sprechen doch recht eigentlich für mich; sein Feld ist nicht einzelne Seelsorge, nicht eine Landgemeinde, sondern eine Weltstadt. Stöckers Auftreten und seine Mission sind eine Widerlegung davon, daß das Schaffen im Engen und Umgrenzten notwendig das Segensreichere sein müsse.«

Lorenzen war daran gewöhnt, sei's zu Lob, sei's zu Tadel, sich mit dem ebenso gefeierten wie befehdeten Hofprediger in Parallele gestellt zu sehen, und empfand dies jedesmal als eine Huldigung. Aber nicht minder empfand er dabei regelmäßig den tiefen Unterschied, der zwischen dem großen Agitator und seiner stillen Weise lag. »Ich glaube, Herr von Rex,« nahm er wieder das Wort, »daß Sie den ›Vater der Berliner Bewegung‹ sehr richtig geschildert haben, vielleicht sogar zur Zufriedenheit des Geschilderten selbst, was, wie man sagt, nicht eben leicht sein soll. Er hat viel erreicht und steht anscheinend in einem Siegeszeichen; hüben und drüben hat er Wurzel geschlagen und sieht sich geliebt und gehuldigt, nicht nur seitens derer, denen er mildthätig die Schuhe schneidet, sondern beinah mehr noch im Lager derer, denen er das Leder zu den Schuhen nimmt. Er hat schon so viele Beinamen, und der des heiligen Krispin wäre nicht der schlimmste. Viele wird es geben, die sein Thun im guten Sinne beneiden. Aber ich fürchte, der Tag ist nahe, wo der so Ruhige und zugleich so Mutige, der seine Ziele so weit steckte, sich in die Enge des Daseins zurücksehnen wird. Er besitzt, wenn ich recht berichtet bin, ein kleines Bauerngut irgendwo in Franken, und wohl möglich, ja, mir persönlich geradezu wahrscheinlich, daß ihm an jener stillen Stelle früher oder später ein echteres Glück erblüht, als er es jetzt hat. Es heißt wohl, ›Gehet hin und lehret alle Heiden‹, aber schöner ist es doch, wenn die Welt, uns suchend, an uns herankommt. Und die

Welt kommt schon, wenn die richtige Persönlichkeit sich ihr aufthut. Da ist dieser Wörishofener Pfarrer – er sucht nicht die Menschen, die Menschen suchen ihn. Und wenn sie kommen, so heilt er sie, heilt sie mit dem Einfachsten und Natürlichsten. Übertragen Sie das vom Äußern aufs Innere, so haben Sie mein Ideal. Einen Brunnen graben just an der Stelle, wo man gerade steht. Innere Mission in nächster Nähe, sei's mit dem Alten, sei's mit etwas Neuem.«

»Also mit dem Neuen,« sagte Woldemar und reichte seinem alten Lehrer die Hand.

Aber dieser antwortete: »Nicht so ganz unbedingt mit dem Neuen. Lieber mit dem Alten, soweit es irgend geht, und mit dem Neuen nur, soweit es muß.«

Das Mahl war inzwischen vorgeschritten und bei einem Gange angelangt, der eine Spezialität von Schloß Stechlin war und jedesmal die Bewunderung seiner Gäste: losgelöste Krammetsvögelbrüste, mit einer dunkeln Kraftbrühe angerichtet, die, wenn die Herbst- und Ebereschentage da waren, als eine höhere Form von Schwarzsauer auf den Tisch zu kommen pflegten. Engelke präsentierte Burgunder dazu, der schon lange lag, noch aus alten besseren Tagen her, und als jeder davon genommen, erhob sich Dubslav, um erst kurz seine lieben Gäste zu begrüßen, dann aber die Damen leben zu lassen. Er müsse bei diesem Plural bleiben, trotzdem die Damenwelt nur in einer Einheit vertreten sei; doch er gedenke dabei neben seiner lieben Freundin und Tischnachbarin (er küßte dieser huldigend die Hand) zugleich auch der »Gemahlin« seines Freundes Katzler, die leider – wenn auch vom Familienstandpunkt aus in hocherfreulichster Veranlassung – am Erscheinen in ihrer Mitte verhindert sei: »Meine Herren,

Frau Oberförster Katzler« – er machte hier eine kleine Pause, wie wenn er eine höhere Titulatur ganz ernsthaft in Erwägung gezogen hätte – »Frau Oberförster Katzler und Frau von Gundermann, sie leben hoch!« Rex, Czako, Katzler erhoben sich, um mit Frau von Gundermann anzustoßen, als aber jeder von ihnen auf seinen Platz zurückgekehrt war, nahmen sie die durch den Toast unterbrochenen Privatgespräche wieder auf, wobei Dubslav als guter Wirt sich darauf beschränkte, kurze Bemerkungen nach links und rechts hin einzustreuen. Dies war indessen nicht immer leicht, am wenigsten leicht bei dem Geplauder, das der Hauptmann und Frau von Gundermann führten, und das so pausenlos verlief, daß ein Einhaken sich kaum ermöglichte. Czako war ein guter Sprecher, aber er verschwand neben seiner Partnerin. Ihres Vaters Laufbahn, der es (ursprünglich Schreib- und Zeichenlehrer) in einer langen, schon mit Anno 13 beginnenden Dienstzeit bis zum Hauptmann in der »Plankammer« gebracht hatte, gab ihr in ihren Augen eine gewisse militärische Zugehörigkeit, und als sie, nach mehrmaligem Auslugen, endlich den ihr wohlbekannten Namenszug des Regiments Alexander auf Czakos Achselklappe erkannt hatte, sagte sie: »Gott …, Alexander. Nein, ich sage. Mir war aber doch auch gleich so. Münzstraße. Wir wohnten ja Linienstraße, Ecke der Weinmeister – das heißt, als ich meinen Mann kennen lernte. Vorher draußen, Schönhauser Allee. Wenn man so wen aus seiner Gegend wieder sieht! Ich bin ganz glücklich, Herr Hauptmann. Ach, es ist zu traurig hier. Und wenn wir nicht den Herrn von Stechlin hätten, so hätten wir so gut wie gar nichts. Mit Katzlers,« aber dies flüsterte sie nur leise, »mit Katzlers ist es nichts; die sind zu hoch 'raus. Da muß man sich denn klein machen. Und so toll ist es am Ende doch auch noch nicht. Jetzt passen sie ja noch leidlich. Aber abwarten.«

»Sehr wahr, sehr wahr,« sagte Czako, der, ohne was Sicheres zu verstehen, nur ein während des Dubslavschen Toastes schon gehabtes Gefühl bestätigt sah, daß es mit den Katzlers was Besonderes auf sich haben müsse. Frau von Gundermann aber, den ihr unbequemen Flüsterton aufgebend, fuhr mit wieder lauter werdender Stimme fort, »wir haben den Herrn von Stechlin, und das ist ein Glück, und es ist auch bloß eine gute halbe Meile. Die meisten andern wohnen viel zu weit, und wenn sie auch näher wohnten, sie wollen alle nicht recht; die Leute hier, mit denen wir eigentlich Umgang haben müßten, sind so difficil und legen alles auf die Goldwage. Das heißt, vieles legen sie nicht auf die Goldwage, dazu reicht es bei den meisten nicht aus; nur immer die Ahnen. Und sechzehn ist das wenigste. Ja, wer hat gleich sechzehn? Gundermann ist erst geadelt, und wenn er nicht Glück gehabt hätte, so wär' es gar nichts. Er hat nämlich klein angefangen, bloß mit einer Mühle; jetzt haben wir nun freilich sieben, immer den Rhin entlang, lauter Schneidemühlen, Bohlen und Bretter, einzöllig, zweizöllig und noch mehr. Und die Berliner Dielen, die sind fast alle von uns.«

»Aber, meine gnädigste Frau, das muß Ihnen doch ein Hochgefühl geben. Alle Berliner Dielen! Und dieser Rhinfluß, von dem Sie sprechen, der vielleicht eine ganze Seeenkette verbindet, und woran mutmaßlich eine reizende Villa liegt! Und darin hören Sie Tag und Nacht, wie nebenan in der Mühle die Säge geht, und die dicht herumstehenden Bäume bewegen sich leise. Mitunter natürlich ist auch Sturm. Und Sie haben eine Pony-Equipage für Ihre Kinder. Ich darf doch annehmen, daß Sie Kinder haben? Wenn man so abgeschieden lebt und so beständig aufeinander angewiesen ist ...«

»Es ist, wie Sie sagen, Herr Hauptmann; ich habe Kinder, aber schon erwachsen, beinah alle, denn ich habe mich jung verheiratet. Ja, Herr von Czako, man ist auch einmal jung gewesen. Und es ist ein Glück, daß ich die Kinder habe. Sonst ist kein Mensch da, mit dem man ein gebildetes Gespräch führen kann. Mein Mann hat seine Politik und möchte sich wählen lassen, aber es wird nichts, und wenn ich die Journale bringe, nicht mal die Bilder sieht er sich an. Und die Geschichten, sagt er, seien bloß dummes Zeug und bloß Wasser auf die Mühlen der Sozialdemokratie. Seine Mühlen, was ich übrigens recht und billig finde, sind ihm lieber.«

»Aber Sie müssen doch viele Menschen um sich herum haben, schon in Ihrer Wirtschaft.«

»Ja die hab' ich, und die Mamsells die man so kriegt, ja ein paar Wochen geht es; aber dann bändeln sie gleich an, am liebsten mit 'nem Volontär, wir haben nämlich auch Volontärs in der Mühlenbranche. Und die meisten sind aus ganz gutem Hause. Die jungen Menschen passen aber nicht auf, und da hat man's denn, und immer gleich Knall und Fall. All das ist doch traurig, und mitunter ist es auch so, daß man sich geradezu genieren muß.«

Czako seufzte. »Mir ein Greuel, all dergleichen. Aber ich weiß vom Manöver her, was alles vorkommt. Und mit einer Schläue ... nichts schlauer, als verliebte Menschen. Ach, das ist ein Kapitel, womit man nicht fertig wird. Aber Sie sagten Linienstraße, meine Gnädigste. Welche Nummer denn? Ich kenne da beinah jedes Haus, kleine, nette Häuser, immer bloß Bel-Etage, höchstens mal ein Oeil de Boeuf.«

»Wie? was?«

»Großes rundes Fenster ohne Glas. Aber ich liebe diese Häuser.«

»Ja, das kann ich auch von mir sagen, und in gerade solchen Häusern hab' ich meine beste Zeit verbracht, als ich noch ein Quack war, höchstens vierzehn. Und so grausam wild. Damals waren nämlich noch die Rinnsteine, und wenn es dann regnete und alles überschwemmt war und die Bretter anfingen, sich zu heben, und schon so halb herumschwammen, und die Ratten, die da drunter steckten, nicht mehr wußten, wo sie hin sollten, dann sprangen wir auf die Bohlen rauf, und nun die Biester 'raus, links und rechts, und die Jungens hinterher, immer aufgekrempelt und ganz nackigt. Und einmal, weil der eine Junge nicht abließ und mit seinen Holzpantinen immer drauf losschlug, da wurde das Untier falsch und biß den Jungen so, daß er schrie! Nein, so hab' ich noch keinen Menschen wieder schreien hören. Und es war auch fürchterlich.«

»Ja, das ist es. Und da helfen bloß Rattenfänger.«

»Ja, Rattenfänger, davon hab' ich auch gehört – Rattenfänger von Hameln. Aber die giebt es doch nicht mehr.«

»Nein, gnädige Frau, die giebt es nicht mehr, wenigstens nicht mehr solche Hexenmeister mit Zauberspruch und einer Pfeife zum pfeifen. Aber die meine ich auch gar nicht. Ich meine überhaupt nicht Menschen, die dergleichen als Metier betreiben und sich in den Zeitungen anzeigen, unheimliche Gesichter mit einer Pelzkappe. Was ich meine, sind bloß Pinscher, die nebenher auch noch ›Rattenfänger‹ heißen und es auch wirklich sind. Und mit einem solchen Rattenfänger auf die Jagd gehen, das ist eigentlich das Schönste, was es giebt.«

»Aber mit einem Pinscher kann man doch nicht auf die Jagd gehen!«

»Doch, doch, meine gnädigste Frau. Als ich in Paris war (ich war da nämlich mal hinkommandiert), da bin ich mit 'runtergestiegen in die sogenannten Katakomben, hochgewölbte Kanäle, die sich unter der Erde hinziehen. Und diese Kanäle sind das wahre Ratteneldorado; da sind sie zu Millionen. Oben drei Millionen Franzosen, unten drei Millionen Ratten. Und einmal, wie gesagt, bin ich da mit 'runtergeklettert und in einem Boote durch diese Unterwelt hingefahren, immer mitten in die Ratten hinein.«

»Gräßlich, gräßlich. Und sind Sie heil wieder 'raus gekommen?«

»Im ganzen, ja. Denn, meine gnädigste Frau, eigentlich war es doch ein Vergnügen. In unserm Kahn hatten wir nämlich zwei solche Rattenfänger, einen vorn und einen hinten. Und nun hätten Sie sehen sollen, wie das losging. ›Schnapp‹, und das Tier um die Ohren geschlagen, und tot war es. Und so weiter, so schnell wie Sie nur zählen können, und mitunter noch schneller. Ich kann es nur vergleichen mit Mr. Carver, dem bekannten Mr. Carver, von dem Sie gewiß einmal gelesen haben, der in der Sekunde drei Glaskugeln wegschoß. Und so immerzu, viele Hundert. Ja, so was wie diese Rattenjagd da unten, das vergißt man nicht wieder. Es war aber auch das Beste da. Denn was sonst noch von Paris geredet wird, das ist alles übertrieben; meist dummes Zeug. Was haben sie denn Großes? Opern und Cirkus und Museum, und in einem Saal 'ne Venus, die man sich nicht recht ansieht, weil sie das Gefühl verletzt, namentlich wenn man mit Damen da ist. Und das alles haben wir schließlich auch, und manches haben wir noch besser. So zum Beispiel Niemann und die dell' Era. Aber solche Rattenschlacht, das muß wahr sein, die haben wir nicht. Und warum nicht? Weil wir keine Katakomben haben.«

Der alte Dubslav, der das Wort »Katakomben« gehört hatte, wandte sich jetzt wieder über den Tisch hin und sagte: »Pardon, Herr von Czako, aber Sie müssen meiner lieben Frau von Gundermann nicht mit so furchtbar ernsten Sachen kommen und noch dazu hier bei Tisch, gleich nach Karpfen und Meerrettich. Katakomben! Ich bitte Sie. Die waren ja doch eigentlich in Rom und erinnern einen immer an die traurigsten Zeiten, an den grausamen

Kaiser Nero und seine Verfolgungen und seine Fackeln. Und da war dann noch einer mit einem etwas längeren Namen, der noch viel grausamer war, und da verkrochen sich diese armen Christen gerade in eben diese Katakomben, und manche wurden verraten und gemordet. Nein, Herr von Czako, da lieber was Heiteres. Nicht wahr, meine liebe Frau von Gundermann?«

»Ach nein, Herr von Stechlin; es ist doch alles so sehr gelehrig. Und wenn man so selten Gelegenheit hat ...«

»Na, wie Sie wollen. Ich hab' es gut gemeint. Stoßen wir an! Ihr Rudolf soll leben; das ist doch der Liebling, trotzdem er der älteste ist. Wie alt ist er denn jetzt?«

»Vierundzwanzig.«

»Ein schönes Alter. Und wie ich höre, ein guter Mensch. Er müßte nur mehr 'raus. Er versauert hier ein bißchen.«

»Sag' ich ihm auch. Aber er will nicht fort. Er sagt, zu Hause sei es am besten.«

»Bravo. Da nehm' ich alles zurück. Lassen Sie ihn. Zu Hause ist es am Ende wirklich am besten. Und gerade wir hier, die wir den Vorzug haben, in der Rheinsberger Gegend zu leben. Ja, wo ist so was? Erst der große König, und dann Prinz Heinrich, der nie 'ne Schlacht verloren. Und einige sagen, er wäre noch klüger gewesen als sein Bruder. Aber ich will so was nicht gesagt haben.«

Viertes Kapitel.

Frau von Gundermann schien auf das ihr als einziger, also auch ältester Dame zustehende Tafelaufhebungsrecht verzichten zu wollen und wartete, bis statt ihrer der schon seit einer Viertelstunde sich nach seiner Meerschaumpfeife sehnende Dubslav das Zeichen zum Aufbruch gab. Alles erhob sich jetzt rasch, um vom Eßzimmer aus in den nach dem Garten hinaussehenden Salon zurückzukehren, dem es – war es Zufall oder Absicht? – in diesem Augenblick noch an aller Beleuchtung fehlte; nur im Kamin glühten ein paar Scheite, die während der Essenszeit halb niedergebrannt waren, und durch die offenstehende hohe Glasthür fiel von der Veranda her das Licht der über den Parkbäumen stehenden Mondsichel. Alles gruppierte sich alsbald um Frau von Gundermann, um dieser die pflichtschuldigen Honneurs zu machen, während Martin die Lampen, Engelke den Kaffee brachte. Das ein paar Minuten lang geführte gemeinschaftliche Gespräch kam, all die Zeit über, über ein unruhiges Hin und Her nicht hinaus, bis der Knäuel, in dem man stand, sich wieder in Gruppen auflöste.

Das erste sich abtrennende Paar waren Rex und Katzler, beide passionierte Billardspieler, die sich – Katzler übernahm die Führung – erst in den Eßsaal zurück und von diesem aus in das daneben gelegene Spielzimmer begaben. Das hier stehende, ziemlich vernachlässigte Billard war schon an die fünfzig Jahre alt und stammte noch aus des Vaters Zeiten her. Dubslav selbst machte sich nicht viel aus dem Spiel, aus Spiel überhaupt und interessierte sich, soweit sein Billard in Betracht kam, nur für eine sehr nachgedunkelte Karoline, von der ein Berliner Besucher mal gesagt hatte: »Alle Wetter, Stechlin, wo haben Sie *die* her? Das ist ja die gelbste Karoline, die ich all mein Lebtag gesehen habe,« – Worte, die damals solchen Eindruck auf Dubslav gemacht hatten, daß er seitdem ein etwas freundlicheres Verhältnis zu seinem Billard unterhielt und nicht ungern von »seiner Karoline« sprach.

Das zweite Paar, das sich aus der Gemeinschaft abtrennte, waren Woldemar und Gundermann. Gundermann, wie alle an Kongestionen Leidende, fand es überall zu heiß und wies, als er ein paar Worte mit Woldemar gewechselt, auf die offenstehende Thür. »Es ist ein so schöner Abend, Herr von Stechlin; könnten wir nicht auf die Veranda hinaustreten?«

»Aber gewiß, Herr von Gundermann. Und wenn wir uns absentieren, wollen wir auch alles Gute gleich mitnehmen. Engelke, bring uns die kleine Kiste, du weißt schon.«

»Ah, kapital. So ein paar Züge, das schlägt nieder, besser als Sodawasser. Und dann ist es auch wohl schicklicher im Freien. Meine Frau, wenn wir zu Hause sind, hat sich zwar daran gewöhnen müssen und spricht höchstens mal von ›paffen‹ (na, das is nicht anders, dafür is man eben verheiratet), aber in einem fremden Hause, da fangen denn doch die Rücksichten an. Unser guter alter Kortschädel sprach auch immer von ›Dehors‹.«

Unter diesen Worten waren Woldemar und Gundermann vom Salon her auf die Veranda hinausgetreten, bis dicht an die Treppenstufen heran, und sahen auf den kleinen Wasserstrahl, der auf dem Rundell aufsprang.

»Immer, wenn ich den Wasserstrahl sehe,« fuhr Gundermann fort, »muß ich wieder an unsern guten alten Kortschädel denken. Is nu auch hinüber. Na, jeder muß mal, und wenn irgend einer seinen Platz da oben sicher hat, *der* hat ihn. Ehrenmann durch und durch, und loyal bis auf die Knochen. Redner war er nicht, was eigentlich immer ein Vorzug, und hat mit seiner Schwätzerei dem Staate kein Geld gekostet; aber er wußte ganz gut Bescheid, und, unter vier Augen, ich habe Sachen von ihm gehört, großartig. Und ich sage mir, solchen kriegen wir nicht wieder ...«

»Ach, das ist Schwarzseherei, Herr von Gundermann. Ich glaube, wir haben viele von ähnlicher Gesinnung. Und ich sehe nicht ein, warum nicht ein Mann wie Sie ...«

»Geht nicht.«

»Warum nicht?«

»Weil Ihr Herr Papa kandidieren will. Und da muß ich

zurückstehen. Ich bin hier ein Neuling. Und die Stechlins waren hier schon ...«

»Nun gut, ich will dies letztere gelten lassen, und nur was das Kandidieren meines Vaters angeht – ich denke mir, es ist noch nicht so weit, vieles kann noch dazwischen kommen, und jedenfalls wird er schwanken. Aber nehmen wir mal an, es sei, wie Sie vermuten. In diesem Falle träfe doch gerade das zu, was ich mir soeben zu sagen erlaubt habe. Mein Vater ist in jedem Anbetracht ein treuer Gesinnungsgenosse Kortschädels, und wenn er an seine Stelle tritt, was ist da verloren? Die Lage bleibt dieselbe.«

»Nein, Herr von Stechlin.«

»Nun, was ändert sich?«

»Vieles, alles. Kortschädel war in den großen Fragen unerbittlich, und Ihr Herr Vater läßt mit sich reden ...«

»Ich weiß nicht, ob Sie da recht haben. Aber wenn es so wäre, so wäre das doch ein Glück ...«

»Ein Unglück, Herr von Stechlin. Wer mit sich reden läßt, ist nicht stramm, und wer nicht stramm ist, ist schwach. Und Schwäche (die destruktiven Elemente haben dafür eine feine Fühlung), Schwäche ist immer Wasser auf die Mühlen der Sozialdemokratie.«

Die vier andern der kleinen Tafelrunde waren im Gartensalon zurückgeblieben, hatten sich aber auch zu zwei und zwei zusammengethan. In der einen Fensternische, so daß sie den Blick auf den mondbeschienenen Vorplatz und die draußen auf der Veranda auf und ab schreitenden beiden Herren hatten, saßen Lorenzen und Frau von Gundermann. Die Gundermann war glücklich über das Tete-a-tete, denn sie hatte wegen ihres jüngsten Sohnes allerhand Fragen auf dem Herzen oder bildete sich wenigstens ein, sie zu haben. Denn eigentlich hatte sie für gar nichts Interesse, sie mußte bloß, richtige Berlinerin, die sie war, reden können.

»Ich bin so froh, Herr Pastor, daß ich nun doch einmal Gelegenheit finde. Gott, wer Kinder hat, der hat auch immer Sorgen. Ich möchte wegen meines Jüngsten so gerne mal mit Ihnen sprechen, wegen meines Arthur. Rudolf hat mir keine Sorgen gemacht, aber Arthur. Er ist nun jetzt eingesegnet, und Sie haben ihm, Herr Prediger, den schönen Spruch mitgegeben, und der Junge hat auch gleich den Spruch auf einen großen weißen Bogen geschrieben, alle Buchstaben erst mit zwei Linien nebeneinander und dann dick ausgetuscht. Es sieht aus wie 'n Plakat. Und diesen großen Bogen hat er sich in die Waschtoilette geklebt, und da mahnt es ihn immer.«

»Nun, Frau von Gundermann, dagegen ist doch nichts zu sagen.«

»Nein, das will ich auch nicht. Eher das Gegenteil. Es hat ja doch was Rührendes, daß es einer so ernst nimmt. Denn er hat zwei Tage dran gesessen. Aber wenn solch junger Mensch es so immer liest, so gewöhnt er sich dran. Und dann ist ja auch gleich wieder die Verführung da. Gott, daß man gerade immer über solche Dinge reden muß; noch keine Stunde, daß ich mit dem Herrn Hauptmann über unsern Volontär Vehmeyer gesprochen habe, netter Mensch, und nun gleich wieder mit Ihnen, Herr Pastor, auch über so was. Aber es geht nicht anders. Und dann sind Sie ja doch auch wie verantwortlich für seine Seele.«

Lorenzen lächelte. »Gewiß, liebe Frau von Gundermann. Aber was ist es denn? Um was handelt es sich denn eigentlich?«

»Ach, es ist an und für sich nicht viel und doch auch wieder eine recht ärgerliche Sache. Da haben wir ja jetzt die Jüngste von unserm Schullehrer Brandt ins Haus genommen, ein hübsches Balg, rotbraun und ganz kraus, und Brandt wollte, sie solle bei uns angelernt werden. Nun, wir sind kein großes Haus, gewiß nicht, aber Mäntel abnehmen und 'rumpräsentieren, und daß sie weiß, ob links oder rechts, so viel lernt sie am Ende doch.«

»Gewiß. Und die Frida Brandt, o, die kenn ich ganz gut; die wurde jetzt gerade vorm Jahr eingesegnet. Und es ist, wie Sie sagen, ein allerliebstes Geschöpf und klug und aufgekratzt, ein bißchen zu sehr. Sie will zu Ostern nach Berlin.«

»Wenn sie nur erst da wäre. Mir thut es beinahe schon leid, daß ich ihr nicht gleich zugeredet. Aber so geht es einem immer.«

»Ist denn was vorgefallen?«

»Vorgefallen? Das will ich nicht sagen. Er is ja doch erst sechzehn und eine Dusche dazu, gerade wie sein Vater; *der* hat sich auch erst rausgemausert, seit er grau geworden. Was beiläufig auch nicht gut ist. Und da komme ich nun gestern vormittag die Treppe 'rauf und will dem Jungen sagen, daß er in den Dohnenstrich geht und nachsieht, ob Krammetsvögel da sind, und die Thür steht halb auf, was noch das beste war, und da seh' ich, wie sie ihm eine Nase dreht und die Zungenspitze 'raussteckt; so was von spitzer Zunge hab' ich mein Lebtag noch nicht gesehen. Die reine Eva. Für die Potiphar ist sie mir noch zu jung. Und als ich nu dazwischentrete, da kriegt ja nu der arme Junge das Zittern, und weil ich nicht recht wußte, was ich sagen sollte, ging ich bloß hin und klappte den Waschtischdeckel auf, wo der Spruch stand, und sah ihn scharf an. Und da wurde er ganz blaß. Aber das Balg lachte.«

»Ja, liebe Frau von Gundermann, das ist so; Jugend hat keine Tugend.«

»Ich weiß doch nicht; ich bin auch einmal jung gewesen...«

»Ja, Damen...«

Während Frau von Gundermann in ihrem Gespräch in der Fensternische mit derartigen Intimitäten kam und den guten Pastor Lorenzen abwechselnd in Verlegenheit und dann auch wieder in stille Heiterkeit versetzte, hatte sich Dubslav mit Hauptmann von Czako in eine schräg gegenüber gelegene Ecke zurückgezogen, wo eine altmodische Causeuse stand, mit einem Marmortischchen davor. Auf dem Tische zwei Kaffeetassen samt aufgeklapptem Liqueurkasten, aus dem Dubslav eine Flasche nach der andern herausnahm. »Jetzt, wenn man von Tisch kommt, muß es immer ein Cognac sein. Aber ich bekenne Ihnen, lieber Hauptmann, ich mache die Mode nicht mit; wir aus der alten Zeit, wir waren immer ein bißchen fürs Süße. Creme de Cacao, na, natürlich, das is Damenschnaps, davon kann keine Rede sein; aber Pomeranzen oder, wie sie jetzt sagen, Curaçao, das ist mein Fall. Darf ich Ihnen einschenken? Oder vielleicht lieber Danziger Goldwasser? Kann ich übrigens auch empfehlen.«

»Dann bitte ich um Goldwasser. Es ist doch schärfer, und dann bekenne ich Ihnen offen, Herr Major ... Sie kennen ja unsre Verhältnisse, so 'n bißchen Gold heimelt einen immer an. Man hat keins und dabei doch zugleich die Vorstellung, daß man es trinken kann – es hat eigentlich was Großartiges.«

Dubslav nickte, schenkte von dem Goldwasser ein, erst für Czako, dann für sich selbst und sagte: »Bei Tische hab' ich die Damen leben lassen und Frau von Gundermann im speziellen. Hören Sie, Hauptmann, Sie verstehen's. Diese Rattengeschichte ...«

»Vielleicht war es ein bißchen zu viel.«

»I, keineswegs. Und dann, Sie waren ja ganz unschuldig, die Gnäd'ge fing ja davon an; erinnern Sie sich, sie verliebte sich ordentlich in die Geschichte von den Rinnsteinbohlen, und wie sie drauf 'rumgetrampelt, bis die Ratten rauskamen. Ich glaube sogar, sie sagte ›Biester‹. Aber das schadet nicht. Das ist so Berliner Stil. Und unsre Gnäd'ge hier (beiläufig eine geborene Helfrich) is eine Vollblutberlinerin.«

»Ein Wort, das mich doch einigermaßen überrascht.«

»Ah,« drohte Dubslav schelmisch mit dem Finger, »ich verstehe. Sie sind einer gewissen Unausreichendheit begegnet und verlangen mindestens mehr Quadrat (von Kubik will ich nicht sprechen). Aber wir von Adel müssen in diesem Punkte doch ziemlich milde sein und ein Auge zudrücken, wenn das das richtige Wort ist. Unser eigenstes Vollblut bewegt sich auch in Extremen und hat einen linken und einen rechten Flügel; der linke nähert sich unsrer geborenen Helfrich. Übrigens unterhaltliche Madam. Und wie beseligt sie war, als sie den Namenszug auf Ihrer Achselklappe glücklich entdeckt und damit den Anmarsch auf die Münzstraße gewonnen hatte. Was es doch alles für Lokalpatriotismen giebt!«

»An dem unser Regiment teilnimmt oder ihn mitmacht. Die Welt um den Alexanderplatz herum hat übrigens so ihren eigenen Zauber, schon um einer gewissen Unresidenzlichkeit willen. Ich sehe nichts lieber als die große Markthalle, wenn beispielsweise die Fischtonnen mit fünfhundert Aalen in die Netze gegossen werden. Etwas Unglaubliches von Gezappel.«

»Finde mich ganz darin zurecht und bin auch für Alexanderplatz und Alexanderkaserne samt allem, was dazu gehört. Und so brech' ich denn auch die Gelegenheit vom Zaun, um nach einem Ihrer früheren Regimentskommandeure zu fragen, dem liebenswürdigen Obersten von Zeuner, den ich noch persönlich gekannt habe. Hier unsre Stechliner Gegend ist nämlich Zeunergegend. Keine Stunde von hier liegt Köpernitz, eine reizende Besitzung, drauf die Zeunersche Familie schon in fridericianischen Tagen ansässig war. Bin oft drüben gewesen (nun freilich schon zwanzig Jahre zurück) und komme noch einmal mit der Frage: Haben Sie den Obersten noch gekannt?«

»Nein, Herr Major. Er war schon fort, als ich zum Regimente kam. Aber ich habe viel von ihm gehört und auch von Köpernitz, weiß aber freilich nicht mehr, in welchem Zusammenhange.«

»Schade, daß Sie nur einen Tag für Stechlin festgesetzt haben, sonst müßten Sie das Gut sehen. Alles ganz eigentümlich und besonders auch ein Grabstein, unter dem eine uralte Dame von beinah' neunzig Jahren begraben liegt, eine geborne von Zeuner, die sich in früher Jugend schon mit einem Emigranten am Rheinsberger Hof, mit dem Grafen La Roche-Aymon, vermählt hatte. Merkwürdige Frau, von der ich Ihnen erzähle, wenn ich Sie mal wiedersehe. Nur eins müssen Sie heute schon mitanhören, denn ich glaube, Sie haben den Gustus dafür.«

»Für alles, was Sie erzählen.«

»Keine Schmeicheleien! Aber die Geschichte will ich Ihnen doch als Andenken mitgeben. Andre schenken sich Photographien, was ich, selbst wenn es hübsche Menschen sind (ein Fall, der übrigens selten zutrifft), immer greulich finde.«

»Schenke nie welche.«

»Was meine Gefühle für Sie steigert. Aber die Geschichte: Da war also drüben in Köpernitz diese La Roche-Aymon, und weil sie noch die Prinz Heinrich-Tage gesehen und während derselben eine Rolle gespielt hatte, so zählte sie zu den besonderen Lieblingen Friedrich Wilhelms IV. Und als nun – sagen wir ums Jahr fünfzig – der Zufall es fügte, daß dem zur Jagd hier erschienenen König das Köpernitzer Frühstück, ganz besonders aber eine Blut- und Zungenwurst über die Maßen gut geschmeckt hatte, so wurde dies Veranlassung für die Gräfin, am nächsten Heiligabend eine ganze Kiste voll Würste nach Potsdam hin in die königliche Küche zu liefern. Und das ging so durch Jahre. Da beschloß zuletzt der gute König, sich für all die gute Gabe zu revanchieren, und als wieder Weihnachten war, traf in Köpernitz ein Postpaket ein, Inhalt: eine zierliche kleine Blutwurst. Und zwar war es ein wunderschöner, rundlicher Blutkarneol mit Goldspeilerchen an beiden Seiten und die Speilerchen selbst mit Diamanten besetzt. Und neben diesem Geschenk lag ein Zettelchen: ›Wurst wider Wurst‹.«

»Allerliebst!«

»Mehr als das. Ich persönlich ziehe solchen guten Einfall einer guten Verfassung vor. Der König, glaub' ich, that es auch. Und es denken auch heute noch viele so.«

»Gewiß, Herr Major. Es denken auch heute noch viele so, und bei dem Schwankezustand, in dem ich mich leider befinde, sind meine persönlichen Sympathien gelegentlich nicht weitab davon. Aber ich fürchte doch, daß wir mit dieser unsrer Anschauung sehr in der Minorität bleiben.«

»Werden wir. Aber Vernunft ist immer nur bei wenigen. Es wäre das beste, wenn ein einziger Alter-Fritzen-Verstand die ganze Geschichte regulieren könnte. Freilich braucht ein solcher oberster Wille auch seine Werkzeuge. Die haben wir aber noch in unserm Adel, in unsrer Armee und speziell auch in Ihrem Regiment.«

Während der Alte diesen Trumpf ausspielte, kam Engelke, um ein paar neue Tassen zu präsentieren.

»Nein, nein, Engelke, wir sind schon weiter. Aber stell nur hin. ... In Ihrem Regiment, sag' ich, Herr von Czako; schon sein Name bedeutet ein Programm, und dies Programm heißt: Rußland. Heutzutage darf man freilich kaum noch davon reden. Aber das ist Unsinn. Ich sage Ihnen, Hauptmann, das waren Preußens beste Tage, als da bei Potsdam herum die ›russische Kirche‹ und das ›russische Haus‹ gebaut wurden, und als es immer hin und her ging zwischen

Berlin und Petersburg. Ihr Regiment, Gott sei Dank, unterhält noch was von den alten Beziehungen, und ich freue mich immer, wenn ich davon lese, vor allem, wenn ein russischer Kaiser kommt und ein Doppelposten vom Regiment Alexander vor seinem Palais steht. Und noch mehr freu' ich mich, wenn das Regiment Deputationen schickt: Georgsfest, Namenstag des hohen Chefs, oder wenn sich's auch bloß um Uniformabänderungen handelt, beispielsweise Klappkragen statt Stehkragen (diese verdammten Stehkragen) – und wie dann der Kaiser alle begrüßt und zur Tafel zieht und so bei sich denkt: ›Ja, ja, das sind brave Leute; da hab' ich meinen Halt.‹«

Czako nickte, war aber doch in sichtlicher Verlegenheit, weil er, trotz seiner vorher versicherten »Sympathien«, ein ganz moderner, politisch stark angekränkelter Mensch war, der, bei strammster Dienstlichkeit, zu all dergleichen Überspanntheiten ziemlich kritisch stand. Der alte Dubslav nahm indessen von alledem nichts wahr und fuhr fort: »Und sehen Sie, lieber Hauptmann, so hab' ich's persönlich in meinen jungen Jahren auch noch erlebt und vielleicht noch ein bißchen besser; denn, Pardon, jeder hält seine Zeit für die beste. Vielleicht sogar, daß Sie mir zustimmen, wenn ich Ihnen mein Sprüchel erst ganz hergesagt haben werde. Da haben wir ja nun ›jenseits des Niemen‹, wie manche Gebildete jetzt sagen, die ›drei Alexander‹ gehabt, den ersten, den zweiten und den dritten, alle drei große Herren und alle drei richtige Kaiser und fromme Leute, oder doch beinah' fromm, die's gut mit ihrem Volk und mit der Menschheit meinten, und dabei selber richtige Menschen; aber in dies Alexandertum, das so beinah' das ganze Jahrhundert ausfüllt, da schiebt sich doch noch einer ein, ein Nicht-Alexander, und ohne Ihnen zu nahe treten zu wollen, *der* war doch der Häupter. Und das war unser Nikolaus. Manche dummen Kerle haben Spottlieder auf ihn gemacht und vom schwarzen Niklas gesungen, wie man Kinder mit dem schwarzen Mann graulich macht, aber war das ein Mann! Und dieser selbige Nikolaus, nun, der hatte hier, ganz wie die drei Alexander, auch ein Regiment, und das waren die Nikolaus-Kürassiere, oder sag' ich lieber: das sind die Nikolaus-Kürassiere, denn wir haben sie, Gott sei Dank, noch. Und sehen Sie, lieber Czako, das war mein Regiment, dabei hab' ich gestanden, als ich noch ein junger Dachs war, und habe dann den Abschied genommen; viel zu früh; Dummheit, hätte lieber dabei bleiben sollen.«

Czako nickte, Dubslav nahm ein neues Glas von dem Goldwasser. »Unsre Nikolaus-Kürassiere, Gott erhalte sie, wie sie sind! Ich möchte sagen, in dem Regimente lebt noch die heilige Alliance fort, die Waffenbrüderschaft von Anno dreizehn, und dies Anno dreizehn, das wir mit den Russen zusammen durchgemacht haben, immer nebeneinander im Biwak, in Glück und Unglück, das war doch unsre größte Zeit. Größer als die jetzt große. Große Zeit ist es immer nur, wenn's beinah' schief geht, wenn man jeden Augenblick fürchten muß: ›Jetzt ist alles vorbei‹. Da zeigt sich's. Courage ist gut, aber Ausdauer ist besser. Ausdauer, das ist die Hauptsache. Nichts im Leibe, nichts auf dem Leibe, Hundekälte, Regen und Schnee, so daß man so in der nassen Patsche liegt, und höchstens 'nen Kornus (Cognac, ja hast du was, den gab es damals kaum) und so die Nacht durch, da konnte man Jesum Christum erkennen lernen. Ich sage das, wenn ich auch nicht mit dabei gewesen. Anno dreizehn, bei Großgörschen, das war für uns die richtige Waffenbrüderschaft: jetzt haben wir die Waffenbrüderschaft der Orgeldreher und der Mausefallenhändler. Ich bin für Rußland, für Nikolaus und Alexander. Preobrashensk, Semenow, Kaluga, – da hat man die richtige Anlehnung; alles andre ist revolutionär, und was revolutionär ist, das wackelt.«

Kurz vor elf, der Mond war inzwischen unter, brach man auf und die Wagen fuhren vor, erst der Katzlersche Kaleschwagen, dann die Gundermannsche Chaise; Martin aber, mit einer Stalllaterne, leuchtete dem Pastor über Vorhof und Bohlenbrücke fort, bis an seine ganz im Dunkel liegende Pfarre. Gleich darauf zogen sich auch die drei Freunde zurück und stiegen, unter Vorantritt Engelkes, die große Treppe hinauf, bis auf den Podest. Hier trennten sich Rex und Czako von Woldemar, dessen Zimmer auf der andern Flurseite gelegen war.

Czako, sehr müde, war im Nu bettfertig. »Es bleibt also dabei, Rex, Sie logieren sich in dem Rokokozimmer ein – wir wollen es ohne weiteres so nennen – und ich nehme das Himmelbett hier in Zimmer Nummer eins. Vielleicht wäre das Umgekehrte richtiger, aber Sie haben es so gewollt.«

Und während er noch so sprach, schob er seine Stiefel auf den Flur hinaus, schloß ab und legte sich nieder.

Rex war derweilen mit seiner Plaidrolle beschäftigt, aus der er allerlei Toilettengegenstände hervorholte. »Sie müssen mich entschuldigen, Czako, wenn ich mich noch eine Viertelstunde hier bei Ihnen aufhalte. Habe nämlich die Angewohnheit mich abends zu rasieren, und der Toilettentisch mit Spiegel, ohne den es doch nicht gut geht, der steht nun mal hier an Ihrem, statt an meinem Fenster. Ich muß also stören.«

»Mir sehr recht, trotz aller Müdigkeit. Nichts besser, als noch ein bißchen aus dem Bett heraus plaudern können. Und dabei so warm eingemummelt. Die Betten auf dem Lande sind überhaupt das beste.«

»Nun, Czako, das freut mich, daß Sie so bereit sind, mir Quartier zu gönnen. Aber wenn Sie noch eine Plauderei haben wollen, so müssen Sie sich die Hauptsache selber leisten. Ich schneide mich sonst, was dann hinterher immer ganz schändlich aussieht. Übrigens muß ich erst Schaum schlagen, und so lange wenigstens kann ich Ihnen Red' und Antwort stehen. Ein Glück nebenher, daß hier, außer der kleinen Lampe, noch diese zwei Leuchter sind. Wenn ich nicht Licht von rechts und links habe, komme ich nicht von der Stelle; das eine wackelt zwar (alle diese dünnen Silberleuchter wackeln), aber ›wenn gute Reden sie begleiten ...‹ Also strengen Sie sich an. Wie fanden Sie die Gundermanns? Sonderbare Leute – haben Sie schon mal den Namen Gundermann gehört?«

»Ja. Aber das war in ›Waldmeisters Brautfahrt‹.«

»Richtig; so wirkt er auch. Und nun gar erst die Frau! Der einzige, der sich sehen lassen konnte, war dieser Katzler. Ein Karambolespieler ersten Ranges. Übrigens eisernes Kreuz.«

»Und dann der Pastor.«

»Nun ja, auch der. Eine ganz gescheite Nummer. Aber doch ein wunderbarer Heiliger, wie die ganze Sippe, zu der er gehört. Er hält zu Stöcker, sprach es auch aus, was neuerdings nicht jeder thut; aber der ›neue Luther‹, der doch schon gerade bedenklich genug ist – Majestät hat ganz recht mit seiner Verurteilung –, der geht ihm gewiß nicht weit genug. Dieser Lorenzen erscheint mir, im Gegensatz zu seinen Jahren, als einer der allerjüngsten. Und zu verwundern bleibt nur, daß der Alte so gut mit ihm steht. Freund Woldemar hat mir davon erzählt. Der Alte liebt ihn und sieht nicht, daß ihm sein geliebter Pastor den Ast absägt, auf dem er sitzt. Ja, diese von der neuesten Schule, das sind die allerschlimmsten. Immer Volk und wieder Volk, und mal auch etwas Christus dazwischen. Aber ich lasse mich so leicht nicht hinters Licht führen. Es läuft alles darauf hinaus, daß sie mit uns aufräumen wollen, und mit dem alten Christentum auch. Sie haben ein neues, und das überlieferte behandeln sie despektierlich.«

»Kann ich ihnen unter Umständen nicht verdenken. Seien

Sie gut, Rex, und lassen Sie Konventikel und Partei mal beiseite. Das Überlieferte, was einem da so vor die Klinge kommt, namentlich wenn Sie sich die Menschen ansehen, wie sie nun mal sind, ist doch sehr reparaturbedürftig, und auf solche Reparatur ist ein Mann wie dieser Lorenzen eben aus. Machen Sie die Probe. Hie Lorenzen, hie Gundermann. Und Ihren guten Glauben in Ehren, aber Sie werden diesen Gundermann doch nicht über den Lorenzen stellen und ihn überhaupt nur ernsthaft nehmen wollen. Und wie dieser Wassermüller aus der Brettschneidebranche, so sind die meisten. Phrase, Phrase. Mitunter auch Geschäft oder noch Schlimmeres.«

»Ich kann jetzt nicht antworten, Czako. Was Sie da sagen, berührt eine große Frage, bei der man doch aufpassen muß. Und so mit dem Messer in der Hand, da verbietet sich's. Und das eine wacklige Licht hat ohnehin schon einen Dieb. Erzählen Sie mir lieber was von der Frau von Gundermann. Debattieren kann ich nicht mehr, aber wenn Sie plaudern, brauch' ich bloß zuzuhören. Sie haben ihr ja bei Tisch 'nen langen Vortrag gehalten.«

»Ja. Und noch dazu über Ratten.«

»Nein, Czako, davon dürfen Sie jetzt nicht sprechen; dann doch noch lieber über alten und neuen Glauben. Und gerade hier. In solchem alten Kasten ist man nie sicher vor Spuk und Ratten. Wenn Sie nichts andres wissen, dann bitt' ich um die Geschichte, bei der wir heute früh in Cremmen unterbrochen wurden. Es schien mir was Pikantes.«

»Ach, die Geschichte von der kleinen Stubbe. Ja, hören Sie, Rex, das regt Sie aber auch auf. Und wenn man nicht schlafen kann, ist es am Ende gleich, ob wegen der Ratten oder wegen der Stubbe.«

Fünftes Kapitel.

Rex und Czako waren so müde, daß sie sich, wenn nötig, über Spuk und Ratten weggeschlafen hätten. Aber es war nicht nötig, nichts war da, was sie hätte stören können. Kurz vor acht erschien das alte Faktotum mit einem silbernen Deckelkrug, aus dem der Wrasen heißen Wassers aufstieg, einem der wenigen Renommierstücke, über die Schloß Stechlin verfügte. Dazu bot Engelke den Herren einen guten Morgen und stattete seinen Wetterbericht ab: Es gebe gewiß einen schönen Tag, und der junge Herr sei auch schon auf und gehe mit dem alten um das Rundell herum.

So war es denn auch. Woldemar war schon gleich nach sieben unten im Salon erschienen, um mit seinem Vater, von dem er wußte, daß er ein Frühauf war, ein Familiengespräch über allerhand difficile Dinge zu führen. Aber er war entschlossen, seinerseits damit nicht anzufangen, sondern alles von der Neugier und dem guten Herzen des Vaters zu erwarten. Und darin sah er sich auch nicht getäuscht.

»Ah, Woldemar, das ist recht, daß du schon da bist. Nur nicht zu lang im Bett. Die meisten Langschläfer haben einen Knacks. Es können aber sonst ganz gute Leute sein. Ich wette, dein Freund Rex schläft bis neun.«

»Nein, Papa, der gerade nicht. Wer wie Rex ist, kann sich das nicht gönnen. Er hat nämlich einen Verein gegründet für Frühgottesdienste, abwechselnd in Schönhausen und Finkenkrug. Aber es ist noch nicht perfekt geworden.«

»Freut mich, daß es noch hapert. Ich mag so was nicht. Der alte Wilhelm hat zwar seinem Volke die Religion wieder geben wollen, was ein schönes Wort von ihm war – alles, was er that und sagte, war gut – aber Religion und Landpartie, dagegen bin ich doch. Ich bin überhaupt gegen alle falschen Mischungen. Auch bei den Menschen. Die reine

Rasse, das ist das eigentlich Legitime. Das andre, was sie nebenher noch Legitimität nennen, das ist schon alles mehr künstlich. Sage, wie steht es denn eigentlich damit? Du weißt schon, was ich meine.«

»Ja, Papa ...«

»Nein, nicht so; nicht immer bloß ›ja, Papa‹. So fängst du jedesmal an, wenn ich auf dies Thema komme. Da liegt schon ein halber Refus drin, oder ein Hinausschieben, ein Abwartenwollen. Und damit kann ich mich nicht befreunden. Du bist jetzt zweiunddreißig, oder doch beinah', da muß der mit der Fackel kommen; aber *du* fackelst (verzeih den Kalauer; ich bin eigentlich gegen Kalauer, die sind so mehr für Handlungsreisende) also du fackelst, sag' ich, und ist kein Ernst dahinter. Und so viel kann ich dir außerdem sagen, deine Tante Sanctissima drüben in Kloster Wutz, die wird auch schon ungeduldig. Und das sollte dir zu denken geben. Mich hat sie zeitlebens schlecht behandelt; wir stimmten eben nie zusammen und konnten auch nicht, denn so halb Königin Elisabeth, halb Kaffeeschwester, das is 'ne Melange, mit der ich mich nie habe befreunden können. Ihr drittes Wort ist immer ihr Rentmeister Fix, und wäre sie nicht sechsundsiebzig, so erfänd' ich mir eine Geschichte dazu.«

»Mach es gnädig, Papa. Sie meint es ja doch gut. Und mit mir nun schon ganz gewiß.«

»Gnädig machen? Ja, Woldemar, ich will es versuchen. Nur fürcht' ich, es wird nicht viel dabei herauskommen. Da heißt es immer, man solle Familiengefühl haben, aber es wird einem doch auch zu blutsauer gemacht, und ich kann umgekehrt der Versuchung nicht widerstehen, eine richtige Familienkritik zu üben. Adelheid fordert sie geradezu heraus. Andrerseits freilich, in dich ist sie wie vernarrt, für dich hat sie Geld und Liebe. Was davon wichtiger ist, stehe dahin; aber so viel ist gewiß, ohne sie wär' es überhaupt gar nicht gegangen, ich meine dein Leben in deinem Regiment. Also wir haben ihr zu danken, und weil sie das gerade so gut weiß, wie wir, oder vielleicht noch ein bißchen besser, gerade deshalb wird sie ungeduldig; sie will Thaten sehen, was vom Weiberstandpunkt aus allemal so viel heißt wie Verheiratung. Und wenn man will, kann man es auch so nennen, ich meine Thaten. Es ist und bleibt ein Heroismus. Wer Tante Adelheid geheiratet hätte, hätte sich die Tapferkeitsmedaille verdient, und wenn ich schändlich sein wollte, so sagte ich das Eiserne Kreuz.«

»Ja, Papa ...«

»Schon wieder ›ja, Papa‹. Nun, meinetwegen, ich will dich schließlich in deiner Lieblingswendung nicht stören. Aber bekenne mir nebenher – denn das ist doch schließlich das, um was sich's handelt – liegst du mit was im Anschlag, hast du was auf dem Korn?«

»Papa, diese Wendungen erschrecken mich beinah'. Aber wenn denn schon so jägermäßig gesprochen werden soll, ja; meine Wünsche haben ein bestimmtes Ziel, und ich darf sagen, mich beschäftigen diese Dinge.«

»Mich beschäftigen diese Dinge ... Nimm mir's nicht übel, Woldemar, das ist ja gar nichts. Beschäftigen! Ich bin nicht fürs Poetische, das ist für Gouvernanten und arme Lehrer, die nach Görbersdorf müssen (bloß, daß sie meistens kein Geld dazu haben), aber diese Wendung ›sich beschäftigen‹, das ist mir denn doch zu prosaisch. Wenn es sich um solche Dinge wie Liebe handelt (wiewohl ich über Liebe nicht viel günstiger denke wie über Poesie, bloß daß Liebe doch noch mehr Unheil anrichtet, weil sie noch allgemeiner auftritt) – wenn es sich um Dinge wie Liebe handelt, so darf man nicht sagen, ›ich habe mich damit beschäftigt‹. Liebe ist doch schließlich immer was Forsches, sonst kann sie sich ganz und gar begraben lassen, und da möcht' ich denn doch etwas von dir hören, was ein bischen wie Leidenschaft aussieht. Es braucht ja nicht gleich was Schreckliches zu sein. Aber so ganz ohne Stimulus, wie man, glaub' ich, jetzt sagt, so ganz ohne so was geht es nicht; alle Menschheit ist darauf gestellt, und wo's einschläft, ist so gut wie alles vorbei. Nun weiß ich zwar recht gut, es geht auch ohne uns, aber das ist doch alles bloß etwas, was einem von Verstandes wegen aufgezwungen wird; das egoistische Gefühl, das immer unrecht, aber auch immer recht hat, will von dem allem nichts wissen und besteht darauf, daß die Stechline weiterleben, wenn es sein kann, in aeternum. Ewig weiterleben; – ich räume ein, es hat ein bischen was Komisches, aber es giebt wenig ernste Sachen, die nicht auch eine komische Seite hätten ... Also dich ›beschäftigen‹ diese Dinge. Kannst du Namen nennen? Auf wem haben Eurer Hoheit Augen zu ruhen geruht?«

»Papa, Namen darf ich noch nicht nennen. Ich bin meiner Sache noch nicht sicher genug, und das ist auch der Grund, warum ich Wendungen gebraucht habe, die dir nüchtern und prosaisch erschienen sind. Ich kann dir aber sagen, ich hätte mich lieber anders ausgedrückt; nur darf ich es noch nicht. Und dann weiß ich ja auch, daß du selber einen abergläubischen Zug hast und ganz aufrichtig davon ausgehst, daß man sich sein Glück verreden kann, wenn man zu früh oder zu viel davon spricht.«

»Brav, brav. Das gefällt mir. So ist es. Wir sind immer von neidischen und boshaften Wesen mit Fuchsschwänzen und Fledermausflügeln umstellt, und wenn wir renommieren oder sicher thun, dann lachen sie. Und wenn sie erst lachen, dann sind wir schon so gut wie verloren. Mit unsrer eignen Kraft ist nichts gethan, ich habe nicht den Grashalm sicher, den ich hier ausreiße. Demut, Demut ... Aber trotzdem komm' ich dir mit der naiven Frage (denn man widerspricht sich in einem fort), ist es was Vornehmes, was Pikfeines?«

»Pikfein, Papa, will ich nicht sagen. Aber vornehm gewiß.«
»Na, das freut mich. Falsche Vornehmheit ist mir ein Greuel; aber richtige Vornehmheit, – à la bonne heure. Sage mal, vielleicht was vom Hofe?«
»Nein, Papa.«
»Na, desto besser. Aber da kommen ja die Herren. Der Rex sieht wirklich verdeubelt gut aus, ganz das, was wir früher einen Garde-Assessor nannten. Und fromm, sagst du, – wird also wohl Karriere machen; ›fromm‹ is wie 'ne untergelegte Hand.«

Während dieser Worte stiegen Rex und Czako die Stufen zum Garten hinunter und begrüßten den Alten. Er erkundigte sich nach ihren nächtlichen Schicksalen, freute sich, daß sie »durchgeschlafen« hätten, und nahm dann Czakos Arm, um vom Garten her auf die Veranda, wo Engelke mittlerweile unter der großen Marquise den Frühstückstisch hergerichtet hatte, zurückzukehren. »Darf ich bitten, Herr von Rex.« Und er wies auf einen Gartenstuhl, ihm gerade gegenüber, während Woldemar und Czako links und rechts neben ihm Platz nahmen. »Ich habe neuerdings den Thee eingeführt, das heißt nicht obligatorisch; im Gegenteil, ich persönlich, bleibe lieber bei Kaffee, ›schwarz wie der Teufel, süß wie die Sünde, heiß wie die Hölle‹, wie bereits Talleyrand gesagt haben soll. Aber, Pardon, daß ich Sie mit so was überhaupt noch belästige. Schon mein Vater sagte mal: ›Ja, wir auf dem Lande, wir haben immer noch die alten Wiener Kongreßwitze.‹ Und das ist nun schon wieder ein Menschenalter her.«

»Ach, diese alten Kongreßwitze«, sagte Rex verbindlich, »ich möchte mir die Bemerkung erlauben, Herr Major, daß diese alten Witze besser sind als die neuen. Und kann auch kaum anders sein. Denn wer waren denn die Verfasser von damals? Talleyrand, den Sie schon genannt haben, und Wilhelm von Humboldt und Friedrich Gentz und ihresgleichen. Ich glaube, daß das Metier seitdem sehr herabgestiegen ist.«

»Ja, herabgestiegen ist alles, und es steigt immer weiter nach unten. Das ist, was man neue Zeit nennt, immer weiter runter. Und mein Pastor, den Sie ja gestern abend kennen gelernt haben, der behauptet sogar, das sei das Wahre, das sei das, was man Kultur nenne, daß immer weiter nach unten gestiegen würde. Die aristokratische Welt habe abgewirtschaftet, und nun komme die demokratische ...«

»Sonderbare Worte für einen Geistlichen,« sagte Rex, »für einen Mann, der doch die durch Gott gegebenen Ordnungen kennen sollte.«

Dubslav lachte. »Ja, das bestreitet er Ihnen. Und ich muß bekennen, es hat manches für sich, trotzdem es mir nicht recht paßt. Im übrigen, wir werden ihn, ich meine den Pastor, ja wohl noch beim zweiten Frühstück sehen, wo Sie dann Gelegenheit nehmen können, sich mit ihm persönlich darüber auseinanderzusetzen; er liebt solche Gespräche, wie Sie wohl schon gemerkt haben, und hat eine kleine Lutherneigung, sich immer auf das jetzt übliche: ›Hier steh' ich, ich kann nicht anders‹ auszuspielen. Mitunter sieht es wirklich so aus, als ob wieder eine gewisse Märtyrerlust in die Menschen gefahren wäre, bloß ich trau dem Frieden noch nicht so recht.«

»Ich auch nicht,« bemerkte Rex, »meistens Renommisterei.«

»Na, na,« sagte Czako. »Da hab' ich doch noch diese letzten Tage von einem armen russischen Lehrer gelesen, der unter die Soldaten gesteckt wurde (sie haben da jetzt auch so was wie allgemeine Dienstpflicht), und dieser Mensch, der Lehrer, hat sich geweigert, eine Flinte loszuschießen, weil das bloß Vorschule sei zu Mord und Totschlag, also ganz und gar gegen das fünfte Gebot. Und dieser Mensch ist sehr gequält worden, und zuletzt ist er gestorben. Wollen Sie das auch Renommisterei nennen?«

»Gewiß will ich das.«

»Herr von Rex,« sagte Dubslav, »sollten Sie dabei nicht zu weit gehen? Wenn sich's ums Sterben handelt, da hört das Renommieren auf. Aber diese Sache, von der ich übrigens auch gehört habe, hat einen ganz andern Schlüssel. Das liegt nicht an der allgemein gewordenen Renommisterei, das liegt am Lehrertum. Alle Lehrer sind nämlich verrückt. Ich habe hier auch einen, an dem ich meine Studien gemacht habe; heißt Krippenstapel, was allein schon was sagen will. Er ist grad um ein Jahr älter als ich, also runde siebenundsechzig, und eigentlich ein Prachtexemplar, jedenfalls ein vorzüglicher Lehrer. Aber verrückt ist er doch.«

»Das sind alle,« sagte Rex. »Alle Lehrer sind ein Schrecknis. Wir im Kultusministerium können ein Lied davon singen. Diese Abc-Pauker wissen alles, und seitdem Anno sechsundsechzig der unsinnige Satz in die Mode kam, ›der preußische Schulmeister habe die Österreicher geschlagen‹ – ich meinerseits würde lieber dem Zündnadelgewehr oder dem alten Steinmetz, der alles nur kein Schulmeister war, den Preis zuerkennen – seitdem ist es vollends mit diesen Leuten nicht mehr auszuhalten. Herr von Stechlin hat eben von einem der Humboldts gesprochen; nun, an Wilhelm von Humboldt trauen sie sich noch nicht recht heran, aber was Alexander von Humboldt konnte, das können sie nun schon lange.«

»Da treffen Sie's, Herr von Rex,« sagte Dubslav. »Genau so ist meiner auch. Ich kann nur wiederholen, ein vorzüglicher Mann; aber er hat den Prioritätswahnsinn. Wenn Koch das Heilserum erfindet oder Edison Ihnen auf fünfzig Meilen eine Oper vorspielt, mit Getrampel und Händeklatschen dazwischen, so weist Ihnen mein Krippenstapel nach, daß er das vor dreißig Jahren auch schon mit sich rumgetragen habe.«

»Ja, ja, so sind sie alle.«

»Übrigens ... Aber darf ich Ihnen nicht noch von diesem gebackenen Schinken vorlegen? ... Übrigens mahnt mich Krippenstapel daran, daß die Feststellung eines Vormittagsprogramms wohl an der Zeit sein dürfte; Krippenstapel ist nämlich der geborene Cicerone dieser Gegenden, und durch Woldemar weiß ich bereits, daß Sie uns die Freude machen wollen, sich um Stechlin und Umgegend ein klein wenig zu kümmern, Dorf, Kirche, Wald, See – um den See natürlich am meisten, denn der ist unsre pièce de résistance. Das andere giebt es wo anders auch, aber der See ... Lorenzen erklärt ihn außerdem noch für einen richtigen Revolutionär, der gleich mitrumort, wenn irgendwo was los ist. Und es ist auch wirklich so. Mein Pastor aber sollte, beiläufig bemerkt, so was lieber nicht sagen. Das sind so Geistreichigkeiten, die leicht übel vermerkt werden. Ich persönlich lass' es laufen. Es giebt nichts, was mir so verhaßt wäre wie Polizeimaßregeln, oder einem Menschen, der gern ein freies Wort spricht, die Kehle zuzuschnüren. Ich rede selber gern, wie mir der Schnabel gewachsen ist.«

»Und verplauderst dich dabei,« sagte Woldemar, »und vergißt zunächst unser Programm. Um spätestens zwei müssen wir fort; wir haben also nur noch vier Stunden. Und Globsow, ohne das es nicht gehen wird, ist weit und kostet uns wenigstens die Hälfte davon.«

»Alles richtig. Also das Menü, meine Herren. Ich denke mir die Sache so. Erst (da gleich hinter dem Buxbaumgange) Besteigung des Aussichtsturms, – noch eine Anlage von meinem Vater her, die sich, nach Ansicht der Leute hier, vordem um vieles schöner ausnahm als jetzt. Damals waren nämlich noch lauter bunte Scheiben da oben, und alles, was man sah, sah rot oder blau oder orangefarben aus. Und alle Welt hier war unglücklich, als ich diese bunten Gläser wegnehmen ließ. Ich empfand es aber wie 'ne Naturbeleidigung. Grün ist grün und Wald ist Wald ... Also Nummer eins der Aussichtsturm; Nummer zwei Krippenstapel und die Schule; Nummer drei die Kirche samt Kirchhof. Pfarre schenken wir uns. Dann Wald und See. Und dann Globsow, wo sich eine Glasindustrie befindet. Und dann wieder zurück und zum Abschluß ein zweites Frühstück, eine altmodische Bezeichnung, die mir aber trotzdem immer besser klingt als Lunch. ›Zweites Frühstück‹ hat etwas ausgesprochen Behagliches und giebt zu verstehen, daß man ein erstes schon hinter sich hat ... Woldemar, dies ist mein Programm, das ich dir, als einem Eingeweihten, hiermit unterbreite. Ja oder nein?«

»Natürlich ja, Papa. Du triffst dergleichen immer am besten. Ich meinerseits mache aber nur die erste Hälfte mit. Wenn wir in der Kirche fertig sind, muß ich zu Lorenzen. Krippenstapel kann mich ja mehr als ersetzen, und in Globsow weiß er all und jedes. Er spricht, als ob er Glasbläser gewesen wäre.«

»Darf dich nicht wundern. Dafür ist er Lehrer im allgemeinen und Krippenstapel im besonderen.«

So war denn also das Programm festgestellt, und nachdem Dubslav mit Engelkes Hilfe seinen noch ziemlich neuen weißen Filzhut, den er sehr schonte, mit einem wotanartigen schwarzen Filzhut vertauscht und einen schweren Eichenstock in die Hand genommen hatte, brach man auf, um zunächst auf den als erste Sehenswürdigkeit festgesetzten Aussichtsturm hinaufzusteigen. Der Weg dahin, keine hundert Schritte, führte durch einen sogenannten

›Poetensteig‹. »Ich weiß nicht,« sagte Dubslav, »warum meine Mutter diesen etwas anspruchsvollen Namen hier einführte. Soviel mir bekannt, hat sich hier niemals etwas betreffen lassen, was zu dieser Rangerhöhung einer ehemaligen Taxushecke hätte Veranlassung geben können. Und ist auch recht gut so.«

»Warum gut, Papa?«

»Nun, nimm es nicht übel,« lachte Dubslav. »Du sprichst ja, wie wenn du selber einer wärst. Im übrigen räum' ich dir ein, daß ich kein rechtes Urteil über derlei Dinge habe. Bei den Kürassieren war keiner, und ich habe überhaupt nur einmal einen gesehen, mit einem kleinen Verdruß und einer Goldbrille, die er beständig abnahm und putzte. Natürlich bloß ein Männchen, klein und eitel. Aber sehr elegant.«

»Elegant?« fragte Czako. »Dann stimmt es nicht; dann haben Sie so gut wie keinen gesehen.«

Unter diesem Gespräche waren sie bis an den Turm gekommen, der in mehreren Etagen und zuletzt auf bloßen Leitern anstieg. Man mußte schwindelfrei sein, um gut hinaufzukommen. Oben aber war es wieder gefahrlos weil eine feste Wandung das Podium umgab. Rex und Czako hielten Umschau. Nach Süden hin lag das Land frei, nach den drei andern Seiten hin aber war alles mit Waldmassen besetzt, zwischen denen gelegentlich die sich hier auf weite Meilen hinziehende Seeenkette sichtbar wurde. Der nächste See war der Stechlin.

»Wo ist nun die Stelle?« fragte Czako. »Natürlich die, wo's sprudelt und strudelt.«

»Sehen Sie die kleine Buchtung da, mit der weißen Steinbank?«

»Jawohl; ganz deutlich.«

»Nun, von der Steinbank aus keine zwei Bootslängen in den See hinein, da haben Sie die Stelle, die, wenn's sein muß, mit Java telephoniert.«

»Ich gäbe was drum,« sagte Czako, »wenn jetzt der Hahn zu krähen anfinge.«

»Diese kleine Aufmerksamkeit muß ich Ihnen leider schuldig bleiben und hab' überhaupt da nach rechts hin nichts andres mehr für Sie als die roten Ziegeldächer, die sich zwischen dem Waldrand und dem See wie auf einem Bollwerk hinziehen. Das ist Kolonie Globsow. Da wohnen die Glasbläser. Und dahinter liegt die Glashütte. Sie ist noch unter dem alten Fritzen entstanden und heißt die ›grüne Glashütte‹.«

»Die grüne? Das klingt ja beinah' wie aus 'nem Märchen.«

»Ist aber eher das Gegenteil davon. Sie heißt nämlich so, weil man da grünes Glas macht, allergewöhnlichstes Flaschenglas. An Rubinglas mit Goldrand dürfen Sie hier nicht denken. Das ist nichts für unsre Gegend.«

Und damit kletterten sie wieder hinunter und traten, nach Passierung des Schloßvorhofs, auf den quadratischen Dorfplatz hinaus, an dessen einer Ecke die Schule gelegen war. Es mußte die Schule sein, das sah man an den offenstehenden Fenstern und den Malven davor, und als die Herren bis an den grünen Staketenzaun heran waren, hörten sie auch schon den prompten Schulgang da drinnen, erst die scharfe, kurze Frage des Lehrers und dann die sofortige Massenantwort. Im nächsten Augenblick, unter Vorantritt Dubslavs, betraten alle den Flur, und weil ein kleiner weißer Kläffer sofort furchtbar zu bellen anfing, erschien Krippenstapel um zu sehen, was los sei.

»Guten Morgen, Krippenstapel,« sagte Dubslav. »Ich bring' Ihnen Besuch.«

»Sehr schmeichelhaft, Herr Baron.«

»Ja, das sagen Sie; wenn's nur wahr ist. Aber unter allen Umständen lassen Sie den Baron aus dem Spiel ... Sehen Sie, meine Herren, mein Freund Krippenstapel ist ein ganz eignes Haus. Alltags nennt er mich Herr von Stechlin (den

Major unterschlägt er), und wenn er ärgerlich ist, nennt er mich ›gnäd'ger Herr‹. Aber sowie ich mit Fremden komme, betitelt er mich Herr Baron. Er will was für mich thun.«

Krippenstapel, still vor sich hinschmunzelnd, hatte mittlerweile die Thür zu der seiner Schulklasse gegenüber gelegenen Wohnstube geöffnet und bat die Herren, eintreten zu wollen. Sie nahmen auch jeder einen Stuhl in die Hand, aber stützten sich nur auf die Lehne, während das Gespräch zwischen Dubslav und dem Lehrer seinen Fortgang nahm. »Sagen Sie, Krippenstapel, wird es denn überhaupt gehen? Sie sollen uns natürlich alles zeigen, und die Schule ist noch nicht aus.«

»O, gewiß geht es, Herr von Stechlin.«

»Ja, hören Sie, wenn der Hirt fehlt, rebelliert die Herde...«

»Nicht zu befürchten, Herr von Stechlin. Da war mal ein Burgemeister, achtundvierziger Zeit, Namen will ich lieber nicht nennen, der sagte: ›Wenn ich meinen Stiefel ans Fenster stelle, regier' ich die ganze Stadt.‹ Das war mein Mann.«

»Richtig; den hab' ich auch noch gekannt. Ja, der verstand es. Überhaupt immer in der Furcht des Herrn. Dann geht alles am besten. Der Hauptregente bleibt doch der Krückstock.«

»Der Krückstock«, bestätigte Krippenstapel. »Und dann freilich die Belohnungen.«

»Belohnungen?« lachte Dubslav. »Aber Krippenstapel, wo nehmen Sie denn die her?«

»O, die hat's schon, Herr von Stechlin. Aber immer mit Verschiedenheiten. Ist es was Kleines, so kriegt der Junge bloß 'nen Katzenkopp weniger, ist es aber was Großes, dann kriegt er 'ne Wabe.«

»'ne Wabe? Richtig. Davon haben wir schon heute früh beim Frühstück gesprochen, als Ihr Honig auf den Tisch kam. Ich habe den Herren dabei gesagt, Sie wären der beste Imker in der ganzen Grafschaft.«

»Zu viel Ehre, Herr von Stechlin. Aber das darf ich sagen, ich versteh' es. Und wenn die Herren mir folgen wollen, um das Volk bei der Arbeit zu sehen – es ist jetzt gerade beste Zeit.«

Alle waren einverstanden, und so gingen sie denn durch den Flur bis in Hof und Garten hinaus und nahmen hier Stellung vor einem offenen Etageschuppen, drin die Stöcke standen, nicht altmodische Bienenkörbe, sondern richtige Bienenhäuser, nach der Dzierzonschen Methode, wo man alles herausnehmen und jeden Augenblick in das Innere bequem hinein gucken kann. Krippenstapel zeigte denn auch alles, und Rex und Czako waren ganz aufrichtig interessiert.

»Nun aber, Herr Lehrer Krippenstapel«, sagte Czako, »nun bitte, geben Sie uns auch einen Kommentar. Wie is das eigentlich mit den Bienen? Es soll ja was ganz Besondres damit sein.«

»Ist es auch, Herr Hauptmann. Das Bienenleben ist eigentlich feiner und vornehmer als das Menschenleben.«

»Feiner, das kann ich mir schon denken; aber auch vornehmer? Was Vornehmeres als den Menschen giebt es nicht. Indessen, wie's damit auch sei, ›ja‹ oder ›nein‹, Sie machen einen nur immer neugieriger. Ich habe mal gehört, die Bienen sollen sich auf das Staatliche so gut verstehen; beinah' vorbildlich.«

»So ist es auch, Herr Hauptmann. Und eines ist ja da, worüber sich als Thema vielleicht reden läßt. Da sind nämlich in jedem Stock drei Gruppen oder Klassen. In Klasse eins haben wir die Königin, in Klasse zwei haben wir die Arbeitsbienen (die, was für alles Arbeitsvolk wohl eigentlich immer das beste ist, geschlechtslos sind), und in Klasse drei haben wir die Drohnen; die sind männlich, worin zugleich ihr eigentlicher Beruf besteht. Denn im übrigen thun sie gar nichts.«

»Interessanter Staat. Gefällt mir. Aber immer noch nicht vorbildlich genug.«

»Und nun bedenken Sie, Herr Hauptmann. Winterlang haben sie so dagesessen und gearbeitet oder auch geschlafen. Und nun kommt der Frühling, und das erwachende neue Leben ergreift auch die Bienen, am mächtigsten aber die Klasse eins, die Königin. Und sie beschließt nun, mit ihrem ganzen Volk einen Frühlingsausflug zu machen, der sich für sie persönlich sogar zu einer Art Hochzeitsreise gestaltet. So muß ich es nennen. Unter den vielen Drohnen nämlich, die ihr auf der Ferse sind, wählt sie sich einen Begleiter, man könnte sagen einen Tänzer, der denn auch berufen ist, alsbald in eine noch intimere Stellung zu ihr einzurücken. Etwa nach einer Stunde kehrt die Königin und ihr Hochzeitszug in die beengenden Schranken ihres Staates zurück. Ihr Dasein hat sich inzwischen erfüllt. Ein ganzes Geschlecht von Bienen wird geboren, aber weitere Beziehungen zu dem bewußten Tänzer sind ein für allemal ausgeschlossen. Es ist das gerade das, was ich vorhin als fein und vornehm bezeichnet habe. Bienenköniginnen lieben nur einmal. Die Bienenkönigin liebt und stirbt.«

»Und was wird aus der bevorzugten Drohne, aus dem Prinzessinnen-Tänzer, dem Prince-Consort, wenn dieser Titel ausreicht?«

»Dieser Tänzer wird ermordet.«

»Nein, Herr Lehrer Krippenstapel, das geht nicht. Unter dieser letzten Mitteilung bricht meine Begeisterung wieder zusammen. Das ist ja schlimmer als der Heinesche Asra. Der stirbt doch bloß. Aber hier haben wir Ermordung. Sagen Sie, Rex, wie stehen Sie dazu?«

»Das monogamische Prinzip, woran doch schließlich unsre ganze Kultur hängt, kann nicht strenger und überzeugender demonstriert werden. Ich finde es großartig.«

Czako hätte gern geantwortet; aber er kam nicht dazu, weil in diesem Augenblicke Dubslav darauf aufmerksam machte, daß man noch viel vor sich habe. Zunächst die Kirche. »Seine Hochwürden, der wohl eigentlich dabei sein müßte, wird es nicht übelnehmen, wenn wir auf ihn verzichten. Aber Sie, Krippenstapel, können Sie?«

Krippenstapel wiederholte, daß er Zeit vollauf habe. Zudem schlug die Schuluhr, und gleich beim ersten Schlage hörte man, wie's drinnen in der Klasse lebendig wurde und die Jungens in ihren Holzpantinen über den Flur weg auf die Straße stürzten. Draußen aber stellten sie sich militärisch auf, weil sie mittlerweile gehört hatten, daß der gnädige Herr gekommen sei.

»Morgen, Jungens«, sagte Dubslav, an einen kleinen Schwarzhaarigen herantretend. »Bist von Globsow?«

»Nein, gnäd'ger Herr, von Dagow.«

»Na, lernst auch gut?«

Der Junge griente.

»Wann war denn Fehrbellin?«

»Achtzehnte Juni.«

»Und Leipzig?«

»Achtzehnter Oktober. Immer achtzehnter bei uns.«

»Das ist recht, Junge ... Da.«

Und dabei griff er in seinen Rock und suchte nach einem Nickel. »Sehen Sie, Hauptmann, Sie sind ein bißchen ein Spötter, so viel hab' ich schon gemerkt; aber so muß es gemacht werden. Der Junge weiß von Fehrbellin und von Leipzig und hat ein kluges Gesicht und steht Red' und Antwort. Und rote Backen hat er auch. Sieht er aus, als ob er einen Kummer hätte oder einen Gram ums Vaterland? Unsinn. Ordnung und immer feste. Na, so lange ich hier sitze, so lange hält es noch. Aber freilich, es kommen andre Tage.«

Woldemar lächelte.

»Na«, fuhr der Alte fort, »will mich trösten. Als der alte Fritz zu sterben kam, dacht' er auch, nu ginge die Welt unter. Und sie steht immer noch, und wir Deutsche sind wieder obenauf, ein bißchen zu sehr. Aber immer besser als zu wenig.«

Inzwischen hatte sich Krippenstapel in seiner Stube proper gemacht: schwarzer Rock mit dem Inhaberband des Adlers von Hohenzollern, den ihm sein gütiger Gutsherr verschafft hatte. Statt des Hutes, den er in der Eile nicht hatte finden können, trug er eine Mütze von sonderbarer Form. In der Rechten aber hielt er einen ausgehöhlten Kirchenschlüssel, der wie 'ne rostige Pistole aussah.

Der Weg bis zur Kirche war ganz nah. Und nun standen sie dem Portal gegenüber.

Rex, zu dessen Ressort auch Kirchenbauliches gehörte, setzte sein Pincenez auf und musterte. »Sehr interessant. Ich setze das Portal in die Zeit von Bischof Luger. Prämonstratenser-Bau. Wenn mich nicht alles täuscht, Anlehnung an die Brandenburger Krypte. Also sagen wir zwölfhundert. Wenn ich fragen darf, Herr von Stechlin, existieren Urkunden? Und war vielleicht Herr von Quast schon hier oder Geheimrat Adler, unser bester Kenner?«

Dubslav geriet in eine kleine Verlegenheit, weil er sich einer solchen Gründlichkeit nicht gewärtigt hatte. »Herr von Quast war einmal hier, aber in Wahlangelegenheiten. Und mit den Urkunden ist es gründlich vorbei, seit Wrangel hier alles niederbrannte. Wenn ich von Wrangel spreche, mein' ich natürlich nicht unsern ›Vater Wrangel‹, der übrigens auch keinen Spaß verstand, sondern den Schillerschen Wrangel ... Und außerdem, Herr von Rex, ist es so schwer für einen Laien. Aber Sie, Krippenstapel, was meinen Sie?«

Rex, über den plötzlich etwas von Dienstlichkeit gekommen war, zuckte zusammen. Er hatte sich an Herrn von Stechlin gewandt, wenn nicht als an einen Wissenden, so doch als an einen Ebenbürtigen, und daß jetzt Krippenstapel aufgefordert wurde, das entscheidende Wort in dieser Angelegenheit zu sprechen, wollte ihm nicht recht passend erscheinen. Überhaupt, was wollte diese Figur, die doch schon stark die Karikatur streifte. Schon der Bericht über die Bienen und namentlich was er über die Haltung der Königin und den Prince-Consort gesagt hatte, hatte so merkwürdig anzüglich geklungen, und nun wurde dies Schulmeister-Original auch noch aufgefordert, über bauliche Fragen und aus welchem Jahrhundert die Kirche stamme, sein Urteil abzugeben. Er hatte wohlweislich nach Quast und Adler gefragt, und nun kam Krippenstapel! Wenn man durchaus wollte, konnte man das alles patriarchalisch finden; aber es mißfiel ihm doch. Und leider war Krippenstapel – der zu seinen sonstigen Sonderbarkeiten auch noch den ganzen Trotz des Autodidakten gesellte – keineswegs angethan, die kleinen Unebenheiten, in die das Gespräch hineingeraten war, wieder glatt zu machen. Er nahm vielmehr die Frage ›Krippenstapel, was meinen Sie‹ ganz ernsthaft auf und sagte:

»Wollen verzeihen, Herr von Rex, wenn ich unter Anlehnung an eine neuerdings erschienene Broschüre des Oberlehrers Tucheband in Templin zu widersprechen wage. Dieser Grafschaftswinkel hier ist von mehr mecklenburgischem und uckermärkischem als brandenburgischem Charakter, und wenn wir für unsre Stechliner Kirche nach Vorbildern forschen wollen, so werden wir sie wahrscheinlich in Kloster Himmelpfort oder Gransee zu suchen haben, aber nicht in Dom Brandenburg. Ich möchte hinzusetzen dürfen, daß Oberlehrer Tuchebands Aufstellungen, so viel ich weiß, unwidersprochen geblieben sind.«

Czako, der diesem aufflackernden Kampfe zwischen einem Ministerialassessor und einem Dorfschulmeister mit größtem Vergnügen folgte, hätte gern noch weitere Scheite herzugetragen, Woldemar aber empfand, daß es höchste Zeit sei, zu intervenieren, und bemerkte: nichts sei schwerer als auf diesem Gebiete Bestimmungen zu treffen – ein Satz, den übrigens sowohl Rex wie Krippenstapel ablehnen zu wollen schienen – und daß er vorschlagen möchte, lieber in die Kirche selbst einzutreten, als hier draußen über die Säulen und Kapitelle weiter zu debattieren.

Man fand sich in diesen Vorschlag, Krippenstapel öffnete die Kirche mit seinem Riesenschlüssel, und alle traten ein.

Sechstes Kapitel.

Gleich nach zwölf – Woldemar hatte sich, wie geplant, schon lange vorher, um bei Lorenzen vorzusprechen, von den andern Herren getrennt – waren Dubslav, Rex und Czako von dem Globsower Ausfluge zurück, und Rex, feiner Mann, der er war, war bei Passierung des Vorhofs verbindlich an die mit Zinn ausgelegte blanke Glaskugel herangetreten, um ihr, als einem mutmaßlichen Produkte der eben besichtigten »grünen Glashütte«, seine Ministerialaufmerksamkeit zu schenken. Er ging dabei so weit, von »Industriestaat« zu sprechen. Czako, der gemeinschaftlich mit Rex in die Glaskugel hineinguckte, war mit allem einverstanden, nur nicht mit seinem Spiegelbilde. »Wenn man nur bloß etwas besser aussähe ...« Rex versuchte zu widersprechen, aber Czako gab nicht nach und versicherte: »Ja, Rex, Sie sind ein schöner Mann, Sie haben eben mehr zuzusetzen. Und da bleibt denn immer noch was übrig.«

Oben auf der Rampe stand Engelke.

»Nun, Engelke, wie steht's? Woldemar und der Pastor schon da?«

»Nein, gnäd'ger Herr. Aber ich kann ja die Christel schicken ...«

»Nein, nein, schicke nicht. Das stört bloß. Aber warten wollen wir auch nicht. Es war doch weiter nach Globsow, als ich dachte; das heißt, eigentlich war es nicht weiter, bloß die Beine wollen nicht mehr recht. Und hat solche Anstrengung bloß das eine Gute, daß man hungrig und durstig wird. Aber da kommen ja die Herren.«

Und er grüßte von der Rampe her nach der Bohlenbrücke hinüber, über die Woldemar und Lorenzen eben in den Schloßhof eintraten. Rex ging ihnen entgegen. Dubslav dagegen nahm Czakos Arm und sagte: »Nun kommen Sie, Hauptmann, wir wollen derweilen ein bißchen recherchieren und uns einen guten Platz aussuchen. Mit der ewigen Veranda, das is nichts; unter der Marquise steht die Luft wie 'ne Mauer, und ich muß frische Luft haben. Vielleicht erstes Zeichen von Hydropsie. Kann eigentlich Fremdwörter nicht leiden. Aber mitunter sind sie doch ein Segen. Wenn ich so zwischen Hydropsie und Wassersucht die Wahl habe, bin ich immer für Hydropsie. Wassersucht hat so was kolossal Anschauliches.«

Unter diesen Worten waren sie bis in den Garten gekommen, an eine Stelle, wo viel Buchsbaum stand, dem Poetensteige gerad' gegenüber. »Sehen Sie hier, Hauptmann, das wäre so was. Niedrige Buchsbaumwand. Da haben wir Luft und doch keinen Zug. Denn vor Zug muß ich mich auch hüten wegen Rheumatismus, oder vielleicht ist es auch Gicht. Und dabei hören wir das Plätschern von meiner Sanssouci-Fontäne. Was meinen Sie?«

»Kapital, Herr Major.«

»Ach, lassen Sie den Major. Major klingt immer so dienstlich ... Also hier, Engelke, hier decke den Tisch und stell auch ein paar Fuchsien oder was gerade blüht in die Mitte. Nur nicht Astern. Astern sind ganz gut, aber doch sozusagen unterm Stand und sehen immer aus wie 'n Bauerngarten. Und dann mache dich in den Keller und hol uns was Ordentliches herauf. Du weißt ja, was ich zum Frühstück am liebsten habe. Vielleicht hat Hauptmann Czako denselben Geschmack.«

»Ich weiß noch nicht, um was es sich handelt, Herr von Stechlin; aber ich möchte mich für Übereinstimmung schon jetzt verbürgen.«

Inzwischen waren auch Woldemar, Rex und der Pastor vom Gartensalon her auf die Veranda hinausgetreten und Dubslav ging ihnen entgegen. »Guten Tag, Pastor. Nun, das ist recht. Ich dachte schon, Woldemar würde von Ihnen annektiert werden.«

»Aber, Herr von Stechlin ... Ihre Gäste ... Und Woldemars Freunde.«

»Betonen Sie das nicht so, Lorenzen. Es giebt Umgangsformen und Artigkeitsgesetze. Gewiß. Aber das alles reicht nicht weit. Was der Mensch am ehesten durchbricht, das sind gerade solche Formen. Und wer sie nicht durchbricht, der kann einem auch leid thun. Wie geht es denn in der Ehe? Haben Sie schon einen Mann gesehen, der die Formen wahrt, wenn seine Frau ihn ärgert? Ich nicht. Leidenschaft ist immer siegreich.«

»Ja, Leidenschaft. Aber Woldemar und ich ...«

»Sind auch in Leidenschaft. Sie haben die Freundschaftsleidenschaft, Orest und Pylades – so was hat es immer gegeben. Und dann, was noch viel mehr sagen will, Sie haben nebenher die Konspirationsleidenschaft ...«

»Aber, Herr von Stechlin.«

»Nein, nicht die Konspirationsleidenschaft, ich nehm' es zurück; aber Sie haben dafür was andres, nämlich die Weltverbesserungsleidenschaft. Und das ist eine der größten, die es giebt. Und wenn solche zwei Weltverbesserer zusammen sind, da können Rex und Czako warten, und da kann selbst ein warmes Frühstück warten. Sagt man noch Déjeuner à la fourchette?«

»Kaum, Papa. Wie du weißt, es ist jetzt alles englisch.«

»Natürlich. Die Franzosen sind abgesetzt. Und ist auch recht gut so, wiewohl unsre Vettern drüben erst recht nichts taugen. Selbst ist der Mann. Aber ich glaube, das Frühstück wartet.«

Wirklich, es war so. Während die Herren zu zwei und zwei an der Buchsbaumwandung auf und ab schritten, hatte Engelke den Tisch arrangiert, an den jetzt Wirt und Gäste herantraten.

Es war eine längliche Tafel, deren dem Rundell zugekehrte Längsseite man frei gelassen hatte, was allen einen Überblick über das hübsche Gartenbild gestattete. Dubslav, das Arrangement musternd, nickte Engelke zu, zum Zeichen, daß er's getroffen habe. Dann aber nahm er die Mittelschüssel und sagte, während er sie Rex reichte: »Toujours perdrix. Das heißt, es sind eigentlich Krammetsvögel, wie schon gestern abend. Aber wer weiß, wie Krammetsvögel auf französisch heißen? Ich wenigstens weiß es nicht. Und ich glaube, nicht einmal Tucheband wird uns helfen können.«

Ein allgemeines verlegenes Schweigen bestätigte Dubslavs Vermutung über französische Vokabelkenntnis.

»Wir kamen übrigens,« fuhr dieser fort, »dicht vor Globsow durch einen Dohnenstrich, überall hingen noch viele Krammetsvögel in den Schleifen, was mir auffiel und was ich doch, wie so vieles Gute, meinem alten Krippenstapel zuschreiben muß. Es wäre doch 'ne Kleinigkeit für die Jungens, den Dohnenstrich auszuplündern. Aber so was kommt nicht vor. Was meinen Sie, Lorenzen?«

»Ich freue mich, daß es ist, wie es ist, und daß die Dohnenstriche nicht ausgeplündert werden. Aber ich glaube, Herr von Stechlin, Sie dürfen es Krippenstapel nicht anrechnen.«

Dubslav lachte herzlich. »Da haben wir wieder die alte

Geschichte. Jeder Schulmeister schulmeistert an seinem Pastor herum, und jeder Pastor pastort über seinen Schulmeister. Ewige Rivalität. Der natürliche Zug ist doch, daß die Jungens nehmen, was sie kriegen können. Der Mensch stiehlt wie'n Rabe. Und wenn er's mit einmal unterläßt, so muß das doch 'nen Grund haben.«

»Den hat es auch, Herr von Stechlin. Bloß einen andern. Was sollen sie mit 'nem Krammetsvogel machen? Für uns ist es eine Delikatesse, für einen armen Menschen ist es gar nichts, knapp so viel wie'n Sperling.«

»Ach, Lorenzen, ich sehe schon, Sie liegen da wieder mit dem ›Patrimonium der Enterbten‹ im Anschlag; Sperling, das klingt ganz so. Aber so viel ist doch richtig, daß Krippenstapel die Jungens brillant in Ordnung hält; wie ging das heute Schlag auf Schlag, als ich den kurzgeschornen Schwarzkopp ins Examen nahm und wie stramm waren die Jungens und wie manierlich, als wir sie nach 'ner Stunde in Globsow wiedersahen. Wie sie da so fidel spielten und doch voll Respekt in allem. ›Frei, aber nicht frech‹, das ist so mein Satz.«

Woldemar und Lorenzen, die nicht mit dabei gewesen waren, waren neugierig, auf welchen Vorgang sich all dies Lob des Alten bezöge.

»Was hat denn,« fragte Woldemar, »die Globsower Jungens mit einemmal zu so guter Reputation gebracht?«

»O, es war wirklich scharmant,« sagte Czako »wir steckten noch unter den Waldbäumen, als wir auch schon Stimmen wie Kommandorufe hörten, und kaum daß wir auf einen freien, von Kastanien umstellten Platz hinausgetreten waren (eigentlich war es wohl schon ein großer Fabrikhof), so sahen wir uns wie mitten in einer Bataille.«

Rex nickte zustimmend, während Czako fortfuhr: »Auf unserer Seite stand die bis dahin augenscheinlich siegreiche Partei, deren weiterer Angriff aber wegen der guten gegnerischen Deckung mit einemmale stoppte. Kaum zu verwundern. Denn eben diese Deckung bestand aus wohl tausend, ein großes Karree bildenden Glasballons, hinter die sich die geschlagene Truppe wie hinter eine Barrikade zurückgezogen hatte. Da standen sie nun und nahmen ein mit den massenhaft umherliegenden Kastanien geführtes Feuergefecht auf. Die meisten ihrer Schüsse gingen zu kurz und fielen klappernd wie Hagel auf die Ballons nieder. Ich hätte dem Spiel, ich weiß nicht wie lange, zusehn können. Als man unserer aber ansichtig wurde, stob alles unter Hurra und Mützenschwenken auseinander. Überall sind Photographen. Nur wo sie hingehören, da fehlen sie. Genau so wie bei der Polizei.«

Dubslav hatte schmunzelnd der Schilderung zugehört.

»Hören Sie, Hauptmann, Sie verstehn es aber; Sie können mit 'nem Dukaten den Großen Kurfürsten vergolden.«

»Ja,« sagte Rex, seinen Partner plötzlich im Stiche lassend, »das thut unser Freund Czako nicht anders; dreiviertel ist immer Dichtung.«

»Ich gebe mich auch nicht für einen Historiker aus und am wenigsten für einen korrekten Aktenmenschen.«

»Und dabei, lieber Czako,« nahm jetzt Dubslav das Wort, »dabei bleiben Sie nur. Auf Ihr Spezielles! In so wichtiger Sache müssen Sie mir aber in meiner Lieblingssorte Bescheid thun, nicht in Rotwein, den mein berühmter Miteinsiedler das ›natürliche Getränk des norddeutschen Menschen‹ genannt hatte. Einer seiner mannigfachen Irrtümer; vielleicht der größte. Das natürliche Getränk des norddeutschen Menschen ist am Rhein und Main zu finden. Und am vorzüglichsten da, wo sich, wenn ich den Ausdruck gebrauchen darf, beide vermählen. Ungefähr von dieser Vermählungsstelle kommt auch der hier.« Und dabei wies er auf eine vor ihm stehende Bocksbeutelflasche. »Sehen Sie, meine Herren, verhaßt sind mir alle langen Hälse; das hier aber, das nenn' ich eine gefällige Form. Heißt es nicht irgendwo: ›Laßt mich dicke Leute sehn‹, oder so ähnlich. Da stimm' ich zu; dicke Flaschen, die sind mein Fall.« Und dabei stieß er wiederholt mit Czako an. »Noch einmal, auf Ihr Wohl. Und auf Ihres, Herr von Rex. Und dann auf das Wohl meiner Globsower, oder wenigstens meiner Globsower Jungens, die sich nicht bloß um Fehrbellin kümmern und um Leipzig, sondern, wie wir gesehen haben, auch selber ihre Schlachten schlagen. Ich ärgere mich nur immer, wenn ich diese riesigen Ballons da zwischen meinen Globsowern sehe. Und hinter dem ersten Fabrikhof (ich wollte Sie nur nicht weiter damit behelligen), da ist noch ein zweiter Hof, der sieht noch schlimmer aus. Da stehen nämlich wahre Glasungeheuer, auch Ballons, aber mit langem Hals dran, und die heißen dann Retorten.«

»Aber Papa,« sagte Woldemar, »daß du dich über die paar Retorten und Ballons nie beruhigen kannst. So lang ich nur denken kann, eiferst du dagegen. Es ist doch ein wahres Glück, daß so viel davon in die Welt geht und den armen Fabrikleuten einen guten Lohn sichert. So was wie Streik kommt hier ja gar nicht vor und in diesem Punkt ist unsre Stechliner Gegend doch wirklich noch wie ein Paradies.«

Lorenzen lachte.

»Ja, Lorenzen, Sie lachen,« warf Dubslav hier ein. »Aber bei Lichte besehen hat Woldemar doch recht, was, (und Sie wissen auch warum,) eigentlich nicht oft vorkommt. Es ist genau so, wie er sagt. Natürlich bleibt uns Eva und die Schlange; das ist uralte Erbschaft. Aber so viel noch von guter alter Zeit in dieser Welt zu finden ist, so viel findet sich hier, hier in unsrer lieben alten Grafschaft. Und in dies Bild richtiger Gliederung, oder meinetwegen auch richtiger Unterordnung (denn ich erschrecke vor solchem Worte nicht), in dieses Bild des Friedens paßt mir diese ganze Globsower Retortenbläserei nicht hinein. Und wenn ich nicht fürchten müßte, für einen Querkopf gehalten zu werden, so hätt' ich bei hoher Behörde schon lange meine Vorschläge wegen dieser Retorten und Ballons eingereicht. Und natürlich *gegen* beide. Warum müssen es immer Ballons sein? Und wenn schon, na, dann lieber solche wie diese. *Die* lass' ich mir gefallen.« Und dabei hob er die Bocksbeutelflasche.

»Wie diese,« bestätigte Czako.

»Ja, Czako, Sie sind ganz der Mann, meinen Papa in seiner Idiosynkrasie zu bestärken.«

»Idiosynkrasie,« wiederholte der Alte. »Wenn ich so was höre. Ja, Woldemar, da glaubst du nun wieder wunder was Feines gesagt zu haben. Aber es ist doch bloß ein Wort. Und was bloß ein Wort ist, ist nie was Feines, auch wenn es so aussieht. Dunkle Gefühle, die sind fein. Und so gewiß die Vorstellung, die ich mit dieser lieben Flasche hier verbinde, für mich persönlich was Celestes hat ... kann man Celestes sagen? ...« Lorenzen nickte zustimmend, »so gewiß hat die Vorstellung, die sich für mich an diese Globsower Riesenbocksbeutelflaschen knüpft, etwas Infernalisches.«

»Aber Papa.«

»Still, unterbrich mich nicht, Woldemar. Denn ich komme jetzt eben an eine Berechnung, und bei Berechnungen darf man nicht gestört werden. Über hundert Jahre besteht nun schon diese Glashütte. Und wenn ich nun so das jedesmalige Jahresprodukt mit hundert multipliziere, so rechne ich mir alles in allem wenigstens eine Million heraus. Die schicken sie zunächst in andre Fabriken, und da destillieren sie flott drauf los und zwar allerhand schreckliches Zeug in diese grünen Ballons hinein: Salzsäure, Schwefelsäure, rauchende Salpetersäure. Das ist die schlimmste, die hat immer einen rotgelben Rauch, der einem gleich die Lunge anfrißt. Aber wenn einen der Rauch auch zufrieden läßt, jeder Tropfen brennt ein Loch, in Leinwand oder in Tuch, oder in Leder, überhaupt in alles; alles wird angebrannt und angeätzt. Das ist das Zeichen unsrer Zeit jetzt, ›angebrannt und angeätzt‹. Und wenn ich dann bedenke, daß meine Globsower da mitthun und ganz gemütlich die Werkzeuge liefern für die große Generalweltanbrennung, ja, hören Sie, meine Herren, das giebt mir einen Stich. Und ich muß Ihnen sagen, ich wollte, jeder kriegte lieber einen halben Morgen Land von Staats wegen und kaufte sich zu Ostern ein Ferkelchen, und zu Martini schlachteten sie ein Schwein und hätten den Winter über zwei Speckseiten, jeden Sonntag eine ordentliche Scheibe, und alltags Kartoffeln und Grieben.«

»Aber Herr von Stechlin,« lachte Lorenzen, »das ist ja die reine Neulandtheorie. Das wollen ja die Sozialdemokraten auch.«

»Ach was, Lorenzen, mit Ihnen ist nicht zu reden ... Übrigens Prosit ... wenn Sie's auch eigentlich nicht verdienen.«

Das Frühstück zog sich lange hin, und das dabei geführte Gespräch nahm noch ein paarmal einen Anlauf ins Politische hinein; Lorenzen aber, der kleine Schraubereien gern vermeiden wollte, wich jedesmal geschickt aus und kam lieber auf die Stechliner Kirche zu sprechen. Er war aber auch hier vorsichtig und beschränkte sich, unter Anlehnung an Tucheband, auf Architektonisches und Historisches, bis Dubslav, ziemlich abrupt, ihn fragte: »Wissen Sie denn, Lorenzen, auf unserm Kirchenboden Bescheid? Krippenstapel hat mich erst heute wissen lassen, daß wir da zwei vergoldete Bischöfe mit Krummstab haben. Oder vielleicht sind es auch bloß Äbte.« Lorenzen wußte nichts davon, weshalb ihm Dubslav gutmütig mit dem Finger drohte.

So ging das Gespräch. Aber kurz vor zwei mußte dem allem ein Ende gemacht werden. Engelke kam und meldete, daß die Pferde da und die Mantelsäcke bereits aufgeschnallt seien. Dubslav ergriff sein Glas, um auf ein frohes Wiedersehn anzustoßen. Dann erhob man sich.

Rex, bei Passierung der Rampe, trat noch einmal an die kranke Aloe heran und versicherte, daß solche Blüte doch etwas eigentümlich Geheimnisvolles habe. Dubslav hütete sich, zu widersprechen, und freute sich, daß der Besuch mit etwas für ihn so Erheiterndem abschloß.

Gleich danach ritt man ab. Als sie bei der Glaskugel vorbeikamen, wandten sich alle drei noch einmal zurück, und jeder lüpfte seine Mütze. Dann ging es, zwischen den Findlingen hin, auf die Dorfstraße hinaus, auf der eben eine ziemlich ramponiert aussehende Halbchaise, das lederne Verdeck zurückgeschlagen, an ihnen vorüberfuhr; die Sitze leer, alles an dem Fuhrwerk ließ Ordnung und Sauberkeit vermissen; das eine Pferd war leidlich gut, das andre schlecht, und zu dem neuen Livreerock des Kutschers wollte der alte Hut, der wie ein fuchsiges Torfstück aussah, nicht recht passen.

»Das war ja Gundermanns Wagen.«

»So, so,« sagte Czako. »Auf den hätt' ich beinah' geraten.«

»Ja, dieser Gundermann«, lachte Woldemar. »Mein Vater wollt' Ihnen gestern gern etwas Grafschaftliches vorsetzen, aber er vergriff sich. Gundermann auf Siebenmühlen ist so ziemlich unsere schlechteste Nummer. Ich sehe, er hat Ihnen nicht recht gefallen.«

»Gott, gefallen, Stechlin, – was heißt gefallen? Eigentlich gefällt mir jeder oder auch keiner. Eine Dame hat mir mal gesagt, die langweiligen Leute wären schließlich gerade so gut wie die interessanten, und es hat was für sich. Aber dieser Gundermann! Zu welchem Zwecke läßt er denn eigentlich seinen leeren Wagen in der Welt herumkutschieren?«

»Ich bin dessen auch nicht sicher. Wahrscheinlich in Wahlangelegenheiten. Er persönlich wird irgendwo hängen geblieben sein, um Stimmen einzufangen. Unser alter braver Kortschädel nämlich, der allgemein beliebt war, ist diesen Sommer gestorben, und da will nun Gundermann, der sich auf den Konservativen hin ausspielt, aber keiner ist, im Trüben fischen. Er intrigiert. Ich habe das in einem Gespräch, das ich mit ihm hatte, ziemlich deutlich herausgehört, und Lorenzen hat es mir bestätigt.«

»Ich kann mir denken,« sagte Rex, »daß gerade Lorenzen gegen ihn ist. Aber dieser Gundermann, für den ich weiter nichts übrig habe, hat doch wenigstens die richtigen Prinzipien.«

»Ach, Rex, ich bitte Sie,« sagte Czako, »richtige Prinzipien! Geschmacklosigkeiten hat er und öde Redensarten. Dreimal hab' ich ihn sagen hören: ›Das wäre wieder Wasser auf die Mühlen der Sozialdemokratie.‹ So was sagt kein anständiger Mensch mehr, und jedenfalls setzt er nicht hinzu: ›daß er das Wasser abstellen wolle.‹ Das ist ja eine schreckliche Wendung.«

Unter diesen Worten waren sie bis an den hochüberwölbten Teil der Kastanienallee gekommen.

Engelke, der gleich frühmorgens ein allerschönstes Wetter in Aussicht gestellt hatte, hatte recht behalten; es war ein richtiger Oktobertag, klar und frisch und milde zugleich. Die Sonne fiel hie und da durch das noch ziemlich dichte Laub, und die Reiter freuten sich des Spieles der Schatten und Lichter. Aber noch anmutiger gestaltete sich das Bild, als sie bald danach in einen Seitenweg einmündeten, der sich durch eine flache, nur hie und da von Wasserlachen durchzogene Wiesenlandschaft hinschlängelte. Die großen Heiden und Forsten, die das eigentlich Charakteristische dieses nordöstlichen Grafschaftswinkels bilden, traten an dieser Stelle weit zurück, und nur ein paar einzelne, wie vorgeschobene Koulissen wirkende Waldstreifen wurden sichtbar.

Alle drei hielten an, um das Bild auf sich wirken zu lassen; aber sie kamen nicht recht dazu, weil sie, während sie sich umschauten, eines alten Mannes ansichtig wurden, der, nur durch einen flachen Graben von ihnen getrennt, auf einem Stück Wiese stand und das hochstehende Gras mähte. Jetzt erst sah auch er von seiner Arbeit auf und zog seine Mütze. Die Herren thaten ein Gleiches und schwankten, ob sie näher heranreiten und eine Ansprache mit ihm haben sollten. Aber er schien das weder zu wünschen noch zu erwarten, und so ritten sie denn weiter.

»Mein Gott,« sagte Rex, »das war ja Krippenstapel. Und hier draußen, so weit ab von seiner Schule. Wenn er nicht die Seehundsfellmütze gehabt hätte, die wie aus einer konfiszierten Schulmappe geschnitten aussah, hätt' ich ihn nicht wieder erkannt.«

»Ja, er war es, und das mit der Schulmappe wird wohl auch zutreffen,« sagte Woldemar. »Krippenstapel kann eben alles – der reine Robinson.«

»Ja, Stechlin,« warf Czako hier ein, »Sie sagen das so hin, als ob Sie's bespötteln wollten. Eigentlich ist es doch aber was Großes, sich immer selber helfen zu können. Er wird wohl 'nen Sparren haben, zugegeben, aber Ihrem gepriesenen Lorenzen ist er denn doch um ein gut Stück überlegen. Schon weil er ein Original ist und ein Eulengesicht hat. Eulengesichtsmenschen sind anderen Menschen fast immer überlegen.«

»Aber Czako, ich bitte Sie, das ist ja doch alles Unsinn. Und Sie wissen es auch. Sie möchten nur, ganz wie Rex, wenn auch aus einem andern Motiv, dem armen Lorenzen was am

Zeug flicken, bloß weil Sie herausfühlen: ›das ist eine lautere Persönlichkeit‹.«

»Da thun Sie mir unrecht, Stechlin. Ganz und gar. Ich bin auch fürs Lautere, wenn ich nur persönlich nicht in Anspruch genommen werde.«

»Nun, davor sind Sie sicher, – vom Brombeerstrauch keine Trauben. Im übrigen muß ich hier abbrechen und Sie bitten, mich auf ein Weilchen entschuldigen zu wollen. Ich muß da nämlich nach dem Forsthause hinüber, da drüben neben der Waldecke.«

»Aber Stechlin, was wollen Sie denn bei 'nem Förster?«

»Kein Förster. Es ist ein Oberförster, zu dem ich will, und zwar derselbe, den Sie gestern abend bei meinem Papa gesehn haben. Oberförster Katzler, bürgerlich, aber doch beinah' schon historischer Name.«

»So, so; jedenfalls nach dem, was mir Rex erzählt, ein brillanter Billardspieler. Und doch, wenn Sie nicht ganz intim mit ihm sind, find' ich diesen Abstecher übertrieben artig.«

»Sie hätten recht, Czako, wenn es sich lediglich um Katzler handelte. Das ist aber nicht der Fall. Es handelt sich nicht um ihn, sondern um seine junge Frau.«

»A la bonne heure.«

»Ja, da sind Sie nun auch wieder auf einer falschen Fährte. So was kann nicht vorkommen, ganz abgesehen davon, daß mit Oberförstern immer schlecht Kirschen pflücken ist; die blasen einen weg, man weiß nicht wie ... Es handelt sich hier einfach um einen Teilnahmebesuch, um etwas, wenn Sie wollen, schön Menschliches. Frau Katzler erwartet nämlich.«

»Aber mein Gott, Stechlin, Ihre Worte werden immer rätselhafter. Sie können doch nicht bei jeder Oberförstersfrau, die ›erwartet‹, eine Visite machen wollen. Das wäre denn doch eine Riesenaufgabe, selbst wenn Sie sich auf Ihre Grafschaft hier beschränken wollten.«

»Es liegt alles ganz exceptionell. Übrigens mach' ich es kurz mit meinem Besuch, und wenn Sie Schritt reiten, worum ich bitte, so hol' ich Sie bei Genshagen noch wieder ein. Von da bis Wutz haben wir kaum noch eine Stunde, und wenn wir's forcieren wollen, keine halbe.«

Und während er noch so sprach, bog er rechts ein und ritt auf das Forsthaus zu.

Woldemar hatte die Mitte zwischen Rex und Czako gehabt; jetzt ritten diese beiden nebeneinander. Czako war neugierig und hätte gern Fritz herangerufen, um dies und das über Katzler und Frau zu hören. Aber er sah ein, daß das nicht ginge. So blieb ihm nichts als ein Meinungsaustausch mit Rex.

»Sehn Sie,« hob er an, »unser Freund Woldemar, trabt er da nicht hin, wie wenn er dem Glücke nachjagte? Glauben Sie mir, da steckt 'ne Geschichte dahinter. Er hat die Frau geliebt oder liebt sie noch. Und dies merkwürdige Interesse für den in Sicht stehenden Erdenbürger. Übrigens vielleicht ein Mädchen. Was meinen Sie dazu, Rex?«

»Ach Czako, Sie wollen ja doch nur hören, was Ihrer eignen frivolen Natur entspricht. Sie haben keinen Glauben an reine Verhältnisse. Sehr mit Unrecht. Ich kann Ihnen versichern, es giebt dergleichen.«

»Nun ja, Sie, Rex. Sie, der sich Frühgottesdienste leistet. Aber Stechlin ...«

»Stechlin ist auch eine sittliche Natur. Sittlichkeit ist ihm angeboren, und was er von Natur mitbrachte, das hat sein Regiment weiter in ihm ausgebildet.«

Czako lachte. »Nun hören Sie, Rex, Regimenter kenn' ich doch auch. Es giebt ihrer von allen Arten, aber Sittlichkeitsregimenter kenn' ich noch nicht.«

»Es giebt's ihrer aber. Zum mindesten hat's ihrer immer gegeben, sogar solche mit Askese.«

»Nun ja, Cromwell und die Puritaner. Aber ›long, long

ago‹. Verzeihen Sie die abgedudelte Phrase. Aber wenn sich's um so feine Dinge wie Askese handelt, muß man notwendig einen englischen Brocken einschalten. In Wirklichkeit bleibt alles beim alten. Sie sind ein schlechter Menschenkenner, Rex, wie alle Konventikler. Die glauben immer, was sie wünschen. Und auch an unserm Stechlin werden Sie mutmaßlich erfahren, wie falsch Sie gerechnet haben. Im übrigen kommt da gerade zu rechter Zeit ein Wegweiser. Lassen Sie uns nachsehen, wo wir eigentlich sind. Wir reiten so immer drauf los und wissen nicht mehr, ob links oder rechts.«

Rex, der von dem Wegweiser nichts wissen wollte, war einfach für Weiterreiten, und das war auch das richtige. Denn keine halbe Stunde mehr, so holte Stechlin sie wieder ein. »Ich wußte, daß ich Sie noch vor Genshagen treffen würde. Die Frau Oberförsterin läßt sich übrigens den Herren empfehlen. Er war nicht da, was recht gut war.«

»Kann ich mir denken,« sagte Czako.

»Und was noch besser war, sie sah brillant aus. Eigentlich ist sie nicht hübsch, Blondine mit großen Vergißmeinnichtaugen und etwas lymphatisch; auch wohl nicht ganz gesund. Aber sonderbar, solche Damen, wenn was in Sicht steht, sehen immer besser aus als in natürlicher Verfassung, ein Zustand, der allerdings bei der Katzler kaum vorkommt. Sie ist noch nicht volle sechs Jahre verheiratet und erwartet mit nächstem das Siebente.«

»Das ist aber doch unerhört. Ich glaube, so was ist Scheidungsgrund.«

»Mir nicht bekannt und auch, offen gestanden, nicht sehr wahrscheinlich. Jedenfalls wird es die Prinzessin nicht als Scheidungsgrund nehmen.«

»Die Prinzessin?« fuhren Rex und Czako a tempo heraus.

»Ja, die Prinzessin,« wiederholte Woldemar. »Ich war all die Zeit über gespannt, was das wohl für einen Eindruck auf

Sie machen würde, weshalb ich mich auch gehütet habe, vorher mit Andeutungen zu kommen. Und es traf sich gut, daß mein Vater gestern abend nur so ganz leicht drüber hinging, ich möchte beinah' sagen diskret, was sonst nicht seine Sache ist.«

»Prinzessin,« wiederholte Rex, dem die Sache beinah' den Atem nahm. »Und aus einem regierenden Hause?«

»Ja, was heißt aus einem regierenden Hause? Regiert haben sie alle mal. Und soviel ich weiß, wird ihnen dies ›mal regiert haben‹ auch immer noch angerechnet, wenigstens sowie sich's um Eheschließungen handelt. Um so großartiger, wenn einzelne der hier in Betracht kommenden Damen auf alle diese Vorrechte verzichten und ohne Rücksicht auf Ebenbürtigkeit sich aus reiner Liebe vermählen. Ich sage ›vermählen‹, weil ›sich verheiraten‹ etwas plebeje klingt. Frau Katzler ist eine Ippe-Büchsenstein.«

»Eine Ippe!« sagte Rex. »Nicht zu glauben. Und erwartet wieder. Ich bekenne, daß mich das am meisten chokiert. Diese Ausgiebigkeit, ich finde kein andres Wort, oder richtiger, ich *will* kein andres finden, ist doch eigentlich das Bürgerlichste, was es giebt.«

»Zugegeben. Und so hat es die Prinzessin auch wohl selber aufgefaßt. Aber das ist gerade das Große an der Sache; ja, so sonderbar es klingt, das Ideale.«

»Stechlin, Sie können nicht verlangen, daß man das so ohne weiteres versteht. Ein halb Dutzend Bälge, wo steckt da das Ideale?«

»Doch, Rex, doch. Die Prinzessin selbst, und das ist das Rührendste, hat sich darüber ganz unumwunden ausgesprochen. Und zwar zu meinem Alten. Sie sieht ihn öfter und möcht' ihn, glaub' ich, bekehren, – sie ist nämlich von der strengen Richtung und hält sich auch zu Superintendent Koseleger, unserm Papst hier. Und kurz und gut, sie macht meinem Papa beinah' den Hof und erklärt ihn für einen perfekten Kavalier, wobei Katzler immer ein etwas süßsaures Gesicht macht, aber natürlich nicht widerspricht.«

»Und wie kam sie nur dazu, Ihrem Papa gerade Konfessions in einer so delikaten Sache zu machen?«

»Das war voriges Jahr, genau um diese Zeit, als sie auch mal wieder erwartete. Da war mein Vater drüben und sprach, als das durch die Situation gegebene Thema berührt wurde, halb diplomatisch, halb humoristisch von der Königin Luise, hinsichtlich deren der alte Doktor Heim, als der Königin das ›Sechste oder Siebente‹ geboren werden sollte, ziemlich freiweg von der Notwendigkeit der ›Brache‹ gesprochen hatte.«

»Bißchen stark«, sagte Rex. »Ganz im alten Heim-Stil. Aber freilich, Königinnen lassen sich viel gefallen. Und wie nahm es die Prinzessin auf?«

»O, sie war reizend, lachte, war weder verlegen noch verstimmt, sondern nahm meines Vaters Hand so zutraulich, wie wenn sie seine Tochter gewesen wäre. ›Ja, lieber Herr von Stechlin,‹ sagte sie, ›wer A sagt, der muß auch B sagen. Wenn ich diesen Segen durchaus nicht wollte, dann mußt' ich einen Durchschnittsprinzen heiraten, – da hätt' ich vielleicht das gehabt, was der alte Heim empfehlen zu müssen glaubte. Statt dessen nahm ich aber meinen guten Katzler. Herrlicher Mann. Sie kennen ihn und wissen, er hat die schöne Einfachheit aller stattlichen Männer, und seine Fähigkeiten, soweit sich überhaupt davon sprechen läßt, haben etwas Einseitiges. Als ich ihn heiratete, war ich deshalb ganz von dem einen Gedanken erfüllt, alles Prinzeßliche von mir abzustreifen und nichts bestehen zu lassen, woraus Übelwollende hätten herleiten können: „Ah, sie will immer noch eine Prinzessin sein." Ich entschloß mich also für das Bürgerliche, und zwar „voll und ganz", wie man jetzt, glaub' ich, sagt. Und was dann kam, nun, das war einfach die natürliche Konsequenz.‹«

»Großartig,« sagte Rex. »Ich entschlage mich nach solchen Mitteilungen jeder weiteren Opposition. Welch ein Maß von Entsagung! Denn auch im Nichtentsagen kann ein Entsagen liegen. Andauernde Opferung eines Innersten und Höchsten.«

»Unglaublich!« lachte Czako. »Rex, Rex. Ich hab' Ihnen da schon vorhin alle Menschenkenntnis abgesprochen. Aber hier übertrumpfen Sie sich selbst. Wer Konventikel leitet, der sollte doch wenigstens die Weiber kennen. Erinnern Sie sich, Stechlin sagte, sie sei lymphatisch und habe Vergißmeinnichtaugen. Und nun sehen Sie sich den Katzler an. Beinah' sechs Fuß und rotblond und das Eiserne Kreuz.«

»Czako, Sie sind mal wieder frivol. Aber man darf es mit Ihnen so genau nicht nehmen. Das ist das Slavische, was in Ihnen nachspukt; latente Sinnlichkeit.«

»Ja, sehr latent; durchaus vergrabner Schatz. Und ich wollte wohl, daß ich in die Lage käme, besser damit wuchern zu können. Aber ...«

So ging das Gespräch noch eine gute Weile.

Die große Chaussee, darauf ihr Weg inzwischen wieder eingemündet, stieg allmählich an, und als man den Höhepunkt dieser Steigung erreicht hatte, lag das Kloster samt seinem gleichnamigen Städtchen in verhältnismäßiger Nähe vor ihnen. Auf ihrem Hinritte hatten Rex und Czako so wenig davon zu Gesicht bekommen, daß ein gewisses Betroffensein über die Schönheit des sich ihnen jetzt darbietenden Landschafts- und Architekturbildes kaum ausbleiben konnte. Czako besonders war ganz aus dem Häuschen, aber auch Rex stimmte mit ein. »Die große Feldsteingiebelwand,« sagte er, »so gewagt im allgemeinen bestimmte Zeitangaben auf diesem Gebiete sind, möcht' ich in das Jahr 1375, also Landbuch Kaiser Karls IV., setzen dürfen.«

»Wohl möglich,« lachte Woldemar. »Es giebt nämlich Zahlen, die nicht gut widerlegt werden können, und ›Landbuch Kaiser Karls IV.‹ paßt beinah immer.«

Rex hörte drüber hin, weil er in seinem Geiste mal wieder einer allgemeineren und zugleich höheren Auffassung der Dinge zustrebte. »Ja, meine Herren,« hob er an, »das geschmähte Mittelalter. Da verstand man's. Ich wage den Ausspruch, den ich übrigens nicht einem Kunsthandbuch entnehme, sondern der langsam in mir herangereift ist: ›Die Platzfrage geht über die Stilfrage.‹ Jetzt wählt man immer die häßlichste Stelle. Das Mittelalter hatte noch keine Brillen, aber man sah besser.«

»Gewiß,« sagte Czako. »Aber dieser Angriff auf die Brillen, Rex, ist nichts für Sie. Wer mit seinem Pincenez oder Monocle so viel operiert ...«

Das Gespräch kam nicht weiter, weil in eben diesem Augenblicke mächtige Turmuhrschläge vom Städtchen Wutz her herüberklangen. Man hielt an, und jeder zählte. »Vier.« Kaum aber hatte die Uhr ausgeschlagen, so begann eine zweite und that auch ihre vier Schläge.

»Das ist die Klosteruhr,« sagte Czako.

»Warum?«

»Weil sie nachschlägt; alle Klosteruhren gehen nach. Natürlich. Aber wie dem auch sei, Freund Woldemar hat uns, glaub' ich, für vier Uhr angemeldet, und so werden wir uns eilen müssen.«

Kloster Wutz.

Siebentes Kapitel.

Alle setzten sich denn auch wieder in Trab, mit ihnen Fritz, der dabei näher an die voraufreitenden Herren herankam. Das Gespräch schwieg ganz, weil jeder in Erwartung der kommenden Dinge war.

Die Chaussee lief hier, auf eine gute Strecke, zwischen Pappeln hin, als man aber bis in unmittelbare Nähe von Kloster Wutz gekommen war, hörten diese Pappeln auf, und der sich mehr und mehr verschmälernde Weg wurde zu beiden Seiten von Feldsteinmauern eingefaßt, über die man alsbald in die verschiedensten Gartenanlagen mit allerhand Küchen- und Blumenbeeten und mit vielen Obstbäumen dazwischen hineinsah. Alle drei ließen jetzt die Pferde wieder in Schritt fallen.

»Der Garten hier links,« sagte Woldemar, »ist der Garten der Domina, meiner Tante Adelheid; etwas primitiv, aber wundervolles Obst. Und hier gleich rechts, da bauen die Stiftsdamen ihren Dill und ihren Meiran. Es sind aber nur ihrer vier, und wenn welche gestorben sind – aber sie sterben selten – so sind es noch weniger.«

Unter diesen orientierenden Mitteilungen des hier aus seinen Knabenjahren her Weg und Steg kennenden Woldemar waren alle durch eine Mauereröffnung in einen großen Wirtschaftshof eingeritten, der baulich so ziemlich jegliches enthielt, was hier, bis in die Tage des Dreißigjährigen Krieges hinein, der dann freilich alles zerstörte, mal Kloster Wutz gewesen war. Vom Sattel aus ließ sich alles bequem überblicken. Das meiste, was sie sahen, waren wirr durcheinander geworfene, von Baum und Strauch überwachsene Trümmermassen.

»Es erinnert mich an den Palatin,« sagte Rex, »nur ins christlich Gotische transponiert.«

»Gewiß,« bestätigte Czako lachend. »So weit ich urteilen kann, sehr ähnlich. Schade, daß Krippenstapel nicht da ist. Oder Tucheband.«

Damit brach das Gespräch wieder ab.

In der That, wohin man sah, lagen Mauerreste, in die, seltsamlich genug, die Wohnungen der Klosterfrauen eingebaut waren, zunächst die größere der Domina, daneben die kleineren der vier Stiftsdamen, alles an der vorderen Langseite hin. Dieser gegenüber aber zog sich eine zweite, parallel laufende Trümmerlinie, darin die Stallgebäude, die Remisen und die Rollkammern untergebracht waren. Verblieben nur noch die zwei Schmalseiten, von denen die eine nichts als eine von Holunderbüschen übergrünte Mauer, die andere dagegen eine hochaufragende mächtige Giebelwand war, dieselbe, die man schon beim Anritt aus einiger Entfernung gesehen hatte. Sie stand da, wie bereit, alles unter ihrem beständig drohenden Niedersturz zu begraben, und nur das eine konnte wieder beruhigen, daß sich auf höchster Spitze der Wand ein Storchenpaar eingenistet hatte. Störche, deren feines Vorgefühl immer weiß, ob etwas hält oder fällt.

Von der Maueröffnung, durch die man eingeritten, bis an die in die Feldsteintrümmer eingebauten Wohngebäude waren nur wenige Schritte, und als man davor hielt, erschien alsbald die Domina selbst, um ihren Neffen und seine beiden Freunde zu begrüßen. Fritz, der, wie überall, so auch hier Bescheid wußte, nahm die Pferde, um sie nach einem an der andern Seite gelegenen Stallgebäude hinüberzuführen, während Rex und Czako nach kurzer Vorstellung in den von Schränken umstellten Flur eintraten.

»Ich habe dein Telegramm,« sagte die Domina, »erst um ein Uhr erhalten. Es geht über Gransee, und der Bote muß weit laufen. Aber sie wollen ihm ein Rad anschaffen, solches wie jetzt überall Mode ist. Ich sage Rad, weil ich das fremde Wort, das so verschieden ausgesprochen wird, nicht leiden kann. Manche sagen ›ci‹, und manche sagen ›schi‹. Bildungsprätensionen sind mir fremd, aber man will sich doch auch nicht bloßstellen.«

Eine Treppe führte bis in den ersten Stock hinauf, eigentlich war es nur eine Stiege. Die Domina, nachdem sie die Herren bis an die unterste Stufe begleitet hatte, verabschiedete sich hier auf eine Weile. »Du wirst so gut sein, Woldemar, alles in deine Hand zu nehmen. Führe die Herren hinauf. Ich habe unser bescheidenes Klostermahl auf fünf Uhr angeordnet; also noch eine gute halbe Stunde. Bis dahin, meine Herren.«

Oben war eine große Plättkammer zur Fremdenstube hergerichtet worden. Ein Waschtisch mit Finkennäpfchen und Krügen in Kleinformat war aufgestellt worden, was in Erwägung der beinah liliputanischen Raumverhältnisse durchaus passend gewesen wäre, wenn nicht sechs an eben so vielen Thürhaken hängende Riesenhandtücher das Ensemble wieder gestört hätten. Rex, der sich – ihn drückten die Stiefel – auf kurze zehn Minuten nach einer kleinen Erleichterung sehnte, bediente sich eines eisernen Stiefelknechts, während Czako sein Gesicht in einer der kleinen Waschschüsseln begrub und beim Abreiben das feste Gewebe der Handtücher lobte.

»Sicherlich Eigengespinst. Überhaupt, Stechlin, das muß wahr sein, Ihre Tante hat so was; man merkt doch, daß sie das Regiment führt. Und wohl schon seit lange. Wenn ich recht gehört, ist sie älter als Ihr Papa.«

»O, viel; beinahe um zehn Jahre. Sie wird sechsundsiebzig.«

»Ein respektables Alter. Und ich muß sagen, wohl konserviert.«

»Ja, man kann es beinahe sagen. Das ist eben der Vorzug solcher, die man ›schlank‹ nennt. Beiläufig ein Euphemismus. Wo nichts ist, hat der Kaiser sein Recht verloren und die Zeit natürlich auch; sie kann nichts nehmen, wo sie nichts mehr findet. Aber ich denke – Rex thut mir übrigens leid, weil er wieder in seine Stiefel muß – wir begeben uns jetzt nach unten und machen uns möglichst liebenswürdig bei der Tante. Sie wird uns wohl schon erwarten, um uns ihren Liebling vorzustellen.«

»Wer ist das?«

»Nun, das wechselt. Aber da es bloß vier sein können, so kommt jeder bald wieder an die Reihe. Während ich das letzte Mal hier war, war es ein Fräulein von Schmargendorf. Und es ist leicht möglich, daß sie jetzt gerade wieder dran ist.«

»Eine nette Dame?«

»O ja. Ein Pummel.«

Und wie vorgeschlagen, nach kurzem »Sichadjustieren« in der improvisierten Fremdenstube, kehrten alle drei Herren in Tante Adelheids Salon zurück, der niedrig und verblakt und etwas altmodisch war. Die Möbel, lauter Erbschaftsstücke, wirkten in dem niedrigen Raume beinahe grotesk, und die schwere Tischdecke, mit einer mächtigen, ziemlich modernen Astrallampe darauf, paßte schlecht zu dem Zeisigbauer am Fenster und noch schlechter zu dem über einem kleinen Klavier hängenden Schlachtenbilde: »König Wilhelm auf der Höhe von Lipa«. Trotzdem hatte dies stillose Durcheinander etwas Anheimelndes. In dem primitiven Kamin – nur eine Steinplatte mit Rauchfang – war ein Holzfeuer angezündet; beide Fenster standen auf, waren aber durch schwere Gardinen so gut wie wieder geschlossen, und aus dem etwas schief über dem Sofa hängenden Quadratspiegel wuchsen drei Pfauenfedern heraus.

Tante Adelheid hatte sich in Staat geworfen und ihre Karlsbader Granatbrosche vorgesteckt, die der alte Dubslav wegen der sieben mittelgroßen Steine, die einen größeren und buckelartig vorspringenden umstanden, die »Sieben-Kurfürsten-Brosche« nannte. Der hohe hagere Hals ließ die Domina noch größer und herrischer erscheinen, als sie war, und rechtfertigte durchaus die brüderliche Malice: »Wickelkinder, wenn sie sie sehen, werden unruhig, und wenn sie zärtlich wird, fangen sie an zu schreien.« Man sah ihr an, daß sie nur immer vorübergehend in einer höheren Gesellschaftssphäre gelebt hatte, sich trotzdem aber zeitlebens der angeborenen Zugehörigkeit zu eben diesen Kreisen bewußt gewesen war. Daß man sie zur Domina gemacht hatte, war nur zu billigen. Sie wußte zu rechnen und anzuordnen und war nicht bloß von sehr gutem natürlichen Verstand, sondern unter Umständen auch voller Interesse für ganz bestimmte Personen und Dinge. Was aber, trotz solcher Vorzüge, den Verkehr mit ihr so schwer machte, das war die tiefe Prosa ihrer Natur, das märkisch Enge, das Mißtrauen gegen alles, was die Welt der Schönheit oder gar der Freiheit auch nur streifte.

Sie erhob sich, als die drei Herren eintraten, und war gegen Rex und Czako aufs neue von verbindlichstem Entgegenkommen. »Ich muß Ihnen noch einmal aussprechen, meine Herren, wie sehr ich bedaure, Sie nur so kurze Zeit unter meinem Dache sehen zu dürfen.«

»Du vergißt *mich*, liebe Tante,« sagte Woldemar. »Ich bleibe dir noch eine gute Weile. Mein Zug geht, glaub' ich, erst um neun. Und bis dahin erzähl' ich dir eine Welt und – beichte.«

»Nein, nein, Woldemar, nicht das, nicht das. Erzählen sollst du mir recht, recht viel. Und ich habe sogar Fragen auf dem

Herzen. Du weißt wohl schon, welche. Aber nur nicht beichten. Schon das Wort macht mir jedesmal ein Unbehagen. Es hat solch ausgesprochen katholischen Beigeschmack. Unser Rentmeister Fix hat recht, wenn er sagt: ›Beichte sei nichts, weil immer unaufrichtig, und es habe in Berlin – aber das sei nun freilich schon sehr, sehr lange her – einen Geistlichen gegeben, der habe den Beichtstuhl einen Satansstuhl genannt‹. Das find' ich nun offenbar übertrieben und habe mich auch in diesem Sinne zu Fix geäußert. Aber andrerseits freue ich mich doch immer aufrichtig, einem so mutig protestantischen Worte zu begegnen. Mut ist, was uns not thut. Ein fester Protestant, selbst wenn er schroff auftritt, ist mir jedesmal eine Herzstärkung, und ich darf ein gleiches Empfinden auch wohl bei Ihnen, Herr von Rex, voraussetzen.«

Rex verbeugte sich. Woldemar aber sagte zu Czako: »Ja, Czako, da sehen Sie's. Sie sind nicht einmal genannt worden. Eine Domina – verzeih, Tante – bildet eben ein feines Unterscheidungsvermögen aus.«

Die Tante lächelte gnädig und sagte: »Herr von Czako ist Offizier. Es giebt viele Wohnungen in meines Vaters Hause. Das aber muß ich aussprechen, der Unglaube wächst und das Katholische wächst auch. Und das Katholische, das ist das Schlimmere. Götzendienst ist schlimmer als Unglaube.«

»Gehst du darin nicht zu weit, liebe Tante?«

»Nein, Woldemar. Sieh, der Unglaube, der ein Nichts ist, kann den lieben Gott nicht beleidigen; aber Götzendienst beleidigt ihn. Du sollst keine andern Götter haben neben mir. Da steht es. Und nun gar der Papst in Rom, der ein Obergott sein will und unfehlbar.«

Czako, während Rex schwieg und nur seine Verbeugung wiederholte, kam auf die verwegene Idee, für Papst und Papsttum eine Lanze brechen zu wollen, entschlug sich dieses Vorhabens aber, als er wahrnahm, daß die alte Dame ihr Dominagesicht aufsetzte. Das war indessen nur eine rasch vorüberziehende Wolke. Dann fuhr Tante Adelheid, das Thema wechselnd, in schnell wiedergewonnener guter Laune fort: »Ich habe die Fenster öffnen lassen. Aber auch jetzt noch, meine Herren, ist es ein wenig stickig. Das macht die niedrige Decke. Darf ich Sie vielleicht auffordern, noch eine Promenade durch unsern Garten zu machen? Unser Klostergarten ist eigentlich das Beste, was wir hier haben. Nur der unsers Rentmeisters ist noch gepflegter und größer und liegt auch am See. Rentmeister Fix, der hier alles zusammenhält, ist uns, wie in wirtschaftlichen Dingen, so auch namentlich in seinen Gartenanlagen, ein Vorbild; überhaupt ein charaktervoller Mann, und dabei treu wie Gold, trotzdem sein Gehalt unbedeutend ist und seine Nebeneinnahmen ganz unsicher in der Luft schweben. Ich hatte Fix denn auch bitten lassen, mit uns bei Tisch zu sein; er versteht so gut zu plaudern, gut und leicht, ja beinahe freimütig und doch immer durchaus diskret. Aber er ist dienstlich verhindert. Die Herren müssen sich also mit mir begnügen und mit einer unsrer Konventualinnen, einem mir lieben Fräulein, das immer munter und ausgelassen, aber doch zugleich bekenntnisstreng ist, ganz von jener schönen Heiterkeit, die man bloß bei denen findet, deren Glaube feste Wurzeln getrieben hat. Ein gut Gewissen ist das beste Ruhekissen. Damit hängt es wohl zusammen.«

Rex, an den sich diese Worte vorzugsweise gerichtet hatten, drückte wiederholt seine Zustimmung aus, während Czako beklagte, daß Fix verhindert sei. »Solche Männer sprechen zu hören, die mit dem Volke Fühlung haben und genau wissen, wie's einerseits in den Schlössern, andererseits in den Hütten der Armut aussieht, das ist immer in hohem Maße fördernd und lehrreich und ein Etwas, auf das ich jederzeit ungern verzichte.«

Gleich danach erhob man sich und ging ins Freie.

Der Garten war von sehr ländlicher Art. Durch seine ganze Länge hin zog sich ein von Buchsbaumrabatten eingefaßter Gang, neben dem links und rechts, in wohlgepflegten Beeten, Rittersporn und Studentenblumen blühten. Gerade in seiner Mitte weitete sich der sonst schmale Gang zu einem runden Platz aus, darauf eine große Glaskugel stand, ganz an die Stechliner erinnernd, nur mit dem Unterschied, daß hier das eingelegte blanke Zinn fehlte. Beide Kugeln stammten natürlich aus der Globsower »grünen Hütte«. Weiterhin, ganz am Ausgange des Gartens, wurde man eines etwas schiefen Bretterzaunes ansichtig, mit einem Pflaumenbaum dahinter, dessen einer Hauptzweig aus dem Nachbargarten her in den der Domina herüberreichte.

Rex führte die Tante. Dann folgte Woldemar mit Hauptmann Czako, weit genug ab von dem voraufgehenden Paar, um ungeniert miteinander sprechen zu können.

»Nun, Czako,« sagte Woldemar, »bleiben wir, wenn's sein kann, noch ein bißchen weiter zurück. Ich kann Ihnen gar nicht sagen, wie gern ich in diesem Garten bin. Allen Ernstes. Ich habe hier nämlich als Junge hundertmal gespielt und in den Birnbäumen gesessen; damals standen hier noch etliche, hier links, wo jetzt die Mohrrübenbeete stehen. Ich mache mir nichts aus Mohrrüben, woraus ich übrigens schließe, daß wir heute welche zu Tisch kriegen. Wie gefällt Ihnen der Garten?«

»Ausgezeichnet. Es ist ja eigentlich ein Bauerngarten, aber doch mit viel Rittersporn drin. Und zu jedem Rittersporn gehört eine Stiftsdame.«

»Nein, Czako, nicht so. Sagen Sie mir ganz ernsthaft, ob Sie solche Gärten leiden können.«

»Ich kann solche Gärten eigentlich nur leiden, wenn sie eine Kegelbahn haben. Und dieser hier ist wie geschaffen dazu, lang und schmal. Alle unsre modernen Kegelbahnen sind zu kurz, wie früher alle Betten zu kurz waren. Wenn die Kugel aufsetzt, ist sie auch schon da, und der Bengel unten schreit einen an mit seinem ›acht um den König‹. Für mich fängt das Vergnügen erst an, wenn das Brett lang ist und man der Kugel anmerkt, sie möchte links oder rechts abirren, aber die eingeborene Gewalt zwingt sie zum Ausharren, zum Bleiben auf der rechten Bahn. Es hat was Symbolisches oder Pädagogisches, oder meinetwegen auch Politisches.«

Unter diesem Gespräche waren sie, ganz nach unten hin, bis an die Stelle gekommen, wo der nachbarliche Pflaumenbaum seinen Zweig über den Zaun wegstreckte. Neben dem Zaun aber, in gleicher Linie mit ihm, stand eine grüngestrichene Bank, auf der, von dem Gezweig überdacht, eine Dame saß, mit einem kleinen runden Hut und einer Adlerfeder. Als sich die Herrschaften ihr näherten, erhob sie sich und schritt auf die Domina zu, dieser die Hand zu küssen; zugleich verneigte sie sich gegen die drei Herren.

»Erlauben Sie mir,« sagte Adelheid, »Sie mit meiner lieben Freundin, Fräulein von Schmargendorf, bekannt zu machen. Hauptmann von Czako, Ministerialassessor von Rex ... Meinen Neffen, liebe Schmargendorf, kennen Sie ja.«

Adelheid, als sie so vorgestellt hatte, zog ihre kleine Uhr aus dem Gürtel hervor und sagte: »Wir haben noch zehn Minuten. Wenn es Ihnen recht ist, bleiben wir noch in Gottes freier Natur. Woldemar, führe meine liebe Freundin, oder lieber Sie, Herr Hauptmann, – Fräulein von Schmargendorf wird ohnehin Ihre Tischdame sein.«

Das Fräulein von Schmargendorf war klein und rundlich, einige vierzig Jahre alt, von kurzem Hals und wenig Taille. Von den sieben Schönheiten, über die jede Evastochter Verfügung haben soll, hatte sie, soweit sich ihr »Kredit« feststellen ließ, nur die Büste. Sie war sich dessen denn auch bewußt und trug immer dunkle Tuchkleider, mit einem Sammetbesatz oberhalb der Taille. Dieser Besatz bestand aus drei Dreiecken, deren Spitze nach unten lief. Sie war immer fidel, zunächst aus glücklicher Naturanlage, dann aber auch, weil sie mal gehört hatte: Fidelität erhalte jung. Ihr lag daran, jung zu sein, obwohl sie keinen rechten Nutzen mehr daraus ziehen konnte. Benachbarte Adlige gab es nicht, der Pastor war natürlich verheiratet und Fix auch. Und weiter nach unten ging es nicht.

Adelheid und Rex waren meist weit voraus, so daß man sich immer erst an der Glaskugel traf, wenn das voranschreitende Paar schon wieder auf dem Rückwege war. Czako grüßte dann jedesmal militärisch zur Domina hinüber.

Diese selbst war in einem Gespräch mit Rex fest engagiert und verhandelte mit ihm über ein bedrohliches Wachsen des Sektiererwesens. Rex fühlte sich davon getroffen, da er selbst auf dem Punkte stand, Irvingianer zu werden; er war aber Lebemann genug, um sich schnell zurecht zu finden und vor allem auf jede nachhaltige Bekämpfung der von Adelheid geäußerten Ansichten zu verzichten. Er lenkte geschickt in das Gebiet des allgemeinen Unglaubens ein, dabei sofort einer vollen Zustimmung begegnend. Ja, die Domina ging weiter, und sich abwechselnd auf die Apokalypse und dann wieder auf Fix berufend, betonte sie, daß wir am Anfang vom Ende stünden. Fix gehe freilich wohl etwas zu weit, wenn er eigentlich keinem Tage mehr so recht traue. Das seien nutzlose Beunruhigungen, weshalb sie denn auch in ihn gedrungen sei, von solchen Berechnungen Abstand zu nehmen oder wenigstens alles nochmals zu prüfen. »Kein Zweifel,« so schloß sie, »Fix ist für Rechnungssachen entschieden talentiert, aber ich habe ihm trotzdem sagen müssen, daß zwischen Rechnungen und Rechnungen doch immer noch ein Unterschied sei.«

Czako hatte dem Fräulein von Schmargendorf den Arm gereicht; Woldemar, weil der Mittelgang zu schmal war, folgte wenige Schritte hinter den beiden und trat nur immer da, wo der Weg sich erweiterte, vorübergehend an ihre Seite.

»Wie glücklich ich bin, Herr Hauptmann,« sagte die Schmargendorf, »Ihre Partnerin zu sein, jetzt schon hier und dann später bei Tisch.«

Czako verneigte sich.

»Und merkwürdig,« fuhr sie fort, »daß gerade das Regiment Alexander immer so vergnügte Herren hat; einen Namensvetter von Ihnen, oder vielleicht war es auch Ihr älterer Herr Bruder, den hab' ich noch von einer Einquartierung in der Priegnitz her ganz deutlich in Erinnerung, trotzdem es schon an die zwanzig Jahre ist oder mehr. Denn ich war damals noch blutjung und tanzte mit Ihrem Herrn Vetter einen richtigen Radowa, der um jene Zeit noch in Mode war, aber schon nicht mehr so recht. Und ich hab' auch noch den Namenszug und einen kleinen Vers von ihm in meinem Album. ›Jegor von Baczko, Sekondelieutenant im Regiment Alexander.‹ Ja, Herr von Baczko, so kommt man wieder zusammen. Oder doch wenigstens mit einem Herren gleichen Namens.«

Czako schwieg und nickte nur, weil er Richtigstellungen überhaupt nicht liebte; Woldemar aber, der jedes Wort gehört und in Bezug auf solche Dinge kleinlicher als sein Freund, der Hauptmann, dachte, wollte durchaus Remedur schaffen und bat, das Fräulein darauf aufmerksam machen zu dürfen, daß der Herr, der den Vorzug habe, sie zu führen, nicht ein Herr von Baczko, sondern ein Herr von Czako sei.

Die kleine Rundliche geriet in eine momentane Verlegenheit, Czako selbst aber kam ihr mit großer Courtoisie zu Hilfe.

»Lieber Stechlin,« begann er, »ich beschwöre Sie um sechsundsechzig Schock sächsische Schuhzwecken, kommen Sie doch nicht mit solchen Kleinigkeiten, die man jetzt, glaub' ich, Velleitäten nennt. Wenigstens habe ich das Wort immer so übersetzt. Czako, Baczko, Baczko, Czako, – wie kann man davon so viel Aufhebens machen. Name, wie Sie wissen, ist Schall und Rauch, siehe Goethe, und Sie werden sich doch nicht in Widerspruch mit *dem* bringen wollen. Dazu reicht es denn doch am Ende nicht aus.«

»Hihi.«

»Außerdem, ein Mann wie Sie, der es trotz seines Liberalismus fertig bringt, immer seinen Adel bis wenigstens dritten Kreuzzug zurückzuführen, ein Mann wie Sie sollte mir doch diese kleine Verwechslung ehrlich gönnen. Denn dieser mir in den Schoß gefallene ›Baczko‹ ... Gott sei Dank, daß auch unsereinem noch was in den Schoß fallen kann ...«

»Hihi.«

»Denn dieser mir in den Schoß gefallene Baczko ist doch einfach eine Rang- und Standeserhöhung, ein richtiges Avancement. Die Baczkos reichen mindestens bis Huß oder Ziska, und wenn es vielleicht Ungarn sind, bis auf die Hunyadis zurück, während der erste wirkliche Czako noch keine zweihundert Jahre alt ist. Und von diesem ersten wirklichen Czako stammen wir doch natürlich ab. Erwägen Sie, bevor es nicht einen wirklichen Czako gab, also einen steifen grauen Filzhut mit Leder oder Blech beschlagen, eher kann es auch keinen ›von Czako‹ gegeben haben; der Adel schreibt sich immer von solchen Dingen seiner Umgebung oder seines Metiers oder seiner Beschäftigung her. Wenn ich wirklich noch mal Lust verspüren sollte, mich standesgemäß zu verheiraten, so scheitre ich vielleicht an der Jugendlichkeit meines Adels und werde mich dann dieser Stunde wehmütig freundlich erinnern, die mich, wenn auch nur durch eine Namensverwechslung, auf einen kurzen Augenblick zu erhöhen trachtete.«

Woldemar, seiner Philisterei sich bewußt werdend, zog sich wieder zurück, während die Schmargendorf treuherzig sagte: »Sie glauben also wirklich, Herr von ... Herr Hauptmann ... daß Sie von einem Czako herstammen?«

»So weit solch merkwürdiges Spiel der Natur überhaupt möglich ist, bin ich fest davon durchdrungen.«

In diesem Moment, nach abermaliger Passierung des Platzes mit der Glaskugel, erreichte das Paar die Bank unter dem Pflaumenbaumzweige. Die Schmargendorf hatte schon lange vorher nach zwei großen, dicht zusammensitzenden Pflaumen hinübergeblickt und sagte, während sie jetzt ihre Hand danach ausstreckte: »Nun wollen wir aber ein Vielliebchen essen, Herr Hauptmann; wo, wie hier, zwei zusammensitzen, da ist immer ein Vielliebchen.«

»Eine Definition, der ich mich durchaus anschließe. Aber, mein gnädigstes Fräulein, wenn ich vorschlagen dürfte, mit dieser herrlichen Gabe Gottes doch lieber bis zum Dessert zu warten. Das ist ja doch auch die eigentliche Zeit für Vielliebchen.«

»Nun, wie Sie wollen, Herr Hauptmann. Und ich werde diese zwei bis dahin für uns aufheben. Aber diese dritte hier, die nicht mehr so ganz dazu gehört, die werd' ich essen. Ich esse so gern Pflaumen. Und Sie werden sie mir auch gönnen.«

»Alles, alles. Eine Welt.«

Es schien fast, als ob sich Czako noch weiter über dies Pflaumenthema, namentlich auch über die sich darin bergenden Wagnisse verbreiten wollte, kam aber nicht dazu, weil eben jetzt ein Diener in weißen Baumwollhandschuhen, augenscheinlich eine Gelegenheitsschöpfung, in der Hofthür sichtbar wurde. Dies war das mit der Domina verabredete Zeichen, daß der Tisch gedeckt sei. Die Schmargendorf, ebenfalls eingeweiht in diese zu raschen Entschlüssen drängende Zeichensprache, bückte sich deshalb, um von einem der Gemüsebeete rasch noch ein großes Kohlblatt abzubrechen, auf das sie sorglich die beiden rotgetüpfelten Pflaumen legte. Gleich danach aber aufs neue des Hauptmanns Arm nehmend, schritt sie, unter Vorantritt der Domina, auf Hof und Flur und ganz zuletzt auf den Salon zu, der sich inzwischen in manchem Stücke verändert hatte, vor allem darin, daß neben dem Kamin eine zweite Konventualin stand, in dunkler Seide, mit Kopfschleifen und tiefliegenden, starren Kakadu-Augen, die in das Wesen aller Dinge einzudringen schienen.

»Ah, meine Liebste,« sagte die Domina, auf diese zweite Konventualin zuschreitend, »es freut mich herzlich, daß Sie sich, trotz Migräne, noch herausgemacht haben; wir wären sonst ohne dritte Tischdame geblieben. Erlauben Sie mir vorzustellen: Herr von Rex, Herr von Czako ... Fräulein von Triglaff aus dem Hause Triglaff.«

Rex und Czako verbeugten sich, während Woldemar, dem sie keine Fremde war, an die Konventualin herantrat, um ein Wort der Begrüßung an sie zu richten. Czako, die Triglaff unwillkürlich musternd, war sofort von einer ihn frappierenden Ähnlichkeit betroffen und flüsterte gleich danach dem sein Monocle wiederholentlich in Angriff nehmenden Rex leise zu: »Krippenstapel, weibliche Linie.«

Rex nickte.

Während dieser Vorstellung hatte der im Hintergrunde stehende Diener den oberen und unteren Thürriegel mit einer gewissen Ostentation zurückgezogen; einen Augenblick noch und beide Flügel zu dem neben dem Salon gelegenen Eßzimmer thaten sich mit einer stillen Feierlichkeit auf.

»Herr von Rex,« sagte die Domina, »darf ich um Ihren Arm bitten.«

Im Nu war Rex an ihrer Seite und gleich danach traten alle drei Paare in den Nebenraum ein, auf dessen gastlicher und nicht ohne Geschick hergerichteter Tafel zwei Blumenvasen und zwei silberne Doppelleuchter standen. Auch der Diener war schon in Aktion; er hatte sich inzwischen am Büfett in Front einer Meißner Suppenterrine aufgestellt, und indem er den Deckel (mit einem abgestoßenen Engel obenauf) abnahm, stieg der Wrasen wie Opferrauch in die Höhe.

Achtes Kapitel.

Tante Adelheid, wenn sich nichts geradezu Verstimmliches ereignete, war, von alten Zeiten her, eine gute Wirtin und besaß neben anderm auch jene Direktoralaugen, die bei Tische so viel bedeuten; aber *eine* Gabe besaß sie nicht, die, das Gespräch, wie's in einem engsten Zirkel doch sein sollte, zusammenzufassen. So zerfiel denn die kleine Tafelrunde von Anfang an in drei Gruppen, von denen eine, wiewohl nicht absolut schweigsam, doch vorwiegend als Tafelornament wirkte. Dies war die Gruppe Woldemar-Triglaff. Und das konnte nicht wohl anders sein. Die Triglaff, wie sich das bei Kakadugesichtern so häufig findet, verband in sich den Ausdruck höchster Tiefsinnigkeit mit ganz ungewöhnlicher Umnachtung, und ein letzter Rest von Helle, der ihr vielleicht geblieben sein mochte, war ihr durch eine stupende Triglaffvorstellung schließlich doch auch noch abhanden gekommen. Eine direkte Descendenz von dem gleichnamigen Wendengotte, etwa wie Czako von Czako, war freilich nicht nachzuweisen, aber doch auch nicht ausgeschlossen, und wenn dergleichen überhaupt vorkommen oder nach stiller Übereinkunft auch nur allgemein angenommen werden konnte, so war nicht abzusehen, warum gerade *sie* leer ausgehen oder auf solche Möglichkeit verzichten sollte. Dieser hochgespannten, ganz im Speziellen sich bewegenden Adelsvorstellung entsprach denn auch das gereizte Gefühl, das sie gegen *den* Zweig des Hauses Thadden unterhielt, der sich, nach seinem pommerschen Gute Triglaff, Thadden-Triglaff nannte, – eine Zubenennung, die *ihr*, der einzig wirklichen Triglaff, einfach als ein Übergriff oder doch mindestens als eine Beeinträchtigung erschien. Woldemar, der dies alles kannte, war dagegen gefeit und wußte seinerseits seit lange, wie zu verfahren sei, wenn ihm die Triglaff als Tischnachbarin zufiel. Er hatte sich für diesen Fall, der übrigens öfter eintrat als ihm lieb war, die Namen aller Konventualinnen auswendig gelernt, die während seiner Kinderzeit im Kloster Wutz gelebt hatten und von denen er recht gut wußte, daß sie seit lange tot waren. Er begann aber trotzdem regelmäßig seine Fragen so zu stellen, als ob das Dasein dieser längst Abgeschiedenen immer noch einer Möglichkeit unterläge.

»Da war ja hier früher, mein gnädigstes Fräulein, eine Drachenhausen, Aurelie von Drachenhausen, und übersiedelte dann, wenn ich nicht irre, nach Kloster Zehdenick. Es würde mich lebhaft interessieren, in Erfahrung zu bringen, ob sie noch lebt oder ob sie vielleicht schon tot ist.«

Die Triglaff nickte.

Czako, dieses Nicken beobachtend, sprach sich später gegen Rex dahin aus, daß das alles mit der Abstammung der Triglaff ganz natürlich zusammenhänge. »Götzen nicken bloß.«

Um vieles lebendiger waren Rede und Gegenrede zwischen Tante Adelheid und dem Ministerialassessor, und das Gespräch beider, das nur sittliche Hebungsfragen berührte, hätte durchaus den Charakter einer gemütlichen, aber doch durch Ernst geweihten Synodalplauderei gehabt, wenn sich nicht die Gestalt des Rentmeisters Fix beständig eingedrängt hätte, dieses Dominaprotegés, von dem Rex, unter Zurückhaltung seiner wahren Meinung, immer aufs neue versicherte, »daß in diesem klösterlichen Beamten eine seltene Verquickung von Prinzipienstrenge mit Geschäftsgenie vorzuliegen scheine.«

Das waren die zwei Paare, die den linken Flügel, beziehungsweise die Mitte des Tisches bildeten. Die beiden Hauptfiguren waren aber doch Czako und die Schmargendorf, die ganz nach rechts hin saßen, in Nähe der dicken Fenstergardinen aus Wollstoff, in deren Falten denn auch vieles glücklicherweise verklang. An die Suppe hatte sich ein Fisch und an diesen ein Linsenpüree mit gebackenem Schinken gereiht, und nun wurden gespickte Rebhuhnflügel in einer pikanten Sauce, die zugleich Küchengeheimnis der Domina war, herumgereicht. Czako, trotzdem er schon dem gebackenen Schinken erheblich zugesprochen hatte, nahm ein zweites Mal auch noch von dem Rebhuhngericht und fühlte das Bedürfnis, dies zu motivieren.

»Eine gesegnete Gegend, Ihre Grafschaft hier,« begann er. »Aber freilich heuer auch eine gesegnete Jahreszeit. Gestern abend bei Dubslav von Stechlin Krammetsvögelbrüste, heute bei Adelheid von Stechlin Rebhuhnflügel.«

»Und was ziehen Sie vor?« fragte die Schmargendorf.

»Im allgemeinen, mein gnädigstes Fräulein, ist die Frage wohl zu Gunsten ersterer entschieden. Aber hier und speziell für mich ist doch wohl der Ausnahmefall gegeben.«

»Warum ein Ausnahmefall?«

»Sie haben recht, eine solche Frage zu stellen. Und ich antworte, so gut ich kann. Nun denn, in Brust und Flügel ...«

»Hihi.«

»In Brust und Flügel schlummert, wie mir scheinen will, ein großartiger Gegensatz von hüben und drüben; es gibt nichts Diesseitigeres als Brust, und es gibt nichts Jenseitigeres als Flügel. Der Flügel trägt uns, erhebt uns. Und deshalb, trotz aller nach der andern Seite hin liegenden Verlockung, möchte ich alles, was Flügel heißt, doch höher stellen.«

Er hatte dies in einem möglichst gedämpften Tone gesprochen. Aber es war nicht nötig, weil einerseits die links ihm zunächst sitzende Triglaff aus purem Hochgefühl ihr Ohr gegen alles, was gesprochen wurde, verschloß, während andrerseits die Domina, nachdem der Diener allerlei kleine Spitzgläser herumgereicht hatte, ganz ersichtlich mit einer Ansprache beschäftigt war.

»Lassen Sie mich Ihnen noch einmal aussprechen,« sagte sie, während sie sich halb erhob, »wie glücklich es mich macht, Sie in meinem Kloster begrüßen zu können. Herr von Rex, Herr von Czako, Ihr Wohl.«

Man stieß an. Rex dankte unmittelbar und sprach, als man sich wieder gesetzt hatte, seine Bewunderung über den schönen Wein aus. »Ich vermute Montefiascone.«

»Vornehmer, Herr von Rex,« sagte Adelheid in guter Stimmung, »eine Rangstufe höher. Nicht Montefiascone, den wir allerdings unter meiner Amtsvorgängerin auch hier im Keller hatten, sondern Lacrimae Christi. Mein Bruder, der alles bemängelt, meinte freilich, als ich ihm vor einiger Zeit davon vorsetzte, das passe nicht, das sei Begräbniswein, höchstens Wein für Einsegnungen, aber nicht für heitere Zusammenkünfte.«

»Ein Wort von eigenartiger Bedeutung, darin ich Ihren Herrn Bruder durchaus wiedererkenne.«

»Gewiß, Herr von Rex. Und ich bin mir bewußt, daß uns der Name gerade dieses Weines allerlei Rücksichten auferlegt. Aber wenn Sie sich vergegenwärtigen wollen, daß wir in einem Stift, einem Kloster sind ... und so meine ich denn, der Ort, an dem wir leben, giebt uns doch auch ein Recht und eine Weihe.«

»Kein Zweifel. Und ich muß nachträglich die Bedenken Ihres Herrn Bruders als irrtümlich anerkennen. Aber wenn ich mich so ausdrücken darf, ein kleidsamer Irrtum ... Auf das Wohl Ihres Herrn Bruders!«

Damit schloß das etwas difficile Zwiegespräch, dem alle mit einiger Verlegenheit gefolgt waren. Nur nicht die Schmargendorf. »Ach,« sagte diese, während sie sich halb in den Vorhängen versteckte, »wenn wir von dem Wein trinken, dann hören wir auch immer dieselbe Geschichte. Die Domina muß sich damals sehr über den alten Herrn von Stechlin geärgert haben. Und doch hat er eigentlich recht; schon der bloße Name stimmt ernst und feierlich und es liegt was drin, das einem Christenmenschen denn doch zu denken giebt. Und gerade wenn man so recht vergnügt ist.«

»Darauf wollen wir anstoßen,« sagte Czako, völlig im Dunkeln lassend, ob er mehr den Christenmenschen oder den Ernst oder das Vergnügtsein meinte.

»Und überhaupt,« fuhr die Schmargendorf fort, »die Weine müßten eigentlich alle anders heißen, oder wenigstens sehr sehr viele.«

»Ganz meine Meinung, meine Gnädigste,« sagte Czako. »Da sind wirklich so manche ... Man darf aber andrerseits das Zartgefühl nicht überspannen. Will man das, so bringen wir uns einfach um die reichsten Quellen wahrer Poesie. Da haben wir beispielsweise, so ganz allgemein und bloß als Gattungsbegriff, die ›Milch der Greise‹, – zunächst ein durchaus unbeanstandenswertes Wort. Aber alsbald (denn unsre Sprache liebt solche Spiele) treten mannigfache Fort- und Weiterbildungen, selbst Geschlechtsüberspringungen an uns heran, und ehe wir's uns versehen, hat sich die ›Milch der Greise‹ in eine ›Liebfrauenmilch‹ verwandelt.«

»Hihi ... Ja, Liebfrauenmilch, die trinken wir auch. Aber nur selten. Und es ist auch nicht *der* Name, woran ich eigentlich dachte.«

»Sicherlich nicht, meine Gnädigste. Denn wir haben eben noch andre, decidiertere, denen gegenüber uns dann nur noch das Refugium der französischen Aussprache bleibt.«

»Hihi ... Ja, französisch, da geht es. Aber doch auch nicht

immer, und jedesmal, wenn Rentmeister Fix unser Gast ist und die Triglaff die Flasche hin und her dreht (und ich habe gesehen, daß sie sie dreimal herumdrehte), dann lacht Fix ... Übrigens sieht es so aus, als ob die Domina noch was auf dem Herzen hätte; sie macht ein so feierliches Gesicht. Oder vielleicht will sie auch bloß die Tafel aufheben.«

Und wirklich, es war so, wie die Schmargendorf vermutete. »Meine Herren,« sagte die Domina, »da Sie zu meinem Leidwesen so früh fort wollen (wir haben nur noch wenig über eine Viertelstunde), so geb' ich anheim, ob wir den Kaffee lieber in meinem Zimmer nehmen wollen oder draußen unter dem Holunderbaum.«

Eine Gesamtantwort wurde nicht laut, aber während man sich unmittelbar danach erhob, küßte Czako der Schmargendorf die Hand und sagte mit einem gewissen Empressement: »Unter dem Holunderbaum also.«

Die Schmargendorf verstand nicht im entferntesten, auf was es sich bezog. Aber das war Czako gleich. Ihm lag lediglich daran, sich ganz privatim, ganz für sich selbst, die Schmargendorf auf einen kurzen aber großen Augenblick als »Käthchen« vorstellen zu können.

Im übrigen zeigte sich's, daß nicht bloß Czako, sondern auch Rex und Woldemar für den Holunderbaum waren, und so näherte man sich denn diesem.

Es war derselbe Baum, den die Herren schon beim Einreiten in den Klosterhof gesehen, aber in jenem Augenblick wenig beachtet hatten. Jetzt erst bemerkten sie, was es mit ihm auf sich habe. Der Baum, der uralt sein mochte, stand außerhalb des Gehöftes, war aber, ähnlich wie der Pflaumenbaum im Garten, mit seinem Gezweig über das zerbröckelte Gemäuer fortgewachsen. Er war an und für sich schon eine Pracht. Was ihm aber noch eine besondere Schönheit lieh, das war, daß sein Laubendach von ein paar dahinter stehenden Ebereschenbäumen wie durchwachsen war, so daß man überall, neben den schwarzen Fruchtdolden des Holunders die leuchtenden roten Ebereschenbüschel sah. Auch das verschiedene Laub schattierte sich. Rex und Czako waren aufrichtig entzückt, beinahe mehr als zulässig. Denn so reizend die Laube selbst war, so zweifelhaft war das unmittelbar vor ihnen in großer Unordnung und durchaus ermangelnder Sauberkeit ausgebreitete Hofbild. Aber pittoresk blieb es doch. Zusammengemörtelte Feldsteinklumpen lagen in hohem Grase, dazwischen Karren und Düngerwagen, Enten- und Hühnerkörbe, während ein kollernder Truthahn von Zeit zu Zeit bis dicht an die Laube herankam, sei's aus Neugier oder um sich mit der Triglaff zu messen.

Als sechs Uhr heran war, erschien Fritz und führte die Pferde vor. Czako wies darauf hin. Bevor er aber noch an die Domina herantreten und ihr einige Dankesworte sagen konnte, kam die Schmargendorf, die kurz vorher ihren Platz verlassen, mit dem großen Kohlblatt zurück, auf dem die beiden zusammengewachsenen Pflaumen lagen. »Sie wollten mir entgehen, Herr von Czako. Das hilft Ihnen aber nichts. Ich will mein Vielliebchen gewinnen. Und Sie sollen sehen, ich siege.«

»Sie siegen immer, meine Gnädigste.«

Neuntes Kapitel.

Rex und Czako ritten ab; Fritz führte Woldemars Pferd am Zügel. Aber weder die Schmargendorf noch die Triglaff erwiesen sich, als die beiden Herren fort und die drei Damen samt Woldemar in die Wohnräume zurückgekehrt waren, irgendwie beflissen, das Feld zu räumen, was die Domina, die wegen zu verhandelnder difficiler Dinge mit ihrem Neffen allein sein wollte, stark verstimmte. Sie zeigte das auch, war steif und schweigsam und belebte sich erst wieder, als die Schmargendorf mit einemmale glückstrahlend versicherte: jetzt wisse sie's; sie habe noch eine Photographie, die wolle sie gleich an Herrn von Czako schicken, und wenn er dann morgen mittag von Cremmen her in Berlin einträfe, dann werd' er Brief und Bild schon vorfinden und auf der Rückseite des Bildes ein »Guten morgen, Vielliebchen.« Die Domina fand alles so lächerlich und unpassend wie nur möglich, weil ihr aber daran lag, die Schmargendorf los zu werden, so hielt sie mit ihrer wahren Meinung zurück und sagte: »Ja, liebe Schmargendorf, wenn Sie so was vorhaben, dann ist es allerdings die höchste Zeit. Der Postbote kann gleich kommen.« Und wirklich, die Schmargendorf ging, nur die Triglaff zurücklassend, deren Auge sich jetzt von der Domina zu Woldemar hinüber und dann wieder von Woldemar zur Domina zurückbewegte. Sie war bei dem allem ganz unbefangen. Ein Verlangen, etwas zu belauschen oder von ungefähr in Familienangelegenheiten eingeweiht zu werden, lag ihr völlig fern, und alles, was sie trotzdem zum Ausharren bestimmte, war lediglich der Wunsch, solchem historischen Beisammensein eine durch ihre Triglaffgegenwart gesteigerte Weihe zu geben. Indessen schließlich ging auch sie. Man hatte sich wenig um sie gekümmert, und Tante und Neffe ließen sich, als sie jetzt allein waren, in zwei braune Plüschfauteuils (Erbstücke noch vom Schloß Stechlin her) nieder, Woldemar allerdings mit äußerster Vorsicht, weil die Sprungfedern bereits jenen Altersgrad erreicht hatten, wo sie nicht nur einen dumpfen Ton von sich zu geben, sondern auch zu stechen anfangen.

Die Tante bemerkte nichts davon, war vielmehr froh, ihren Neffen endlich allein zu haben und sagte mit rasch wiedergewonnenem Behagen: »Ich hätte dir schon bei Tische gern was Bessres an die Seite gegeben; aber wir haben hier, wie du weißt, nur unsre vier Konventualinnen, und von diesen vieren sind die Schmargendorf und die Triglaff immer noch die besten. Unsre gute Schimonski, die morgen einundachtzig wird, ist eigentlich ein Schatz, aber leider stocktaub, und die Teschendorf, die mal Gouvernante bei den Esterhazys war und auch noch den Fürsten Schwarzenberg, dessen Frau in Paris verbrannte, gekannt hat, ja, die hätt' ich natürlich solchem feinen Herrn wie dem Herrn von Rex gerne vorgesetzt, aber es ist ein Unglück, die arme Person, die Teschendorf, ist so zittrig und kann den Löffel nicht recht mehr halten. Da hab' ich denn doch lieber die Triglaff genommen; sie ist sehr dumm, aber doch wenigstens manierlich, so viel muß man ihr lassen. Und die Schmargendorf...«

Woldemar lachte.

»Ja, du lachst, Woldemar, und ich will dir auch nicht bestreiten, daß man über die gute Seele lachen kann. Aber sie hat doch auch was Gehaltvolles in ihrer Natur, was sich erst neulich wieder in einem intimen Gespräch mit unserm Fix zeigte, der trotz aller Bekenntnisstrenge (die selbst Koseleger ihm zugesteht) an unserm letzten Whistabend Äußerungen that, die wir alle tief bedauern mußten, wir, die wir die Whistpartie machten, nun schon ganz gewiß, aber auch die gute, taube Schimonski, der wir, weil sie uns so aufgeregt sah, alles auf einen Zettel schreiben mußten.«

»Und was war es denn?«

»Ach, es handelte sich um das, was uns allen, wie du dir denken kannst, jetzt das Teuerste bedeutet, um den ›Wortlaut‹. Und denke dir, unser Fix war dagegen. Er mußte wohl denselben Tag was gelesen haben, was ihn abtrünnig gemacht hatte. Personen wie Fix sind sehr bestimmbar. Und kurz und gut, er sagte: das mit dem ›Wortlaut‹, das ginge nicht länger mehr, die ›Werte‹ wären jetzt anders, und weil die Werte nicht mehr dieselben wären, müßten auch die Worte sich danach richten und müßten gemodelt werden. Er sagte ›gemodelt‹. Aber was er am meisten immer wieder betonte, das waren die ›Werte‹ und die Notwendigkeit der ›Umwertung‹.«

»Und was sagte die Schmargendorf dazu?«

»Du hast ganz recht, mich dabei wieder auf die Schmargendorf zu bringen. Nun, die war außer sich und hat die darauf folgende Nacht nicht schlafen können. Erst gegen Morgen kam ihr ein tiefer Schlaf, und da sah sie, so wenigstens hat sie's mir und dem Superintendenten versichert, einen Engel, der mit seinem Flammenfinger immer auf ein Buch wies und in dem Buch auf eine und dieselbe Stelle.«

»Welche Stelle?«

»Ja, darüber war ein Streit; die Schmargendorf hatte sie genau gelesen und wollte sie hersagen. Aber sie sagte sie falsch, weil sie Sonntags in der Kirche nie recht aufpaßt. Und wir sagten ihr das auch. Und denke dir, sie widersprach nicht und blieb überhaupt ganz ruhig dabei. ›Ja‹, sagte sie, sie wisse recht gut, daß sie die Stelle falsch hergesagt hätte, sie habe nie was richtig hersagen können; aber das wisse sie ganz genau, die Stelle mit dem Flammenfinger, das sei der ›Wortlaut‹ gewesen.«

»Und das hast du wirklich alles geglaubt, liebe Tante? Diese gute Schmargendorf! Ich will ihr ja gerne folgen; aber was ihren Traum angeht, da kann ich beim besten Willen nicht mit. Es wird ihr ein Amtmann erschienen sein oder ein Pastor. Dreißig Jahre früher wär' es ein Student gewesen.«

»Ach, Woldemar, sprich doch nicht so. Das ist ja die neue Façon, in der die Berliner sprechen, und in dem Punkt ist einer wie der andre. Dein Freund Czako spricht auch so. Du mokierst dich jetzt über die gute Schmargendorf, und dein Freund, der Hauptmann, so viel hab' ich ganz deutlich gesehen, that es auch und hat sie bei Tische geuzt.«

»Geuzt?«

»Du wunderst dich über das Wort, und ich wundre mich selber darüber. Aber daran ist auch unser guter Fix schuld. Der ist alle Monat mal nach Berlin 'rüber und wenn er dann wiederkommt, dann bringt er so was mit, und wiewohl ich's unpassend finde, nehm' ich's doch an und die Schmargendorf auch. Bloß die Triglaff nicht und natürlich die gute Schimonski auch nicht, wegen der Taubheit. Ja, Woldemar, ich sage ›geuzt‹, und dein Freund Czako hätt' es lieber unterlassen sollen. Aber das muß wahr sein, er ist amüsant, wenn auch ein bißchen auf der Wippe. Siehst du ihn oft?«

»Nein, liebe Tante. Nicht oft. Bedenke die weiten Entfernungen. Von unsrer Kaserne bis zu seiner, oder auch umgekehrt, das ist eine kleine Reise. Dazu kommt noch, daß wir vor unserm Hallischen Thor eigentlich gar nichts haben, bloß die Kirchhöfe, das Tempelhofer Feld und das Rotherstift.«

»Aber ihr habt doch die Pferdebahn, wenn ihr irgendwo hin wollt. Beinah' muß ich sagen leider. Denn es giebt mir immer einen Stich, wenn ich mal in Berlin bin, so die Offiziere zu sehen, wie sie da hinten stehen und Platz machen, wenn eine Madamm aufsteigt, manchmal mit 'nem Korb und manchmal auch mit 'ner Spreewaldsamme. Mir immer ein Horreur.«

»Ja, die Pferdebahn, liebe Tante, die haben wir freilich, und man kann mit ihr in einer halben Stunde bis in Czakos Kaserne. Der weite Weg ist es auch eigentlich nicht, wenigstens nicht allein, weshalb ich Czako so selten sehe. Der Hauptgrund ist doch wohl der, er paßt nicht so ganz zu uns und eigentlich auch kaum zu seinem Regiment. Er ist ein guter Kerl, aber ein Äquivokenmensch und erzählt immer Nachmitternachtsgeschichten. Wenn man ihn allein hat, geht es. Aber hat er ein Publikum, dann kribbelt es ihn ordentlich, und je feiner das Publikum ist, desto mehr.

Er hat mich schon oft in Verlegenheit gebracht. Ich muß sagen, ich hab' ihn sehr gern, aber gesellschaftlich ist ihm Rex doch sehr überlegen.«

»Ja, Rex; natürlich. Das hab' ich auch gleich bemerkt, ohne mir weiter Rechenschaft darüber zu geben. Du wirst es aber wissen, wodurch er ihm überlegen ist.«

»Durch vieles. Erstens, wenn man die Familien abwägt. Rex ist mehr als Czako. Und dann ist Rex Kavallerist.«

»Aber ich denke, er ist Ministerialassessor.«

»Ja, das ist er auch. Aber nebenher, oder vielleicht noch darüber hinaus, ist er Offizier, und sogar in unsrer Dragonerbrigade.«

»Das freut mich; da ist er ja so gut wie ein Spezialkamerad von dir.«

»Ich kann das zugeben und doch auch wieder nicht. Denn erstens ist er in der Reserve, und zweitens steht er bei den zweiten Dragonern.«

»Macht das 'nen Unterschied?«

»Gott, Tante, wie man's nehmen will. Ja und nein. Bei Mars la Tour haben wir dieselbe Attacke geritten.«

»Und doch ...«

»Und doch ist da ein gewisses je ne sais quoi.«

»Sage nichts Französisches. Das verdrießt mich immer. Manche sagen jetzt auch Englisches, was mir noch weniger gefällt. Aber lassen wir das; ich finde nur, es wäre doch schrecklich, wenn es so bloß nach der Zahl ginge. Was sollte denn da das Regiment anfangen, bei dem ein Bruder unsrer guten Schmargendorf steht? Es ist, glaube ich, das hundertfünfundvierzigste.«

»Ja, wenn es so hoch kommt, dann verthut es sich wieder. Aber so bei der Garde ...«

Die Domina schüttelte den Kopf. »Darin, mein lieber Woldemar, kann ich dir doch kaum folgen. Unser Fix sagt mitunter, ich sei zu exklusiv, aber so exklusiv bin ich doch noch lange nicht. Und solch Verstandesmensch, wie du bist, so ruhig und dabei so ›abgeklärt‹, wie manche jetzt sagen, und Gott verzeih mir die Sünde, auch so liberal, worüber selbst dein Vater klagt. Und nun kommst du mir mit solchem Vorurteil, ja, verzeih mir das Wort, mit solchen Überheblichkeiten. Ich erkenne dich darin gar nicht wieder. Und wenn ich nun das erste Garderegiment nehme, das ist ja doch auch ein erstes. Ist es denn mehr als das zweite? Man kann ja sagen, so viel will ich zugeben, sie haben die Blechmützen und sehen aus, als ob sie lauter Holländerinnen heiraten wollten ... Was ihnen schon gefallen sollte.«

»Den Holländerinnen?«

»Nun, denen auch,« lachte die Tante. »Aber ich meinte jetzt unsre Leute. Mißverstehe mich übrigens nicht. Ich weiß recht gut, was es mit den großen Grenadieren auf sich hat; aber die andern sind doch ebensogut, und Potsdam ist doch schließlich bloß Potsdam.«

»Ja, Tante, das ist es ja eben. Daß sie noch immer in Potsdam sind, das macht es. Deshalb ist es nach wie vor die ›Potsdamer Wachtparade‹. Und dann das Wort ›erstes‹ spielt allerdings auch mit. Ein alter Römer, mit dessen Namen ich dich nicht behelligen will, der wollte in seinem Potsdam lieber der Erste, als in seinem Berlin der Zweite sein. Wer der Erste ist, nun, der ist eben der Erste, und als die andern aufstanden, da hatte dieser ›Erste‹ schon seinen Morgenspaziergang gemacht und mitunter was für einen! Sieh, als das zweite Garderegiment geboren wurde, da hatten die mit den Blechmützen schon den ganzen Siebenjährigen Krieg hinter sich. Es ist damit, wie mit dem ältesten Sohn. Der älteste Sohn kann unter Umständen dümmer und schlechter sein als sein Bruder, aber er ist der älteste, das kann ihm keiner nehmen, und das giebt ihm einen gewissen Vorrang, auch wenn er sonst gar keinen Vorzug hat. Alles ist göttliches Geschenk. Warum ist der eine hübsch und der andere häßlich? Und nun gar erst die Damen. In das eine Fräulein verliebt sich alles, und das andre spielt bloß Mauerblümchen. Es wird jedem seine Stelle gegeben. Und so ist es auch mit unserm Regiment. Wir mögen nicht besser sein als die andern, aber wir sind die ersten, wir haben die Nummer eins.«

»Ich kann da beim besten Willen nicht recht mit, Woldemar. Was in unsrer Armee den Ausschlag giebt, ist doch immer die Schneidigkeit.«

»Liebe Tante, sprich, wovon du willst, nur nicht davon. Das ist ein Wort für kleine Garnisonen. Wir wissen, was wir zu thun haben. Dienst ist alles, und Schneidigkeit ist bloß Renommisterei. Und das ist das, was bei uns am niedrigsten steht.«

»Gut, Woldemar; was du da zuletzt gesagt hast, das gefällt mir. Und in diesem Punkte muß ich auch deinen Vater loben. Er hat vieles, was mir nicht zusagt, aber darin ist er doch ein echter Stechlin. Und du bist auch so. Und das hab ich immer gefunden, alle die so sind, die schießen zuletzt doch den Vogel ab, ganz besonders auch bei den Damen.«

Dies »bei den Damen« war nicht ohne Absicht gesprochen und schien auf das bis dahin vorsichtig vermiedene Hauptthema hinüberführen zu sollen. Aber ehe die Tante noch eine direkte Frage stellen konnte, wurde der Rentmeister gemeldet, der ihr in diesem Augenblicke sehr ungelegen kam. Die Domina wandte sich denn auch in sichtlicher Verstimmung an Woldemar und sagte: »Soll ich ihn fortschicken?«

»Es wird kaum gehen, liebe Tante.«

»Nun denn.«

Und gleich darnach trat Fix ein.

Zehntes Kapitel.

Während Woldemar und die Domina miteinander plauderten, erst im Tete-a-Tete, dann in Gegenwart von Rentmeister Fix, ritten Rex und Czako (Fritz mit dem Leinpferd folgend) auf Cremmen zu. Das war noch eine tüchtige Strecke, gute drei Meilen. Aber trotzdem waren beide Reiter übereingekommen, nichts zu übereilen und sich's nach Möglichkeit bequem zu machen. »Es ist am Ende gleichgültig, ob wir um acht oder um neun über den Cremmer Damm reiten. Das bißchen Abendrot, das da drüben noch hinter dem Kirchturm steht ... Fritz, wie heißt er? Welcher Kirchturm ist es? ...« – »Das ist der Wulkowsche, Herr Hauptmann!« – »... Also, das bißchen Abendrot, das da noch hinter dem Wulkowschen steht, wird ohnehin nicht lange mehr vorhalten. Dunkel wird's also doch, und von dem Hohenlohedenkmal, das ich mir übrigens gern einmal näher angesehen hätte (man muß so was immer auf dem Hinwege mitnehmen), kommt uns bei Tageslicht nichts mehr vor die Klinge. Das Denkmal liegt etwas ab vom Wege.«

»Schade,« sagte Rex.

»Ja, man kann es beinah' sagen. Ich für meine Person komme schließlich drüber hin, aber ein Mann wie Sie, Rex, sollte dergleichen mehr wallfahrtartig auffassen.«

»Ach Czako, Sie reden wieder tolles Zeug, diesmal mit einem kleinen Abstecher ins Lästerliche. Was soll ›Wallfahrt‹ hier überhaupt? Und dann, was haben Sie gegen Wallfahrten? Und was haben Sie gegen die Hohenlohes?«

»Gott, Rex, wie Sie sich wieder irren. Ich habe nichts gegen die einen, und ich habe nichts gegen die andern. Alles, was ich von Wallfahrten gelesen habe, hat mich immer nur wünschen lassen, mal mit dabei zu sein. Und ad vocem der Hohenlohes, so kann ich Ihnen nur sagen, für *die* hab' ich sogar was übrig in meinem Herzen, viel, viel mehr als für unser eigentliches Landesgewächs. Oder wenn Sie wollen, für unsre Autochthonen.«

»Und das meinen Sie ganz ernsthaft?«

»Ganz ernsthaft. Und wir wollen mal fünf Minuten wie vernünftige Leute darüber reden. Wenn ich sage ›wir‹, so meine ich natürlich mich. Denn Sie sprechen immer vernünftig. Vielleicht ein bißchen zu sehr.«

Rex lächelte. »Nun gut; ich will's Ihnen glauben.«

»Also die Hohenlohes,« fuhr Czako fort. »Ja, wie steht es damit? Wie liegt da die Sache? Da kommt hier so Anno Domini ein Burggraf ins Land, und das Land will ihn nicht, und er muß sich alles erst erobern, die Städte beinah und die Schlösser gewiß. Und die Herzen natürlich erst recht. Und der Kaiser sitzt mal wieder weitab und kann ihm nicht helfen. Und da hat nun dieser Nürnberger Burggraf, wenn's hoch kommt, ein halbes Dutzend Menschen um sich, schwäbische Leute, die mit ihm in diese Mördergrube hinabsteigen. Denn ein bißchen so was war es. Und geht auch gleich los, und die Quitzows und die, die's sein wollen, rufen die Pommern ins Land, und hier auf diesem alten Cremmer Damm stoßen sie zusammen, und die paar, die da fallen, das sind eben die Schwaben, die's gewagt hatten und mit in den Kahn gestiegen waren. Allen vorauf aber ein Graf, so ein Herr in mittleren Jahren. Der fiel zuerst und versank in den Sumpf, und da liegt er. Das heißt, sie haben ihn rausgeholt, und nun liegt er in der Klosterkirche. Und dieser eine, der da voran fiel, der hieß Hohenlohe.«

»Ja, Czako, das weiß ich ja alles. Das steht ja schon im Brandenburgischen Kinderfreund. Sie denken aber immer, Sie haben so was allein gepachtet.«

»Immer vorsichtig, Rex; im Kinderfreund steht es. Gewiß. Aber was steht nicht alles, – von Kinderfreund garnicht zu reden – in Bibel und Katechismus und die Leute wissen es doch nicht. Ich zum Beispiel. Und ob es nun drin steht oder nicht drin steht, ich sage nur: so hat es angefangen, und so läuft der Hase noch. Oder glauben Sie, daß der alte Fürst, der jetzt dran ist, daß der zu seinem Spezialvergnügen in unser sogenanntes Reichskanzlerpalais gezogen ist, drin die Bismarckschen Nachfolger, die sich wahrhaftig nicht darnach drängten, ihre Tage vertrauern? Ein Opfer ist es, nicht mehr und nicht weniger, und ein Opfer bringt auch der alte Fürst, gerade wie der, der damals am Cremmer Damm als erster fiel. Und ich sage Ihnen, Rex, das ist das, was mir imponiert; immer da sein, wenn Not an Mann ist. Die Kleinen von hier, trotz der ›Loyalität bis auf die Knochen‹, die mucken immer bloß auf, aber die wirklich Vornehmen, die gehorchen, nicht einem Machthaber, sondern dem Gefühl ihrer Pflicht.«

Rex war einverstanden und wiederholte nur: »Schade, daß wir so spät an dem Denkmal vorbeikommen.«

»Ja, schade,« sagte Czako. »Wir müssen es uns aber schenken. Im übrigen, denk' ich, lassen wir in dem, was wir uns noch weiter zu sagen haben, die Hohenlohes aus dem Spiel. Andres liegt uns heute näher. Wie hat Ihnen denn eigentlich die Schmargendorf gefallen?«

»Ich werde mich hüten, Czako, Ihnen darauf zu antworten. Außerdem haben *Sie* sie durch den Garten geführt, nicht ich, und mir war immer, als ob ich Faust und Gretchen sähe.«

Czako lachte. »Natürlich schwebt Ihnen das andre Paar vor, und ich bin nicht böse darüber. Die Rolle, die mir dabei zufällt – der mit der Hahnenfeder ist doch am Ende 'ne andre Nummer wie der sentimentale ›Habe-nun-ach-Mann‹ – diese Mephistorolle, sag' ich, gefällt mir besser, und was die Schmargendorf angeht, so kann ich nur sagen: Von meiner Martha lass' ich nicht.«

»Czako, Sie münden wieder ins Frivole.«

»Gut, gut, Rex, Sie werden unwirsch, und Sie sollen recht

haben. Lassen wir also die Schmargendorf so gut wie die Hohenlohes. Aber über die Domina ließe sich vielleicht sprechen, und sind wir erst bei der Tante, so sind wir auch bald bei dem Neffen. Ich fürchte, unser Freund Woldemar befindet sich in diesem Augenblick in einer scharfen Zwickmühle. Die Domina liegt ihm seit Jahr und Tag (er hat mir selber Andeutungen darüber gemacht) mit Heiratsplänen in den Ohren, mutmaßlich weil ihr die Vorstellung einer Stechlinlosen Welt einfach ein Schrecknis ist. Solche alten Jungfern mit einer Granatbrosche haben immer eine merkwürdig hohe Meinung von ihrer Familie. Freilich auch andre, die klüger sein sollten. Unsre Leute gefallen sich nun 'mal in der Idee, sie hingen mit dem Fortbestande der göttlichen Weltordnung aufs engste zusammen. In Wahrheit liegt es so, daß wir sämtlich abkommen können. Ohne die Czakos geht es nun schon gewiß, wofür sozusagen historisch-symbolisch der Beweis erbracht ist.«

»Und die Rex?«

»Vor diesem Namen mach' ich Halt.«

»Wer's Ihnen glaubt. Aber lassen wir die Rex und lassen wir die Czakos, und bleiben wir bei den Stechlins, will sagen bei unserm Freunde Woldemar. Die Tante will ihn verheiraten, darin haben Sie recht.«

»Und ich habe wohl auch recht, wenn ich das eine heikle Lage nenne. Denn ich glaube, daß er sich seine Freiheit wahren will und mit Bewußtsein auf den Célibataire lossteuert.«

»Ein Glauben, in dem Sie sich, lieber Czako, wie jedesmal, wenn Sie zu glauben anfangen, in einem großen Irrtum befinden.«

»Das kann nicht sein.«

»Es kann nicht bloß sein, es ist. Und ich wundre mich nur, daß gerade Sie, der Sie doch sonst das Gras wachsen hören und allen Gesellschaftsklatsch kennen wie kaum ein zweiter, daß gerade Sie von dem allen kein Sterbenswörtchen vernommen haben sollen. Sie verkehren doch auch bei den Xylanders, ja, ich glaube, Sie da, letzten Winter, mal kämpfend am Büffett gesehen zu haben.«

»Gewiß.«

»Und da waren an jenem Abend auch die Berchtesgadens, Baron und Frau, und in lebhaftestem Gespräche mit diesem bayerischen Baron ein distinguierter alter Herr und zwei Damen. Und diese drei, das waren die Barbys.«

»Die Barbys,« wiederholte Czako, »Botschaftsrat oder dergleichen. Ja, gewiß, ich habe davon gehört; aber ich kann mich jedenfalls nicht erinnern, ihn und die Damen gesehen zu haben. Und sicherlich nicht an jenem Abend, wo ja von Vorstellen keine Rede war, die reine Völkerschlacht. Aber Sie wollten mir, glaube ich, von eben diesen Barbys erzählen.«

»Ja, das wollt' ich. Ich wollte Sie nämlich wissen lassen, daß Ihr Célibataire seit Ausgang vorigen Winters in eben diesem Hause regelmäßig verkehrt.«

»Er wird wohl in vielen Häusern verkehren.«

»Möglich, aber nicht sehr wahrscheinlich, da das eine Haus ihn ganz in Anspruch nimmt.«

»Nun gut, so lassen wir ihn bei den Barbys. Aber was bedeutet das?«

»Das bedeutet, daß in einem solchen Hause verkehren und sich mit einer Tochter verloben so ziemlich ein und dasselbe ist. Bloß eine Frage der Zeit. Und die Tante wird sich damit aussöhnen müssen, auch wenn sie, wie beinah gewiß, über ihr Herzblatt bereits anders verfügt haben sollte. Solche Dinge begleichen sich indessen fast immer. Unser Woldemar wird sich aber mittlerweile vor ganz andre Schwierigkeiten gestellt sehen.«

»Und die wären? Ist er nicht vornehm genug? Oder mankiert vielleicht Gegenliebe?«

»Nein, Czako, von ›mankierender Gegenliebe‹, wie Sie sich

auszudrücken belieben, kann keine Rede sein. Die Schwierigkeiten liegen in was anderm. Es sind da nämlich, wie ich mir schon anzudeuten erlaubte, zwei Comtessen im Hause. Nun, die jüngere wird es wohl werden, schon weil sie eben die jüngere ist. Aber so ganz sicher ist es doch keineswegs. Denn auch die ältere, wiewohl schon über dreißig, ist sehr reizend und zum Überfluß auch noch Witwe – das heißt eigentlich nicht Witwe, sondern richtiger eine gleich nach der Ehe geschiedene Frau. Sie war nur ein halbes Jahr verheiratet, oder vielleicht auch nicht verheiratet.«

»Verheiratet, oder vielleicht auch nicht verheiratet,« wiederholte Czako, während er unwillkürlich sein Pferd anhielt. »Aber Rex, das ist ja hoch pikant. Und daß ich erst heute davon höre und noch dazu durch Sie, der Sie sich von solchen Dingen doch zunächst entsetzt abwenden müßten. Aber so seid ihr Konventikler. Schließlich ist all dergleichen doch eigentlich euer Lieblingsfeld. Und nun erzählen Sie weiter, ich bin neugierig wie ein Backfisch. Wer war denn der unglücklich Glückliche?«

»Sie meinen, wenn ich Sie recht verstehe, wer es war, der diese ältere Comtesse heiratete. Nun, dieser glücklich Unglückliche – oder vielleicht auch umgekehrt – war auch Graf, sogar ein italienischer (vorausgesetzt, daß Sie dies als eine Steigerung ansehn), und hatte natürlich einen echt italienischen Namen: Conte Ghiberti, derselbe Name wie der des florentinischen Bildhauers, von dem die berühmten Thüren herrühren.«

»Welche Thüren?«

»Nun, die berühmten Baptisteriumthüren in Florenz, von denen Michelangelo gesagt haben soll, ›sie wären wert, den Eingang zum Paradiese zu bilden‹. Und diese Thüren heißen denn auch, ihrem großen Künstler zu Ehren, die Ghibertischen Thüren. Übrigens eine Sache, von der ein Mann wie Sie was wissen müßte.«

»Ja, Rex, Sie haben gut reden von ›wissen müssen‹. Sie sind aus einem großen Hause, haben mutmaßlich einen frommen Kandidaten als Lehrer gehabt und sind dann auf Reisen gegangen, wo man so feine Dinge wegkriegt. Aber ich! Ich bin aus Ostrowo.«

»Das ändert nichts.«

»Doch, doch, Rex. Italienische Kunst! Ich bitte Sie, wo soll dergleichen bei mir herkommen? Was Hänschen nicht lernt, – dabei bleibt es nun mal. Ich erinnere mich noch ganz deutlich einer Auktion in Ostrowo, bei der (es war in einem kommerzienrätlichen Hause) schließlich ein roter Kasten zur Versteigerung kam, ein Kasten mit Doppelbildern und einem Opernkucker dazu, der aber keiner war. Und all das kaufte sich meine Mutter. Und an diesem Stereoskopenkasten, ein Wort, das ich damals noch nicht kannte, habe ich meine italienische Kunst gelernt. Die ›Thüren‹ waren aber nicht dabei. Was können Sie da groß verlangen? Ich habe, wenn Sie das Wort gelten lassen wollen, 'ne Panoptikumbildung.«

Rex lachte. »Nun, gleichviel. Also der Graf, der die ältere Comtesse Barby heiratete, hieß Ghiberti. Seiner Ehe fehlten indes durchaus die Himmelsthüren, – soviel läßt sich mit aller Bestimmtheit sagen. Und deshalb kam es zur Scheidung. Ja, mehr, die scharmante Frau (›scharmant‹ ist übrigens ein viel zu plebejes und minderwertiges Wort) hat in ihrer Empörung den Namen Ghiberti wieder abgethan, und alle Welt nennt sie jetzt nur noch bei ihrem Vornamen.«

»Und der ist?«

»Melusine.«

»Melusine? Hören Sie, Rex, das läßt aber tief blicken.«

Unter diesem Gespräch waren sie bis an den Cremmer Damm herangekommen. Es dunkelte schon stark, und ein Gewölk, das am Himmel hinzog, verbarg die Mondsichel. Ein paarmal indessen trat sie hervor, und dann sahen sie bei halber Beleuchtung das Hohenlohedenkmal, das unten im Luche schimmerte. Hinunterzureiten, was noch einmal flüchtig in Erwägung gezogen wurde, verbot sich, und so setzten sie sich in einen munteren Trab und hielten erst wieder in Cremmen vor dem Gasthause zum »Markgrafen Otto«. Es schlug eben neun von der Nikolaikirche.

Drinnen war man bald in einem lebhaften Gespräch, in dem sich Rex über die in der Stadt herrschende Gesinnung und Kirchlichkeit zu unterrichten suchte. Der Wirt stellte der einen wie der andern ein gleich gutes Zeugnis aus und hatte die Genugthuung, daß ihm Rex freundlich zunickte. Czako aber sagte: »Sagen Sie, Herr Wirt, Sie haben da ein so schönes Billard; ich habe mir jüngst erst sagen lassen, wenn's wirklich flott gehe, so könne man's im Jahr bis auf dreitausend Mark bringen. Natürlich bei zwölfstündigem Arbeitstag. Wie steht es damit? Für möglich halt' ich es.«

Nach dem »Eierhäuschen«.

Elftes Kapitel.

Die Barbys, der alte Graf und seine zwei Töchter, lebten seit einer Reihe von Jahren in Berlin und zwar am Kronprinzenufer, zwischen Alsen- und Moltkebrücke. Das Haus, dessen erste Etage sie bewohnten, unterschied sich, ohne sonst irgendwie hervorragend zu sein (Berlin ist nicht reich an Privathäusern, die Schönheit und Eigenart in sich vereinigen), immerhin vorteilhaft von seinen Nachbarhäusern, von denen es durch zwei Terrainstreifen getrennt wurde; der eine davon ein kleiner Baumgarten, mit allerlei Buschwerk dazwischen, der andre ein Hofraum mit einem zierlichen malerisch wirkenden Stallgebäude, dessen obere Fenster, hinter denen sich die Kutscherwohnung befand, von wildem Wein umwachsen waren. Schon diese Lage des Hauses hätte demselben ein bestimmtes Maß von Aufmerksamkeit gesichert, aber auch seine Fassade mit ihren zwei Loggien links und rechts ließ die des Weges Kommenden unwillkürlich ihr Auge darauf richten. Hier, in eben diesen Loggien, verbrachte die Familie mit Vorliebe die Früh- und Nachmittagsstunden und bevorzugte dabei, je nach der Jahreszeit, mal den zum Zimmer des alten Grafen gehörigen, in pompejischem Rot gehaltenen Einbau, mal die gleichartige Loggia, die zum Zimmer der beiden jungen Damen gehörte. Dazwischen lag ein dritter großer Raum, der als Repräsentations- und zugleich als Eßzimmer diente. Das war, mit Ausnahme der Schlaf- und Wirtschaftsräume, das Ganze, worüber man Verfügung hatte; man wohnte mithin ziemlich beschränkt, hing aber sehr an dem Hause, so daß ein Wohnungswechsel oder auch nur der Gedanke daran, so gut wie ausgeschlossen war. Einmal hatte die liebenswürdige, besonders mit Gräfin Melusine befreundete Baronin Berchtesgaden einen solchen Wohnungswechsel in Vorschlag gebracht, aber nur um sofort einem lebhaften Widerspruche zu begegnen. »Ich sehe schon, Baronin, Sie führen den ganzen Lennéstraßenstolz gegen uns ins Gefecht. Ihre Lennéstraße! Nun ja, wenn's sein muß. Aber was haben Sie da groß? Sie haben den Lessing ganz und den Goethe halb. Und um beides will ich Sie beneiden und Ihnen auch die Spreewaldsammen in Rechnung stellen. Aber die Lennéstraßenwelt ist geschlossen, ist zu, sie hat keinen Blick ins Weite, kein Wasser, das fließt, keinen Verkehr, der flutet. Wenn ich in unsrer Nische sitze, die lange Reihe der herankommenden Stadtbahnwaggons vor mir, nicht zu nah und nicht zu weit, und sehe dabei, wie das Abendrot den Lokomotivenrauch durchglüht und in dem Filigranwerk der Ausstellungsparktürmchen schimmert, was will Ihre grüne Tiergartenwand dagegen?« Und dabei wies die Gräfin auf einen gerade vorüberdampfenden Zug, und die Baronin gab sich zufrieden.

Ein solcher Abend war auch heute; die Balkonthür stand auf, und ein kleines Feuer im Kamin warf seine Lichter auf den schweren Teppich, der durch das ganze Zimmer hin lag. Es mochte die sechste Stunde sein und die Fenster drüben an den Häusern der andern Seite standen wie in roter Glut. Ganz in der Nähe des Kamins saß Armgard, die jüngere Tochter, in ihren Stuhl zurückgelehnt, die linke Fußspitze leicht auf den Ständer gestemmt. Die Stickerei, daran sie bis dahin gearbeitet, hatte sie, seit es zu dunkeln begann, aus der Hand gelegt und spielte statt dessen mit einem Ballbecher, zu dem sie regelmäßig griff, wenn es galt, leere Minuten auszufüllen. Sie spielte das Spiel sehr geschickt, und es gab immer einen kleinen hellen Schlag, wenn der Ball in den Becher fiel. Melusine stand draußen auf dem Balkon, die Hand an die Stirn gelegt, um sich gegen die Blendung der untergehenden Sonne zu schützen.

»Armgard,« rief sie in das Zimmer hinein, »komm; die Sonne geht eben unter!«

»Laß. Ich sehe hier lieber in den Kamin. Und ich habe auch schon zwölfmal gefangen.«

»Wen?«

»Nun natürlich den Ball.«

»Ich glaube, du fingst lieber wen anders. Und wenn ich dich so dasitzen sehe, so kommt es mir fast vor, als dächtest du selber auch so was. Du sitzt so märchenhaft da.«

»Ach, du denkst immer nur an Märchen und glaubst, weil du Melusine heißt, du hast so was wie eine Verpflichtung dazu.«

»Kann sein. Aber vor allem glaub' ich, daß ich es getroffen habe. Weißt du, was?«

»Nun?«

»Ich kann es so leicht nicht sagen. Du sitzt zu weit ab.«

»Dann komm und sag es mir ins Ohr.«

»Das ist zu viel verlangt. Denn erstens bin ich die ältere, und zweitens bist du's, die was von mir will. Aber ich will es so genau nicht nehmen.«

Und dabei ging Melusine vom Balkon her auf die Schwester zu, nahm ihr das Fangspiel fort und sagte, während sie ihr die Hand auf die Stirn legte: »Du bist verliebt.«

»Aber Melusine, was das nun wieder soll! Und wenn man so klug ist wie du ... Verliebt. Das ist ja gar nichts; etwas verliebt ist man immer.«

»Gewiß. Aber in wen? Da beginnen die Fragen und die Finessen.«

In diesem Augenblicke ging die Klingel draußen, und Armgard horchte.

»Wie du dich verrätst,« lachte Melusine. »Du horchst und willst wissen, wer kommt.«

Melusine wollte noch weiter sprechen, aber die Thür ging

bereits auf und Lizzi, die Kammerjungfer der beiden Schwestern, trat ein, unmittelbar hinter ihr ein Gersonscher Livreediener mit einem in einen Riemen geschnallten Karton. »Er bringt die Hüte,« sagte die Kammerjungfer.

»Ah, die Hüte. Ja, Armgard da müssen wir freilich unsre Frage vertagen. Was doch wohl auch deine Meinung ist. Bitte, stellen Sie hin. Aber Lizzi, du, du bleibst und mußt uns helfen; du hast einen guten Geschmack. Übrigens ist kein Stehspiegel da?«

»Soll ich ihn holen?«

»Nein, nein, laß. Unsre Köpfe, worauf es doch bloß ankommt, können wir schließlich auch in diesem Spiegel sehen ... Ich denke, Armgard, du läßt mir die Vorhand; dieser hier mit dem Heliotrop und den Stiefmütterchen, der ist natürlich für mich; er hat den richtigen Frauencharakter, fast schon Witwe.«

Unter diesen Worten setzte sie sich den Hut auf und trat an den Spiegel. »Nun, Lizzi, sprich.«

»Ich weiß nicht recht, Frau Gräfin, er scheint mir nicht modern genug. Der, den Comtesse Armgard eben aufsetzt, der würde wohl auch für Frau Gräfin besser passen; – die hohen Straußfedern, wie ein Ritterhelm, und auch die Hutform selbst. Hier ist noch einer, fast ebenso und beinah noch hübscher.«

Beide Damen stellten sich jetzt vor den Spiegel; Armgard, hinter der Schwester stehend und größer als diese, sah über deren linke Schulter fort. Beide gefielen sich ungemein und schließlich lachten sie, weil jede der andern ansah, wie hübsch sie sich fand.

»Ich möchte doch beinah glauben ...« sagte Melusine, kam aber nicht weiter, denn in eben diesem Augenblicke trat ein in schwarzen Frack und Escarpins gekleideter alter Diener ein und meldete: »Rittmeister von Stechlin.«

Unmittelbar darauf erschien denn auch Woldemar selbst

und verbeugte sich gegen die Damen. »Ich fürchte, daß ich zu sehr ungelegener Stunde komme.«

»Ganz im Gegenteil, lieber Stechlin. Um wessentwillen quälen wir uns denn überhaupt mit solchen Sachen? Doch bloß um unsrer Gebieter willen, die man ja (vielleicht leider) auch noch hat, wenn man sie nicht mehr hat.«

»Immer die liebenswürdige Frau.«

»Keine Schmeicheleien. Und dann, diese Hüte sind wichtig. Ich nehm es als eine Fügung, daß Sie da gerade hinzukommen; Sie sollen entscheiden. Wir haben freilich schon Lizzis Meinung angerufen, aber Lizzi ist zu diplomatisch; Sie sind Soldat und müssen mehr Mut haben; Armgard sprich auch; du bist nicht mehr jung genug, um noch ewig die Verlegene zu spielen. Ich bin sonst gegen alle Gutachten, namentlich in Prozeßsachen (ich weiß ein Lied davon zu singen), aber ein Gutachten von Ihnen, da laß ich all meine Bedenken fallen. Außerdem bin ich für Autoritäten, und wenn es überhaupt Autoritäten in Sachen von Geschmack und Mode giebt, wo wären sie besser zu finden als im Regiment Ihrer Kaiserlich Königlichen Majestät von Großbritannien und Indien? Irland laß ich absichtlich fallen und nehme lieber Indien, woher aller gute Geschmack kommt, alle alte Kultur, alle Shawls und Teppiche, Buddha und die weißen Elefanten. Also antreten, Armgard; du natürlich an den rechten Flügel, denn du bist größer. Und nun, lieber Stechlin, wie finden Sie uns?«

»Aber meine Damen ...«

»Keine Feigheiten. Wie finden Sie uns?«

»Unendlich nett.«

»Nett? Verzeihen Sie, Stechlin, nett ist kein Wort. Wenigstens kein nettes Wort. Oder wenigstens ungenügend.«

»Also schlankweg entzückend.«

»Das ist gut. Und zur Belohnung die Frage: wer ist entzückender?«

»Aber Frau Gräfin, das ist ja die reine Geschichte mit dem seligen Paris. Bloß, er hatte es viel leichter, weil es drei waren. Aber zwei. Und noch dazu Schwestern.«

»Wer? Wer?«

»Nun, wenn es denn durchaus sein muß, Sie, gnädigste Frau.«

»Schändlicher Lügner. Aber wir behalten diese zwei Hüte. Lizzi, gieb all das andre zurück. Und Jeserich soll die Lampen bringen; draußen ein Streifen Abendrot und hier drinnen ein verglimmendes Feuer, – das ist denn doch zu wenig oder, wenn man will, zu gemütlich.«

Die Lampen hatten draußen schon gebrannt, so daß sie gleich da waren.

»Und nun schließen Sie die Balkonthür, Jeserich, und sagen Sie's Papa, daß der Herr Rittmeister gekommen. Papa ist nicht gut bei Wege, wieder die neuralgischen Schmerzen; aber wenn er hört, daß Sie da sind, so thut er ein übriges. Sie wissen, Sie sind sein Verzug. Man weiß immer, wenn man Verzug ist. Ich wenigstens hab' es immer gewußt.«

»Das glaub' ich.«

»Das glaub' ich! Wie wollen Sie das erklären?«

»Einfach genug, gnädigste Gräfin. Jede Sache will gelernt sein. Alles ist schließlich Erfahrung. Und ich glaube, daß Ihnen reichlich Gelegenheit gegeben wurde, der Frage ›Verzug oder Nichtverzug‹ praktisch näherzutreten.«

»Gut herausgeredet. Aber nun, Armgard, sage dem Herrn von Stechlin (ich persönlich getraue mich's nicht), daß wir in einer halben Stunde fort müssen, Opernhaus, ›Tristan und Isolde‹. Was sagen Sie dazu? Nicht zu Tristan und Isolde, nein zu der heikleren Frage, daß wir eben gehen, im selben Augenblick, wo Sie kommen. Denn ich seh' es Ihnen an, Sie kamen nicht so bloß um ›five o'clock tea's‹ willen, Sie hatten es besser mit uns vor. Sie wollten bleiben ...«

»Ich bekenne ...«

»Also getroffen. Und zum Zeichen, daß Sie großmütig sind und Verzeihung üben, versprechen Sie, daß wir Sie bald wiedersehen, recht, recht bald. Ihr Wort darauf. Und dem Papa, der Sie vielleicht erwartet, wenn es Jeserich für gut befunden hat, die Meldung auszurichten, – dem Papa werd' ich sagen, Sie hätten nicht bleiben können, eine Verabredung, Klub oder sonst was.«

―――

Während Woldemar nach diesem abschließenden Gespräch mit Melusine die Treppe hinabstieg und auf den nächsten Droschkenstand zuschritt, saß der alte Graf in seinem Zimmer und sah, den rechten Fuß auf einen Stuhl gelehnt, durch das Balkonfenster auf den Abendhimmel. Er liebte diese Dämmerstunde, drin er sich nicht gerne stören ließ (am wenigsten gern durch vorzeitig gebrachtes Licht), und als Jeserich, der das alles wußte, jetzt eintrat, war es nicht, um dem alten Grafen die Lampe zu bringen, sondern nur um ein paar Kohlen aufzuschütten.

»Wer war denn da, Jeserich?«

»Der Herr Rittmeister.«

»So, so. Schade, daß er nicht geblieben ist. Aber freilich, was soll er mit mir? Und der Fuß und die Schmerzen, dadurch wird man auch nicht interessanter. Armgard und nun gar erst Melusine, ja, da geht es, da redet sich's schon besser, und das wird der Rittmeister wohl auch finden. Aber so viel ist richtig, ich spreche gern mit ihm; er hat so was Ruhiges und Gesetztes und immer schlicht und natürlich. Meinst du nicht auch?«

Jeserich nickte.

»Und glaubst du nicht auch (denn warum käme er sonst so oft), daß er was vorhat?«

»Glaub' ich auch, Herr Graf.«

»Na, was glaubst du?«

»Gott, Herr Graf...«

»Ja, Jeserich, du willst nicht 'raus mit der Sprache. Das hilft dir aber nichts. Wie denkst du dir die Sache?«

Jeserich schmunzelte, schwieg aber weiter, weshalb dem alten Grafen nichts übrig blieb, als seinerseits fortzufahren. »Natürlich paßt Armgard besser, weil sie jung ist; es ist so mehr das richtige Verhältnis, und überhaupt, Armgard ist sozusagen dran. Aber, weiß der Teufel, Melusine...«

»Freilich, Herr Graf.«

»Also du hast doch auch so was gesehen. Alles dreht sich immer um die. Wie denkst du dir nun den Rittmeister? Und wie denkst du dir die Damen? Und wie steht es überhaupt? Ist es die oder ist es die?«

»Ja, Herr Graf, wie soll ich darüber denken? Mit Damen weiß man ja nie – vornehm und nicht vornehm, klein und groß, arm und reich, das is all eins. Mit unsrer Lizzi is es gerad' ebenso wie mit Gräfin Melusine. Wenn man denkt, es is so, denn is es so, und wenn man denkt, es is so, denn is es wieder so. Wie meine Frau noch lebte, Gott habe sie selig, die sagte auch immer: ›Ja, Jeserich, was du dir bloß denkst; wir sind eben ein Rätsel.‹ Ach Gott, sie war ja man einfach, aber das können Sie mir glauben, Herr Graf, so sind sie alle.«

»Hast ganz recht, Jeserich. Und deshalb können wir auch nicht gegen an. Und ich freue mich, daß du das auch so scharf aufgefaßt hast. Du bist überhaupt ein Menschenkenner. Wo du's bloß her hast? Du hast so was von 'nem Philosophen. Hast du schon mal einen gesehen?«

»Nein, Herr Graf. Wenn man so viel zu thun hat und immer Silber putzen muß.«

»Ja, Jeserich, das hilft doch nu nich, davon kann ich dich nicht frei machen ...«

»Nein, so mein' ich es ja auch nich, Herr Graf, und bin ja auch fürs Alte. Gute Herrschaft und immer denken, ›man gehört so halb wie mit dazu‹, – dafür bin ich. Und manche sollen ja auch halb mit dazu gehören ... Aber ein bißchen anstrengend is es doch mitunter, und man is doch am Ende auch ein Mensch ...«

»Na höre, Jeserich, das hab' ich dir doch noch nicht abgesprochen.«

»Nein, nein, Herr Graf. Gott, man sagt so was bloß. Aber ein bißchen is es doch damit ...«

Zwölftes Kapitel.

Woldemar – wie Rex seinem Freunde Czako, als beide über den Cremmer Damm ritten, ganz richtig mitgeteilt hatte – verkehrte seit Ausgang des Winters im Barbyschen Hause, das er sehr bald vor andern Häusern seiner Bekanntschaft bevorzugte. Vieles war es, was ihn da fesselte, voran die beiden Damen; aber auch der alte Graf. Er fand Ähnlichkeiten, selbst in der äußern Erscheinung, zwischen dem Grafen und seinem Papa, und in seinem Tagebuche, das er, trotz sonstiger Modernität, in altmodischer Weise von jung an führte, hatte er sich gleich am ersten Abend über eine gewisse Verwandtschaft zwischen den beiden geäußert. Es hieß da unterm achtzehnten April: »Ich kann Wedel nicht dankbar genug sein, mich bei den Barbys eingeführt zu haben; alles, was er von dem Hause gesagt, fand ich bestätigt. Diese Gräfin, wie scharmant, und die Schwester ebenso, trotzdem größere Gegensätze kaum denkbar sind. An der einen alles Temperament und Anmut, an der andern alles Charakter oder, wenn das zu viel gesagt sein sollte, Schlichtheit, Festigkeit. Es bleibt mit den Namen doch eine eigne Sache; die Gräfin ist ganz Melusine und die Comtesse ganz Armgard. Ich habe bis jetzt freilich nur eine dieses Namens kennen gelernt, noch dazu bloß als Bühnenfigur, und ich mußte beständig an diese denken, wie sie da (ich glaube, es war Fräulein Stolberg, die ja auch das Maß hat) dem Landvogt so mutig in den Zügel fällt. Ganz so wirkt Comtesse Armgard! Ich möchte beinah' sagen, es läßt sich an ihr wahrnehmen, daß ihre Mutter eine richtige Schweizerin war. Und dazu der alte Graf! Wie ein Zwillingsbruder von Papa; derselbe Bismarckkopf, dasselbe humane Wesen, dieselbe Freundlichkeit, dieselbe gute Laune. Papa ist aber ausgiebiger und auch wohl origineller. Vielleicht hat der verschiedene Lebensgang diese Verschiedenheiten erst geschaffen. Papa sitzt nun seit richtigen dreißig Jahren in seinem Ruppiner Winkel fest, der Graf war ebensolange draußen! Ein Botschaftsrat ist eben was andres als ein Ritterschaftsrat, und an der Themse wächst man sich anders aus als am ›Stechlin‹ – unsern Stechlin dabei natürlich in Ehren. Trotzdem die Verwandtschaft bleibt. Und der alte Diener, den sie Jeserich nennen, der ist nun schon ganz und gar unser Engelke vom Kopf bis zur Zeh'. Aber was am verwandtesten ist, das ist doch die gesamte Hausatmosphäre, das Liberale. Papa selbst würde zwar darüber lachen, – er lacht über nichts so sehr wie über Liberalismus – und doch kenne ich keinen Menschen, der innerlich so frei wäre, wie gerade mein guter Alter. Zugeben wird er's freilich nie und wird in dem Glauben sterben: ›Morgen tragen sie einen echten alten Junker zu Grabe‹. Das ist er auch, aber doch auch wieder das volle Gegenteil davon. Er hat keine Spur von Selbstsucht. Und diesen schönen Zug (ach, so selten), den hat auch der alte Graf. Nebenher freilich ist er Weltmann, und das giebt dann den Unterschied und das Übergewicht. Er weiß – was sie hierzulande nicht wissen oder nicht wissen wollen – daß hinterm Berge auch noch Leute wohnen. Und mitunter noch ganz andre.«

―――

Das waren die Worte, die Woldemar in sein Tagebuch eintrug. Von allem, was er gesehen, war er angenehm berührt worden, auch von Haus und Wohnung. Und dazu war guter Grund da, mehr als er nach seinem ersten Besuche wissen konnte. Das von der gräflichen Familie bewohnte Haus mit seinen Loggien und seinem diminutiven Hof und Garten teilte sich in zwei Hälften, von denen jede noch wieder ihre besondern Annexe hatte. Zu der Beletage gehörte das zur Seite gelegene pittoreske Hof- und Stallgebäude, drin der gräfliche Kutscher, Herr Imme, residierte, während zu dem die zweite Hälfte des Hauses bildenden Hochparterre ziemlich selbstverständlich noch das kleine niedrige Souterrain gerechnet wurde, drin, außer Portier Hartwig selbst, dessen Frau, sein Sohn Rudolf und seine Nichte Hedwig wohnten. Letztere freilich nur zeitweilig, und zwar immer nur dann, wenn sie, was allerdings ziemlich häufig vorkam, mal wieder ohne Stellung war. Die Wirtin des Hauses, Frau Hagelversicherungssekretär Schickedanz, hätte diesen gelegentlichen Aufenthalt der Nichte Hartwigs eigentlich beanstanden müssen, ließ es aber gehen, weil Hedwig ein heiteres, quickes und sehr anstelliges Ding war und manches besaß, was die Schickedanz mit der Ungehörigkeit des ewigen Dienstwechsels wieder aussöhnte.

Die Schickedanz, eine Frau von sechzig, war schon verwitwet, als im Herbst fünfundachtzig die Barbys einzogen, Comtesse Armgard damals erst zehnjährig. Frau Schickedanz selbst war um jene Zeit noch in Trauer, weil ihr Gatte, der Versicherungssekretär, erst im Dezember des voraufgegangenen Jahres gestorben war, »drei Tage vor Weihnachten«, ein Umstand, auf den der Hilfsprediger, ein junger Kandidat, in seiner Leichenrede beständig hingewiesen und die gewollte Wirkung auch richtig erzielt hatte. Allerdings nur bei der Schickedanz selbst und einigermaßen auch bei der Frau Hartwig, die während der ganzen Rede beständig mit dem Kopf genickt und nachträglich ihrem Manne bemerkt hatte: »Ja, Hartwig, da liegt doch was drin.« Hartwig selber indes, der, im Gegensatz zu den meisten seines Standes, humoristisch angeflogen war, hatte für die merkwürdige Fügung von »drei Tage vor Weihnachten« nicht das geringste Verständnis gezeigt, vielmehr nur die Bemerkung dafür gehabt: »Ich weiß nicht, Mutter, was du dir eigentlich dabei denkst? Ein Tag ist wie der andre; mal muß man 'ran,« – worauf die Frau jedoch geantwortet hatte: »Ja, Hartwig, das sagst du so immer; aber wenn du dran bist, dann red'st du anders.«

Der verstorbene Schickedanz hatte, wie der Tod ihn ankam, ein Leben hinter sich, das sich in zwei sehr verschiedene Hälften, in eine ganz kleine unbedeutende und in eine ganz große teilte. Die unbedeutende Hälfte hatte lange gedauert, die große nur ganz kurz. Er war ein Ziegelstreichersohn aus dem bei Potsdam gelegenen Dorfe Kaputt, was er, als er aus dem diesem Dorfnamen entsprechenden Zustande heraus war, in Gesellschaft guter Freunde gern hervorhob. Es war so ziemlich der einzige Witz seines Lebens, an dem er aber zäh festhielt, weil er sah, daß er immer wieder wirkte. Manche gingen so weit, ihm den Witz auch noch moralisch gutzuschreiben und behaupteten: Schickedanz sei nicht bloß ein Charakter, sondern auch eine bescheidene Natur.

Ob dies zutraf, wer will es sagen! Aber das war sicher, daß er sich von Anfang an als ein aufgeweckter Junge gezeigt hatte. Schon mit sechzehn war er als Hilfsschreiber in die deutsch-englische Hagelversicherungsgesellschaft Pluvius eingetreten und hatte mit sechsundsechzig sein fünfzigjähriges Dienstjubiläum in eben dieser Gesellschaft gefeiert. Das war aus bestimmten Gründen ein großer Tag gewesen. Denn als Schickedanz ihn erlebte, hieß er nur noch so ganz obenhin »Herr Versicherungssekretär«, war aber in Wahrheit über diesen seinen Titel weit hinausgewachsen und besaß bereits das schöne Haus am Kronprinzenufer. Er hatte sich das leisten können, weil er im Laufe der letzten fünf Jahre zweimal hintereinander ein Viertel vom großen Lose gewonnen hatte. Dies sah er sich allerseits als persönliches Verdienst angerechnet und auch wohl mit Recht. Denn arbeiten kann jeder, das große Los gewinnen kann nicht jeder. Und so blieb er denn bei der Versicherungsgesellschaft lediglich nur noch als verhätscheltes Zierstück, weil es damals wie jetzt einen guten Eindruck machte, Personen der Art im Dienst oder gar als Teilnehmer zu haben. An der Spitze muß immer ein Fürst stehen. Und Schickedanz war jetzt Fürst. Alles drängte sich nicht bloß an ihn, sondern seine Stammtischfreunde, die zu seiner zweimal bewährten Glückshand ein unbedingtes Vertrauen hatten, drangen sogar eine Zeitlang in ihn, die Lotterielose für sie zu ziehen. Aber keiner gewann, was schließlich einen Umschlag schuf und einzelne von »bösem Blick« und sogar ganz unsinnigerweise von Mogelei sprechen ließ. Die meisten indessen hielten es für klug, ihr Übelwollen zurückzuhalten; war er doch immerhin ein Mann, der jedem, wenn er wollte, Deckung und Stütze geben konnte. Ja, Schickedanz' Glück und Ansehen waren groß, am größten natürlich an seinem Jubiläumstage. Nicht zu glauben, wer da alles kam. Nur ein Orden kam nicht, was denn auch von einigen Schickedanzfanatikern sehr mißliebig bemerkt wurde. Besonders schmerzlich empfand es die Frau. »Gott, er hat doch immer so treu gewählt,« sagte sie. Sie kam aber nicht in die Lage, sich in diesen Schmerz einzuleben, da schon die nächsten Zeiten bestimmt waren, ihr Schwereres zu bringen. Am 21. September war das Jubiläum gewesen, am 21. Oktober erkrankte er, am 21. Dezember starb er. Auf dem Notizenzettel, den man damals dem Kandidaten zugestellt hatte, hatte dieser dreimal wiederkehrende »einundzwanzigste« gefehlt, was alles in allem wohl als ein Glück angesehen werden konnte, weil, entgegengesetztenfalls, die »drei Tage vor Weihnachten« entweder gar nicht zu stande gekommen oder aber durch eine geteilte Herrschaft in ihrer Wirkung abgeschwächt worden wären.

Schickedanz war bei voller Besinnung gestorben. Er rief, kurz vor seinem Ende, seine Frau an sein Bett und sagte: »Riekchen, sei ruhig. Jeder muß. Ein Testament hab' ich nicht gemacht. Es giebt doch bloß immer Zank und Streit. Auf meinem Schreibtisch liegt ein Briefbogen, drauf hab' ich alles Nötige geschrieben. Viel wichtiger ist mir das mit dem Haus. Du mußt es behalten, damit die Leute sagen können: ›Da wohnt Frau Schickedanz‹. Hausname, Straßenname, das ist überhaupt das Beste. Straßenname dauert noch länger als Denkmal.«

»Gott, Schickedanz, sprich nicht so viel; es strengt dich an. Ich will es ja alles heilig halten, schon aus Liebe...«

»Das ist recht, Riekchen. Ja, du warst immer eine gute Frau, wenn wir auch keine Nachfolge gehabt haben. Aber darum bitte ich dich, vergiß nie, daß es meine Puppe war. Du darfst bloß vornehme Leute nehmen; reiche Leute, die bloß reich sind, nimm nicht; die quängeln bloß und schlagen große Haken in die Thürfüllung und hängen eine Schaukel dran. Überhaupt, wenn es sein kann, keine Kinder. Hartwigen unten mußt du behalten; er ist eigentlich ein Klugschmus, aber die Frau ist gut. Und der kleine Rudolf, mein Patenkind, wenn er ein Jahr alt wird, soll er hundert Thaler kriegen. Thaler, nicht Mark. Und der Schullehrer in Kaputt soll auch hundert Thaler kriegen. Der wird sich wundern. Aber darauf freu' ich mich schon. Und auf dem Invalidenkirchhof will ich begraben sein, wenn es irgend geht. Invalide ist ja doch eigentlich jeder. Und Anno siebzig war ich doch auch mit Liebesgaben bis dicht an den Feind, trotzdem Luchterhand immer sagte: ›Nicht so nah 'ran‹. Sei freundlich gegen die Leute und nicht zu sparsam (du bist ein bißchen zu sparsam) und bewahre mir einen Platz in deinem Herzen. Denn treu warst du, das sagt mir eine innere Stimme.«

Diesem allem hatte Riekchen seitdem gelebt. Die Beletage, die leer stand, als Schickedanz starb, blieb noch drei Vierteljahre unbewohnt, trotzdem sich viele Herrschaften meldeten. Aber sie deckten sich nicht mit der Forderung, die Schickedanz vor seinem Hinscheiden gestellt hatte. Herbst fünfundachtzig kamen dann die Barbys. Die kleine Frau sah gleich »ja, das sind die, die mein Seliger gemeint hat.« Und sie hatte wirklich richtig gewählt. In den fast zehn Jahren, die seitdem verflossen waren, war es auch nicht ein einziges Mal zu Konflikten gekommen, mit der gräflichen Familie schon gewiß nicht, aber auch kaum mit den Dienerschaften. Ein persönlicher Verkehr zwischen Erdgeschoß und Beletage konnte natürlich nicht stattfinden, – Hartwig war einfach der alter ego, der mit Jeserich alles Nötige durchzusprechen hatte. Kam es aber ausnahmsweise zwischen Wirtin und Mieter zu irgend einer Begegnung, so bewahrte dabei die kleine winzige Frau (die nie »viel« war und seit ihres Mannes Tode noch immer weniger geworden war) eine merkwürdig gemessene Haltung, die jedem mit dem Berliner Wesen Unvertrauten eine Verwunderung abgenötigt haben würde. Riekchen empfand sich nämlich in solchem Augenblicke durchaus als »Macht gegen Macht«. Wie beinah jedem hierlandes Geborenen, war auch ihr die Gabe wirklichen Vergleichenkönnens völlig versagt, weil jeder echte, mit Spreewasser getaufte Berliner, männlich oder weiblich, seinen Zustand nur an seiner eignen kleinen Vergangenheit, nie aber an der Welt draußen mißt, von der er, wenn er ganz echt ist, weder eine Vorstellung hat noch überhaupt haben will. Der autochthone »Kellerwurm«, wenn er fünfzig Jahre später in eine Steglitzer Villa zieht, bildet – auch wenn er seiner Natur nach eigentlich der bescheidenste Mensch ist – eine gewisse naive Krösusvorstellung in sich aus und glaubt ganz ernsthaft, jenen Gold- und Silberkönigen zuzugehören, die die Welt regieren. So war auch die Schickedanz. Hinter einem Dachfenster in der Georgenkirchstraße geboren, an welchem Dachfenster sie später für ein Weißzeuggeschäft genäht hatte, kam ihr ihr Leben, wenn sie rückblickte, wie ein Märchen vor, drin sie die Rolle der Prinzessin spielte. Dementsprechend durchdrang sie sich, still aber stark, mit einem Hochgefühl, das sowohl Geld- wie Geburtsgrößen gegenüber auf Ebenbürtigkeit lossteuerte. Sie rangierte sich ein und wies sich, soweit ihre historische Kenntnis das zuließ, einen ganz bestimmten Platz an: Fürst Dolgorucki, Herzog von Devonshire, Schickedanz.

Die Treue, die der Verstorbene noch in seinen letzten Augenblicken ihr nachgerühmt hatte, steigerte sich mehr und mehr zum Kult. Die Vormittagsstunden jedes Tages gehörten dem hohen Palisanderschrank an, drin die Jubiläumsgeschenke wohlgeordnet standen: ein großer Silberpokal mit einem drachentötenden Sankt Georg auf dem Deckel, ein Album mit photographischen Aufnahmen aller Sehenswürdigkeiten von Kaputt, eine große Huldigungsadresse mit Aquarellarabesken, mehrere Lieder in Prachtdruck (darunter ein Kegelklublied mit dem Refrain »alle Neune«), Riesensträuße von Sonnenblumen, ein Oreiller mit dem eisernen Kreuz und einem aufgehefteten Gedicht, von einem Damenkomitee herrührend, in dessen Auftrag er, Schickedanz, die Liebesgaben bis vor Paris gebracht hatte. Neben dem Schrank, auf einer Ebenholzsäule, stand eine Gipsbüste, Geschenk eines dem Stammtisch angehörigen Bildhauers, der darauf hin einen leider ausgebliebenen Auftrag in Marmor erwartet hatte. Fauteuils und Stühle steckten in großblumigen Überzügen, desgleichen der Kronleuchter in einem Gazemantel, und an den Frontfenstern standen, den ganzen Winter über, Maiblumen. Riekchen trug auch Maiblumen auf jeder ihrer Hauben, war überhaupt, seit das Trauerjahr um war, immer hell gekleidet, wodurch ihre Gestalt noch unkörperlicher wirkte. Jeden ersten Montag im Monat war allgemeines Reinmachen, auch bei Wind und Kälte. Dies war immer ein Tag größter Aufregung, weil jedesmal etwas zerbrochen oder umgestoßen wurde. Das blieb auch so durch Jahre hin, bis das Auftreten von Hedwig, die sich einer sehr geschickten Hand erfreute, Wandel in diesem Punkte schaffte. Die Nippsachen zerbrachen nun nicht mehr, und Riekchen war um so glücklicher darüber, als Hartwigs hübsche Nichte, wenn sie mal wieder den Dienst gekündigt hatte, regelmäßig allerlei davon zu erzählen und mit immer neuen und oft sehr intrikaten Geschichten ins Feld zu rücken wußte.

Die Barbys hatten alle Ursache, mit dem Schickedanzschen Hause zufrieden zu sein. Nur eines störte, das war, daß jeden Mittwoch und Sonnabend die Teppiche geklopft wurden, immer gerade zu der Stunde, wo der alte Graf seine Nachmittagsruhe halten wollte. Das verdroß ihn eine Weile, bis er schließlich zu dem Ergebnis kam: »Eigentlich bin ich doch selber schuld daran. Warum setz' ich mich immer wieder in die Hinterstube, statt einfach vorn an mein Fenster? Immer hasardier' ich wieder und denke: heute bleibt es vielleicht ruhig; willst es doch noch mal versuchen.«

Ja, der alte Graf war nicht bloß froh, die Wohnung zu haben, er hielt auch beinah abergläubisch an ihr fest. So lange er darin wohnte, war es ihm gut ergangen, nicht glänzender als früher, aber sorgenloser. Und das sagte er sich jeden neuen Tag.

Sein Leben, so bunt es gewesen, war trotzdem in gewissem Sinne durchschnittsmäßig verlaufen, ganz so wie das Leben eines preußischen »Magnaten« (worunter man in der Regel Schlesier versteht; aber es giebt doch auch andre) zu verlaufen pflegt.

Im Juli dreißig, gerade als die Franzosen Algier bombardierten und nebenher das Haus Bourbon endgültig beseitigten, war der Graf auf einem der an der mittleren Elbe gelegenen Barbyschen Güter geboren worden. Auf eben diesem Gute, – das landwirtschaftlich einer von fremder Hand geführten Administration unterstand, – vergingen ihm die Kinderjahre; mit zwölf kam er dann auf die Ritterakademie, mit achtzehn in das Regiment Gardeducorps, drin die Barbys standen, solang es ein Regiment Gardeducorps gab. Mit dreißig war er Rittmeister und führte eine Schwadron. Aber nicht lange mehr. Auf einem in der Nähe von Potsdam veranstalteten Kavalleriemanöver stürzte er unglücklich und brach den Oberschenkel, unmittelbar unter der Hüfte. Leidlich genesen, ging er nach Ragaz, um dort völlige Wiederherstellung zu suchen, und machte hier die Bekanntschaft eines alten Freiherrn von Planta, der ihn alsbald auf seine Besitzungen einlud. Weil diese ganz in der Nähe lagen, nahm er die Einladung nach Schloß Schuder an. Hier blieb er länger als erwartet, und als er das schön gelegene Bergschloß wieder verließ, war er mit der Tochter und Erbin des Hauses verlobt. Es war eine große Neigung, was sie zusammenführte. Die junge Freiin drang alsbald in ihn, den Dienst zu quittieren, und er entsprach dem um so lieber, als er seiner völligen Wiederherstellung nicht ganz sicher war. Er nahm also den Abschied und trat aus dem militärischen in den diplomatischen Dienst über, wozu seine Bildung, sein Vermögen, seine gesellschaftliche Stellung ihn gleichmäßig geeignet erscheinen ließen. Noch im selben Jahre ging er nach London, erst als Attaché, wurde dann Botschaftsrat und blieb in dieser Stellung zunächst bis in die Tage der Aufrichtung des Deutschen Reichs. Seine Beziehungen sowohl zu der heimisch-englischen wie zu der außerenglischen Aristokratie waren jederzeit die besten, und sein Freundschaftsverhältnis zu Baron und Baronin Berchtesgaden entstammte jener Zeit. Er hing sehr an London. Das englische Leben, an dem er manches, vor allem die geschraubte Kirchlichkeit, beanstandete, war ihm trotzdem außerordentlich sympathisch, und er hatte sich daran gewöhnt, sich als verwachsen damit anzusehen. Auch seine Familie, die Frau und die zwei Töchter – beide, wenn auch in großem Abstande, während der Londoner Tage geboren – teilten des Vaters Vorliebe für England und englisches Leben. Aber ein harter Schlag warf alles um, was der Graf geplant: die Frau starb plötzlich, und der Aufenthalt an der ihm so lieb gewordenen Stätte war ihm vergällt. Er nahm in der ersten Hälfte der 80er Jahre seine Demission, ging zunächst auf die Plantaschen Güter nach Graubünden und dann weiter nach Süden, um sich in Florenz seßhaft zu machen. Die Luft, die Kunst, die Heiterkeit der Menschen, alles that ihm hier wohl, und er fühlte, daß er genaß soweit er wieder genesen konnte. Glückliche Tage brachen für ihn an, und sein Glück schien sich noch steigern zu sollen, als sich die ältere Tochter mit dem italienischen Grafen Ghiberti verlobte. Die Hochzeit folgte beinah unmittelbar. Aber die Fortdauer dieser Ehe stellte sich bald als eine Unmöglichkeit heraus, und ehe ein Jahr um war, war die Scheidung ausgesprochen. Kurze Zeit danach kehrte der Graf nach Deutschland zurück, das er, seit einem Vierteljahrhundert, immer nur flüchtig und besuchsweise wiedergesehen hatte. Sich auf das eine oder andre seiner Elbgüter zu begeben, widerstand ihm auch jetzt noch, und so kam es, daß er sich für Berlin entschied. Er nahm Wohnung am Kronprinzenufer und lebte hier ganz sich, seinem Hause, seinen Töchtern. Von dem Verkehr mit der großen Welt hielt er sich so weit wie möglich fern, und nur ein kleiner Kreis von Freunden, darunter auch die durch einen glücklichen Zufall ebenfalls von London nach Berlin verschlagenen Berchtesgadens waren, versammelte sich um ihn. Außer diesen alten Freunden waren es vorzugsweise Hofprediger Frommel, Dr. Wrschowitz und seit letztem Frühjahr auch Rittmeister von Stechlin, die den Barbyschen Kreis bildeten. An Woldemar hatte man sich rasch attachiert, und die freundlichen Gefühle, denen er bei dem alten Grafen sowohl wie bei den Töchtern begegnete, wurden von allen Hausbewohnern geteilt. Selbst die Hartwigs interessierten sich für den Rittmeister, und wenn er abends an der Portierloge vorüberkam, guckte Hedwig neugierig durch das Fensterchen und sagte: »So einen, – ja, das lass' ich mir gefallen.«

Dreizehntes Kapitel.

Woldemar, als er sich von den jungen Damen im Barbyschen Hause verabschiedet hatte, hatte versprechen müssen, seinen Besuch recht bald zu wiederholen.

Aber was war »recht bald«? Er rechnete hin und her und fand, daß der dritte Tag dem etwa entsprechen würde; das war »recht bald« und doch auch wieder nicht zu früh. Und so ging er denn, als der Abend dieses dritten Tages da war, auf die Hallische Brücke zu, wartete hier die Ringbahn ab und fuhr, am Potsdamer- und Brandenburgerthor vorüber, bis an jene sonderbare Reichstagsuferstelle, wo, von mächtiger Giebelwand herab, ein wohl zwanzig Fuß hohes, riesiges Kaffeemädchen mit einem ganz kleinen Häubchen auf dem Kopf freundlich auf die Welt der Vorübereilenden herniederblickt, um ihnen ein Paket Kneippschen Malzkaffee zu präsentieren. An dieser echt berlinisch-pittoresken Ecke stieg Woldemar ab, um die von hier aus nur noch kurze Strecke bis an das Kronprinzenufer zu Fuß zurückzulegen.

Es war gegen acht, als er in dem Barbyschen Hause die mit Teppich überdeckte Marmortreppe hinauf stieg und die Klingel zog. Im selben Augenblick, wo Jeserich öffnete, sah Woldemar an des Alten verlegenem Gesicht, daß die Damen aller Wahrscheinlichkeit nach wieder nicht zu Hause waren. Aber eine Verstimmung darüber durfte nicht aufkommen, und so ließ er es geschehen, daß Jeserich ihn bei dem alten Grafen meldete.

»Der Herr Graf lassen bitten.«

Und nun trat Woldemar in das Zimmer des wieder mal von Neuralgie Geplagten ein, der ihm, auf einen dicken Stock gestützt, unter freundlichem Gruß entgegenkam.

»Aber Herr Graf,« sagte Woldemar und nahm des alten Herrn linken Arm, um ihn bis an seinen Lehnstuhl und eine für den kranken Fuß zurechtgemachte Stellage zurückzuführen. »Ich fürchte, daß ich störe.«

»Ganz im Gegenteil, lieber Stechlin. Mir hoch willkommen. Außerdem hab' ich strikten Befehl, Sie, coûte que coûte, festzuhalten; Sie wissen, Damen sind groß in Ahnungen, und bei Melusine hat es schon geradezu was Prophetisches.«

Woldemar lächelte.

»Sie lächeln, lieber Stechlin, und haben recht. Denn daß sie nun schließlich doch gegangen ist (natürlich zu den Berchtesgadens), ist ein Beweis, daß sie sich und ihrer Prophetie doch auch wieder einigermaßen mißtraute. Aber man ist immer nur klug und weise für andre. Die Doktors machen es ebenso; wenn sie sich selber behandeln sollen, wälzen sie die Verantwortung von sich ab und sterben lieber durch fremde Hand. Aber was sprech' ich nur immer von Melusine. Freilich, wer in unserm Hause so gut Bescheid weiß wie Sie, wird nichts Überraschliches darin finden. Und zugleich wissen Sie, wie's gemeint ist. Armgard ist übrigens in Sicht; keine zehn Minuten mehr, so werden wir sie hier haben.«

»Ist sie mit bei der Baronin?«

»Nein, Sie dürfen sie nicht so weit suchen. Armgard ist in ihrem Zimmer, und Doktor Wrschowitz ist bei ihr. Es kann aber nicht lange mehr dauern.«

»Aber ich bitte Sie, Herr Graf, ist die Comtesse krank?«

»Gott sei Dank, nein. Und Wrschowitz ist auch kein Medizindoktor, sondern ein Musikdoktor. Sie haben von ihm rein zufällig noch nicht gehört, weil erst vorige Woche, nach einer langen, langen Pause, die Musikstunden wieder aufgenommen wurden. Er ist aber schon seit Jahr und Tag Armgards Lehrer.«

»Musikdoktor? Giebt es denn die?«

»Lieber Stechlin, es giebt alles. Also natürlich auch das. Und so sehr ich im ganzen gegen die Doktorhascherei bin, so liegt es hier doch so, daß ich dem armen Wrschowitz seinen Musikdoktor gönnen oder doch mindestens verzeihen muß. Er hat den Titel auch noch nicht lange.«

»Das klingt ja fast wie 'ne Geschichte.«

»Trifft auch zu. Können Sie sich denken, daß Wrschowitz aus einer Art Verzweiflung Doktor geworden ist?«

»Kaum. Und wenn kein Geheimnis ...«

»Durchaus nicht; nur ein Kuriosum. Wrschowitz hieß nämlich bis vor zwei Jahren, wo er als Klavierlehrer, aber als ein höherer (denn er hat auch eine Oper komponiert), in unser Haus kam, einfach Niels Wrschowitz, und er ist bloß

Doktor geworden, um den Niels auf seiner Visitenkarte los zu werden.«

»Und das ist ihm auch geglückt?«

»Ich glaube ja, wiewohl es immer noch vorkommt, daß ihn einzelne ganz wie früher Niels nennen, entweder aus Zufall oder auch wohl aus Schändlichkeit. In letzterem Falle sind es immer Kollegen. Denn die Musiker sind die boshaftesten Menschen. Meist denkt man, die Prediger und die Schauspieler seien die schlimmsten. Aber weit gefehlt. Die Musiker sind ihnen über. Und ganz besonders schlimm sind die, die die sogenannte heilige Musik machen.«

»Ich habe dergleichen auch schon gehört,« sagte Woldemar. »Aber was ist das nur mit Niels? Niels ist doch an und für sich ein hübscher und ganz harmloser Name. Nichts Anzügliches drin.«

»Gewiß nicht. Aber Wrschowitz und Niels! Er litt, glaub' ich, unter diesem Gegensatz.«

Woldemar lachte. »Das kenn' ich. Das kenn' ich von meinem Vater her, der Dubslav heißt, was ihm auch immer höchst unbequem war. Und da reichen wohl nicht hundertmal, daß ich ihn wegen dieses Namens seinen Vater habe verklagen hören.«

»Genau so hier,« fuhr der Graf in seiner Erzählung fort. »Wrschowitz' Vater, ein kleiner Kapellmeister an der tschechisch-polnischen Grenze, war ein Niels Gade-Schwärmer, woraufhin er seinen Jungen einfach Niels taufte. Das war nun wegen des Kontrastes schon gerade bedenklich genug. Aber das eigentlich Bedenkliche kam doch erst, als der allmählich ein scharfer Wagnerianer werdende Wrschowitz sich zum direkten Niels Gade-Verächter ausbildete. Niels Gade war ihm der Inbegriff alles Trivialen und Unbedeutenden, und dazu kam noch, wie Amen in der Kirche, daß unser junger Freund, wenn er als ›Niels Wrschowitz‹ vorgestellt wurde, mit einer Art Sicherheit der Phrase begegnete:

›Niels? Ah, Niels. Ein schöner Name innerhalb unsrer musikalischen Welt. Und hoch erfreulich, ihn hier zum zweitenmale vertreten zu sehen.‹ All das konnte der arme Kerl auf die Dauer nicht aushalten, und so kam er auf den Gedanken, den Vornamen auf seiner Karte durch einen Doktortitel weg zu eskamotieren.«

Woldemar nickte.

»Jedenfalls, lieber Stechlin, ersehen Sie daraus zur Genüge, daß unser Wrschowitz, als richtiger Künstler, in die Gruppe gens irritabilis gehört, und wenn Armgard ihn vielleicht aufgefordert haben sollte, zum Thee zu bleiben, so bitt' ich Sie herzlich, dieser Reizbarkeit eingedenk zu sein. Wenn irgend möglich, vermeiden Sie Beziehungen auf die ganze skandinavische Welt, besonders aber auf Dänemark direkt. Er wittert überall Verrat. Übrigens, wenn man auf seiner Hut ist, ist er ein feiner und gebildeter Mann. Ich hab' ihn eigentlich gern, weil er anders ist wie andre.«

Der alte Graf behielt recht mit seiner Vermutung: Armgard hatte den Doktor Wrschowitz aufgefordert zu bleiben, und als bald danach Jeserich eintrat, um den Grafen und Woldemar zum Thee zu bitten, fanden diese beim Eintritt in das Mittelzimmer nicht nur Armgard, sondern auch Wrschowitz vor, der, die Finger ineinander gefaltet, mitten in dem Salon stand und die an der Büffettwand hängenden Bilder mit jenem eigentümlichen Mischausdruck von aufrichtigem Gelangweiltsein und erkünsteltem Interesse musterte. Der Rittmeister hatte dem Grafen wieder seinen Arm geboten; Armgard ging auf Woldemar zu und sprach ihm ihre Freude aus, daß er gekommen; auch Melusine werde gewiß bald da sein; sie habe noch zuletzt gesagt: »Du sollst sehen, heute kommt Stechlin.« Danach wandte sich die junge

Comtesse wieder Wrschowitz zu, der sich eben in das von Hubert Herkomer gemalte Bild der verstorbenen Gräfin vertieft zu haben schien, und sagte, gegenseitig vorstellend: »Doktor Wrschowitz, Rittmeister von Stechlin.« Woldemar, seiner Instruktion eingedenk, verbeugte sich sehr artig, während Wrschowitz, ziemlich ablehnend, seinem Gesicht den stolzen Doppelausdruck von Künstler und Hussiten gab.

Der alte Graf hatte mittlerweile Platz genommen, entschuldigte sich, mit der unglücklichen Stellage beschwerlich fallen zu müssen, und bat die beiden Herren, sich neben ihm niederzulassen, während Armgard, dem Vater gegenüber, an der andern Schmalseite des Tisches saß. Der alte Graf nahm seine Tasse Thee, schob den Cognac, »des Thees bessren Teil,« mit einem humoristischen Seufzer beiseit und sagte, während er sich links zu Wrschowitz wandte: »Wenn ich recht gehört habe, – so ein bißchen von musikalischem Ohr ist mir geblieben –, so war es Chopin, was Armgard zu Beginn der Stunde spielte ...«

Wrschowitz verneigte sich.

»Chopin, für den ich eine Vorliebe habe, wie für alle Polen, vorausgesetzt, daß sie Musikanten oder Dichter oder auch Wissenschaftsmenschen sind. Als Politiker kann ich mich mit ihnen nicht befreunden. Aber vielleicht nur deshalb nicht, weil ich Deutscher und sogar Preuße bin.«

»Sehr warr, sehr warr,« sagte Wrschowitz, mehr gesinnungstüchtig als artig.

»Ich darf sagen, daß ich für polnische Musiker, von meinen frühesten Leutnantstagen an, eine schwärmerische Vorliebe gehabt habe. Da gab es unter anderm eine Polonaise von Oginski, die damals so regelmäßig und mit so viel Passion gespielt wurde, wie später der Erlkönig oder die Glocken von Speier. Es war auch die Zeit vom ›Alten Feldherrn‹ und von ›Denkst du daran, mein tapferer Lagienka‹.«

»Jawohl, Herr Graff, eine schlechte Zeit. Und warr mir immerdarr eine besondere Lust zu sehen, wie das Sentimentalle wieder fällt. Immer merr, immer merr. Ich hasse das Sentimentalle de tout mon cœur.«

»Worin ich,« sagte Woldemar, »Herrn Doktor Wrschowitz durchaus zustimme. Wir haben in der Poesie genau dasselbe. Da gab es auch dergleichen, und ich bekenne, daß ich als Knabe für solche Sentimentalitäten geschwärmt habe. Meine besondere Schwärmerei war ›König Renés Tochter‹ von Henrik Hertz, einem jungen Kopenhagener, wenn ich nicht irre ...«

Wrschowitz verfärbte sich, was Woldemar, als er es wahrnahm, zu sofortigem raschen Einlenken bestimmte. »... König Renés Tochter, ein lyrisches Drama. Aber schon seit lange wieder vergessen. Wir stehen jetzt im Zeichen von Tolstoj und der Kreuzersonate.«

»Sehr warr, sehr warr,« sagte der rasch wieder beruhigte Wrschowitz und nahm nur noch Veranlassung, energisch gegen die Mischung von Kunst und Sektierertum zu protestieren.

Woldemar, großer Tolstojschwärmer, wollte für den russischen Grafen eine Lanze brechen, aber Armgard, die, wenn derartige Themata berührt wurden, der Salonfähigkeit ihres Freundes Wrschowitz arg mißtraute, war sofort aufrichtig bemüht, das Gespräch auf harmlosere Gebiete hinüberzuspielen. Als ein solches friedeverheißendes Gebiet erschien ihr in diesem Augenblicke ganz eminent die Grafschaft Ruppin, aus deren abgelegenster Nordostecke Woldemar eben wieder eingetroffen war, und so sprach sie denn gegen diesen den Wunsch aus, ihn über seinen jüngsten Ausflug einen kurzen Bericht erstatten zu sehen. »Ich weiß wohl, daß ich meiner Schwester Melusine (die voll Neugier und Verlangen ist, auch davon zu hören) einen schlechten Dienst damit leiste; Herr von Stechlin wird es aber nicht verschmähen, wenn meine Schwester erst wieder da ist, darauf zurückzukommen. Es braucht ja, wenn man plaudert, nicht alles absolut neu zu sein. Man darf sich wiederholen. Papa hat auch einzelnes, das er öfter erzählt.«

»Einzelnes?« lachte der Graf, »meine Tochter Armgard meint ›vieles‹.«

»Nein, Papa, ich meine einzelnes. Da giebt es denn doch ganz andre, zum Beispiel unser guter Baron. Und die Baronin sieht auch immer weg, wenn er anfängt. Aber lassen wir den Baron und seine Geschichten, und hören wir lieber von Herrn von Stechlins Ausfluge. Doktor Wrschowitz teilt gewiß meinen Geschmack.«

»Teile vollkommen.«

»Also, Herr von Stechlin,« fuhr Armgard fort. »Sie haben nach diesen Erklärungen unsers Freundes Wrschowitz einen freundlichen Zuhörer mehr, vielleicht sogar einen begeisterten. Auch für Papa möcht ich mich verbürgen. Wir sind ja eigentlich selber märkisch oder doch beinah' und wissen trotzdem so wenig davon, weil wir immer draußen waren. Ich kenne wohl Saatwinkel und den Grunewald, aber das eigentliche brandenburgische Land, das ist doch noch etwas andres. Es soll alles so romantisch sein und so melancholisch, Sand und Sumpf und im Wasser ein paar Binsen oder eine Birke, dran das Laub zittert. Ist Ihre Ruppiner Gegend auch so?«

»Nein, Comtesse, wir haben viel Wald und See, die sogenannte mecklenburgische Seenplatte.«

»Nun das ist auch gut. Mecklenburg, wie mir die Berchtesgadens erst neulich versichert haben, hat auch seine Romantik.«

»Sehr warr. Habe gelesen Stromtid und habe gelesen Franzosentid ...«

»Und dann glaub ich auch zu wissen,« fuhr Armgard fort,

»daß Sie Rheinsberg ganz in der Nähe haben. Ist es richtig, und kennen Sie's? Es soll so viel Interessantes bieten. Ich erinnere mich seiner aus meinen Kindertagen her, trotzdem wir damals in London lebten. Oder vielleicht auch gerade deshalb. Denn es war die Zeit, wo das Carlylesche Buch über Friedrich den Großen immer noch in Mode war, und wo's zum Guten Ton gehörte, sich nicht bloß um die Terrasse von Sanssouci zu kümmern, sondern auch um Rheinsberg und den Orden de la générosité. Lebt das alles noch da? Spricht das Volk noch davon?«

»Nein, Comtesse, das ist alles fort. Und überhaupt, von dem großen König spricht im Rheinsbergischen niemand mehr, was auch kaum anders sein kann. Der große König war als Kronprinz nur kurze Zeit da, sein Bruder Heinrich aber fünfzig Jahre. Und so hat die Prinz-Heinrichzeit beklagenswerterweise die Kronprinzenzeit ganz erdrückt. Aber beklagenswert doch nicht in allem. Denn Prinz Heinrich war auch bedeutend und vor allem sehr kritisch. Was doch immer ein Vorzug ist.«

»Sehr warr, sehr warr,« unterbrach hier Wrschowitz.

»Er war sehr kritisch,« wiederholte Woldemar. »Namentlich auch gegen seinen Bruder, den König. Und die Malcontenten, deren es auch damals schon die Hülle und Fülle gab, waren beständig um ihn herum. Und dabei kommt immer was heraus.«

»Sehr warr, sehr warr ...«

»Denn zufriedene Hofleute sind allemal öd und langweilig, aber die Frondeurs, wenn *die* den Mund aufthun, da kann man was hören, da thut sich einem was auf.«

»Gewiß,« sagte Armgard. »Aber trotzdem, Herr von Stechlin, ich kann das Frondieren nicht leiden. Frondeur ist doch immer nur der gewohnheitsmäßig Unzufriedene, und wer immer unzufrieden ist, der taugt nichts. Immer Unzufriedene sind dünkelhaft und oft boshaft dazu, und während sie sich über andre lustig machen, lassen sie selber viel zu wünschen übrig.«

»Sehr warr, sehr warr, gnädigste Comtesse,« verbeugte sich Wrschowitz. »Aber, wollen verzeihn, Comtesse, wenn ich trotzdem bin für Frondeur. Frondeur ist Krittikk, und wo Guttes sein will, muß sein Krittikk. Deutsche Kunst viel Krittikk. Erst muß sein Kunst, gewiß, gewiß, aber gleich danach muß sein Krittikk. Krittikk ist wie große Revolution. Kopf ab aus Prinzipp. Kunst muß haben ein Prinzipp. Und wo Prinzipp is, is Kopf ab.«

Alles schwieg, so daß dem Grafen nichts übrig blieb, als etwas verspätet seine halbe Zustimmung auszudrücken. Armgard ihrerseits beeilte sich, auf Rheinsberg zurückzukommen, das ihr trotz des fatalen Zwischenfalls mit »Kopf ab«, im Vergleich zu vielleicht wiederkehrenden Musikgesprächen, immer noch als wenigstens ein Nothafen erschien.

»Ich glaube,« sagte sie, »neben manchem andern auch mal von der Frauenfeindschaft des Prinzen gehört zu haben. Er soll – irre ich mich, so werden Sie mich korrigieren – ein sogenannter Misogyne gewesen sein. Etwas durchaus Krankhaftes in meinen Augen oder doch mindestens etwas sehr Sonderbares.«

»Sehr sonderbarr,« sagte Wrschowitz, während sich, unter huldigendem Hinblick auf Armgard, sein Gesicht wie verklärte.

»Wie gut, lieber Wrschowitz,« fuhr Armgard fort, »daß Sie, mein Wort bestätigend, für uns arme Frauen und Mädchen eintreten. Es gibt immer noch Ritter, und wir sind ihrer so sehr benötigt. Denn wie mir Melusine erzählt hat, sind die Weiberfeinde sogar stolz darauf, Weiberfeinde zu sein, und behandeln ihr Denken und Thun als eine höhere Lebensform. Kennen Sie solche Leute, Herr von Stechlin? Und wenn Sie solche Leute kennen, wie denken Sie darüber?«

»Ich betrachte sie zunächst als Unglückliche.«

»Das ist recht.«

»Und zum zweiten als Kranke. Der Prinz, wie Comtesse schon ganz richtig ausgesprochen haben, war auch ein solcher Kranker.«

»Und wie äußerte sich das? Oder ist es überhaupt nicht möglich, über das Thema zu sprechen?«

»Nicht ganz leicht, Comtesse. Doch in Gegenwart des Herrn Grafen und nicht zu vergessen auch in Gegenwart von Doktor Wrschowitz, der so schön und ritterlich gegen die Misogynität Partei genommen, unter solchem Beistande will ich es doch wagen.«

»Nun, das freut mich. Denn ich brenne vor Neugier.«

»Und will auch nicht länger ängstlich um die Sache herumgehen. Unser Rheinsberger Prinz war ein richtiger Prinz aus dem vorigen Jahrhundert. Die jetzigen sind Menschen; die damaligen waren *nur* Prinzen. Eine der Passionen unsers Rheinsberger Prinzen – wenn man will, in einer Art Gegensatz von dem, was schon gesagt wurde – war eine geheimnisvolle Vorliebe für jungfräuliche Tote, besonders Bräute. Wenn eine Braut im Rheinsbergischen, am liebsten auf dem Lande, gestorben war, so lud er sich zu dem Begräbnis zu Gast. Und eh' der Geistliche noch da sein konnte (den vermied er), erschien er und stellte sich an das Fußende des Sarges und starrte die Tote an. Aber sie mußte geschminkt sein und aussehen wie das Leben.«

»Aber das ist ja schrecklich,« brach es beinahe leidenschaftlich aus Armgard hervor. »Ich mag diesen Prinzen nicht und seine ganze Fronde nicht. Denn die müssen ebenso gewesen sein. Das ist ja Blasphemie, das ist ja Gräberschändung, – ich muß das Wort aussprechen, weil ich so empört bin und nicht anders kann.«

Der alte Graf sah die Tochter an, und ein Freudenstrahl umleuchtete sein gutes altes Gesicht. Auch Wrschowitz empfand so was von unbedingter Huldigung, bezwang sich aber und sah, statt auf Armgard, auf das Bild der Gräfin-Mutter, das von der Wand niederblickte.

Nur Woldemar blieb ruhig und sagte: »Comtesse, Sie gehen vielleicht zu weit. Wissen Sie, was in der Seele des Prinzen vorgegangen ist? Es kann etwas Infernales gewesen sein, aber auch etwas ganz andres. Wir wissen es nicht. Und weil er nebenher unbedingt große Züge hatte, so bin ich dafür, ihm das in Rechnung zu stellen.«

»Bravo, Stechlin,« sagte der alte Graf. »Ich war erst Armgards Meinung. Aber Sie haben recht, wir wissen es nicht. Und so viel weiß ich noch von der Juristerei her, in der ich, wohl oder übel, eine Gastrolle gab, daß man in zweifelhaften Fällen in favorem entscheiden muß. Übrigens geht eben die Klingel. An bester Stelle wird ein Gespräch immer unterbrochen. Es wird Melusine sein. Und so sehr ich gewünscht hätte, sie wäre von Anfang an mit dabei gewesen, wenn sie jetzt so mit einem Male dazwischen fährt, ist selbst Melusine eine Störung.«

Es war wirklich Melusine. Sie trat, ohne draußen abgelegt zu haben, ins Zimmer, warf das schottische Cape, das sie trug, in eine Sofa-Ecke und schritt, während sie noch den Hut aus dem Haare nestelte, bis an den Tisch, um hier zunächst den Vater, dann aber die beiden andern Herren zu begrüßen. »Ich seh' euch so verlegen, woraus ich schließe, daß eben etwas Gefährliches gesagt worden ist. Also etwas über mich.«

»Aber, Melusine, wie eitel.«

»Nun, dann also nicht über mich. Aber über wen? Das wenigstens will ich wissen. Von wem war die Rede?«

»Vom Prinzen Heinrich. Aber von dem ganz alten, der schon fast hundert Jahre tot ist.«

»Da konntet Ihr auch was Besseres thun.«

»Wenn du wüßtest, was uns Stechlin von ihm erzählt hat,

und daß er – nicht Stechlin, aber der Prinz – ein Misogyne war, so würdest du vielleicht anders sprechen.«

»Misogyne. Das freilich ändert die Sache. Ja, lieber Stechlin, da kann ich Ihnen nicht helfen, davon muß ich auch noch hören. Und wenn Sie mir's abschlagen, so wenigstens was Gleichwertiges.«

»Gräfin Melusine, was Gleichwertiges giebt es nicht.«

»Das ist gut, sehr gut, weil es so wahr ist. Aber dann bitt' ich um etwas zweiten Ranges. Ich sehe, daß Sie von Ihrem Ausfluge erzählt haben, von Ihrem Papa, von Schloß Stechlin selbst oder von Ihrem Dorf und Ihrer Gegend. Und davon möcht' ich auch hören, wenn es auch freilich nicht an das andre heranreicht.«

»Ach, Gräfin, Sie wissen nicht, wie bescheiden es mit unserm Stechliner Erdenwinkel bestellt ist. Wir haben da, von einem Pastor abgesehen, der beinah' Sozialdemokrat ist, und des weiteren von einem Oberförster abgesehen, der eine Prinzessin, eine Ippe-Büchsenstein, geheiratet hat ...«

»Aber das ist ja alles großartig ...«

»Wir haben da, von diesen zwei Sehenswürdigkeiten abgesehen, eigentlich nur noch den ›Stechlin‹. Der ginge vielleicht, über den ließe sich vielleicht etwas sagen.«

»Den ›Stechlin‹? Was ist das? Ich bin so glücklich, zu wissen« (und sie machte verbindlich eine Handbewegung auf Woldemar zu) »ich bin so glücklich, zu wissen, daß es Stechline giebt. Aber der Stechlin! Was ist der Stechlin?«

»Das ist ein See.«

»Ein See. Das besagt nicht viel. Seen, wenn es nicht grade der Vierwaldstätter ist, werden immer erst interessant durch ihre Fische, durch Sterlet oder Felchen. Ich will nicht weiter aufzählen. Aber was hat der Stechlin? Ich vermute, Steckerlinge.«

»Nein, Gräfin, die hat er nun gerade nicht. Er hat genau das, was Sie geneigt sind am wenigsten zu vermuten. Er hat Weltbeziehungen, vornehme, geheimnisvolle Beziehungen, und nur alles Gewöhnliche, wie beispielsweise Steckerlinge, hat er nicht. Steckerlinge fehlen ihm.«

»Aber, Stechlin, Sie werden doch nicht den Empfindlichen spielen. Rittmeister in der Garde!«

»Nein, Gräfin. Und außerdem, den wollt' ich sehen, der das Ihnen gegenüber zuwege brächte.«

»Nun dann also, was ist es? Worin bestehen seine vornehmen Beziehungen?«

»Er steht mit den höchsten und allerhöchsten Herrschaften, deren genealogischer Kalender noch über den Gothaischen hinauswächst, auf du und du. Und wenn es in Java oder auf Island rumort oder der Geiser mal in Doppelhöhe dampft und springt, dann springt auch in unserm Stechlin ein Wasserstrahl auf, und einige (wenn es auch noch niemand gesehen hat), einige behaupten sogar, in ganz schweren Fällen erscheine zwischen den Strudeln ein roter Hahn und krähe hell und weckend in die Ruppiner Grafschaft hinein. Ich nenne das vornehme Beziehungen.«

»Ich auch,« sagte Melusine.

Wrschowitz aber, dessen Augen immer größer geworden waren, murmelte vor sich hin: »Sehr warr, sehr warr.«

Vierzehntes Kapitel.

Es war zu Beginn der Woche, daß Woldemar seinen Besuch im Barbyschen Hause gemacht hatte. Schon am Mittwoch früh empfing er ein Billet von Melusine.

»Lieber Freund. Lassen Sie mich Ihnen noch nachträglich mein Bedauern aussprechen, daß ich vorgestern nur gerade noch die letzte Scene des letzten Aktes (Geschichte vom Stechlin) mit erleben konnte. Mich verlangt es aber lebhaft, mehr davon zu wissen. In unsrer sogenannten großen

Welt giebt es so wenig, was sich zu sehen und zu hören verlohnt; das meiste hat sich in die stillen Winkel der Erde zurückgezogen. Allen vorauf, wie mir scheint, in Ihre Stechliner Gegend. Ich wette, Sie haben uns noch über vieles zu berichten, und ich kann nur wiederholen, ich möchte davon hören. Unsre gute Baronin, der ich davon erzählt habe, denkt ebenso; sie hat den Zug aller naiven und liebenswürdigen Frauen, neugierig zu sein. Ich, ohne die genannten Vorbedingungen zu erfüllen, bin ihr trotzdem an Neugier gleich. Und so haben wir denn eine Nachmittagspartie verabredet, bei der Sie der große Erzähler sein sollen. In der Regel freilich verläuft es anders wie gedacht, und man hört nicht das, was man hören wollte. Das darf uns aber in unserm guten Vorhaben nicht hindern. Die Baronin hat mir etwas vorgeschwärmt von einer Gegend, die sie ›Oberspree‹ nannte (die vielleicht auch wirklich so heißt), und wo's so schön sein soll, daß sich die Havelherrlichkeiten daneben verstecken müssen. Ich will es ihr glauben, und jedenfalls werd' ich es ihr nachträglich versichern, auch wenn ich es nicht gefunden haben sollte. Das Ziel unsrer Fahrt – ein Punkt, den übrigens die Berchtesgadens noch nicht kennen; sie waren bisher immer erheblich weiter flußaufwärts – das Ziel unsrer Reise hat einen ziemlich sonderbaren Namen und heißt das ›Eierhäuschen‹. Ich werde seitdem die Vorstellung von etwas Ovalem nicht los und werde wohl erst geheilt sein, wenn sich mir die so sonderbar benamste Spreeschönheit persönlich vorgestellt haben wird. Also morgen, Donnerstag: Eierhäuschen. Ein ›Nein‹ giebt es natürlich nicht. Abfahrt vier Uhr, Jannowitzbrücke. Papa begleitet uns; es geht ihm seit heut um vieles besser, so daß er sich's zutraut. Vielleicht ist vier etwas spät; aber wir haben dabei, wie mir Lizzi sagt, den Vorteil, auf der Rückfahrt die Lichter im Wasser sich spiegeln zu sehen. Und vielleicht ist auch irgendwo Feuerwerk, und

Vierzehntes Kapitel

wir sehen dann die Raketen steigen. Armgard ist in Aufregung, fast auch ich. Au revoir. Eines Herrn Rittmeisters wohlaffektionierte

Melusine.«

Nun war der andre Nachmittag da, und kurz vor vier Uhr fuhren erst die Berchtesgadens und gleich danach auch die Barbys bei der Jannowitzbrücke vor. Woldemar wartete schon. Alle waren in jener heitern Stimmung, in der man geneigt ist, alles schön und reizend zu finden. Und diese Stimmung kam denn auch gleich der Dampfschiffahrtsstation zu statten. Unter lachender Bewunderung der sich hier darbietenden Holzarchitektur stieg man ein Gewirr von Stiegen und Treppen hinab und schritt, unten angekommen, an den um diese Stunde noch leeren Tischen eines hier etablierten »Lokals« vorüber, unmittelbar auf das Schiff zu, dessen Glocke schon zum erstenmal geläutet hatte. Das Wetter war prachtvoll, flußaufwärts alles klar und sonnig, während über der Stadt ein dünner Nebel lag. Zu beiden Seiten des Hinterdecks nahm man auf Stühlen und Bänken Platz und sah von hier aus auf das verschleierte Stadtbild zurück.

»Da heißt es nun immer,« sagte Melusine, »Berlin sei so kirchenarm; aber wir werden bald Köln und Mainz aus dem Felde geschlagen haben. Ich sehe die Nikolaikirche, die Petrikirche, die Waisenkirche, die Schloßkuppel, und das Dach da, mit einer Art von chinesischer Deckelmütze, das ist, glaub' ich, der Rathausturm. Aber freilich, ich weiß nicht, ob ich den mitrechnen darf.«

»Turm ist Turm,« sagte die Baronin. »Das fehlte so gerade noch, daß man dem armen alten Berlin auch seinen Rathausturm als Turm abstritte. Man eifersüchtelt schon genug.«

Und nun schlug es vier. Von der Parochialkirche her klang das Glockenspiel, die Schiffsglocke läutete dazwischen, und als diese wieder schwieg, wurde das Brett aufgeklappt, und unter einem schrillen Pfiff setzte sich der Dampfer auf das mittlere Brückenjoch zu in Bewegung.

Oben, in Nähe der Jannowitzbrücke, hielten immer noch die beiden herrschaftlichen Wagen, die's für angemessen erachten mochten, ehe sie selber aufbrachen, zuvor den Aufbruch des Schiffes abzuwarten, und erst als dieses unter der Brücke verschwunden war, fuhr der gräflich Barbysche Kutscher neben den freiherrlich Berchtesgadenschen, um mit diesem einen Gruß auszutauschen. Beide kannten sich seit lange, schon von London her, wo sie bei denselben Herrschaften in Dienst gestanden hatten. In diesem Punkte waren sie sich gleich, sonst aber so verschieden wie nur möglich, auch schon in ihrer äußeren Erscheinung. Imme, der Barbysche Kutscher, ein ebenso martialisch wie gutmütig dreinschauender Mecklenburger, hätte mit seinem angegrauten Sappeurbart ohne weiteres vor eine Gardetruppe treten und den Zug als Tambourmajor eröffnen können, während der Berchtesgadensche, der seine Jugend als Trainer und halber Sportsmann zugebracht hatte, nicht bloß einen englischen Namen führte, sondern auch ein typischer Engländer war, hager, sehnig, kurz geschoren und glatt rasiert. Seine Glotzaugen hatten etwas Stupides; er war aber trotzdem klug genug und wußte, wenn's galt, seinem Vorteil nachzugehen. Das Deutsche machte ihm noch immer Schwierigkeiten, trotzdem er sich aufrichtige Mühe damit gab und sogar das bequeme Zuhilfenehmen englischer Wörter vermied, am meisten dann, wenn er sich die Berlinerinnen seiner Bekanntschaft abquälen sah, ihm mit »well, well, Mr. Robinson« oder gar mit einem geheimnisvollen »indeed« zu Hilfe zu kommen. Nur mit dem einen war er einverstanden, daß man ihn »Mr. Robinson« nannte. Das ließ er sich gefallen.

»Now, Mr. Robinson,« sagte Imme, als sie Bock an Bock nebeneinander hielten, »how are you? I hope quite well.«

»Danke, Mr. Imme, danke! Was macht die Frau?«

»Ja, Robinson, da müssen Sie, denk' ich, selber nachsehen, und zwar gleich heute, wo die Herrschaften fort sind und erst spät wiederkommen. Noch dazu mit der Stadtbahn. Wenigstens von hier aus, Jannowitzbrücke. Sagen wir also neun; eher sind sie nicht zurück. Und bis dahin haben wir einen guten Skat. Hartwig als dritter wird schon kommen; Portiers können immer. Die Frau zieht ebenso gut die Thür auf wie er, und weiter is es ja nichts. Also Klocker fünf: ein ›Nein‹ gilt nicht; where there is a will, there is a way. Ein bißchen is doch noch hängen geblieben von dear old England.«

»Danke, Mr. Imme,« sagte Robinson, »danke! Ja, Skat ist das Beste von all Germany. Komme gern. Skat ist noch besser als Bayrisch.«

»Hören Sie, Robinson, ich weiß doch nicht, ob das stimmt. Ich denke mir, so beides zusammen, das ist das Wahre. That's it.«

Robinson war einverstanden, und da beide weiter nichts auf dem Herzen hatten, so brach man hier ab und schickte sich an, die Rückfahrt in einem mäßig raschen Trab anzutreten, wobei der Berchtesgadensche Kutscher den Weg über Molkenmarkt und Schloßplatz, der Barbysche den auf die Neue Friedrichstraße nahm. Jenseits der Friedrichsbrücke hielt sich dieser dann dicht am Wasser hin und kam so am bequemsten bis an sein Kronprinzenufer.

Der Dampfer, gleich nachdem er das Brückenjoch passiert hatte, setzte sich in ein rascheres Tempo, dabei die linke Flußseite haltend, so daß immer nur eine geringe Entfernung zwischen dem Schiff und den sich dicht am Ufer hinziehenden Stadtbahnbögen war. Jeder Bogen schuf den Rahmen für ein dahinter gelegenes Bild, das natürlich die Form einer Lunette hatte. Mauerwerk jeglicher Art, Schuppen, Zäune zogen in buntem Wechsel vorüber, aber in Front aller dieser der Alltäglichkeit und der Arbeit dienenden Dinge zeigte sich immer wieder ein Stück Gartenland, darin ein paar verspätete Malven oder Sonnenblumen blühten. Erst als man die zweitfolgende Brücke passiert hatte, traten die Stadtbahnbögen so weit zurück, daß von einer Ufereinfassung nicht mehr die Rede sein konnte; statt ihrer aber wurden jetzt Wiesen und pappelbesetzte Wege sichtbar, und wo das Ufer quaiartig abfiel, lagen mit Sand beladene Kähne, große Zillen, aus deren Innerem eine baggerartige Vorrichtung die Kies- und Sandmassen in die dicht am Ufer hin etablierten Kalkgruben schüttete. Es waren dies die Berliner Mörtelwerke, die hier die Herrschaft behaupteten und das Uferbild bestimmten.

Unsre Reisenden sprachen wenig, weil unter dem raschen Wechsel der Bilder eine Frage die andre zurückdrängte. Nur als der Dampfer an Treptow vorüber zwischen den kleinen Inseln hinfuhr, die hier mannigfach aus dem Fluß aufwachsen, wandte sich Melusine an Woldemar und sagte: »Lizzi hat mir erzählt, hier zwischen Treptow und Stralau sei auch die ›Liebesinsel‹; da stürben immer die Liebespaare, meist mit einem Zettel in der Hand, drauf alles stünde. Trifft das zu?«

»Ja, Gräfin, soviel ich weiß, trifft es zu. Solche Liebesinseln giebt es übrigens vielfach in unsrer Gegend und kann als Beweis gelten, wie weitverbreitet der Zustand ist, dem abgeholfen werden soll, und wenn's auch durch Sterben wäre.«

»Das nehm' ich Ihnen übel, daß Sie darüber spotten. Und Armgard wird es noch mehr thun, weil sie gefühlvoller ist als ich. Zudem sollten Sie wissen, daß sich so was rächt.«

»Ich weiß es. Aber Sie lesen auch durchaus falsch in meiner Seele. Sicher haben Sie mal gehört, daß der, der Furcht hat, zu singen anfängt, und wer nicht singen kann, nun, der witzelt eben. Übrigens, so schön ›Liebesinsel‹ klingt, der Zauber davon geht wieder verloren, wenn Sie sich den Namen des Ganzen vergegenwärtigen. Die sich so mächtig hier verbreiternde Spreefläche heißt nämlich der ›Rummelsburger‹ See.«

»Freilich nicht hübsch; das kann ich zugeben. Aber die Stelle selbst ist schön, und Namen bedeuten nichts.«

»Wer Melusine heißt, sollte wissen, was Namen bedeuten.«

»Ich weiß es leider. Denn es giebt Leute, die sich vor ›Melusine‹ fürchten.«

»Was immer eine Dummheit, aber doch viel mehr noch eine Huldigung ist.«

Unter diesem Gespräche waren sie bis über die Breitung der Spree hinaus gekommen und fuhren wieder in das schmaler werdende Flußbett ein. An beiden Ufern hörten die Häuserreihen auf, sich in dünnen Zeilen hinzuziehen, Baumgruppen traten in nächster Nähe dafür ein, und weiter landeinwärts wurden aufgeschüttete Bahndämme sichtbar, über die hinweg die Telegraphenstangen ragten und ihre Drähte von Pfahl zu Pfahl spannten. Hie und da, bis ziemlich weit in den Fluß hinein, stand ein Schilfgürtel, aus dessen Dickicht vereinzelte Krickenten aufflogen.

»Es ist doch weiter, als ich dachte,« sagte Melusine. »Wir sind ja schon wie in halber Einsamkeit. Und dabei wird es frisch. Ein Glück, daß wir Decken mitgenommen. Denn wir bleiben doch wohl im Freien? Oder giebt es auch Zimmer da? Freilich kann ich mir kaum denken, daß wir zu sechs in einem Eierhäuschen Platz haben.«

»Ach, Frau Gräfin, ich sehe, Sie rechnen auf etwas extrem Idyllisches und erwarten, wenn wir angelangt sein werden, einen Mischling von Kiosk und Hütte. Da harrt Ihrer aber eine grausame Enttäuschung. Das Eierhäuschen ist ein sogenanntes ›Lokal‹, und wenn uns die Lust anwandelt, so können wir da tanzen oder eine Volksversammlung abhalten. Raum genug ist da. Sehen Sie, das Schiff wendet sich schon, und der rote Bau da, der zwischen den Pappelweiden mit Turm und Erker sichtbar wird, das ist das Eierhäuschen.«

»O weh! Ein Palazzo,« sagte die Baronin und war auf dem Punkt, ihrer Mißstimmung einen Ausdruck zu geben. Aber ehe sie dazu kam, schob sich das Schiff schon an den vorgebauten Anlegesteg, über den hinweg man, einen Uferweg einschlagend, auf das Eierhäuschen zuschritt. Dieser Uferweg setzte sich, als man das Gartenlokal endlich erreicht hatte, jenseits desselben noch eine gute Strecke fort, und weil die wundervolle Frische dazu einlud, beschloß man, ehe man sich im »Eierhäuschen« selber niederließ, zuvor noch einen gemeinschaftlichen Spaziergang am Ufer hin zu machen. Immer weiter flußaufwärts.

Der Enge des Weges halber ging man zu zweien, vorauf Woldemar mit Melusine, dann die Baronin mit Armgard. Erheblich zurück erst folgten die beiden älteren Herren, die schon auf dem Dampfschiff ein politisches Gespräch angeschnitten hatten. Beide waren liberal, aber der Umstand, daß der Baron ein Bayer und unter katholischen Anschauungen aufgewachsen war, ließ doch beständig Unterschiede hervortreten.

»Ich kann Ihnen nicht zustimmen, lieber Graf. Alle Trümpfe heut, und zwar mehr denn je, sind in des Papstes Hand. Rom ist ewig und Italien nicht so fest aufgebaut, als es die Welt glauben machen möchte. Der Quirinal zieht wieder aus, und der Vatikan zieht wieder ein. Und was dann?«

»Nichts, lieber Baron. Auch dann nicht, wenn es wirklich dazu kommen sollte, was, glaub' ich, ausgeschlossen ist.«

»Sie sagen das so ruhig, und ruhig ist man nur, wenn man sicher ist. Sind Sie's? Und wenn Sie's sind, dürfen Sie's sein? Ich wiederhole, die letzten Entscheidungen liegen immer bei dieser Papst- und Rom-Frage.«

»Lagen einmal. Aber damit ist es gründlich vorbei, auch in Italien selbst. Die letzten Entscheidungen, von denen Sie sprechen, liegen heutzutage ganz wo anders, und es sind bloß ein paar Ihrer Zeitungen, die nicht müde werden, der Welt das Gegenteil zu versichern. Alles bloße Nachklänge. Das moderne Leben räumt erbarmungslos mit all dem Überkommenen auf. Ob es glückt, ein Nilreich aufzurichten, ob Japan ein England im Stillen Ozean wird, ob China mit seinen vierhundert Millionen aus dem Schlaf aufwacht und, seine Hand erhebend, uns und der Welt zuruft: ›Hier bin ich‹, allem vorauf aber, ob sich der vierte Stand etabliert und stabiliert (denn darauf läuft doch in ihrem vernünftigen Kern die ganze Sache hinaus) – das alles fällt ganz anders ins Gewicht als die Frage ›Quirinal oder Vatikan‹. Es hat sich überlebt. Und anstaunenswert ist nur das eine, daß es überhaupt noch so weiter geht. Das ist der Wunder größtes.«

»Und das sagen Sie, der Sie zeitweilig den Dingen so nahe gestanden?«

»*Weil* ich ihnen so nahe gestanden.«

Auch die beiden voranschreitenden Paare waren in lebhaftem Gespräch.

An dem schon in Dämmerung liegenden östlichen Horizont stiegen die Fabrikschornsteine von Spindlersfelde vor ihnen auf, und die Rauchfahnen zogen in langsamem Zuge durch die Luft.

»Was ist das?« fragte die Baronin, sich an Woldemar wendend.

»Das ist Spindlersfelde.«

»Kenn ich nicht.«

»Doch vielleicht, gnädigste Frau, wenn Sie hören, daß in eben diesem Spindlersfelde der für die weibliche Welt so wichtige Spindler seine geheimnisvollen Künste treibt. Besser noch seine verschwiegenen. Denn unsre Damen bekennen sich nicht gern dazu.«

»So, der! Ja, dieser unser Wohlthäter, den wir – Sie haben ganz recht – in unserm Undank so gern unterschlagen. Aber dies Unterschlagen hat doch auch wieder sein Verzeihliches. Wir thun jetzt (leider) so vieles, was wir, nach einer alten Anschauung, eigentlich nicht thun sollten. Es ist, mein' ich, nicht passend, auf einem Pferdebahnperron zu stehen, zwischen einem Schaffner und einer Kiepenfrau, und es ist noch weniger passend, in einem Fünfzigpfennigbazar allerhand Einkäufe zu machen und an der sich dabei aufdrängenden Frage: ›Wodurch ermöglichen sich diese Preise?‹ still vorbeizugehen. Unser Freund in Spindlersfelde da drüben degradirt uns vielleicht auch durch das, was er so hilfreich für uns thut. Armgard, wie denken Sie darüber?«

»Ganz wie Sie, Baronin.«

»Und Melusine?«

Diese gab kopfschüttelnd die Frage weiter und drang darauf, daß die beiden älteren Herren, die mittlerweile herangekommen waren, den Ausschlag geben sollten. Aber der alte Graf wollte davon nichts wissen. »Das sind Doktorfragen. Auf derlei Dinge lass' ich mich nicht ein. Ich schlage vor, wir machen lieber Kehrt und suchen uns im ›Eierhäuschen‹ einen hübschen Platz, von dem aus wir das Leben auf dem Fluß beobachten und hoffentlich auch den Sonnenuntergang gut sehen können.«

Ziemlich um dieselbe Stunde, wo die Barbyschen und Berchtesgadenschen Herrschaften ihren Spaziergang auf Spindlersfelde zu machten, erschien unser Freund Mr. Robinson, von seinem Stallgebäude her, in Front der Lennéstraße, sah erst gewohnheitsmäßig nach dem Wetter und ging dann quer durch den Tiergarten auf das Kronprinzenufer zu, wo die Immes ihn bereits erwarteten.

Frau Imme, die, wie die meisten kinderlosen Frauen (und Frauen mit Sappeurbartmännern sind fast immer kinderlos), einen großen Wirtschafts- und Sauberkeitssinn hatte, hatte zu Mr. Robinsons Empfang alles in die schönste Ordnung gebracht, um so mehr, als sie wußte, daß ihr Gast, als ein verwöhnter Engländer, immer der Neigung nachgab, alles Deutsche, wenn auch nur andeutungsweise, zu bemängeln. Es lag ihr daran, ihn fühlen zu lassen, daß man's hier auch verstehe. So war denn von ihr nicht bloß eine wundervolle Kaffeeserviette, sondern auch eine silberne Zuckerdose mit Streußelkuchentellern links und rechts aufgestellt worden. Frau Imme konnte das alles und noch mehr infolge der bevorzugten Stellung, die sie von langer Zeit her bei den Barbys einnahm, zu denen sie schon als fünfzehnjähriges junges Ding gekommen und in deren Dienst sie bis zu ihrer Verheiratung geblieben war. Auch jetzt noch hingen beide Damen an ihr, und mit Hilfe Lizzis, die, so diskret sie war, doch gerne plauderte, war Frau Imme jederzeit über alles unterrichtet, was im Vorderhause vorging. Daß der Rittmeister sich für die Damen interessierte, wußte sie natürlich wie jeder andre, nur nicht – auch darin wie jeder andre –, für welche.

Ja, für welche?

Das war die große Frage, selbst für Mr. Robinson, der regelmäßig, wenn er die Immes sah, sich danach erkundigte. Dazu kam es denn auch heute wieder und zwar sehr bald nach seinem Eintreffen.

Eine große Familientasse mit einem in Front eines Tempels den Bogen spannenden Amor war vor ihn hingestellt worden, und als er dem Streußelkuchen (für den er eine so große Vorliebe hatte, daß er regelmäßig erklärte, sowas gäb' es in den vereinigten drei Königreichen nicht) – als er dem Streußel liebevoll und doch auch wieder maßvoll zugesprochen hatte, betrachtete er das Bild auf der großen Tasse, zeigte, was bei seiner Augenbeschaffenheit etwas Komisches hatte, schelmisch lächelnd auf den bogenspannenden Amor und sagte: »Hier hinten ein Tempel und hier vorn ein Lorbeerbusch. Und hier this little fellow with his arrow. Ich möchte mir die Frage gestatten – Sie sind eine so kluge Frau, Frau Imme –: wird er den Pfeil fliegen lassen oder nicht, und wenn er den Pfeil fliegen läßt, ist es die Priesterin, die hier neben dem Lorbeer steht, oder ist es eine andre?«

»Ja, Mr. Robinson,« sagte Frau Imme, »darauf ist schwer zu antworten. Denn erstens wissen wir nicht, was er überhaupt vorhat, und dann wissen wir auch nicht: wer ist die Priesterin? Ist die Comtesse die Priesterin, oder ist die Gräfin die Priesterin? Ich glaube, wer schon verheiratet war, kann wohl eigentlich nicht Priesterin sein.«

»Ach,« sagte Imme, in dem sich der naturwüchsige Mecklenburger regte, »sein kann alles. Über so was wächst Gras. Ich glaube, es is die Gräfin.«

Robinson nickte. »Glaub' ich auch. And what's the reason, dear Mrs. Imme? Weil Witib vor Jungfrau geht. Ich weiß wohl, es ist immer viel die Rede von virginity, aber widow ist mehr als virgin.«

Frau Imme, die nur halb verstanden hatte, verstand doch genug, um zu kichern, was sie übrigens sittsam mit der Bemerkung begleitete, sie habe so was von Mr. Robinson nicht geglaubt.

Robinson nahm es als Huldigung und trat, nachdem er

sich mit Erlaubnis der »Lady« ein kurzes Pfeifchen mit türkischem Tabak angesteckt hatte, an ein Fensterchen, in dessen mit einer kleinen Laubsäge gemachten Blumenkasten rote Verbenen blühten, und sagte, während er auf den Hof mit seinen drei Akazienbäumen herunterblickte: »Wer ist denn der hübsche Junge da, der da mit seinem hoop spielt? Hier sagen sie Reifen.«

»Das is ja Hartwigs Rudolf,« sagte Frau Imme. »Ja, der Junge hat viel Chic. Und wie er da mit dem Reifen spielt und die Hedwig immer hinter ihm her, wiewohl sie doch beinahe seine Mutter sein könnte. Na, ich freue mich immer, wenn ich ausgelassene Menschen sehe, und wenn Hartwig kommt – ich wundere mich bloß, daß er noch nicht da ist –, da können Sie ihm ja sagen, wie hübsch Sie die verwöhnte kleine Range finden. Das wird ihn freuen; er ist furchtbar eitel. Alle Portiersleute sind eitel. Aber das muß wahr sein, es ist ein reizender Junge.«

Während sie noch so sprachen, erschien Hartwig, auf den Imme, skatdurstig, schon seit einer Viertelstunde gewartet hatte, und keine drei Minuten mehr, so war auch Hedwig da, die sich bis kurz vorher mit ihrem kleinen Cousin Rudolf in dem Hof unten abgeäschert hatte. Beide wurden mit gleicher Herzlichkeit empfangen, Hartwig, weil nach seinem Erscheinen die Skatpartie beginnen konnte, Hedwig, weil Frau Imme nun gute Gesellschaft hatte. Denn Hedwig konnte wundervoll erzählen und brachte jedesmal Neuigkeiten mit. Sie mochte vierundzwanzig sein, war immer sehr sauber gekleidet und von heiter-übermütigem Gesichtsausdruck. Dazu krauses, kastanienbraunes Haar. Es traf sich, daß sie mal wieder außer Dienst war.

»Nun, das ist recht, Hedwig, daß du kommst,« sagte Frau Imme. »Rudolfen hab' ich eben erst gefragt, wo du geblieben wärst, denn ich habe dich ja mit ihm spielen sehen; aber solch Junge weiß nie was; der denkt bloß immer an sich, und ob er sein Stück Kuchen kriegt. Na, wenn er kommt, er soll's haben; Robinson ißt immer so wenig, wiewohl er den Streußel ungeheuer gern mag. Aber so sind die Engländer, sie sind nicht so zugreifsch, und dann geniert sich mein Imme auch, und die Hälfte bleibt übrig. Na, jedenfalls is es nett, daß du wieder da bist. Ich habe dich ja seit deinem letzten Dienst noch gar nicht ordentlich gesehen. Es war ja wohl 'ne Hofrätin? Na, Hofrätinnen, die kenn' ich. Aber es giebt auch gute. Wie war *er* denn?«

»Na, mit *ihm* ging es.«

»Deine krausen Haare werden wohl wieder schuld sein. Die können manche nicht vertragen. Und wenn dann die Frau was merkt, dann is es vorbei.«

»Nein, so war es nicht. Er war ein sehr anständiger Mann. Beinahe zu sehr.«

»Aber, Kind, wie kannst du nur so was sagen? Wie kann einer *zu* anständig sein?«

»Ja, Frau Imme. Wenn einen einer gar nicht ansieht, das is einem auch nicht recht.«

»Ach, Hedwig, was du da bloß so red'st! Und wenn ich nich wüßte, daß du gar nich so bist... Aber was war es denn?«

»Ja, Frau Imme, was soll ich sagen, was es war; es is ja immer wieder dasselbe. Die Herrschaften können einen nich richtig unterbringen. Oder wollen auch nich. Immer wieder die Schlafstelle oder, wie manche hier sagen, die Schlafgelegenheit.«

»Aber, Kind, wie denn? Du mußt doch 'ne Gelegenheit zum Schlafen haben.«

»Gewiß, Frau Imme. Und 'ne Gelegenheit, so denkt mancher, is 'ne Gelegenheit. Aber gerade *die*, die hat man nich. Man ist müde zum Umfallen und kann doch nicht schlafen.«

»Versteh' ich nich.«

»Ja, Frau Imme, das macht, weil Sie von Kindesbeinen an

immer bei so gute Herrschaften waren, und mit Lizzi is es jetzt wieder ebenso. Die hat es auch gut un is, wie wenn sie mit dazu gehörte. Meine Tante Hartwig erzählt mir immer davon. Und einmal hab' ich es auch so gut getroffen. Aber bloß das eine Mal. Sonst fehlt eben immer die Schlafgelegenheit.«

Frau Imme lachte.

»Sie lachen darüber, Frau Imme. Das is aber nich recht, daß Sie lachen. Glauben Sie mir, es is eigentlich zum Weinen. Und mitunter hab' ich auch schon geweint. Als ich nach Berlin kam, da gab es ja noch die Hängeböden.«

»Kenn' ich, kenn' ich; das heißt, ich habe davon gehört.«

»Ja, wenn man davon gehört hat, das is nich viel. Man muß sie richtig kennen lernen. Immer sind sie in der Küche, mitunter dicht am Herd oder auch gerade gegenüber. Und nun steigt man auf eine Leiter, und wenn man müde is, kann man auch 'runter fallen. Aber meistens geht es. Und nun macht man die Thür auf und schiebt sich in das Loch hinein, ganz so wie in einen Backofen. Das is, was sie 'ne Schlafgelegenheit nennen. Und ich kann Ihnen bloß sagen: auf einem Heuboden is es besser, auch wenn Mäuse da sind. Und am schlimmsten is es im Sommer. Draußen sind dreißig Grad, und auf dem Herd war den ganzen Tag Feuer; da is es denn, als ob man auf den Rost gelegt würde. So war es, als ich nach Berlin kam. Aber ich glaube, sie dürfen jetzt so was nich mehr bauen. Polizeiverbot. Ach, Frau Imme, die Polizei is doch ein rechter Segen. Wenn wir die Polizei nich hätten (und sie sind auch immer so artig gegen einen), so hätten wir gar nichts. Mein Onkel Hartwig, wenn ich ihm so erzähle, daß man nicht schlafen kann, der sagt auch immer: ›Kenn' ich, kenn' ich; der Bourgeois thut nichts für die Menschheit. Und wer nichts für die Menschheit thut, der muß abgeschafft werden.‹«

»Ja, dein Onkel spricht so. Und war es denn bei deinem Hofrat, wo du nu zuletzt warst, auch so?«

»Nein, bei Hofrats war es *nicht* so. Die wohnten ja auch in einem ganz neuen Hause. Hofrats waren Trockenwohner. Und in dem, was jetzt die neuen Häuser sind, da kommen, glaub' ich, die Hängeböden gar nicht mehr vor; da haben sie bloß noch die Badestuben.«

»Nu, das is aber doch ein Fortschritt.«

»Ja, das kann man sagen; Badestube als Badestube ist ein Fortschritt oder, wie Onkel Hartwig immer sagt, ein Kulturfortschritt. Er hat meistens solche Wörter. Aber Badestube als Schlafgelegenheit is kein Fortschritt.«

»Gott, Kind, sie werden dich aber doch nich in eine Badewanne gepackt haben?«

»I bewahre. Das thun sie schon der Badewanne wegen nich. Da werden sie sich hüten. Aber ... Ach, Frau Imme, ich kann nur immer wieder sagen, Sie wissen nich Bescheid; Sie hatten es gut, wie Sie noch unverheiratet waren, und nu haben Sie's erst recht gut. Sie wohnen hier wie in einer kleinen Sommerwohnung, un daß es ein bißchen nach Pferde riecht, das schadet nich; das Pferd is ein feines und reinliches Tier, und all seine Verrichtungen sind so edel. Man sagt ja auch: das edle Pferd. Und außerdem soll es so gesund sein, fast so gut wie Kuhstall, womit sie ja die Schwindsucht kurieren. Und dazu haben Sie hier den Blick auf die Kugelakazien und drüben auf das Marinepanorama, wo man sehen kann, wie alles is, und dahinter haben Sie den Blick auf die Kunstausstellung, wo es so furchtbar zieht, bloß damit man immer frische Luft hat. Aber bei Hofrats ... Nein, diese Badestube!«

»Gott, Hedwig,« sagte Frau Imme, »du thust ja, wie wenn es eine Mördergrube oder ein Verbrecherkeller gewesen wäre.«

»Verbrecherkeller? Ach, Frau Imme, das is ja garnichts.

Ich habe Verbrecherkeller gesehen, natürlich bloß zufällig. Da trinken sie Weißbier und spielen Sechsundsechzig. Und in einer Ecke wird was ausbaldowert, aber davon merkt man nichts.«

»Und die Badestube ... warum is sie dir denn so furchtbar, daß du dich ordentlich schudderst? Der Mensch muß doch am Ende baden können.«

»Ach was, baden! natürlich. Aber 'ne Badestube is nie 'ne Badestube. Wenigstens hier nicht. Eine Badestube is 'ne Rumpelkammer, wo man alles unterbringt, alles, wofür man sonst keinen Platz hat. Und dazu gehört auch ein Dienstmädchen. Meine eiserne Bettstelle, die abends aufgeklappt wurde, stand immer neben der Badewanne, drin alle alten Bier- und Weinflaschen lagen. Und nun drippten die Neigen aus. Und in der Ecke stand ein Bettsack, drin die Fräuleins ihre Wäsche hinein stopften, und in der andern Ecke war eine kleine Thür. Aber davon will ich zu Ihnen nicht sprechen, weil ich einen Widerwillen gegen Unanständigkeiten habe, weshalb schon meine Mutter immer sagte: ›Hedwig, du wirst noch Jesum Christum erkennen lernen.‹ Und ich muß sagen, das hat sich bei Hofrats denn auch erfüllt. Aber fromm waren sie weiter nich.«

Während Hedwig noch so weiter klagte, hörte man, daß draußen die Klingel ging, und als Frau Imme öffnete, stand Rudolf auf dem kleinen Flur und sagte, daß er Vatern holen solle und Hedwigen auch; Mutter müsse weg.

»Na,« sagte Frau Imme, »dann komm nur, Rudolf, un iß erst ein Stück Streußel und bestell es nachher bei deinem Vater.«

Bald danach nahm sie denn auch den Jungen bei der Hand und führte ihn in das Nebenzimmer, wo die drei Männer vergnügt an ihrem Skattisch saßen. Ein großes Spiel war eben gemacht; alles noch in Aufregung.

Robinson, als er Rudolfen sah, nickte ihm zu und sagte

zu Imme: »Das is ja der hübsche Junge, den ich vorhin auf dem Hof gesehen habe mit seinem hoop; – nice boy.«

»Ja,« sagte Imme, »das is unsrem Freund Hartwig seiner.« Hartwig selber aber rief seinen Jungen heran und sagte: »Na, Rudolf, was giebt's? Du willst mich holen. Du sollst aber auch noch 'ne Freude haben. Kuck dir mal den Herrn da an, der dich so freundlich ansieht. Das is Robinson.«

»Haha.«

»Ja, Junge, warum lachst du? Glaubst du's nich, wenn ich dir sage, das is Robinson?«

»I bewahre, Vater. Robinson, *den* kenn' ich. Robinson hat 'nen Sonnenschirm und ein Lama. Un der is auch schon lange dod.«

Fünfzehntes Kapitel.

Unsere Landpartieler waren im Angesicht von Spindlersfelde nach dem Eierhäuschen zurückgekehrt und hatten sich hier an zwei dicht am Ufer zusammengerückten Tischen niedergelassen, eine Laube von Baumkronen über sich. Sperlinge hüpften umher und warteten auf ihre Zeit. Gleich danach erschien auch ein Kellner, um die Bestellungen entgegen zu nehmen. Es entstand dabei die herkömmliche Verlegenheitspause; niemand wußte was zu sagen, bis die Baronin auf den Stamm einer ihr gegenüberstehenden Ulme wies, drauf »Wiener Würstel« und daneben in noch dickeren Buchstaben das gefällige Wort »Löwenbräu« stand. In kürzester Frist erschien denn auch der Kellner wieder, und die Baronin hob ihr Seidel und ließ das Eierhäuschen und die Spree leben, zugleich versichernd, »daß man ein echtes Münchener überhaupt nur noch in Berlin tränke.« Der alte Berchtesgaden wollte jedoch nichts davon wissen und drang in seine Frau, lieber mehr nach links zu rücken, um den Sonnenuntergang besser beobachten zu können; »der sei freilich in Berlin ebenso gut wie wo anders.« Die Baronin hielt aber aus und rührte sich nicht. »Was Sonnenuntergang! den seh' ich jeden Abend. Ich sitze hier sehr gut und freue mich schon auf die Lichter.«

Und nicht lange mehr, so waren diese Lichter auch wirklich da. Nicht nur das ganze Lokal erhellte sich, sondern auch auf dem drüben am andern Ufer sich hinziehenden Eisenbahndamme zeigten sich allmählich die verschiedenfarbigen Signale, während mitten auf der Spree, wo Schleppdampfer die Kähne zogen, ein verblaktes Rot aus den Kajütenfenstern hervorglühte. Dabei wurde es kühl, und die Damen wickelten sich in ihre Plaids und Mäntel.

Auch die Herren fröstelten ein wenig, und so trat denn der ersichtlich etwas planende Woldemar nach kurzem Aufundabschreiten an das in der Nähe befindliche Büffett heran, um da zur Herstellung einer besseren Innentemperatur das Nötige zu veranlassen. Und siehe da, nicht lange mehr, so stand auch schon ein großes Tablett mit Gläsern und Flaschen vor ihnen und dazwischen ein Deckelkrug, aus dem, als man den Deckel aufklappte, der heiße Wrasen emporschlug. Die Baronin, in solchen Dingen die Scharfblickendste, war sofort orientiert und sagte: »Lieber Stechlin, ich beglückwünsche Sie. Das war eine große Idee.«

»Ja, meine Damen, ich glaubte, daß etwas geschehen müsse, sonst haben wir morgen samt und sonders einen akuten Rheumatismus. Und zurück müssen wir doch auch. Auf dem Schiffe, wo solche Hilfsmittel, glaub' ich, fehlen, sind wir allen Unbilden der Elemente preisgegeben.«

»Und Sie konnten wirklich nicht besser wählen,« unterbrach Melusine. »Schwedischer Punsch, für den ich ein liking habe. Wie für Schweden überhaupt. Da Doktor Wrschowitz nicht da ist, können wir uns ungestraft einem gewissen Maß von Skandinavismus überlassen.«

»Am liebsten ohne alles Maß,« sagte Woldemar, »*so* skandinavisch bin ich. Ich ziehe die Skandinaven den sonst ›Meistbegünstigten‹ unter den Nationen immer noch vor. Alle Länder erweitern übrigens ihre Spezialgebiete. Früher hatte Schweden nur zweierlei: Mut und Eisen, von denen man sagen muß, daß sie gut zusammen passen. Dann kamen die ›Säkerhets Tändstickors‹, und nun haben wir den schwedischen Punsch, den ich in diesem Augenblick unbedingt am höchsten stelle. Ihr Wohl, meine Damen.«

»Und das Ihre,« sagte Melusine, »denn Sie sind doch der Schöpfer dieses glücklichen Moments. Aber wissen Sie, lieber Stechlin, daß ich in Ihrer Aufzählung schwedischer Herrlichkeiten etwas vermißt habe. Die Schweden haben noch eins – oder hatten es wenigstens. Und das war die schwedische Nachtigall.«

»Ja, die hab' ich vergessen. Es fällt vor meine Zeit.«

»Ich müßte,« lachte die Gräfin, »vielleicht auch sagen: es fällt vor *meine* Zeit. Aber ich darf doch andrerseits nicht verschweigen, die Lind noch leibhaftig gekannt zu haben. Freilich nicht mehr so eigentlich als schwedische Nachtigall. Und überhaupt unter anderm Namen.«

»Ja, ich erinnere mich,« sagte Woldemar, »sie hatte sich verheiratet. Wie hieß sie doch?«

»Goldschmidt, – ein Name, den man schon um ›Goldschmidts Töchterlein‹ willen gelten lassen kann. Aber an Jenny Lind reicht er allerdings nicht heran.«

»Gewiß nicht. Und Sie sagten, Frau Gräfin, Sie hätten sie noch persönlich gekannt?«

»Ja, gekannt und auch gehört. Sie sang damals, wenn auch nicht mehr öffentlich, so doch immer noch in ihrem häuslichen Salon. Diese Bekanntschaft zählt zu meinen liebsten und stolzesten Erinnerungen. Ich war noch ein halbes Kind, aber trotzdem doch mit eingeladen, was mir allein schon etwas bedeutete. Dazu die Fahrt von Hyde-Park bis in die Villa hinaus. Ich weiß noch deutlich, ich trug ein weißes Kleid und einen hellblauen Kaschmirumhang und das Haar ganz aufgelöst. Die Lind beobachtete mich, und ich sah, daß ich ihr gefiel. Wenn man Eindruck macht, das behält man. Und nun gar mit vierzehn!«

»Die Lind,« warf die Baronin etwas prosaisch ein, »soll ihrerseits als Kind sehr häßlich gewesen sein.«

»Ich hätte das Gegenteil vermutet,« bemerkte Woldemar.

»Und auf welche Veranlassung hin, lieber Stechlin?«

»Weil ich ein Bild von ihr kenne. Wir haben es, wie bekannt, seit einiger Zeit von einem unsrer besten Maler auf unsrer Nationalgalerie. Aber lange bevor ich es da sah, kannt' ich es schon en miniature, und zwar aus einer im Besitz meines Freundes Lorenzen befindlichen Aquarelle. Diese Kopie hängt über seinem Sofa, dicht unter einer Rubensschen Kreuzabnahme. Wenn man will, eine etwas sonderbare Zusammenstellung.«

»Und das alles in Ihrer Stechliner Pfarre!« sagte Melusine. »Wissen Sie, Rittmeister, daß ich die Thatsache, daß so was überhaupt in einem kleinen Dorfe vorkommen kann, Ihrem berühmten See beinah' gleichstelle? Unsre schwedische Nachtigall in Ihrem ›Ruppiner Winkel‹, wie Sie selbst beständig sich auszudrücken lieben. Die Lind! Und wie kam Ihr Pastor dazu?«

»Die Lind war, glaub' ich, seine erste Liebe. Sehr wahrscheinlich auch seine letzte. Lorenzen saß damals noch auf der Schulbank und schlug sich mit Stundengeben durch. Aber er hörte die Diva trotzdem jeden Abend und wußte sich auch, trotz bescheidenster Mittel, das Bildchen zu verschaffen. Fast grenzt es ans Wunderbare. Freilich verlaufen die Dinge meist so. Wär' er reich gewesen, so hätt' er sein Geld anderweitig verthan und die Lind vielleicht nie gehört und gesehen. Nur die Armen bringen die Mittel auf für das, was jenseits des Gewöhnlichen liegt; aus Begeisterung und Liebe fließt alles. Und es ist etwas sehr Schönes, daß es so ist in unserm Leben. Vielleicht das Schönste.«

»Das will ich meinen,« sagte die Gräfin. »Und ich dank' es Ihnen, lieber Stechlin, daß Sie das gesagt haben. Das war ein gutes Wort, das ich Ihnen nicht vergessen will. Und dieser Lorenzen war Ihr Lehrer und Erzieher?«

»Ja, mein Lehrer und Erzieher. Zugleich mein Freund und Berater. Der, den ich über alles liebe.«

»Gehen Sie darin nicht zu weit?« lachte Melusine.

»Vielleicht, Gräfin, oder sag' ich lieber: gewiß. Und ich hätte dessen eingedenk sein sollen, gerade heut und gerade hier. Aber so viel bleibt: ich liebe ihn sehr, weil ich ihm alles verdanke, was ich bin, und weil er reinen Herzens ist.«

»Reinen Herzens,« sagte Melusine. »Das ist viel. Und Sie sind dessen sicher?«

»Ganz sicher.«

»Und von diesem Unikum erzählen Sie uns erst heute! Da waren Sie neulich mit dem guten Wrschowitz bei uns und haben uns allerhand Schreckliches von Ihrem misogynen Prinzen wissen lassen. Und während Sie den in den Vordergrund stellen, halten Sie diesen Pastor Lorenzen ganz gemütlich in Reserve. Wie kann man so grausam sein und mit seinen Berichten und Redekünsten so launenhaft operieren! Aber holen Sie wenigstens nach, was Sie versäumt haben. Die Fragen drängen sich ordentlich. Wie kam Ihr Vater auf den Einfall, Ihnen einen solchen Erzieher zu geben? Und wie kam ein Mann wie dieser Lorenzen in diese Gegenden? Und wie kam er überhaupt in diese Welt? Es ist so selten, so selten.«

Armgard und die Baronin nickten.

»Ich bekenne, mich quält die Neugier, mehr von ihm zu hören,« fuhr Melusine fort. »Und er ist unverheiratet? Schon das allein ist immer ein gutes Zeichen. Durchschnittsmenschen glauben sich so schnell wie möglich verewigen zu müssen, damit die Herrlichkeit nicht ausstirbt. Ihr Lorenzen ist eben in allem, wie mir scheint, ein Ausnahmemensch. Also beginnen.«

»Ich bin dazu besten Willens, Frau Gräfin. Aber es ist zu spät dazu, denn das helle Licht, das Sie da sehen, das ist bereits unser Dampfer. Wir haben keine Wahl mehr, wir müssen abbrechen, wenn wir nicht im Eierhäuschen ein Nachtquartier nehmen wollen. Unterwegs ist übrigens Lorenzen ein wundervolles Thema, vorausgesetzt, daß uns der Anblick der Liebesinsel nicht wieder auf andre Dinge bringt. Aber hören Sie ... der Dampfer läutet schon ... wir müssen eilen. Bis an die Anlegestelle sind noch mindestens drei Minuten!«

Und nun war man glücklich auf dem Schiff, auf dem Woldemar und die Damen ihre schon auf der Hinfahrt innegehabten Plätze sofort wieder einnahmen. Nur die beiden in ihre Plaids gewickelten alten Herren schritten auf Deck auf und ab und sahen, wenn sie vorn am Bugspriet eine kurze Rast machten, auf die vielen hundert Lichter, die sich von beiden Ufern her im Fluß spiegelten. Unten im Maschinenraum hörte man das Klappern und Stampfen, während die Schiffsschraube das Wasser nach hinten schleuderte, daß es in einem weißen Schaumstreifen dem Schiffe folgte. Sonst war alles still, so still, daß die Damen ihr Gespräch unterbrachen. »Armgard, du bist so schweigsam,« sagte Melusine, »finden Sie nicht auch, lieber Stechlin? Meine Schwester hat noch keine zehn Worte gesprochen.«

»Ich glaube, Gräfin, wir lassen die Comtesse. Manchem kleidet es zu sprechen, und manchem kleidet es zu schweigen. Jedes Beisammensein braucht einen Schweiger.«

»Ich werde Nutzen aus dieser Lehre ziehen.«

»Ich glaub' es nicht, Gräfin, und vor allem wünsch' ich es nicht. Wer könnt' es wünschen?«

Sie drohte ihm mit dem Finger. Dann schwieg man wieder und sah auf die Landschaft, die da, wo der am Ufer hinlaufende Straßenzug breite Lücken aufwies, in tiefem Dunkel lag. Urplötzlich aber stieg gerad aus dem Dunkel heraus ein Lichtstreifen hoch in den Himmel und zerstob da, wobei rote und blaue Leuchtkugeln langsam zur Erde niederfielen.

»Wie schön,« sagte Melusine. »Das ist mehr, als wir erwarten durften; Ende gut, alles gut, – nun haben wir auch noch ein Feuerwerk. Wo mag es sein? Welche Dörfer liegen da hinüber? Sie sind ja so gut wie ein Generalstäbler, lieber Stechlin, Sie müssen es wissen. Ich vermute Friedrichsfelde. Reizendes Dorf und reizendes Schloß. Ich war einmal da; die Dame des Hauses ist eine Schwester der Frau von Hülsen. Ist es Friedrichsfelde?«

»Vielleicht, gnädigste Gräfin. Aber doch nicht wahrscheinlich. Friedrichsfelde gehört nicht in die Reihe der Vororte, wo Feuerwerke sozusagen auf dem Programm stehen. Ich denke, wir lassen es im Ungewissen und freuen uns der Sache selbst. Sehen Sie, jetzt beginnt es erst recht eigentlich. Die Rakete, die wir da vorhin gesehen haben, das war nur Vorspiel. Jetzt haben wir erst das Stück. Es ist zu weit ab, sonst würden wir das Knattern hören und die Kanonenschläge. Wahrscheinlich ist es Sedan oder Düppel oder der Übergang nach Alsen. Übrigens ist die Pyrotechnik eine profunde Wissenschaft geworden.«

»Und es soll auch Personen geben, die ganz dafür leben und ihr Vermögen hinopfern wie früher die Holländer für die Tulpen. Tulpen wäre nun freilich nicht mein Geschmack. Aber Feuerwerk!«

»Ja, unbedingt. Und nur schade, daß alle die, die damit zu thun haben, über kurz oder lang in die Luft fliegen.«

»Das ist fatal. Aber es steigert andrerseits doch auch wieder den Reiz. Sonderbar, gefahrlose Berufe, solche, die sozusagen eine Zipfelmütze tragen, sind mir von jeher ein Greuel gewesen. Interesse hat doch immer nur das va banque: Torpedoboote, Tunnel unter dem Meere, Luftballons. Ich denke mir, das Nächste was wir erleben, sind Luftschifferschlachten. Wenn dann so eine Gondel die andre entert. Ich kann mich in solche Vorstellungen geradezu verlieben.«

»Ja, liebe Melusine, das seh' ich,« unterbrach hier die Baronin. »Sie verlieben sich in solche Vorstellungen und vergessen darüber die Wirklichkeiten und sogar unser Programm. Ich muß angesichts dieser doch erst kommenden Luftschifferschlachten ganz ergebenst daran erinnern, daß für heute noch wer anders in der Luft schwebt und zwar Pastor Lorenzen. Von *dem* sollte die Rede sein. Freilich, der ist kein Pyrotechniker.«

»Nein,« lachte Woldemar, »*das* ist er nicht. Aber als einen Aëronauten kann ich ihn Ihnen beinahe vorstellen. Er ist so recht ein Excelsior-, ein Aufsteigemensch, einer aus der wirklichen Obersphäre, genau von daher, wo alles Hohe zu Haus ist, die Hoffnung und sogar die Liebe.«

»Ja,« lachte die Baronin, »die Hoffnung und sogar die Liebe! Wo bleibt aber das Dritte? Da müssen's zu uns kommen. Wir haben noch das Dritte; das heißt also wir wissen auch, was wir *glauben* sollen.«

»Ja, *sollen*.«

»Sollen, gewiß. Sollen, das ist die Hauptsache. Wenn man weiß, was man soll, so find't sich's schon. Aber wo das Sollen fehlt, da fehlt auch das Wollen. Es ist halt a Glück, daß wir Rom haben und den heiligen Vater.«

»Ach,« sagte Melusine, »wer's Ihnen glaubt, Baronin! Aber lassen wir so heikle Fragen und hören wir lieber von *dem*, den ich – ich bin beschämt darüber – in so wenig verbindlicher Weise vergessen konnte, von unserm Wundermann mit der Studentenliebe, von dem Säulenheiligen, der reinen Herzens ist, und vor allem von dem Schöpfer und geistigen Nährvater unsers Freundes Stechlin. Eh bien, was ist es mit ihm? ›An ihren Früchten sollt ihr sie erkennen,‹ – das könnt' uns beinahe genügen. Aber ich bin doch für ein Weiteres. Und so denn attention au jeu. Unser Freund Stechlin hat das Wort.«

»Ja, unser Freund Stechlin hat das Wort,« wiederholte Woldemar, »so sagen Sie gütigst, Frau Gräfin. Aber dem nachkommen ist nicht so leicht. Vorhin, da war ich im Zuge. Jetzt wieder damit anfangen, das hat seine Schwierigkeiten. Und dann erwarten die Damen immer eine Liebesgeschichte, selbst wenn es sich um einen Mann handelt, den ich, was diese Dinge betrifft, so wenig versprechend eingeführt habe. Sie gehen also, wie heute schon mehrfach (ich erinnere nur an das Eierhäuschen), einer grausamen Enttäuschung entgegen.«

»Keine Ausflüchte!«

»Nun, so sei's denn. Ich muß es aber auf einem Umwege versuchen und Ihnen bei der Gelegenheit als Nächstes schildern, wie meine letzte Begegnung mit Lorenzen verlief. Er war, als ich bei ihm eintrat, in ersichtlich großer Erregung und zwar über ein Büchelchen, das er in Händen hielt.«

»Und ich will raten, was es war,« unterbrach Melusine.

»Nun?«

»Ein Buch von Tolstoj. Etwas mit viel Opfer und Entsagung. Anpreisung von Ascese.«

»Sie sind auf dem richtigen Wege, Gräfin, nur nicht geographisch. Es handelt sich nämlich nicht östlich um einen Russen, sondern westlich um einen Portugiesen.«

»Um einen Portugiesen,« lachte die Baronin. »O, ich kenne welche. Sie sind alle so klein und gelblich. Und einer fand einen Seeweg. Freilich schon lange her. Ist es nicht so?«

»Gewiß, Frau Baronin, es ist so. Nur der, um den es sich hier handelt, das ist keiner mit einem Seeweg, sondern bloß ein Dichter.«

»Ach, dessen erinnere ich mich auch, ja ich habe sogar seinen Namen auf der Zunge. Mit einem großen C fängt er an. Aber Calderon ist es nicht.«

»Nein, Calderon ist es nicht; es deckt sich da manches, auch schon rein landkartlich, nicht mit *dem*, um den sich's hier handelt. Und ist überhaupt kein alter Dichter, sondern ein neuer. Und heißt Joao de Deus.«

»Joao de Deus,« wiederholte die Gräfin. »Schon der Name. Sonderbar. Und was war es mit dem?«

»Ja, was war es mit *dem*? Dieselbe Frage that ich auch, und ich habe nicht vergessen, was Lorenzen mir antwortete: ›Dieser Joao de Deus,‹ so etwa waren seine Worte, ›war genau *das*, was ich wohl sein möchte, wonach ich suche, seit ich zu leben, *wirklich* zu leben angefangen, und wovon es beständig draußen in der Welt heißt, es gäbe dergleichen nicht mehr. Aber es giebt dergleichen noch, es muß dergleichen geben oder doch *wieder* geben. Unsre ganze Gesellschaft (und nun gar erst das, was sich im besonderen so nennt) ist aufgebaut auf dem Ich. Das ist ihr Fluch, und daran muß sie zu Grunde gehen. Die zehn Gebote, das war der Alte Bund; der neue Bund aber hat ein andres, ein einziges Gebot, und das klingt aus in: „Und du hättest der Liebe nicht ..."‹.

Ja, so sprach Lorenzen«, fuhr Woldemar nach einer Pause fort »und sprach auch noch andres, bis ich ihn unterbrach und ihm zurief: ›Aber, Lorenzen, das sind ja bloß Allgemeinheiten. Sie wollten mir Persönliches von Joao de Deus erzählen. Was ist es mit dem? Wer war er? Lebt er? Oder ist er tot?‹

›Er ist tot, aber seit kurzem erst, und von seinem Tode

spricht das kleine Heft hier. Höre.‹ Und nun begann er zu lesen. Das aber was er las, das lautete etwa so: ›„… Und als er nun tot war, der Joao de Deus, da gab es eine Landestrauer, und alle Schulen in der Hauptstadt waren geschlossen, und die Minister und die Leute vom Hof und die Gelehrten und die Handwerker, alles folgte dem Sarge dicht gedrängt, und die Fabrikarbeiterinnen hoben schluchzend ihre Kinder in die Höh' und zeigten auf den Toten und sagten: Un Santo, un Santo. Und sie thaten so und sagten so, weil er für die Armen gelebt hatte und *nicht für sich*."‹«

»Das ist schön,« sagte Melusine.

»Ja, das ist schön,« wiederholte Woldemar, »und ich darf hinzusetzen, in dieser Geschichte haben Sie nicht bloß den Joao de Deus, sondern auch meinen Freund Lorenzen. Er ist vielleicht nicht ganz wie sein Ideal. Aber Liebe giebt Ebenbürtigkeit.«

»Und so schlag' ich denn vor,« sagte die Baronin, »daß wir den mit dem C, dessen Name mir übrigens noch einfallen wird, vorläufig absetzen und statt seiner den neuen mit dem D leben lassen. Und natürlich unsern Lorenzen dazu.«

»Ja, leben lassen,« lachte Woldemar. »Aber womit? worin? Les jours de fête …« und er wies auf das Eierhäuschen zurück.

»In dieser Notlage wollen wir uns helfen, so gut es geht, und uns statt andrer Beschwörung einfach die Hände reichen, selbstverständlich über Kreuz; hier: erst Stechlin und Armgard und dann Melusine und ich.«

Und wirklich, sie reichten sich in heiterer Feierlichkeit die Hände.

Gleich danach aber traten die beiden alten Herren an die Gruppe heran, und der Baron sagte: »Das ist ja wie Rütli.«

»Mehr, mehr. Bah, Freiheit! Was ist Freiheit gegen Liebe!«

»So, hat's denn eine Verlobung gegeben?«

»Nein … noch nicht,« lachte Melusine.

Wahl in Rheinsberg-Wutz.

Sechzehntes Kapitel.

Der andre Morgen rief Woldemar zeitig zum Dienst. Als er um neun Uhr auf sein Zimmer zurückkehrte, fand er auf dem Frühstückstisch Zeitungen und Briefe. Darunter war einer mit einem ziemlich großen Siegel, der Lack schlecht und der Brief überhaupt von sehr unmodischer Erscheinung, ein bloß zusammengelegter Quartbogen. Woldemar, nach Poststempel und Handschrift sehr wohl wissend, woher und von wem der Brief kam, schob ihn, während Fritz den Thee brachte, beiseite, und erst als er eine Tasse genommen und länger als nötig dabei verweilt hatte, griff er wieder nach dem Brief und drehte ihn zwischen Daumen und Zeigefinger. »Ich hätte mir, nach dem gestrigen Abend, heute früh was andres gewünscht, als gerade *diesen* Brief.« Und während er das so vor sich hin sprach, standen ihm, er mochte wollen oder nicht, die letzten Wutzer Augenblicke wieder vor der Seele. Die Tante hatte, kurz bevor er das Kloster verließ, noch einmal vertraulich seine Hand genommen und ihm bei der Gelegenheit ausgesprochen, was sie seit lange bedrückte.

»Das Junggesellenleben, Woldemar, taugt nichts. Dein Vater war auch schon zu alt, als er sich verheiratete. Ich will nicht in deine Geheimnisse eindringen, aber ich möchte doch fragen dürfen: wie stehst du dazu?«

»Nun, ein Anfang ist gemacht. Aber doch erst obenhin.«

»Berlinerin?«

»Ja und nein. Die junge Dame lebt seit einer Reihe von Jahren in Berlin und liebt unsre Stadt über Erwarten. Insoweit ist sie Berlinerin. Aber eigentlich ist sie doch keine; sie wurde drüben in London geboren, und ihre Mutter war eine Schweizerin.«

»Um Gottes willen!«

»Ich glaube, liebe Tante, du machst dir falsche Vorstellungen von einer Schweizerin. Du denkst sie dir auf einer Alm und mit einem Milchkübel.«

»Ich denke sie mir gar nicht, Woldemar. Ich weiß nur, daß es ein wildes Land ist.«

»Ein freies Land, liebe Tante.«

»Ja, das kennt man. Und wenn du das Spiel noch einigermaßen in der Hand hast, so beschwör' ich dich ...«

An dieser Stelle war, wie schon vorher durch Fix, abermals (weil eine Störung kam,) das Gespräch mit der Tante auf andre Dinge hingeleitet worden, und nun hielt er ihren Brief in Händen und zögerte, das Siegel zu brechen. »Ich weiß, was drin steht, und ängstige mich doch beinahe. Wenn es nicht Kämpfe giebt, so giebt es wenigstens Verstimmungen. Und die sind mir womöglich noch fataler ... Aber was hilft es!«

Und nun brach er den Brief auf und las:

»Ich nehme an, mein lieber Woldemar, daß du meine letzten Worte noch in Erinnerung hast. Sie liefen auf den Rat und die Bitte hinaus: gieb auch in dieser Frage die Heimat nicht auf, halte dich, wenn es sein kann, an das Nächste. Schon unsre Provinzen sind so sehr verschieden. Ich sehe dich über solche Worte lächeln, aber ich bleibe doch dabei. Was ich Adel nenne, das giebt es nur noch in unsrer Mark und in unsrer alten Nachbar- und Schwesterprovinz, ja, da vielleicht noch reiner als bei uns. Ich will nicht ausführen, wie's bei schärferem Zusehen auf dem adligen Gesamtgebiete steht, aber doch wenigstens ein paar Andeutungen will ich machen: Ich habe sie von allen Arten gesehen. Da sind zum Beispiel die rheinischen jungen Damen, also die von Köln und Aachen; nun ja, die mögen ganz gut sein, aber sie sind katholisch, und wenn sie nicht katholisch sind, dann sind sie was andres, wo der Vater erst geadelt wurde. Neben den rheinischen haben wir dann die westfälischen. Über die ließe sich reden. Aber Schlesien. Die schlesischen Herrschaften, die sich mitunter auch Magnaten nennen, sind alle so gut wie polnisch und leben von Jeu und haben die hübschesten Erzieherinnen; immer ganz jung, da macht es sich am leichtesten. Und dann sind da noch weiterhin die preußischen, das heißt die ostpreußischen, wo schon alles aufhört. Nun, die kenn' ich, die sind ganz wie ihre Litauer Füllen und schlagen aus und beknabbern alles. Und je reicher sie sind, desto schlimmer. Und nun wirst du fragen, warum ich gegen andre so streng und so sehr für unsre Mark bin, ja speziell für unsre Mittelmark. Deshalb, mein lieber Woldemar, weil wir in unsrer Mittelmark nicht so bloß äußerlich in der Mitte liegen, sondern weil wir auch in allem die rechte Mitte haben und halten. Ich habe mal gehört, unser märkisches Land sei *das* Land, drin es nie Heilige gegeben, drin man aber auch keine Ketzer verbrannt habe. Sieh, das ist das, worauf es ankommt, Mittelzustand, – darauf baut sich das Glück auf. Und dann haben wir hier noch zweierlei: in unserer Bevölkerung die reine Lehre und in unserm Adel das reine Blut. *Die*, wo das nicht zutrifft, die kennt man. Einige meinen freilich, das, was sie das ›Geistige‹ nennen, das litte darunter. Das ist aber alles Thorheit. Und wenn es litte (es leidet aber nicht), so schadet das gar nichts. Wenn das Herz gesund ist, ist der Kopf nie ganz schlecht. Auf diesen Satz kannst du dich verlassen. Und so bleibe denn, wenn du suchst, in unsrer Mark und vergiß nie, daß wir das sind, was man so ›brandenburgische Geschichte‹ nennt. Am eindringlichsten aber laß dir unsre Rheinsberger Gegend empfohlen sein, von der mir selbst Koseleger – trotzdem seine Feinde behaupten, er betrachte sich hier bloß wie in

Verbannung und sehne sich fort nach einer Berliner Domstelle – von der mir selbst Koseleger sagte: ›Wenn man sich die preußische Geschichte genau ansieht, so findet man immer, daß sich alles auf unsre alte, liebe Grafschaft zurückführen läßt; *da* liegen die Wurzeln unsrer Kraft.‹ Und so schließe ich denn mit der Bitte: heirate heimisch und heirate lutherisch. Und nicht nach Geld (Geld erniedrigt) und halte dich dabei versichert der Liebe deiner dich herzlich liebenden Tante und Patin Adelheid von St.«

Woldemar lachte. »Heirate heimisch und heirate lutherisch – das hör' ich nun schon seit Jahren. Und auch das dritte höre ich immer wieder: ›Geld erniedrigt‹. Aber das kenn' ich. Wenn's nur recht viel ist, kann es schließlich auch eine Chinesin sein. In der Mark ist alles Geldfrage. Geld – weil keins da ist – spricht Person und Sache heilig und, was noch mehr sagen will, beschwichtigt zuletzt auch den Eigensinn einer alten Tante.«

Während er lachend so vor sich hin sprach, überflog er noch einmal den Brief und sah jetzt, daß eine Nachschrift an den Rand der vierten Seite gekritzelt war. »Eben war Katzler hier, der mir von der am Sonnabend in unserm Kreise stattfindenden Nachwahl erzählte. Dein Vater ist aufgestellt worden und hat auch angenommen. Er bleibt doch immer der Alte. Gewiß wird er sich einbilden, ein Opfer zu bringen, – er litt von Jugend auf an solchen Einbildungen. Aber was ihm ein Opfer bedünkte, waren, bei Lichte besehen, immer bloß Eitelkeiten. Deine A. von St.«

Siebzehntes Kapitel.

Es war so, wie die Tante geschrieben: Dubslav hatte sich als konservativen Kandidaten aufstellen lassen, und wenn für Woldemar noch Zweifel darüber gewesen wären, so hätten einige am Tage darauf von Lorenzen eintreffende Zeilen diese Zweifel beseitigt. Es hieß in Lorenzens Brief:

»Seit deinem letzten Besuch hat sich hier allerlei Großes zugetragen. Noch am selben Abend erschienen Gundermann und Koseleger und drangen in deinen Vater, zu kandidieren. Er lehnte zunächst natürlich ab; er sei weltfremd und verstehe nichts davon. Aber damit kam er nicht weit. Koseleger, der – was ihm auch später noch von Nutzen sein wird – immer ein paar Anekdoten auf der Pfanne hat, erzählte ihm sofort, daß vor Jahren schon, als ein von Bismarck zum Finanzminister Ausersehener sich in gleicher Weise mit einem ›Ich verstehe nichts davon‹, aus der Affaire ziehen wollte, der bismarckisch-prompten Antwort begegnet sei: ›Darum wähle ich Sie ja gerade, mein Lieber,‹ – eine Geschichte, der dein Vater natürlich nicht widerstehen konnte. Kurzum, er hat eingewilligt. Von Herumreisen ist selbstverständlich Abstand genommen worden, ebenso vom Redenhalten. Schon nächsten Sonnabend haben wir Wahl. In Rheinsberg, wie immer, fallen die Würfel. Ich glaube, daß er siegt. Nur die Fortschrittler können in Betracht kommen und allenfalls die Sozialdemokraten, wenn vom Fortschritt (was leicht möglich ist) einiges abbröckelt. Unter allen Umständen schreibe deinem Papa, daß du dich seines Entschlusses freutest. Du kannst es mit gutem Gewissen. Bringen wir ihn durch, so weiß ich, daß kein Besserer im Reichstag sitzt, und daß wir uns alle zu seiner Wahl gratulieren können. Er sich persönlich allerdings auch. Denn sein Leben hier ist zu einsam, so sehr, daß er, was doch sonst nicht seine Sache ist, mitunter darüber klagt. Das war das, was ich dich wissen lassen mußte. ›Sonst nichts neues vor Paris.‹ Krippenstapel geht in großer Aufregung einher; ich glaube, wegen unsrer auf Donnerstag in Stechlin selbst angesetzten Vorversammlung, wo er mutmaßlich seine herkömmliche Rede über den Bienenstaat halten wird.

Empfiehl mich deinen zwei liebenswürdigen Freunden, besonders Czako. Wie immer, dein alter Freund Lorenzen.«

Woldemar, als er gelesen, wußte nicht recht, wie er sich dazu stellen sollte. Was Lorenzen da schrieb, »daß kein Besserer im Hause sitzen würde«, war richtig; aber er hatte trotzdem Bedenken und Sorge. Der Alte war durchaus kein Politiker, er konnte sich also stark in die Nesseln setzen, ja vielleicht zur komischen Figur werden. Und dieser Gedanke war ihm, dem Sohne, der den Vater schwärmerisch liebte, sehr schmerzlich. Außerdem blieb doch auch immer noch die Möglichkeit, daß er in dem Wahlkampf unterlag.

Diese Bedenken Woldemars waren nur allzu berechtigt. Es stand durchaus nicht fest, daß der alte Dubslav, so beliebt er selbst bei den Gegnern war, als Sieger aus der Wahlschlacht hervorgehen müsse. Die Konservativen hatten sich freilich daran gewöhnt, Rheinsberg-Wutz als eine »Hochburg« anzusehen, die der staatserhaltenden Partei nicht verloren gehen könne, diese Vorstellung aber war ein Irrtum, und die bisherige Reverenz gegen den alten Kortschädel wurzelte lediglich in etwas Persönlichem. Nun war ihm Dubslav an Ansehen und Beliebtheit freilich ebenbürtig, aber das mit der ewigen persönlichen Rücksichtnahme mußte doch mal ein Ende nehmen, und das Anrecht, das sich der alte Kortschädel ersessen hatte, mit diesem mußt' es vorbei sein, eben weil sich's endlich um einen Neuen handelte. Kein Zweifel, die gegnerischen Parteien regten sich, und es lag genau so, wie Lorenzen an Woldemar geschrieben, »daß ein Fortschrittler, aber auch ein Sozialdemokrat gewählt werden könne.«

Wie die Stimmung im Kreise wirklich war, das hätte der am

besten erfahren, der im Vorübergehen an der Comptoirthür des alten Baruch Hirschfeld gehorcht hätte.

»Laß dir sagen, Isidor, du wirst also wählen den guten alten Herrn von Stechlin.«

»Nein, Vater. Ich werde *nicht* wählen den guten alten Herrn von Stechlin.«

»Warum nicht? Ist er doch ein lieber Herr und hat das richtige Herz.«

»Das hat er; aber er hat das falsche Prinzip.«

»Isidor, sprich mir nicht von Prinzip. Ich habe dich gesehn, als du hast charmiert mit dem Mariechen von nebenan und hast ihr aufgebunden das Schürzenband, und sie hat dir gegeben einen Klaps. Du hast gebuhlt um das christliche Mädchen. Und du buhlst jetzt, wo die Wahl kommt, um die öffentliche Meinung. Und das mit dem Mädchen, das hab' ich dir verziehen. Aber die öffentliche Meinung verzeih' ich dir nicht.«

»Wirst du, Vaterleben; haben wir doch die neue Zeit. Und wenn ich wähle, wähl' ich für die Menschheit.«

»Geh mir, Isidor, *die* kenn' ich. Die Menschheit, die will haben, aber nicht geben. Und jetzt wollen sie auch noch teilen.«

»Laß sie teilen, Vater.«

»Gott der Gerechte, was meinst du, was du kriegst? Nicht den zehnten Teil.«

Und ähnlich ging es in den andern Ortschaften. In Wutz sprach Fix für das Kloster und die Konservativen im allgemeinen, ohne dabei Dubslav in Vorschlag zu bringen, weil er wußte, wie die Domina zu ihrem Bruder stand. Ein Linkskandidat aus Cremmen schien denn auch in der Wutzer Gegend die Oberhand gewinnen zu sollen. Noch gefährlicher für die ganze Grafschaft war aber ein Wanderapostel aus Berlin, der von Dorf zu Dorf zog und die kleinen Leute dahin belehrte, daß es ein Unsinn sei, von Adel und Kirche was zu erwarten. Die vertrösteten immer bloß auf den Himmel. Achtstündiger Arbeitstag und Lohnerhöhung und Sonntagspartie nach Finkenkrug, – *das* sei das Wahre.

So zersplitterte sich's allerorten. Aber wenigstens um den Stechlin herum hoffte man der Sache noch Herr werden und alle Stimmen auf Dubslav vereinigen zu können. Im Dorfkruge wollte man zu diesem Zwecke beraten, und Donnerstag sieben Uhr war dazu festgesetzt.

Der Stechliner Krug lag an dem Platze, der durch die Kreuzung der von Wutz her heranführenden Kastanienallee mit der eigentlichen Dorfstraße gebildet wurde, und war unter den vier hier gelegenen Eckhäusern das stattlichste. Vor seiner Front standen ein paar uralte Linden, und drei, vier Stehkrippen waren bis dicht an die Hauswand heran geschoben, aber alle ganz nach links hin, wo sich Eckladen und Gaststube befanden, während nach der rechten Seite hin der große Saal lag, in dem heute Dubslav, wenn nicht für die Welt, so doch für Rheinsberg-Wutz, und wenn nicht für Rheinsberg-Wutz, so doch für Stechlin und Umgegend proklamiert werden sollte. Dieser große Saal war ein fünffenstriger Längsraum, der schon manchen Schottischen erlebt, was er in seiner Erscheinung auch heute nicht zu verleugnen trachtete. Denn nicht nur waren ihm alle seine blanken Wandleuchter verblieben, auch die mächtige Baßgeige, die jedesmal wegzuschaffen viel zu mühsam gewesen wäre, guckte, schräg gestellt, mit ihrem langen Halse von der Musikempore her über die Brüstung fort.

Unter dieser Empore, quer durch den Saal hin, stand ein für das Komitee bestimmter länglicher Tisch mit Tischdecke, während auf den links und rechts sich hinziehenden Bänken einige zwanzig Vertrauensmänner saßen, denen es hinterher oblag, im Sinne der Komiteebeschlüsse weiter zu wirken. Die Vertrauensmänner waren meist wohlhabende Stechliner Bauern, untermischt mit offiziellen und halboffiziellen Leuten aus der Nachbarschaft: Förster und Waldhüter und Vormänner von den verschiedenen Glas- und Teeröfen. Zu diesen gesellte sich noch ein Torfinspektor, ein Vermessungsbeamter, ein Steueroffiziant und schließlich ein gescheiterter Kaufmann, der jetzt Agent war und die Post besorgte. Natürlich war auch Landbriefträger Brose da samt der gesamten Sicherheitsbehörde: Fußgendarm Uncke und Wachtmeister Pyterke von der reitenden Gensdarmerie. Pyterke gehörte nur halb mit zum Revier (es war das immer ein streitiger Punkt), erschien aber trotzdem mit Vorliebe bei Versammlungen derart. Es gab nämlich für ihn nichts Vergnüglicheres, als seinen Kameraden und Amtsgenossen Uncke bei solcher Gelegenheit zu beobachten und sich dabei seiner ungeheuren, übrigens durchaus berechtigten Überlegenheit als schöner Mann und ehemaliger Gardeküraßier bewußt zu werden. Uncke war ihm der Inbegriff des Komischen, und wenn ihn schon das rote, verkupferte Gesicht an und für sich amüsierte, so doch viel, viel mehr noch der gefärbte Schuhbürstenbackenbart, vor allem aber das Augenspiel, mit dem er den Verhandlungen zu folgen pflegte. Pyterke hatte recht; Uncke war wirklich eine komische Figur. Seine Miene sagte beständig: »An mir hängt es.« Dabei war er ein höchst gutmütiger Mann, der nie mehr als nötig aufschrieb und auch nur selten auflöste.

Der Saal hatte nach dem Flur hin drei Thüren. An der Mittelthür standen die beiden Gensdarmen und rückten sich zurecht, als sich der Vorsitzende des Komitees mit dem Glockenschlag sieben von seinem Platz erhob und die Sitzung für eröffnet erklärte. Dieser Vorsitzende war natürlich Oberförster Katzler, der heute, statt des bloßen schwarzweißen Bandes, sein bei St. Marie aux Chênes erworbenes eisernes Kreuz in Substanz eingeknöpft hatte. Neben ihm saßen Superintendent Koseleger und Pastor Lorenzen, an der linken Schmalseite Krippenstapel, an der rechten Schulze Kluckhuhn, letzterer auch dekoriert, und zwar mit der Düppelmedaille, trotzdem er bei Düppel in der Reserve gestanden. Er scherzte gern darüber und sagte, während er seine beneidenswerten Zähne zeigte: »Ja, Kinder, so geht es. Bei Alsen war ich, aber bei Düppel war ich nich, und dafür hab' ich nu die Düppelmedaille.«

Schulze Kluckhuhn war überhaupt eine humoristisch angeflogene Persönlichkeit, Liebling des alten Dubslav, und trat immer, wenn sich die alten Kriegerbundleute von sechsundsechzig und siebzig aufs hohe Pferd setzen wollten, für die von vierundsechzig ein. »Ja, vierundsechzig, Kinder, da fing es an. Und aller Anfang ist schwer. Anfangen ist immer die Hauptsache; das andre kommt dann schon wie von selbst.« Ein alter Globsower, der bei Spichern mitgestürmt und sich durch besondere Tapferkeit hervorgethan hatte, war denn auch, bloß weil er einer von Anno siebzig war, ein Gegenstand seiner besonderen Bemängelungen. »Ich will ja nich sagen, Tübbecke, daß es bei Spichern gar nichts war; aber gegen Düppel (wenn ich auch nicht mit dabei gewesen) gegen Düppel war es gar nichts. Wie war es denn bei Spichern, wovon du so viel red'st, als ob sich vierundsechzig daneben verstecken müßte? Bei Spichern, da waren Menschen oben, aber bei Düppel, da waren Schanzen oben. Und ich sage dir, Schanzen mit'm Turm drin. Da pfeift es ganz anders. Das heißt, von Pfeifen war schon eigentlich gar keine Rede mehr.« Eine Folge dieser Anschauung war es denn auch, daß in den Augen Kluckhuhns der Pionier Klinke, der bei Düppel unter Opferung seines Lebens den Pallisadenpfahl von Schanze drei weggesprengt hatte, der eigentliche Held aller drei Kriege war und alles in allem nur einen Rivalen hatte. Dieser *eine* Rivale stand aber drüben auf Seite der Dänen und war überhaupt kein Mensch, sondern ein Schiff und hieß Rolf Krake. »Ja, Kinder, wie wir nu da so 'rüber gondelten, da lag das schwarze Biest immer dicht neben uns und sah aus wie 'n Sarg. Und wenn es gewollt hätte, so wär' es auch alle mit uns gewesen und bloß noch plumps in den Alsensund. Und weil wir das wußten, schossen wir immer drauf los, denn wenn einem so zu Mute ist, dann schießt der Mensch immer zu.«

Ja, Rolf Krake war eine fatale Sache für Kluckhuhn gewesen. Aber dasselbe schwarze Schiff, das ihm damals so viel Furcht und Sorge gemacht hatte, war doch auch wieder ein Segen für ihn geworden, und man durfte sagen, sein Leben stand seitdem im Zeichen von Rolf Krake. Wie Gundermann immer der Sozialdemokratie das »Wasser abstellen« wollte, so verglich Kluckhuhn alles zur Sozialdemokratie Gehörige mit dem schwarzen Ungetüm im Alsensund. »Ich sag' euch, was sie jetzt die soziale Revolution nennen, das liegt neben uns wie damals Rolf Krake; Bebel wartet bloß, und mit eins fegt er dazwischen.«

Schulze Kluckhuhn war in der ganzen Stechliner Gegend sehr angesehen, und als er jetzt mit seiner Medaille so dasaß, dicht neben Koseleger, war er sich dessen auch wohl bewußt. Aber gegen Krippenstapel, den er als Schulpauker und Bienenvater eigentlich nicht für voll ansah, kam er bei dieser Gelegenheit doch nicht an; Krippenstapel hatte heute ganz seinen großen Tag, *so* sehr, daß selbst Kluckhuhn seinen Ton herabstimmen mußte.

Katzler, ein entschiedener Nichtredner, begann, als er sich mit seinem Notizenzettel, auf dem verschiedene Satzanfänge standen, erhoben hatte, mit der Versicherung, daß er den so zahlreich Anwesenden, unter denen vielleicht auch einige Andersdenkende seien, für ihr Erscheinen danke. Sie wüßten alle, zu welchem Zweck sie hier seien. Der alte Kortschädel sei tot, »er ist in Ehren hingegangen,« und es handle sich heute darum, dem alten Herrn von Kortschädel im Reichstag einen Nachfolger zu geben. Die Grafschaft habe immer konservativ gewählt; es sei Ehrensache, wieder konservativ zu wählen. »Und ob die Welt voll Teufel wär'.« Es liege der Grafschaft ob, dieser Welt des Abfalls zu zeigen, daß es noch »Stätten« gebe. Und hier sei eine solche Stätte. »Wir haben, glaub' ich,« so schloß er, »niemand an diesem Tisch, der das Parlamentarische voll beherrscht, weshalb ich bemüht gewesen bin, das, was uns hier zusammengeführt hat, schriftlich niederzulegen. Es ist ein schwacher Versuch. Jeder thut, soviel er kann, und der Brombeerstrauch hat eben nur seine Beeren. Aber auch *sie* können den durstigen Wanderer erfrischen. Und so bitte ich denn unsern politischen Freund, dem wir außerdem für die Erforschung dieser Gegenden so viel verdanken, ich bitte Herrn Lehrer Krippenstapel, uns das von mir Aufgesetzte vorlesen zu wollen. Ein pro memoria. Man kann es vielleicht so nennen.«

Katzler, unter Verneigung, setzte sich wieder, während sich Krippenstapel erhob. Er blätterte wie ein Rechtsanwalt in einer Anzahl von Papieren und sagte dann: »Ich folge der Aufforderung des Herrn Vorsitzenden und freue mich, berufen zu sein, ein Schriftstück zur Verlesung zu bringen, das unser *aller* Gefühlen – ich bin dessen sicher und glaube von den Einschränkungen, die unser Herr Vorsitzender gemacht hat, absehen zu dürfen – zu kräftigstem Ausdruck verhilft.«

Und nun setzte Krippenstapel seine Hornbrille auf und las. Es war ein ganz kurzes Schriftstück und enthielt eigentlich dasselbe, was Katzler schon gesagt hatte. Die Betonungen Krippenstapels sorgten aber dafür, daß der Beifall reichlicher war, und daß die Schlußwendung »und so vereinigen wir uns denn in dem Satze: was um den Stechlin herum wohnt, das ist *für* Stechlin,« einen ungeheuren Beifall fand. Pyterke hob seinen Helm und stieß mit dem Pallasch auf, während Uncke sich umsah, ob doch vielleicht ein einzelner Übelwollender zu notieren sei. Nicht um ihn direkt anzuzeigen, aber doch zur Kenntnisnahme. Brose, der (wohl eine Folge seines Berufs) unter dem ungewohnten langen Stillstehen gelitten hatte, nahm im Vorflur, wie zur Niederkämpfung seiner Beinnervosität, eine Art Probegeschwindschritt rasch wieder auf, während Kluckhuhn sich von seinem Stuhl erhob, um Katzler erst militärisch und dann unter gewöhnlicher Verbeugung zu begrüßen, wobei seine Düppelmedaille dem Katzlerschen Eisernen Kreuz entgegenpendelte. Nur Koseleger und Lorenzen blieben ruhig. Um des Superintendenten Mund war ein leiser ironischer Zug.

Dann erklärte der Vorsitzende die Sitzung für geschlossen; alles brach auf, und nur Uncke sagte zu Brose: »Wir bleiben noch, Brose; morgen wird es Lauferei genug geben.«

»Denk' ich auch. Aber lieber laufen als hier so stille stehen.«

Achtzehntes Kapitel.

Draußen, unter dem Gezweig der alten Linden, standen mehrere Kaleschwagen, aber der des Superintendenten fehlte noch, weil Koseleger eine viel längere Sitzung erwartet und darauf hin seinen Wagen erst zu zehn Uhr bestellt hatte. Bis dahin war noch eine hübsche Zeit; der Superintendent indessen schien nicht unzufrieden darüber und seines Amtsbruders Arm nehmend, sagte er: »Lieber Lorenzen, ich muß mich, wie Sie sehen, bei Ihnen zu Gaste laden. Als Unverheirateter werden Sie, so hoffe ich, über die Störung leicht hinwegkommen. Die Ehe bedeutet in der Regel

Segen, wenigstens an Kindern, aber die Nichtehe hat auch ihre Segnungen. Unsre guten Frauen entschlagen sich dieser Einsicht und dieser unbedingte Glauben an sich und ihre Wichtigkeit hat oft was Rührendes.«

Lorenzen, der sich – bei voller Würdigung der Gaben seines ihm vorgesetzten und zugleich gern einen spöttischen Ton anschlagenden Amtsbruders – im allgemeinen nicht viel aus ihm machte, war diesmal mit allem einverstanden und nickte, während sie, schräg über den Platz fort, auf die Pfarre zuschritten.

»Ja, diese Einbildungen!« fuhr Koseleger fort, zu dessen Lieblingsgesprächen dieses Thema gehörte. »Gewiß ist es richtig, daß wir samt und sonders von Einbildungen leben, aber für die Frauen ist es das tägliche Brot. Sie maltraitieren ihren Mann und sprechen dabei von Liebe, sie *werden* maltraitiert und sprechen erst recht von Liebe; sie sehen alles so, wie sie's sehen wollen und vor allem haben sie ein Talent, sich mit Tugenden auszurüsten (erlassen Sie mir, diese Tugenden aufzuzählen), die sie durchaus nicht besitzen. Unter diesen meist nur in der Vorstellung existierenden Tugenden befindet sich auch die der Gastlichkeit, wenigstens hierlandes. Und nun gar unsre Pfarrmütter! Eine jede hält sich für die heilige Elisabeth mit den bekannten Broten im Korb. Haben Sie übrigens das Bild auf der Wartburg gesehen? Unter allen Schwindschen Sachen steht es mir so ziemlich obenan. Und in Wahrheit, um auf unsere Pfarrmütter zurückzukommen, liegt es doch so, daß ich mich bei pastorlichen Junggesellen immer am besten aufgehoben gefühlt habe.«

Lorenzen lachte: »Wenn Sie nur heute nicht widerlegt werden, Herr Superintendent.«

»Ganz undenkbar, lieber Lorenzen. Ich bin noch nicht lang in dieser Gegend, in meinem guten Quaden-Hennersdorf da drüben, aber wenn auch nicht lange, so doch lange genug, um zu wissen, wie's hier herum aussieht. Und Ihr Renommee... Sie sollen so was von einem Feinschmecker an sich haben. Kann ich mir übrigens denken. Sie sind Ästhetikus, und das ist man nicht ungestraft, am wenigsten in Bezug auf die Zunge. Ja, das Ästhetische. Für manchen ist es ein Unglück. Ich weiß davon. Das Haus hier vor uns ist wohl Ihr Schulhaus? Weißgestrichen und kein Fetzchen Gardine, das ist immer 'ne preußische Schule. So wird bei uns die Volksseele für das, was schön ist, groß gezogen. Aber es kommt auch was dabei heraus! Mitunter wundert's mich nur, daß sie die Bauten aus der Zeit Friedrich Wilhelms I. nicht besser konservieren. Eigentlich war *das* doch das Ideal. Graue Wand, hundert Löcher drin und unten großes Hauptloch. Und natürlich ein Schilderhaus daneben. Letzteres das Wichtigste. Schade, daß so was verloren geht. Übrigens rettet hier der grüne Staketenzaun das Ganze ... Wie heißt doch der Lehrer?«

»Krippenstapel.«

»Richtig, Krippenstapel. Katzler nannte ihn ja während der Sitzung mit einer Art Aplomb. Ich erinnere mich noch, wie mir der Name wohlthat, als ich ihn das erste Mal hörte. So heißt nicht jeder. Wie kommen Sie mit dem Manne aus?«

»Sehr gut, Herr Superintendent.«

»Freut mich aufrichtig. Aber es muß ein Kunststück sein. Er hat ein Gesicht wie 'ne Eule. Dabei so was Steifleinenes und zugleich Selbstbewußtes. Der richtige Lehrer. Meiner in Quaden-Hennersdorf war ebenso. Aber er läßt nun schon ein bißchen nach.«

Unter diesen Worten waren sie bis an die Pfarre gekommen, in der man, ohne daß ein Bote vorausgeschickt worden wäre, doch schon wußte, daß der Herr Superintendent mit erscheinen würde. Nun war er da. Nur wenige Minuten waren seit dem Aufbruch vom Krug her vergangen, die trotz Kürze für Frau Kulicke (eine Lehrerswitwe, die Lorenzen die Wirtschaft führte) ausgereicht hatten, alles in Schick und Ordnung zu bringen. Auf dem länglichen Hausflur, an dessen äußerstem Ende man gleich beim Eintreten die blinkblanke Küche sah, brannten ein paar helle Paraffinkerzen, während rechts daneben, in der offenstehenden Studierstube, eine große Lampe mit grünem Bilderschirm ein gedämpftes Licht gab. Lorenzen schob den Sofatisch, darauf Zeitungen hoch aufgeschichtet lagen, ein wenig zurück und bat Koseleger, Platz zu nehmen. Aber dieser, eben jetzt das große Bild bemerkend, das in beinahe reicher Umrahmung über dem Sofa hing, nahm den ihm angebotenen Platz nicht gleich ein, sondern sagte, sich über den Tisch vorbeugend: »Ah, gratuliere, Lorenzen. Kreuzabnahme; Rubens. Das ist ja ein wunderschöner Stich. Oder eigentlich Aquatinta. Dergleichen wird hier wohl im siebenmeiligen Umkreis nicht oft betroffen werden, nicht einmal in dem etwas heraufgepufften Rheinsberg; in Rheinsberg war man für Watteausche Reifrockdamen auf einer Schaukel, aber nicht für Kreuzabnahmen und dergleichen. Und stammt auch sicher nicht aus dem sogenannten Schloß Ihres liebenswürdigen alten Herrn drüben, Riesenkathe mit Glaskugel davor. Ach, wenn ich diese Glaskugeln sehe. Und daneben *das* hier! Wissen Sie, Lorenzen, das Bild hier ruft mir eine schöne Stunde meines Lebens zurück, einen Reisetag, wo ich mit Großfürstin Wera vom Haag aus in Antwerpen war. Da sah ich das Bild in der Kathedrale. Waren Sie da?«

Lorenzen verneinte.

»Das wäre was für Sie. Dieser Rubens im Original, in seiner Farbenallgewalt. Es heißt immer, daß er nur Flämänderinnen hätte malen können. Nun, das wäre wohl auch noch nicht das Schlimmste gewesen. Aber er konnte mehr. Sehen Sie den Christus. Wohl jedem, der draußen war, und zu dem die Welt mal in andern Zungen redete! Hier blüht der Bilderbogen, Türke links, Russe rechts. Ach, Lorenzen, es ist traurig, hier versauern zu müssen.«

Als er so gesprochen, ließ er sich, vor sich hinstarrend, in die Sofa-Ecke nieder, ganz wie in andre Zeiten verloren, und sah erst wieder auf, als ein junges Ding ins Zimmer trat, groß und schlank und blond, und dem Pastor verlegen und errötend etwas zuflüsterte.

»Meine gute Frau Kulicke,« sagte Lorenzen, »läßt eben fragen, ob wir unsern Imbiß im Nebenzimmer nehmen wollen? Ich möchte beinahe glauben, es ist das beste, wir bleiben hier. Es heißt zwar, ein Eßzimmer müsse kalt sein. Nun, das hätten wir nebenan. Ich persönlich finde jedoch das Temperierte besser. Aber ich bitte, bestimmen zu wollen, Herr Superintendent.«

»Temperiert. Mir aus der Seele gesprochen. Also wir bleiben, wo wir sind... Aber sagen Sie mir, Lorenzen, wer war das entzückende Geschöpf? Wie ein Bild von Knaus. Halb Prinzeß, halb Rotkäppchen. Wie alt ist sie denn?«

»Siebzehn. Eine Nichte meiner guten Frau Kulicke.«

»Siebzehn. Ach, Lorenzen, wie Sie zu beneiden sind. Immer solche Menschenblüte zu sehn. Und siebzehn, sagen Sie. Ja, das ist das Eigentliche. Sechzehn hat noch ein bißchen von der Eierschale, noch ein bißchen den Einsegnungscharakter, und achtzehn ist schon wieder alltäglich. Achtzehn kann jeder sein. Aber siebzehn. Ein wunderbarer Mittelzustand. Und wie heißt sie?«

»Elfriede.«

»Auch *das* noch.«

Lorenzen wiegte den Kopf und lächelte.

»Ja, Sie lächeln, Lorenzen, und wissen nicht, wie gut Sie's haben in dieser Ihrer Waldpfarre. Was ich hier sehe, heimelt mich an, das ganze Dorf, alles. Wenn ich mir da beispielsweise den Tisch wieder vergegenwärtige, dran wir, drüben im Krug, vor einer halben Stunde gesessen haben, an der linken Seite dieser Krippenstapel (er sei wie er sei) und an der rechten Seite dieser Rolf Krake. Das sind ja doch lauter Größen. Denn das Groteske hat eben *auch* seine Größen und nicht die schlechtesten. Und dazu dieser Katzler mit seiner Ermyntrud. All das haben Sie dicht um sich her und dazu dies Kind, diese Elfriede, die hoffentlich nicht Kulicke heißt, – sonst bricht freilich mein ganzes Begeisterungsgebäude wieder zusammen. Und nun nehmen Sie *mich*, Ihren Superintendenten, das große Kirchenlicht dieser Gegenden! Alles nackte Prosa, widerhaarige Kollegen und Amtsbrüder, die mir nicht verzeihen können, daß ich im Haag war und mit einer Großfürstin über Land fahren konnte. Glauben Sie mir, Großfürstinnen, selbst wenn sie Mängel haben (und sie haben Mängel), sind mir immer noch lieber als das Landesgewächs von Quaden-Hennersdorf, und mitunter ist mir zu Mut, als gäbe es keine Weltordnung mehr.«

»Aber Herr Superintendent...«

»Ja, Lorenzen, Sie setzen ein überraschtes Gesicht auf und wundern sich, daß einer, für den die hohe Klerisei so viel gethan und ihn zum Superintendenten in der gesegneten Mittelmark und der noch gesegneteren Grafschaft Ruppin gemacht hat, – Sie wundern sich, daß solch zehnmal Glücklicher solchen Hochverrat redet. Aber bin ich ein Glücklicher? Ich bin ein Unglücklicher...«

»Aber Herr Superintendent...«

»... Und möchte, daß ich eine hundertundfünfzig-Seelen-Gemeinde hätte, sagen wir auf dem ›toten Mann‹ oder in der Tuchler Heide. Sehen Sie, dann wär' es vorbei, dann wüßt' ich bestimmt: ›du bist in den Skat gelegt‹. Und das kann unter Umständen ein Trost sein. Die Leute, die Schiffbruch gelitten und nun in einer Isolierzelle sitzen und Tüten kleben oder Wolle zupfen, das sind nicht die Unglücklichsten. Unglücklich sind immer bloß die Halben. Und als einen solchen habe ich die Ehre mich Ihnen vorzustellen. Ich bin ein Halber, vielleicht sogar in *dem*, worauf es ankommt; aber lassen wir das, ich will hier nur vom allgemein Menschlichen sprechen. Und daß ich auch in diesem Menschlichen ein Halber bin, das quält mich. Über das andre käm' ich vielleicht weg.«

Lorenzens Augen wurden immer größer.

»Sehen Sie, da war ich also – verzeihen Sie, daß ich immer wieder darauf zurückkomme – da war ich also mit siebenundzwanzig im Haag und kam in die vornehme Welt, die da zu Hause ist. Und da war ich denn heut in Amsterdam und morgen in Scheveningen und den dritten Tag in Gent oder in Brügge. Brügge, Reliquienschrein, Hans Memling – *so* was müßten Sie sehn. Was sollen uns diese ewigen Markgrafen oder gar die faule Grete? Mancher, ich weiß wohl, ist für's härene Gewand oder zum Eremiten geboren. Ich nicht. Ich bin von der andern Seite; meine Seele hängt an Leben und Schönheit. Und nun spricht da draußen all dergleichen zu einem, und man tränkt sich damit und hat einen Ehrgeiz, nicht einen kindischen, sondern einen echten, der höher hinauf will, weil man da wirken und schaffen kann, für sich gewiß, aber auch für andre. Danach dürstet einen. Und nun kommt der Becher, der diesen Durst stillen soll. Und dieser Becher heißt Quaden-Hennersdorf. Das Dorf, das mich umgiebt, ist ein großes Bauerndorf, aufgesteifte Leute, geschwollen und hartherzig, und natürlich so trocken und trivial, wie die Leute hier alle sind. Und noch stolz darauf. Ach, Lorenzen, immer wieder, wie beneide ich Sie!«

Während Koseleger noch so sprach, erschien Frau Kulicke. Sie schob die Zeitungen zurück, um zwei Couverts legen zu können, und nun brachte sie den Rotwein und ein Cabaret mit Brötchen. In dünngeschliffene große Gläser schenkte Lorenzen ein, und die beiden Amtsbrüder stießen an »auf bessere Zeiten.« Aber sie dachten sich sehr Verschiedenes dabei, weil sich der eine nur mit sich, der andre nur mit andern beschäftigte.

»Wir könnten, glaub' ich,« sagte Lorenzen, »neben den ›besseren Zeiten‹ noch dies und das leben lassen. Zunächst *Ihr* Wohl, Herr Superintendent. Und zum zweiten auf das Wohl unsers guten alten Stechlin, der uns doch heute zusammengeführt. Ob wir ihn durchbringen? Katzler that so sicher und Kluckhuhn und Krippenstapel nun schon ganz gewiß. Aber ich habe trotzdem Zweifel. Die Konservativen – ich kann kaum sagen ›unsre Parteigenossen‹, oder doch nur in sehr bedingtem Sinne – die Konservativen sind in sich gespalten. Es giebt ihrer viele, denen unser alter Stechlin um ein gut Teil zu flau ist. ›Fortiter in re, suaviter in modo‹, hat neulich einer, der sich auf Bildung ausspielt, von dem Alten gesagt, und von ›suaviter‹, wenn auch nur ›in modo‹, wollen alle diese Herren nichts wissen. Unter diesen Ultras ist natürlich auch Gundermann auf Siebenmühlen, der Ihnen vielleicht bekannt geworden ist ...«

»Versteht sich. War neulich bei mir. Ein Mann von drei Redensarten, von denen die zwei besten aus der Wassermüllersphäre genommen sind.«

»Nun, dieser Gundermann, wie immer die Dummen, ist zugleich Intrigant, und während er vorgiebt, für unsern guten alten Stechlin zu werben, tropft er den Leuten Gift ins Ohr und erzählt ihnen, daß der Alte senil sei und keinen Schneid habe. Der alte Stechlin hat aber mehr Schneid als sieben Gundermanns. Gundermann ist ein Bourgeois und ein Parvenu, also so ziemlich das Schlechteste, was einer sein kann. Ich bin schon zufrieden, wenn dieser Jämmerling unterliegt. Aber um den Alten bin ich besorgt. Ich kann nur wiederholen: es liegt nicht so günstig für ihn, wie die Gegend hier sich einbildet. Denn auf das arme Volk ist kein Verlaß. Ein Versprechen und ein Kornus, und alles schnappt ab.«

»Ich werde das meine thun,« sagte Koseleger mit einer Mischung von Pathos und Wohlwollen. Aber Lorenzen hatte dabei den Eindruck, daß sein Quaden-Hennersdorfer Superintendent bereits ganz andern Bildern nachhing. Und so war es auch. Was war für Koseleger diese traurige Gegenwart? Ihn beschäftigte nur die Zukunft, und wenn er in die hineinsah, so sah er einen langen, langen Korridor mit Oberlicht und am Ausgang ein Klingelschild mit der Aufschrift: »Dr. Koseleger, Generalsuperintendent.«

So ziemlich um dieselbe Stunde, wo die beiden Amtsbrüder »auf bessere Zeiten« anstießen, hielt Katzlers Pürschwagen – die Sterne blinkten schon – vor seiner Oberförsterei. Das Blaffen der Hunde, das, solange der Wagen noch weit ab war, unausgesetzt über die Waldwiese hingeklungen war, verkehrte sich mit einem Mal in winseliges Geheul und wunderliche Freudentöne. Katzler sprang aus dem Wagen, hing den Hut an einen im Flur stehenden Ständer (von den ewigen »Geweihen« wollte er als feiner Mann nichts wissen) und trat gleich danach in das an der linken Flurseite gelegene, matt erleuchtete Wohnzimmer seiner Frau. Das gedämpfte Licht ließ sie noch blasser erscheinen, als sie war. Sie hatte sich, als der Wagen hielt, von ihrem Sofaplatz erhoben und kam ihrem Manne, wie sie regelmäßig zu thun pflegte, wenn er aus dem Walde zurückkam, zu freundlicher Begrüßung entgegen. Ein als Weihnachtsgeschenk für eine jüngere Schwester bestimmtes Batisttuch, in das sie eben die letzte Zacke der Ippe-Büchsensteinschen Krone hineinstickte, hatte sie, bevor sie sich vom Sofa erhob, aus der Hand gelegt. Sie war nicht schön, dazu von einem lymphatisch-sentimentalen Ausdruck, aber ihre stattliche Haltung und mehr noch die Art, wie sie sich kleidete, ließen sie doch als etwas durchaus Apartes und beinahe Fremdländisches erscheinen. Sie trug, nach Art eines Morgenrockes, ein glatt herabhängendes, leis gelbgetöntes Wollkleid und als Eigentümlichstes einen aus demselben gelblichen Wollstoff hergestellten Kopfputz, von dem es unsicher blieb, ob er einen Turban oder eine Krone darstellen sollte. Das Ganze hatte etwas Gewolltes, war aber neben dem Auffälligen doch auch wieder kleidsam. Es sprach sich ein Talent darin aus, etwas aus sich zu machen.

»Wie glücklich bin ich, daß du wieder da bist,« sagte Ermyntrud. »Ich habe mich recht gebangt, diesmal nicht um dich, sondern um mich. Ich muß dies egoistischerweise gestehen. Es waren recht schwere Stunden für mich, die ganze Zeit, daß du fort warst.«

Er küßte ihr die Hand und führte sie wieder auf ihren Platz zurück. »Du darfst nicht stehen, Ermyntrud. Und nun bist du auch wieder bei der Stickerei. Das strengt dich an und hat, wie du weißt, auf *alles* Einfluß. Der gute Doktor sagte noch gestern, alles sei im Zusammenhang. Ich seh' auch, wie blaß du bist.«

»O, das macht der Schirm.«

»Du willst es nicht wahr haben und mir nichts sagen, was vielleicht wie Vorwurf klingen könnte. Ich mache mir aber den Vorwurf selbst. Ich mußte hier bleiben und nicht hin zu dieser Stechliner Wahlversammlung.«

»Du *mußtest* hin, Wladimir.«

»Ich rechne es dir hoch an, Ermyntrud, daß du so sprichst. Aber es wäre schließlich auch ohne mich gegangen. Koseleger war da, der konnte das Präsidium nehmen so gut wie ich. Und wenn der nicht wollte, so konnte Torfinspektor Etzelius einspringen. Oder vielleicht auch Krippenstapel. Krippenstapel ist doch zuletzt der, der alles macht. Jedenfalls liegt es so, wenn es der eine nicht ist, ist es der andre.«

»Ich kann das zugeben. Wie könnte sonst die Welt bestehen? Es giebt nichts, was uns so Demut predigte wie die Wahrnehmung von der Entbehrlichkeit des einzelnen. Aber darauf kommt es nicht an. Worauf es ankommt, das ist Erfüllung unsrer Pflicht.«

Katzler, als er dies Wort hörte, sah sich nach einem Etwas um, das ihn in den Stand gesetzt hätte, dem Gespräch eine andere Wendung zu geben. Aber, wie stets in solchen Momenten, das, was retten konnte, war nicht zu finden, und so sah er denn wohl, daß er einem Vortrage der Prinzessin über ihr Lieblingsthema »von der Pflicht« verfallen sei. Dabei war er eigentlich hungrig.

Ermyntrud wies auf ein Taburet, das sie mittlerweile neben ihren Sofaplatz geschoben, und sagte: »Daß ich immer wieder davon sprechen muß, Wladimir. Wir leben eben nicht in der Welt um unsert-, sondern um andrer willen. Ich will nicht sagen, um der Menschheit willen, was eitel klingt, wiewohl es eigentlich wohl so sein sollte. Was uns obliegt, ist nicht die Lust des Lebens, auch nicht einmal die Liebe, die wirkliche, sondern lediglich die Pflicht…«

»Gewiß, Ermyntrud. Wir sind einig darüber. Es ist dies außerdem auch etwas speziell Preußisches. Wir sind dadurch vor andern Nationen ausgezeichnet, und selbst bei denen, die uns nicht begreifen oder übelwollen, dämmert die Vorstellung von unsrer daraus entspringenden Überlegenheit. Aber es giebt doch Unterschiede, Grade. Wenn ich statt zu der Stechliner Wählerversammlung lieber zu Doktor Sponholz oder zur alten Stinten in Kloster Wutz (die ja schon früher einmal dabei war) gefahren wäre, so wäre das doch vielleicht das Bessere gewesen. Es ist ein Glück, daß es noch mal so vorübergegangen. Aber darauf darf man nicht in jedem Falle rechnen.«

»Nein, darauf darf man nicht in jedem Falle rechnen. Aber man darf darauf rechnen, daß, wenn man das Pflichtgemäße thut, man zugleich auch das Rechte thut. Es hängt so viel an der Wahl unsers alten trefflichen Stechlin. Er steht außerdem sittlich höher als Kortschädel, dem man, trotz seiner siebzig, allerhand nachsagen durfte. Stechlin ist ganz intakt. Etwas sehr Seltenes. Und einem sittlichen Prinzip zum Siege zu verhelfen, dafür leben wir doch recht eigentlich. Dafür lebe wenigstens *ich*.«

»Gewiß, Ermyntrud, gewiß.«

»In jedem Augenblicke seiner Obliegenheiten eingedenk sein, ohne erst bei Neigung oder Stimmung anzufragen, *das* hab' ich mir in feierlicher Stunde gelobt, du weißt, in welcher, und du wirst mir das Zeugnis ausstellen, daß ich diesem Gelöbnis nachgekommen ...«

»Gewiß, Ermyntrud, gewiß. Es war unser Fundament ...«

»Und wenn es sich um eine sittliche Pflicht handelt, wie doch heute ganz offenbar, wie hätt' ich da sagen wollen: bleibe. Ich wäre mir klein vorgekommen, klein und untreu.«

»Nicht untreu, Ermyntrud.«

»Doch, doch. Es giebt viele Formen der Untreue. Das Persönliche hat sich der Familie zu bequemen und unterzuordnen und die Familie wieder der Gesellschaft. In diesem Sinne bin ich erzogen, und in diesem Sinne that ich den Schritt. Verlange nicht, daß ich in irgend etwas diesen Schritt zurückthue.«

»Nie.«

Das kleine Dienstmädchen, eine Heideläufertochter, deren storres Haar, von keiner Bürste gezähmt, immer weit abstand, erschien in diesem Augenblicke, meldend, daß sie das Theezeug gebracht habe.

Katzler nahm seiner Frau Arm, um sie bis in das zweite, nach dem Hof hinaus gelegene Zimmer zu führen. Als er aber wahrnahm, wie schwer ihr das Gehen wurde, sagte er: »Ich freue mich, dich so sprechen zu hören. Immer du selbst. Ich bin aber doch in Unruhe und will morgen früh zur Frau schicken.«

Sie nickte zustimmend, während ein halb zärtlicher Blick den guten Katzler streifte, der, solange das ihm nur zu wohlbekannte Gespräch über Pflicht gedauert hatte, von Minute zu Minute verlegener geworden war.

Neunzehntes Kapitel.

Und nun war Wahltagmorgen. Kurz vor acht erschien Lorenzen auf dem Schloß, um in Dubslavs schon auf der Rampe haltenden Kaleschewagen einzusteigen und mit nach Rheinsberg zu fahren. Der Alte, bereits gestiefelt und gespornt, empfing ihn mit gewohnter Herzlichkeit und guter Laune. »Das ist recht, Lorenzen. Und nun wollen wir auch gleich aufsteigen. Aber warum haben Sie mich nicht an Ihrem Pfarrgarten erwartet? Muß ja doch dran vorüber« – und dabei schob er ihm voll Sorglichkeit eine Decke zu, während die Pferde schon anrückten. »Übrigens freut es mich trotzdem (man widerspricht sich immer), daß Sie nicht so praktisch gewesen und doch lieber gekommen sind. Es is 'ne Politesse. Und die Menschen sind jetzt so schrecklich unpoliert und geradezu unmanierlich ... Aber lassen wir's; ich kann es nicht ändern, und es grämt mich auch nicht.«

»Weil Sie gütig sind und jene Heiterkeit haben, die, menschlich angesehn, so ziemlich unser Bestes ist.«

Dubslav lachte. »Ja, so viel ist richtig; Kopfhängerei war nie meine Sache, und wäre das verdammte Geld nicht ... Hören Sie, Lorenzen, das mit dem Mammon und dem goldnen Kalb, das sind doch eigentlich alles sehr feine Sachen.«

»Gewiß, Herr von Stechlin.«

»... Und wäre das verdammte Geld nicht, so hätt' ich den Kopf noch weniger hängen lassen, als ich gethan. Aber das Geld. Da war, noch unter Friedrich Wilhelm III., der alte General von der Marwitz auf Friedersdorf, von dem Sie gewiß mal gehört haben, der hat in seinen Memoiren irgendwo gesagt: ›er hätte sich aus dem Dienst gern schon früher zurückgezogen und sei bloß geblieben um des Schlechtesten willen, was es überhaupt gäbe, um des Geldes willen‹ – und das hat damals, als ich es las, einen großen Eindruck auf mich gemacht. Denn es gehört was dazu, das so ruhig auszusprechen. Die Menschen sind in allen Stücken so verlogen und unehrlich, auch in Geldsachen, fast noch mehr als in Tugend. Und das will was sagen. Ja, Lorenzen, so ist es ... Na, lassen wir's, Sie wissen ja auch Bescheid. Und dann sind das schließlich auch keine Betrachtungen für heute, wo ich gewählt werden und den Triumphator spielen soll. Übrigens geh' ich einem totalen Kladderadatsch entgegen. Ich werde nicht gewählt.«

Lorenzen wurde verlegen, denn was Dubslav da zuletzt sagte, das stimmte nur zu sehr mit seiner eignen Meinung. Aber er mußte wohl oder übel, so schwer es ihm wurde, das Gegenteil versichern. »Ihre Wahl, Herr von Stechlin, steht, glaub' ich, fest; in unsrer Gegend wenigstens. Die Globsower und Dagower gehen mit gutem Beispiel voran. Lauter gute Leute.«

»Vielleicht. Aber schlechte Musikanten. Alle Menschen sind Wetterfahnen, ein bißchen mehr, ein bißchen weniger. Und wir selber machen's auch so. Schwapp, sind wir auf der andern Seite.«

»Ja, schwach ist jeder, und ich mag mich auch nicht für all und jeden verbürgen. Aber in diesem speziellen Falle ... Selbst Koseleger schien mir voll Zuversicht und Vertrauen, als er am Donnerstag noch mit mir plauderte.«

»Koseleger voll Vertrauen! Na, dann geht es gewiß in die Brüche. Wo Koseleger Amen sagt, das ist schon so gut wie letzte Ölung. Er hat keine glückliche Hand, dieser Ihr Amtsbruder und Vorgesetzter.«

»Ich teile leider einigermaßen Ihre Bedenken gegen ihn.

Aber was vielleicht mit ihm versöhnen kann, er hat angenehme Formen und durchaus etwas Verbindliches.«

»Das hat er. Und doch, so sehr ich sonst für Formen und Verbindlichkeiten bin, nicht für seine. Man soll einem Menschen nicht seinen Namen vorhalten. Aber Koseleger! Ich weiß immer nicht, ob er mehr Kose oder mehr Leger ist; vielleicht beides gleich. Er ist wie 'ne Baisertorte, süß, aber ungesund. Nein, Lorenzen, da bin ich doch mehr für Sie. Sie taugen auch nicht viel, aber Sie sind doch wenigstens ehrlich.«

»Vielleicht,« sagte Lorenzen. »Übrigens hat Koseleger inmitten seiner Verbindlichkeiten und schönen Worte doch auch wieder was Freies, beinah' Gewagtes und ist mir da neulich mit Bekenntnissen gekommen, fast wie ein Charakter.«

Dubslav lachte hell auf. »Charakter. Aber Lorenzen. Wie können Sie sich so hinters Licht führen lassen. Ich verwette mich, er hat Ihnen irgend was über Ihre ›Gaben‹ gesagt; das ist jetzt so Lieblingswort, das die Pastoren immer gegenseitig brauchen. Es soll bescheiden und unpersönlich klingen und sozusagen alles auf Inspiration zurückführen, für die man ja, wie für alles, was von oben kommt, am Ende nicht kann. Es ist aber gerade dadurch das Hochmütigste ... War es so was? Hat er meinen klugen Lorenzen, eh' er sich als ›Charakter‹ ausspielte, durch solche Schmeicheleien eingefangen?«

»Es war nicht so, Herr von Stechlin. Sie thun ihm hier ausnahmsweise unrecht. Er sprach überhaupt nicht über mich, sondern über sich und machte mir dabei seine Konfessions. Er gestand mir beispielsweise, daß er sich unglücklich fühle.«

»Warum?«

»Weil er in Quaden-Hennersdorf deplaciert sei.«

»Deplaciert. Das ist auch solch Wort; das kenn' ich. Wenn

man durchaus will, ist jeder deplaciert, ich, Sie, Krippenstapel, Engelke. Ich müßte Präses von einem Stammtisch oder vielleicht auch ein Badedirektor sein, Sie Missionar am Kongo, Krippenstapel Kustos an einem märkischen Museum, und Engelke, nun der müßte gleich selbst hinein, Nummer hundertdreizehn. Deplaciert! Alles bloß Eitelkeit und Größenwahn. Und dieser Koseleger mit dem Konsistorialratskinn! Er war Galopin bei 'ner Großfürstin; das kann er nicht vergessen, damit will er's nun zwingen, und in seinem Ärger und Unmut spielt er sich auf den Charakter aus und versteigt sich, wie Sie sagen, bis zu Konfessions und Gewagtheiten. Und wenn er nun reüssierte (Gott verhüt' es), so haben Sie den Scheiterhaufenmann comme il faut. Und der erste, der 'rauf muß, das sind Sie. Denn er wird sofort das Bedürfnis spüren, seine Gewagtheiten von heute durch irgend ein Brandopfer wieder wett zu machen.«

Unter diesem Gespräche waren sie schließlich aus dem Walde heraus und näherten sich einem beinah' meilenlangen und bis an den Horizont sich ausdehnenden Stück Bruchland, über das mehrere mit Kropfweiden und Silberpappeln besetzte Wege strahlenförmig auf Rheinsberg zuliefen. Alle diese Wege waren belebt, meist mit Fußgängern, aber auch mit Fuhrwerken. Eins davon, aus gelblichem Holz, das hell in der Sonne blinkte, war leicht zu erkennen.

»Da fährt ja Katzler,« sagte Dubslav. »Überrascht mich beinah'. Es ist nämlich, was Sie vielleicht noch nicht wissen werden, wieder was einpassiert; er schickte mir heute früh einen Boten mit der Nachricht davon, und daraus schloß ich, er würde *nicht* zur Wahl kommen. Aber Ermyntrud mit ihrer grandiosen Pflichtvorstellung wird ihn wohl wieder fortgeschickt haben.«

»Ist es wieder ein Mädchen?« fragte Lorenzen.

»Natürlich, und zwar das siebente. Bei sieben (freilich

müssen es Jungens sein) darf man, glaub ich, den Kaiser zu Gevatter laden. Übrigens sind mehrere bereits tot, und alles in allem ist es wohl möglich, daß sich Ermyntrud über das beständige ›bloß Mädchen‹ allerlei Sorgen und Gedanken macht.«

Lorenzen nickte. »Kann mir's denken, daß die Prinzessin etwas wie eine zu leistende Sühne darin sieht, Sühne wegen des von ihr gethanen Schrittes. Alles an ihr ist ein wenig überspannt. Und doch ist es eine sehr liebenswürdige Dame.«

»Wovon niemand überzeugter ist als ich,« sagte Dubslav. »Freilich bin ich bestochen, denn sie sagt mir immer das Schmeichelhafteste. Sie plaudre so gern mit mir, was auch am Ende wohl zutrifft. Und dabei wird sie dann jedesmal ganz ausgelassen, trotzdem sie eigentlich hochgradig sentimental ist. Sentimental, was nicht überraschen darf; denn aus Sentimentalität ist doch schließlich die ganze Katzlerei hervorgegangen. Bin übrigens ernstlich in Sorge, wo Hoheit den richtigen Taufnamen für das Jüngstgeborene hernehmen wird. In diesem Stücke, vielleicht dem einzigen, ist sie nämlich noch ganz und gar Prinzessin geblieben. Und Sie, lieber Lorenzen, werden dabei sicherlich mit zu Rate gezogen werden.«

»Was ich mir nicht schwierig denken kann.«

»Sagen Sie das nicht. Es giebt in diesem Falle viel weniger Brauchbares, als Sie sich vorzustellen scheinen. Prinzessinnen-Namen an und für sich, ohne weitere Zuthat, ja, die giebt es genug. Aber damit ist Ermyntrud nicht zufrieden; sie verlangt ihrer Natur nach zu dem Dynastisch-Genealogischen auch noch etwas poetisch Märchenhaftes. Und das kompliziert die Sache ganz erheblich. Sie können das sehen, wenn Sie die Katzlersche Kinderstube durchmustern oder sich die Namen der bisher Getauften ins Gedächtnis zurückrufen. Die Katzlersche Kronprinzeß heißt natürlich auch Ermyntrud. Und dann kommen ebenso selbstverständlich Dagmar und Thyra. Und danach begegnen wir einer Inez und einer Maud und zuletzt einer Arabella. Aber bei Arabella können Sie schon deutlich eine gewisse Verlegenheit wahrnehmen. Ich würde ihr, wenn sie sich wegen des Jüngstgeborenen an mich wendete, was Altjüdisches vorschlagen; das ist schließlich immer das beste. Was meinen Sie zu Rebekka?«

Lorenzen kam nicht mehr dazu, Dubslav diese Frage zu beantworten, denn eben jetzt waren sie durch das Stück Bruchland hindurch und rasselten bereits über einen ein weiteres Gespräch unmöglich machenden Steindamm weg, scharf auf Rheinsberg zu.

Dubslav war in ausgezeichneter Laune. Das prachtvolle Herbstwetter, dazu das bunte Leben, alles hatte seine Stimmung gehoben, am meisten aber, daß er unterwegs und beim Passieren der Hauptstraße bereits Gelegenheit gehabt hatte, verschiedene gute Freunde zu begrüßen. Von der Kirche her schlug es zehn, als er vor dem als Wahllokal etablierten Gasthause »Zum Prinzregenten« hielt, in dessen Front denn auch bereits etliche mehr oder weniger verwogen aussehende Wahlmänner standen, alle bemüht, ihre Zettel an mutmaßliche Parteigenossen auszuteilen.

Drinnen im Saal war der Wahlakt schon im Gange. Hinter der Urne präsidierte der alte Herr von Zühlen, ein guter Siebziger, der die groteskesten Feudalansichten mit ebenso grotesker Bonhomie zu verbinden wußte, was ihm, auch bei seinen politischen Gegnern, eine große Beliebtheit sicherte. Neben ihm, links und rechts, saßen Herr von Storbeck und Herr van dem Peerenboom, letzterer ein Holländer aus der Gegend von Delft, der vor wenig Jahren erst ein großes Gut im Ruppiner Kreise gekauft und sich seitdem zum Preußen und, was noch mehr sagen wollte, zum ›Grafschaftler‹ herangebildet hatte. Man sah ihn aus allen möglichen Gründen – auch schon um seines ›van‹ willen – nicht ganz für voll an, ließ aber nichts davon merken, weil er der, bei den meisten Grafschaftlern stark ins Gewicht fallenden Haupteigenschaft eines vor so und so viel Jahren in Batavia geborenen holländisch-javanischen Kaffeehändlers nicht entbehrte. Seines Nachbarn von Storbeck Lebensgeschichte war durchschnittsmäßiger. Unter denen, die sonst noch am Komiteetisch saßen, befand sich auch Katzler, den Ermyntrud (wie Dubslav ganz richtig vermutet) mit der Bemerkung, »daß im modernen bürgerlichen Staate Wählen so gut wie Kämpfen sei«, von ihrem Wochenbette fortgeschickt hatte. »Das Kind wird inzwischen mein Engel sein, und das Gefühl erfüllter Pflicht soll mich bei Kraft erhalten.« Auch Gundermann, der immer mit dabei sein mußte, saß am Komiteetisch. Sein Benehmen hatte was Aufgeregtes, weil er – wie Lorenzen bereits angedeutet – wirklich im geheimen gegen Dubslav intrigiert hatte. Daß er selber unterliegen würde, war klar und beschäftigte ihn kaum noch, aber ihn erfüllte die Sorge, daß sein voraufgegangenes doppeltes Spiel vielleicht an den Tag kommen könne.

Dubslav wollte die Sache gern hinter sich haben. Er trat deshalb, nachdem er sich draußen mit einigen Bekannten begrüßt und an jeden einzelnen ein paar Worte gerichtet hatte, vom Vorplatz her in das Wahllokal ein, um da so rasch wie möglich seinen Zettel in die Urne zu thun. Es traf ihn bei dieser Prozedur der Blick des alten Zühlen, der ihm in einer Mischung von Feierlichkeit und Ulk sagen zu wollen schien: »Ja, Stechlin, das hilft nu mal nicht; man muß die Komödie mit durchmachen.« Dubslav kam übrigens kaum dazu, von diesem Blicke Notiz zu nehmen, weil er Katzlers gewahr wurde, dem er sofort entgegentrat, um ihm durch einen Händedruck zu dem siebenten Töchterchen zu gratulieren. An Gundermann ging der Alte ohne Notiznahme vorüber. Dies war aber nur Zufall; er wußte nichts von den Zweideutigkeiten des Siebenmühlners, und nur dieser selbst, weil er ein schlechtes Gewissen hatte, wurde verlegen und empfand des Alten Haltung wie eine Absage.

Als Dubslav wieder draußen war, war natürlich die große Frage: »Ja, was jetzt thun?« Es ging erst auf elf, und vor sechs war die Geschichte nicht vorbei, wenn sich's nicht noch länger hinzog. Er sprach dies auch einer Anzahl von Herren aus, die sich auf einer vor dem Gasthause stehenden Bank niedergelassen und hier dem Liqueurkasten des »Prinzregenten«, der sonst immer erst nach dem Diner auftauchte, vorgreifend zugesprochen hatten.

Es waren ihrer fünf, lauter Kreis- und Parteigenossen, aber nicht eigentlich Freunde, denn der alte Dubslav war nicht sehr für Freundschaften. Er sah zu sehr, was jedem einzelnen fehlte. Die da saßen und aus purer Langerweile sich über die Vorzüge von Allasch und Chartreuse stritten, waren die Herren von Molchow, von Krangen und von Gnewkow, dazu Baron Beetz und ein Freiherr von der Nonne, den die Natur mit besonderer Rücksicht auf seinen Namen geformt zu haben schien. Er trug eine hohe schwarze Krawatte, drauf ein kleiner vermickerter Kopf saß, und wenn er sprach, war es, wie wenn Mäuse pfeifen. Er war die komische Figur des Kreises und wurde gehänselt, nahm es aber nicht übel, weil seine Mutter eine schlesische Gräfin auf »inski« war, was ihm in seinen Augen ein solches Übergewicht sicherte, daß er, wie Friedrich der Große, jeden Augenblick bereit war, »die sich etwa einstellenden Pasquille niedriger hängen zu lassen.«

»Ich denke, meine Herren,« sagte Dubslav, »wir gehen in den Park. Da hat man doch immer was. An der einen Stelle ruht das Herz des Prinzen, und an der andern Stelle ruht er selbst und hat sogar eine Pyramide zu Häupten, wie wenn er Sesostris gewesen wäre. Ich würde gern einen andern nennen, aber ich kenne bloß den.«

»Natürlich gehen wir in den Park,« sagte von Gnewkow. »Und es ist schließlich immer noch ein Glück, daß man so was hat ...«

»Und auch ein Glück,« ergänzte von Molchow, »daß man solchen Wahltag wie heute hat, der einen ordentlich zwingt, sich mal um Historisches und Bildungsmäßiges zu kümmern. Bismarcken is es auch mal so gegangen, noch dazu mit 'ner reichen Amerikanerin, und hat auch gleich (das heißt eigentlich lange nachher) das rechte Wort dafür gefunden.«

»Der hat immer das rechte Wort gefunden.«

»Immer. Aber weiter, Molchow.«

»... Und als nun also die reiche Amerikanerin so runde vierzig Jahr später ihn wiedersah und sich bei ihm bedanken wollte von wegen des Bildermuseums, in das er sie halb aus Verlegenheit und halb aus Ritterlichkeit begleitet und ihr mutmaßlich alle Bilder falsch erklärt hatte, da hat er all diesen Dank abgewiesen und ihr – ich seh' und hör' ihn ordentlich – in aller Fidelität gesagt, sie habe nicht ihm, sondern er habe ihr zu danken, denn wenn jener Tag nicht gewesen wäre, so hätt' er das ganze Bildermuseum höchst wahrscheinlich nie zu sehen gekriegt. Ja, Glück hat er immer gehabt. Im großen und im kleinen. Es fehlt bloß noch, daß er hinterher auch noch Generaldirektor der königlichen Museen geworden wäre, was er schließlich doch auch noch gekonnt hätte. Denn eigentlich konnt' er alles und ist auch beinah' alles gewesen.«

»Ja,« nahm Gnewkow, der aus Langerweile viel gereist war, seinen Urgedanken, daß solcher Park eigentlich ein Glück sei, wieder auf. »Ich finde, was Molchow da gesagt hat, ganz richtig; es kommt drauf an, daß man 'reingezwungen wird, sonst weiß man überhaupt gar nichts. Wenn ich so bloß an Italien zurückdenke. Sehen Sie, da läuft man nu so 'rum, was einen doch am Ende strapziert, und dabei dieser ewige pralle Sonnenschein. Ein paar Stunden geht es; aber wenn man nu schon zweimal Kaffee getrunken und Granito gegessen hat, und es ist noch nicht mal Mittag, ja, ich bitte Sie, was hat man da? Was fängt man da an? Gradezu schrecklich. Und da kann ich Ihnen bloß sagen, da bin ich ein kirchlicher Mensch geworden. Und wenn man dann so von der Seite her still eintritt und hat mit einem Male die Kühle um sich 'rum, ja, da will man gar nicht wieder 'raus und sieht sich so seine funfzig Bilder an, man weiß nicht, wie. Is doch immer noch besser als draußen. Und die Zeit vergeht, und die Stunde, wo man was Reguläres kriegt, läppert sich so heran.«

»Ich glaube doch,« sagte der für kirchliche Kunst schwärmende Baron Beetz, »unser Freund Gnewkow unterschätzt die Wirkung, die, vielleicht gegen seinen Willen, die Quattrocentisten auf ihn gemacht haben. Er hat ihre Macht an sich selbst empfunden, aber er will es nicht wahr haben, daß die Frische von ihnen ausgegangen sei. Jeder, der was davon versteht...«

»Ja, Baron, das is es eben. Wer was davon versteht! Aber wer versteht was davon? Ich jedenfalls nicht.«

Unter diesen Worten war man, vom »Prinzregenten« aus, die Hauptstraße hinuntergeschritten und über eine kleine Brücke fort erst in den Schloßhof und dann in den Park eingetreten. Der See plätscherte leis. Kähne lagen da, mehrere an einem Steg, der von dem Kiesufer her in den See hineinlief. Ein paar der Herren, unter ihnen auch Dubslav, schritten die ziemlich wacklige Bretterlage hinunter und blickten, als sie bis ans Ende gekommen waren, wieder auf die beiden Schloßflügel und ihre kurzabgestumpften Türme zurück. Der Turm rechts war der, wo Kronprinz Fritz sein Arbeitszimmer gehabt hatte.

»Dort hat er gewohnt,« sagte von der Nonne. »Wie begrenzt ist doch unser Können. Mir weckt der Anblick solcher Fridericianischen Stätten immer ein Schmerzgefühl über das Unzulängliche des Menschlichen überhaupt, freilich auch wieder ein Hochgefühl, daß wir dieser Unzulänglichkeit und Schwäche Herr werden können. Tod, wo ist dein Stachel, Hölle, wo ist dein Sieg? Dieser König. Er war ein großer Geist, gewiß; aber doch auch ein verirrter Geist. Und je patriotischer wir fühlen, je schmerzlicher berührt uns die Frage nach dem Heil seiner Seele. Die Seelenmessen – das empfind' ich in solchem Augenblicke – sind doch eine wirklich trostspendende Seite des Katholizismus, und daß es (selbstverständlich unter Gewähr eines höchsten Willens) in die Macht Überlebender gelegt ist, eine Seele frei zu beten, das ist und bleibt eine große Sache.«

»Nonne,« sagte Molchow, »machen Sie sich nicht komisch. Was haben Sie für 'ne Vorstellung vom lieben Gott? Wenn Sie kommen und den alten Fritzen frei beten wollen, werden Sie 'rausgeschmissen.«

Baron Beetz – auch ein Anzweifler des Philosophen von Sanssouci – wollte seinem Freunde Nonne zu Hilfe kommen und erwog einen Augenblick ernstlich, ob er nicht seinen in der ganzen Grafschaft längst bekannten Vortrag über die »schiefe Ebene« oder »c'est le premier pas qui coute« noch einmal zum besten geben solle. Klugerweise jedoch ließ er es wieder fallen und war einverstanden, als Dubslav sagte: »Meine Herren, ich meinerseits schlage vor, daß wir unsern Auslug von dem Wackelstege, drauf wir hier stehen (jeden Augenblick kann einer von uns ins Wasser fallen), endlich aufgeben und uns lieber in einem der hier herum liegenden Kähne über den See setzen lassen. Unterwegs, wenn noch welche da sind, können wir Teichrosen pflücken und drüben am andern Ufer den großen Prinz Heinrich-Obelisken mit seinen französischen Inschriften durchstudieren. Solche Rekapitulation stärkt einen immer historisch und patriotisch, und unser Etappenfranzösisch kommt auch wieder zu Kräften.«

Alle waren einverstanden, selbst Nonne.

Gegen vier war man von dem Ausfluge zurück und hielt wieder vor dem »Prinzregenten«, auf einem mit alten Bäumen besetzten Platz, der wegen seiner Dreiecksform schon von alter Zeit her den Namen »Triangelplatz« führte. Die Wahlresultate lagen noch keineswegs sicher vor; es ließ sich aber schon ziemlich deutlich erkennen, daß viele Fortschrittlerstimmen auf den sozialdemokratischen Kandidaten, Feilenhauer Torgelow, übergehen würden, der, trotzdem er nicht persönlich zugegen war, die kleinen Leute hinter sich hatte. Hunderte seiner Parteigenossen standen in Gruppen auf dem Triangelplatz umher und unterhielten sich lachend über die Wahlreden, die während der letzten Tage teils in Rheinsberg und Wutz, teils auf dem platten Lande von Rednern der gegnerischen Parteien gehalten worden waren. Einer der mit unter den Bäumen Stehenden, ein Intimus Torgelows, war der Drechslergeselle Söderkopp, der sich schon lediglich in seiner Eigenschaft als Drechslergeselle eines großen Ansehns erfreute. Jeder dachte: der kann auch noch mal Bebel werden. »Warum nicht? Bebel is alt, und dann haben wir den.« Aber Söderkopp verstand es auch wirklich, die Leute zu packen. Am schärfsten ging er gegen Gundermann vor. »Ja, dieser Gundermann, den kenn' ich. Brettschneider und Börsenfilou; jeder Groschen is zusammengejobbert. Sieben Mühlen hat er, aber bloß zwei Redensarten, und der Fortschritt ist abwechselnd die ›Vorfrucht‹ und dann wieder der ›Vater‹ der Sozialdemokratie. Vielleicht stammen wir auch noch von Gundermann ab. So einer bringt alles fertig.«

Uncke, während Söderkopp so sprach, war von Baum zu Baum immer näher gerückt und machte seine Notizen. In weiterer Entfernung stand Pyterke, schmunzelnd und sichtlich verwundert, was Uncke wieder alles aufzuschreiben habe.

Pyterkes Verwunderung über das »Aufschreiben« war nur zu berechtigt, aber sie wär' es um ein gut Teil weniger gewesen, wenn sich Unckes aufhorchender Diensteifer statt dem Sozialdemokraten Söderkopp lieber dem Gespräch einer nebenstehenden Gruppe zugewandt hätte. Hier plauderten nämlich mehrere »Staatserhaltende« von dem mutmaßlichen Ausgange der Wahl und daß es mit dem Siege des alten Stechlin von Minute zu Minute schlechter stünde. Besonders die Rheinsberger schienen den Ausschlag zu seinen Ungunsten geben zu sollen.

»Hole der Teufel das ganze Rheinsberg!« verschwor sich ein alter Herr von Kraatz, dessen roter Kopf, während er so sprach, immer röter wurde. »Dies elende Nest! Wir bringen ihn wahr und wahrhaftig nicht durch, unsern guten alten Stechlin. Und was das sagen will, das wissen wir. Wer gegen *uns* stimmt, stimmt auch gegen den König. Das ist all eins. Das ist das, was man jetzt solidarisch nennt.«

»Ja, Kraatz,« nahm Molchow, an den sich diese Rede vorzugsweise gerichtet hatte, das Wort, »nennen Sie's, wie Sie wollen, solidarisch oder nicht; das eine sagt nichts, und das andre sagt auch nichts. Aber mit Ihrem Wort über Rheinsberg, da haben Sie's freilich getroffen. Aufmuckung war hier immer zu Hause, von Anfang an. Erst frondierte Fritz gegen seinen Vater, dann frondierte Heinrich gegen seinen Bruder, und zuletzt frondierte August, unser alter forscher Prinz August, den manche von uns ja noch gut gekannt haben, ich sage: frondierte unser alter August gegen die Moral. Und das war natürlich das Schlimmste. (Zustimmung und Heiterkeit.) Und bestraft sich zuletzt auch immer.

Denn wissen Sie denn, meine Herren, wie's mit Augusten schließlich ging, als er durchaus in den Himmel wollte?«

»Nein. Wie war es denn, Molchow?«

»Ja, er mußte da wohl 'ne halbe Stunde warten, und als er nu mit 'nem Anschnauzer gegen Petrus 'rausfahren wollte, da sagte ihm der Fels der Kirche: ›Königliche Hoheit, halten zu Gnaden, aber es ging nicht anders‹. Und warum nicht? Er hatte die elftausend Jungfrauen erst in Sicherheit bringen müssen.«

»Stimmt, stimmt,« sagte Kraatz. »So war der Alte. Der reine Deubelskerl. Aber schneidig. Und ein richtiger Prinz. Und dann, meine Herren, – ja, du mein Gott, wenn man nu mal Prinz is, irgend was muß man doch von der Sache haben ... Und so viel weiß ich, wenn *ich* Prinz wäre ...«

Zwanzigstes Kapitel.

Um sechs stand das Wahlresultat so gut wie fest; einige Meldungen fehlten noch, aber das war aus Ortschaften, die mit ihren paar Stimmen nichts mehr ändern konnten. Es lag zu Tage, daß die Sozialdemokraten einen beinahe glänzenden Sieg davon getragen hatten; der alte Stechlin stand weit zurück, Fortschrittler Katzenstein aus Gransee noch weiter. Im ganzen aber ließen beide besiegte Parteien dies ruhig über sich ergehen; bei den Freisinnigen war wenig, bei den Konservativen gar nichts von Verstimmung zu merken. Dubslav nahm es ganz von der heiteren Seite, seine Parteigenossen noch mehr, von denen eigentlich ein jeder dachte: »Siegen ist gut, aber zu Tische gehen ist noch besser.« Und in der That, gegessen mußte werden. Alles sehnte sich danach, bei Forellen und einem guten Chablis die langweilige Prozedur zu vergessen. Und war man erst mit den Forellen fertig, und dämmerte der Rehrücken am

Horizont herauf, so war auch der Sekt in Sicht. Im »Prinz-Regenten« hielt man auf eine gute Marke.

Durch den oberen Saal hin zog sich die Tafel: der Mehrzahl nach Rittergutsbesitzer und Domänenpächter, aber auch Gerichtsräte, die so glücklich waren, den »Hauptmann in der Reserve« mit auf ihre Karte setzen zu können. Zu diesem Gros d'Armee gesellten sich Forst- und Steuerbeamte, Rentmeister, Prediger und Gymnasiallehrer. An der Spitze dieser stand Rektor Thormeyer aus Rheinsberg, der große, vorstehende Augen, ein mächtiges Doppelkinn, noch mächtiger als Koseleger, und außerdem ein Renommee wegen seiner Geschichten hatte. Daß er nebenher auch ein in der Wolle gefärbter Konservativer war, versteht sich von selbst. Er hatte, was aber schon Jahrzehnte zurücklag, den großartigen Gedanken gefaßt und verwirklicht: die ostelbischen Provinzen, da, wo sie strauchelten, durch Gustav Kühnsche Bilderbogen auf den richtigen Pfad zurückzuführen, und war dafür dekoriert worden. Es hieß denn auch von ihm, »er gälte was nach oben hin«, was aber nicht recht zutraf. Man kannte ihn »oben« ganz gut.

Um halb sieben (Lichter und Kronleuchter brannten bereits) war man unter den Klängen des Tannhäusermarsches die hie und da schon ausgelaufene Treppe hinaufgestiegen. Unmittelbar vorher hatte noch ein Schwanken wegen des Präsidiums bei Tafel stattgefunden. Einige waren für Dubslav gewesen, weil man sich von ihm etwas Anregendes versprach, auch speziell mit Rücksicht auf die Situation. Aber die Majorität hatte doch schließlich Dubslavs Vorsitz als ganz undenkbar abgelehnt, da der Edle Herr von Alten-Friesack, trotz seiner hohen Jahre, mit zur Wahl gekommen war; der Edle Herr von Alten-Friesack, so hieß es, sei doch nun mal – und von einem gewissen Standpunkt aus auch mit Fug und Recht – der Stolz der Grafschaft, überhaupt ein Unikum, und ob er nun sprechen könne oder nicht, das sei, wo sich's um eine Prinzipienfrage handle, durchaus gleichgültig. Überhaupt, die ganze Geschichte mit dem »Sprechen-können« sei ein moderner Unsinn. Die einfache Thatsache, daß der Alte von Alten-Friesack da säße, sei viel, viel wichtiger als eine Rede, und sein großes Präbendenkreuz ziere nicht bloß ihn, sondern den ganzen Tisch. Einige sprächen freilich immer von seinem Götzengesicht und seiner Häßlichkeit, aber auch das schade nichts. Heutzutage, wo die meisten Menschen einen Friseurkopf hätten, sei es eine ordentliche Erquickung, einem Gesicht zu begegnen, das in seiner Eigenart eigentlich gar nicht unterzubringen sei. Dieser von dem alten Zühlen, trotz seiner Vorliebe für Dubslav, eindringlich gehaltenen Rede war allgemein zugestimmt worden, und Baron Beetz hatte den götzenhaften Alten-Friesacker an seinen Ehrenplatz geführt. Natürlich gab es auch Schandmäuler. An ihrer Spitze stand Molchow, der dem neben ihm sitzenden Katzler zuflüsterte: »Wahres Glück, Katzler, daß der Alte drüben die große Blumenvase vor sich hat; sonst, so bei veau en tortue, – vorausgesetzt, daß so was Feines überhaupt in Sicht steht – würd' ich der Sache nicht gewachsen sein.«

Und nun schwieg der von einem Thormeyerschen Unterlehrer gespielte Tannhäusermarsch, und als eine bestimmte Zeit danach der Moment für den ersten Toast da war, erhob sich Baron Beetz und sagte: »Meine Herren. Unser Edler Herr von Alten-Friesack ist von der Pflicht und dem Wunsch erfüllt, den Toast auf Seine Majestät den Kaiser und König auszubringen.« Und während der Alte, das Gesagte bestätigend, mit seinem Glase grüßte, setzte der in seiner alter ego-Rolle verbleibende Baron Beetz hinzu: »Seine Majestät der Kaiser und König lebe hoch!« Der Alten-Friesacker gab auch hierzu durch Nicken seine Zustimmung, und während der junge Lehrer abermals auf den auf einer Rheinsberger Schloßauktion erstandenen alten Flügel zueilte, stimmte man an der ganzen Tafel hin das »Heil dir im Siegerkranz« an, dessen erster Vers stehend gesungen wurde.

Das Offizielle war hierdurch erledigt, und eine gewisse Fidelitas, an der es übrigens von Anfang an nicht gefehlt hatte, konnte jetzt nachhaltiger in ihr Recht treten. Allerdings war noch immer ein wichtiger und zugleich schwieriger Toast in Sicht, *der*, der sich mit Dubslav und dem unglücklichen Wahlausgange zu beschäftigen hatte. Wer sollte den ausbringen? Man hing dieser Frage mit einiger Sorge nach und war eigentlich froh, als es mit einemmale hieß, Gundermann werde sprechen. Zwar wußte jeder, daß der Siebenmühlener nicht ernsthaft zu nehmen sei, ja, daß Sonderbarkeiten und vielleicht sogar Scheiterungen in Sicht stünden, aber man tröstete sich, je mehr er scheitere, desto besser. Die meisten waren bereits in erheblicher Aufregung, also sehr unkritisch. Eine kleine Weile verging noch. Dann bat Baron Beetz, dem die Rolle des Festordners zugefallen war, für Herrn von Gundermann auf Siebenmühlen ums Wort. Einige sprachen ungeniert weiter, »Ruhe, Ruhe!« riefen andre dazwischen, und als Baron Beetz noch einmal an das Glas geklopft und nun, auch seinerseits um Ruhe bittend, eine leidliche Stille hergestellt hatte, trat Gundermann hinter seinen Stuhl und begann, während er mit affektierter Nonchalance seine Linke in die Hosentasche steckte.

»Meine Herren. Als ich vor so und so viel Jahren in Berlin studierte« (»na nu«), »als ich vor Jahren in Berlin studierte, war da mal 'ne Hinrichtung...«

»Alle Wetter, *der* setzt gut ein.«

»... war da mal 'ne Hinrichtung, weil eine dicke Klempnermadamm, nachdem sie sich in ihren Lehrburschen verliebt, ihren Mann, einen würdigen Klempnermeister, vergiftet hatte. Und der Bengel war erst siebzehn. Ja, meine

Herren, so viel muß ich sagen, es kamen damals auch schon dolle Geschichten vor. Und ich, weil ich den Gefängnisdirektor kannte, ich hatte Zutritt zu der Hinrichtung, und um mich 'rum standen lauter Assessoren und Referendare, ganz junge Herren, die meisten mit 'nem Kneifer. Kneifer gab es damals auch schon. Und nun kam die Witwe, wenn man sie so nennen darf, und sah so weit ganz behäbig und beinahe füllig aus, weil sie, was damals viel besprochen wurde, 'nen Kropf hatte, weshalb auch der Block ganz besonders hatte hergerichtet werden müssen. Sozusagen mit 'nem Ausschnitt.«

»Mit 'nem Ausschnitt ...; gut, Gundermann.«

»Und als sie nun, ich meine die Delinquentin, all die jungen Referendare sah, wobei ihr wohl ihr Lehrling einfallen mochte ...«

»Keine Verspottung unsrer Referendare ...«

»... Wobei ihr vielleicht ihr Lehrling einfallen mochte, da trat sie ganz nahe an den Schaffotrand heran und nickte uns zu (ich sage ›uns‹, weil sie mich auch ansah) und sagte: ›Ja, ja, meine jungen Herrens, *dat kommt davon* ...‹ Und sehen Sie, meine Herren, *dieses* Wort, wenn auch von einer Delinquentin herrührend, bin ich seitdem nicht wieder losgeworden, und wenn ich so was erlebe wie heute, dann *muß* einem solch Wort auch immer wieder in Erinnerung kommen, und ich sage dann auch, ganz wie die Alte damals sagte: ›Ja, meine Herren, dat kommt davon.‹ Und wovon kommt es? Von den Sozialdemokraten. Und wovon kommen die Sozialdemokraten?«

»Vom Fortschritt. Alte Geschichte, kennen wir. Was Neues!«

»Es giebt da nichts Neues. Ich kann nur bestätigen, vom Fortschritt kommt es. Und wovon kommt *der*? Davon, daß wir die Abstimmungsmaschine haben und das große Haus mit den vier Ecktürmen. Und wenn es meinetwegen ohne das große Haus nicht geht, weil das Geld für den Staat am

Ende bewilligt werden muß – und ohne Geld, meine Herren, geht es nicht« (Zustimmung: »ohne Geld hört die Gemütlichkeit auf«) – »nun denn, wenn es also sein muß, was ich zugebe, was sollen wir, auch unter derlei gern gemachten Zugeständnissen, anfangen mit einem Wahlrecht, wo Herr von Stechlin gewählt werden soll, und wo sein Kutscher Martin, der ihn zur Wahl gefahren, thatsächlich gewählt wird oder wenigstens gewählt werden kann. Und der Kutscher Martin unsers Herrn von Stechlin ist mir immer noch lieber als dieser Torgelow. Und all das nennt sich Freiheit. Ich nenn' es Unsinn und viele thun desgleichen. Ich denke mir aber, gerade *diese* Wahl, in einem Kreise, drin das alte Preußen noch lebt, gerade diese Wahl wird dazu beitragen, die Augen oben helle zu machen. Ich sage nicht, welche Augen.«

»Schluß, Schluß!«

»Ich komme zum Schluß. Es hieß anno siebzig, daß sich die Franzosen als die ›glorreich Besiegten‹ bezeichnet hätten. Ein stolzes und nachahmenswertes Wort. Auch für uns, meine Herren. Und wie wir, ohne uns was zu vergeben, diesen Sekt aus Frankreich nehmen, so dürfen wir, glaub' ich, auch das eben citierte stolze Klagewort aus Frankreich herübernehmen. Wir sind besiegt, aber wir sind glorreich Besiegte. Wir haben eine Revanche. *Die* nehmen wir. Und bis dahin in alle Wege: Herr von Stechlin auf Schloß Stechlin, er lebe hoch!«

Alles erhob sich und stieß mit Dubslav an. Einige freilich lachten, und von Molchow, als er einen neuen Weinkübel heranbestellte, sagte zu dem neben ihm sitzenden Katzler: »Weiß der Himmel, dieser Gundermann ist und bleibt ein Esel. Was sollen wir mit solchen Leuten? Erst beschreibt er uns die Frau mit 'nem Kropf, und dann will er das große Haus abschaffen. Ungeheure Dämelei. Wenn wir das große Haus nicht mehr haben, haben wir gar nichts; das ist noch unsre Rettung, und die beinah' einzige Stelle, wo wir den Mund (ich sage Mund) einigermaßen aufthun und was durchsetzen können. Wir müssen mit dem Zentrum paktieren. Dann sind wir egal 'raus. Und nun kommt dieser Gundermann und will uns auch das noch nehmen. Es ist doch 'ne Wahrheit, daß sich die Parteien und die Stände jedesmal selbst ruinieren. Das heißt, von ›Ständen‹ kann hier eigentlich nicht die Rede sein; denn dieser Gundermann gehört nicht mit dazu. Seine Mutter war 'ne Hebamme in Wrietzen. Drum drängt er sich auch immer vor.«

Bald nach Gundermanns Rede, die schon eine Art Nachspiel gewesen war, flüsterte Baron Beetz dem Alten-Friesacker zu, daß es Zeit sei, die Tafel aufzuheben. Der Alte wollte jedoch noch nicht recht, denn wenn er mal saß, saß er; aber als gleich danach mehrere Stühle gerückt wurden, blieb ihm nichts anderes übrig, als sich anzuschließen, und unter den Klängen des »Hohenfriedbergers« – der »Prager«, darin es heißt, »Schwerin fällt«, wäre mit Rücksicht auf die Gesamtsituation vielleicht paßlicher gewesen – kehrte man in die Parterreräume zurück, wo die Majorität dem Kaffee zusprechen wollte, während eine kleine Gruppe von Allertapfersten in die Straße hinaustrat, um da, unter den Bäumen des »Triangelplatzes«, sich bei Sekt und Cognac des weiteren bene zu thun. Obenan saß von Molchow, neben ihm von Kraatz und van Peerenboom; Molchow gegenüber Direktor Thormeyer und der bis dahin mit der Festmusik betraute Lehrer, der bei solchen Gelegenheiten überhaupt Thormeyers Adlatus war. Sonderbarerweise hatte sich auch Katzler hier niedergelassen (er sehnte sich wohl nach Eindrücken, die jenseits aller »Pflicht« lagen), und neben ihm, was beinahe noch mehr überraschen konnte, saß von der Nonne. Molchow und Thormeyer führten das Wort. Von Wahl und Politik – nur über Gundermann fiel gelegentlich eine spöttische Bemerkung – war längst keine Rede mehr, statt dessen befleißigte man sich, die neuesten Klatschgeschichten aus der Grafschaft heranzuziehen. »Ist es denn wahr,« sagte Kraatz, »daß die schöne Lilli nun doch ihren Vetter heiraten wird, oder richtiger, der Vetter die schöne Lilli?«

»Vetter?« fragte Peerenboom.

»Ach, Peerenboom, Sie wissen auch gar nichts; Sie sitzen immer noch zwischen Ihren Delfter Kacheln und waren doch schon 'ne ganze Weile hier, als die Lilli-Geschichte spielte.«

Peerenboom ließ sich's gesagt sein und begrub jede weitere Frage, was er, ohne sich zu schädigen, auch ganz gut konnte, da kein Zweifel war, daß der, der das Lilli-Thema heraufbeschworen, über kurz oder lang ohnehin alles klarlegen würde. Das geschah denn auch.

»Ja, diese verdammten Kerle,« fuhr v. Kraatz fort, »diese Lehrer! Entschuldigen Sie, Luckhardt, aber Sie sind ja beim Gymnasium, da liegt alles anders, und *der*, der hier 'ne Rolle spielt, war ja natürlich bloß ein Hauslehrer, Hauslehrer bei Lillis jüngstem Bruder. Und eines Tages waren beide weg, der Kandidat und Lilli. Selbstverständlich nach England. Es kann einer noch so dumm sein, aber von Gretna Green hat er doch mal gehört oder gelesen. Und da wollten sie denn auch beide hin. Und sind auch. Aber ich glaube, der Gretna Greensche darf nicht mehr trauen. Und so nahmen sie denn Lodgings in London, ganz ohne Trauung. Und es ging auch so, bis ihnen das kleine Geld ausging.«

»Ja, das kennt man.«

»Und da kamen sie denn also wieder. Das heißt, Lilli kam wieder. Und sie war auch schon vorher mit dem Vetter so gut wie verlobt gewesen.«

»Und der sprang nu ab?«

»Nicht so ganz. Oder eigentlich gar nicht. Denn Lilli ist sehr hübsch und nebenher auch noch sehr reich. Und da soll denn der Vetter gesagt haben, er liebe sie so sehr, und wo man liebe, da verzeihe man auch. Und er halte auch eine Entsühnung für durchaus möglich. Ja, er soll dabei von Purgatorium gesprochen haben.«

»Mißfällt mir, klingt schlecht,« sagte Molchow. »Aber was er vorher gesagt, ›Entsühnung‹, das ist ein schönes Wort und eine schöne Sache. Nur das ›Wie‹, – ach, man weiß immer so wenig von diesen Dingen, – will mir nicht recht einleuchten. Als Christ weiß ich natürlich (so schlimm steht es am Ende auch nicht mit einem), als Christ weiß ich, daß es eine Sühne giebt. Aber in solchem Falle? Thormeyer, was meinen Sie, was sagen Sie dazu? Sie sind ein Mann von Fach und haben alle Kirchenväter gelesen und noch ein paar mehr.«

Thormeyer verklärte sich. Das war so recht ein Thema nach seinem Geschmack; seine Augen wurden größer und sein glattes Gesicht noch glatter.

»Ja,« sagte er, während er sich über den Tisch zu Molchow vorbeugte, »so was giebt es. Und es ist ein Glück, daß es so was giebt. Denn die arme Menschheit braucht es. Das Wort Purgatorium will ich vermeiden, einmal, weil sich mein protestantisches Gewissen dagegen sträubt, und dann auch wegen des Anklangs; aber es giebt eine Purifikation. Und das ist doch eigentlich das, worauf es ankommt: Reinheitswiederherstellung. Ein etwas schwerfälliges Wort. Indessen die Sache, drum sich's hier handelt, giebt es doch gut wieder. Sie begegnen diesem Hange nach Restitution überall, und namentlich im Orient, – aus dem doch unsre ganze Kultur stammt, – finden Sie diese Lehre, dieses Dogma, diese Thatsache.«

»Ja, ist es eine Thatsache?«

»Schwer zu sagen. Aber es wird als Thatsache genommen. Und das ist ebensogut. *Blut sühnt.*«

»Blut sühnt,« wiederholte Molchow. »Gewiß. Daher haben

wir ja auch unsere Duellinstitution. Aber wo wollen Sie hier die Blutsühne hernehmen? In diesem Spezialfalle ganz undurchführbar. Der Hauslehrer ist drüben in England geblieben, wenn er nicht gar nach Amerika gegangen ist. Und wenn er auch wiederkäme, er ist nicht satisfaktionsfähig. Wär' er Reserve-Offizier, so hätt' ich das längst erfahren ...«

»Ja, Herr von Molchow, das ist die hiesige Anschauung. Etwas primitiv, naturwüchsig, das sogenannte Blutracheprinzip. Aber es braucht nicht immer das Blut des Übelthäters selbst zu sein. Bei den Orientalen ...«

»Ach, Orientalen ... dolle Gesellschaft ...«

»Nun denn meinetwegen, bei fast allen Völkern des Ostens sühnt Blut überhaupt. Ja mehr, nach orientalischer Anschauung – ich kann das Wort nicht vermeiden, Herr von Molchow; ich muß immer wieder darauf zurückkommen – nach orientalischer Anschauung stellt Blut die Unschuld als solche wieder her.«

»Na, hören Sie, Rektor.«

»Ja, es ist so, meine Herren. Und ich darf sagen, es zählt das zu dem Feinsten und Tiefsinnigsten, was es giebt. Und ich habe da auch neulich erst eine Geschichte gelesen, die das alles nicht bloß so obenhin bestätigt, sondern beinahe *großartig* bestätigt. Und noch dazu aus Siam.«

»Aus Siam?«

»Ja, aus Siam. Und ich würde Sie damit behelligen, wenn die Sache nicht ein bißchen zu lang wäre. Die Herren vom Lande werden so leicht ungeduldig, und ich wundere mich oft, daß sie die Predigt bis zu Ende mitanhören. Daneben ist freilich meine Geschichte aus Siam ...«

»Erzählen, Direktorchen, erzählen.«

»Nun denn, auf Ihre Gefahr. Freilich auch auf meine ... Da war also, und es ist noch gar nicht lange her, ein König von Siam. Die Siamesen haben nämlich auch Könige.«

»Nu, natürlich. So tief stehen sie doch nicht.«

»Also da war ein König von Siam, und dieser König hatte eine Tochter.«

»Klingt ja wie aus 'm Märchen.«

»Ist auch, meine Herren. Eine Tochter, eine richtige Prinzessin, und ein Nachbarfürst (aber von geringerem Stande, so daß man doch auch hier wieder an den Kandidaten erinnert wird) – dieser Nachbarfürst raubte die Prinzessin und nahm sie mit in seine Heimat und seinen Harem, trotz alles Sträubens.«

»Na, na.«

»So wenigstens wird berichtet. Aber der König von Siam war nicht der Mann, so was ruhig einzustecken. Er unternahm vielmehr einen heiligen Krieg gegen den Nachbarfürsten, schlug ihn und führte die Prinzessin im Triumphe wieder zurück. Und alles Volk war wie von Sieg und Glück berauscht. Aber die Prinzessin selbst war schwermütig.«

»Kann ich mir denken. Wollte wieder weg.«

»Nein, ihr Herren. Wollte *nicht* zurück. Denn es war eine sehr feine Dame, die gelitten hatte ...«

»Ja. Aber wie ...«

»Die gelitten hatte und fortan nur dem einen Gedanken der Entsühnung lebte, dem Gedanken, wie das Unheilige, das Berührtsein, wieder von ihr genommen werden könne.«

»Geht nicht. Berührt is berührt.«

»Mit nichten, Herr von Molchow. Die hohe Priesterschaft wurde herangezogen und hielt, wie man hier vielleicht sagen würde, einen Synod, in dem man sich mit der Frage der Entsühnung oder, was dasselbe sagen will, mit der Frage der Wiederherstellung der Virginität beschäftigte. Man kam überein (oder fand es auch vielleicht in alten Büchern), daß sie in Blut gebadet werden müsse.«

»Brrr.«

»Und zu diesem Behufe wurde sie bald danach in eine

Tempelhalle geführt, drin zwei mächtige Wannen standen, eine von rotem Porphyr und eine von weißem Marmor, und zwischen diesen Wannen, auf einer Art Treppe, stand die Prinzessin selbst. Und nun wurden drei weiße Büffel in die Tempelhalle gebracht, und der hohe Priester trennte mit einem Schnitt jedem der drei das Haupt vom Rumpf und ließ das Blut in die daneben stehende Porphyrwanne fließen. Und jetzt war das Bad bereitet, und die Prinzessin, nachdem siamesische Jungfrauen sie entkleidet hatten, stieg in das Büffelblut hinab, und der Hohepriester nahm ein heiliges Gefäß und schöpfte damit und goß es aus über die Prinzessin.«

»Eine starke Geschichte; bei Tisch hätt' ich mehrere Gänge passieren lassen. Ich find' es doch entschieden zu viel.«

»Ich nicht,« sagte der alte Zühlen, der sich inzwischen eingefunden und seit ein paar Minuten mit zugehört hatte. »Was heißt zu viel oder zu stark? Stark ist es, so viel geb' ich zu; aber nicht *zu* stark. Daß es stark ist, das ist ja eben der Witz von der Sache. Wenn die Prinzessin bloß einen Leberfleck gehabt hätte, so fänd' ich es ohne weiteres zu stark; es muß immer ein richtiges Verhältnis da sein zwischen Mittel und Zweck. Ein Leberfleck ist gar nichts. Aber bedenken Sie, 'ne richtige Prinzessin als Sklavin in einem Harem; da muß denn doch ganz anders vorgegangen werden. Wir reden jetzt so viel von ›großen Mitteln‹. Ja, meine Herren, auch *hier* war nur mit großen Mitteln was auszurichten.«

»Igni et ferro,« bestätigte der Rektor.

»Und,« fuhr der alte Zühlen fort, »so viel wird jedem einleuchten, um den Teufel auszutreiben (als den ich diesen Nachbarfürsten und seine That durchaus ansehe), dazu mußte was Besonderes geschehn, etwas Beelzebubartiges. Und das war eben das Blut dieser drei Büffel. Ich find' es *nicht* zu viel.«

Thormeyer hob sein Glas, um mit dem alten Zühlen anzustoßen. »Es ist genau so, wie Herr von Zühlen sagt. Und zuletzt geschah denn auch glücklicherweise das, was unsre mehr auf Schönheit gerichteten Wünsche – denn wir leben nun mal in einer Welt der Schönheit – zufrieden stellen konnte. Direkt aus der Porphyrwanne stieg die Prinzessin in die Marmorwanne, drin alle Wohlgerüche Arabiens ihre Heimstätte hatten, und alle Priester traten mit ihren Schöpfkellen aufs neue heran, und in Kaskaden ergoß es sich über die Prinzessin, und man sah ordentlich, wie die Schwermut von ihr abfiel und wie all das wieder aufblühte, was ihr der räuberische Nachbarfürst genommen. Und zuletzt schlugen die Dienerinnen ihre Herrin in schneeweiße Gewänder und führten sie bis an ein Lager und fächelten sie hier mit Pfauenwedeln, bis sie den Kopf still neigte und entschlief. Und ist nichts zurückgeblieben, und ist später die Gattin des Königs von Annam geworden. Er soll allerdings sehr aufgeklärt gewesen sein, weil Frankreich schon seit einiger Zeit in seinem Lande herrschte.«

»Hoffen wir, daß Lillis Vetter auch ein Einsehen hat.«

»Er wird, er wird.«

Darauf stieß man an und alles brach auf. Die Wagen waren bereits vorgefahren und standen in langer Reihe zwischen dem »Prinz-Regenten« und dem Triangelplatz.

Auch der Stechliner Wagen hielt schon, und Martin, um sich die Zeit zu vertreiben, knipste mit der Peitsche. Dubslav suchte nach seinem Pastor und begann schon ungeduldig zu werden, als Lorenzen endlich an ihn herantrat und um Entschuldigung bat, daß er habe warten lassen. Aber der Oberförster sei schuld; der habe ihn in ein Gespräch verwickelt, das auch noch nicht beendet sei, weshalb er vorhabe, die Rückfahrt mit Katzler gemeinschaftlich zu machen.

Dubslav lachte. »Na, dann mit Gott. Aber lassen Sie sich nicht zu viel erzählen. Ermyntrud wird wohl die Hauptrolle spielen oder noch wahrscheinlicher der neuzufindende Name. Werde wohl recht behalten ... Und nun vorwärts, Martin.«

Damit ging es über das holperige Pflaster fort.

In der Stadt war schon alles still; aber draußen auf der Landstraße kam man an großen und kleinen Trupps von Häuslern, Teerschwelern und Glashüttenleuten vorüber, die sich einen guten Tag gemacht hatten und nun singend und johlend nach Hause zogen. Auch Frauensvolk war dazwischen und gab allem einen Beigeschmack.

So trabte Dubslav auf den als halber Weg geltenden Nehmitzsee zu. Nicht weit davon befand sich ein Kohlenmeiler, Dietrichs-Ofen, und als Martin jetzt um die nach Süden vorgeschobene Seespitze herumbiegen wollte, sah er, daß wer am Wege lag, den Oberkörper unter Gras und Binsen versteckt, aber die Füße quer über das Fahrgeleise.

Martin hielt an. »Gnädiger Herr, da liegt wer. Ich glaub', es ist der alte Tuxen.«

»Tuxen, der alte Süffel von Dietrichs-Ofen?«

»Ja, gnädiger Herr. Ich will mal sehen, was es mit ihm is.«

Und dabei gab er die Leinen an Dubslav und stieg ab und rüttelte und schüttelte den am Wege Liegenden. »Awer Tuxen, wat moakst du denn hier? Wenn keen Moonschien wiehr, wiehrst du nu all kaput.«

»Joa, joa,« sagte der Alte. Aber man sah, daß er ohne rechte Besinnung war.

Und nun stieg Dubslav auch ab, um den ganz Unbehilflichen mit Martin gemeinschaftlich auf den Rücksitz zu legen. Und bei dieser Prozedur kam der Trunkene einigermaßen wieder zu sich und sagte: »Nei, nei, Martin, nich doa; pack mi lewer vörn upp'n Bock.«

Und wirklich, sie hoben ihn da hinauf, und da saß er nun

auch ganz still und sagte nichts. Denn er schämte sich vor dem gnädigen Herrn.

Endlich aber nahm dieser wieder das Wort und sagte: »Nu sage mal, Tuxen, kannst du denn von dem Branntwein nich lassen? Legst dich da hin; is ja schon Nachtfrost. Noch 'ne Stunde, dann warst du dod. Waren sie denn alle so?«

»Mehrschtendeels.«

»Und da habt ihr denn für den Katzenstein gestimmt.«

»Nei, gnäd'ger Herr, vör Katzenstein nich.«

Und nun schwieg er wieder, während er vorn auf dem Bock unsicher hin und her schwankte.

»Na, man 'raus mit der Sprache. Du weißt ja, ich reiß' keinem den Kopp ab. Is auch alles egal. Also für Katzenstein nich. Na, für wen denn?«

»Vör Torgelow'n.«

Dubslav lachte. »Für Torgelow, den euch die Berliner hergeschickt haben. Hat er denn schon was für euch gethan?«

»Nei, noch nich.«

»Na, warum denn?«

»Joa, se seggen joa, he *will* wat för uns duhn un is so sihr för de armen Lüd. Un denn kriegen wi joa'n Stück Tüffelland. Un se seggen ook, he is klöger, as de annern sinn.«

»Wird wohl. Aber er is doch noch lange nich so klug, wie ihr dumm seid. Habt ihr denn schon gehungert?«

»Nei, dat grad nich.«

»Na, das kann auch noch kommen.«

»Ach, gnäd'ger Herr, dat wihrd joa woll nich.«

»Na, wer weiß, Tuxen. Aber hier is Dietrichs-Ofen. Nu steigt ab und seht Euch vor, daß Ihr nicht fallt, wenn die Pferde anrucken. Und hier habt Ihr was. Aber nich mehr für heut. Für heut habt Ihr genug. Und nu macht, daß Ihr zu Bett kommt und träumt von ›Tüffelland‹.«

In Mission nach England.

Einundzwanzigstes Kapitel.

Woldemar erfuhr am andern Morgen aus Zeitungstelegrammen, daß der sozialdemokratische Kandidat, Feilenhauer Torgelow, im Wahlkreise Rheinsberg-Wutz gesiegt habe. Bald darauf traf auch ein Brief von Lorenzen ein, der zunächst die Telegramme bestätigte und am Schlusse hinzusetzte, daß Dubslav eigentlich herzlich froh über den Ausgang sei. Woldemar war es auch. Er ging davon aus, daß sein Vater wohl das Zeug habe, bei Dressel oder Borchardt mit viel gutem Menschenverstand und noch mehr Eulenspiegelei seine Meinung über allerhand politische Dinge zum besten zu geben; aber im Reichstage fach- und sachgemäß sprechen, das konnt' er nicht und wollt' er auch nicht. Woldemar war so durchdrungen davon, daß er über die Vorstellung einer Niederlage, dran er als Sohn des Alten immerhin wie beteiligt war, verhältnismäßig rasch hinwegkam, pries es aber doch, um eben diese Zeit mit einem Kommando nach Ostpreußen hin betraut zu werden, das ihn auf ein paar Wochen von Berlin fernhielt. Kam er dann zurück, so waren Anfragen in dieser Wahlangelegenheit nicht mehr zu befürchten, am wenigsten innerhalb seines Regiments, in dem man sich, von ein paar Intimsten abgesehen, eigentlich schon jetzt über den unliebsamen Zwischenfall ausschwieg.

Und in Schweigen hüllte man sich auch am Kronprinzen-Ufer, als Woldemar hier am Abend vor seiner Abreise noch einmal vorsprach, um sich bei der gräflichen Familie zu verabschieden. Es wurde nur ganz obenhin von einem abermaligen Siege der Sozialdemokratie gesprochen, ein absichtlich flüchtiges Berühren, das nicht auffiel, weil sich das

Gespräch sehr bald um Rex und Czako zu drehen begann, die, seit lange dazu aufgefordert, gerade den Tag vorher ihren ersten Besuch im Barbyschen Hause gemacht und besonders bei dem alten Grafen viel Entgegenkommen gefunden hatten. Auch Melusine hatte sich durch den Besuch der Freunde durchaus zufriedengestellt gesehen, trotzdem ihr nicht entgangen war, was, nach freilich entgegengesetzten Seiten hin, die Schwäche beider ausmachte.

»Wovon der eine zu wenig hat,« sagte sie, »davon hat der andre zu viel.«

»Und wie zeigte sich das, gnädigste Gräfin?«

»O, ganz unverkennbar. Es traf sich, daß im selben Augenblicke, wo die Herren Platz nahmen, drüben die Glocken der Gnadenkirche geläutet wurden, was denn – man ist bei solchen ersten Besuchen immer dankbar, an irgend was anknüpfen zu können – unser Gespräch sofort aufs Kirchliche hinüberlenkte. Da legitimierten sich dann beide. Hauptmann Czako, weil er ahnen mochte, was sein Freund in nächster Minute sagen würde, gab vorweg deutliche Zeichen von Ungeduld, während Herr von Rex in der That nicht nur von dem ›Ernst der Zeiten‹ zu sprechen anfing, sondern auch von dem Bau neuer Kirchen einen allgemeinen, uns nahe bevorstehenden Umschwung erwartete. Was mich natürlich erheiterte.«

———

Woldemars Kommando nach Ostpreußen war bis auf Anfang November berechnet, und mehr als einmal sprachen im Verlaufe dieser Zeit Rex und Czako bei den Barbys vor. Freilich immer nur einzeln. Verabredungen zu gemeinschaftlichem Besuche waren zwar mehrfach eingeleitet worden, aber jedesmal erfolglos, und erst zwei Tage vor Woldemars Rückkehr fügte es sich, daß sich die beiden Freunde

Einundzwanzigstes Kapitel

bei den Barbys trafen. Es war ein ganz besonders gelungener Abend, da neben der Baronin Berchtesgaden und Dr. Wrschowitz auch ein alter Malerprofessor (eine neue Bekanntschaft des Hauses) zugegen war, was eine sehr belebte Konversation herbeiführte. Besonders der neben seinen andern Apartheiten auch durch langes weißes Haar und große Leuchte-Augen ausgezeichnete Professor, hatte, – gestützt auf einen unentwegten Peter Cornelius-Enthusiasmus, – alles hinzureißen gewußt. »Ich bin glücklich, noch die Tage dieses großen und einzig dastehenden Künstlers gesehen zu haben. Sie kennen seine Kartons, die mir das Bedeutendste scheinen, was wir überhaupt hier haben. Auf dem einen Karton steht im Vordergrund ein Tubabläser und setzt das Horn an den Mund, um zu Gericht zu rufen. Diese eine Gestalt balanciert fünf Kunstausstellungen, will also sagen netto 15 000 Bilder. Und eben diese Kartons, samt dem Bläser zum Gericht, die wollen sie jetzt fortschaffen und sagen dabei in naiver Effronterie, solch schwarzes Zeug mit Kohlenstrichen dürfe überhaupt nicht so viel Raum einnehmen. Ich aber sage Ihnen, meine Herrschaften, ein Kohlenstrich von Cornelius ist mehr wert als alle modernen Paletten zusammengenommen, und die Tuba, die dieser Tubabläser da an den Mund setzt – verzeihen Sie mir altem Jüngling diesen Kalauer –, diese Tuba wiegt alle Tuben auf, aus denen sie jetzt ihre Farben herausdrücken. Beiläufig auch eine miserable Neuerung. Zu meiner Zeit gab es noch Beutel, und diese Beutel aus Schweinsblase waren viel besser. Ein wahres Glück, daß König Friedrich Wilhelm IV. diese jetzt etablierte Niedergangsepoche nicht mehr erlebt hat, diese Zeit des Abfalls, so recht eigentlich eine Zeit der apokalyptischen Reiter. Bloß zu den dreien, die der große Meister uns da geschaffen hat, ist heutzutage noch ein vierter Reiter gekommen, ein Mischling von Neid und Ungeschmack. Und dieser vierte sichelt am stärksten.«

Alles nickte, selbst die, die nicht ganz so dachten, denn der Alte mit seinem Apostelkopfe hatte ganz wie ein Prophet gesprochen. Nur Melusine blieb in einer stillen Opposition und flüsterte der Baronin zu: »Tubabläser. Mir persönlich ist die Böcklinsche Meerfrau mit dem Fischleib lieber. Ich bin freilich Partei.«

———

Die Abende bei den Barbys schlossen immer zu früher Stunde. So war es auch heute wieder. Es schlug eben erst zehn, als Rex und Czako auf die Straße hinaustraten und drüben an dem langgestreckten Ufer Tausende von Lichtern vor sich hatten, von denen die vordersten sich im Wasser spiegelten.

»Ich möchte wohl noch einen Spaziergang machen,« sagte Czako. »Was meinen Sie, Rex? Sind Sie mit dabei? Wir gehen hier am Ufer entlang, an den Zelten vorüber bis Bellevue, und da steigen wir in die Stadtbahn und fahren zurück, Sie bis an die Friedrichsstraße, ich bis an den Alexanderplatz. Da ist jeder von uns in drei Minuten zu Haus.«

Rex war einverstanden. »Ein wahres Glück,« sagte er, »daß wir uns endlich mal getroffen haben. Seit fast drei Wochen kennen wir nun das Haus und haben noch keine Aussprache darüber gehabt. Und das ist doch immer die Hauptsache. Für Sie gewiß.«

»Ja, Rex, das ›für Sie gewiß‹, das sagen Sie so spöttisch und überheblich, weil Sie glauben, Klatschen sei was Inferiores und für mich gerade gut genug. Aber da machen Sie meiner Meinung nach einen doppelten Fehler. Denn erstlich ist Klatschen überhaupt nicht inferior, und zweitens klatschen Sie gerade so gern wie ich und vielleicht noch ein bißchen lieber. Sie bleiben nur immer etwas steifer dabei, lehnen meine Frivolitäten zunächst ab, warten aber eigentlich darauf. Im übrigen denk' ich, wir lassen all das auf sich beruhn und sprechen lieber von der Hauptsache. Ich finde, wir können unserm Freunde Stechlin nicht dankbar genug dafür sein, uns mit einem so liebenswürdigen Hause bekannt gemacht zu haben. Den Wrschowitz und den alten Malerprofessor, der von dem Engel des Gerichts nicht loskonnte, – nun die beiden schenk' ich Ihnen (ich denke mir, der Maler wird wohl nach Ihrem Geschmacke sein), aber die andern, die man da trifft, wie reizend alle, wie natürlich. Obenan dieser Frommel, dieser Hofprediger, der mir am Theetisch fast noch besser gefällt als auf der Kanzel. Und dann diese bayrische Baronin. Es ist doch merkwürdig, daß die Süddeutschen uns im Gesellschaftlichen immer um einen guten Schritt vorauf sind, nicht von Bildungs, aber von glücklicher Natur wegen. Und diese glückliche Natur, das ist doch die wahre Bildung.«

»Ach Czako, Sie überschätzen das. Es ist ja richtig, wenn sie da so die Würstel aus dem großen Kessel herausholen und irgend eine Loni oder Toni mit dem Maßkrug kommt, so sieht das nach was aus, und wir kommen uns wie verhungerte Schulmeister daneben vor. Aber eigentlich ist das, was wir haben, doch das Höhere.«

»Gott bewahre. Alles, was mit Grammatik und Examen zusammenhängt, ist nie das Höhere. Waren die Patriarchen examiniert, oder Moses oder Christus? Die Pharisäer waren examiniert. Und da sehen Sie, was dabei herauskommt. Aber, um mehr in der Nähe zu bleiben, nehmen Sie den alten Grafen. Er war freilich Botschaftsrat, und das klingt ein bißchen nach was; aber eigentlich ist er doch auch bloß ein unexaminierter Naturmensch, und das gerade giebt ihm seinen Charme. Beiläufig, finden Sie nicht auch, daß er dem alten Stechlin ähnlich sieht?«

»Ja, äußerlich.«

»Auch innerlich. Natürlich 'ne andre Nummer, aber doch

derselbe Zwirn, – Pardon für den etwas abgehaspelten Berolinismus. Und wenn Sie vielleicht an Politik gedacht haben, auch da ist wenig Unterschied. Der alte Graf ist lange nicht so liberal und der alte Dubslav lange nicht so junkerlich, wie's aussieht. Dieser Barby, dessen Familie, glaub' ich, vordem zu den Reichsunmittelbaren gehörte, dem steckt noch so was von ›Gottesgnadenschaft‹ in den Knochen, und das giebt dann die bekannte Sorte von Vornehmheit, die sich den Liberalismus glaubt gönnen zu können. Und der alte Dubslav, nun, der hat dafür das im Leibe, was die richtigen Junker alle haben: ein Stück Sozialdemokratie. Wenn sie gereizt werden, bekennen sie sich selber dazu.«

»Sie verkennen das, Czako. Das alles ist ja bloß Spielerei.«

»Ja, was heißt Spielerei? Spielen. Wir haben schöne alte Fibelverse, die vor der Gefährlichkeit des Mit-dem-Feuerspielens warnen. Aber lassen wir Dubslav und den alten Barby. Wichtiger sind doch zuletzt immer die Damen, die Gräfin und die Comtesse. Welche wird es? Ich glaube, wir haben schon mal darüber gesprochen, damals, als wir von Kloster Wutz her über den Kremmerdamm ritten. Viel Vertrauen zu Freund Woldemars richtigem Frauenverständnis hab' ich eigentlich nicht, aber ich sage trotzdem: Melusine.«

»Und ich sage: Armgard. Und Sie sagen es im Stillen auch.«

Es war zwei Tage vor Woldemars Rückkehr aus Ostpreußen, daß Rex und Czako dies Tiergartengespräch führten. Eine halbe Stunde später fuhren sie, wie verabredet, vom Bellevuebahnhof aus wieder in die Stadt zurück. Überall war noch ein reges Leben und Treiben, und Leben war denn auch in dem aus bloß drei Zimmern verschiedener Größe sich zusammensetzenden Kasino der Gardedragoner. In dem

Einundzwanzigstes Kapitel

zunächst am Flur gelegenen großen Speisesaale, von dessen Wänden die früheren Kommandeure des Regiments, Prinzen und Nichtprinzen, herniederblickten, sah man nur wenig Gäste. Daneben aber lag ein Eckzimmer, das mehr Insassen und mehr flotte Bewegung hatte. Hier, über dem schräg gestellten Kamin, drin ein kleines Feuer flackerte, hing seit kurzem das Bildnis des »hohen Chefs« des Regiments, der Königin von England, und in der Nähe eben dieses Bildes ein ruhmreiches Erinnerungsstück aus dem sechsundsechziger und siebziger Kriege: die Trompete, darauf derselbe Mann, Stabstrompeter Wollhaupt, erst am 3. Juli auf der Höhe von Lipa und dann am 16. August bei Mars la Tour das Regiment zur Attacke gerufen hatte, bis er an der Seite seines Obersten fiel; der Oberst mit ihm.

Dies Eckzimmer war, wie gewöhnlich, auch heute der bevorzugte kleine Raum, drin sich jüngere und ältere Offiziere zu Spiel und Plauderei zusammengefunden hatten, unter ihnen die Herren von Wolfshagen, von Herbstfelde, von Wohlgemuth, von Grumbach, von Raspe.

»Weiß der Himmel,« sagte Raspe, »wir kommen aus den Abordnungen auch gar nicht mehr heraus. Wir haben freilich drei Sendens im Regiment, aber es sind der Sendbotschaften doch fast zu viel. Und diesmal nun auch unser Stechlin dabei. Was wird er sagen, wenn er oben in Ostpreußen von der ihm zugedachten Ehre hört. Er wird vielleicht sehr gemischte Gefühle haben. Übermorgen ist er von Trakehnen wieder da, mutmaßlich bei dem scheußlichen Wetter schlecht ajustiert, und dann Hals über Kopf und in großem Trara nach London. Und London ginge noch. Aber auch nach Windsor. Alles, wenn es sich um chic handelt, will doch seine Zeit haben, und gerade die Vettern drüben sehen einem sehr auf die Finger.«

»Laß sie sehn,« sagte Herbstfelde. »Wir sehen auch. Und Stechlin ist nicht der Mann, sich über derlei Dinge graue

Haare wachsen zu lassen. Ich glaube, daß ihn was ganz andres geniert. Es ist doch immerhin was, daß er da mit nach England hinüber soll, und einer solchen Auszeichnung entspricht selbstverständlich eine Nichtauszeichnung andrer. Das paßt nicht jedem, und nach dem Bilde, das ich mir von unserm Stechlin mache, gehört er zu diesen. Er ficht nicht gern unter der Devise ›nur über Leichen‹, hat vielmehr umgekehrt den Zug, sich in die zweite Linie zu stellen. Und nun sieht es aus, als wär' er ein Streber.«

»Stimmt nicht,« sagte Raspe. »Für so verrannt kann ich keinen von uns halten. Stechlin sitzt da oben in Ostpreußen und kann doch unmöglich in seinen Mußestunden hierher intrigiert und einen etwaigen Rivalen aus dem Sattel geworfen haben. Und unser Oberst! Der ist doch auch nicht der Mann dazu, sich irgend wen aufreden zu lassen. Der kennt seine Pappenheimer. Und wenn er sich den Stechlin aussucht, dann weiß er, warum. Übrigens, Dienst ist Dienst; man geht nicht, weil man will, sondern weil man muß. Spricht er denn englisch?«

»Ich glaube nicht,« sagte von Grumbach. »Soviel ich weiß, hat er vor kurzem damit angefangen, aber natürlich nicht wegen dieser Mission, die ja wie vom blauen Himmel auf ihn niederfällt, sondern der Barbys wegen, die beinah zwanzig Jahre in England waren und halb englisch sind. Im übrigen hab ich mir sagen lassen, es geht drüben auch ohne die Sprache. Herbstfelde, Sie waren ja voriges Jahr da. Mit gutem Deutsch und schlechtem Französisch kommt man überall durch.«

»Ja,« sagte Herbstfelde. »Bloß ein bißchen Landessprache muß doch noch dazu kommen. Indessen, es giebt ja kleine Vademekums, und da muß man dann eben nachschlagen, bis man's hat. Sonst sind hundert Vokabeln genug. Als ich noch zu Hause war, hatten wir da ganz in unsrer Nachbarschaft einen verdrehten alten Herrn, der – eh' ihn die Gicht unterkriegte – sich so ziemlich in der ganzen Welt herumgetrieben hatte. Pro neues Land immer neue hundert Vokabeln. Unter anderm war er auch mal in Südrußland gewesen, von welcher Zeit ab – und zwar nach vorgängiger, vor einem großen Liqueurkasten stattgehabten Anfreundung mit einem uralten Popen – er das Amendement zu stellen pflegte: ›Hundert Vokabeln; aber bei 'nem Popen bloß fünfzig.‹ Und das muß ich sagen, ich habe das mit den hundert in England durchaus bestätigt gefunden. ›Mary, please, a jug of hot water,‹ so viel muß man weghaben, sonst sitzt man da. Denn der Naturengländer weiß gar nichts.«

»Wie lange waren Sie denn eigentlich drüben, Herbstfelde?«

»Drei Wochen. Aber die Reisetage mitgerechnet.«

»Und sind Sie so ziemlich auf Ihre Kosten gekommen? Einblick ins Volksleben, Parlament, Oxford, Cambridge, Gladstone?«

Herbstfelde nickte.

»Und wenn Sie nun so alles zusammennehmen, was hat da so den meisten Eindruck auf Sie gemacht? Architektur, Kunst, Leben, die Schiffe, die großen Brücken? Die Straßenjungens, wenn man in einem Cab vorüberfährt, sollen ja immer Rad neben einem her schlagen, und die Dienstmädchen, was noch wichtiger ist, sollen sehr hübsch sein, kleine Hauben und Tändelschürze.«

»Ja, Raspe, da treffen Sie's. Und ist eigentlich auch das Interessanteste. Denn sogenannte Meisterwerke giebt es ja jetzt überall, von Kirchen und dergleichen gar nicht zu reden. Und Schiffe haben wir ja jetzt auch und auch ein Parlament. Und manche sagen, unsres sei noch besser. Aber das Volk. Sehen Sie, da steckt es. Das Volk ist alles.«

»Na, natürlich Volk. Oberschicht überall ein und dasselbe. Was da los ist, das wissen wir.«

»Und eigentlich hab' ich die ganzen drei Wochen auf 'nem Omnibus gesessen und bin abends in die Matrosenkneipen an der Themse gegangen. Ein bißchen gefährlich; man hat da seinen Messerstich weg, man weiß nicht wie, ganz wie in Italien. Bloß in Italien giebt es vorher doch immer noch ein Liebesverhältnis, was in Old-Wapping – so heißt nämlich der Stadtteil an der Themse – nicht mal nötig ist. Und dann, wenn ich zu Hause war, sprach ich natürlich mit Mary. Viel war es nicht. Denn die hundert Vokabeln, die dazu nötig sind, die hatte ich damals noch nicht voll.«

»Na, 's ging aber doch?«

»So leidlich. Und dabei hatt' ich mal 'ne Scene, die war eigentlich das Hübscheste. Meine Wohnung befand sich nämlich eine Treppe hoch in einer kleinen stillen Querstraße von Oxford-Street. Und Mary war gerade bei mir. Und in dem Augenblicke, wo ich mich mit dem hübschen Kinde zu verständigen suche ...«

»Worüber?«

»In demselben Augenblicke sieht ein Chinese grinsend in mein Fenster hinein, so daß er eigentlich eine Ohrfeige verdient hätte.«

»Wie war denn das aber möglich?«

»Ja, das ist ja eben das, was ich das Londoner Volksleben nenne. Alles mögliche, wovon wir hier gar keine Vorstellung haben, vollzieht sich da mitten auf dem Straßendamm. Und so waren denn auch an jenem Tage zwei Chinesen, ihres Zeichens Akrobaten, in die Querstraße von Oxford-Street gekommen, und der eine, ein dicker starker Kerl, hatte einen Gurt um den Leib, und in der Öse dieses Gurtes steckte 'ne Stange, auf die der zweite Chinese hinaufkletterte. Und wie er da oben war, war er gerade in Höhe meiner Beletage und sah hinein, als ich mich eben bemühte, mich Mary klar zu machen.«

»Ja, Herbstfelde, das war nu freilich ein Pech, und wenn

Sie wieder drüben sind, müssen Sie nach hinten hinaus wohnen oder höher hinauf. Aber interessant ist es doch. Und ich bezweifle nur, daß Stechlin in eine gleiche Lage kommen wird.«

»Gewiß nicht. Daran hindern ihn seine Moralitäten.«
»Und noch mehr die Barbys.«

Zweiundzwanzigstes Kapitel.

Woldemar, von der ihm bevorstehenden Auszeichnung unterrichtet, kürzte seinen Aufenthalt in Ostpreußen um vierundzwanzig Stunden ab, hatte trotzdem aber, nach seinem Wiedereintreffen in Berlin, nur noch zwei Tage zur Verfügung. Das war wenig. Denn außer allerlei zu treffenden Reisevorbereitungen lag ihm doch auch noch ob, verschiedene Besuche zu machen, so bei den Barbys, bei denen er sich für den letzten Abend schon brieflich angemeldet hatte.

Dieser Abend war nun da. Die Koffer standen gepackt um ihn her, er selber aber lehnte sich, ziemlich abgespannt, in seinen Schaukelstuhl zurück, nochmals überschlagend, ob auch nichts vergessen sei. Zuletzt sagte er sich: »Was nun noch fehlt, fehlt; ich kann nicht mehr.« Und dabei sah er nach der Uhr. Bis zu seinem am Kronprinzenufer angesagten Besuche war noch fast eine Stunde. Die wollt' er ausnutzen und sich vorher nach Möglichkeit ruhn. Aber er kam nicht dazu. Sein Bursche trat ein und meldete: »Hauptmann von Czako.«

»Ah, sehr willkommen.«

Und Woldemar, so wenig gelegen ihm Czako auch kam, sprang doch auf und reichte dem Freunde die Hand. »Sie kommen, um mir zu meiner englischen Reise zu gratulieren. Und wiewohl es so so damit steht, *Ihnen*, glaub' ich's, daß Sie's ehrlich meinen. Sie gehören zu den paar Menschen, die keinen Neid kennen.«

»Na, lassen wir das Thema lieber. Ich bin dessen nicht so ganz sicher; mancher sieht besser aus, als er ist. Aber natürlich komm' ich, um Ihnen wohl oder übel meine Glückwünsche zu bringen und meinen Reisesegen dazu. Donnerwetter, Stechlin, wo will das noch mit Ihnen hinaus! Sie werden natürlich Londoner Militärattaché, sagen wir in einem halben Jahr, und in ebensoviel Zeit haben Sie sich drüben sportlich eingelebt und etablieren sich als Sieger in einem Steeple Chase, vorausgesetzt, daß es so was noch giebt (ich glaube nämlich, man nennt es jetzt alles ganz anders). Und vierzehn Tage nach Ihrem ersten großen Sportsiege verloben Sie sich mit Ruth Russel oder mit Geraldine Cavendish, haben den Bedforder- oder den Devonshire-Herzog als Rückendeckung und gehen als Generalgouverneur nach Mittelafrika, links die Zwerge, rechts die Menschenfresser. Emin soll ja doch eigentlich aufgefressen sein.«

»Czako, Sie machen sich's zu nutze, daß die Mittagsstunde glücklich vorüber ist, sonst könnten Sie's kaum verantworten. Aber rücken Sie sich einen Sessel 'ran, und hier sind Zigaretten. Oder lieber Zigarre?«

»Nein, Zigaretten ... Ja, sehen Sie, Stechlin, solche Mission oder wenn auch nur ein Bruchteil davon ...«

»Sagen wir Anhängsel.«

»... Solche Mission ist gerade das, was ich mir all mein Lebtag gewünscht habe. Bloß ›Erhörung kam nicht geschritten‹. Und doch ist gerad' in unserm Regiment immer was los. Immer ist wer auf dem Wege nach Petersburg. Aber weiß der Teufel, trotz der vielen Schickerei, meine Wenigkeit ist noch nicht 'ran gekommen. Ich denke mir, es liegt an meinem Namen. Hier hat ›Czako‹ ja auch schon einen Beigeschmack, einen Stich ins Komische, aber das Slavische drin giebt ihm in Berlin etwas Apartes, während es in Petersburg wahrscheinlich heißen würde: ›Czako, was soll das? Was soll Czako? Dergleichen haben wir hier echter und besser.‹ Ja, ich gehe noch weiter und bin nicht einmal sicher, ob man da drüben nicht Lust bezeugen könnte, in der Wahl von ›Czako‹ einen Witz oder versteckten Affront zu wittern. Aber wie dem auch sei, Winterpalais und Kreml sind mir verschlossen. Und nun gehen Sie nach London und sogar nach Windsor. Und Windsor ist doch nun mal das denkbar Feinste. Rußland, wenn Sie mir solche Frühstücksvergleiche gestatten wollen, hat immer was von Astrachan, England immer was von Colchester. Und ich glaube, Colchester steht höher. In meinen Augen gewiß. Ach, Stechlin, Sie sind ein Glückspilz, ein Wort, das Sie meiner erregten Stimmung zu gute halten müssen. Ich werde wohl an der Majorsecke scheitern, wegen verschiedener Mankos. Aber sehn Sie, daß ich das einsehe, das könnte das Schicksal doch auch wieder mit mir versöhnen.«

»Czako, Sie sind der beste Kerl von der Welt. Es ist eigentlich schade, daß wir solche Leute wie Sie nicht bei unserm Regiment haben. Oder wenigstens nicht genug. ›Fein‹ ist ja ganz gut, aber es muß doch auch mal ein Donnerwetter dazwischen fahren, ein Cynismus, eine Bosheit; sie braucht ja nicht gleich einen Giftzahn zu haben. Übrigens, was die Patentheit angeht, so fühl' ich deutlich, daß ich auch nur so gerade noch passiere. Nehmen Sie beispielsweise bloß das Sprachliche. Wer heutzutage nicht drei Sprachen spricht, gehört in die Ecke ...«

»Sag' ich mir auch. Und ich habe deshalb auch mit dem Russischen angefangen. Und wenn ich dann so dabei bin und über meine Fortschritte beinah' erstaune, dann berapple ich mich momentan wieder und sage mir: ›Courage gewonnen, alles gewonnen‹. Und dabei lass' ich dann zu meinem weitern Trost all unsre preußischen Helden zu Fuß und zu Pferde an mir vorüber ziehen, immer mit dem Gefühl einer gewissen wissenschaftlichen und mitunter auch moralischen Überlegenheit. Da ist zuerst der Derfflinger. Nun, der soll ein Schneider gewesen sein. Dann kam Blücher, – der war einfach ein ›Jeu‹er. Und dann kam Wrangel und trieb sein verwegenes Spiel mit ›mir und mich‹.«

»Bravo, Czako. Das ist die Sprache, die Sie sprechen müssen. Und Sie werden auch nicht an der Majorsecke scheitern. Eigentlich läuft doch alles bloß darauf hinaus, wie hoch man sich selber einschätzt. Das ist freilich eine Kunst, die nicht jeder versteht. Das Wort vom alten Fritz: ›Denk' Er nur immer, daß Er hunderttausend Mann hinter sich hat,‹ dies Trostwort ist manchem von uns ein bißchen verloren gegangen, trotz unsrer Siege. Oder vielleicht auch eben deshalb. Siege produzieren unter Umständen auch Bescheidenheit.«

»Jedenfalls haben Sie, lieber Stechlin, zu viel davon. Aber wenn Sie erst Ihre Ruth haben ...«

»Ach, Czako, kommen Sie mir nicht immer mit ›Ruth‹. Oder eigentlich, seien Sie doch bedankt dafür. Denn dieser weibliche Name mahnt mich, daß ich mich für heut' Abend am Kronprinzenufer angemeldet habe, bei den Barbys, wo's, wie Sie wissen, freilich keine Ruth giebt, aber dafür eine ›Melusine‹, was fast noch mehr ist.«

»Versteht sich, Melusine is mehr. Alles, was aus dem Wasser kommt, ist mehr. Venus kam aus dem Wasser, ebenso Hero ... Nein, nein, entschuldigen Sie, es war Leander.«

»Egal. Lassen Sie's, wie's ist. Solche verwechselte Schillerstelle thut einem immer wohl. Übrigens können Sie mich in meinem Coupé begleiten; vom Kronprinzenufer aus haben Sie knapp noch halben Weg bis in Ihre Kaserne.«

Das Coupé that seine Schuldigkeit, und es schlug eben erst acht, als Woldemar vor dem Barbyschen Hause hielt und, sich von Czako verabschiedend, die Treppe hinauf stieg.

Er fand nur die Familie vor, was ihm sehr lieb war, weil er kein allgemeines Gespräch führen, sondern sich lediglich für seine Reise Rats erholen wollte. Der alte Graf kannte London besser als Berlin, und auch Melusine war schon über siebzehn, als man, bald nach dem Tode der Mutter, England verlassen und sich auf die Graubündner Güter zurückgezogen hatte. Darüber waren nun wieder nah' an anderthalb Jahrzehnte vergangen, aber Vater und Töchter hingen nach wie vor an Hydepark und dem schönen Hause, das sie da bewohnt hatten, und gedachten dankbar der in London verlebten Tage. Selbst Armgard sprach gern von dem Wenigen, dessen sie sich noch aus ihrer frühen Kindheit her erinnerte.

»Wie glücklich bin ich,« sagte Woldemar, »Sie allein zu finden! Das klingt freilich sehr selbstisch, aber ich bin doch vielleicht entschuldigt. Wenn Besuch da wäre, nehmen wir beispielsweise Wrschowitz, und ich ließe mich hinreißen, von der Prinzessin von Wales und in natürlicher Konsequenz von ihren zwei Schwestern Dagmar und Thyra zu sprechen, so hätt' ich vielleicht wegen Dänenfreundlichkeit heut' Abend noch ein Duell auszufechten. Was mir doch unbequem wäre. Besser ist besser.«

Der alte Barby nickte vergnüglich.

»Ja, Herr Graf,« fuhr Woldemar fort, »ich komme, mich von Ihnen und den Damen zu verabschieden, aber ich komme vor allem auch, um mich in zwölfter Stunde noch nach Möglichkeit zu informieren. In dem Augenblick, wo der gänzlich ignorante Kandidatus in seinen Frack fährt, guckt er – so was soll vorkommen – noch einmal ins Corpus juris und liest, sagen wir zehn Zeilen, und gerad' über diese wird er nachher gefragt und sieht sich gerettet. Dergleichen könnte mir doch auch vorbehalten sein. Sie waren lange drüben und die Damen ebenso. Auf was muß ich achten, was vermeiden, was thun? Vor allem, was muß ich sehn und was nicht sehn? Das letztere vielleicht das Wichtigste von allem.«

»Gewiß, lieber Stechlin. Aber ehe wir anfangen, rücken Sie hier ein und gönnen Sie sich eine Tasse Thee. Freilich, daß Sie den Thee würdigen werden, ist so gut wie ausgeschlossen; dazu sind Sie viel zu aufgeregt. Sie sind ja wie ein Wasserfall; ich erkenne Sie kaum wieder.«

Woldemar wollte sich entschuldigen.

»Nur keine Entschuldigungen. Und am wenigsten über das. Alles ist heutzutage so nüchtern, daß ich immer froh bin, mal einer Aufregung zu begegnen; Aufregung kleidet besser als Indifferenz und jedenfalls ist sie interessanter. Was meinst du dazu, Melusine?«

»Papa schraubt mich. Ich werde mich aber hüten, zu antworten.«

»Und so denn wieder zur Sache. Ja, lieber Stechlin, was thun, was sehn? Oder wie Sie ganz richtig bemerken, was nicht sehn? Überall etwas sehr schwieriges. In Italien vertrödelt man die Zeit mit Bildern, in England mit Hinrichtungsblöcken. Sie haben drüben ganze Kollektionen davon. Also möglichst wenig Historisches. Und dann natürlich keine Kirchen, immer mit Ausnahme von Westminster. Ich glaube, was man so mit billiger Wendung ›Land und Leute‹ nennt, das ist und bleibt das Beste. Die Themse hinauf und hinunter, Richmond-Hill (auch jetzt noch, trotzdem wir schon November haben) und Werbekneipen und Dudelsackspfeifer. Und wenn Sie bei Passierung eines stillen Squares einem sogenannten ›Straßen-Raffael‹ begegnen, dann stehen bleiben und zusehen, was das sonderbare Genie mit seiner linken und oft verkrüppelten Hand auf die breiten Straßensteine hinmalt. Denn diese Straßen-Raffaels haben immer nur eine linke Hand.«

»Und was malt er?«

»Was? Das wechselt. Er ist im stande und zaubert Ihnen in

zehn Minuten eine richtige Sixtina aufs Trottoir. Aber in der Regel ist er mehr Ruysdael oder Hobbema. Landschaften sind seine Force; dazu Seestücke. Die Klippe von Dover hab' ich wohl zwanzigmal gesehn und über das Meer hin den zitternden Mondstrahl. Da haben Sie schon was zur Auswahl. Und nun fragen Sie Melusine. Die hat von London und Umgegend viel mehr gesehn als ich und weiß, glaub' ich, in Hampton-Court und Waltham-Abbey besser Bescheid als an der Oberspree, natürlich das Eierhäuschen ausgenommen. Und wenn Melusine versagen sollte, nun, so haben wir ja noch unsere Tochter Cordelia. Cordelia war damals freilich erst sechs oder doch nicht viel mehr. Aber Kindermund thut Wahrheit kund. Armgard, wie wär' es, wenn du dich unsers Freundes annähmest.«

»Ich weiß nicht, Papa, ob Herr von Stechlin damit einverstanden ist oder auch nur sein kann. Vielleicht ging' es, wenn du nur nicht von meinen sechs Jahren gesprochen hättest. Aber so. Mit sechs Jahren hat man eben nichts erlebt, was, in den Augen andrer, des Erzählens wert wäre.«

»Comtesse, gestatten Sie mir ... die Dinge an sich sind gleichgültig. Alles Erlebte wird erst was durch den, der es erlebt.«

»Ei,« sagte Melusine. »So bin ich zum Erzählen noch mein Lebtag nicht aufgefordert worden. Nun wirst du sprechen müssen, Armgard.«

»Und ich will auch, selbst auf die Gefahr hin einer Niederlage.«

»Keine Vorreden, Armgard. Am wenigsten, wenn sie wie Selbstlob klingen.«

»Also wir hatten damals eine alte Person im Hause, die schon bei Melusine Kindermuhme gewesen war, und hieß Susan. Ich liebte sie sehr, denn sie hatte wie die meisten Irischen etwas ungemein Heiteres und Gütiges. Ich ging viel mit ihr im Hydepark spazieren, wohnten wir doch in der an seiner Nordseite sich hinziehenden großen Straße. Hydepark erschien mir immer sehr schön. Aber weil es tagaus tagein dasselbe war, wollt' ich doch gern einmal was andres sehen, worauf Susan auch gleich einging, trotzdem es ihr eigentlich verboten war. ›Ei freilich, Comtesse,‹ sagte sie, ›da wollen wir nach Martins le Grand.‹ ›Was ist das?‹ fragte ich; aber statt aller Antwort gab sie mir nur ein kleines Mäntelchen um, denn es war schon Spätherbst, so etwa wie jetzt, und dunkelte auch schon. Aus dem, was dann kam, muß ich annehmen, daß es um die fünfte Stunde war. Und so brachen wir denn auf, unsre Straße hinunter, und weil an dem Parkgitter entlang lauter große Röhren gelegt waren, um hier neu zu kanalisieren, so sprang ich auf die Röhren hinauf, und Susan hielt mich an meinem linken Zeigefinger. So gingen wir, ich immer auf den Röhren oben, bis wir an eine Stelle kamen, wo der Park aufhörte. Hier war gerad' ein Droschkenstand, und Hafer und Häcksel lagen umher und zahllose Sperlinge dazwischen. In der Mitte von dem allem aber stand ein eiserner Brunnen. Auf den wies Susan hin und sagte: ›Look at it, dear Armgard. There stood Tyburn-Gallows.‹ Und wer so viel gestohlen hatte, wie gerad' ein Strick kostete, der wurde da gehängt.«

»Eine merkwürdige Kindermuhme,« sagte Stechlin. »Und erschraken Sie nicht, Comtesse?«

»Nein, von Erschrecken, so lange Susan bei mir war, war keine Rede. Sie hätte mich gegen eine Welt verteidigt.«

»Das söhnt wieder aus.«

»Und kurz und gut, wir blieben auf unserm Weg und stiegen alsbald in ein zweirädriges Cab, aus dem heraus wir sehr gut sehen konnten, und jagten die Oxfordstraße hinunter in die City hinein, in ein immer dichter werdendes Straßengewirr, drin ich nie vorher gekommen war und auch nachher nicht wieder gekommen bin. Bloß vor zwei

Jahren, als wir auf Besuch drüben waren und ich den alten Plätzen wieder nachging.«

»Ich glaube,« sagte Melusine, »daß du bei diesem zweiten Besuch eine gute Anleihe machst. Denn von dem mit Susan Gesehenen wirst du zur Zeit nicht mehr viel zur Verfügung haben.«

»Doch, doch. Und nun hielt unser Hansom-Cab vor einem großen Hause, das halb wie ein Palast und halb wie ein griechischer Tempel aussah, und unter dessen Säulengang hinweg wir in eine große, mit vielen hundert Menschen erfüllte Halle traten. Über ihren Köpfen aber lag es wie ein Strom von Licht, und ganz nach hinten zu, wo die Lichtmasse sich zu verdichten schien, standen auf einem Podium zwei in rote Röcke gekleidete Bedienstete mit ein paar großen Behältern links und rechts neben sich, die wie Futterkisten mit weit aufgeklapptem Deckel aussahen.«

»Und nun laß Stechlin raten, was es war.«

»Er braucht es nicht zu raten,« fuhr Armgard fort, »er weiß es natürlich schon. Aber er muß trotzdem aushalten. Denn er hat es selber so gewollt. Also Podium und Rotröcke samt aufgeklappter Kiste links und rechts. Und die hell erleuchtete Uhr darüber zeigte, daß es nur noch eine Minute bis sechs war. An ein sich Herandrängen war nicht zu denken, und so flogen denn die Brief- und Zeitungspakete, die noch mit den letzten Postzügen fort sollten, in weitem Bogen über die Köpfe der in Front Stehenden weg, was aber dabei statt in die Behälter bloß auf das Podium fiel, das wurde von den Rotröcken mit einer geschickten Fußbewegung in die Futterkisten wie hineingeharkt. Und nun setzte der Uhrzeiger ein, und das Fliegen der Pakete steigerte sich, bis genau mit dem sechsten Schlag auch der Deckel jeder der beiden Kisten zuschlug.«

»Reizend, Comtesse. Natürlich seh' ich mir das an, und

wenn ich ein Rendezvous mit der Königin darüber versäumen müßte.«

»Nichts Antimonarchisches,« lachte der alte Graf. »Und so kommen Susans Unthaten schließlich noch ans Licht.«

»Und meine eignen dazu. Glücklicherweise durch mich selbst.«

Das Gespräch setzte sich noch eine Weile fort, und allerlei Schilderungen aus dem Klein- und Alltagsleben behielten dabei die Oberhand. Ein paarmal, weil er wohl sah, daß Woldemar gern auch andres zu hören wünschte, versuchte der alte Graf das Thema zu wechseln, aber beide Damen blieben bei »shopping« und »five o'clock tea«, bis Melusine, der Woldemars Ungeduld ebenfalls nicht entgangen war, mit einemmale fragte: »Haben Sie denn je von Traitors-Gate gehört?«

»Nein,« sagte Woldemar. »Ich kann es mir aber übersetzen und meine Schlüsse daraus ziehn.«

»Das reicht aus. Also natürlich Tower. Nun sehen Sie, Traitors-Gate, das war meine Domäne, wenn Besuch aus Deutschland kam und ich wohl oder übel den Führer machen mußte. Vieles im Tower langweilte mich, aber Traitors-Gate nie, vielleicht deshalb nicht, weil es ziemlich zu Anfang liegt, so daß ich, wenn wir's erreichten, immer noch bei Frische war, nicht abgestumpft durch all die Schrecklichkeiten, die dann weiterhin folgen.«

»Also Traitors-Gate muß ich sehn?«

»Unbedingt. Freilich, wenn ich dann wieder erwäge, daß an dieser berühmten Stelle nichts unmittelbar Wirkungsvolles zu sehn ist, so muß ich mich bei meinen Ratschlägen auf Ihre Phantasie verlassen können. Und ob das geht, weiß ich nicht. Wer aus der Mark ist, hat meist keine Phantasie.«

Der alte Graf und Armgard schwiegen, und auch Melusine sah wohl, daß sie mit ihrer Bemerkung etwas zu weit gegangen war. Irgend eine Reparierung schien also geboten.

»Ich will's aber doch mit Ihnen wagen,« nahm sie das Gespräch wieder auf und lachte. »Traitors-Gate. Nun sehen Sie, Sie kommen da vom Eingange her einen schmalen Gang entlang, und mit einem Male haben Sie statt der grauen Steinwand ein eisenbeschlagenes Holzthor neben sich. Hinter diesem Thor aber befindet sich ein kleiner, ganz unten in der Tiefe gelegener Wasserhof, von dem aus eine mehrstufige Treppe heraufführt und an eben der Stelle mündet, an der Sie stehn. Und nun rechnen Sie dreihundert Jahre zurück. Wem sich die Pforte damals aufthat, um sich hinter ihm wieder zu schließen, der hatte vom Leben Abschied genommen ... Es sind da, verzeihen Sie das Wort, lauter glibbrige Stufen und *wer* alles stieg diese Stufen hinauf: Essex, Sir Walter Raleigh, Thomas Morus und zuletzt noch jene Clanhäuptlinge, die für Prince Charlie gefochten hatten und deren Köpfe, wenige Tage später, von Temple-Bar herab, auf die City niedersahen.«

»Liegt, Gott sei Dank, weit zurück.«

»Ja, weit zurück. Aber es kann wiederkommen. Und gerade *das* war es, was immer, wenn ich da so stand, den größten Eindruck auf mich machte. Diese Möglichkeit, daß es wiederkehre. Denn ich erinnere mich noch sehr wohl – ja, du warst es selbst, Papa, der es mir erzählte – daß Lord Palmerston einmal, unwirsch über die koburgische Nebenpolitik (ich glaube während der Krimkriegstage) sich dahin geäußert hätte: ›Dieser Prince-Consort, er thäte gut, sich unser Traitors-Gate bei Gelegenheit anzusehn. Es ist zwar schon lange, daß Könige da die glibbrige Treppe hinaufgestiegen sind, aber es ist doch noch nicht *so* lange, daß wir uns dessen nicht mehr entsinnen könnten. Und ein Prince-Consort ist noch lange nicht ein König.‹«

Woldemar, als Melusine dies mit überlegener Miene gesagt hatte, lächelte vor sich hin, was die Gräfin derartig verdroß, daß sie mit einer gewissen Gereiztheit hinzusetzte: »Sie lächeln. Da seh' ich doch, wie sehr ich im Rechte war, Ihnen die Phantasie abzusprechen.«

»Verzeihen Sie mir ...«

»Und nun werden Sie auch noch pathetisch. Das ist die richtige Ergänzung. Im übrigen, wie könnt' ich mit Ihnen ernsthaft zürnen! Ein berühmter deutscher Professor soll einmal irgendwo gesagt haben: ›niemand sei verpflichtet, ein großer Mann zu sein.‹ Und ebensowenig wird er ›große Phantasie‹ als etwas Pflichtmäßiges gefordert haben.«

Woldemar küßte ihr die Hand. »Wissen Sie, Gräfin, daß Sie doch eigentlich recht hochmütig sind?«

»Vielleicht. Aber mancher entwaffnet mich wieder. Und zu diesen gehören Sie.«

»Das ist nun auch wieder aus dem Ton.«

»Ich weiß es nicht. Aber lassen wir's. Und versprechen Sie mir lieber, mir von Windsor oder London aus eine Karte zu schreiben ... nein, eine Karte, das geht nicht ... also einen Brief, darin Sie mir ein Wort über die Engländerinnen sagen, und ob Sie jede taillenlose Rotblondine drüben auch so schön gefunden haben werden, wie's von den Kontinentalen, wenn sie dies Thema berühren, fast immer versichert wird.«

»Es wird davon abhängen, an wen ich gerade denke.«

»Nach dieser Bemerkung ist Ihnen alles verziehn.«

Woldemar blieb bis neun. Er hatte gleich in den Zeilen, in denen er sich anmeldete, die Damen wissen lassen, daß er seinen Besuch auf eine kurze Stunde beschränken müsse. So war er denn bei guter Zeit wieder daheim. Auf seinem Tische fand er ein Briefchen vor und erkannte Rex' Handschrift. »Lieber Stechlin,« so schrieb dieser, »ich höre eben, daß Sie nach London gehn. In der Zeitung, wo's schon gestanden haben soll, hab' ich es übersehn. Ich beglückwünsche Sie von Herzen zu dieser Auszeichnung und lege Ihnen eine Karte bei, die Sie (wenn's Ihnen paßt) bei meinem Freunde Ralph Waddington einführen soll. Er ist Advokat und einer der angesehensten Führer unter den Irvingianern. Fürchten Sie übrigens keine Bekehrungsversuche. Waddington ist ein durchaus feiner Mann, also zurückhaltend. Er kann Ihnen aber mannigfach behilflich sein, wenn Ihnen daran gelegen sein sollte, sich um das Wesen der englischen Dissenter, ihre Chapels und Tabernakels zu kümmern. Er ist ein Wissenschaftler auf diesem Gebiet. Und ich kenne ja Ihre Vorliebe für derlei Fragen.«

Stechlin legte den Brief unter den Briefbeschwerer und sagte: »Der gute Rex! Er überschätzt mich. Dissenterstudien. Es genügt mir, wenn ich einen einzigen Quäker sehe.«

Dreiundzwanzigstes Kapitel.

Was Rex da schrieb, hatte doch ein Gutes gehabt: Woldemar, erheitert bei dem Gedanken, sich durch Ralph Waddington in ein Tabernakel eingeführt zu sehn, sah sich mit einemmale einer gewissen Abspannung entrissen und war froh darüber, denn er brauchte durchaus Stimmung, um noch einige Briefe zu schreiben. Das ging ihm nun leichter von der Hand, und als elf Uhr kaum heran war, war alles erledigt.

Der andre Morgen sah ihn selbstverständlich früh auf. Fritz war um ihn her und half, wo noch zu helfen war. »Und nun, Fritz,« so waren Woldemars letzte Worte, »sieh nach dem Rechten. Schicke mir nichts nach; Zeitungen wirf weg. Und die drei Briefe hier, wenn ich fort bin, die thue sofort in den Kasten ... Ist die Droschke schon da?«

»Zu Befehl, Herr Rittmeister.«

»Na, dann mit Gott. Und jeden Tag lüften. Und paß auf die Pferde.«

Damit verabschiedete sich Woldemar.

Von den drei Briefen war einer nach Stechlin hin adressiert. Er traf, weil er noch mit dem ersten Zuge fortkonnte, gleich nach Tisch bei dem Alten ein und lautete:

»Mein lieber Papa. Wenn du diese Zeilen erhältst, sind wir schon auf dem Wege. ›Wir‹ das will sagen: unser Oberst, unser zweitältester Stabsoffizier, ich und zwei jüngere Offiziere. Aus deinen eignen Soldatentagen her kennst du den Charakter solcher Abordnungen. Nachdem wir ›Regiment Königin von Großbritannien und Irland‹ geworden sind, war dies ›uns drüben vorstellen‹ nur noch eine Frage der Zeit. Dieser Mission beigesellt zu sein, ist selbstverständlich eine große Ehre für mich, doppelt, wenn ich die Namen, über die wir in unserm Regiment Verfügung haben, in Erwägung ziehe. Die Zeiten, wo man das Wort ›historische Familie‹ betonte, sind vorüber. Auch an Tante Adelheid hab' ich in dieser Sache geschrieben. Was mir persönlich an Glücksgefühl vielleicht noch fehlen mag, wird sie leicht aufbringen. Und ich freue mich dessen, weil ich ihr, alles in allem, doch so viel verdanke. Daß ich mich von Berlin gerade jetzt nicht gerne trenne, sei nur angedeutet; du wirst den Grund davon unschwer erraten. Mit besten Wünschen für dein Wohl, unter herzlichen Grüßen an Lorenzen, wie immer dein Woldemar.«

Dubslav saß am Kamin, als ihm Engelke den Brief brachte. Nun war der Alte mit dem Lesen durch und sagte: »Woldemar geht nach England. Was sagst du dazu, Engelke?«

»So was hab' ich mir all immer gedacht.«

»Na, dann bist du klüger gewesen als ich. Ich habe mir gar nichts gedacht. Und nu noch drei Tage, so stellt er sich mit seinem Oberst und seinem Major vor die Königin von England hin und sagt: ›Hier bin ich.‹«

»Ja, gnäd'ger Herr, warum soll er nich?«

»Is auch 'n Standpunkt. Und vielleicht sogar der richtige. Volksstimme, Gottesstimme. Na, nu geh mal zu Pastor Lorenzen und sag ihm, ich ließ ihn bitten. Aber sage nichts von dem Brief; ich will ihn überraschen. Du bist mitunter 'ne alte Plappertasche.«

Schon nach einer halben Stunde war Lorenzen da.

»Haben befohlen ...«

»Haben befohlen. Ja, das ist gerade so das Richtige; sieht mir ähnlich ... Nun, Lorenzen, schieben Sie sich mal 'nen Stuhl 'ran, und wenn Engelke nicht geplaudert hat (denn er hält nicht immer dicht), so hab' ich eine richtige Neuigkeit für Sie. Woldemar ist nach England ...«

»Ah, mit der Abordnung.«

»Also wissen Sie schon davon?«

»Nein, ausgenommen das eine, daß eine Deputation oder Gesandtschaft beabsichtigt sei. Das las ich und dabei hab' ich dann freilich auch an Woldemar gedacht.«

Dubslav lachte. »Sonderbar. Engelke hat sich so was gedacht, Lorenzen hat sich auch so was gedacht. Nur der eigne Vater hat an gar nichts gedacht.«

»Ach, Herr von Stechlin, das ist immer so. Väter sind Väter und können nie vergessen, daß die Kinder Kinder waren. Und doch hört es mal auf damit. Napoleon war mit zwanzig ein armer Leutnant und an Ansehn noch lange kein Stechlin. Und als er so alt war, wie jetzt unser Woldemar, ja, da stand er schon zwischen Marengo und Austerlitz.«

»Hören Sie, Lorenzen, Sie greifen aber hoch. Meine Schwester Adelheid wird sich Ihnen übrigens wohl anschließen und von heut' ab eine neue Zeitrechnung datieren. Ich nehm' es ruhiger, trotzdem ich einsehe, daß es nach großer Auszeichnung schmeckt. Und ist er wieder zurück, dann wird er auch allerlei Gutes davon haben. Aber so lang er drüben ist! Ich trau' der Sache nicht. Von Behagen jedenfalls keine Rede. Die Vettern sind nun mal nicht zufrieden zu stellen; vielleicht ärgern sie sich, daß es draußen in der Welt auch noch ein ›Regiment Königin von Großbritannien und Irland‹ giebt. Das besorgen sie sich lieber selbst und nehmen so was, wenn andre damit kommen, wie 'ne Prätension. Wie stehen denn Sie dazu? Sie haben die Beefeaters vielleicht in Ihr Herz geschlossen wegen der vielen Dissenter. Ein Kardinal, der freilich auch noch Gourmand war, soll mal gesagt haben: ›Schreckliches Volk; hundert Sekten und bloß eine Sauce.‹«

»Ja,« lachte Lorenzen, »da bin ich freilich für die ›Beefeaters‹, wie Sie sagen, und gegen den Kardinal. Das mit den hundert Sekten lass' ich auf sich beruhn, (mein Geschmack, beiläufig, ist es nicht) aber unter allen Umständen bin ich für höchstens eine Sauce. Das ist das einzig Richtige, weil Gesunde. Die Dinge müssen in sich etwas sein, und wenn das zutrifft, so ist eigentlich jede ›Sauce‹, und nun gar erst die Sauce im Plural, von vornherein schon gerichtet. Aber lassen wir den Kardinal und seine Gewagtheiten und nehmen wir den Gegenstand seiner Abneigung: England. Es hat für mich eine Zeit gegeben, wo ich bedingungslos dafür schwärmte. Nicht zu verwundern. Hieß es doch damals in dem ganzen Kreise, drin ich lebte: ›Ja, wenn wir England nicht mehr lieben sollen, was sollen wir dann überhaupt noch lieben?‹ Diese halbe Vergötterung hab' ich noch ehrlich mit durchgemacht. Aber das ist nun eine hübsche Weile her. Sie sind drüben schrecklich 'runtergekommen, weil der Kult vor dem goldenen Kalbe beständig wächst; lauter Jobber und die vornehme Welt obenan. Und dabei so heuchlerisch; sie sagen ›Christus‹ und meinen Kattun.«

»Is leider so, wenigstens nach dem bißchen, was ich davon weiß. Und alles in allem, und neuerdings erst recht, bin ich deshalb immer für Rußland gewesen. Wenn ich da so an unsern Kaiser Nikolaus zurückdenke und an die Zeit, wo seine Uniform als Geschenk bei uns eintraf und dann als Kirchenstück in die Garnisonskirche kam. Natürlich in Potsdam. Wir haben zwar die Reliquien abgeschafft, aber wir haben sie doch auf unsre Art, und ganz ohne so was geht es nu mal nicht. Mit dem alten Fritzen fing es natürlich an. Wir haben seinen Krückstock und den Dreimaster und das Taschentuch (na, das hätten sie vielleicht weglassen können), und zu den drei Stücken haben wir nu jetzt auch noch die Nikolaus-Uniform.«

Lorenzen sah verlegen vor sich hin; etwas dagegen sagen, ging nicht, und zustimmen noch weniger.

Dubslav aber fuhr fort: »Und dann sind sie da forscher in Petersburg und geht alles mehr aus dem Vollen, auch wenn die besten Steine mitunter schon 'rausgebrochen sind. So was kommt vor; is eben noch ein Naturvolk. Ich kann das ›Schenken‹ eigentlich nicht leiden, es hat so was von Bestechung und sieht aus wie 'n Trinkgeld. Und Trinkgeld ist noch schlimmer als Bestechung und paßt mir eigentlich ganz und gar nicht. Aber es hat doch auch wieder was Angenehmes, solche Tabatiere. Wenn es einem gut geht, ist es ein Familienstück, und wenn es einem schlecht geht, ist es 'ne letzte Zuflucht. Natürlich, ein ganz reinliches Gefühl hat man nicht dabei.«

Lorenzen blieb eine volle Stunde. Der Alte war immer froh, wenn sich ihm Gelegenheit bot, sich mal ausplaudern zu können, und heute standen ja die denkbar besten Themata zur Verfügung: Woldemar, England, Kaiser Nikolaus und dazwischen Tante Adelheid, über die zwar immer nur kurze Worte fielen, aber doch so, daß sie, weil spöttisch, die gute Laune des Alten wesentlich steigerten.

Und in dieser guten Laune war er auch noch, als er, um die fünfte Stunde seinen Eichenstock und seinen eingeknautschten Filzhut vom Riegel nahm, um am See hin, in der Richtung auf Globsow zu, seinen gewöhnlichen Spaziergang zu machen. Unmittelbar am Südufer, da wo die Wand steil abfiel, befand sich eine von Buchenzweigen überdachte Steinbank. Das war sein Lieblingsplatz. Die Sonne stand schon unterm Horizont, und nur das Abendrot glühte noch durch die Bäume. Da saß er nun und überdachte sein Leben, Altes und Neues, seine Kindheits- und seine Leutnantstage, die Tage kurz vor seiner Verheiratung, wo das junge blasse Fräulein, das seine Frau werden sollte, noch Lieblingshofdame bei der alten Prinzeß Karl war. All das zog jetzt wieder an ihm vorüber, und dazwischen seine Schwester Adelheid, in jenen Tagen noch leidlich gut bei Weg, aber auch schon hart und herbe wie heute, so daß sie den reizenden Kerl, den Baron Krech, bloß weil er über ein schon halbabgestorbenes ›Verhältnis‹ und eine freilich noch fortlebende Spielschuld verfügte, durch ihre Tugend weggegrault hatte. Das waren die alten Geschichten. Und dann wurde Woldemar geboren, und die junge Frau starb, und der Junge wuchs heran und lernte bei Lorenzen all das dumme Zeug, das Neue (dran vielleicht doch was war), und nun fuhr er nach England 'rüber und war vielleicht schon in Köln und in ein paar Stunden in Ostende.

Dabei sah er vor sich hin und malte mit seinem Stock Figuren in den Sand. Der Wald war ganz still; auf dem See schwanden die letzten roten Lichter, und aus einiger Entfernung klangen Schläge herüber, wie wenn Leute Holz fällen. Er hörte mit halbem Ohr hin und sah eben auf die von Globsow her heraufführende schmale Straße, als er einer alten Frau von wohl siebzig gewahr wurde, die, mit einer mit Reisig bepackten Kiepe, den leis ansteigenden Weg heraufkam, etliche Schritte vor ihr ein Kind mit ein paar Enzianstauden in der Hand. Das Kind, ein Mädchen, mochte zehn Jahr sein, und das Licht fiel so, daß das blonde wirre Haar wie leuchtend um des Kindes Kopf stand. Als die Kleine bis fast an die Bank heran war, blieb sie stehn und erwartete da das Näherkommen der alten Frau. Diese, die wohl sah, daß das Kind in Furcht oder doch in Verlegenheit war, sagte: »Geih man vorupp, Agnes; he deiht di nix.«

Das Kind, sich bezwingend, ging nun auch wirklich, und während es an der Bank vorüberkam, sah es den alten Herrn mit großen klugen Augen an.

Inzwischen war auch die Alte herangekommen.

»Na, Buschen,« sagte Dubslav, »habt Ihr denn auch bloß Bruchholz in Eurer Kiepe? Sonst packt Euch der Förster.«

Die Alte griente. »Jott, jnädiger Herr, wenn Se doabi sinn, denn wird he joa woll nich.«

»Na, ich denk' auch; is immer nich so schlimm. Und wer is denn das Kind da?«

»Dat is joa Karlinens.«

»So, so, Karlinens. Is sie denn noch in Berlin? Und wird er sie denn heiraten? Ich meine den Rentsch in Globsow.«

»Ne, he will joa nich.«

»Is aber doch von ihm?«

»Joa, se seggt so. Awers he seggt, he wihr et nich.«

Der alte Dubslav lachte. »Na, hört, Buschen, ich kann's ihm eigentlich nich verdenken. Der Rentsch is ja doch ein ganz schwarzer Kerl. Un nu seht Euch mal das Kind an.«

»Dat hebb ick ehr ook all seggt. Un Karline weet et ook nich so recht un lacht man ümmer. Un se brukt em ook nich.«

»Geht es ihr denn so gut?«

»Joa; man kann et binah seggen. Se plätt't ümmer. Alle so'ne plätten ümmer. Ick wihr oak dissen Summer mit Agnessen (se heet Agnes) in Berlin, un doa wihr'n wi joa tosamen in'n Cirkus. Un Karline wihr ganz fidel.«

»Na, das freut mich. Und Agnes, sagt Ihr, heißt sie. Is ein hübsches Kind.«

»Joa, det is se. Un is ook en gaudes Kind; se weent gliks un is immer so patschlich mit ehre lütten Hänn'. Sünne sinn immer so.«

»Ja, das is richtig. Aber Ihr müßt aufpassen, sonst habt Ihr 'nen Urenkel, Ihr wißt nicht wie. Na, gu'n Abend, Buschen.«

»'n Abend, jnäd'ger Herr.«

Vierundzwanzigstes Kapitel.

Der Baron Berchtesgadensche Wagen fuhr am Kronprinzen-Ufer vor und die Baronin, als sie gehört hatte, daß die Herrschaften oben zu Hause seien, stieg langsam die Treppe hinauf, denn sie war nicht gut zu Fuß und ein wenig asthmatisch. Armgard und Melusine begrüßten sie mit großer Freude. »Wie gut, wie hübsch, Baronin,« sagte Melusine, »daß wir Sie sehn. Und wir erwarten auch noch Besuch. Wenigstens ich. Ich habe solch Kribbeln in meinem kleinen Finger, und dann kommt immer wer. Wrschowitz gewiß (denn er war drei Tage lang nicht hier) und vielleicht auch Professor Cujacius. Und wenn nicht der, so Dr. Pusch, den Sie noch nicht kennen, trotzdem Sie ihn eigentlich kennen müßten, – noch alte Bekanntschaft aus Londoner Tagen her. Möglicherweise kommt auch Frommel. Aber vor allem, Baronin, was bringen Sie für Wetter mit? Lizzi sagte mir eben, es neble so stark, man könne die Hand vor Augen nicht sehn.«

»Lizzi hat Ihnen ganz recht berichtet, der richtige London Fog, wobei mir natürlich Ihr Freund Stechlin einfällt. Aber über den sprechen wir nachher. Jetzt sind wir noch beim Nebel. Es war draußen wirklich so, daß ich immer dachte, wir würden zusammenfahren; und am Brandenburgerthor, mit den großen Kandelabern dazwischen, sah es beinah' aus wie ein Bild von Skarbina. Kennen Sie Skarbina?«

»Gewiß,« sagte Melusine, »den kenn' ich sehr gut. Aber allerdings erst von der letzten Ausstellung her. Und was, außer den Gaslaternen im Nebel, mir so eigentlich von ihm vorschwebt, das ist ein kleines Bild: langer Hotelkorridor, Thür an Thür, und vor einer der vielen Thüren ein paar Damenstiefelchen. Reizend. Aber die Hauptsache war doch die Beleuchtung. Von irgend woher fiel ein Licht ein und vergoldete das Ganze, den Flur und die Stiefelchen.«

»Richtig,« sagte die Baronin. »Das war von ihm. Und gerade das hat Ihnen so sehr gefallen?«

»Ja. Was auch natürlich ist. In meinen italienischen Tagen – wenn ich von ›italienischen Tagen‹ spreche, so meine ich übrigens nie meine Verheiratungstage; während meiner Verheiratungstage hab' ich Gott sei Dank so gut wie garnichts gesehn, kaum meinen Mann, aber freilich immer noch zu viel – also während meiner italienischen Tage hab' ich vor so vielen Himmelfahrten gestanden, daß ich jetzt für Stiefeletten im Sonnenschein bin.«

»Ganz mein Fall, liebe Melusine. Freilich bin ich jetzt nebenher auch noch fürs Japanische: Wasser und drei Binsen und ein Storch daneben. In meinen Jahren darf ich ja von Storch sprechen. Früher hätt' ich vielleicht Kranich gesagt.«

»Nein, Baronin, das glaub' ich Ihnen nicht. Sie waren immer für das, was sie jetzt Realismus nennen, was meistens mehr Ton und Farbe hat, und dazu gehört auch der Storch. Deshalb lieb' ich Sie ja gerade so sehr. Ach, daß doch das Natürliche wieder obenauf käme.«

»Kommt, liebe Melusine.«

Melusinens kribbelnder kleiner Finger behielt recht. Es kam wirklich Besuch, erst Wrschowitz, dann aber – statt der drei, die sie noch nebenher gemutmaßt hatte – nur Czako.

Der Empfang des einen wie des andern der beiden Herren hatte vorn im Damenzimmer stattgefunden, ohne Gegenwart des alten Grafen. Dieser erschien erst, als man zum Thee ging; er hieß seine Gäste herzlich willkommen, weil er jederzeit das Bedürfnis hatte, von dem, was draußen in der Welt vorging, etwas zu hören. Dafür sorgte denn auch jeder auf seine Weise: die Baronin durch Mitteilungen aus der oberen Gesellschaftssphäre, Czako durch Avancements und Demissionen und Wrschowitz durch »Krittikk«. Alles, was zur Sprache kam, hatte für den alten Grafen so ziemlich den gleichen Wert, aber das Liebste waren ihm doch die Hofnachrichten, die die Baronin mit glücklicher Ungeniertheit zum besten gab. Wendungen wie »ich darf mich wohl Ihrer Diskretion versichert halten« waren ihr gänzlich fremd. Sie hatte nicht bloß ganz allgemein den Mut ihrer Meinung, sondern diesen Mut auch in betreff ihrer jedesmaligen Spezialgeschichte, von der man in der Regel freilich sagen durfte, daß sie desselben auch dringend bedürftig war.

»Sagen Sie, liebe Freundin,« begann der alte Graf, »was wird das jetzt so eigentlich mit den Briefen bei Hofe?«

»Mit den Briefen? O, das wird immer schöner.«

»Immer schöner?«

»Nun, immer schöner,« lachte hier die Baronin, »ist vielleicht nicht gerade das rechte Wort. Aber es wird immer geheimnisvoller. Und das Geheimnisvolle hat nun mal das, worauf es ankommt, will sagen den Charme. Schon die beliebte Wendung ›rätselhafte Frau‹ spricht dafür; eine Frau, die nicht rätselhaft ist, ist eigentlich gar keine, womit ich mir persönlich freilich eine Art Todesurteil ausspreche. Denn ich bin alles, nur kein Rätsel. Aber am Ende, man ist, wie man ist, und so muß ich dies Manko zu verwinden suchen ... Es heißt immer ›üble Nachrede, drin man sich mehr oder weniger mit Vorliebe gefalle, sei was Sündhaftes‹. Aber was heißt hier ›üble Nachrede‹? Vielleicht ist das, was uns so bruchstückweise zu Gehör kommt, nur ein schwaches Echo vom Eigentlichen, und bedeutet eher ein zu wenig als ein zu viel. Im übrigen, wie's damit auch sei, mein Sinn ist nun mal auf das Sensationelle gerichtet. Unser Leben verläuft, offen gestanden, etwas durchschnittsmäßig, also langweilig, und weil dem so ist, setz' ich getrost hinzu: ›Gott sei Dank, daß es Skandale giebt‹. Freilich für Armgard ist so was nicht gesagt. Die darf es nicht hören.«

»Sie hört es aber doch,« lachte die Comtesse, »und denkt dabei: was es doch für sonderbare Neigungen und Glücke giebt. Ich habe für dergleichen gar kein Organ. Unsre teure Baronin findet unser Leben langweilig und solche Chronik interessant. Ich, umgekehrt, finde solche Chronik langweilig und unser alltägliches Leben interessant. Wenn ich den Rudolf unsers Portier Hartwig unten mit seinem Hoop und seinen dünnen langen Berliner Beinen über die Straße laufen sehe, so find' ich das interessanter als diese sogenannte Pikanterie.«

Melusine stand auf und gab Armgard einen Kuß. »Du bist doch deiner Schwester Schwester, oder mein Erziehungsprodukt, und zum erstenmal in meinem Leben muß ich meine teure Baronin ganz im Stiche lassen. Es ist nichts mit diesem Klatsch; es kommt nichts dabei heraus.«

»Ach, liebe Melusine, das ist durchaus nicht richtig. Es kommt umgekehrt sehr viel dabei heraus. Ihr Barbys seid alle so schrecklich diskret und ideal, aber ich für mein Teil ich bin anders und nehme die Welt, wie sie ist; ein Bier und ein Schnaderhüpfl und mal ein Haberfeldtreiben, damit kommt man am weitesten. Was wir da jetzt hier erleben, das ist auch solch Haberfeldtreiben, ein Stück Fehme.«

»Nur keine heilige.«

»Nein,« sagte die Baronin, »keine heilige. Die Fehme war aber auch nicht immer heilig. Habe mir da neulich erst den Götz wieder angesehn, bloß wegen dieser Scene. Die Poppe beiläufig vorzüglich. Und der schwarze Mann von der Fehme soll im Urtext noch viel schlimmer gewesen sein, so daß man es (Goethe war damals noch sehr jung) eigentlich kaum lesen kann. Ich würde mir's aber doch getrauen. Und nun wend' ich mich an unsre Herren, die dies difficile Kampffeld, ich weiß nicht ritterlicher- oder unritterlicherweise, mir ganz allein überlassen haben. Dr. Wrschowitz, wie denken Sie darüber?«

»Ich denke darüber ganz wie gnädige Frau. Was wir da lesen wie Runenschrift ... nein, *nicht* wie Runenschrift ... (Wrschowitz unterbrach sich hier mißmutig über sein eignes Hineingeraten in's Skandinavische) – was wir da lesen in Briefen vom Hofe, das ist Krittikk. Und weil es Krittikk ist, ist es gutt. Mag es auch sein Mißbrauch von Krittikk. Alles hat Mißbrauch. Gerechtigkeit hat Mißbrauch, Kirche hat Mißbrauch, Krittikk hat Mißbrauch. Aber trotzdem. Auf die Fehme kommt es an, und das große Messer muß wieder stecken im Baum.«

»Brrr,« sagte Czako, was ihm einen ernsten Augenaufschlag von Wrschowitz eintrug. –

Als man sich nach einer halben Stunde von Tisch erhoben hatte, wechselte man den Raum und begab sich in das Damenzimmer zurück, weil der alte Graf etwas Musik hören und sich von Armgards Fortschritten überzeugen wollte. »Dr. Wrschowitz hat vielleicht die Güte, dich zu begleiten.«

So folgte denn ein Quatremains und als man damit aufhörte, nahm der alte Barby Veranlassung, seiner Vorliebe für solch vierhändiges Spiel Ausdruck zu geben, was Wrschowitz, dessen Künstlerüberheblichkeit keine Grenzen kannte, zu der ruhig lächelnden Gegenbemerkung veranlaßte, daß man dieser Auffassung bei Dilettanten sehr häufig begegne. Der alte Graf, wenig befriedigt von dieser »Krittikk«, war doch andrerseits viel zu vertraut mit Künstlerallüren im allgemeinen und mit den Wrschowitzschen im besonderen, um sich ernstlich über solche Worte zu verwundern. Er begnügte sich vielmehr mit einer gemessenen Verbeugung gegen den Musikdoktor und zog, auf einer nebenstehenden Causeuse Platz nehmend, die gute Frau von Berchtesgaden ins Gespräch, von der er wußte, daß ihre Munterkeiten nie den Charakter »goldener Rücksichtslosigkeiten« annahmen.

Wrschowitz seinerseits war an dem aufgeklappten Flügel stehen geblieben, ohne jede Spur von Verlegenheit, so daß ein Sichkümmern um ihn eigentlich nicht nötig gewesen wäre. Trotzdem hielt es Czako für angezeigt, sich seiner anzunehmen und dabei die herkömmliche Frage zu thun »ob er, der Herr Dr. Wrschowitz, sich schon in Berlin eingelebt habe?«

»Hab' ich,« sagte Wrschowitz kurz.

»Und beklagen es nicht, Ihr Zelt unter uns aufgeschlagen zu haben?«

»Au contraire. Berlin eine schöne Stadt, eine serr gutte Stadt. Eine serr gutte Stadt pour moi en particulier et pour les étrangers en général. Eine serr gutte Stadt, weil es hat Musikk und weil es hat Krittikk.«

»Ich bin beglückt, Dr. Wrschowitz, speziell aus Ihrem Munde so viel Gutes über unsre Stadt zu hören. Im allgemeinen ist die slavische, besonders die tschechische Welt ...«

»O, die tschechische Welt. Vanitas vanitatum.«

»Es ist sehr selten, in nationalen Fragen einem so freien Drüberstehn zu begegnen ... Aber wenn es Ihnen recht ist, Dr. Wrschowitz, wir stehen hier wie zwei Schildhalter neben diesem aufgeklappten Klavier, – vielleicht daß wir uns setzen könnten. Gräfin Melusine lugt ohnehin schon nach uns aus.« Und als Wrschowitz seine Zustimmung zu diesem Vorschlage Czakos ausgedrückt hatte, schritten beide Herren vom Klavier her auf den Kamin zu, vor dem sich die Gräfin auf einem Fauteuil niedergelassen hatte. Neben ihr stand ein Marmortischchen, drauf sie den linken Arm stützte.

»Nun endlich, Herr von Czako. Vor allem aber rücken Sie Stühle heran. Ich sah die beiden Herren in einem anscheinend intimen Gespräche. Wenn es sich um etwas handelte, dran ich teilnehmen darf, so gönnen Sie mir diesen Vorzug. Papa hat sich, wie Sie sehn, mit der Baronin engagiert, ich denke mir über berechtigte bajuvarische Eigentümlichkeiten, und Armgard denkt über ihr Spiel nach und all die falschen Griffe. Was müssen Sie gelitten haben, Wrschowitz. Und nun noch einmal, Hauptmann Czako, worüber plauderten Sie?«

»Berlin.«

»Ein unerschöpfliches Thema für die Medisance.«

»Worauf Dr. Wrschowitz zu meinem Staunen verzichtete. Denken Sie sich, gnädigste Gräfin, er schien alles loben zu wollen. Allerdings waren wir erst bei Musik und Kritik. Über die Menschen noch kein Wort.«

»O, Wrschowitz, das müssen Sie nachholen. Ein Fremder

sieht mehr als ein Einheimischer. Also frei weg und ohne Scheu. Wie sind die Vornehmen? Wie sind die kleinen Leute?«

Wrschowitz wiegte den Kopf hin und her, als ob er überlege, wie weit er in seiner Antwort gehen könne. Dann mit einem Male schien er einen Entschluß gefaßt zu haben und sagte: »Oberklasse gutt, Unterklasse serr gutt; Mittelklasse *nicht* serr gutt.«

»Kann ich zustimmen,« lachte Melusine. »Fehlen nur noch ein paar Details. Wie wär' es damit?«

»Mittelklassberliner findet gutt, was *er* sagt, aber findet *nicht* gutt, was sagt ein andrer.«

Czako, trotzdem er sich getroffen fühlte, nickte.

»Mittelklassberliner, wenn spricht andrer, fällt in Krampf. In versteckten Krampf oder auch in nicht versteckten Krampf. In verstecktem Krampf ist er ein Bild des Jammers, in nicht verstecktem Krampf ist er ein Affront.«

»Brav, Wrschowitz. Aber mehr. Ich bitte.«

»Berliner, immer an der Tete. So wenigstens glaubt er. Berliner immer Held. Berliner weiß alles, findet alles, entdeckt alles. Erst Borsig, dann Stephenson, erst Rudolf Hertzog, dann Herzog Rudolf, erst Pfefferküchler Hildebrand, dann Papst Hildebrand.«

»Nicht geschmeichelt, aber ähnlich. Und nun, Wrschowitz, noch eins, dann sind Sie wieder frei... Wie sind die Damen?«

»Ach, gnädigste Gräfin...«

»Nichts, nichts. Die Damen.«

»Die Damen. O, die Damen serr gutt. Aber nicht spezifisch. Speziffisch in Berlin bloß die Madamm.«

»Da bin ich aber doch neugierig.«

»Speziffisch bloß die Madamm. Ich war, gnädigste Gräfin, in Pettersburg und ich war in Moscoù. Und war in Budapest. Und war auch in Saloniki. Ah, Saloniki! Schöne Damen von Helikon und schöne Damen von Libanon, hoch und schlank wie die Ceder. Aber keine Madamm. Madamm nirgendwo; Madamm bloß in Berlin.«

»Aber Wrschowitz, es müssen doch schließlich Ähnlichkeiten da sein. Eine Madamm ist doch immerhin auch eine Dame, wenigstens eine Art Dame. Schon das Wort spricht es aus.«

»Nein, gnäddigste Gräfin; rien du tout. Dame! Dame denkt an Galan, Dame denkt an Putz; oder vielleicht auch an Divorçons. Aber Madamm denkt bloß an Rike draußen und mitunter auch an Paul. Und wenn sie zu Paul spricht, der ihr Jüngster ist, so sagt sie: ›Jott, dein Vater.‹ Oh, die Madamm! Einige sagen, sie stürbe aus, andre sagen, sie stürbe nie.«

»Wrschowitz,« sagte Melusine »wie schade, daß die Baronin und Papa nicht zugehört haben, und daß unser Freund Stechlin, der solche Themata liebt, nicht hier ist. Übrigens hatten wir heut ein Telegramm von ihm. Haben Sie vielleicht auch Nachricht, Herr Hauptmann?«

»Heute, gnäddigste Gräfin. Und auch ein Telegramm. Ich hab' es mitgebracht, weil ich an die Möglichkeit dachte...«

»Bitte, lesen.«

Und Czako las: »London, Charing Croß-Hotel. Alles über Erwarten groß. Sieben unvergeßliche Tage. Richmond schön. Windsor schöner. Und die Nelsonsäule vor mir. Ihr v. St.«

Melusine lachte. »Das hat er uns auch telegraphiert.«

»Ich fand es wenig,« stotterte Czako verlegen »und als Doublette find' ich es noch weniger. Und ein Mann wie Stechlin, ein Mann in Mission! Und jetzt sogar unter den Augen Ihrer Majestät von Großbritannien und Indien.«

Alles stimmte dem, »daß es wenig sei«, zu. Nur der alte Graf wollte davon nichts wissen.

»Was verlangt Ihr? Es ist umgekehrt ein sehr gutes Telegramm, weil ein richtiges Telegramm; Richmond, Windsor,

Nelsonsäule. Soll er etwa telegraphieren, daß er sich sehnt, uns wieder zu sehn? Und das wird er nicht einmal können, so riesig verwöhnt er jetzt ist. Ihr werdet Euch alle sehr zusammennehmen müssen. Auch du, Melusine.«

»Natürlich, ich am meisten.«

Verlobung.
Weihnachtsreise nach Stechlin.

Fünfundzwanzigstes Kapitel.

Drei Tage später war Woldemar zurück und meldete sich für den nächsten Abend am Kronprinzenufer an. Er traf nur die beiden Damen, die, Melusine voran, kein Hehl aus ihrer Freude machten. »Papa läßt Ihnen sein Bedauern aussprechen, Sie nicht gleich heute mitbegrüßen zu können. Er ist bei den Berchtesgadens zur Spielpartie, bei der er natürlich nicht fehlen durfte. Das ist ›Dienst‹, weit strenger als der Ihrige. Wir haben Sie nun ganz allein, und das ist auch etwas Gutes. An Besuch ist kaum zu denken; Rex war erst gestern auf eine kurze Visite hier, etwas steif und formell wie gewöhnlich, und mit Ihrem Freunde Czako haben wir letzten Sonnabend eine Stunde verplaudern können. Wrschowitz war an demselben Abend auch da; beide treffen sich jetzt öfter und vertragen sich besser als ich bei Beginn der Bekanntschaft dachte. Wer also sollte noch kommen? ... Und nun setzen Sie sich, um Ihr Reisefüllhorn über uns auszuschütten; – die Füllhörner, die jetzt Mode sind, sind meist Bonbontüten, und genau so was erwart' ich auch von Ihnen. Sie sollten mir in einem Briefe von den Engländerinnen schreiben. Aber wer darüber nicht schrieb, das waren Sie, wenn wir uns auch entschließen wollen, Ihr Telegramm für voll anzusehn.« Und dabei lachte Melusine. »Vielleicht haben Sie uns in unsrer Eitelkeit nicht kränken wollen. Aber offen Spiel ist immer das beste. Wovon Sie nicht geschrieben, davon müssen Sie jetzt sprechen. Wie war es drüben? Ich meine mit der Schönheit.«

»Ich habe nichts einzelnes gesehn, was mich frappiert oder gar hingerissen hätte.«

»Nichts Einzelnes. Soll das heißen, daß Sie dafür das Ganze beinah' bewundert haben, will also sagen, die weibliche Totalität?«

»Fast könnt' ich dem zustimmen. Ich erinnere mich, daß mir vor Jahr und Tag schon ein Freund einmal sagte, ›in der ganzen Welt fände man, Gott sei Dank, schöne Frauen, aber nur in England seien die Frauen überhaupt schön‹.«

»Und das haben Sie geglaubt?«

»Es liegt eigentlich schlimmer, gnädigste Gräfin. Ich hab' es nicht geglaubt; aber ich hab' es, meinem Nichtglauben zum Trotz, nachträglich bestätigt gefunden.«

»Und Sie schaudern nicht vor solcher Übertreibung?«

»Ich kann es nicht, so sehr ich gerade hier eine Verpflichtung dazu fühle ...«

»Keine Bestechungen.«

»Ich soll schaudern vor einer Übertreibung,« fuhr Woldemar fort. »Aber Sie werden mir, Frau Gräfin, dies Schaudern vielleicht erlassen, wenn ich Erklärungen abgegeben haben werde. Der Englandschwärmer, den ich da vorhin citierte, war ein Freund von zugespitzten Sätzen, und zugespitzte Sätze darf man nie wörtlich nehmen. Und am wenigsten auf diesem difficilen Gebiete. Nirgends in der Welt blühen Schönheiten wie die gelben Butterblumen übers Feld hin; wirkliche Schönheiten sind schließlich immer Seltenheiten. Wären sie nicht selten, so wären sie nicht schön, oder wir fänden es nicht, weil wir einen andern Maßstab hätten. All das steht fest. Aber es giebt doch Durchschnittsvorzüge, die den Typus des Ganzen bestimmen, und diesem Maße nicht geradezu frappierender, aber doch immerhin noch sehr gefälliger Durchschnittsschönheit, *dem* bin ich drüben begegnet.«

»Ich lass' es mit dieser Einschränkung gelten, und Sie werden in Papa, mit dem wir oft darüber streiten, einen Anwalt für Ihre Meinung finden. Durchschnittsvorzüge. Zugegeben. Aber was sich darin ausspricht, das beinah' Unpersönliche, das Typische...«

Melusine schrak in diesem Augenblick leise zusammen, weil sie draußen die Klingel gehört zu haben glaubte. Wirklich, Jeserich trat ein und meldete: Professor Cujacius. »Um Gottes willen,« entfuhr es der Gräfin, und die kleine Pause benutzend, die ihr noch blieb, flüsterte sie Woldemar zu: »Cujacius ... Malerprofessor. Er wird über Kunst sprechen; bitte, widersprechen Sie ihm nicht, er gerät dabei so leicht in Feuer oder in mehr als das.« Und kaum, daß Melusine so weit gekommen war, erschien auch schon Cujacius und schritt unter rascher Verbeugung gegen Armgard auf die Gräfin zu, dieser die Hand zu küssen. Sie hatte sich inzwischen gesammelt und stellte vor: »Professor Cujacius, ... Rittmeister von Stechlin.« Beide verneigten sich gegeneinander, Woldemar ruhig, Cujacius mit dem ihm eignen superioren Apostelausdruck, der, wenn auch ungewollt, immer was Provozierendes hatte. »Bin,« so ließ er sich mit einer gewissen Kondescenz vernehmen, »durch Gräfin Melusine ganz auf dem Laufenden. Abordnung, England, Windsor. Ich habe Sie beneidet, Herr Rittmeister. Eine so schöne Reise.«

»Ja, das war sie, nur leider zu kurz, so daß ich intimeren Dingen, beispielsweise der englischen Kunst, nicht das richtige Maß von Aufmerksamkeit widmen konnte.«

»Worüber Sie sich getrösten dürfen. Was ich persönlich an solcher Reise jedem beneiden möchte, das sind ausschließlich die großen Gesamteindrücke, der Hof und die Lords, die die Geschichte des Landes bedeuten.«

»All das war auch mir die Hauptsache, mußt' es sein. Aber ich hätte mich dem ohnerachtet auch gern um Künstlerisches gekümmert, speziell um Malerisches. So zum Beispiel um die Schule der Präraffaeliten.«

»Ein überwundener Standpunkt. Einige waren da, deren

Auftreten auch von uns (ich spreche von den Künstlern meiner Richtung) mit Aufmerksamkeit und selbst mit Achtung verfolgt wurde. So beispielsweise Millais ...«

»Ah, *der*. Sehr wahr. Ich erinnere mich seines bedeutendsten Bildes, das leider nach Amerika hin verkauft wurde. Wenn ich nicht irre, zu einem enormen Preise.«

Cujacius nickte. »Mutmaßlich das vielgefeierte ›Angelusbild‹, was Ihnen vorschwebt, Herr Rittmeister, eine von Händlern heraufgepuffte Marktware, für die Sie glücklicherweise den englischen Millais, will also sagen, den ›a, i, s‹-Millais nicht verantwortlich machen dürfen. *Der* Millet, der für eine, wie Sie schon bemerkten, lächerlich hohe Summe nach Amerika hin verkauft wurde, war ein ›e, t‹-Millet, Vollblutpariser oder wenigstens Franzose.«

Woldemar geriet über diese Verwechslung in eine kleine Verlegenheit, die Damen mit ihm, alles sehr zur Erbauung des Professors, dessen rasch wachsendes Überlegenheitsgefühl unter dem Eindruck dieses Fauxpas immer neue Blüten übermütiger Laune trieb. »Im übrigen sei mir's verziehen,« fuhr er, immer leuchtender werdend, fort, »wenn ich mein Urteil über beide kurz dahin zusammenfasse: ›sie sind einander wert‹ und die zwei großen westlichen Kulturvölker mögen sich darüber streiten, wer von ihnen am meisten genasführt wurde. Der französische Millet ist eine Null, ein Zwerg, neben dem der englische vergleichsweise zum Riesen anwächst, wohlverstanden vergleichsweise. Trotzdem, wie mir gestattet sein mag zu wiederholen, war er zu Beginn seiner Laufbahn ein Gegenstand unsrer hiesigen Aufmerksamkeit. Und mit Recht. Denn das Präraffaelitentum, als dessen Begründer und Vertreter ich ihn ansehe, trug damals einen Zukunftskeim in sich; eine große Revolution schien sich anbahnen zu wollen, jene große Revolution, die Rückkehr heißt. Oder wenn Sie wollen ›Reaktion‹. Man hat vor solchen Wörtern nicht zu erschrecken. Wörter sind Kinderklappern.«

»Und dieser englische Millais, – den mit dem französischen verwechselt zu haben ich aufrichtig bedaure, – dieser ›a, i, s‹- Millais, dieser große Reformer, ist, wenn ich Sie recht verstehe, sich selber untreu geworden.«

»Man wird dies sagen dürfen. Er und seine Schule verfielen in Excentricitäten. Die Zucht ging verloren und das straft sich auf jedem Gebiet. Was da neuerdings in der Welt zusammengekleckst wird, zumal in der schottischen und amerikanischen Schule, die sich jetzt auch bei uns breit zu machen sucht, das ist der Überschwang einer an sich beachtenswerten Richtung. Der Zug, der unter Mitteldampf gut und erfreulich fuhr, unter Doppeldampf (und das reicht noch nicht einmal aus) ist er entgleist; er liegt jetzt neben den Schienen und pustet und keucht. Und ein Jammer nur, daß seine Heizer nicht mit auf dem Platze geblieben sind. Das ist der Fluch der bösen That ... ich verzichte darauf, in Gegenwart der Damen das Citat zu Ende zu führen.«

Eine kleine Pause trat ein, bis Woldemar, der einsah, daß irgend was gesagt werden müsse, sich zu der Bemerkung aufraffte: »Von Neueren hab' ich eigentlich nur Seestücke kennen gelernt; dazu die Phantastika des Malers William Turner, leider nur flüchtig. Er hat die ›drei Männer im feurigen Ofen‹ gemalt. Stupend. Etwas Großartiges schien mir aus seinen Schöpfungen zu sprechen, wenigstens in allem, was das Kolorit angeht.«

»Eine gewisse Großartigkeit,« nahm Cujacius mit lächelnd überlegener Miene wieder das Wort, »ist ihm nicht abzusprechen. Aber aller Wahnsinn wächst sich leicht ins Großartige hinein und düpiert dann regelmäßig die Menge. Mundus vult decipi. Allem vorauf in England. Es giebt nur ein Heil: Umkehr, Rückkehr zur keuschen Linie. Die Koloristen sind das Unglück in der Kunst. Einige wenige waren hervorragend, aber nicht parceque, sondern quoique. Noch heute wird es mir obliegen, in unserm Verein über eben dieses

Thema zu sprechen. Gewiß unter Widerspruch, vielleicht auch unter Lärm und Gepolter; denn mit den richtigen Linien in der Kunst sind auch die richtigen Formen in der Gesellschaft verloren gegangen. Aber viel Feind', viel Ehr', und jede Stelle verlangt heutzutage ihren Mann von Worms, ihren Luther. ›Hier stehe ich‹. Am elendesten aber sind die paktierenwollenden Halben. Zwischen schön und häßlich ist nicht zu paktieren.«

»Und schön und häßlich,« unterbrach hier Melusine, (froh, überhaupt unterbrechen zu können,) »war auch die große Frage, die wir, als wir Sie begrüßen durften, eben unter Diskussion stellten. Herr von Stechlin sollte beichten über die Schönheit der Engländerinnen. Und nun frag' ich *Sie*, Herr Professor, finden auch Sie sie so schön, wie einem hierlandes immer versichert wird?«

»Ich spreche nicht gern über Engländerinnen,« fuhr Cujacius fort. »Etwas von Idiosynkrasie beherrscht mich da. Diese Töchter Albions, sie singen so viel und musizieren so viel und malen so viel. Und haben eigentlich kein Talent.«

»Vielleicht. Aber davon dürfen Sie jetzt nicht sprechen. Bloß das eine: schön oder nicht schön?«

»Schön? Nun denn ›nein‹. Alles wirkt wie tot. Und was wie tot wirkt, wenn es nicht der Tod selbst ist, ist nicht schön. Im übrigen, ich sehe, daß ich nur noch zehn Minuten habe. Wie gerne wär' ich an einer Stelle geblieben, wo man so vielem Verständnis und Entgegenkommen begegnet. Herr von Stechlin, ich erlaube mir, Ihnen morgen eine Radierung nach einem Bilde des richtigen englischen Millais zu schicken. Dragonerkaserne, Hallesches Thor, – ich weiß. Übermorgen lass' ich die Mappe wieder abholen. Name des Bildes: ›Sir Isumbras‹. Merkwürdige Schöpfung. Schade, daß er, der Vater des Präraffaelitentums, dabei nicht aushielt. Aber nicht zu verwundern. Nichts hält jetzt aus, und mit nächstem werden wir die Berühmtheiten nach Tagen zählen. Tizian entzückte noch mit hundert Jahren; wer jetzt fünf Jahre gemalt hat, ist altes Eisen. Gnädigste Gräfin, Comtesse Armgard ... Darf ich bitten, mich meinem Gönner, Ihrem Herrn Vater, dem Grafen, angelegentlichst empfehlen zu wollen.«

Woldemar, die Honneurs des Hauses machend, was er bei seiner intimen Stellung durfte, hatte den Professor bis auf den Korridor geleitet und ihm hier den Künstlermantel umgegeben, den er, in unverändertem Schnitt, seit seinen Romtagen trug. Es war ein Radmantel. Dazu ein Kalabreser von Seidenfilz.

»Er ist doch auf seine Weise nicht übel,« sagte Woldemar, als er bei den Damen wieder eintrat. »An einem starken Selbstbewußtsein, dran er wohl leidet, darf man heutzutage nicht Anstoß nehmen, vorausgesetzt, daß die Thatsachen es einigermaßen rechtfertigen.«

»Ein starkes Selbstbewußtsein ist nie gerechtfertigt,« sagte Armgard, »Bismarck vielleicht ausgenommen. Das heißt also in jedem Jahrhundert einer.«

»Wonach Cujacius günstigstenfalls der zweite wäre,« lachte Woldemar. »Wie steht es eigentlich mit ihm? Ich habe nie von ihm gehört, was aber nicht viel besagen will, namentlich nachdem ich Millais und Millet glücklich verwechselt habe. Nun geht alles so in einem hin. Ist er ein Mann, den ich eigentlich kennen müßte?«

»Das hängt ganz davon ab,« sagte Melusine, »wie Sie sich einschätzen. Haben Sie den Ehrgeiz, nicht bloß den eigentlichen alten Giotto von Florenz zu kennen, sondern auch all die Giottinos, die neuerdings in Ostelbien von Rittergut zu Rittergut ziehn, um für Kunst und Christentum ein übriges zu leisten, so müssen Sie Cujacius freilich kennen. Er hat da die große Lieferung; ist übrigens lange nicht der Schlimmste. Selbst seine Gegner, und er hat deren ein gerüttelt und geschüttelt Maß, gestehen ihm ein hübsches Talent zu, nur verdirbt er alles durch seinen Dünkel. Und so hat er denn keine Freunde, trotzdem er beständig von Richtungsgenossen spricht und auch heute wieder sprach. Gerade diese Richtungsgenossen aber hat er aufs entschiedenste gegen sich, was übrigens nicht bloß an ihm, sondern auch an den Genossen liegt. Gerade die, die dasselbe Ziel verfolgen, bekämpfen sich immer am heftigsten untereinander, vor allem auf christlichem Gebiet, auch wenn es sich nicht um christliche Dogmen, sondern bloß um christliche Kunst handelt. Zu des Professors Lieblingswendungen zählt die, daß er ›in der Tradition stehe‹, was ihm indessen nur Spott und Achselzucken einträgt. Einer seiner Richtungsgenossen, – als ob er mich persönlich dafür hätte verantwortlich machen wollen, – fragte mich erst neulich voll ironischer Teilnahme: ›Steht denn Ihr Cujacius immer noch in der Tradition?‹ Und als ich ihm antwortete: ›Sie spötteln darüber, hat er denn aber keine?‹ bemerkte dieser Spezialkollege: ›Gewiß hat er eine Tradition, und das ist seine eigne. Seit fünfundvierzig Jahren malt er immer denselben Christus und bereist als Kunst-, aber fast auch schon als Kirchen-Fanatiker, die ihm unterstellten Provinzen, so daß man betreffs seiner beinah' sagen kann: „Es predigt sein Christus allerorten, ist aber drum nicht schöner geworden"‹.«

»Melusine, du darfst so nicht weiter sprechen,« unterbrach hier Armgard. »Sie wissen übrigens, Herr von Stechlin, wie's hier steht, und daß ich meine ältere Schwester, die mich erzogen hat, (hoffentlich gut,) jetzt nachträglich mitunter meinerseits erziehen muß.« Dabei reichte sie Melusine die Hand. »Eben erst ist er fort, der arme Professor, und jetzt schon so schlechte Nachrede. Welchen Trost soll sich unser Freund Stechlin daraus schöpfen? Er wird denken: heute dir, morgen mir.«

»Du sollst in allem recht haben, Armgard, nur nicht in diesem letzten. Schließlich weiß doch jeder, was er gilt, ob er geliebt wird oder nicht, vorausgesetzt, daß er ein Gentleman und nicht ein Gigerl ist. Aber Gentleman. Da hab' ich wieder die Einhake-Öse für England. Das Schönheitskapitel ist erledigt, war ohnehin nur Caprice. Von all dem andern aber, das schließlich doch wichtiger ist, wissen wir noch immer so gut wie gar nichts. Wie war es im Tower? Und hab' ich recht behalten mit Traitors Gate?«

»Nur in einem Punkt, Gräfin, in Ihrem Mißtrauen gegen meine Phantasie. Die versagte da total, wenn es nicht doch vielleicht an der Sache selbst, also an Traitors Gate, gelegen hat. Denn an einer anderen Stelle konnt' ich mich meiner Phantasie beinah' berühmen und am meisten da, wo, (wie mir übrigens nur zu begreiflich,) auch Sie persönlich mit so viel Vorliebe verweilt haben.«

»Und welche Stelle war das?«

»Waltham-Abbey.«

»Waltham-Abbey? Aber davon weiß ich ja gar nichts. Waltham-Abbey kenn' ich nicht, kaum dem Namen nach.«

»Und doch weiß ich bestimmt, daß mir Ihr Herr Papa gerade am Abend vor meiner Abreise sagte: ›das muß Melusine wissen; die weiß ja dort überall Bescheid und kennt, glaub' ich, Waltham-Abbey besser, als Treptow oder Stralau.‹«

»So bilden sich Renommees,« lachte Melusine. »Der Papa hat das auf gut Glück hin gesagt, hat bloß ein beliebiges Beispiel herausgegriffen. Und nun diese Tragweite! Lassen wir das aber und sagen Sie mir lieber: was ist Waltham-Abbey? Und wo liegt es?«

»Es liegt ganz in der Nähe von London und ist eine Nachmittagsfahrt, etwa wie wenn man das Mausoleum in Charlottenburg besucht oder das in der Potsdamer Friedenskirche.«

»Hat es denn etwas von einem Mausoleum?«

»Ja und nein. Der Denkstein fehlt, aber die ganze Kirche kann als ein Denkmal gelten.«

»Als ein Denkmal für wen?«

»Für König Harald.«

»Für den, den Editha Schwanenhals auf dem Schlachtfelde von Hastings suchte?«

»Für denselben.«

»Ich habe während meiner Londoner Tage das Bild von Horace Vernet gesehn, das den Moment darstellt, wo die schöne Col de Cygne zwischen den Toten umherirrt. Und ich erinnre mich auch, daß zwei Mönche neben ihr herschritten. Aber weiter weiß ich nichts. Und am wenigsten weiß ich, was daraus wurde.«

»Was daraus wurde, – das ist eben der Schlußakt des Dramas. Und dieser Schlußakt heißt Waltham-Abbey. Die Mönche, deren Sie sich erinnern, und die da neben Editha herschritten, das waren Waltham-Abbeymönche, und als sie schließlich gefunden hatten, was sie suchten, legten sie den König auf dichtes Baumgezweig und trugen ihn den weiten Weg bis nach Waltham-Abbey zurück. Und da begruben sie ihn.«

»Und die Stätte, wo sie ihn begruben, die haben Sie besucht?«

»Nein, nicht sein Grab; das existiert nicht. Man weiß nur, daß man ihn dort überhaupt begrub. Und als ich da, die Sonne ging eben unter, in einem uralten Lindengange stand, zwischen Grabsteinen links und rechts und das Abendläuten von der Kirche her begann, da war es mir, als käme wieder der Zug mit den Mönchen den Lindengang herauf, und ich sah Editha und sah auch den König, trotzdem ihn die Zweige halb verdeckten. Und dabei (wenn auch eigentlich der Papa schuld ist und nicht Sie, Gräfin) gedacht ich Ihrer in alter und neuer Dankbarkeit.«

»Und daß Sie mich besiegt haben. Aber das sage nur ich.

Sie sagen es natürlich nicht, denn Sie sind nicht der Mann, sich eines Sieges zu rühmen, noch dazu über eine Frau. Waltham-Abbey kenn' ich nun, und an Ihre Phantasie glaub' ich von heut an, trotzdem Sie mich mit Traitors Gate im Stiche gelassen. Daß Sie nebenher noch, und zwar Armgard zu Ehren, in Martins le Grand waren, dessen bin ich sicher und ebenso, daß Sie Papas einzige Forderung erfüllt und der Kapelle Heinrichs des Siebenten Ihren Besuch gemacht haben, diesem Wunderwerk der Tudors. Welchen Eindruck hatten Sie von der Kapelle?«

»Den denkbar großartigsten. Ich weiß, daß man die herabhängenden Trichter, die sie ›Tromben‹ nennen, unschön gefunden hat, aber ästhetische Vorschriften existieren für mich nicht. Was auf mich wirkt, wirkt. Ich konnte mich nicht satt sehen daran. Trotzdem, das Eigentlichste war doch noch wieder ein andres und kam erst, als ich da zwischen den Sarkophagen der beiden feindlichen Königinnen stand. Ich wüßte nicht, daß etwas je so beweglich und eindringlich zu mir gepredigt hätte, wie gerade diese Stelle.«

»Und was war es, was Sie da so bewegte?«

»Das Gefühl: ›zwischen diesen beiden Gegensätzen pendelt die Weltgeschichte.‹ Zunächst freilich scheinen wir da nur den Gegensatz zwischen Katholizismus und Protestantismus zu haben, aber weit darüber hinaus (weil nicht an Ort und Zeit gebunden) haben wir bei tiefergehender Betrachtung den Gegensatz von Leidenschaft und Berechnung, von Schönheit und Klugheit. Und das ist der Grund, warum das Interesse daran nicht ausstirbt. Es sind große Typen, diese feindlichen Königinnen.«

Beide Schwestern schwiegen. Dann sagte Melusine, der daran lag, wieder ins Heitere hinüber zu lenken: »Und nun, Armgard, sage, für welche von den beiden Königinnen bist du?«

»Nicht für die eine und nicht für die andre. Nicht einmal

für beide. Gewiß sind es Typen. Aber es giebt andre, die mir mehr bedeuten, und, um es kurz zu sagen, Elisabeth von Thüringen ist mir lieber als Elisabeth von England. Andern leben und der Armut das Brot geben – darin allein ruht das Glück. Ich möchte, daß ich mir *das* erringen könnte. Aber man erringt sich nichts. Alles ist Gnade.«

»Du bist ein Kind,« sagte Melusine, während sie sich mühte, ihrer Bewegung Herr zu werden. »Du wirst noch Unter den Linden für Geld gezeigt werden. Auf der einen Seite ›die Mädchen von Dahomey‹, auf der andern du.«

Stechlin ging. Armgard gab ihm das Geleit bis auf den Korridor. Es war eine Verlegenheit zwischen beiden, und Woldemar fühlte, daß er etwas sagen müsse. »Welche liebenswürdige Schwester Sie haben.«

Armgard errötete. »Sie werden mich eifersüchtig machen.«

»Wirklich, Comtesse?«

»Vielleicht ... Gute Nacht.«

Eine halbe Stunde später saß Melusine neben dem Bett der Schwester und beide plauderten noch. Aber Armgard war einsylbig, und Melusine bemerkte wohl, daß die Schwester etwas auf dem Herzen habe.

»Was hast du, Armgard? Du bist so zerstreut, so wie abwesend.«

»Ich weiß es nicht. Aber ich glaube fast ...«

»Nun was?«

»Ich glaube fast, ich bin verlobt.«

Sechsundzwanzigstes Kapitel.

Und was die jüngere Schwester der älteren zugeflüstert hatte, das wurde wahr und schon wenige Tage nach diesem ersten Wiedersehn waren Armgard und Woldemar Verlobte. Der alte Graf sah einen Wunsch erfüllt, den er seit lange gehegt und Melusine küßte die Schwester mit einer Herzlichkeit, als ob sie selber die Glückliche wäre.

»Du gönnst ihn mir doch?«

»Ach, meine liebe Armgard,« sagte Melusine, »wenn du wüßtest! Ich habe nur die Freude, du hast auch die Last.«

———

An demselben Abende noch, wo die Verlobung stattgefunden hatte, schrieb Woldemar nach Stechlin und nach Wutz; der eine Brief war so wichtig, wie der andre, denn die Tante-Domina, deren Mißstimmung so gut wie gewiß war, mußte nach Möglichkeit versöhnlich gestimmt werden. Freilich blieb es fraglich, ob es glücken würde.

Zwei Tage später waren die Antwortbriefe da, von denen diesmal der Wutzer Brief über den Stechliner siegte, was einfach daran lag, daß Woldemar von Wutz her nur Ausstellungen, von Stechlin her nur Entzücken erwartet hatte. Das traf aber nun Beides nicht zu. Was die Tante schrieb, war durchaus nicht so schlimm (sie beschränkte sich auf Wiederholung der schon mündlich von ihr ausgesprochenen Bedenken), und was der Alte schrieb, war nicht so gut oder doch wenigstens nicht so der Situation angepaßt, wie's Woldemar gewärtigte. Natürlich war es eine Beglückwünschung, aber doch mehr noch ein politischer Exkurs. Dubslav litt als Briefschreiber daran, gern bei Nebensächlichkeiten zu verweilen und gelegentlich über die Hauptsache wegzusehn. Er schrieb:

»Mein lieber Woldemar. Die Würfel sind nun also gefallen (früher hieß es alea jacta est, aber so altmodisch bin ich denn doch nicht mehr), und da zwei Sechsen obenauf liegen, kann ich nur sagen: ich gratuliere. Nach dem Gespräch übrigens, das ich am dritten Oktober morgens mit Dir führte, während wir um unsern Stechliner Springbrunnen herumgingen (seit drei Tagen springt er nicht mehr; wahrscheinlich werden die Mäuse das Röhrenwerk angeknabbert haben) – seit jenem Oktobermorgen hab' ich so was erwartet, nicht mehr, aber auch nicht weniger. Du wirst nun also Carriere machen, glücklicherweise zunächst durch Dich selbst und dann allerdings auch durch Deine Braut und deren Familie. Graf Barby – mit Rübenboden im Magdeburgischen und mit Mineralquellen im Graubündischen – höher hinauf geht es kaum, Du müßtest Dich denn bis ins Katzlersche verirren. Armgard ist auch schon viel, aber Ermyntrud doch mehr und für den armen Katzler jedenfalls zu viel. Ja, mein lieber Woldemar, Du kommst nun also zu Vermögen und Einfluß und kannst die Stechlins wieder 'raufbringen (gestern war Baruch Hirschfeld hier und in allem willfährig; die Juden sind nicht so schlimm wie manche meinen), und wenn Du dann hier einziehst und statt der alten Kathe so was in Chateaustil bauen läßt und vielleicht sogar eine Fasanenzucht anlegst, so daß erst der Post-Stephan und dann der Kaiser selbst bei Dir zu Besuch kommen kann, ja, da kannst Du möglicherweise selbst das erreichen, was Dein alter Vater, weil Feilenhauer Torgelow mächtiger war als er, nicht erreichen konnte: den Einzug ins Reichshaus mit dem freien Blick auf Kroll. Mehr kann ich in diesem Augenblick nicht sagen, auch meine Freude nicht höher spannen, und in diesem relativen Ruhigbleiben empfind' ich zum erstenmal eine gewisse Familienähnlichkeit mit meiner Schwester Adelheid, deren Glaubensbekenntnis im letzten darauf hinausläuft: Kleinadel über Hochadel, Junker über Graf. Ja, ich fühle, Deinen Gräflichkeiten gegenüber, wie sich der Junker ein bißchen in mir regt. Die reichen und vornehmen Herren sind doch immer ganz eigene Leute, die wohl Fühlung mit uns haben, unter Umständen auch suchen, aber das Fühlunghalten nach oben ist ihnen schließlich doch viel, viel wichtiger. Es heißt wohl immer ›wir Kleinen, wir machten alles und könnten alles,‹ aber bei Lichte besehn, ist es bloß das alte: ›Du glaubst zu schieben und Du wirst geschoben.‹ Glaube mir, Woldemar, wir werden geschoben und sind bloß Sturmbock. Immer dieselbe Geschichte, wie mit Protz und Proletarier. Die Proletarier – wie sie noch echt waren, jetzt mag es wohl anders damit sein – waren auch bloß immer dazu da, die Kastanien aus dem Feuer zu holen; aber ging es dann schief, dann wanderte Bruder Habenichts nach Spandau und Bruder Protz legte sich zu Bett. Und mit Hochadel und Kleinadel ist es beinah' ebenso. Natürlich heiratet eine Ermyntrud mal einen Katzler, aber eigentlich äugt sie doch mehr nach einem Stuart oder Wasa, wenn es deren noch giebt. Wird aber wohl nich. Entschuldige diesen Herzenserguß, dem Du nicht mehr Gewicht beilegen mußt, als ihm zukommt. Es kam mir das alles so von ungefähr in die Feder, weil ich grade heute wieder gelesen habe, wie man einen von uns, der durch Eintreten eines Ippe-Büchsenstein hätte gerettet werden können, schändlich im Stich gelassen hat. Ippe-Büchsenstein ist natürlich nur Begriff. Alles in allem: ich habe zu Dir das Vertrauen, daß Du richtig gewählt hast, und daß man Dich nicht im Stiche lassen wird. Außerdem, ein richtiger Märker hat Augen im Kopf und is beinah' so helle wie 'n Sachse.

Wie immer Dein alter Vater Dubslav von Stechlin.«

Es war Ende November, als Woldemar diesen Brief erhielt. Er überwand ihn rasch, und am dritten Tag las er alles schon mit einer gewissen Freudigkeit. Ganz der Alte; jede Zeile voll Liebe, voll Güte, voll Schnurrigkeiten. Und eben diese Schnurren, trafen sie nicht eigentlich auch den Nagel auf den Kopf? Sicherlich. Was aber das beste war, so sehr das alles im allgemeinen passen mochte, auf die Barbys paßte so gut wie nichts davon; die waren doch anders, die suchten nicht Fühlung nach oben und nicht nach unten, die marchandierten nicht mit links und nicht mit rechts, die waren nur Menschen, und daß sie nur *das* sein wollten, das war ihr Glück und zugleich ihr Hochgefühl. Woldemar sagte sich denn auch, daß der Alte, wenn er sie nur erst kennen gelernt haben würde, mit fliegenden Fahnen ins Barbysche Lager übergehen würde. Der alte Graf, Armgard und vor allem Melusine. Die war genau das, was der Alte brauchte, wobei ihm das Herz aufging.

Den Weihnachtsabend verbrachte Woldemar am Kronprinzenufer. Auch Wrschowitz und Cujacius – von denen jener natürlich unverheiratet, dieser wegen beständiger Streiterei von seiner Frau geschieden war – waren zugegen. Cujacius hatte gebeten, ein Krippentransparent malen zu dürfen, was denn auch, als es erschien, auf einen Nebentisch gestellt und allseitig bewundert wurde. Die drei Könige waren Porträts: der alte Graf, Cujacius selbst und Wrschowitz (als Mohrenkönig); letzterer, trotz Wollhaar und aufgeworfener Lippe, von frappanter Ähnlichkeit. Auch in der Maria suchte man nach Anlehnungen und fand sie zuletzt; es war Lizzi, die, wie so viele Berliner Kammerjungfern, einen sittig verschämten Ausdruck hatte. Nach dem Thee wurde musiziert, und Wrschowitz spielte, – weil er dem alten Grafen eine Aufmerksamkeit zu erweisen wünschte, – die Polonaise von Oginski, bei deren erster, nunmehr um siebzig Jahre zurückliegenden Aufführung, einem alten

on dit zufolge, der polnisch gräfliche Komponist im Schluß‑
momente sich erschossen haben sollte. Natürlich aus Liebe.
»Brav, brav,« sagte der alte Graf und war, während er sich
beinah' überschwenglich bedankte, so sehr aus dem Häus‑
chen, daß Wrschowitz schließlich schelmisch bemerkte:
»Den Piffpaffschluß muß ich mir versagen, Herr Graff, trotz‑
dem meine Vererrung (Blick auf Armgard) serr groß ist, fast
so groß wie die Vererrung des Herrn Graffen vor Graff
Oginski.«

So verlief der Heiligabend.

Schon vorher war man übereingekommen, am zweiten
Feiertage zu dritt einen Ausflug nach Stechlin zu machen,
um dort die künftige Schwiegertochter dem Schwiegerva‑
ter vorzustellen. Noch am Christabend selbst, trotzdem Mit‑
ternacht schon vorüber, schrieb denn auch Woldemar einige
Zeilen nach Stechlin hin, in denen er sich samt Braut und
Schwägerin für den zweiten Feiertag abend anmeldete.

Rechtzeitig trafen Woldemars Zeilen in Stechlin ein.
»Lieber Papa. Wir haben vor, am zweiten Feiertage mit
dem Spätnachmittagszuge von hier aufzubrechen. Wir sind
dann um sieben auf dem Granseer Bahnhof und um neun
oder nicht viel später bei dir. Armgard ist glücklich, dich
endlich kennen zu lernen, *den* kennen zu lernen, den sie
seit lange verehrt. Dafür, mein lieber Papa, hab' ich Sorge
getragen. Graf Barby, der nicht gut bei Wege ist, was ihn
hindert mitzukommen, will dir angelegentlich empfohlen
sein. Desgleichen Gräfin Ghiberti, die uns als Dame d'hon‑
neur begleiten wird. Armgard ist in Furcht und Aufregung
wie vor einem Examen. Sehr ohne Not. Kenn' ich doch mei‑
nen Papa, der die Güte und Liebe selbst ist. Wie immer
dein Woldemar.«

Engelke stand neben seines Herrn Stuhl, als dieser die
Zeilen halblaut, aber doch in aller Deutlichkeit vorlas. »Nun,
Engelke, was sagst du dazu?«

»Ja, gnäd'ger Herr, was soll ich dazu sagen. Es is ja doch, was man so 'ne ›gute Nachricht‹ nennt.«

»Natürlich is es 'ne gute Nachricht. Aber hast du noch nicht erlebt, daß einen gute Nachrichten auch genieren können?«

»Jott, gnäd'ger Herr, ich kriege keine.«

»Na, denn sei froh; dann weißt du nicht, was ›gemischte Gefühle‹ sind. Sieh, ich habe jetzt gemischte Gefühle. Da kommt nun mein Woldemar. Das is gut. Und da bringt er seine Braut mit, das is wieder gut. Und da bringt er seine Schwägerin mit, und das is wahrscheinlich auch gut. Aber die Schwägerin ist eine Gräfin mit einem italienischen Namen, und die Braut heißt Armgard, was doch auch schon sonderbar ist. Und beide sind in England geboren, und ihre Mutter war aus der Schweiz, von einer Stelle her, von der man nicht recht weiß, wozu sie gehört, weil da alles schon durcheinander geht. Und überall haben sie Besitzungen, und Stechlin ist doch blos 'ne Kathe. Sieh, Engelke, das is genierlich und giebt das, was ich ›gemischte Gefühle‹ nenne.«

»Nu ja, nu ja.«

»Und dann müssen wir doch auch repräsentieren. Ich muß ihnen doch irgend einen Menschen vorsetzen. Ja, wen soll ich ihnen vorsetzen? Viel is hier nich. Da hab' ich Adelheiden. Natürlich, die muß ich einladen, und sie wird auch kommen, trotzdem Schnee gefallen ist; aber sie kann ja 'nen Schlitten nehmen. Vielleicht ist ihr Schlitten besser als ihr Wagen. Gott, wenn ich an das Verdeck denke mit der großen Lederflicke, da wird mir auch nicht besser. Und dabei denkt sie, ›sie is was‹, was am Ende auch wieder gut is, denn wenn der Mensch erst denkt, ›es is gar nichts mit ihm‹, dann is es auch nichts.«

»Und dann, gnäd'ger Herr, sie is ja doch 'ne Domina und hat 'nen Rang. Und ich hab' auch mal gelesen, sie sei eigentlich mehr als ein Major.«

»Na, jedenfalls ist sie mehr als ihr Bruder; so 'n vergessener Major is ein Jammer. Aber Adelheid selbst, so auf 'n ersten Anhieb, is auch bloß so so. Wir müssen jedenfalls noch wen dazu haben. Schlage was vor. Baron Beetz und der alte Zühlen, die die besten sind, die wohnen zu weit ab, und ich weiß nicht, seit wir die Eisenbahnen haben, laufen die Pferde schlechter. Oder es kommt einem auch bloß so vor. Also die guten Nummern fallen aus. Und da sind wir denn wieder bei Gundermann.«

»Ach, gnäd'ger Herr, den nich. Un er soll ja auch so zweideutig sein. Uncke hat es mir gesagt; Uncke hat freilich immer das Wort ›zweideutig‹. Aber es wird wohl stimmen. Un dann die Frau Gundermann. Das is 'ne richtige Berlinsche. Verlaß is auf ihm nich und auf ihr nich.«

»Ja, Engelke, du sollst mir helfen und machst es bloß noch schlimmer. Wir könnten es mit Katzler versuchen, aber da ist das Kind krank, und vielleicht stirbt es. Und dann haben wir natürlich noch unsern Pastor; nu der ginge, bloß daß er immer so still dasitzt, wie wenn er auf den heiligen Geist wartet. Und mitunter kommt er; aber noch öfter kommt er nicht. Und solche Herrschaften, die dran gewöhnt sind, daß einer in einem fort was Feines sagt, ja, was sollen die mit unserm Lorenzen? Er ist ein Schweiger.«

»Aber er schweigt doch immer noch besser, als die Gundermannsche red't.«

»Das is richtig. Also Lorenzen, und vielleicht, wenn das Kind sich wieder erholt, auch Katzler. Ein Schelm giebt mehr, als er hat. Und dann, Engelke, solche Damen, die überall 'rum in der Welt waren, da weiß man nie, wie der Hase läuft. Es ist möglich, daß sie sich für Krippenstapel interessieren. Oder höre, da fällt mir noch was ein. Was meinst du zu Koseleger?«

»Den hatten wir ja noch nie.«

»Nein, aber Not lehrt beten. Ich mache mir eigentlich nicht

viel aus ihm, indessen is und bleibt er doch immer ein Superintendent, und das klingt nach was. Und dann war er ja mit 'ner russischen Großfürstin auf Reisen, und solche Großfürstin is eigentlich noch mehr als 'ne Prinzessin. Also sprich mal mit Kluckhuhn, der soll 'nen Boten schicken. Ich schreibe gleich 'ne Karte.«

Katzler sagte ab oder ließ es doch unbestimmt, ob er kommen könne, Koseleger dagegen, was ein Glück war, nahm an, und auch Schwester Adelheid antwortete durch den Boten, den Dubslav geschickt hatte: »daß sie den zweiten Feiertag in Stechlin eintreffen und so weit wie dienlich und schicklich nach dem Rechten sehn würde.« Adelheid war in ihrer Art eine gute Wirtin und stammte noch aus den alten Zeiten, wo die Damen bis zum »Schlachten« und »Aal-abziehen« herunter alles lernten und alles konnten. Also nach dieser Seite hin entschlug sich Dubslav jeder Befürchtung. Aber wenn er sich dann mit einem Male vergegenwärtigte, daß es seiner Schwester vielleicht in den Sinn kommen könne, sich auf ihren Uradel oder auf die Vorzüge sechshundertjähriger märkischer »Eingesessenheit« zu besinnen, so fiel alles, was er sich in dem mit Engelke geführten Gespräch an Trost zugesprochen hatte, doch wieder von ihm ab. Ihm bangte vor der Möglichkeit einer seitens seiner Schwester »aufgesetzten hohen Miene« wie vor einem Gespenst, und desgleichen vor der Kostümfrage. Wohl war er sich, ob er nun seine rote Landstandsuniform oder seinen hochkragigen schwarzen Frack anlegte, seiner eignen altmodischen Erscheinung voll bewußt, aber nebenher, was seine Person anging, doch auch wieder einer gewissen Patriarchalität. Einen gleichen Trost konnt' er dem äußern Menschen seiner Schwester Adelheid nicht entnehmen. Er wußte genau, wie sie kommen würde: schwarzes Seidenkleid, Rüsche mit kleinen Knöpfelchen oben und die Siebenkurfürstenbrosche. Was ihn aber am meisten ängstigte, war der Moment nach Tisch, wo sie, wenn sie sich einigermaßen behaglich zu fühlen anfing, ihre Wutzer Gesamtchaussure auf das Kamingitter zu stellen und die Wärme von unten her einzusaugen pflegte.

Gleich nach sieben trafen Woldemar und die Barbyschen Damen auf dem Granseer Bahnhof ein und fanden Martin und den Stechlinschen Schlitten vor, letzterer insoweit ein Prachtstück, als er ein richtiges Bärenfell hatte, während andrerseits Geläut und Schneedecken und fast auch die Pferde mehr oder weniger zu wünschen übrig ließen. Aber Melusine sah nichts davon und Armgard noch weniger. Es war eine reizende Fahrt; die Luft stand, und am stahlblauen Himmel oben blinkten die Sterne. So ging es zwischen den eingeschneiten Feldern hin, und wenn ihre Kappen und Hüte hier und dort die herniederhängenden Zweige streiften, fielen die Flocken in ihren Schlitten. In den Dörfern war überall noch Leben, und das Anschlagen der Hunde, das vom nächsten Dorf her beantwortet wurde, klang übers Feld. Alle drei Schlitteninsassen waren glücklich, und ohne daß sie viel gesprochen hätten, bogen sie zuletzt, eine weite Kurve machend, in die Kastanienallee ein, die sie nun rasch, über Dorfplatz und Brücke fort, bis auf die Rampe von Schloß Stechlin führte. Dubslav und Engelke standen hier schon im Portal und waren den Damen beim Aussteigen behilflich. Beim Eintritt in den großen Flur war für diese das erste, was sie sahen, ein mächtiger, von der Decke herabhängender Mistelbusch; zugleich schlug die Treppenuhr, deren Hippenmann wie verwundert und beinah' verdrießlich auf die fremden Gäste herniedersah. Viele Lichter brannten, aber es wirkte trotzdem alles wie dunkel. Woldemar war ein wenig befangen, Dubslav auch. Und nun wollte Armgard dem Alten die Hand küssen. Aber das gab diesem seinen Ton und seine gute Laune wieder. »Umgekehrt wird ein Schuh draus.« »Und zuletzt ein Pantoffel,« lachte Melusine.

Siebenundzwanzigstes Kapitel.

»Das ist eine Dame und ein Frauenzimmer dazu,« sagte sich Dubslav still in seinem alten Herzen, als er jetzt Melusine den Arm bot, um sie vom Flur her in den Salon zu führen. »So müssen Weiber sein.«

Auch Adelheid mühte sich, Entgegenkommen zu zeigen, aber sie war wie gelähmt. Das Leichte, das Heitre, das Sprunghafte, das die junge Gräfin in jedem Wort zeigte, das alles war ihr eine fremde Welt, und daß ihr eine innere Stimme dabei beständig zuraunte: »Ja, dies Leichte, das du nicht hast, das ist das Leben, und das Schwere, das du hast, das ist eben das Gegenteil davon,« – das verdroß sie. Denn trotzdem sie beständig Demut predigte, hatte sie doch nicht gelernt, sich in Demut zu überwinden. So war denn alles, was über ihre Lippen kam, mehr oder weniger verzerrt, ein Versuch zu Freundlichkeiten, die schließlich in Herbigkeiten ausliefen. Lorenzen, der erschienen war, half nach Möglichkeit aus, aber er war kein Damenmann, noch weniger ein Causeur, und so kam es denn, daß Dubslav mit einer Art Sehnsucht nach dem Oberförster ausblickte, trotzdem er doch seit Mittag wußte, daß er nicht kommen würde. Das jüngste Töchterchen war nämlich gestorben und sollte den andern Tag schon auf einem kleinen, von Weihnachtsbäumen umstellten Privatfriedhofe, den sich Katzler zwischen Garten und Wald angelegt hatte, begraben werden. Es war das vierte Töchterchen in der Reihe; jede lag in einer Art Gartenbeet und hatte, wie ein Samenkorn, dessen Aufgehen man erwartet, ein Holztäfelchen neben sich, drauf der Name stand. Als Dubslavs Einladung eingetroffen war, war Ermyntrud, wie gewöhnlich, in Katzler gedrungen, der Einladung zu folgen. »Ich wünsche nicht, daß du dich deinen gesellschaftlichen Pflichten entziehst, auch heute nicht, trotz des Ernstes der Stunde. Gesellschaftlichkeiten sind auch Pflichten. Und die Barbyschen Damen – ich erinnere mich der Familie – werden gerade wegen der Trauer, in der wir stehn, in deinem Erscheinen eine besondre Freundlichkeit sehn. Und das ist genau das, was ich wünsche. Denn die Comtesse wird über kurz oder lang unsre nächste Nachbarin sein.« Aber Katzler war fest geblieben und hatte betont, daß es Höheres gäbe als Gesellschaftlichkeiten, und daß er durchaus wünsche, daß dies gezeigt werde. Der Prinzessin Auge hatte während dieser Worte hoheitsvoll auf Katzler geruht, mit einem Ausdruck, der sagen zu wollen schien: »Ich weiß, daß ich meine Hand keinem Unwürdigen gereicht habe.«

Katzler also fehlte. Doch auch Koseleger, trotz seiner Zusage, war noch nicht da, so daß Dubslav in die sonderbare Lage kam, sich den Quaden-Hennersdorfer, aus dem er sich eigentlich nichts machte, herbeizuwünschen. Endlich aber fuhr Koseleger vor, sein etwas verspätetes Kommen mit Dienstlichkeiten entschuldigend. Unmittelbar danach ging man zu Tisch, und ein Gespräch leitete sich ein. Zunächst wurde von der Nordbahn gesprochen, die, seit der neuen Kopenhagener Linie, den ihr von früher her anhaftenden Schreckensnamen siegreich überwunden habe. Jetzt heiße sie die »Apfelsinenbahn«, was doch kaum noch übertroffen werden könne. Dann lenkte man auf den alten Grafen und seine Besitzungen im Graubündischen über, endlich aber auf den langen Aufenthalt der Familie drüben in England, wo beide Töchter geboren seien.

Dies Gespräch war noch lange nicht erledigt, als man sich von Tisch erhob, und so kam es, daß sich das Plaudern über eben dasselbe Thema beim Kaffee, der im Gartensalon und zwar in einem Halbzirkel um den Kamin herum eingenommen wurde, fortsetzte. Dubslav sprach sein Bedauern aus, daß ihn in seiner Jugend der Dienst und später die Verhältnisse daran gehindert hätten, England kennen zu lernen; es sei nun doch mal das vorbildliche Land, eigentlich für alle Parteien, auch für die Konservativen, die dort ihr Ideal mindestens ebenso gut verwirklicht fänden wie die Liberalen. Lorenzen stimmte lebhaft zu, während andrerseits die Domina ziemlich deutliche Zeichen von Ungeduld gab. England war ihr kein erfreuliches Gesprächsthema, was selbstverständlich ihren Bruder nicht hinderte, dabei zu verharren.

»Ich möchte mich,« fuhr Dubslav fort, »in dieser Angelegenheit an unsern Herrn Superintendenten wenden dürfen. Waren Sie drüben?«

»Leider nein, Herr von Stechlin, ich war nicht drüben, sehr zu meinem Bedauern. Und ich hätt' es so leicht haben können. Aber es ist immer wieder die alte Geschichte: was man in ein paar Stunden und mitunter in ein paar Minuten erreichen kann, das verschiebt man, eben weil es so nah' ist, und mit einemmal ist es zu spät. Ich war Jahr und Tag im Haag, und von da nach Dover hinüber war nicht viel mehr als nach Potsdam. Trotzdem unterblieb es, oder richtiger gerade deshalb. Daß ich den Tunnel oder den Tower nicht gesehn, das könnt' ich mir verzeihn. Aber das Leben drüben! Wenn irgendwo das vielcitierte Wort von dem ›in einem Tage mehr gewinnen, als in des Jahres Einerlei‹ hinpaßt, so da drüben. Alles modern und zugleich alles alt, eingewurzelt, stabilisiert. Es steht einzig da; mehr als irgend ein andres Land ist es ein Produkt der Zivilisation, so sehr, daß die Neigungen der Menschen kaum noch dem Gesetze der Natur folgen, sondern nur noch dem einer verfeinerten Sitte.«

Die Domina fühlte sich von dem allem mehr und mehr unangenehm berührt, besonders als sie sah, daß Melusine, zu dem was Koseleger ausführte, beständig zustimmend nickte. Schließlich wurd' es ihr zuviel. »Alles, was ich da so höre,« sagte sie, »kann mich für dieses Volk nicht einnehmen, und weil sie rundum von Wasser umgeben sind, ist alles so kalt und feucht, und die Frauen, bis in die höchsten Stände hinauf, sind beinah' immer in einem Zustand, den ich hier nicht bei Namen nennen mag. So wenigstens hat man mir erzählt. Und wenn es dann neblig ist, dann kriegen sie das, was sie den Spleen nennen, und fallen zu Hunderten ins Wasser, und keiner weiß, wo sie geblieben sind. Denn, wie mir unser Rentmeister Fix, der drüben war, aufs Wort versichert hat, sie stehen in keinem Buch und haben auch nicht einmal das, was wir Einwohner-Meldeamt nennen, so daß man beinah' sagen kann, sie sind so gut wie gar nicht da. Und wie sie kochen und braten! Alles fast noch blutig, besonders das, was wir hier ›englische Beefsteaks‹ nennen. Und kann auch nicht anders sein, weil sie so viel mit Wilden umgehn und gar keine Gelegenheit haben, sich einer feineren Gesittung anzuschließen.«

Koseleger und Melusine wechselten verständnisvoll Blicke. Die Domina aber sah nichts davon und fuhr unentwegt fort: »Fix ist ein guter Beobachter, auch von Sittenzuständen, und einer ihrer Könige, worüber ich auch schon als Mädchen einen Aufsatz machen mußte, hat fünf Frauen gehabt, meist Hofdamen. Und eine hat er köpfen lassen und eine hat er wieder nach Hause geschickt. Und war noch dazu eine Deutsche. Und sie sollen auch keinen eigentlichen Adel mehr haben, weil mal ein Krieg war, drin sie sich umschichtig enthaupteten, und als alle weg waren, haben sie gewöhnliche Leute 'rangezogen und ihnen die alten Namen gegeben, und wenn man denkt, es ist ein Graf, so ist es ein Bäcker oder höchstens ein Bierbrauer. Aber viel Geld sollen sie haben und ihre Schiffe sollen gut sein und dauerhaft und auch sehr sauber, fast schon wie holländisch; aber in ihrem Glauben sind sie zersplittert und fangen auch schon wieder an katholisch zu werden.«

Der alte Dubslav, als die Schwester mit ihrem Vortrag über England einsetzte, hatte sich mit einem ›Schicksal, nimm deinen Lauf‹ sofort resigniert. Woldemar aber war immer wieder und wieder bemüht gewesen, einen Themawechsel eintreten zu lassen, worin er vielleicht auch reüssiert hätte, wenn nicht Koseleger gewesen wäre. Dieser – entweder weil er als ästhetischer Feinschmecker an Adelheids Auslassungen ein aufrichtiges Gefallen fand oder aber weil er die von ihm selbst angeregte Frage hinsichtlich »Natur und Sitte« (die sein Steckenpferd war) gern weiter spinnen wollte – hielt an England fest und sagte: »Die Frau Domina scheint mir davon auszugehn, daß gerade der mitunter schon an den Wilden grenzende Naturmensch drüben in vollster Blüte steht. Und ich will das auch nicht in jedem Punkte bestreiten. Aber daneben begegnen wir einem Lebens- und Gesellschafts-Raffinement, das ich, trotz manchem Anfechtbaren, als einen höchsten Kulturausdruck bezeichnen muß. Ich erinnere mich unter anderm eines gerade damals geführten Prozesses, über den ich, als ich im Haag lebte, meiner kaiserlichen Hoheit täglich Bericht erstatten mußte (High life-Prozesse gingen ihr über alles), und der Gegenstand, um den sich's dabei handelte, war so recht der Ausdruck eines verfeinerten oder meinetwegen auch überfeinerten Kulturlebens. So recht das Gegenteil von bloßem Naturburschentum. Es ist freilich eine ziemlich lange Geschichte ...«

»Schade,« sagte Dubslav. »Aber trotzdem, – wenn überhaupt erzählbar ...«

»O, gewiß, gewiß; das denkbar Harmloseste ...«

»Nun denn, lieber Superintendent, wenn wirklich so harmlos, so mach' ich mich ohne weiteres zum Anwalt unsrer gewiß neugierigen Damen, meine Schwester, die Domina, mit eingeschlossen. Wie war es? Wie verlief die Geschichte, für die sich eine kaiserliche Hoheit so lebhaft interessieren konnte?«

»Nun wenn es denn sein soll,« nahm Koseleger langsam und wie bloß einer Pression nachgebend, das Wort, »es lebte da zu jener Zeit eine schöne Herzogin in London, die's nicht ertragen konnte, daß die Jahre nicht spurlos an ihr vorübergehen wollten; Fältchen und Krähenfüße zeigten sich. In dieser Bedrängnis hörte sie von ungefähr von einer ›plastischen Künstlerin‹, die durch Auftrag einer Wachspaste die Jugend wieder herzustellen wisse. Diese Künstlerin wurde gerufen, und die Wiederherstellung gelang auch. Aber nun traf eines Tages die Rechnung ein, ›die Bill‹, wie sie da drüben sagen. Es war eine Summe, vor der selbst eine Herzogin erschrecken durfte. Und da die Künstlerin auf ihrer Forderung beharrte, so kam es zu dem angedeuteten Prozeß, der sich alsbald zu einer cause célèbre gestaltete.«

»Sehr begreiflich,« versicherte Dubslav, und Melusine stimmte zu.

»Zahlreiche Personen traten in der Verhandlung auf, und als Sachverständige wurden zuletzt auch Konkurrentinnen auf diesem Spezialgebiete der ›plastischen Kunst‹ vernommen. Alle fanden die Forderung erheblich zu hoch und der Sieg schien sich rasch der Herzogin zuneigen zu wollen. Aber in eben diesem Augenblicke trat die sich arg bedrängt sehende Künstlerin an den Vorsitzenden des Gerichtshofes heran und bat ihn, an die erschienenen Fachgenossinnen einfach die Frage nach der Dauer der durch ihre Kunst wiederhergestellten Jugend und Schönheit richten zu wollen, eine Bitte, der der Oberrichter auch sofort nachkam. Was darauf geantwortet wurde, lautete hinsichtlich der Dauer sehr verschieden. Als aber, trotz der Verschiedenheit dieser Angaben, keine der Konkurrentinnen mehr als ein Vierteljahr zu garantieren wagte, wandte sich die Verklagte ruhig an den hohen Gerichtshof und sagte nicht ohne Würde: ›Meine Herren Richter, meine Mitkünstlerinnen, wie Sie soeben vernommen, helfen auf *Zeit*; was *ich* leiste, ist „beautifying for ever".‹ Alles war von diesem Worte hingerissen, der hohe Gerichtshof mit, und die Herzogin hatte die Riesensumme zu zahlen.«

»Und wäre dergleichen hierlandes möglich?« fragte Melusine.

»Ganz unmöglich,« entgegnete der für alles Fremde schwärmende Koseleger. »Es kann hier einfach deshalb nicht vorkommen, weil uns der dazu nötige höhere Kulturzustand und die dem entsprechende Anschauung fehlt. In unserm guten Preußen, und nun gar erst in unsrer Mark, sieht man in einem derartigen Hergange nur das Karrikierte, günstigsten Falls das Groteske, nicht aber jenes Hochmaß gesellschaftlicher Verfeinerung, aus dem allein sich solche Dinge, die man im übrigen um ihres Raffinements willen belächeln oder verurteilen mag, entwickeln können.«

Die meisten waren einverstanden, allen voraus Dubslav, dem dergleichen immer einleuchtete, während die Domina von »Horreur« sprach und sichtlich unmutig den Kopf hin und her bewegte. Woldemar erneute natürlich seine Versuche, die der Tante so mißfällige Konversation auf andres überzulenken, bei welcher Gelegenheit er nach dem Berühren verschiedenster Themata zuletzt auch auf den Coventgardenmarkt und den englischen Gemüsebau zu sprechen kam. Das paßte der Domina.

»Ja, Gemüsebau,« sagte sie, »das ist eine wunderbare Sache, daran hat man eine wirkliche Freude. Kloster Wutz ist eigentlich eine Gartengegend; unser Spargel ist denn auch weit und breit der beste, und meine gute Schmargendorff hat Artischocken gezogen so groß wie 'ne Sonnenblume. Freilich, es will sie keiner so recht, und alle sagen immer: ›es dauert so lange, wenn man so jedes Blatt nehmen muß, und eigentlich hat man nichts davon, auch wenn die Sauce noch so dick ist.‹ Viel mehr Glück hat unsre alte Schimonski mit ihren großen Erdbeeren – ich meine natürlich nicht die Schimonski selber; sie selber kann gar nichts, aber sie hat eine sehr geschickte Person – und ein Berliner Händler kauft ihr alles ab, bloß daß die Schnecken oft die Hälfte jeder Erdbeere wegfressen. Man sollte nicht glauben, daß solche Tiere solchen feinen Geschmack haben. Aber wenn es wegen der Schnecken auch unsicher ist, Dubslav, du solltest solche Zucht doch auch versuchen. Wenn es einschlägt, ist es sehr vorteilhaft. Die Schimonski wenigstens hat mehr davon als von ihren Hühnern, trotzdem sie gut legen. Denn mal sind sie billig, die Eier, und dann wieder verderben sie, und die schlechten werden einem berechnet und abgezogen, und die Streiterei nimmt kein Ende.«

Kurz vor elf brach das Gespräch ab, und man zog sich zurück. Der alte Dubslav ließ es sich nicht nehmen, die Damen persönlich treppauf bis an ihre Zimmer zu führen und sich da unter Handkuß von ihnen zu verabschieden. Es waren dieselben zwei Räume, die vor gerad' einem Vierteljahr Rex und Czako bewohnt hatten, das größere Zimmer jetzt für Melusine, das kleinere für Armgard bestimmt. Aber als nun beide vor ihren Reisetaschen standen und sich oberflächlich daran zu thun machten, sagte Melusine: »Dies Himmelbett ist also für mich. Wenn es dir gleich ist, beziehe du lieber dies Ehrenlager und lasse mir das kleine Schlafzimmer. Zusammen sind wir ja doch; die Thür steht auf.«

»Ja Melusine, wenn du's durchaus wünschst, dann natürlich. Aber ich verstehe dich nicht recht. Man will dich auszeichnen, und wenn du das ablehnst, so kann es auffallen. Man muß doch in einem Hause, wo man noch halb fremd ist, alles so thun, wie's gewünscht wird.«

Melusine ging auf die Schwester zu, sah sie halb verlegen, halb schelmisch an und sagte: »Natürlich hast du recht. Aber ich bitte dich trotzdem darum. Und es braucht es ja auch keiner zu merken. Direkte Kontrolle wird ja wohl ausgeschlossen sein, und ich mache keine tiefere Kute wie du.«

»Gut, gut,« lachte Armgard. »Aber sage, was soll das alles? Du bist doch sonst so leichtlebig. Und wenn es dir hier in dem ersten Zimmer, weil es so nah' an der scharfen Flurecke liegt, wirklich etwas ängstlich zu Mute sein sollte, nun so können wir ja zuriegeln.«

»Das hilft nichts, Armgard. In solchen alten Schlössern giebt es immer Tapetenthüren. Und was *das* hier angeht,« und sie wies dabei auf das Bett, »alle Spukgeschichten sind immer gerad' in Himmelbetten passiert; ich habe noch nie gehört, daß Gespenster an eine Birkenmaserbettstelle herangetreten wären. Und hast du nicht unten den mistle-toe gesehn? Mistelbusch ist auch noch so Überbleibsel aus heidnischer Zeit her, bei den alten Deutschen gewiß und bei den Wenden wohl auch, für den Fall, daß die Stechlins wirkliche Wenden sind. Wenn ich Tante Adelheid ansehe, glaub' ich es beinah'. Und wie sie von den Hühnern sprach und den Eiern. Alles so wendisch. Ich glaube ja nicht eigentlich an Gespenster, wiewohl ich auch nicht ganz dagegen bin, aber wie dem auch sein möge, wenn ich mir denke, Tante Adelheid erschiene mir hier und brächte mir eine Erdbeere, die die Schnecken schon angeknabbert haben, so wäre das mein Tod.«

Armgard lachte.

»Ja, du lachst, aber hast du denn die Augen von ihr gesehn? Und hast du ihre Stimme gehört? Und die Stimme, wie du doch weißt, ist die Seele.«

»Gewiß. Aber, Seele oder nicht, sie kann dir doch nichts thun mit ihrer Stimme und dir auch nicht erscheinen. Und wenn sie trotzdem kommt, nun so rufst du mich.«

»Am liebsten wär' es mir, du bliebst gleich bei mir.«

»Aber Melusine ...«

»Nun gut, nun gut. Ich sehe wohl ein, daß das nicht gut geht. Aber was anders! Ich habe da vorhin eine Bibel oder vielleicht auch bloß ein Gesangbuch liegen sehn, da auf dem Brettchen, wo die kleine Puppe steht. Beiläufig auch was Sonderbares, diese Puppe. Bitte, nimm die Bibel von der Etagere fort und lege sie mir hier auf den Nachttisch. Und das Licht laß brennen. Und wenn du im Bett liegst, sprich immer zu, bis ich einschlafe.«

Achtundzwanzigstes Kapitel.

Am andern Morgen traf man sich beim Frühstück. Es war ziemlich spät geworden, ohne daß Dubslav, wie das sonst wohl auf dem Lande Gewohnheit ist, ungeduldig geworden wäre. Nicht dasselbe ließ sich von Tante Adelheid sagen. »Ich finde das lange Wartenlassen nicht gerade passend, am wenigsten Personen gegenüber, denen man Respekt bezeigen will. Oder geh' ich vielleicht zu weit, wenn ich hier von Respektbezeigung spreche?« So hatte sich Adelheid zu Dubslav geäußert. Als nun aber die Barbyschen Damen wirklich erschienen, bezwang sich die Domina und stellte all die Fragen, die man an solchem Begrüßungsmorgen zu stellen pflegt. In aller Unbefangenheit antworteten die Schwestern, am unbefangensten Melusine, die bei der Gelegenheit dem alten Dubslav erzählte, daß sie nicht umhin gekonnt hätte, sich die Bibel an ihr Bett zu legen.

»Und mit der Absicht, drin zu lesen?«

»Beinah'. Aber es wurde nichts daraus. Armgard plauderte

so viel, freilich auf meinen Wunsch. Ich hörte von der Treppe her immer die Uhr schlagen und las dabei beständig das Wort ›Museum‹. Aber das war natürlich schon im Traum. Ich schlief schon ganz fest. Und heute früh bin ich wie der Fisch im Wasser.«

Dubslav hätte dies gern bestätigt, dabei nach einem Spezialfisch suchend, der so recht zum Vergleich für Melusine gepaßt hätte. Die Blicke seiner Schwester aber, die zu fragen schienen »hast du gehört?« ließen ihn wieder davon abstehn, und nachdem noch einiges über den großen Oberflur und seine Bilder und Schränke gesprochen worden war, wurde, genau wie vor einem Vierteljahr, wo Rex und Czako zu Besuch da waren, ein Programm verabredet, das dem damaligen sehr ähnlich sah: Aussichtsturm, See, Globsow; dann auf dem Rückwege die Kirche, vielleicht auch Krippenstapel. Und zuletzt das »Museum.« Aber manches davon war unsicher und hing vom Wetter ab. Nur den See wollte man unter allen Umständen sehn. Engelke wurde beauftragt, mit Plaids und Decken vorauszugehn und ein paar Leute zum Wegschaufeln des Schnees mitzunehmen, lediglich für den Fall, daß die Damen vielleicht Lust bezeigen sollten, die Sprudel- und Trichterstelle genauer zu studieren.»Und wenn wir auf unserm Hofe keine Leute haben, so geh' ins Schulzenamt und bitte Rolf Krake, daß er aushilft.«

Melusine, die dieser Befehlserteilung zugehört hatte, war überrascht, in einem märkischen Dorfe dem Namen »Rolf Krake« zu begegnen, und erfuhr denn auch alsbald den Zusammenhang der Dinge. Sie war ganz enchantiert davon und sagte: »Das ist hübsch. Aller aufgesteifter Patriotismus ist mir ein Greuel, aber wenn er diese Formen annimmt und sich in Humor und selbst in Ironie kleidet, dann ist er das beste was man haben kann. Ein Mann, der solchen Beinamen hat, der lebt, der ist in sich eine Geschichte.« Dubslav küßte ihr die Hand, Adelheid aber wandte sich demonstrativ ab; sie wollte nicht Zeuge dieser ewigen Huldigungen sein. »Wenn man ein alter Major ist, ist man eben ein alter Major und nicht ein junger Leutnant. Dubslav ist zwanzig, aber zwanzig Jahr a. D.«

Es war gegen zehn, als man aufbrach, um zunächst auf den Aussichtsturm zu steigen, und nachdem man von der obersten Etage her die Waldlandschaft, die sich auch in ihrem Schneeschmuck wundervoll ausnahm, gebührend bewundert und dann den Abstieg glücklich bewerkstelligt hatte, passierte man den Schloßhof mit der Glaskugel, um über den Dorfplatz fort in die nach dem See hinunterführende große Straße einzubiegen. Auf dem Dorfplatze war alles winterlich still, nur vor dem Kruge standen drei Menschen: Engelke, der die Schneeschipper vorausgeschickt hatte, mit seinen Plaids über dem Arm, neben ihm Schulze Kluckhuhn und neben diesem Gendarm Uncke, das Karabinergewehr über die Schulter gehängt.

»Da treffen wir ja die ganze hohe Obrigkeit,« sagte Dubslav. »Engelke kann ich auch mitrechnen, der regiert mich, is also eigentlich die Feudalitätsspitze.«

Während dieser Worte waren die Herrschaften an die Gruppe herangetreten.

»Freut mich, daß ich Sie treffe, Kluckhuhn. Ich denke Sie begleiten uns ... Frau Gräfin, darf ich Ihnen hier unsern Dorfherrscher vorstellen? Schulze Kluckhuhn, alter Vierundsechziger.«

Und nun ordnete sich der Zug. Dubslav und Uncke schlossen ab, Woldemar, Armgard und Tante Adelheid hielten die Mitte; Melusine schritt voran, Rolf Krake neben ihr.

»Ich bin froh,« sagte Melusine, »Sie bei dieser Partie mit dabei zu sehn. Der alte Herr von Stechlin hat mir schon von Ihnen erzählt und daß Sie vierundsechzig mit dabei gewesen. Und ich weiß auch Ihren Namen; das heißt den zweiten. Und ich darf sagen, ich freue mich immer, wenn ich so was Hübsches höre.«

»Ach, Rolf Krake,« lachte Kluckhuhn. »Ja, Frau Gräfin, wer den Schaden hat, darf für den Spott nicht sorgen. Das heißt, von ›Schaden‹ darf ich eigentlich nicht reden, den hab' ich nicht so recht davon gehabt; ich bin nicht mal angeschossen worden. Und doch is so was billig, wenn's erst losgeht.«

»Ja, Schulze Kluckhuhn, unsereinem ist so was leider immer verschlossen oder, wie die Leute hier sagen, verpurrt. Und doch ist das das eigentliche Leben. So immer bloß einsitzen und ein bißchen Charpie zupfen, das ist gar nichts. Mit dabei sein, das macht glücklich. Es war aber trotzdem wohl ein eigenes Gefühl, als Sie da so von Düppel nach Alsen 'rüberfuhren und das unheimliche Schiff, der Rolf Krake, so dicht daneben lag.«

»Ja, das war es, Frau Gräfin, ein ganz eigenes Gefühl. Und mitunter erscheint mir der Rolf Krake noch im Traum. Un is auch nicht zu verwundern. Denn Rolf Krake war wie ein richtiges Gespenst. Und wenn solch Gespenst einen packt, ja, da ist man weg. … Und dabei bleib' ich, Frau Gräfin, sechsundsechzig war nicht viel und siebzig war auch nicht viel.«

»Aber die großen Verluste …«

»Ja, die Verluste waren groß, das ist richtig. Aber Verluste, Frau Gräfin, das is eigentlich gar nichts. Natürlich wen es trifft, für den is es was. Aber ich meine jetzt das, was man dabei so das Moralische nennt; und darauf kommt es an, nicht auf die Verluste, nicht auf viel oder wenig. Wenn einer eine Böschung 'rauf klettert und nu steht er oben und schleicht sich 'ran, immer mit 'nem Pulversack und 'nem Zünder in der Hand und nu legt er an und nu fliegt alles in die Luft und er mit. Und nu ist die Festung oder die Schanze offen. Ja, Frau Gräfin, das ist was. Und das hat unser Pionier

Klinke gethan. Der war moralisch. Ich weiß nicht, ob Frau Gräfin mal von ihm gehört haben, aber dafür leb' ich und sterb' ich: immer bloß das Kleine, da zeigt sich's, was einer kann. Wenn ein Bataillon 'ran muß un ich stecke mitten drin, ja, was will ich da machen? Da muß ich mit. Und baff, da lieg' ich. Und nu bin ich ein Held. Aber eigentlich bin ich keiner. Es ist alles bloß ›Muß‹ und solche Mußhelden giebt es viele. Das is, was ich die großen Kriege nenne. Klinke mit seinem Pulversack, ja, der war bloß was Kleines, aber er war doch groß. Und ebenso (wenn er auch unser Feind war) dieser Rolf Krake.«

So ging historisch-retrospektiv das Gespräch an der Tete, während Dubslav und Uncke, die den Zug abschlossen, mit ihrem Thema mehr in der Gegenwart standen.

»Is mir lieb, Uncke, Sie mal wieder zu treffen. Seit Rheinsberg hab' ich Sie nicht mehr gesehn. Ich denke mir, Torgelow is nu wohl schon im besten Gange. So wie Bebel. Ich kriege natürlich jeden Tag meine Zeitung, aber es is mir immer zu viel und das große Format und das dünne Papier. Da kuck' ich denn nich immer ganz genau zu. Hat er denn schon gesprochen?«

»Ja, Herr Major, gesprochen hat er schon. Aber nich viel. Un war auch kein rechter Beifall. Auch nich mal bei seinen eignen Leuten.«

»Er wird wohl die Sache noch nicht recht weg haben. Ich meine das, was sie jetzt das Parlamentarische nennen. Das schad't aber nichts und ist eigentlich egal. Wichtiger is, wie sie hier in unserm Ruppiner Winkel, in unserm Rheinsberg-Wutz über ihn denken. Sind sie denn da mit ihm zufrieden?«

»Auch nicht, Herr Major. Sie sagen, er sei zweideutig.«

»Ja, Uncke, so heißt es überall. Das is nu mal so, das is nicht zu ändern. In Frankreich heißt es immer gleich ›Verrat‹ und hier sagen sie ›zweideutig‹. Da war auch einer von uns, den ich nicht nennen will, von dem hieß es auch so...«

»Von dem hieß es auch so. Ja, Herr Major. Und Pyterke, der immer gut Bescheid weiß, der sagte mir schon damals in Rheinsberg: ›Uncke, glauben Sie mir, da hat sich der Herr Major eine Schlange an seinem Busen groß gezogen.‹«

»Kann ich mir denken; klingt ganz nach Pyterke. Der spricht immer so gebildet. Aber is es auch richtig?«

»Is schon richtig, Herr Major. Herr Major denken immer das Gute von 'nem Menschen, weil Sie so viel zu Hause sitzen und selber so sind. Aber wer so 'rum kommt wie ich. Alle lügen sie. Was sie meinen, das sagen sie nich und was sie sagen, das meinen sie nich. Is kein Verlaß mehr; alles zweideutig.«

»Ja, so rund 'raus, Uncke, das war früher, aber das geht jetzt nicht mehr. Man darf keinem so alles auf die Nase binden. Das is eben, was sie jetzt ›politisches Leben‹ nennen.«

»Ach, Herr Major, das mein' ich ja gar nicht. Das Politische ... Jott, wenn einer sich ins Politische zweideutig macht, na, dann muß ich ihn anzeigen, das is Dienst. Darum gräm' ich mich aber nich. Aber was nich Dienst is, was man so bloß noch nebenbei sieht, das kann einen mitunter leid thun. So bloß als Mensch.«

»Aber, lieber Uncke, was is denn eigentlich los? Wenn man Sie so hört, da sollte man ja wahrhaftig glauben, es ginge zu Ende ... Nu ja, in der Welt draußen da klappt nich immer alles. Aber so im Schoß der Familie...«

»Jott, Herr Major, das is es ja eben. In diesem Schoß der Familie, da is es ja gerad' am schlimmsten. Und sogar in dem jüdischen Schoß, der doch immer noch der beste war.«

»Beispiele, Uncke, Beispiele.«

»Da haben wir nu hier, um bloß ein Beispiel zu geben, unsern guten alten Baruch Hirschfeld in Gransee. Frommer alter Jude...«

»Kenn' ich. Kenn' ich ganz gut, beinah' zu gut. Nu, der hat 'nen Sohn und mit dem is er mitunter verschiedner Meinung. Aber dagegen is doch nicht viel zu sagen; das is in der ganzen Welt so. Der Alte hängt noch am Alten und der Junge, nu, der is eben ein Jungscher und bramarbasiert ein bißchen. Ich weiß nicht recht, zu welcher Partei er sich hält, er wird aber wohl für Torgelow gestimmt haben. Nu, mein Gott, warum nicht? Das thun jetzt viele. Daran muß man sich gewöhnen. Das is eben das Politische.«

»Nein, Herr Major. Herr Major wollen verzeihn, aber bei diesem Isidor is es nicht das Politische. Komme ja jeden dritten Tag hin und seh' den Alten in seinem Laden und höre, was er da redt und redt. Und der Junge redt auch und redt immer ›von's Prinzip‹. Das Prinzip is ihm aber egal. Er will bloß mogeln und den Alten an die Wand drücken. Und das ist das, was ich das Zweideutige nenne.«

Armgard, Woldemar und Tante Adelheid hatten die Mitte genommen. Als sie bis in die Nähe der Seespitze gekommen waren, immer unter einem verschneiten Buchen- und Eichengange hin, wurden sie durch ein Geräusch wie von brechenden kleinen Ästen aufmerksam gemacht, und ihr Auge nach oben richtend, gewahrten sie, wie zwei Eichhörnchen über ihnen spielten und in beständigem Sichhaschen von Baum zu Baum sprangen. Die Zweige knickten, und der Schnee stäubte hernieder. Armgard mochte sich von dem Schauspiel nicht trennen, lachte, wenn die momentan verschwundenen Tierchen mit einem Male wieder zum Vorschein kamen und gab ihre Beobachtung erst auf, als die Domina, nicht direkt unfreundlich, aber doch ziemlich ungeduldig und jedenfalls wie gelangweilt, zu ihr bemerkte: »Ja, Comtesse, die springen; es sind eben

Eichhörnchen.« Einige Minuten später hatten alle die Bank erreicht, von der aus man den besten Blick auf den zugefrorenen See hatte. Das Eis zeigte sich hoch mit Schnee bedeckt, aber in seiner Mitte war doch schon eine gefegte Stelle, zu der vom Ufer her eine schmale, gleichfalls freigeschaufelte Straße hinüberführte. Engelke legte die Decken über die Bank, und die Damen, die von dem halbstündigen und zuletzt etwas ansteigenden Wege müde geworden waren, nahmen alle drei Platz, während sich Rolf Krake und Uncke wie Schildhalter zu beiden Seiten der Bank aufstellten. Dubslav dagegen plazierte sich in Front und machte, während er einen landläufigen Führerton anschlug, den Cicerone. »Hab' die Ehr', Ihnen hier die große Sehenswürdigkeit von Dorf und Schloß Stechlin zu präsentieren, unsern See, *meinen* See, wenn Sie mir das Wort gestatten wollen. Alle möglichen berühmten Naturforscher waren hier und haben sich höchst schmeichelhaft über den See geäußert. Immer hieß es: ›es stehe wissenschaftlich fest‹. Und das ist jetzt das Höchste. Früher sagte man: ›es steht in den Akten‹. Ich lasse dabei dahingestellt sein, wovor man sich tiefer verbeugen muß.«

»Ja,« sagte Melusine, »das ist nun also der große Moment. Orientiert bin ich. Aber wie das mit allem Großen geht, ich empfinde doch auch etwas von Enttäuschung.«

»Das ist, weil wir Winter haben, gnädigste Gräfin. Wenn Sie die offene Seefläche vor sich hätten und in der Vorstellung stünden: ›jetzt bildet sich der Trichter und jetzt steigt es herauf‹, so würden Sie mutmaßlich nichts von Enttäuschung empfinden. Aber jetzt! Das Eis macht still und duckt das Revolutionäre. Da kann selbst unser Uncke nichts notieren. Nicht wahr, Uncke?«

Uncke schmunzelte.

»Im übrigen seh' ich zu meiner Freude – und das verdanken wir wieder unserm guten Kluckhuhn, der an alles denkt und alles vorsieht – daß die Schneeschipper auch ein paar ihrer Pickäxte mitgebracht haben. Ich taxiere das Eis auf nicht dicker als zwei Fuß, und wenn sich die Leute dran machen, so haben wir in zehn Minuten eine große Lune, und der Hahn, wenn er nur sonst Lust hat, kommt aus seiner Tiefe herauf. Befehlen Frau Gräfin?«

»Um Gottes willen, nein. Ich bin sehr für solche Geschichten und bin glücklich, daß die Familie Stechlin diesen See hat. Aber ich bin zugleich auch abergläubisch und mag kein Eingreifen ins Elementare. Die Natur hat jetzt den See überdeckt; da werd' ich mich also hüten, irgend was ändern zu wollen. Ich würde glauben, eine Hand führe heraus und packte mich.«

Adelheid war bei diesen Worten immer gerader und länger geworden und rückte mit Ostentation von Melusine weg, mehr der Banklehne zu, wo, halb wie das gute Gewissen, halb wie die göttliche Weltordnung, Uncke stand und durch seine bloße Gegenwart den Gemütszustand der Domina wieder beschwichtigte. Nur von Zeit zu Zeit sah sie fragend, forschend und vorwurfsvoll auf ihren Bruder.

Dieser wußte genau, was in seiner Schwester Seele vorging. Es erheiterte ihn ungemein, aber es beunruhigte ihn doch auch. Wenn diese Gefühle wuchsen, wohin sollte das führen? Die Möglichkeit einer schrecklichen Scene, die sein Haus mit einer nicht zu tilgenden Blame behaftet hätte, trat dabei vor seine Seele.

Der Himmel hatte aber ein Einsehn. Schon seit einer Viertelstunde lag ein grauer Ton über der Landschaft und plötzlich fielen Flocken, erst vereinzelte, dann dicht und reichlich. Den Weg bis Globsow fortzusetzen, daran war unter diesen Umständen gar nicht mehr zu denken, und so brach man denn auf, um ins Schloß zurückzukehren. Auch auf einen Besuch in der Kirche, weil es da zu kalt sei, wurde verzichtet.

Neunundzwanzigstes Kapitel.

Der Heimweg war gemeinschaftlich angetreten worden, aber doch nur bis an die Dorfstraße. Hier teilte man sich in drei Gruppen, eine jede mit verschiedenem Ziel: Dubslav, Tante Adelheid und Armgard gingen auf das Herrenhaus, Uncke und Rolf Krake auf das Schulzenamt, Woldemar und Melusine dagegen auf die Pfarre zu. Woldemar freilich nur bis an den Vorgarten, wo er sich von Melusine verabschiedete.

Lorenzen, so lang er Woldemar und Melusine sich seiner Pfarre nähern sah, hatte verlegen am Fenster gestanden, kam aber, als das Paar sich draußen trennte, so ziemlich wieder zu sich. Er war nun schon so lange jeder Damenunterhaltung entwöhnt, daß ihm ein Besuch wie der der Gräfin zunächst nur Verlegenheit schaffen konnte, wenn's denn aber durchaus sein mußte, so war ihm ein Tete-a-Tete mit ihr immer noch lieber, als eine Plauderei zu dritt. Er ging ihr denn auch bis in den Flur entgegen, war ihr hier beim Ablegen behilflich und sprach ihr – weil er jede Scheu rasch von sich abfallen fühlte – ganz aufrichtig seine Freude aus, sie in seiner Pfarre begrüßen zu dürfen. »Und nun bitt' ich Sie, Frau Gräfin, sich's unter meinen Büchern hier nach Möglichkeit bequem machen zu wollen. Ich bin zwar auch Inhaber einer Putzstube, mit einem dezenten Teppich und einem kalten Ofen; aber ich könnte das gesundheitlich nicht verantworten. Hier haben wir wenigstens eine gute Temperatur.«

»Die immer die Hauptsache bleibt. Ach, eine gute Temperatur! Gesellschaftlich ist sie beinah' alles und dabei leider doch so selten. Ich kenne Häuser, wo, wenn Sie den Widersinn verzeihen wollen, der kalte Ofen gar nicht ausgeht. Aber erlassen Sie mir gütigst den Sofaplatz hier; ich fühle mich dazu noch nicht ›alte Dame‹ genug und möcht' auch gern en vue der beiden Bilder bleiben, trotzdem ich das eine davon schon so gut wie kenne.«

»Die Kreuzabnahme?«

»Nein! das andre.«

»Die Lind also?«

»Ja.«

»So haben Sie das schöne Bild in der Nationalgalerie gesehn?«

»Auch das. Aber doch freilich erst seit ganz kurzem, während ich von Ihrer Aquarellkopie schon seit ein paar Monaten weiß. Das war auf einer Dampfschiffahrt, die wir nach dem sogenannten ›Eierhäuschen‹ machten und der Ausplauderer über das Bild da vor mir, war niemand anders als Ihr Zögling Woldemar, auf den Sie stolz sein können. Er freilich würde den Satz umkehren, oder sage ich lieber, er that es. Denn er sprach mit solcher Liebe von Ihnen, daß ich Sie von jenem Tag an auch herzlich liebe, was Sie sich schon gefallen lassen müssen. Ein Glück nur, daß er sich draußen verabschiedet hat und nicht hören kann, was ich hier sage ...«

Lorenzen lächelte.

»Sonst hätten sich diese Bekenntnisse verboten. Aber da sie nun mal gemacht sind und man nie weiß, wann und wie man wieder zusammenkommt, so lassen Sie mich darin fortfahren. Woldemar erzählte mir – Pardon für meine Indiskretion – von Ihrer Schwärmerei für die Lind. Und da horchten wir denn auf und beneideten Sie fast. Nichts beneidenswerter als eine Seele, die schwärmen kann. Schwärmen ist fliegen, eine himmlische Bewegung nach oben.«

Lorenzen stutzte. Das war doch mehr, als eine bloß liebenswürdige Dame aus der Gesellschaft.

»Und um es kurz zu machen,« fuhr Melusine fort, »Woldemar sprach bei dieser Gelegenheit wie von Ihrer ersten Liebe« (und dabei wies sie lächelnd auf das Bildchen der

Lind) »so auch von Ihrer letzten, – nein, nein, nicht von Ihrer letzten; *Sie* werden immer eine neue finden – sprach also von Ihrer Begeisterung für den herrlichen Mann da weit unten am Tajo, von Ihrer Begeisterung für den Joao de Deus. Und als er ausgesprochen hatte, da haben wir uns alle, die wir zugegen waren, um den ›Un Santo‹ geschart und einen geheimen Bund geschlossen. Erst um den ›Un Santo‹ und zum zweiten um Sie selbst. Und nun frag' ich Sie, wollen Sie mitthun in diesem unserm Bunde, der ohne Sie gar nicht existierte. Mir ist manches verquer gegangen. Aber ich bin, denk' ich, dem Tage nahe, der mich ahnen läßt, daß unsre Prüfungen auch unsre Segnungen sind und daß mir alles Leid nur kam, um den Stab, der trägt und stützt, fester zu umklammern. Ich darf leider nicht hinzusetzen, daß dieser Stab (möglich, daß er sich einst dazu auswächst) das Kreuz sei. Meiner ganzen Natur nach bin ich ungläubig. Aber ich hoffe, sagen zu dürfen: ich bin wenigstens demütig.«

»Wenigstens demütig,« wiederholte Lorenzen langsam, zugleich halb verlegen vor sich hinblickend, und Melusine, die Zweifel, die sich in der Wiederholung dieser Worte ziemlich deutlich aussprachen, mit scharfem Ohre heraushörend, fuhr in plötzlich verändertem und beinah' heiterem Tone fort: »Wie grausam Sie sind. Aber Sie haben recht. Demütig. Und daß ich mich dessen auch noch berühme. Wer ist demütig? Wir alle sind im letzten doch eigentlich das Gegenteil davon. Aber das darf ich sagen, ich habe den Willen dazu.«

»Und schon *der* gilt, Frau Gräfin. Nur freilich ist Demut nicht genug; sie schafft nicht, sie fördert nicht nach außen, sie belebt kaum.«

»Und ist doch mindestens der Anfang zum Bessern, weil sie mit dem Egoismus aufräumt. Wer die Staffel hinauf will, muß eben von unten an dienen. Und soviel bleibt, es birgt sich in ihr die Lösung jeder Frage, die jetzt die Welt bewegt. Demütig sein heißt christlich sein, christlich in meinem, vielleicht darf ich sagen in *unsrem* Sinne. Demut erschrickt vor dem zweierlei Maß. Wer demütig ist, der ist duldsam, weil er weiß, wie sehr er selbst der Duldsamkeit bedarf; wer demütig ist, der sieht die Scheidewände fallen und erblickt den Menschen im Menschen.«

»Ich kann Ihnen zustimmen,« lächelte Lorenzen. »Aber wenn ich, Frau Gräfin, in Ihren Mienen richtig lese, so sind diese Bekenntnisse doch nur Einleitung zu was andrem. Sie halten noch das Eigentliche zurück und verbinden mit Ihrer Aussprache, so sonderbar es klingen mag, etwas Spezielles und beinah' Praktisches.«

»Und ich freue mich, daß Sie das herausgefühlt haben. Es ist so. Wir kommen da eben von Ihrem Stechlin her, von Ihrem See, dem Besten, was Sie hier haben. Ich habe mich dagegen gewehrt, als das Eis aufgeschlagen werden sollte, denn alles Eingreifen oder auch nur Einblicken in das, was sich verbirgt, erschreckt mich. Ich respektiere das Gegebene. Daneben aber freilich auch das Werdende, denn eben dies Werdende wird über kurz oder lang abermals ein Gegebenes sein. Alles Alte, so weit es Anspruch darauf hat, sollen wir lieben, aber für das Neue sollen wir recht eigentlich leben. Und vor allem sollen wir, wie der Stechlin uns lehrt, den großen Zusammenhang der Dinge nie vergessen. Sich abschließen, heißt sich einmauern, und sich einmauern ist Tod. Es kommt darauf an, daß wir gerade *das* beständig gegenwärtig haben. Mein Vertrauen zu meinem Schwager ist unbegrenzt. Er hat einen edlen Charakter, aber ich weiß nicht, ob er auch einen festen Charakter hat. Er ist feinen Sinnes, und wer fein ist, ist oft bestimmbar. Er ist auch nicht geistig bedeutend genug, um sich gegen abweichende Meinungen, gegen Irrtümer und Standesvorurteile wehren zu können. Er bedarf der Stütze. Diese Stütze sind Sie meinem Schwager Woldemar von Jugend auf gewesen. Und um was ich jetzt bitte, das heißt: ›Seien Sie's ferner‹.«

»Daß ich Ihnen sagen könnte, wie freudig ich in Ihren Dienst trete, gnädigste Gräfin. Und ich kann es um so leichter, als Ihre Ideale, wie Sie wissen, auch die meinigen sind. Ich lebe darin und empfind' es als eine Gnade, da, wo das Alte versagt, ganz in einem Neuen aufzugehn. Um ein solches ›Neues‹ handelt es sich. Ob ein solches ›Neues‹ sein soll (weil es sein muß) oder ob es *nicht* sein soll, um diese Frage dreht sich alles. Es giebt hier um uns her eine große Zahl vorzüglicher Leute, die ganz ernsthaft glauben, das uns Überlieferte – das Kirchliche voran (leider nicht das Christliche) – müsse verteidigt werden, wie der salomonische Tempel. In unserer Obersphäre herrscht außerdem eine naive Neigung, alles ›Preußische‹ für eine höhere Kulturform zu halten.«

»Genau wie Sie sagen. Aber ich möchte doch, um der Gerechtigkeit willen, die Frage stellen dürfen, ob dieser naive Glaube nicht eine gewisse Berechtigung hat?«

»Er hatte sie mal. Aber das liegt zurück. Und kann nicht anders sein. Der Hauptgegensatz alles Modernen gegen das Alte besteht darin, daß die Menschen nicht mehr durch ihre Geburt auf den von ihnen einzunehmenden Platz gestellt werden. Sie haben jetzt die Freiheit, ihre Fähigkeiten nach allen Seiten hin und auf jedem Gebiete zu bethätigen. Früher war man dreihundert Jahre lang ein Schloßherr oder ein Leinenweber; jetzt kann jeder Leinenweber eines Tages ein Schloßherr sein.«

»Und beinah' auch umgekehrt,« lachte Melusine. »Doch lassen wir dies heikle Thema. Viel, viel lieber hör' ich ein Wort von Ihnen über den Wert unsrer Lebens- und Gesellschaftsformen, über unsre Gesamtanschauungsweise, deren besondere Zulässigkeit Sie, wie mir scheint, so nachdrücklich anzweifeln.«

»Nicht absolut. Wenn ich zweifle, so gelten diese Zweifel nicht so sehr den Dingen selbst, als dem Hochmaß des Glaubens daran. Daß man all diese Mittelmaßdinge für etwas Besonderes und Überlegenes und deshalb, wenn's sein kann, für etwas ewig zu Konservierendes ansieht, das ist das Schlimme. Was mal galt, soll weiter gelten, was mal gut war, soll weiter ein Gutes oder wohl gar ein Bestes sein. Das ist aber unmöglich, auch wenn alles, was keineswegs der Fall ist, einer gewissen Herrlichkeitsvorstellung entspräche ... Wir haben, wenn wir rückblicken, drei große Epochen gehabt. Dessen sollen wir eingedenk sein. Die vielleicht größte, zugleich die erste, war die unter dem Soldatenkönig. Das war ein nicht genug zu preisender Mann, seiner Zeit wunderbar angepaßt und ihr zugleich voraus. Er hat nicht bloß das Königtum stabiliert, er hat auch, was viel wichtiger, die Fundamente für eine neue Zeit geschaffen und an die Stelle von Zerfahrenheit, selbstischer Vielherrschaft und Willkür Ordnung und Gerechtigkeit gesetzt. Gerechtigkeit, das war sein bester ›rocher de bronce‹.«

»Und dann?«

»Und dann kam Epoche zwei. Die ließ, nach jener ersten, nicht lange mehr auf sich warten und das seiner Natur und seiner Geschichte nach gleich ungeniale Land sah sich mit einem Male von Genie durchblitzt.«

»Muß das ein Staunen gewesen sein.«

»Ja. Aber doch mehr draußen in der Welt als daheim. Anstaunen ist auch eine Kunst. Es gehört etwas dazu, Großes als groß zu begreifen ... Und dann kam die dritte Zeit. Nicht groß und doch auch wieder ganz groß. Da war das arme, elende, halb dem Untergange verfallene Land nicht von Genie, wohl aber von Begeisterung durchleuchtet, von dem Glauben an die höhere Macht des Geistigen, des Wissens und der Freiheit.«

»Gut, Lorenzen. Aber weiter.«

»Und all das, was ich da so hergezählt, umfaßte zeitlich ein Jahrhundert. Da waren wir den andern voraus, mitunter geistig und moralisch gewiß. Aber der ›Non soli cedo-Adler‹ mit seinem Blitzbündel in den Fängen, er blitzt nicht mehr, und die Begeisterung ist tot. Eine rückläufige Bewegung ist da, längst Abgestorbenes, ich muß es wiederholen, soll neu erblühn. Es thut es nicht. In gewissem Sinne freilich kehrt alles einmal wieder, aber bei dieser Wiederkehr werden Jahrtausende übersprungen; wir können die römischen Kaiserzeiten, Gutes und Schlechtes, wieder haben, aber nicht das spanische Rohr aus dem Tabakskollegium und nicht einmal den Krückstock von Sanssouci. Damit ist es vorbei. Und gut, daß es so ist. Was einmal Fortschritt war, ist längst Rückschritt geworden. Aus der modernen Geschichte, der eigentlichen, der lesenswerten, verschwinden die Bataillen und die Bataillone (trotzdem sie sich beständig vermehren) und wenn sie nicht selbst verschwinden, so schwindet doch das Interesse daran. Und mit dem Interesse das Prestige. An ihre Stelle treten Erfinder und Entdecker, und James Watt und Siemens bedeuten uns mehr als du Guesclin und Bayard. Das Heldische hat nicht direkt abgewirtschaftet und wird noch lange nicht abgewirtschaftet haben, aber sein Kurs hat nun mal seine besondere Höhe verloren, und anstatt sich in diese Thatsache zu finden, versucht es unser Regime, dem Niedersteigenden eine künstliche Hausse zu geben.«

»Es ist, wie Sie sagen. Aber gegen wen richtet sich's? Sie sprachen von ›Regime‹. Wer ist dies Regime? Mensch oder Ding? Ist es die von alter Zeit her übernommene Maschine, deren Räderwerk tot weiterklappert, oder ist es Der, der an der Maschine steht? Oder endlich ist es eine bestimmte abgegrenzte Vielheit, die die Hand des Mannes an der Maschine zu bestimmen, zu richten trachtet? In allem, was Sie sagen, klingt eine sich auflehnende Stimme.

Sind Sie gegen den Adel? Stehen Sie gegen die ›alten Familien‹?«

»Zunächst: nein. Ich liebe, hab' auch Ursach' dazu, die alten Familien und möchte beinah' glauben, jeder liebt sie. Die alten Familien sind immer noch populär, auch heute noch. Aber sie verthun und verschütten diese Sympathien, die doch jeder braucht, jeder Mensch und jeder Stand. Unsre alten Familien kranken durchgängig an der Vorstellung, ›daß es ohne sie nicht gehe‹, was aber weit gefehlt ist, denn es geht sicher auch ohne sie; – sie sind nicht mehr die Säule, die das Ganze trägt, sie sind das alte Stein- und Moosdach, das wohl noch lastet und drückt, aber gegen Unwetter nicht mehr schützen kann. Wohl möglich, daß aristokratische Tage mal wiederkehren, vorläufig, wohin wir sehen, stehen wir im Zeichen einer demokratischen Weltanschauung. Eine neue Zeit bricht an. Ich glaube, eine bessere und eine glücklichere. Aber wenn auch nicht eine glücklichere, so doch mindestens eine Zeit mit mehr Sauerstoff in der Luft, eine Zeit, in der wir besser atmen können. Und je freier man atmet, je mehr lebt man. Was aber Woldemar angeht, *meiner* sind Sie sicher, Frau Gräfin. Bleibt freilich, als Hauptfaktor, noch die Comtesse. Für die müssen *Sie* die Bürgschaft übernehmen. Die Frauen bestimmen schließlich doch alles.«

»So heißt es immer. Und wir sind eitel genug, es zu glauben. Aber das führt uns auf ganz neue Gebiete. Vorläufig Ihre Hand zur Besieglung. Und nun erlauben Sie mir, nach diesem unserm revolutionären Diskurse, zu den Hütten friedlicher Menschen zurückzukehren. Ich habe mich bei dem alten Herrn nur auf eine halbe Stunde beurlaubt und rechne darauf, daß Sie mich, wenn nicht bis ins ›Museum‹ selbst (das dem Programm nach besucht werden sollte), so doch wenigstens bis auf die Schloßrampe begleiten.«

Dreissigstes Kapitel.

Lorenzen that, wie gewünscht, und auf dem Wege zum Schloß plauderten beide weiter, wenn auch über sehr andere Dinge.

»Was ist es eigentlich mit diesem ›Museum‹?« fragte Melusine; »kann ich mir doch kaum was Rechtes darunter vorstellen. Eine alte Papptafel mit Inschrift hängt da schräg über der Saalthür, alles dicht neben meinem Schlafzimmer und ich habe mich etwas davor geängstigt.«

»Sehr mit Unrecht, gnädigste Gräfin. Die primitive Papptafel, die freilich verwunderlich genug aussieht, sollte wohl nur andeuten, daß es sich bei der ganzen Sache mehr um einen Scherz als um etwas Ernsthaftes handelt. Etwa wie bei Sammlung von Meerschaumpfeifen und Tabaksdosen. Und Sie werden auch vorwiegend solchen Seltsamkeiten begegnen. Anderseits aber ist es auch wieder ein richtiges historisches Museum, trotzdem es nur halb das geworden ist, worauf Herr von Stechlin anfänglich aus war.«

»Und das war?«

»Das war mehr etwas Groteskes. Es mögen nun wohl schon zwanzig Jahre sein, da las er eines Tages in der Zeitung von einem Engländer, der historische Thüren sammle und neuerdings sogar für eine enorme Summe, ich glaube es waren tausend Pfund, die Gefängnißthür erstanden habe, durch die Ludwig XVI. und dann später Danton und Robespierre zur Guillotinierung abgeführt worden seien. Und diese Notiz machte solchen Eindruck auf unsern liebenswürdigen Stechliner Schloßherrn, daß er auch solche historische Thürensammlung anzulegen beschloß. Er ist aber nicht weit damit gekommen und hat sich mit dem Küstriner Schloßfenster begnügen müssen, an dem Kronprinz Friedrich stand, als Katte zur Enthauptung vorüber geführt wurde. Doch auch das ist unsicher, ja, die meisten wollen nichts davon wissen. Nur Krippenstapel hält noch daran fest.«

»Krippenstapel?«

»Ja. Der Name frappiert Sie. Das ist nämlich unser Lehrer hier, Liebling des alten Herrn und sein Berater in derlei Dingen. Der hat ihm denn auch das gegenwärtige ›Museum‹, das man als Abschlagszahlung auf die ›historischen Thüren‹ ansehen kann, zusammengestellt. Außer dem angezweifelten Fenster werden Frau Gräfin noch ein paar phantastische Regentraufen finden und vor allem viele Wetterhähne, die von alten märkischen Kirchtürmen herabgenommen wurden. Einige sollen ganz interessant sein. Ich habe keinen Sinn dafür. Aber Krippenstapel hat einen Katalog angefertigt.«

Unter diesen Worten waren beide bis an die Rampe gekommen, auf der Engelke schon stand und auf die Gräfin wartete. Lorenzen empfahl sich. Aber auch Melusine wollte nicht gleich in's Museum hinauf, zog es vielmehr vor, erst unten in das große Gesellschaftszimmer einzutreten und sich da zu wärmen.

Engelke machte sich auch sofort am Kamin zu schaffen, was der Gräfin gut paßte, weil sie noch manches fragen wollte.

»Das ist recht, Engelke, daß Sie Kohlen aufschütten und auch Kienäpfel. Ich freue mich immer, wenn es so lustig brennt. Und oben im ›Museum‹ wird es wohl noch kalt sein.«

»Ja, kalt ist es, Frau Gräfin. Aber mit der Kälte, na, das ging' am Ende noch, und der viele Staub, der oben liegt, das ginge vielleicht auch noch; Staub wärmt. Und die Dachtraufen und Wetterhähne thun auch keinem Menschen was...«

»Aber was ist denn sonst noch?«

»Ach, ich meine bloß die verdammten Dinger, die Spinnen...«

»Um Gottes willen, Spinnen?« erschrak Melusine.

»Ja, Spinnen, Frau Gräfin. Aber so ganz schlimme sind nich dabei. Solche mit 'm Kreuz oben hab' ich bei uns noch nicht gesehn. Bloß solche, die Schneider heißen.«

»Ach, das sind die, die die langen Beine haben.«

»Ja, lange Beine haben sie. Aber sie thun einem nichts. Und eigentlich sind es sehr ängstliche Tiere und verkriechen sich, wenn sie hören, daß aufgeschlossen wird, und bloß wenn Krippenstapel kommt, dann kommen sie alle 'raus un kucken sich um. Krippenstapeln, den kennen sie ganz gut, und ich hab' auch mal gesehn, daß er ihnen Fliegen mitbringt, und machen sich dann gleich drüber her.«

»Aber das ist ja grausam. Ist es denn ein guter Mensch?«

»O, sehr gut, Frau Gräfin. Und als ich ihm mal so was sagte, sagte er: ›Ja, Engelke, das is nu mal so; einer frißt den andern auf‹.«

Das Gespräch setzte sich noch eine Weile fort; dann sagte Melusine: »Nun, Engelke, ist es aber wohl die höchste Zeit für das Museum, sonst komm' ich zu spät und seh' und höre gar nichts mehr. Ich bin nun auch wieder warm geworden.« Dabei erhob sie sich und stieg die Doppeltreppe hinauf und klopfte. Sie wollte nicht gleich eintreten.

Auf ihr Klopfen wurde sehr bald von innen her geöffnet, und Krippenstapel, mit der Hornbrille, stand vor ihr. Er verbeugte sich und trat zurück, um den Platz freizugeben. Aber Melusine, deren Angst vor ihm wiederkehrte, zauderte, was eine momentane Verlegenheit schuf. Inzwischen war aber auch Dubslav herangekommen. »Ich fürchtete schon, daß Lorenzen Sie nicht herausgeben würde. Seine Gelegenheiten, hier in Stechlin ein Gespräch zu führen, sind nicht groß und nun gar ein Gespräch mit Gräfin Melusine! Nun, er hat es gnädig gemacht. Jetzt aber, Gräfin, halten Sie gefälligst Umschau; vielleicht daß Lorenzen schon geplaudert hat oder gar Engelke.«

»So ganz im Dunkeln bin ich nicht mehr; ein Küstriner Schloßfenster, ein paar Kirchendachreliquien und dazu Wetterhähne, – lauter Gegenstände (denn ich bin auch ein bißchen fürs Aparte), zu deren Auswahl ich Ihnen gratuliere.«

»Wofür ich der Frau Gräfin dankbar bin, ohne sonderlich überrascht zu sein. Ich wußte, Damen wie Gräfin Ghiberti haben Sinn für derlei Dinge. Darf ich Ihnen übrigens zunächst hier diesen Lebuser Bischof zeigen und hier weiter einen Heiligen oder vielleicht Anachoreten? Beide, Bischof und Anachoret, sind sehr unähnlich untereinander, schon in Bezug auf Leibesumfang, – der richtige Gegensatz von Refektorium und Wüste. Wenn ich den Heiligen hier so sehe, taxier' ich ihn höchstens auf eine Dattel täglich. Und nun denk' ich, wir fahren in unsrer Besichtigung fort. Krippenstapel war nämlich eben dabei, der Comtesse Armgard unsern Derfflingerschen Dragoner mit der kleinen Standarte und der Jahreszahl 1675 zu zeigen. Bitte, Gräfin Melusine, bemerken Sie hier die Zahl, dicht unter dem brandenburgischen Adler. Es wirkt, wie wenn er die Nachricht vom Siege bei Fehrbellin überbringen wolle. Daß es ein Dragoner ist, ist klar; der Filzhut mit der breiten Krempe hebt jeden Zweifel, und ich hab' es für mein gutes Recht gehalten, ihn auch speziell als Derfflingerschen Dragoner festzusetzen. Aber mein Freund Krippenstapel will davon nichts wissen, und wir liegen darüber seit Jahr und Tag in einer ernsten Fehde. Glücklicherweise unsre einzige. Nicht wahr Krippenstapel?«

Dieser lächelte und verbeugte sich.

»Die beiden Damen,« fuhr Dubslav fort, »mögen aber nicht etwa glauben, daß ich mich für berechtigt halte, die freie Wissenschaft hier in meinem Museum in Banden zu schlagen. Grad' umgekehrt. Ich kann also nur wiederholen: ›Krippenstapel, Sie haben das Wort‹. Und nun, bitte, setzen

Sie den Damen Ihrerseits auseinander, warum es nach ganz bestimmten Begleiterscheinungen ein Derfflingerscher *nicht* sein kann. Bilderbücher aus der Zeit her hat man nicht, und die großen Gobelins lassen einen im Stich und beweisen gar nichts.«

Unter diesen Worten hatte Krippenstapel die den Gegenstand des Streits bildende Wetterfahne wieder in die Hand genommen, und als er sah, daß die Gräfin, – die, wie das in ihrer Natur lag, den vor zehn Minuten noch so gefürchteten ›Fliegentöter‹ längst in ihr Herz geschlossen hatte – ihm freundlich zunickte, ließ er auf Geltendmachung seines Standpunkts auch nicht lange mehr warten und sagte: »Ja, Frau Gräfin, der Streit schwebt nun schon so lange, wie wir den Dragoner überhaupt haben, und Herr von Stechlin wäre wohl schon längst in das gegnerische Lager, in dem ich und Oberlehrer Tucheband stehn, übergegangen, wenn er nicht an meiner wissenschaftlichen Ereiferung seine beständige Freude hätte. Tucheband, einer unsrer Besten und ein Mann, der nicht leicht vorbei schießt, hat auch in dieser Frage gleich das Richtige getroffen. Er hat nämlich den Ort in Erwägung gezogen, von wo diese Wetterfahne stammt. Sie stammt aus dem wenigstens damals noch der alten Familie von Mörner zugehörigen Dorfe Zellin in der Neumark. Das Regiment aber, das sich bei Fehrbellin vor allen andern auszeichnete, war das Dragoner-Regiment Mörner. Es ist also kein Derfflingerscher, sondern ein Mörnerscher Dragoner, der, in fliegender Eile, die Nachricht von dem erfochtenen Siege nach Zellin bringt.«

»Bravo,« sagte Melusine. »Wenn ich je eine richtige Schlußfolgerung gehört habe (die meisten sind Blender), so haben wir sie hier. Herr von Stechlin, ich kann Ihnen nicht helfen, Sie sind besiegt.«

Dubslav war einverstanden und küßte Melusine die Hand, ohne sich um die mißbilligenden Blicke seiner Schwester zu kümmern, die jetzt ihrerseits auf endliche Vorführung der ›beiden Mühlen‹ drang, ihrer zwei Lieblingsstücke. Diese beiden Mühlen, so versicherte sie, seien das einzige, was hier überhaupt einen Anspruch auf ›Museum‹ erheben dürfe. Beinah' war es wirklich so, wie selbst Krippenstapel zugab, trotzdem sich, bis wenigstens ganz vor kurzem, nichts von historischer Kontroverse (die doch schließlich immer die Hauptsache bleibt) daran geknüpft hatte. Neuerdings freilich hatte sich das geändert. Zwei Berliner Herren vom Gewerbemuseum waren über die Mühlen in Streit geraten, speziell über ihren Ursprungsort. Zwar hatte man sich vorläufig dahin geeinigt, daß die Wassermühle holländisch, die Windmühle dagegen (eine richtige alte Bockmühle) eine Nürnberger Arbeit sei; Krippenstapel aber hatte bei diesem Friedensschlusse nur gelächelt. Er war viel zu sehr ernster Wissenschaftsmensch, als daß er nicht hätte herausfühlen sollen, wie diese sogenannte ›Beilegung‹ nichts als eine Verkleisterung war. Der Ausbruch neuer Streitigkeiten stand nahe bevor.

Die waren aber zunächst wenigstens ausgeschlossen, da beide Schwestern, Armgard wie Melusine, wie Kinder vor einem Lieblingsspielzeug, in einem ganz ausbündigen Vergnügen aufgingen. Die Windmühle klapperte, daß es eine Lust war, und das Rad der Wassermühle, wenn es grad' in der Sonne blitzte, gab einen solchen Silberschein, daß es aussah, als fiele das blinkende Wasser wirklich über die Schaufelbretter. All das wurde gesehn und bewundert, und was nicht gesehn wurde, nahm man auf Treu' und Glauben mit in den Kauf. Von den Spinnen kam keine zum Vorschein; nur hier und da hingen lange graue Gewebe, was jedoch nur feierlich aussah, und als Mittag heran war, verließ man das »Museum«, um sich erst eine Stunde zu ruhn und dann bei Tische wiederzusehn. Die Gräfin aber, ehe sie den großen, wüsten Raum verließ, trat noch einmal an

Krippenstapel heran, um ihn, unter gewinnendstem Lächeln, zu bitten, ihr, sobald ein ernsterer Streit über die beiden Mühlen entbrennen sollte, die betreffenden Schriftstücke nicht vorzuenthalten.

Krippenstapel versprach alles.

Auf drei war das Mittagsmahl angesetzt. Schon eine Viertelstunde vorher erschien Lorenzen und traf den alten Dubslav in einer gewissen stattlichen Herrichtung an oder, wie er sich selbst zu Engelke geäußert hatte, »ganz feudal«.

»Ach, das ist gut, Lorenzen, daß Sie schon kommen. Ich habe noch allerhand auf dem Herzen. Es muß doch was geschehn, eine richtige Begrüßung (denn das gestern abend war zu wenig) oder aber ein solennes Abschiedswort, kurzum irgend was, das in das Gebiet der Toaste gehört. Und da müssen Sie helfen. Sie sind ein Mann von Fach, und wer jeden Sonntag predigen kann, kann doch schließlich auch 'ne Tischrede halten.«

»Ja, das sagen Sie so, Herr von Stechlin. Mitunter ist eine Tischrede leicht und eine Predigt schwer, aber es kann auch umgekehrt liegen. Außerdem, wenn Sie sich nur erst mit dem Gedanken vertraut gemacht haben, daß es so sein muß, dann geht es auch. Sie werden sehn, das Herz, wie immer, macht den Redner. Und dazu diese Damen, beide von so seltener Liebenswürdigkeit. Was die Gräfin angeht ...«

»Ja,« lachte der Alte, »was die Gräfin angeht ... Sie machen sich's bequem, Pastor. Die Gräfin, – wenn sich's um die handelte, da könnt' ich's vielleicht auch. Aber die Comtesse, die hat so was Ernstes. Und dann ist sie zum Übrigen auch noch meine Schwiegertochter oder soll es wenigstens werden, und da muß ich doch sprechen wie 'ne Respektsperson. Und das ist schwer, vielleicht, weil sich in meiner Vorstellung die Gräfin immer vor die Comtesse schiebt.«

Dubslav sprach noch so weiter. Aber es half ihm nichts; Lorenzen war in seinem Widerstande nicht zu besiegen, und so kam denn die Tisch- und endlich auch die gefürchtete Redezeit heran. Der Alte hatte sich schließlich drein gefunden. »Meine lieben Gäste,« hob er an, »geliebte Braut, hochverehrte Brautschwester! Ein andres Wort, um meine Beziehungen zu Gräfin Melusine zu bezeichnen, hat vorläufig die deutsche Sprache nicht, was ich bedaure. Denn das Wort sagt mir lange nicht genug. Wenige Stunden erst ist es, daß ich Sie, meine Damen, an dieser Stelle begrüßen durfte, noch kein voller Tag, und schon ist der Abschied da. Währenddem hab ich kein ›Du‹ beantragt, aber es liegt doch in der Luft, mehr noch auf meiner Lippe ... Teuerste Armgard! dies alte Haus Stechlin also soll Ihre dereinstige Heimstätte werden; Sie werden sie zu neuem Leben erheben. Unter meinem Regime war es nicht viel damit. Auch heute nicht. Ich habe nur das gute Gewissen, Ihnen während dieser kurzen Spanne Zeit alles gezeigt zu haben, was gezeigt werden konnte: mein Museum und meinen See. Die Sprudelstelle (die Winterhand lag darauf) hat geschwiegen, aber mein Derfflingerscher Dragoner – in Krippenstapels Abwesenheit darf ich ihn ja wieder so nennen – hat dafür um so deutlicher zu Ihnen gesprochen. Er hat die Zahl 1675 in seiner Standarte und trägt die Siegesnachricht von Fehrbellin ins märkische Land. Erleb' ich's noch und giebt Krippenstapel seine Zustimmung, so stell' ich, kurz oder lang, auch meinerseits einen Dragoner auf meinen Dachreiter (einen Turm hab' ich nicht) und zwar einen Dragoner vom Regiment Königin von Großbritannien und Irland, und auch *er* trägt eine Siegesbotschaft ins Land. Nicht die von Königgrätz und nicht die von Mars-la-Tour, aber die von einem gleich gewichtigen

Siege. Das Haus Barby lebe hoch und meine liebe Schwiegertochter Armgard!«

Alle waren bewegt. Am meisten Lorenzen. Als er an den Alten heran trat, flüsterte er ihm zu: »Sehn Sie. Ich wußt' es.« Armgard küßte dem Alten die Hand, Melusine strahlte. »Ja, die alte Garde!« sagte sie. Nur Schwester Adelheid konnte sich in dieser allgemeinen Freude nicht gut zurechtfinden. Alle Feierungen mußten eben das Maß halten, das sie vorschrieb. Sie hatte den landesüblichen Zug: »Nur nicht zuviel von irgend was, am wenigsten aber von Huldigungen oder gar von Hingebung.«

Als man wieder saß, sagte Melusine: »Krippenstapel wird übrigens verstimmt sein, wenn er von Ihrem Trinkspruche hört. Es war doch eigentlich eine erneute feierliche Proklamierung des Derfflingerschen. Und was bei solcher Gelegenheit gesagt wird, das gilt ... Interessiert sich übrigens irgendwer für dies Ihr Museum?«

»Dann und wann ein Mann von Fach. Sonst niemand.«

»Was Sie verdrießt.«

»Nein, gnädigste Gräfin. Nicht im geringsten. Ich nehme nicht vieles ernsthaft, und am wenigsten ernsthaft nehm' ich mein Museum. Es ist freilich von mir ausgegangen und interessierte mich auch eine Weile, hinterher aber hat sich eigentlich alles ohne mich gemacht. Das ist so die Regel. Ist überhaupt erst ein Anfang da, so laufen die Dinge von selber weiter, und die Leute lassen einen nicht wieder los, halten einen fest, man mag wollen oder nicht. Ich hätte vielleicht alles schon längst wieder aufgegeben, man will's aber nicht. Einigen gereicht es zur Befriedigung, mich für einen Querkopf halten zu können und andre sprechen wenigstens von Originalitätshascherei. Man muß eben allerhand über sich ergehen lassen.«

Einunddreissigstes Kapitel.

Um fünf Uhr brachen Woldemar und die Barbyschen Damen auf, um den Zug, der um sieben Uhr Gransee passierte, nicht zu versäumen. Es dunkelte schon, aber der Schnee sorgte für einen Lichtschimmer; so ging es über die Bohlenbrücke fort in die Kastanienallee mit ihrem kahlen und übereisten Gezweige hinein.

Lorenzen war noch im Schlosse zurückgeblieben und setzte sich, um wieder warm zu werden, – auf der Rampe war's kalt und zugig gewesen – in die Nähe des Kamins, dem alten Dubslav gegenüber. Dieser hatte seinen Meerschaum angezündet und sah behaglich in die Flamme, blieb aber ganz gegen seine Gewohnheit schweigsam, weil eben noch eine dritte Person da war, die von den liebenswürdigen Damen, über die sich auszulassen es ihn in seiner Seele drängte, ganz augenscheinlich nichts hören wollte. Diese dritte Person war natürlich Tante Adelheid. *Die* wollte nicht sprechen. Andrerseits mußte durchaus der Versuch einer Konversation gemacht werden, und so griff denn Dubslav zu den Gundermanns hinüber, um in ein paar Worten sein Bedauern darüber auszudrücken, daß er die Siebenmühlner nicht habe mit heranziehn können. »Engelke sei so sehr dagegen gewesen.« All dies Bedauern, – wie's der ganzen Sachlage nach nicht anders sein konnte, – kam flau genug heraus, aber die Domina war so hochgradig verstimmt, daß ihr selbst so nüchterne, das Verbindliche nur ganz leise, nur ganz obenhin streifende Worte schon zuwider waren. »Ach, laß doch diese geborne Helfrich,« sagte sie, »diese Tochter von dem alten Hauptmann, der die Schlacht bei Leipzig gewonnen haben soll. So wenigstens erzählt sie beständig. Eine schreckliche Frau, die gar nicht in unsre Gesellschaft paßt. Und dabei so laut. Ich kann es nicht leiden, wenn wir so mit Gewalt nach oben blicken sollen, aber diese Helfrich, das muß ich sagen, ist denn doch auch nicht mein Geschmack. Ich halte das Unter-sich-bleiben für das einzig Richtige. Bescheidene Verhältnisse, aber bestimmt gezogene Grenzen.«

Lorenzen hütete sich zu widersprechen, versuchte vielmehr umgekehrt durch ein halbes Eingehn auf Adelheid und ihren Ton, eine bessere Laune wieder herzustellen. Als er aber sah, daß er damit scheiterte, brach er auf.

Und nun waren die beiden alten Geschwister allein.

Dubslav ging im Zimmer unruhig auf und ab und trat nur dann und wann an den Tisch heran, auf dem noch vom Kaffee her die Liqueurflaschen standen. Er wollte was sagen, traute sich's aber nicht recht, und erst als er zu zwei Curaçaos auch noch einen Benediktiner hinzugefügt hatte, wandte er sich an die Schwester, die, schweigsam wie er selbst, ihre kleine goldene Kette hin und her zog.

»Ja,« sagte er »jetzt sind sie nun wohl schon in Woltersdorf.«

»Ich vermute drüber 'raus. Woldemar wird die Pferde natürlich ausholen lassen. Es sind, glaub' ich, Damen, die nicht gerne langsam fahren.«

»Du sagst das so, Adelheid, als ob du's tadeln wolltest, überhaupt als ob dir die Damen nicht sonderlich gefallen hätten. Das sollte mir leid thun. Ich bin sehr glücklich über die Partie. Gewiß, sowohl die Gräfin wie die Comtesse sind verwöhnt; das merkt man. Aber ich möchte sagen, je verwöhnter sie sind ...«

»Desto besser gefallen sie dir. Das sieht dir ähnlich. Ich liebe mehr unsre Leute. Beide sind doch beinah' wie Fremde.«

»Nun, das ist nicht schlimm.«

»Doch. Mir widersteht das Fremde. Laß dir erzählen. Da war ich vorigen Sommer mit der Schmargendorff in Berlin und ging zu Josty, weil die Schmargendorff, die so was liebt, gern eine Tasse Schokolade trinken wollte.«

»Du hoffentlich auch.«

»Allerdings. Ich auch. Aber ich kam nicht recht dazu,

nippte bloß, weil ich mich über die Maßen ärgern mußte. Denn an dem Tische neben mir saß ein Herr und eine Dame, wenn es überhaupt eine Dame war. Aber Engländer waren es. Er steckte ganz in Flanell und hatte die Beinkleider umgekrempelt, und die Dame trug einen Rock und eine Bluse und einen Matrosenhut. Und der Herr hatte ein Windspiel, das immer zitterte, trotzdem fünfundzwanzig Grad Wärme waren.«

»Ja, warum nicht?«

»Und zwischen ihnen stand eine Tablette mit Wasser und Cognac, und die Dame hielt außerdem noch eine Zigarette zwischen den Fingern und sah in die Ringelwölkchen hinein, die sie blies.«

»Scharmant. Das muß ja reizend ausgesehn haben.«

»Und ich verwette mich, diese Melusine raucht auch.«

»Ja, warum soll sie nicht? Du schlachtest Gänse. Warum soll Melusine nicht rauchen?«

»Weil Rauchen männlich ist.«

»Und schlachten weiblich ... Ach, Adelheid, wir können uns über so was nicht einigen. Ich gelte schon für leidlich altmodisch, aber du, du bist ja geradezu petrefakt.«

»Ich verstehe das Wort nicht und wünsche nur, daß es etwas ist, dessen du dich nicht zu schämen hast. Es klingt sonderbar genug. Aber ich weiß, du liebst dergleichen und liebst gewiß auch (und hast so deine Vorstellungen dabei) den Namen Melusine.«

»Kann ich beinah' sagen.«

»Ich dacht' es mir.«

»Ja, Schwester, du hast gut reden. So sicher wie du wohnt eben nicht jeder. Adelheid! das ist ein Name, der paßt immer. Und im Kirchenbuche, wie mir Lorenzen erst neulich gezeigt hat, steht sogar Adelheide. Das Schluß-›e‹ ist bei der schlechten Wirtschaft in unserm Hause so mit drauf gegangen. Die Stechline haben immer alles verurscht.«

»Ich bitte dich, wähle doch andere Worte.«

»Warum? Verurscht ist ein ganz gutes Wort. Und außerdem, schon der alte Kortschädel sagte mir mal, man müsse gegen Wörter nicht so streng sein und gegen Namen erst recht nicht, da sitze manch einer in einem Glashause. Hältst du Rentmeister Fix für einen schönen Namen? Und als ich noch bei den Kürassieren in Brandenburg war, in meinem letzten Dienstjahr, da hatten wir dicht bei uns einen kleinen Mann von der Feuerversicherung, der hieß Briefbeschwerer. Ja, Adelheid, wenn ich *dem* gegenüber so verfahren wäre, wie du jetzt mit Gräfin Melusine, so hätt' ich mir den Mann als eine halbe Bombe vorstellen müssen oder als einen Kugelmann. Denn damals, es war Anno vierundsechzig, waren alle ›Briefbeschwerer‹ bloß ›Kugelmänner‹: 'ne Flintenkugel oben und zwei Flintenkugeln unten. Und natürlich 'ne Kartätschenkugel als Bauch in der Mitte. Das Feuerversicherungsmännchen aber, das zufällig so sonderbar hieß, das war so dünn wie 'n Strich.«

»Ja, Dubslav, was soll das nun alles wieder? Du giebst da deinem Zeisig mal wieder ein gut Stück Zucker. Ich sage Zeisig, weil ich nicht verletzlich werden will.«

»Küss' die Hand ...«

»Und was ich dir zur Sache darauf zu sagen habe, das ist das. Ich habe nichts dagegen, daß jemand Briefbeschwerer heißt, und überlass' es ihm, ob er ein Strich oder ein Kugelmann sein will. Aber ich habe sehr viel gegen Melusine. Briefbeschwerer, nu, das ist bloß ein Zufall, Melusine aber ist kein Zufall, und ich kann dir bloß sagen, diese Melusine ist eben eine richtige Melusine. Alles an dieser Person ...«

»Ich bitte dich, Adelheid ...«

»Alles an dieser Dame, wenn sie durchaus so etwas sein soll, ist verführerisch. Ich habe so was von Koketterie noch nie gesehn. Und wenn ich mir dann unsern armen Woldemar daneben denke! Der is ja solcher Eva gegenüber von Anfang an verloren. Eh' er noch weiß, was los ist, ist er schon umstrickt, trotzdem er doch bloß ihr Schwager ist. Oder vielleicht auch grade deshalb. Und dazu das ewige Sich-biegen und -wiegen in den Hüften. Alles wie zum Beweise, daß es mit der Schlange denn doch etwas auf sich hat. Und wie sie nun gar erst mit dem Lorenzen umsprang. Aber freilich, der ist wo möglich noch leichter zu fangen, als Woldemar. Er sah sie immer an wie 'ne Offenbarung. Und sie ist auch so was. Darüber is kein Zweifel. Aber wovon?«

Hochzeit.

Zweiunddreissigstes Kapitel.

Zu guter Zeit waren die Reisenden wieder in Berlin zurück. Woldemar hatte Braut und Schwägerin bis an das Kronprinzen-Ufer begleitet, mußte jedoch auf Verbleib im Barbyschen Hause verzichten, weil im Kasino eine kleine Festlichkeit stattfand, der er beiwohnen wollte.

Der alte Graf ging, als unten die Droschke hielt, mühsamlich auf seinem Zimmerteppich auf und ab, weil ihn sein Fuß, wie stets wenn das Wetter umschlug, mal wieder mit einer ziemlich heftigen Neuralgie quälte.

»Nun, da seid ihr ja wieder. Der Zug muß Verspätung gehabt haben. Und wo ist Woldemar?«

Man gab ihm Auskunft und daß Woldemar wegen seines Nichterscheinens um Entschuldigung bäte. »Gut, gut. Und nun setzt euch und erzählt. Mit dem Conte, das ließ damals allerlei zu wünschen übrig ... verzeih, Melusine. Da möcht' ich denn begreiflicherweise, daß es uns diesmal besser ginge. Woldemar macht mir natürlich kein Kopfzerbrechen, aber die Familie, der alte Stechlin. Armgard braucht selbstverständlich auf eine so delikate Frage nicht zu antworten, wenn sie nicht will, wiewohl erfahrungsmäßig ein Unterschied ist zwischen Schwiegermüttern und Schwiegervätern. Diese sind mitunter verbindlicher als der Sohn.«

Armgard lachte. »Mir Papa, passiert so was Nettes nicht. Aber mit Melusine war es wieder das Herkömmliche. Der alte Stechlin fing an und der Pastor folgte. Wenigstens schien es mir so.«

»Dann bin ich beruhigt, vorausgesetzt, daß Melusine über den neuen Schwiegervater ihren richtigen alten Vater nicht vergißt.«

Sie ging auf ihn zu und küßte ihm die Hand.

»Dann bin ich beruhigt,« wiederholte der Alte. »Melusine gefällt fast immer. Aber manchem gefällt sie freilich auch nicht. Es giebt so viele Menschen, die haben einen natürlichen Haß gegen alles, was liebenswürdig ist, weil sie selber unliebenswürdig sind. Alle beschränkten und aufgesteiften Individuen, alle, die eine borniert Vorstellung vom Christentum haben – das richtige sieht ganz anders aus – alle Pharisäer und Gernegroß, alle Selbstgerechten und Eiteln fühlen sich durch Personen wie Melusine gekränkt und verletzt, und wenn sich der alte Stechlin in Melusine verliebt hat, dann lieb' ich ihn schon darum, denn er ist dann eben ein guter Mensch. Mehr brauch' ich von ihm gar nicht zu wissen. Übrigens konnt' es kaum anders sein. Der Apfel fällt nicht weit vom Stamm. Aber auch umgekehrt: wenn ich den Apfel kenne, kenn' ich auch den Stamm ... Und wer war denn noch da? Ich meine, von Verwandtschaft?«

»Nur noch Tante Adelheid von Kloster Wutz,« sagte Armgard.

»Das ist die Schwester des Alten?«

»Ja, Papa. Ältere Schwester. Wohl um zehn Jahr älter und auch nur Halbschwester. Und eine Domina.«

»Sehr fromm?«

»Das wohl eigentlich nicht.«

»Du bist so einsilbig. Sie scheint dir nicht recht gefallen zu haben.«

Armgard schwieg.

»Nun, Melusine, dann sprich du. Nicht fromm also; das ist gut. Aber vielleicht hautaine?«

»Fast könnte man's sagen,« antwortete Melusine. »Doch paßt es auch wieder nicht recht, schon deshalb nicht, weil es ein französisches Wort ist. Tante Adelheid ist eminent unfranzösisch.«

»Ah, ich versteh'. Also komische Figur.«

»Auch das nicht so recht, Papa. Sagen wir einfach, zurückgeblieben, vorweltlich.«

Der alte Graf lachte. »Ja, das ist in allen alten Familien so, vor allem bei reichen und vornehmen Juden. Kenne das noch von Wien her, wo man überhaupt solche Fragen studieren kann. Ich verkehrte da viel in einem großen Banquierhause, drin alles nicht bloß voll Glanz, sondern auch voll Orden und Uniformen war. Fast zuviel davon. Aber mit einem Male traf ich in einer Ecke, ganz einsam und doch beinah' vergnüglich, einen merkwürdigen Urgreis, der wie der alte Gobbo – der in dem Stück von Shakespeare vorkommt – aussah und als ich mich später bei einem Tischnachbar erkundigte, ›wer denn das sei‹, da hieß es: ›Ach, das ist ja Onkel Manasse‹. Solche Onkel Manasses giebt es überall, und sie können unter Umständen auch ›Tante Adelheid‹ heißen.«

Daß der alte Graf das so leicht nahm, erfreute die Töchter sichtlich, und als Jeserich bald danach das Theezeug brachte, wurd' auch Armgard mitteilsamer und erzählte zunächst von Superintendent Koseleger und Pastor Lorenzen, danach vom Stechlinsee (der ganz überfroren gewesen sei, so daß sie die berühmte Stelle nicht hätten sehen können) und zuletzt von dem Museum und den Wetterfahnen.

Diese waren das, was den alten Grafen am meisten interessierte. »Wetterfahnen, ja, die müssen gesammelt werden, nicht bloß alte Dragoner in Blech geschnitten, sondern auch allermodernste Silhouetten, sagen wir aus der Diplomatenloge. Da kommt dann schon eine ganz hübsche Galerie zusammen. Und wißt ihr, Kinder, das mit dem Museum giebt mir erst eine richtige Vorstellung von dem Alten und eine volle Befriedigung, beinah' mehr noch, als daß ihm Melusine gefallen hat. Ich bin sonst nicht für Sammler.

Aber wer Wetterfahnen sammelt, das will doch was sagen, das ist nicht bloß eine gute Seele, sondern auch eine kluge Seele, denn es is da so was drin, wie ein Fingerknips gegen die Gesellschaft. Und wer den machen kann, das ist mein Mann, mit dem kann ich leben.«

Man blieb nicht lange mehr beisammen; beide Schwestern, ziemlich ermüdet von der Tagesanstrengung, zogen sich früh zurück, aber ihr Gespräch über Schloß Stechlin und die beiden Geistlichen und vor allem über die Domina (gegen die Melusine heftig eiferte) setzte sich noch in ihrem Schlafzimmer fort.

»Ich glaube,« sagte Armgard, »du legst zu viel Gewicht auf das, was du das Ästhetische nennst. Und Woldemar thut es leider auch. Er läßt auf seine Mark Brandenburg sonst nichts kommen, aber in diesem Punkte spricht er beinah' so wie du. Wohin er blickt, überall vermißt er das Schönheitliche. Das Wenige, was danach aussieht, so klagt er beständig, sei bloß Nachahmung. Aus eignem Trieb heraus würde hier nichts derart geboren.«

»Und daß er so klagt, das ist das, was ich so ziemlich am meisten an ihm schätze. Du meinst, daß ich, wenn ich von der Domina spreche, zu viel Gewicht auf diese doch bloß äußerlichen Dinge lege. Glaube mir, diese Dinge sind nicht bloß äußerlich. Wer kein feines Gefühl hat, sei's in Kunst, sei's im Leben, der existiert für mich überhaupt nicht und für meine Freundschaft und Liebe nun schon ganz gewiß nicht. Da hast du mein Programm. Unser ganzer Gesellschaftszustand, der sich wunder wie hoch dünkt, ist mehr oder weniger Barbarei; Lorenzen, von dem du doch so viel hältst, hat sich ganz in diesem Sinne gegen mich ausgesprochen. Ach, wie weit voraus war uns doch die

Heidenzeit, die wir jetzt so verständnislos bemängeln! Und selbst unser ›dunkles Mittelalter‹ – schönheitlich stand es höher als wir, und seine Scheiterhaufen, wenn man nicht gleich selbst an die Reihe kam, waren gar nicht so schlimm.«

»Ich erlebe noch,« lachte Armgard, »daß du 'nen neuen Kreuzzug oder ähnliches predigst. Aber wir sind von unserm eigentlichen Thema ganz abgekommen, von der Domina. Du sagtest, ihre Gefühle widersprächen sich untereinander. Welche Gefühle?«

»Darauf ist leicht Antwort geben. Erst beglückwünscht sie sich zu sich selbst, und hinterher ärgert sie sich über sich selbst. Und daß sie das *muß*, daran sind wir schuld, und das kann sie uns nicht verzeihn.«

»Ich würde vielleicht zustimmen, wenn das, was du da sagst, nicht so sehr eitel klänge ... Sie hat übrigens einen guten Verstand.«

»Den hat sie, gewiß, den haben sie alle hier oder doch die meisten. Aber ein guter Verstand, so viel er ist, ist auch wieder recht wenig und schließlich – ich muß leider zu diesem Berolinismus greifen – ist diese gute Domina doch nichts weiter als eine Stakete, lang und spitz. Und nicht mal grüngestrichen.«

»Und der Alte? *Der* wenigstens wird doch vor deiner Kritik bestehn.«

»O, der; der ist hors concours und geht noch über Woldemar hinaus. Was meinst du, wenn ich den Alten heiratete?«

»Sprich nicht so, Melusine. Ich weiß ja recht gut, wie das alles von dir gemeint ist, Übermut und wieder Übermut. Aber er ist doch am Ende noch nicht so steinalt. Und *du*, so lieb ich dich habe, du bist schließlich imstande, dich in solche Kompliziertheiten von Schwiegervater und Schwager, alles in einem, und wo möglich noch allerhand dazu, zu verlieben.«

»Jedenfalls mehr als in *den*, der diese Kompliziertheiten darstellt oder gar erst schaffen soll ... Also, sei ruhig, freundlich Element.«

Dreiunddreissigstes Kapitel.

Das war in den letzten Dezembertagen; auf Ende Februar hatte man die Hochzeit des jungen Paares festgesetzt. In der Zwischenzeit war seitens des alten Grafen erwogen worden, ob die Trauung nicht doch vielleicht auf einem der Barbyschen Elbgüter stattfinden solle, die Braut selbst aber war dagegen gewesen und hatte mit einer ihr sonst nicht eignen Lebhaftigkeit versichert: sie hänge an der Armee, weshalb sie – ganz abgesehn von ihrem teuren Frommel – die Berliner Garnisonkirche weit vorziehe. Daß diese, nach Ansicht vieler, bloß ein großer Schuppen sei, habe für sie gar keine Bedeutung; was ihr an der Garnisonkirche so viel gelte, das seien die großen Erinnerungen und ein Gotteshaus, drin die Schwerins und die Zietens ständen (und wenn sie nicht drin ständen, so doch andre, die kaum schlechter wären) – eine historisch so bevorzugte Stelle wäre ihr an ihrem Trautage viel lieber als ihre Familienkirche, trotz der Särge so vieler Barbys unterm Altar. Woldemar war sehr glücklich darüber, seine Braut so preußisch-militärisch zu finden, die denn auch, als einmal die Zukunft und mit ihr die Frage nach ›Verbleib oder Nichtverbleib‹ in der Armee durchgesprochen wurde, lachend erwidert hatte: »Nein Woldemar, nicht jetzt schon Abschied; ich bin sehr für Freiheit, aber doch beinah' mehr noch für Major.«

———

Auf drei Uhr war die Trauung festgesetzt. Schon eine halbe Stunde vorher erschien der Brautwagen und hielt vor dem Schickedanzschen Hause, dessen Flur auszuschmücken, sich die Frau Versicherungssekretärin nicht hatte nehmen lassen. Von der Treppe bis auf das Trottoir hinaus waren zu beiden Seiten Blumenestraden aufgestellt, auf denen die Lieblinge der Frau Schickedanz in einer Schönheit und Fülle standen, als ob es sich um eine Maiblumenausstellung gehandelt hätte. Hinter den verschiedenen Estraden aber hatten alle Hausbewohner Aufstellung genommen, Lizzi, Frau Imme und sämtliche Hartwichs und natürlich auch Hedwig, die, nach ganz kurzem Dienst im Kommerzienrat Seligmannschen Hause, vor etwa acht Tagen ihre Stelle wieder aufgegeben hatte.

»Gott, Hedwig, war es denn wieder so was?«
»Nein, Frau Imme, diesmal war es mehr.«

Frommel traute. Die Kirche war dicht besetzt, auch von bloß Neugierigen, die sich, ehe die große Orgel einsetzte, die merkwürdigsten Dinge mitzuteilen hatten. Die Barbys seien eigentlich Italiener aus der Gegend von Neapel, und der alte Graf, was man ihm auch noch ansehe, sei in seinen jungen Jahren unter den Carbonaris gewesen; aber mit einem Male hab' er geschwenkt und sei zum Verräter an seiner heiligen Sache geworden. Und weil in solchem Falle jedesmal einer zur Vollstreckung der Gerechtigkeit ausgelost würde (was der Graf auch recht gut gewußt habe), hab' er vorsichtigerweise seine schöne Heimat verlassen und sei nach Berlin gekommen und sogar an den Hof. Und Friedrich Wilhelm IV., der ihn sehr gern gemocht, hab' auch immer italienisch mit ihm gesprochen.

Das Hochzeitsmahl fand im Barbyschen Hause statt, notgedrungen en petit comité, da das große Mittelzimmer, auch bei geschicktester Anordnung, immer nur etwa zwanzig Personen aufnehmen konnte. Der weitaus größte Teil der Gesellschaft setzte sich aus uns schon bekannten Personen zusammen, obenan natürlich der alte Stechlin. Er war gern gekommen, trotzdem ihm die Weltabgewandtheit, in der er lebte, den Entschluß anfänglich erschwert hatte. Tante Adelheid fehlte. »Trösten wir uns,« sagte Melusine mit einer ihr kleidenden Überheblichkeit. Selbstverständlich waren die Berchtesgadens da, desgleichen Rex und Czako, sowie Cujacius und Wrschowitz. Außerdem ein, behufs Abschluß seiner landwirtschaftlichen Studien, erst seit kurzem in Berlin lebender junger Baron von Planta, Neffe der verstorbenen Gräfin, zu dem sich zunächst ein Premierlieutenant von Szilagy (Freund und früherer Regimentskamerad von Woldemar) und des weiteren ein Dr. Pusch gesellte, den die Barbys noch von ihren Londoner Tagen her gut kannten. Dem Brautpaare gegenüber saßen die beiden Väter, beziehungsweise Schwiegerväter. Da weder der eine noch der andre zu den Rednern zählte, so ließ Frommel das Brautpaar in einem Toaste leben, drin Ernst und Scherz, Christlichkeit und Humor in glücklichster Weise verteilt waren. Alles war entzückt, der alte Stechlin, Frommels Tischnachbar, am meisten. Beide Herren hatten sich schon vorher angefreundet, und als nach Erledigung des offiziellen Toastes das Tischgespräch ganz allgemein wieder in Konversation mit dem Nachbar überging, sahen sich Frommel und der alte Stechlin in Anknüpfung einer intimeren Privatunterhaltung nicht weiter behindert.

»Ihr Herr Sohn,« sagte Frommel, »wovon ich mich persönlich überzeugen konnte, wohnt sehr hübsch. Darf ich daraus schließen, daß Sie sich bei ihm einlogiert haben?«

»Nein, Herr Hofprediger. So bei Kindern wohnen ist immer mißlich. Und mein Sohn weiß das auch; er kennt den Geschmack oder meinetwegen auch bloß die Schrullenhaftigkeit seines Vaters, und so hat er mich, was immer das beste bleibt, in einem Hotel untergebracht.«

»Und Sie sind da zufrieden?«

»Im höchsten Maße, wiewohl es ein bißchen über mich hinausgeht. Ich bin noch aus der Zeit von Hotel de Brandebourg, an dem mich immer nur die Französierung ärgerte, – sonst alles vorzüglich. Aber solche Gasthäuser sind eben, seit wir Kaiser und Reich sind, mehr oder weniger altmodisch geworden, und so bin ich denn durch meinen Sohn im Hotel Bristol untergebracht worden. Alles ersten Ranges, kein Zweifel, wozu noch kommt, daß mich der bloße Name schon erheitert, der neuerdings jeden Mitbewerb so gut wie ausschließt. Als ich noch Lieutenant war, freilich lange her, mußten alle Witze von Glasbrenner oder von Beckmann sein. Beckmann war erster Komiker, und wenn man in Gesellschaft sagte: ›da hat ja wieder der Beckmann …‹ so war man mit seiner Geschichte so gut wie 'raus. Und wie damals mit den Witzen, so heute mit den Hotels. Alle müssen ›Bristol‹ heißen. Ich zerbreche mir den Kopf darüber, wie gerade Bristol dazu kommt. Bristol ist doch am Ende nur ein Ort zweiten Ranges, aber Hotel Bristol ist immer prima. Ob es hier wohl Menschen giebt, die Bristol je gesehn haben? Viele gewiß nicht, denn Schiffskapitäne, die zwischen Bristol und New-York fahren, sind in unserm guten Berlin immer noch Raritäten. Übrigens darf ich bei allem Respekt vor meinem berühmten Hotel sagen, unberühmte sind meist interessanter. So zum Beispiel bayrische Wirtshäuser im Gebirge, wo man eine dicke Wirtin hat, von der es heißt, sie sei mal schön gewesen, und ein Kaiser oder König habe ihr den Hof gemacht. Und dazu dann Forellen und ein Landjäger, der eben einen Wilderer oder Haberfeldtreiber über den stillen See bringt. An solchen Stellen ist es am schönsten. Und ist der See aufgeregt, so ist es noch schöner. Das alles würde mir unser Baron Berchtesgaden, der da drüben sitzt, gewiß gern bestätigen und Sie, Herr Hofprediger, bestätigen es mir schließlich auch. Denn mir fällt eben ein, Sie waren ja mit unserm guten Kaiser Wilhelm, dem letzten Menschen, der noch ein wirklicher Mensch war, immer in Gastein zusammen und viel an seiner Seite. Jetzt hat man statt des wirklichen Menschen den sogenannten Übermenschen etabliert; eigentlich giebt es aber bloß noch Untermenschen, und mitunter sind es gerade die, die man durchaus zu einem ›Über‹ machen will. Ich habe von solchen Leuten gelesen und auch welche gesehn. Ein Glück, daß es, nach meiner Wahrnehmung, immer entschieden komische Figuren sind, sonst könnte man verzweifeln. Und daneben unser alter Wilhelm! Wie war er denn so, wenn er so still seine Sommertage verbrachte? Können Sie mir was von ihm erzählen? So was, woran man ihn so recht eigentlich erkennt.«

»Ich darf sagen ›ja‹, Herr von Stechlin. Habe so was mit ihm erlebt. Eine ganz kleine Geschichte; aber das sind gerade die besten. Da hatten wir mal einen schweren Regentag in Gastein, so daß der alte Herr nicht ins Freie kam, und statt draußen in den Bergen, in seinem großen Wohnzimmer seinen gewohnten Spaziergang machen mußte, so gut es eben ging. Unter ihm aber (was er wußte) lag ein Schwerkranker. Und nun denken Sie sich, als ich bei dem guten alten Kaiser eintrete, seh' ich ihn, wie er da lange Läufer und Teppiche zusammenschleppt und übereinander packt, und als er mein Erstaunen sieht, sagt er mit einem unbeschreiblichen und mir unvergeßlichen Lächeln: ›Ja, lieber Frommel, da unter mir liegt ein Kranker; ich mag nicht, daß er die Empfindung hat, ich trample ihm da so über den Kopf hin ...‹ Sehn Sie, Herr von Stechlin, da haben Sie den alten Kaiser.«

Dubslav schwieg und nickte. »Wie beneid' ich Sie, so was erlebt zu haben,« hob er nach einer Weile an. »Ich kannt' ihn auch ganz gut, das heißt in Tagen, wo er noch Prinz Wilhelm war, und dann oberflächlich auch später noch. Aber seine eigentliche Zeit ist doch seine Kaiserzeit.«

»Gewiß, Herr von Stechlin. Es wächst der Mensch mit seinen größern Zwecken.«

»Richtig, richtig,« sagte Dubslav, »das schwebte mir auch vor; ich konnt' es bloß nicht gleich finden. Ja, so war er, und so einen kriegen wir nicht wieder. Übrigens sag' ich das in aller Reverenz. Denn ich bin kein Frondeur. Fronde mir gräßlich und paßt nicht für uns. Bloß mitunter, da paßt sie doch vielleicht.«

―――

Inzwischen war die siebente Stunde herangekommen und um halb acht ging der Zug, mit dem das junge Paar noch bis Dresden wollte, dieser herkömmlich ersten Etappe für jede Hochzeitsreise nach dem Süden. Man erhob sich von der Tafel, und während die Gäste, bunte Reihe machend, untereinander zu plaudern begannen, zogen sich Woldemar und Armgard unbemerkt zurück. Ihr Reisegepäck war seit einer Stunde schon voraus, und nun hielt auch der viersitzige Wagen vor dem Barbyschen Hause. Die Baronin und Melusine hatten sich zur Begleitung des jungen Paares miteinander verabredet und nahmen jetzt, ohne daß Woldemar und Armgard es hindern konnten, die beiden Rücksitze des Wagens ein. Das ergab aber, besonders zwischen den zwei Schwestern, eine vollkommene Rang- und Höflichkeitsstreiterei. »Ja, wenn es jetzt in die Kirche ginge,« sagte Armgard, »so hättest du recht. Aber unser Wagen ist ja schon wieder ein ganz einfacher Landauer geworden, und Woldemar und ich sind, vier Stunden nach der

Trauung, schon wieder wie zwei gewöhnliche Menschen. Und sich dessen bewußt zu werden, damit kann man nicht früh genug anfangen.«

»Armgard, du wirst mir zu gescheit,« sagte Melusine.

Man einigte sich zuletzt, und als der Wagen am Anhalter Bahnhof eintraf, waren Rex und Czako bereits da, – beide mit Riesensträußen, – zogen sich aber unmittelbar nach Überreichung ihrer Bouquets wieder zurück. Nur die Baronin und Melusine blieben noch auf dem Bahnsteig und warteten unter lebhafter Plauderei bis zum Abgange des Zuges. In dem von dem jungen Paare gewählten Coupé befanden sich noch zwei Reisende; der eine, blond und artig und mit goldener Brille, konnte nur ein Sachse sein, der andre dagegen, mit Pelz und Juchtenkoffer, war augenscheinlich ein »Internationaler« aus dem Osten oder selbst aus dem Südosten Europas.

Nun aber hörte man das Signal, und der Zug setzte sich in Bewegung.

Die Baronin und Melusine grüßten noch mit ihren Tüchern. Dann bestiegen sie wieder den draußen haltenden Wagen. Es war ein herrliches Wetter, einer jener Vorfrühlingstage, wie sie sich gelegentlich schon im Februar einstellen.

»Es ist so schön,« sagte Melusine. »Benutzen wir's. Ich denke, liebe Baronin, wir fahren hier zunächst am Kanal hin in den Tiergarten hinein und dann an den Zelten vorbei bis in Ihre Wohnung.«

Eine Weile schwiegen beide Damen; im Augenblick aber, wo sie von dem holprigen Pflaster in den stillen Asphaltweg einbogen, sagte die Baronin: »Ich begreife Stechlin nicht, daß er nicht ein Coupé apart genommen.«

Melusine wiegte den Kopf.

»Den mit der goldenen Brille,« fuhr die Baronin fort, »den nehm' ich nicht schwer. Ein Sachse thut keinem was und ist auch kaum eine Störung. Aber der andre mit dem Juchtenkoffer. Er schien ein Russe, wenn nicht gar ein Rumäne. Die arme Armgard. Nun hat sie ihren Woldemar und hat ihn auch wieder nicht.«

»Wohl ihr.«

»Aber Gräfin ...«

»Sie sind verwundert, liebe Baronin, mich das sagen zu hören. Und doch hat's damit nur zu sehr seine Richtigkeit: gebranntes Kind scheut das Feuer.«

»Aber Gräfin ...«

»Ich verheiratete mich, wie Sie wissen, in Florenz und fuhr an demselben Abende noch bis Venedig. Venedig ist in einem Punkte ganz wie Dresden: nämlich erste Station bei Vermählungen. Auch Ghiberti – ich sage immer noch lieber ›Ghiberti‹ als ›mein Mann‹; ›mein Mann‹ ist überhaupt ein furchtbares Wort – auch Ghiberti also hatte sich für Venedig entschieden. Und so hatten wir denn den großen Apennintunnel zu passieren.«

»Weiß, weiß. Endlos.«

»Ja, endlos. Ach, liebe Baronin, wäre doch da wer mit uns gewesen, ein Sachse, ja selbst ein Rumäne. Wir waren aber allein. Und als ich aus dem Tunnel heraus war, wußt' ich, welchem Elend ich entgegenlebte.«

»Liebste Melusine, wie beklag' ich Sie; wirklich, teuerste Freundin, und ganz aufrichtig. Aber so gleich ein Tunnel. Es ist doch auch wie ein Schicksal.«

Rex und Czako hatten sich unmittelbar nach Überreichung ihrer Bouquets vom Bahnhof her in die Königgrätzer Straße zurückgezogen, und hier angekommen, sagte Czako:

»Wenn es Ihnen recht ist, Rex, so gehen wir bis in das Restaurant Bellevue.«

»Tasse Kaffee?«

»Nein; ich möchte gern was ordentliches essen. Drei Löffel Suppe, 'ne Forelle en miniature und ein Poulardenflügel, – das ist zu wenig für meine Verhältnisse. Rund heraus, ich habe Hunger.«

»Sie werden sich zu gut unterhalten haben.«

»Nein, auch das nicht. Unterhaltung sättigt außerdem, wenigstens Menschen, die wie ich, wenn Sie auch drüber lachen, aufs Geistige gestellt sind. Ein bißchen mag ich übrigens an meinem elenden Zustande selbst schuld sein. Ich habe nämlich immer nur die Gräfin angesehn und begreife nach wie vor unsren Stechlin nicht. Nimmt da die Schwester! Er hatte doch am Ende die Wahl. Der kleine Finger der Gräfin (und ihr kleiner Zeh' nun schon ganz gewiß) ist mir lieber als die ganze Comtesse.«

»Czako, Sie werden wieder frivol.«

Vierunddreissigstes Kapitel.

Unter den Hochzeitsgästen hatte sich, wie schon kurz erwähnt, auch ein Dr. Pusch befunden, ein gewandter und durchaus weltmännisch wirkender Herr mit gepflegtem, aber schon angegrautem Backenbart. Er war vor etwa fünfundzwanzig Jahren an der Assessorecke gescheitert und hatte damals nicht Lust gehabt, sich ein zweites Mal in die Zwickmühle nehmen zu lassen. »Das Studium der Juristerei ist langweilig und die Carriere hinterher miserabel« – so war er denn als Korrespondent für eine große rheinische Zeitung nach England gegangen und hatte sich dort auf der deutschen Botschaft einzuführen gewußt. Das ging so durch Jahre. Ziemlich um dieselbe Zeit aber, wo der alte

Vierunddreissigstes Kapitel

Graf seine Londoner Stellung aufgab, war auch Dr. Pusch wieder flügge geworden und hatte sich nach Amerika hinüber begeben. Er fand indessen das Freie dort freier, als ihm lieb war, und kehrte sehr bald, nachdem er es erst in New-York, dann in Chicago versucht hatte, nach Europa zurück. Und zwar nach Deutschland. »Wo soll man am Ende leben?« Unter dieser Betrachtung nahm er schließlich in Berlin wieder seinen Wohnsitz. Er war ungeniert von Natur und ein klein wenig überheblich. Als wichtigstes Ereignis seiner letzten sieben Jahre galt ihm sein Übertritt vom Pilsener zum Weihenstephan. »Sehen Sie, meine Herren, vom Weihenstephan zum Pilsener, das kann jeder; aber das Umgekehrte, das ist was. Chinesen werden christlich, gut. Aber wenn ein Christ ein Chinese wird, das ist doch immer noch eine Sache von Belang.«

Pusch, als er sich in Berlin niederließ, hatte sich auch bei den Barbys wieder eingeführt; Melusine entsann sich seiner noch, und der alte Graf war froh, die zurückliegenden Zeiten wieder durchsprechen und von Sandringham und Hatfieldhouse, von Chatsworth und Pembroke-Lodge plaudern zu können. Eigentlich paßte der etwas weitgehende Ungeniertheitston, in dem der Doktor seiner Natur wie seiner New-Yorker Schulung nach zu sprechen liebte, nicht sonderlich zu den Gepflogenheiten des alten Grafen; aber es lag doch auch wieder ein gewisser Reiz darin, ein Reiz, der sich noch verdoppelte durch das, was Pusch aus aller Welt Enden mitzuteilen wußte. Brillanter Korrespondent, der er war, unterhielt er Beziehungen zu den Ministerien und, was fast noch schwerer ins Gewicht fiel, auch zu den Gesandtschaften. Er hörte das Gras wachsen. Auf Titulaturen ließ er sich nicht ein; die vielen Telegramme hatten einen gewissen allgemeinen Telegrammstil in ihm gezeitigt, dessen er sich nur entschlug, wenn er ins Ausmalen kam. Es war im Zusammenhang damit, daß er gegen Worte wie: »Wirklicher Geheimer Ober-Regierungsrat« einen förmlichen Haß unterhielt. Herzog von Ujest oder Herzog von Ratibor waren ihm, trotz ihrer Kürze, immer noch zu lang, und so warf er denn statt ihrer einfach mit ›Hohenlohes‹ um sich. In der That, er hatte mancherlei Schwächen. Aber diese waren doch auch wieder von eben so vielen Tugenden begleitet. So beispielsweise sah er über alles, was sich an Liebesgeschichten ereignete, mit einer beinah' vornehmen Gleichgültigkeit hinweg, was manchem sehr zu paß kam. Ob dies Drüberhinsehn bloß Geschäftsmaxime war, oder ob er all dergleichen einfach alltäglich und deshalb mehr oder weniger langweilig fand, war nicht recht festzustellen; er kultivierte dafür mit Vorliebe das Finanzielle, vielleicht davon ausgehend, daß, wer die Finanzen hat, auch selbstverständlich alles andere hat, besonders die Liebe.

Das war Dr. Pusch. Er schloß sich, als man aufbrach, einer Gruppe von Personen an, die den »angerissenen Abend« noch in einem Lokal verbringen wollten.

»Ja, wo?«

»Natürlich Siechen.«

»Ach, Siechen. Siechen ist für Philister.«

»Nun denn also, beim ›schweren Wagner‹.«

»Noch philiströser. Ich bin für Weihenstephan.«

»Und ich für Pilsener.«

Man einigte sich schließlich auf ein Lokal in der Friedrichstraße, wo man beides haben könne.

Die Herren, die dahin aufbrachen, waren außer Pusch noch der junge Baron Planta, dann Cujacius und Wrschowitz und abschließend Premierleutnant von Szilagy, der, wie schon angedeutet, früher bei den Gardedragonern gestanden, aber wegen einer großen Generalbegeisterung für die Künste, das Malen und Dichten obenan, schon vor etlichen Jahren seinen Abschied genommen hatte. Mit seinen Genrebildern war er nicht recht von der Stelle gekommen, weshalb er sich neuerdings der Novellistik zugewandt und einen Sammelband unter dem bescheidenen Titel »Bellis perennis« veröffentlicht hatte. Lauter kleine Liebesgeschichten.

Alle fünf Herren, mit alleiniger Ausnahme des jungen Graubündner Barons, erwiesen sich von Anfang an als ziemlich aufgeregt und jeder ihnen Zuhörende hätte sofort das Gefühl haben müssen, daß hier viel Explosionsstoff aufgehäuft sei. Trotzdem ging es zunächst gut; Wrschowitz hielt sich in Grenzen, und selbst Cujacius, der nicht gern andern das Wort ließ, freute sich über Puschs Schwadronage, vielleicht weil er nur das heraushörte, was ihm gerade paßte.

Leutnant von Szilagy – man kam vom Hundertsten aufs Tausendste – wurde bei den Fragen, die hin und her gingen, von ungefähr auch nach seinem Novellenbande gefragt und ob er Freude daran gehabt habe.

»Nein, meine Herren,« sagte Szilagy, »das kann ich leider nicht sagen. Ich habe Bellis perennis auf eigne Kosten herstellen lassen und hundertzehn Rezensionsexemplare verschickt, unter Beilegung eines Zettels; der ist denn auch von einigen Zeitungen abgedruckt worden, aber nur von ganz wenigen. Im übrigen schweigt die Kritik.«

»O, Krittikk,« sagte Wrschowitz. »Ich liebe Krittikk. Aber gutte Krittikk schweigt.«

»Und doch,« fuhr Szilagy fort, der sich in dem etwas delphischen Ausspruch des guten Wrschowitz nicht gleich zurecht finden konnte, »doch sind diese schmerzlichen Gefühle nichts gegen das, was voraufgegangen. Ich unterhielt nämlich vor Erscheinen des Buches selbst die Hoffnung in mir, einige dieser kleinen Arbeiten in einem Parteiblatt und, als dies mißlang, in einem Familienjournal unterbringen zu können. Aber ich scheiterte ...«

»Ja, natürlich scheiterten Sie,« sagte Pusch, »das spricht für Sie. Lassen Sie sich sagen und raten, denn ich weiß in diesen Dingen einigermaßen Bescheid. War nämlich drüben, ja ich darf beinah' sagen, ich war doppelt drüben, erst drüben in England und dann drüben in Amerika. Da versteht man's. Ja, du lieber Himmel, dies bedruckte Löschpapier! Man lebt davon und es regiert eigentlich die Welt. Aber, aber ... Und dabei, wenn ich recht gehört habe, sprachen Sie von Parteiblatt, – furchtbar. Und dann sprachen Sie von Familienjournal, – zweimal furchtbar!«

»Haben Sie selbst Erfahrungen gemacht auf diesem schwierigen Gebiete?«

»Nein, Herr von Szilagy, so tief ließ mich die Gnade nicht sinken. Aber ich treibe mein Wesen über dem Strich, und wenn man so Wand an Wand wohnt, da weiß man doch einigermaßen, wie's bei dem Nachbar aussieht. Ach, und außerdem, wie so mancher hat mir sein Herz ausgeschüttet und mir dabei seine liebe Not geklagt! Wer's nicht leicht nimmt, der ist verloren. Roman, Erzählung, Kriminalgeschichte. Jeder, der der großen Masse genügen will, muß ein Loch zurückstecken. Und wenn er das redlich gethan hat, dann immer noch eins. Es giebt eine Normalnovelle. Etwa so: tiefverschuldeter adeliger Assessor und ›Sommerleutnant‹ liebt Gouvernante von stupender Tugend, so stupende, daß sie, wenn geprüft, selbst auf diesem schwierigsten Gebiete bestehen würde. Plötzlich aber ist ein alter Onkel da, der den halb entgleisten Neffen an eine reiche Cousine standesgemäß zu verheiraten wünscht. Höhe der Situation! Drohendster Konflikt. Aber in diesem bedrängten Moment entsagt die Cousine nicht nur, sondern vermacht ihrer Rivalin auch ihr Gesamtvermögen. Und wenn sie nicht gestorben sind, so leben sie heute noch ... Ja, Herr von Szilagy, wollen Sie damit konkurrieren?«

Alles stimmte zu; nur Baron Planta meinte: »Dr. Pusch, pardon, aber ich glaube beinah', Sie übertreiben. Und Sie wissen es auch.«

Pusch lachte: »Wenn man etwas derart sagt, übertreibt man immer. Wer ängstlich abwägt, sagt gar nichts. Nur die scharfe Zeichnung, die schon die Karrikatur streift, macht eine Wirkung. Glauben Sie, daß Peter von Amiens den ersten Kreuzzug zusammen getrommelt hätte, wenn er so etwa beim Erdbeerpflücken einem Freunde mitgeteilt hätte, das Grab Christi sei vernachlässigt, und es müsse für ein Gitter gesorgt werden?!«

»Sehr gutt, sehr gutt.«

»Und so auch, meine Herren, wenn ich von moderner Litteratur spreche. Herr von Szilagy, den wir so glücklich sind, unter uns zu sehn, soll aufgerichtet, seine Seele soll mit neuem Vertrauen erfüllt werden. Oder aber mit Heiterkeit, was noch besser ist. Er soll wieder lachen können. Und wenn man solche Wirkung erzielen will, ja, dann muß man eben deutlich und zugleich etwas phantastisch sprechen. Indessen auch ernsthaft angesehen, wie steht es denn mit der Herstellung (ich vermeide mit Vorbedacht das Wort ›Schöpfung‹) oder gar mit dem Verschleiß der meisten dieser Dinge! Lassen Sie mich in einem Bilde sprechen. Da haben wir jetzt in unsern Blumenläden allerlei Kränze, voran den aus Eichenlaub und Lorbeer bestehenden und meist noch behufs besserer Dauerbarkeit auf eine herzhafte Weidenrute geflochtenen Urkranz. Und nun treten Sie, je nach der Situation, an die sich Ihnen mit betrübter oder auch mit lächelnder Miene nähernde Kranzbinderin heran, um zu Begräbnis oder Trauung Ihre Bestellung zu machen, zu drei Mark oder zu fünf oder zu zehn. Und genau dieser Bestellung entsprechend, werden in den vorgeschilderten Urkranz etliche Georginen oder Teichrosen eingebunden und bei stattgehabter Höchstbewilligung sogar eine Orchidee von ganz unglaublicher Form und Farbe.«

»Kenne die Orchidee,« rief Wrschowitz in höchster Ekstase »lila mit gelb.«

Pusch nickte, zugleich in steigendem Übermut fortfahrend: »Und genau so mit der Urnovelle. Die liegt fertig da wie der Urkranz; nichts fehlt, als der Aufputz, der nunmehr freundschaftlich verabredet wird. Bei Höchstbewilligung wird ein Verstoß gegen die Sittlichkeit eingeflochten. Das ist dann die große Orchidee, lila mit gelb, wie Freund Wrschowitz sehr richtig hervorgehoben hat.«

»Unter diesen Umständen,« bemerkte hier Baron Planta, »will es mir als ein wahres Glück erscheinen, daß Herr von Szilagy, wie ich höre, mehrere Eisen im Feuer hat. Was ihm die Novellistik schuldig bleibt, muß ihm die Malerei bringen.«

»Was sie leider bisher nicht that und mutmaßlich auch nie thuen wird,« lachte Szilagy halb wehmütig, »trotzdem ich vom Genrebild aus, mit dem ich anfing, eine Schwenkung gemacht und mich unter Anleitung meines Freundes Salzmann neuerdings der Marinemalerei zugewandt habe. Mitunter auch Bataillen. Und was die blauen Töne betrifft, so darf ich vielleicht behaupten, hinter keinem zurückgeblieben zu sein. Habe mich außerdem in Gudin und William Turner vergafft. Aber trotzdem ...«

»Aber trotzdem ohne rechten Erfolg,« unterbrach hier Cujacius, »was mich nicht Wunder nimmt. Was wollen Sie mit Gudin oder gar mit Turner? Wer das Meer malen will, muß nach Holland gehn und die alten Niederländer studieren. Und unter den Modernen vor allem die Skandinaven: die Norweger, die Dänen.«

Wrschowitz zuckte zusammen.

»Wir haben da beispielsweise den Melby, Däne pur sang, der sehr gut und beinah' bedeutend ist.«

»O nein, nein,« platzte jetzt Wrschowitz mit immer mehr erzitternder Stimme heraus. »Nicht serr gutt, nicht bedeutend, auch nicht einmal *beinah* bedeutend.«

»Der *sehr* bedeutend ist,« wiederholte Cujacius. »Grade

darin bedeutend, daß er nicht bedeutend sein will. Er erhebt keine falschen Prätensionen; er ist schlicht, ohne Phantastereien, aber stimmungsvoll; und wenn ich Bilder von ihm sehe, besonders solche wo das graublaue Meer an einer Klippe brandet, so berührt mich das jedesmal spezifisch skandinavisch, etwa wie der ossianische Meereszauber in den Kompositionen unsers trefflichen Niels Gade.«

»Niels Gade? Von Niels Gade spricht man nicht.«

»Ich spreche von Niels Gade. Seine Kompositionen reichen bis an Mendelssohn heran.«

»Was ihn nicht größer macht.«

»Doch, mein Herr Doktor. Wirkliche Kunstgrößen zu stürzen, dazu reichen Überheblichkeiten nicht aus.«

»Was Sie nicht abhielt, mein Herr Professor, den großen Gudin culbütieren zu wollen.«

»Über Malerei zu sprechen, steht mir zu.«

»Über Musik zu sprechen, steht mir zu.«

»Sonderbar. Immer Personen aus unkontrolierbaren Grenzbezirken führen bei uns das große Wort.«

»Ich bin Tscheche. Weiß aber, daß es ein deutsches Sprichwort giebt: ›Der Deutsche lüggt, wenn er höfflich wird‹.«

»Weshalb ich unter Umständen darauf verzichte.«

»En quoi vous réussissez à merveille.«

»Aber meine Herren,« warf Pusch hier ein, den die ganze Streiterei natürlich entzückte, »könnten wir nicht das Kriegsbeil begraben? Proponiere: Begegnung auf halbem Wege; shaking hands. Nehmen Sie zurück, hüben und drüben.«

»Nie,« donnerte Cujacius.

»Jamais,« sagte Wrschowitz.

Und damit erhoben sich alle. Cujacius und Pusch hatten die Tete, Wrschowitz und Baron Planta folgten in einiger Entfernung. Szilagy war vorsichtigerweise abgeschwenkt.

Wrschowitz, immer noch in großer Erregung, mühte sich dem jungen Graubündner auseinander zu setzen, daß

Cujacius ganz allgemein den Ruf eines Krakehlers habe. »Je vous assure, Monsieur le Baron, il est un fou et plus que ça – un blagueur.«

Baron Planta schwieg und schien seinen Begleiter im Stich lassen zu wollen. Aber er bekehrte sich, als er einen Augenblick danach von der Front her die mit immer steigender Heftigkeit ausgestoßenen Worte hörte: Kaschube, Wende, Böhmake.

Fünfunddreissigstes Kapitel.

Um dieselbe Stunde, wo sich die fünf Herren von der Barbyschen Hochzeitstafel entfernt hatten, waren auch Baron Berchtesgaden und Hofprediger Frommel aufgebrochen, so daß sich, außer dem Brautvater, nur noch der alte Stechlin im Hochzeitshause befand. Dieser hatte sich – Melusine war vom Bahnhofe noch nicht wieder da – vom Eßsaal her zunächst in das verwaiste Damenzimmer und von diesem aus auf die Loggia zurückgezogen, um da die Lichter im Strom sich spiegeln zu sehn und einen Zug frische Luft zu thun. An dieser Stelle fand ihn denn auch schließlich der alte Graf und sagte, nachdem er seinem Staunen über den gesundheitlich etwas gewagten Aufenthalt Ausdruck gegeben hatte: »Nun aber, mein lieber Stechlin, wollen wir endlich einen kleinen Schwatz haben und uns näher mit einander bekannt machen. Ihr Zug geht erst zehn ein halb; wir haben also noch beinah' anderthalb Stunden.«

Und dabei nahm er Dubslavs Arm, um ihn in sein Wohnzimmer, das bis dahin als Estaminet gedient hatte, hinüberzuführen.

»Erlauben Sie mir,« fuhr er hier fort, »daß ich zunächst mein halb eingewickeltes und halb eingeschientes Elefantenbein auf einen Stuhl strecke; es hat mich all die Zeit über ganz gehörig gezwickt, und namentlich das Stehen vor dem Altar ist mir blutsauer geworden. Bitte, rücken Sie heran. Es ging während unsers kleinen Diners alles so rasch, und ich wette, Sie sind bei dem Kaffee ganz erheblich zu kurz gekommen. Der Moment, wo das Bier herumgereicht wird, ist in den Augen des modernen Menschen immer das wichtigste; da wird dann der Kaffeezeit manches abgeknapst.«

Und dabei drückte er auf den Knopf der Klingel.

»Jeserich, noch eine Tasse für Herrn von Stechlin und natürlich einen Cognac oder Curaçao oder lieber die ganze ›Benediktinerabtei‹, – Witz von Cujacius, für den Sie mich also nicht verantwortlich machen dürfen ... Leider werde ich Ihnen bei diesem ›zweiten Kaffee‹ nicht Gesellschaft leisten können; ich habe mich schon bei Tische mit einer lügnerisch und bloß anstandshalber in einen Champagnerkübel gestellten Apollinarisflasche begnügen müssen. Aber was hilft es, man will doch nicht auffallen mit all seinen Gebresten.«

Dubslav war der Aufforderung des alten Grafen nachgekommen und saß, eine Lampe mit grünem Schirm zwischen sich und ihm, seinem Wirte gerade gegenüber. Jeserich kam mit der Tablette.

»Den Cognac,« fuhr der alte Barby fort, »kann ich Ihnen empfehlen; noch Beziehungen aus Zeiten her, wo man mit einem Franzosen ungeniert sprechen und nach einer guten Firma fragen konnte. Waren Sie siebzig noch mit dabei?«

»Ja, so halb. Eigentlich auch das kaum. Aus meinem Regiment war ich lange heraus. Nur als Johanniter.«

»Ganz wie ich selber.«

»Eine wundervolle Zeit dieser Winter siebzig,« fuhr Dubslav fort, »auch rein persönlich angesehn. Ich hatte damals das, was mir zeitlebens, wenn auch nicht absolut, so doch mehr als wünschenswert gefehlt hatte: Fühlung mit der großen Welt. Es heißt immer, der Adel gehöre auf seine Scholle, und je mehr er mit der verwachse, desto besser sei es. Das ist auch richtig. Aber etwas ganz Richtiges giebt es nicht. Und so muß ich denn sagen, es war doch 'was Erquickliches, den alten Wilhelm so jeden Tag vor Augen zu haben. Hab' ihn freilich immer nur flüchtig gesehn, aber auch das war schon eine Herzensfreude. Sie nennen ihn jetzt den ›Großen‹ und stellen ihn neben Fridericus Rex. Nun, so einer war er sicherlich nicht, an den reicht er nicht 'ran. Aber als Mensch war er ihm über, und das giebt, mein' ich, in gewissem Sinne den Ausschlag, wenn auch zur ›Größe‹ noch was anders gehört. Ja, der alte Fritz! Man kann ihn nicht hoch genug stellen; nur in einem Punkte find' ich trotzdem, daß wir eine falsche Position ihm gegenüber einnehmen, gerade wir vom Adel. Er war nicht so sehr für uns, wie wir immer glauben oder wenigstens nach außen hin versichern. Er war für sich und für das Land oder, wie er zu sagen liebte, ›für den Staat‹. Aber daß wir als Stand und Kaste so recht was von ihm gehabt hätten, das ist eine Einbildung.«

»Überrascht mich, aus Ihrem Munde zu hören.«

»Ist aber doch wohl richtig. Wie lag es denn eigentlich? Wir hatten die Ehre, für König und Vaterland hungern und dursten und sterben zu dürfen, sind aber nie gefragt worden, ob uns das auch passe. Nur dann und wann erfuhren wir, daß wir ›Edelleute‹ seien und als solche mehr ›Ehre‹ hätten. Aber damit war es auch gethan. In seiner innersten Seele rief er uns eigentlich genau dasselbe zu, wie den Grenadieren bei Torgau. Wir waren Rohmaterial und wurden von ihm mit meist sehr kritischem Auge betrachtet. Alles in allem, lieber Graf, find' ich unser Jahr dreizehn eigentlich um ein Erhebliches größer, weil alles, was geschah, weniger den Befehlscharakter trug und mehr Freiheit und Selbstentschließung hatte. Ich bin nicht für die patentierte Freiheit der Parteiliberalen, aber ich bin doch für ein bestimmtes Maß von Freiheit überhaupt. Und wenn mich nicht alles täuscht, so wird auch in unsern Reihen allmählich der Glaube lebendig, daß wir uns dabei, – besonders auch rein praktisch-egoistisch, – am besten stehn.«

Der alte Barby freute sich sichtlich dieser Worte. Dubslav aber fuhr fort: »Übrigens, *das* muß ich sagen dürfen, lieber Graf, Sie wohnen hier brillant an Ihrem Kronprinzenufer; ein entzückender Blick, und Fremde würden vielleicht kaum glauben, daß an unsrer alten Spree so was hübsches zu finden sei. Die Niederlassungs- und speziell die Wohnungsfrage spielt doch, wo sich's um Glück und Behagen handelt, immer stark mit, und gerade Sie, der Sie so lange draußen waren, werden, ehe Sie hier dies Vis-a-vis von unsrer Jungfernheide wählten, nicht ohne Bedenken gewesen sein. In Bezug auf die Landschaft gewiß und in Bezug auf die Menschen vielleicht.«

»Sagen wir, auch da gewiß. Ich hatte wirklich solche Bedenken. Aber sie sind niedergekämpft. Vieles gefiel mir durchaus nicht, als ich, nach langen, langen Jahren, aus der Fremde wieder nach hier zurückkam, und vieles gefällt mir auch noch nicht. Überall ein zu langsames Tempo. Wir haben in jedem Sinne zu viel Sand um uns und in uns, und wo viel Sand ist, da will nichts recht vorwärts, immer bloß hüh und hott. Aber dieser Sandboden ist doch auch wieder tragfähig, nicht glänzend, aber sicher. Er muß nur, und vor allem der moralische, die richtige Witterung haben, also zu rechter Zeit Regen und Sonnenschein. Und ich glaube, Kaiser Friedrich hätt' ihm diese Witterung gebracht.«

»Ich glaub' es nicht,« sagte Dubslav.

»Meinen Sie, daß es ihm schließlich doch nicht ein rechter Ernst mit der Sache war?«

»O nein, nein. Es war ihm Ernst, ganz und gar. Aber es

würd' ihm zu schwer gemacht worden sein. Rund heraus, er wäre gescheitert.«

»Woran?«

»An seinen Freunden vielleicht, an seinen Feinden gewiß. Und das waren die Junker. Es heißt immer, das Junkertum sei keine Macht mehr, die Junker fräßen den Hohenzollern aus der Hand und die Dynastie züchte sie bloß, um sie für alle Fälle parat zu haben. Und das ist eine Zeit lang vielleicht auch richtig gewesen. Aber heut ist es nicht mehr richtig, es ist heute grundfalsch. Das Junkertum (trotzdem es vorgiebt, seine Strohdächer zu flicken, und sie gelegentlich vielleicht auch wirklich flickt) dies Junkertum – und ich bin inmitten aller Loyalität und Devotion doch stolz, dies sagen zu können – hat in dem Kampf dieser Jahre kolossal an Macht gewonnen, mehr als irgend eine andre Partei, die Sozialdemokratie kaum ausgeschlossen, und mitunter ist mir's, als stiegen die seligen Quitzows wieder aus dem Grabe herauf. Und wenn das geschieht, wenn unsre Leute sich auf das besinnen, worauf sie sich seit über vierhundert Jahren nicht mehr besonnen haben, so können wir was erleben. Es heißt immer: ›unmöglich‹. Ah bah, was ist unmöglich? Nichts ist unmöglich. Wer hätte vor dem 18. März den ›18. März‹ für möglich gehalten, für möglich in diesem echten und rechten Philisternest Berlin! Es kommt eben alles mal an die Reihe; das darf nicht vergessen werden. Und die Armee! Nun ja. Wer wird etwas gegen die Armee sagen? Aber jeder glückliche General ist immer eine Gefahr! Und unter Umständen auch noch andre. Sehen Sie sich den alten Sachsenwalder an, unsren Zivil-Wallenstein. Aus dem hätte schließlich doch Gott weiß was werden können.«

»Und Sie glauben,« warf der Graf hier ein, »an dieser scharfen Quitzow-Ecke wäre Kaiser Friedrich gescheitert?«

»Ich glaub' es.«

»Hm, es läßt sich hören. Und wenn so, so wär' es schließlich ein Glück, daß es nach den 99 Tagen anders kam und wir nicht vor diese Frage gestellt wurden.«

»Ich habe mit meinem Woldemar, der einen stark liberalen Zug hat (ich kann es nicht loben und mag's nicht tadeln) oft über diese Sache gesprochen. Er war natürlich für Neuzeit, also für Experimente ... Nun hat er inzwischen das bessere Teil erwählt, und während wir hier sprechen, ist er schon über Trebbin hinaus. Sonderbar, ich bin nicht allzu viel gereist, aber immer, wenn ich an diesem märkischen Neste vorbei kam, hatt' ich das Gefühl: ›jetzt wird es besser, jetzt bist du frei‹. Ich kann sagen, ich liebe die ganze Sandbüchse da herum, schon bloß aus diesem Grunde.«

Der alte Graf lachte behaglich. »Und Trebbin wird sich von dieser Ihrer Schwärmerei nichts träumen lassen. Übrigens haben Sie recht. Jeder lebt zu Hause mehr oder weniger wie in einem Gefängnis und will weg. Und doch bin ich eigentlich gegen das Reisen überhaupt und speziell gegen die Hochzeitsreiserei. Wenn ich so Personen in ein Coupé nach Italien einsteigen sehe, kommt mir immer ein Dankgefühl, dieses ›höchste Glück auf Erden‹ nicht mehr mitmachen zu müssen. Es ist doch eigentlich eine Qual, und die Welt wird auch wieder davon zurückkommen; über kurz oder lang wird man nur noch reisen, wie man in den Krieg zieht oder in einen Luftballon steigt, bloß von Berufs wegen. Aber nicht um des Vergnügens willen. Und wozu denn auch? Es hat keinen rechten Zweck mehr. In alten Zeiten ging der Prophet zum Berge, jetzt vollzieht sich das Wunder und der Berg kommt zu uns. Das Beste vom Parthenon sieht man in London und das Beste von Pergamum in Berlin, und wäre man nicht so nachsichtig mit den lieben, nie zahlenden Griechen verfahren, so könnte man sich, (am Kupfergraben,) im Laufe des Vormittags in Mykenä und nachmittags in Olympia ergehn.«

»Ganz Ihrer Meinung, teuerster Graf. Aber doch zugleich auch ein wenig betrübt, Sie so dezidiert gegen alle Reiserei zu finden. Ich stand nämlich auf dem Punkte, Sie nach Stechlin hin einzuladen, in meine alte Kathe, die meine guten Globsower unentwegt ein ›Schloß‹ nennen.«

»Ja, lieber Stechlin, Ihre ›Kathe‹, das ist was andres. Und um Ihnen ganz die Wahrheit zu sagen, wenn Sie mich nicht eingeladen hätten (eigentlich ist es ja noch nicht geschehn, aber ich greife bereits vor), so hätt' ich mich bei Ihnen angemeldet. Das war schon lange mein Plan.«

In diesem Augenblicke ging draußen die Klingel. Es war Melusine.

»Bringe den Vätern, respektive Schwiegervätern allerschönste Grüße. Die Kinder sind jetzt mutmaßlich schon über Wittenberg, die große Luther- beziehungsweise Apfelkuchenstation hinaus und in weniger als zwei Stunden fahren sie in den Dresdener Bahnhof ein. O diese Glücklichen! Und dabei verwett' ich mich, Armgard hat bereits Sehnsucht nach Berlin zurück. Vielleicht sogar nach mir.«

»Kein Zweifel,« sagte Dubslav. Die Gräfin selbst aber fuhr fort: »Ehe man nämlich ganz Abschied von dem alten Leben nimmt, sehnt man sich noch einmal gründlich danach zurück. Freilich, Schwester Armgard wird weniger davon empfinden als andere. Sie hat eben den liebenswürdigsten und besten Mann und ich könnt' ihn ihr beinah' beneiden, trotzdem ich noch im Abschiedsmoment einen wahren Schreck kriegte, als ich ihn sagen hörte, daß er morgen vormittag mit ihr vor die Sixtinische Madonna treten wolle. Worte, bei denen er noch dazu wie verklärt aussah. Und das find' ich einfach unerhört. Warum, werden Sie mich vielleicht fragen. Nun denn, weil es erstens eine Beleidigung ist, sich auf eine Madonna so extrem zu freuen, wenn man eine Braut oder gar eine junge Frau zur Seite hat, und zweitens, weil dieser geplante Galeriebesuch einen Mangel an Disposition und Ökonomie bedeutet, der mich für Woldemars ganze Zukunft besorgt machen kann. Diese Zukunft liegt doch am Ende nach der agrarischen Seite hin und richtige ›Dispositionen‹ bedeuten in der Landwirtschaft so gut wie alles.«

Der alte Graf wollte widersprechen, aber Melusine ließ es nicht dazu kommen und fuhr ihrerseits fort: »Jedenfalls, – das ist nicht wegzudisputieren, – fährt unser Woldemar jetzt in das Land der Madonnen hinein und will da mutmaßlich mit leidlich frischen Kräften antreten; wenn er sich aber schon in Deutschland etappenweise verthut, so wird er, wenn er in Rom ist, wohl sein Programm ändern und im Café Cavour eine Berliner Zeitung lesen müssen, statt nebenan im Palazzo Borghese Kunst zu schwelgen. Ich sage mit Vorbedacht: eine *Berliner* Zeitung, denn wir werden jetzt Weltstadt und wachsen mit unserer Presse schon über Charlottenburg hinaus... Übrigens läßt, wie das junge Paar, so auch die Baronin bestens grüßen. Eine reizende Frau, Herr von Stechlin, die grad Ihnen ganz besonders gefallen würde. Glaubt eigentlich gar nichts und geriert sich dabei streng katholisch. Das klingt widersinnig und ist doch richtig und reizend zugleich. All die Süddeutschen sind überhaupt viel netter als wir, und die nettesten, weil die natürlichsten, sind die Bayern.«

Sonnenuntergang.

Sechsunddreissigstes Kapitel.

Der alte Dubslav, als er bald nach elf auf seinem Granseer Bahnhof eintraf, fand da Martin und seinen Schlitten bereits vor. Engelke hatte zum Glück für warme Sachen gesorgt, denn es war inzwischen recht kalt geworden. Im ersten Augenblicke that dem Alten, in dessen Coupé die herkömmliche Stickluft gebrütet hatte, der draußen wehende Ostwind überaus wohl, sehr bald aber stellte sich ein Frösteln ein. Schon tags zuvor, bei Beginn seiner Reise, war ihm nicht so recht zu Mute gewesen, Kopfweh, Druck auf die Schläfe; jetzt war derselbe Zustand wieder da. Trotzdem nahm er's leicht damit und sah in das Sterngeflimmer über ihm. Die wie Riesenbesen aufragenden Pappeln warfen dunkle, groteske Schatten über den Weg, während er die nach links und rechts hin liegenden toten Schneefelder mit den wechselnden Bildern alles dessen, was ihm der zurückliegende Tag gebracht hatte, belebte. Da sah er wieder die mit rotem Teppich belegte Hotel-Marmortreppe mit dem Oberkellner in Gesandtschaftsattachéhaltung, und im nächsten Augenblicke den Garnisonkirchenküster, den er anfänglich für einen zur Feier eingeladenen Konsistorialrat gehalten hatte. Daneben aber stand die blasse, schöne Braut und die reizende, bieg- und schmiegsame Melusine. »Ja, der alte Barby, wenn er auf *die* sieht, der hat's gut, der kann es aushalten. Immer einen guten und klugen Menschen um sich haben, immer was hören und sehen, was einen anlacht und erquickt, das ist was. Aber ich! Ich für meinen Teil, gleichviel ob mit oder ohne Schuld, ich war immer nur auf ein Pflichtteil gesetzt, – als Kind, weil ich faul war, und als Leutnant, weil ich nicht recht was hatte. Dann kam ein Lichtblick. Aber gleich darnach starb sie, die mir Stab und Stütze hätte sein können, und durch all die dreißig Jahre, die seitdem kamen und gingen, blieb mir nichts, als Engelke (der noch das beste war) und meine Schwester Adelheid. Gott verzeih mir's, aber ein Trost war die nicht; immer bloß herbe wie 'n Holzapfel.«

Unter solchen Betrachtungen fuhr er in das Dorf ein und hielt gleich darnach vor der Thür seines alten Hauses. Engelke war schon da, half ihm und that sein Bestes, ihn aus der schweren Wolfsschur herauszuwickeln. Der immer noch Fröstelnde stapfte dabei mit den Füßen, warf seinen Staatshut – den er unterwegs, weil er ihn drückte, wohl hundertmal verwünscht hatte – mit ersichtlicher Befriedigung beiseite und sagte gleich danach beim Eintreten in sein Zimmer: »Ach, das is recht, Engelke. Du hast ein Feuer gemacht; du weißt, was einem alten Menschen gut thut. Aber es reicht noch nicht aus. Ob wohl unten noch heißes Wasser ist? So 'n fester Grog, der sollte mir jetzt passen; ich friere Stein und Bein.«

»Heiß Wasser is nicht mehr, gnädiger Herr. Aber ich kann ja 'ne Kasseroll' aufstellen. Oder noch besser, ich hole den Petroleumkocher.«

»Nein, nein, Engelke, nicht so viel Umstände. Das mag ich nicht. Und den Petroleumkocher, den erst recht nich; da kriegt man bloß Kopfweh, und ich habe schon genug davon. Aber bringe mir den Cognac und kaltes Wasser. Und wenn man dann so halb und halb nimmt, dann is es so gut, als wär' es ganz heiß gewesen.«

Engelke brachte, was gefordert, und eine Viertelstunde danach ging Dubslav zu Bett.

Er schlief auch gleich ein. Aber bald war er wieder wach und druste nur noch so hin. So kam endlich der Morgen heran.

Als Engelke zu gewohnter Stunde das Frühstück brachte, schleppte sich Dubslav mühsamlich von seinem Schlafzimmer bis an den Frühstückstisch. Aber es schmeckte ihm nicht. »Engelke, mir ist schlecht; der Fuß ist geschwollen, und das mit dem Cognac gestern abend war auch nicht richtig. Sage Martin, daß er nach Gransee fährt und Doktor Sponholz mitbringt. Und wenn Sponholz nicht da ist – der arme Kerl kutschiert in einem fort rum; ohne Landpraxis geht es nicht – dann soll er warten, bis er kommt.«

Es traf sich so, wie Dubslav vermutet hatte; Sponholz war wirklich auf Landpraxis und kam erst nachmittags zurück. Er aß einen Bissen und stieg dann auf den Stechliner Wagen.

»Na, Martin, was macht denn der gnäd'ge Herr?«

»Joa, Herr Doktor, ick möt doch seggen, he seiht en beten verännert ut; em wihr schon nich so recht letzten Sünndag un doa müßt' he joa nu grad nach Berlin. Un ick weet schon, wenn ihrst een' nach Berlin muß, denn is ok ümmer wat los. Ick weet nich, wat se doa mit 'n ollen Minschen moaken.«

»Ja, Martin, das ist die große Stadt. Da übernehmen sie sich denn. Und dann war ja auch Hochzeit. Da werden sie wohl ein bißchen gepichelt haben. Und vorher die kalte Kirche. Und dazu so viele feine Damen. Daran ist der gnäd'ge Herr nicht mehr gewöhnt, und dann will er sich berappeln und strengt sich an, und da hat man denn gleich was weg.«

Es dämmerte schon, als der kleine Jagdwagen auf der Rampe vorfuhr. Sponholz stieg aus und Engelke nahm ihm den grauen Mantel mit Doppelkragen ab und auch die hohe Lammfellmütze, darin er – freilich das einzige an ihm, das diese Wirkung ausübte – wie ein Perser aussah.

So trat er denn bei Dubslav ein. Der alte Herr saß an seinem Kamin und sah in die Flamme.

»Nun, Herr von Stechlin, da bin ich. War über Land. Es geht jetzt scharf. Jeder dritte hustet und hat Kopfweh. Natürlich Influenza. Ganz verdeubelte Krankheit.«

»Na, *die* wenigstens hab' ich nicht.«

»Kann man nicht wissen. Ein bißchen fliegt jedem leicht an. Nun, wo sitzt es?«

Dubslav wies auf sein rechtes Bein und sagte: »Stark geschwollen. Und das andre fängt auch an.«

»Hm. Na, wollen mal sehen. Darf ich bitten?«

Dubslav zog sein Beinkleid herauf, den Strumpf herunter und sagte: »Da is die Bescherung. Gicht ist es nicht. Ich habe keine Schmerzen ... Also was andres.«

Sponholz tippte mit dem Finger auf dem geschwollenen Fuß herum und sagte dann: »Nichts von Belang, Herr von Stechlin. Einhalten, Diät, wenig trinken, auch wenig Wasser. Das verdammte Wasser drückt gleich nach oben, und dann haben Sie Atemnot. Und von Medizin bloß ein paar Tropfen. Bitte, bleiben Sie sitzen; ich weiß ja Bescheid hier.« Und dabei ging er an Dubslavs Schreibtisch heran, schnitt sich ein Stück Papier ab und schrieb ein Rezept. »Ihr Kutscher, das wird das beste sein, kann bei der Apotheke gleich mit vorfahren.«

Im Vorflur, nach Verabschiedung von Dubslav, fuhr Sponholz alsbald wieder in seinen Mantel. Engelke half ihm und sagte dabei: »Na, Herr Doktor?«

»Nichts, nichts, Engelke!«

Martin mit seinem Jagdwagen hielt noch wartend auf der Rampe draußen und so ging es denn in rascher Fahrt wieder nach der Stadt zurück, von wo der alte Kutscher die Tropfen gleich mitbringen sollte.

Der Winterabend dämmerte schon, als Martin zurück war und die Medizin an Engelke abgab. Der brachte sie seinem Herrn.

»Sieh mal,« sagte dieser, als er das rundliche Fläschchen

in Händen hielt, »die Granseer werden jetzt auch fein. Alles in rosa Seidenpapier gewickelt.« Auf einem angebundenen Zettel aber stand: »Herrn Major von Stechlin. Dreimal täglich zehn Tropfen.« Dubslav hielt die kleine Flasche gegen das Licht und tröpfelte die vorgeschriebene Zahl in einen Löffel Wasser. Als er sie genommen hatte, bewegte er die Lippen hin und her, etwa wie wenn ein Kenner eine neue Weinsorte probt. Dann nickte er und sagte: »Ja, Engelke, nu geht es los. Fingerhut.«

Der alte Dubslav nahm durch mehrere Tage hin seine Tropfen ganz gewissenhaft und fand auch, daß sich's etwas bessere. Die Geschwulst ging um ein Geringes zurück. Aber die Tropfen nahmen ihm den Appetit, so daß er noch weniger aß, als ihm gestattet war.

Es war ein schöner Frühmärzentag, die Mittagszeit schon vorüber. Dubslav saß an der weit offenstehenden Glasthür seines Gartensalons und las die Zeitung. Es schien indes, daß ihm das, was er las, nicht sonderlich gefiel. »Ach, Engelke, die Zeitung ist ja so weit ganz gut; nur so für den ganzen Tag ist sie doch zu wenig. Du könntest mir lieber ein Buch bringen.«

»Was für eines?«

»Is egal.«

»Da liegt ja noch das kleine gelbe Buch: ›Keine Lupine mehr!‹«

»Nein, nein; nicht so was. Lupine, davon hab' ich schon so viel gelesen; das wechselt in einem fort und eins ist so dumm wie das andre. Die Landwirtschaft kommt doch nicht wieder obenauf oder wenigstens nicht durch so was. Bringe mir lieber einen Roman; früher in meiner Jugend sagte man Schmöker. Ja, damals waren alle Wörter viel besser als jetzt.

Weißt du noch, wie ich mir in dem Jahre, wo ich Zivil wurde, den ersten Schniepel machen ließ? Schniepel is auch solch Wort und doch wahrhaftig besser als Frack. Schniepel hat so was Fideles: Einsegnung, Hochzeit, Kindtaufe.«

»Gott, gnädiger Herr, immer is es doch auch nicht so. Die meisten Schniepel sind doch, wenn einer begraben wird.«

»Richtig, Engelke. Wenn einer begraben wird. Das war ein guter Einfall von dir. Früher würd' ich gesagt haben ›zeitgemäß‹; jetzt sagt man ›opportun‹. Hast du schon mal davon gehört?«

»Ja, gnädiger Herr, gehört hab' ich schon mal davon.«

»Aber nich verstanden. Na, ich eigentlich auch nich. Wenigstens nicht so recht. Und du, du warst ja nich mal auf Schulen.«

»Nein, gnädiger Herr.«

»Alles in allem, sei froh drüber ... Aber Engelke, wenn du mir nu ein Buch gebracht hast, dann will ich mich mit meinem Stuhl doch lieber gleich auf die Veranda 'rausrücken. Es ist wie Frühling heut. Solche guten Tage muß man mitnehmen. Und bringe mir auch 'ne Decke. Früher war ich nich so für's Pimplige; jetzt aber heißt es: besser bewahrt als beklagt.«

In dem ganzen Dreieck zwischen Rheinsberg, Kloster Wutz und Gransee hatte sich die Nachricht von des alten Dubslav ernster Erkrankung mehr und mehr herumgesprochen, und es war wohl im Zusammenhange damit, daß ungefähr um dieselbe Stunde, wo Dubslav und Engelke sich über »Schniepel« und »opportun« unterhielten, ein Einspänner auf die Stechliner Rampe fuhr, ein etwas sonderbares Gefährt, dem der alte Baruch Hirschfeld langsam und vorsichtig entstieg. Engelke war ihm dabei behilflich und meldete gleich danach, daß der Alte da sei.

»Der alte Baruch! Um Gottes willen, Engelke, was will denn der? Es ist ja doch glücklicherweise nichts los. Und so ganz aus freien Stücken. Na, laß ihn kommen.«

Und Baruch Hirschfeld trat gleich darauf ein.

Dubslav, in seine Decke gewickelt, begrüßte den Alten. »Aber, Baruch, um alles in der Welt, was giebt es? Was bringen Sie? Gleichviel übrigens, ich freue mich, Sie zu sehn. Machen Sie sich's so bequem, wie's auf den drei Latten eines Gartenstuhls überhaupt möglich ist. Und dann noch einmal: Was giebt es? Was bringen Sie?«

»Herr Major wollen entschuldigen, es giebt nichts, und ich bringe auch nichts. Ich kam da bloß so vorbei, Geschäfte mit Herrn von Gundermann, und da wollt' ich mir doch die Freiheit genommen haben, mal nach der Gesundheit zu fragen. Habe gehört, der Herr Major seien nicht ganz gut bei Wege.«

»Nein, Baruch, nicht ganz gut bei Wege, beinahe schon schlecht genug. Aber lassen wir das schlimme Neue; das Alte war doch eigentlich besser (das heißt dann und wann), und manchmal denk' ich so an alles zurück, was wir so gemeinschaftlich miteinander durchgemacht haben.«

»Und immer glatt, Herr Major, immer glatt, ohne Schwierigkeiten.«

»Ja,« lachte Dubslav, »*gemacht* hab' ich keine Schwierigkeiten, aber *gehabt* hab' ich genug. Und das weiß keiner besser als mein Freund Baruch. Und nun sagen Sie mir vor allem, was macht Ihr Isidor, der große Volksfreund? Ist er mit Torgelow noch zufrieden? Oder sieht er, daß sie da auch mit Wasser kochen? Ich wundere mich bloß, daß ein Sohn von Baruch Hirschfeld, Sohn und Firmateilhaber, so sehr für den Umsturz ist.«

»Nicht für den Umsturz, Herr Major. Isidor, wenn ich so sagen darf, ist für die alte Valuta. Aber nebenher hat er ein Herz für die Menschheit.«

»Hat er? Na, das ist recht.«

»Und das Herz für die Menschheit, das haben wir alle, Herr Major. Und kommt uns dabei was heraus, so haben wir, wenn ich so sagen darf, die Dividende. Gott der Gerechte, wir brauchen's. Und weil ich rede von Dividende, will ich auch reden von Hypothek. Wir haben da seit letzten Freitag 'n Kapital, Granseer Bürger, und will's hergeben zu dreiundeinhalb.«

»Nu, Baruch, das ist hübsch. Aber im Augenblick bin ich's nicht benötigt. Vielleicht später mal mein Woldemar. Der hat, wie Sie wissen, 'ne reiche Partie gemacht, und wer viel erheiratet, der braucht auch viel. Man denkt immer, ›dann hört es auf‹, aber das ist falsch, dann fängt es erst recht an. Unter allen Umständen seien Sie bedankt, daß Sie mal haben sehen wollen, wie's mit mir steht. Ich kann leider nur wiederholen, schlecht genug. Aber eine Weile dauert es wohl noch. Und wenn auch nicht, mit meinem Sohne wird sich, denk' ich, gerade so wie zwischen uns zwei beiden, alles glatt abwickeln, glatter noch, und vielleicht können Sie gemeinschaftlich mal was Nettes herauswirtschaften, was Ordentliches, was Großes, was sich sehen lassen kann. Das heißt dann neue Zeit. Und nun, Baruch, müssen Sie noch ein Glas Sherry nehmen. In unserm Alter ist das immer das beste. Das heißt für Sie, der Sie noch gut im Gange sind. Ich darf bloß noch mit anstoßen.«

Eine Viertelstunde später fuhr Baruch auf seinem Wägelchen wieder in den Stechliner Wald hinein und dachte wenig befriedigt über alles nach, was er da drinnen gehört hatte. Die geträumten Schloß Stechlin-Tage schienen mit einemmale für immer vorüber. Alles, was der alte Herr da so nebenher von »gemeinschaftlich herauswirtschaften« gesagt hatte, war doch bloß ein Stich, eine Pike gewesen.

Ja, Baruch fühlte was wie Verstimmung. Aber Dubslav auch. Es war ihm zu Sinn, als hätt' er seinen alten Granseer

Geld- und Geschäftsfreund (trotzdem er dessen letzte Pläne nicht einmal ahnte), zum erstenmal auf etwas Heimlichem und Verstecktem ertappt, und als Engelke kam, um die Sherryflasche wieder wegzuräumen, sagte er: »Engelke, mit Baruch is es auch nichts. Ich dachte wunder, was das für ein Heiliger wär', und nun is der Pferdefuß doch schließlich 'rausgekommen. Wollte mir da Geld auf Hypothek beinah' aufzwingen, als ob ich nicht schon genug davon hätte ... Sonderbar, Uncke, mit seinem ewigen ›zweideutig‹, wird am Ende doch recht behalten. Überhaupt solche Polizeimenschen mit 'nem Karabiner über die Schulter, das sind, bei Lichte besehn immer die feinsten Menschenkenner. Ich ärgere mich, daß ich's nicht eher gemerkt habe. So dumm zu sein! Aber das mit der ›Krankheit‹ heute, das war mir doch zu viel. Wenn sich die Menschen erst nach Krankheit erkundigen, dann ist es immer schlimm. Eigentlich is es jedem gleich, wie's einem geht. Und ich habe sogar welche gekannt, die sahen sich, wenn sie so fragten, immer schon die Möbel und Bilder an und dachten an nichts wie an Auktion.«

Siebenunddreissigstes Kapitel.

Auch die nächsten Tage waren beinahe sommerlich, thaten dem Alten wohl und erleichterten ihm das Atmen. Er begann wieder zu hoffen, sprach mit Wirtschaftsinspektor und Förster und war nicht bloß voll wiedererwachten Interesses, sondern überhaupt guter Dinge.

So kam Mitte März heran. Der Himmel war blau, Dubslav saß auf seiner Veranda, den kleinen Springbrunnen vor sich, und sah dabei das leichte weiße Gewölk ziehen. Vom Park her vernahm er den ersten Finkenschlag. Er mochte wohl schon eine Stunde so gesessen haben, als Engelke kam und den Doktor meldete.

»Das ist recht, Sponholz, daß Sie kommen. Nicht um mir zu helfen (das ist immer schlimm, wenn einem erst geholfen werden soll), nein, um zu sehen, daß Sie mir schon geholfen haben. Diese Tropfen. Es ist doch was damit. Wenn sie nur nicht so schlecht schmeckten; ich muß mir immer einen Ruck geben. Und daß sie so grün sind. Grün ist Gift, heißt es bei den Leuten. Eigentlich eine ganz dumme Vorstellung. Wald und Wiese sind auch grün und doch so ziemlich unser Bestes.«

»Ja, es ist ein Spezifikum. Und ich bin froh, daß die Digitalis hier bei Ihnen mal wieder zeigt, was sie kann. Und bin doppelt froh, weil ich mich auf sechs Wochen von Ihnen verabschieden muß.«

»Auf sechs Wochen. Aber, Doktor, das is ja 'ne halbe Ewigkeit. Haben Sie Schulden gemacht und sollen in Prison?«

»Man könnte beinahe so was denken. Denn so lange Gransee historisch beglaubigt dasteht, ist noch kein Doktor auf sechs Wochen weg gewesen, noch dazu ein Kreisphysikus. Eine Doktorexistenz gestattet solchen Luxus nicht. Wie lebt man denn hier? Und wie hat man gelebt? Immer Furunkel aufgeschnitten, immer Karbolwatte, immer in den Wagen gestiegen, immer einem alten Erdenbürger seinen Entlassungsschein ausgestellt oder einen neuen Erdenbürger geholt. Und nun sechs Wochen weg. Wie ich meinen Kreis wiederfinden werde ... nu, vielleicht hat Gott ein Einsehen.«

»Er ist doch wohl eigentlich der beste Assistenzarzt.«

»Und vor allem der billigste. Der andre, den ich mir aus Berlin habe verschreiben müssen (ach, und so viel Schreiberei), der ist teurer. Und meine Reise kommt mir ohnedies schon teuer genug.«

»Aber wohin denn, Doktor?«

»Nach Pfäffers.«

»Pfäffers. Kenn' ich nicht. Und was wollen Sie da? Warum? Wozu?«

»Meine Frau laboriert an einem Rheumatismus, hochgradig, schon nicht mehr schön. Und da ist denn Pfäffers der letzte Trumpf. Schweizerbad mit allen Schikanen und wahrscheinlich auch mit allen Kosten. Ein Granseer, der allerdings für Geld gezeigt werden kann, war mal an diesem merkwürdigen Ort und hat mir denn auch 'ne Beschreibung davon gemacht. Habe natürlich auch noch im Bädeker nachgeschlagen und unter anderm einen Fluß da verzeichnet gefunden, der Tamina heißt. Erinnert ein bißchen an Zauberflöte und klingt soweit ganz gut. Aber trotzdem eine tolle Geschichte, dies Pfäffers. Soweit es nämlich als Bad in Betracht kommt, ist es nichts als ein Felsenloch, ein großer Backofen, in den man hineingeschoben wird. Und da hockt man denn, wie die Indianer hocken, und die Dämpfe steigen siedeheiß von unten herauf. Wer da nicht wieder zustande kommt, der kann überhaupt einpacken. Übrigens will ich für meine Person gleich mit hineinkriechen. Denn das darf ich wohl sagen, wer so fünfunddreißig Jahre lang durch Kreis Gransee hin und her kutschiert ist, mitunter bei Ostwind, der hat sich sein Gliederreißen ehrlich verdient. Sonderbar, daß der Hauptteil davon auf meine Frau gefallen ist.«

»Ja, Sponholz, in einer christlichen Ehe ...«

»Freilich, Herr Major, freilich. Wiewohl das mit ›christlicher Ehe‹ auch immer bloß so so ist. Da hatten wir, als ich noch Militär war, einen Compagniechirurgus, richtige alte Schule, der sagte, wenn er von so was hörte: ›Ja, christliche Ehe, ganz gut, kenn' ich. Is wie Schinken in Burgunder. Das eine is immer da, aber das andere fehlt.‹«

»Ja,« sagte Dubslav, »diese richtigen alten Compagniechirurgusse, die hab' ich auch noch gekannt. Blutige Cyniker, jetzt leider ausgestorben ... Und in solchem Pfäfferschen Backofen wollen Sie sechs Wochen zubringen?«

»Nein, Herr von Stechlin, nicht so lange. Bloß vier, höchstens vier. Denn es strengt sehr an. Aber wenn man nu doch mal da ist, ich meine in der Schweiz und da herum, wo sie stellenweise schon italienisch sprechen, da will man doch schließlich auch gern in das gelobte Land Italia hineinkucken. Und da haben wir denn also, meine Frau und ich, vor, von diesem Pfäffers aus erst noch durch die Viamala zu fahren, den Splügen hinauf oder auf irgend einen andern Paß. Und wenn wir dann einen Blick in all die Herrlichkeit drüben hinein gethan haben, dann kehren wir wieder um, und ich für meine Person ziehe mir wieder meinen grauen Mantel an (denn für die Reise hab' ich mir einen neuen Paletot bauen lassen) und kutschiere wieder durch Kreis Gransee.«

»Na, Sponholz, das freut mich aber wirklich, daß Sie mal 'rauskommen. Und bloß wenn Sie durch die Viamala fahren, da müssen Sie sich in acht nehmen.«

»Waren Sie denn mal da, Herr Major?«

»Bewahre. Meine Weltfahrten, mit ganz schwachen Ausnahmen, lagen immer nur zwischen Berlin und Stechlin. Höchstens mal Dresden und ein bißchen ins Bayrische. Wenn man so gar nicht mehr weiß, wo man hin soll, fährt man natürlich nach Dresden. Also Viamala nie gesehen. Aber ein Bild davon. Im allgemeinen ist Bilderankucken auch nicht gerade mein Fall, und wenn die Museums von mir leben sollten, dann thäten sie mir leid. Indessen wie so der Zufall spielt, mal sieht man doch so was, und war da auf dem Viamala-Bilde 'ne Felsenschlucht mit Figuren von einem sehr berühmten Malermenschen, der, glaub' ich, Böcking oder Böckling hieß.«

»Ah so. Einer, wenn mir recht ist, heißt Böcklin.«

»Wohl möglich, daß es der gewesen ist. Ja, sogar sehr wahrscheinlich. Nun sehen Sie, Doktor, da war denn also auf diesem Bilde diese Viamala, mit einem kleinen Fluß unten, und über den Fluß weg lief ein Brückenbogen, und ein Zug von Menschen (es können aber auch Ritter gewesen sein) kam grade die Straße lang. Und alle wollten über die Brücke.«

»Sehr interessant.«

»Und nun denken Sie sich, was geschieht da? Grade neben dem Brückenbogen, dicht an der rechten Seite, thut sich mit einem Male der Felsen auf, etwa wie wenn morgens ein richtiger Spießbürger seine Laden aufmacht und nachsehen will, wie 's Wetter ist. Der aber, der an dieser Brücke da von ungefähr 'rauskuckte, hören Sie, Sponholz, das war kein Spießbürger, sondern ein richtger Lindwurm oder so was ähnliches aus der sogenannten Zeit der Saurier, also so weit zurück, daß selbst der älteste Adel, (die Stechline mit eingeschlossen,) nicht dagegen ankann, und dies Biest, als der herankommende Zug eben den Fluß passieren wollte, war mit seinem aufgesperrten Rachen bis dicht an die Menschen und die Brücke heran, und ich kann Ihnen bloß sagen, Sponholz, mir stand, als ich das sah, der Atem still, weil ich deutlich fühlte, nu noch einen Augenblick, dann schnappt er zu und die ganze Bescherung is weg.«

»Ja, Herr von Stechlin, da hat man bloß den Trost, daß die Saurier, so viel ich weiß, seitdem ausgestorben sind. Aber meiner Frau will ich diese Geschichte doch lieber nicht erzählen; die kriegt nämlich mitunter Ohnmachten. In Doktorhäusern ist immer was los.«

Dubslav nickte.

»Und nur das eine möcht' ich Ihnen noch sagen, Herr von Stechlin, mit der Digitalis immer ruhig so weiter, und wenn der Appetit nicht wieder kommt, lieber nur zweimal täglich. Und nie mehr als zehn Tropfen. Und wenn Sie sich unpaß fühlen, mein Stellvertreter ist von allem unterrichtet. Er wird Ihnen gefallen. Neue Schule, moderner Mensch; aber doch nicht zu viel davon (so wenigstens hoff' ich) und jedenfalls sehr gescheit. An seinem Namen, – er heißt nämlich Moscheles, – dürfen Sie nicht Anstoß nehmen. Er ist aus Brünn gebürtig und da heißen die meisten so.«

Der Alte drückte mit allem seine Zustimmung aus, auch mit dem Namen, trotzdem dieser ihm quälende Erinnerungen weckte. Schon vor etlichen fünfzig Jahren habe er Musikstücke spielen müssen, die alle auf den Namen »Moscheles« liefen. Aber das wolle er den Insichtstehenden nicht weiter entgelten lassen.

Und nach diesen beruhigenden Versicherungen empfahl sich Sponholz und fuhr zu weiteren Abschiedsbesuchen in die Grafschaft hinein.

Am zweitfolgenden Tage brachen die Sponholzschen Eheleute von Gransee nach Pfäffers hin auf; die Frau, sehr leidend, war schweigsam, er aber befand sich in einem hochgradigen Reisefieber, was sich, als sie draußen auf dem Bahnhof angelangt waren, in immer wachsender Gesprächigkeit äußerte.

Mehrere Freunde (meist Logenbrüder) hatten ihn bis hinaus begleitet. Sponholz kam hier sofort vom Hundertsten aufs Tausendste. »Ja, unser guter Stechlin, mit dem steht es so so ... Baruch hat ihn auch gesehn und ihn einigermaßen verändert gefunden ... Und Sie, Kirstein, Sie schreiben mir natürlich, wenn der junge Burmeister eintritt; ich weiß, er will nicht recht (bloß der Vater will) und soll sogar von ›Hokuspokus‹ gesprochen haben. Aber dergleichen muß man leicht nehmen. Unwissenheit, Verkennungen, über so was sind wir weg; viel Feind', viel Ehr' ... Nur, es noch einmal zu sagen, der Alte drüben in Stechlin macht mir Sorge. Man muß aber hoffen; bei Gott kein Ding unmöglich ist. Und zu Moscheles hab' ich Vertrauen; ihn auskultieren zu sehn, ist ein wahres Vergnügen für 'nen Fachmann.«

So klang, was Sponholz noch in letzter Minute vom Coupéfenster aus zum besten gab. Alles, am meisten aber das über den alten Stechlin Gesagte, wurde weitergetragen und drang bis auf die Dörfer hinaus, so namentlich auch bis nach Quaden-Hennersdorf zu Superintendent Koseleger, der seit kurzem mit Ermyntrud einen lebhaften Verkehr unterhielt und, angeregt durch die mit jedem Tage kirchlicher werdende Prinzessin, einen energischen Vorstoß gegen den Unglauben und die in der Grafschaft überhandnehmende Laxheit plante. Koseleger sowohl wie die Prinzessin wollten zu diesem Zwecke beim alten Dubslav als ›nächstem Objekt‹ einsetzen, und hielten sein Asthma für den geeignetsten Zeitpunkt. In einem Briefe der Prinzessin an Koseleger hieß es dementsprechend: »Ich will die gute Gesinnung des alten Herrn in nichts anzweifeln; außerdem hat er etwas ungemein Affables. Ich bin ihm menschlich durchaus zugethan. Aber sein Prinzip, das nichts Höheres kennt, als ›leben und leben lassen‹, hat in unsrer Gegend alle möglichen Irrtümer und Sonderbarkeiten ins Kraut schießen lassen. Nehmen Sie beispielsweise diesen Krippenstapel. Und nun den Lorenzen selbst! Katzler, mit dem ich gestern über unsern Plan sprach, hat mich gebeten, mit Rücksicht auf die Krankheit des alten Herrn wenigstens vorläufig von allem Abstand zu nehmen, aber ich hab' ihm widersprechen müssen. Krankheit (so viel ist richtig) macht schroff und eigensinnig, aber in bedrängten Momenten auch wiederum ebenso gefügig, und es sind wohl auch hier wieder gerade die Auferlegungen und Bitternisse, daraus ein Segen für den Kranken, und jedenfalls für die Gesamtheit unsres Kreises entspringen wird. Unter allen Umständen aber muß uns das Bewußtsein trösten, unsre Pflicht erfüllt zu haben.«

Siebenunddreissigstes Kapitel

Es war eine Woche nach Sponholz' Abreise, daß Ermyntrud diese Zeilen schrieb, und schon am andern Vormittage fuhr Koseleger, der mit der Prinzessin im wesentlichen derselben Meinung war, auf die Stechliner Rampe. Gleich danach trat Engelke bei Dubslav ein und meldete den Herrn Superintendenten.

»Superintendent? Koseleger?«

»Ja, gnäd'ger Herr. Superintendent Koseleger. Er sieht sehr wohl aus, und ganz blank.«

»Was es doch für merkwürdige Tage giebt. Heute, (du sollst sehn), ist wieder so einer. Mit Moscheles fing's an. Sage dem Herrn Superintendenten, ich ließe bitten.«

»Ich komme hoffentlich zu guter Stunde, Herr von Stechlin.«

»Zur allerbesten, Herr Superintendent. Eben war der neue Doktor hier. Und eine Viertelstunde, wenn's mit dem ›praesente medico‹ nur ein ganz klein wenig auf sich hat, muß solche Doktorgegenwart doch wohl noch nachwirken.«

»Sicher, sicher. Und dieser Moscheles soll sehr gescheit sein. Die Wiener und Prager verstehn es; namentlich alles, was nach *der* Seite hin liegt.«

»Ja,« sagte Dubslav, »nach *der* Seite hin,« und wies auf Brust und Herz. »Aber, offen gestanden, nach mancher andern Seite hin ist mir dieser Moscheles nicht sehr sympathisch. Er faßt seinen Stock so sonderbar an und schlenkert auch so.«

»Ja, so was muß man unter Umständen mit in den Kauf nehmen. Und dann heißt es ja auch, der Major von Stechlin habe mehr oder weniger einen philosemitischen Zug.«

»Den hat der Major von Stechlin auch wirklich, weil er Unchristlichkeiten nicht leiden kann und Prinzipienreitereien erst recht nicht. Ich gehöre zu denen, die sich immer den Einzelfall ansehn. Aber freilich, mancher Einzelfall gefällt mir nicht. So zum Beispiel der hier mit dem neuen Doktor. Und auch mein alter Baruch Hirschfeld, den der Herr Superintendent mutmaßlich kennen werden, auch der gefällt mir nicht mehr so recht. Ich hielt große Stücke von ihm, aber – vielleicht daß sein Sohn Isidor schuld ist – mit einem Mal ist der Pferdefuß 'rausgekommen.«

»Ja,« lachte Koseleger, »der kommt immer mal 'raus. Und nicht bloß bei Baruch. Ich muß aber sagen, das alles hat mit der Rasse viel, viel weniger zu schaffen, als mit dem jeweiligen Beruf. Da war ich eben bei der Frau von Gundermann...«

»Und da war auch so was?«

»In gewissem Sinne, ja. Natürlich ein bißchen anders, weil es sich um etwas Weibliches handelte. ›Stütze der Hausfrau‹. Und da bändelt sich denn leicht was an. Eben diese ›Stütze der Hausfrau‹ war bis vor kurzem noch Erzieherin, und mit Erzieherinnen, alten und jungen, hat's immer einen Haken, wie mit den Lehrern überhaupt. Es liegt im Beruf. Und der Seminarist steht obenan.«

»Ich kann mich nicht erinnern,« sagte Dubslav, »in unserer Gegend irgend was gröblich Verletzliches erlebt zu haben.«

»O, ich bin mißverstanden,« beschwichtigte Koseleger und rieb sich mit einem gewissen Behagen seine wohlgepflegten Hände. »Nichts von Vergehungen auf erotischem Gebiet, wiewohl es bei den Gundermanns, (die gerad' in *diesem* Punkte viel heimgesucht werden,) auch diesmal wieder, ich möchte sagen diese kleine Nebenform angenommen hatte. Nein, der große Seminaristenpferdefuß, an den ich bei meiner ersten Bemerkung dachte, trägt ganz andere Signaturen: Unbotmäßigkeit, Überschätzung und infolge davon ein eigentümliches Bestreben, sich von den Heilsgütern loszulösen, und die Befriedigung des inneren Menschen in einer falschen Wissenschaftlichkeit zu suchen.«

»Ich will das nicht loben; aber auch solche ›falsche Wissenschaftlichkeit‹ zählt, dächt ich, in unserer alten Grafschaft zu den allerseltensten Ausnahmen.«

»Nicht so sehr als Sie vermuten, Herr Major, und aus Ihrer eigenen Stechliner Schule sind mir Klagen kirchlich gerichteter Eltern über solche Dinge zugegangen. Allerdings Altlutheraner aus der Globsower Gegend. Indessen so lästig diese Leute zu Zeiten sind, so haben sie doch andrerseits den Ernst des Glaubens und finden, wie sie sich in einem Skriptum an mich ausgedrückt haben, in der Krippenstapelschen Lehrmethode diesen Ernst des Glaubens arg vernachlässigt.«

Dubslav wiegte den Kopf hin und her, und hätte trotz allen Respekts vor dem Vertreter einer kirchlichen Behörde wahrscheinlich ziemlich scharf und spitz geantwortet, wenn ihm nicht alles, was er da hörte, gleichzeitig in einem heiteren Licht erschienen wäre. Krippenstapel, sein Krippenstapel, er, der den alten Fritzen so gut wie den Katechismus, aber den Katechismus auch reichlich so gut wie den alten Fritzen kannte, – Krippenstapel, sein großartiger Bienenvater, sein korrespondierendes Mitglied märkisch-historischer Vereine, die Seele seines ›Museums‹, sein guter Freund, dieser Krippenstapel sollte den ›Ernst des Glaubens‹ verkannt haben, bei ihm sollte der Seminaristenhochmut zu gemeingefährlichem Ausbruch gekommen sein. Wohl entsann er sich, in eigenster Person (was ihn in diesem Augenblick ein wenig verstimmte) gelegentlich sehr ähnliches gesagt zu haben. Aber doch immer nur scherzhaft. Und wenn zwei dasselbe thun, so ist es nicht mehr dasselbe. Traf dieser Satz je zu, so hier. Er erhob sich also mit einiger Anstrengung von seinem Platz, ging auf Koseleger zu, schüttelte ihm die Hand und sagte: »Herr Superintendent, so wie Sie's da sagen, so kann es nicht sein. Von richtigen Altlutheranern giebt es hier überhaupt nichts, und am wenigsten in Globsow; die glauben sozusagen gar nichts. Ich wittere da was von Intrigue. Da stecken andere dahinter. Bei meinem alten Baruch ist der Pferdefuß 'rausgekommen, aber bei meinem alten Krippenstapel ist er *nicht* 'rausgekommen und wird auch nicht 'rauskommen, weil er überhaupt nicht da ist. Meinen alten Krippenstapel, den kenn' ich.«

Koseleger, Weltmann, wie er war, lenkte rasch ein, sprach von Konventiklerbeschränktheit und gab die Möglichkeit einer Intrigue zu.

»Natürlich wird es einem schwer, in diesem Erdenwinkel an derlei Dinge zu glauben, denn ›Intrigue‹ zählt ganz eminent zu den höheren Kulturformen. Intrigue hat hier in unserer alten Grafschaft, glaub' ich, noch keinen Boden. Aber andrerseits ist es doch freilich wahr, daß heutzutage die Verwerflichkeiten, ja selbst die Verbrechen und Laster, nicht bloß im Gefolge der Kultur auftreten, sondern umgekehrt ihr voranschreiten, als beklagenswerte Herolde falscher Gesittung! Bedenken Sie, was wir neuerdings in unsern Äquatorialprovinzen erlebt haben. Die Zivilisation ist noch nicht da und schon haben wir ihre Gräuel. Man erschauert, wenn man davon liest und freut sich der kleinen und alltäglichen Verhältnisse, drin der Wille Gottes uns gnädig stellte.«

Nach diesen Worten, die was von einem guten Abgang hatten, erhob sich Koseleger und der Alte, seinerseits seinen Arm in den des Superintendenten einhakend, »um sich«, wie er sagte, »auf die Kirche zu stützen«, begleitete seinen Besuch bis wieder auf die Rampe hinaus und grüßte noch mit der Hand, als der Wagen schon über die Bohlenbrücke fuhr. Dann wandte er sich rasch an Engelke, der neben ihm stand, und sagte:

»Engelke, schade, daß ich mit dir nicht wetten kann. Lust hätt' ich. Heute kommt noch wer, du wirst es sehn. Eine Woche lang läßt sich keine Katze blicken, aber wenn unser

Schicksal erst mal 'nen Entschluß gefaßt hat, dann kann es sich auch wieder nicht genug thun. Man gewinnt dreimal das große Los oder man stößt sich dreimal den Kopp. Und immer an derselben Stelle.«

Es schlug zwölf, als Dubslav vom Portal her wieder den Flur passierte. Dabei sah er nach dem Hippenmann hinauf und zählte die Schläge. »Zwölf«, sagte er »und um zwölf ist alles aus und dann fängt der neue Tag an. Es giebt freilich zwei Zwölfen, und die Zwölf, die da oben jetzt schlägt, das is die Mittagszwölf. Aber Mittag! ... Wo bist du Sonne geblieben!« All dem weiter nachhängend, wie er jetzt öfter that, kam er an seinen Kaminplatz und nahm eine Zeitung in die Hand. Er sah jedoch kaum drauf hin und beschäftigte sich, während er zu lesen schien, eigentlich nur mit der Frage, »wer wohl heute noch kommen könne«, und dabei neben andren Personen aus seiner Umgebung auch an Lorenzen denkend, kam er zu dem Schlußresultat, daß ihm Lorenzen »mit all seinem neuen Unsinn« doch am Ende lieber sei als Koseleger mit seinen Heilsgütern, von denen er wohl zwei-, dreimal gesprochen hatte. »Ja, die Heilsgüter, die sind ganz gut. Versteht sich. Ich werde mich nicht so versündigen. Die Kirche kann was, is was, und der alte Luther, nu der war schon ganz gewiß was, weil er ehrlich war und für seine Sache sterben wollte. Nahe dran war er. Eigentlich kommt's doch immer bloß darauf an, daß einer sagt, ›dafür sterb' ich‹. Und es dann aber auch thut. Für was, is beinah' gleich. Daß man überhaupt so was kann, wie sich opfern, das ist das Große. Kirchlich mag es ja falsch sein, was ich da so sage; aber was sie jetzt ›sittlich‹ nennen (und manche sagen auch ›schönheitlich‹, aber das is ein zu dolles Wort), also was sie jetzt sittlich nennen, so bloß auf *das* hin angesehn, da is das persönliche sich einsetzen und für was sterben können und wollen doch das Höchste. Mehr kann der Mensch nich. Aber Koseleger. Der will leben.«

Und während er noch so vor sich hin seinen Faden spann, war sein gutes altes Faktotum eingetreten, an das er denn auch ohne weiteres und bloß zu eignem Ergötzen die Frage richtete: »Nich wahr, Engelke?«

Der aber hörte gar nichts mehr, so sehr war er in Verwirrung, und stotterte nur aus sich heraus: »Ach Gott, gnäd'ger Herr, nu is es doch so gekommen.«

»Wie? Was?«

»Die Frau Gemahlin von unserm Herrn Oberförster ...«

»Was? Die Prinzessin?«

»Ja, die Frau Katzler, Durchlaucht.«

»Alle Wetter, Engelke ... Da haben wir's. Aber ich hab' es ja gesagt, ich wußt' es. Wie so 'n Tag anfängt, so bleibt er, so geht es weiter ... Und wie das hier durcheinander liegt, alles wie Kraut und Rüben. Nimm die Zudecke weg, ach was Zudecke, die reine Pferdedecke; wir müssen eine andre haben. Und nimm auch die grünen Tropfen weg, daß es nicht gleich aussieht wie 'ne Krankenstube ... Die Prinzessin ... Aber rasch, Engelke, flink ... Ich lasse bitten, ich lasse die Frau Oberförsterin bitten.«

Dubslav rückte sich, so gut es ging, zurecht; im übrigen aber hielt er's in seinem desolaten Zustande doch für besser, in seinem Rollstuhl zu bleiben, als der Prinzessin entgegen zu gehn oder sie durch ein Sicherheben von seinem Sitz mehr oder weniger feierlich zu begrüßen. Ermyntrud paßte sich seinen Intentionen denn auch an und gab durch eine gemessene Handbewegung zu verstehen, daß sie nicht zu stören wünsche. Gleich danach legte sie den rechten Arm auf die Lehne eines nebenstehenden Stuhles und sagte: »Ich komme, Herr von Stechlin, um nach Ihrem Befinden zu fragen; Katzler (sie nannte ihn, unter geflissentlichster

Vermeidung des allerdings plebejen »mein Mann«, immer nur bei seinem Familiennamen) hat mir von Ihrem Unwohlsein erzählt und mir Empfehlungen aufgetragen. Ich hoffe, es geht besser.«

Dubslav dankte für so viel Freundlichkeit und bat, das um ihn her herrschende Übermaß von Unordnung entschuldigen zu wollen. »Wo die weibliche Hand fehlt, fehlt alles.« Er fuhr so noch eine Weile fort, in allerlei Worten und Wendungen, wie sie ihm von alter Zeit her geläufig waren; eigentlich aber war er wenig bei dem, was er sagte, sondern hing ausschließlich an dem halb Nonnen-, halb Heiligenbildartigen ihrer Erscheinung, das durch einen großen, aus mattweißen Kugeln bestehenden Halsschmuck samt Elfenbeinkreuz, noch gesteigert wurde. Sie mußte jedem, auch dem Kritischsten, auffallen, und Dubslav, der – so sehr er dagegen ankämpfte – ganz unter der Vorstellung ihrer Prinzessinnenschaft stand, vergaß auf Augenblicke Krankheit und Alter und fühlte sich nur noch als Ritter seiner Dame. Daß sie stehen blieb, war ihm im ersten Augenblicke störend, bald aber war es ihm recht, weil ihm einleuchtete, daß ihr »Bild« erst dadurch zu voller Wirk...

...er-

...onholz, den ich als Arzt sehr ... Kranken, während er in Pfäf... ...rtreter anvertraut hat. Junge ...ie alten, aber doch weniger ... Alter mehr Vertrauen entgegen. Alte Dokto... ...ichtiger, vor denen man sich gern offenbart. Freilich ... sie den geistlichen Zuspruch nicht voll ersetzen, de... ...er ernstlichen Krankheit doch das eigentlich Heilsam... ...bt. Ärzte selbst – ich hab' einen Teil meiner Jugend in e... Diakonissenhause verbracht – Ärzte selbst, wenn sie ihren Beruf recht verstehn, urteilen in diesem Sinne. Sogenannte Medikamente sind und bleiben ein armer Notbehelf; alle wahre Hilfe fließt aus dem Wort. Aber freilich, das richtige Wort wird nicht überall gesprochen.«

Dubslav sah etwas unruhig um sich her. Es war ganz klar, daß die Prinzessin gekommen war, seine Seele zu retten. Aber woher kam ihr die Wissenschaft, daß seine Seele dessen bedürftig sei? Das verlohnte sich doch in Erfahrung zu bringen, und so bezwang er sich denn und sagte: »Gewiß, Durchlaucht, das Wort ist die Hauptsache. Das Wort ist das Wunder; es läßt uns lachen und weinen, es erhebt uns und demütigt uns, es macht uns krank und macht uns gesund. Ja es giebt uns erst das wahre Leben hier und dort. Und dies letzte höchste Wort, das haben wir in der Bibel. Daher nehm' ich's. Und wenn ich manches Wort nicht verstehe, wie wir die Sterne nicht verstehn, so haben wir dafür die Deuter.«

»Gewiß. Aber es giebt der Deuter so viele.«

»Ja,« lachte Dubslav, »und wer die Wahl hat, hat die Qual. Aber ich persönlich, ich habe keine Wahl. Denn genau so wie mit dem Körper, so steht es für mich auch mit der Seele. Man behilft sich mit dem, was man hat. Nehm' ich da zunächst meinen armen, elenden Leib. Da sitzt es mir hier und steigt und drückt und quält mich, und ängstigt mich, und wenn die Angst groß ist, dann nehm' ich die grünen Tropfen. Und wenn es mich immer mehr quält, dann schick' ich nach Gransee hinein, und dann kommt Sponholz. Das heißt, wenn er gerade da ist. Ja, dieser Sponholz ist auch ein Wissender und ein ›Deuter‹. Sehr wahrscheinlich, daß es klügere und bessere giebt; aber in Ermangelung dieser besseren muß er für mich ausreichen.«

Ermyntrud nickte freundlich und schien ihre Zustimmung ausdrücken zu wollen.

»Und,« fuhr Dubslav fort, »ich muß es wiederholen, genau so wie mit dem Leib, so auch mit der Seele. Wenn sich meine arme Seele ängstigt, dann nehm' ich mir Trost und Hilfe, so gut ich sie gerade finden kann. Und dabei denk' ich dann, der nächste Trost ist der beste. Den hat man am schnellsten, und wer schnell giebt, der giebt doppelt. Eigentlich muß man es lateinisch sagen. Ich rufe mir Sponholz, weil ich ihn, wenn benötigt, in ziemlicher Nähe habe; den andern aber, den Arzt für die Seele, den hab' ich glücklicherweise noch näher und brauche nicht mal nach Gransee hineinzuschicken. Alle Worte, die von Herzen kommen, sind gute Worte, und wenn sie mir helfen (und sie helfen mir), so frag' ich nicht viel danach, ob es sogenannte ›richtige‹ Worte sind oder nicht.«

Ermyntrud richtete sich höher auf; ihr bis dahin verbindliches Lächeln war sichtlich in raschem Hinschwinden.

»Überdies,« so schloß Dubslav seine Bekenntnisrede, »was sind die richtigen Worte? Wo sind sie?«

»Sie haben sie, Herr von Stechlin, wenn Sie sie haben wollen. Und Sie haben sie nah, wenn auch nicht in Ihrer unmittelbarsten Nähe. Mich persönlich haben diese Worte wähl und schwerer Tage gestützt und aufgerichtet. Ich weiß, er hat Feinde, vorab im eignen Lager. Und diese Feinde sprechen von ›schönen Worten‹. Aber soll ich mich einem Heilswort verschließen, weil es sich in Schönheit kleidet? Soll ich eine mich segnende Hand zurückweisen, weil es eine weiche Hand ist? Sie haben Sponholz genannt. Unser Superintendent liegt wohl weit über diesen hinaus und wenn es nicht eitel und vermessen wäre, würd' ich eine gnäd'ge Fügung darin zu sehn glauben, daß er an diese sterile Küste verschlagen werden mußte, gerade *mir* eine Hilfe zu sein. Aber, was er an mir that, kann er auch an andern thun. Er hat eben das, was zum Siege führt; wer die Seele hat, hat auch den Leib.«

Unter diesen Worten war Ermyntrud von ihrem Stuhl an Dubslav herangetreten und neigte sich über ihn, um ihm, halb wie segnend, die Stirn zu küssen. Das Elfenbeinkreuz berührte dabei seine Brust. Sie ließ es eine Weile da ruhen. Dann aber trat sie wieder zurück, und sich zweimal unter hoheitsvollem Gruß verneigend, verließ sie das Zimmer. Engelke, der draußen im Flur stand, eilte vorauf, ihr beim Einsteigen in den kleinen Katzlerschen Jagdwagen behilflich zu sein.

Als Dubslav wieder allein war, nahm er das Schüreisen, das grad' vor ihm auf dem Kaminstein lag, und fuhr in die halb niedergebrannten Scheite. Die Flamme schlug auf und etliche Funken stoben. »Arme Durchlaucht. Es ist doch nicht gut, wenn Prinzessinnen in Oberförsterhäuser einziehn. Sie sind dann aus ihrem Fahrwasser heraus und greifen nach allem möglichen, um in der selbstgeschaffenen Alltäglichkeit nicht unterzugehn. Einen bessern Trostspender als Koseleger konnte sie freilich nicht finden; er gab ihr *den* Trost, dessen er selber bedürftig ist. Im übrigen mag sie sich aufrichten lassen, von wem sie will. Der Alte auf Sanssouci, mit seinem ›nach der eignen Façon selig werden‹, hat's auch darin getroffen. Gewiß. Aber wenn ich euch eure Façon lasse, so laßt mir auch die meine. Wollt nicht alles besser wissen, kommt mir nicht mit Anzettelungen, erst gegen meinen guten Krippenstapel, der kein Wässerchen trübt, und nun gar gegen meinen klugen Lorenzen, der euch alle in die Tasche steckt. An ihn persönlich wagen sie sich nicht 'ran, und da kommen sie nun zu mir und wollen mich umstimmen und denken, weil ich krank bin, muß ich auch schwach sein. Aber da kennen sie den alten Stechlin schlecht, und er wird nun wohl seinen märkischen Dickkopf aufsetzen. Auch sogar gegen Ippe-Büchsenstein und die Elfenbeinkugeln, die ja schon der reine Rosenkranz sind. Und es wird auch noch so was. Eigentlich bin ich übrigens selber schuld. Ich habe mir durch den prinzeßlichen Augenaufschlag und die vier Kindergräber im Garten zu sehr imponieren lassen. Aber es fällt doch allmählich wieder ab, und ein Glück, daß ich meinen Engelke habe.«

Vor Erregung war er aus seinem Rollstuhl aufgestanden und drückte auf den Klingelknopf. »Engelke, geh zu Lorenzen und sag ihm, ich ließ ihn bitten. Der soll dann aber heut auch der letzte sein ... Denke dir, Engelke, sie wollen mich bekehren!«

»Aber, gnäd'ger Herr, das is ja doch das beste.«

»Gott, nu fängt der auch noch an.«

Achtunddreissigstes Kapitel.

Lorenzen kam nicht; er war nach Rheinsberg, wo die Geistlichen aus dem östlichen Teil der Grafschaft eine Konferenz hatten. Aber statt Lorenzen kam Doktor Moscheles und sprach von allem möglichen, erst ganz kurz von Dubslavs Zustand, den er nicht gut und nicht schlecht fand, dann von Koseleger, von Katzler, auch von Sponholz (von dem ein Brief eingetroffen war), am ausführlichsten aber von Rechtsanwalt Katzenstein und von Torgelow. »Ja, dieser Torgelow,« sagte Moscheles. »Es war ein Mißgriff, ihn zu wählen. Und wenn es noch nötig gewesen wäre, wenn die Partei keinen Besseren gehabt hätte! Aber da haben sie denn doch noch ganz andre Leute.« Dubslav war davon wenig angenehm berührt, weil er aus der persönlichen Niedrigstellung Torgelows die Hochstellung der Torgelowschen Partei heraushörte.

Der Besuch hatte wohl eine halbe Stunde gedauert. Als Moscheles wieder fort war, sagte Dubslav: »Engelke, wenn er wiederkommt, so sag' ihm, ich sei nicht da. Das wird er natürlich nicht glauben; weiß er doch am besten, daß ich an mein Zimmer und meinen Rollstuhl gebunden bin. Aber trotzdem; ich mag ihn nicht. Es war eine Dummheit von Sponholz, sich grade diesen auszusuchen, solchen Allerneuesten, der nach Sozialdemokratie schmeckt und dabei seinen Stock so sonderbar anfaßt, immer grad' in der Mitte. Und dazu auch noch 'nen roten Schlips.«

»Es sind aber schwarze Käfer drin.«

»Ja, die sind drin, aber ganz kleine. Das machen sie so, damit es nicht jeder gleich merkt, wes Geistes Kind so einer ist, und wohin er eigentlich gehört. Aber ich merk' es doch, auch wenn er an Kaiser Wilhelms Geburtstag mit 'ner papiernen Kornblume kommt. Also du sagst ihm, ich sei nicht da.«

Engelke widersprach nicht, hatte jedoch so seine Gedanken dabei. »Der alte Doktor ist weg und den neuen will er nicht. Un den aus Wutz will er auch nich, weil der so viel mit der Domina zusammenhockt. Un dabei kommt er doch immer mehr 'runter. Er denkt: ›Es is noch nich so schlimm.‹ Aber es is schlimm. Is genau so wie mit Bäcker Knaack. Un Kluckhuhn sagte mir schon vorige Woche: ›Engelke, glaube mir, es wird nichts; ich weiß Bescheid.‹«

———

Das war am Montag. Am Freitag fuhr Moscheles wieder vor und verfärbte sich, als Engelke sagte, ›der gnäd'ge Herr sei nicht da‹.

»So, so. Nicht da.«

Das war doch etwas stark. Moscheles stieg also wieder auf seinen Wagen und bestärkte sich, während er nach Gransee zurückfuhr, in seinen durchaus ablehnenden Anschauungen über den derzeitigen Gesellschaftszustand. »Einer ist wie der andre. Was wir brauchen, is ein Generalkladderadatsch, Krach, tabula rasa.« Zugleich war er entschlossen, von einem erneuten Krankenbesuch abzustehen. »Der gnäd'ge Herr auf, von und zu Stechlin kann mich ja rufen lassen, wenn er mich braucht. Hoffentlich unterläßt er's.«

Dieser Wunsch erfüllte sich denn auch. Dubslav ließ ihn nicht rufen, wiewohl guter Grund dazu gewesen wäre, denn die Beschwerden wuchsen plötzlich wieder, und wenn sie zeitweilig nachließen, waren die geschwollenen Füße sofort wieder da. Engelke sah das alles mit Sorge. Was blieb ihm noch vom Leben, wenn er seinen gnäd'gen Herrn nicht mehr hatte? Jeder im Haus mißbilligte des Alten Eigensinn, und Martin, als er eines Tages vom Stall her in die nebenan gelegene niedrige Stube trat, wo seine Frau Kartoffeln schälte, sagte zu dieser: »Ick weet nich, Mutter, worüm he den jungschen Dokter rutgrulen däd. De Jungsche is doch klöger, as de olle Sponholz is. Doa möt man blot de Globsower über Sponholzen hüren. ›Joa, oll Sponholz‹, so seggen se, ›de is joa so wiet ganz good, awers he seggt man ümmer: Kinnings, krank is he egentlich nich, he brukt man blot 'ne Supp' mit en beten wat in!‹ Joa, Sponholz, de kann so wat seggen, de hett wat dato. Awers de Globsower! Wo salln de 'ne Supp' herkregen mit en beten wat in?«

So verging Tag um Tag, und Dubslav, dem herzlich schlecht war, sah nun selber, daß er sich in jedem Punkt übereilt hatte. Moscheles war doch immerhin ein richtiger Stellvertreter gewesen, und wenn er jetzt einen andern nahm, so traf das Sponholzen auch mit. Und das mocht' er nicht. In dieser Notlage sann er hin und her, und eines Tages, als er mal wieder in rechter Bedrängnis und Atemnot war, rief er Engelke und sagte: »Engelke, mir ist schlecht. Aber rede mir nich von dem Doktor. Ich mag unrecht haben, aber ich will ihn nicht. Sage, wie steht das eigentlich mit der Buschen? Die soll ja doch letzten Herbst uns' Kossät Rohrbeckens Frau wieder auf die Beine gebracht haben.«

»Ja, die Buschen ...«

»Na, was meinst du?«

»Ja, die Buschen, *die* weiß Bescheid. Versteht sich. Man bloß, daß sie 'ne richtige alte Hexe is, und um Walpurgis weiß keiner, wo sie is. Und die Mächens gehen Sonnabends auch immer hin, wenn's schummert, und Uncke hat auch schon welche notiert und beim Landrath Anzeige gemacht. Aber sie streiten alle Stein und Bein; und ein paar haben auch schon geschworen, sie wüßten von gar nichts.«

»Kann ich mir denken und vielleicht war's auch nich so schlimm. Und dann, Engelke, wenn du meinst, daß sie so gut Bescheid weiß, da wär's am Ende das beste, du gingst mal hin oder schicktest wen. Denn deine alten Beine wollen auch nich mehr so recht, und außerdem is Schlackerwetter. Und wenn du mir auch noch krank wirst, so hab' ich ja keine Katze mehr, die sich um mich kümmert. Woldemar is weit weg. Und wenn er auch in Berlin wäre, da hat er ja doch seinen Dienst und seine Schwadron und kann nich den ganzen Tag bei seinem alten Vater sitzen. Und außerdem, Krankenpflegen ist überhaupt was Schweres; darum haben die Katholiken auch 'nen eignen Segen dafür. Ja, die verstehn es. So was verstehn sie besser als wir.«

»Nei, gnäd'ger Herr, besser doch wohl nich.«

»Na, lassen wir's. So was is immer schwer festzustellen, und weil heutzutage so vieles schwer festzustellen ist, haben sich ja die Menschen auch das angeschafft, was sie 'ne ›Enquete‹ nennen. Keiner kann sich freilich so recht was dabei denken. Ich gewiß nicht. Weißt du, was es ist?«

»Nei, gnäd'ger Herr.«

»Siehst du! Du bist eben ein vernünftiger Mensch, das merkt man gleich, und hast auch ein Einsehn davon, daß es eigentlich am besten wäre, wenn ich zu der Buschen schicke. Was die Leute von ihr reden, geht mich nichts an. Und dann bin ich auch kein Mächen. Und Uncke wird mich ja wohl nicht aufschreiben.«

Engelke lächelte: »Na, gnäd'ger Herr, dann werd' ich man unten mit unse' Mamsell Pritzbur sprechen; die kann denn die lütte Marie 'rausschicken. Marieken is letzten Michaelis erst eingesegnet, aber sie war auch schon da.«

———

Noch an demselben Nachmittag erschien die Buschen im Herrenhause. Sie hatte sich für den Besuch etwas zurecht gemacht und trug ihre besten Kleider, auch ein neues schwarzes Kopftuch. Aber man konnte nicht sagen, daß sie dadurch gewonnen hätte. Fast im Gegenteil. Wenn sie so mit 'nem Sack über die Schulter oder mit 'ner Kiepe voll Reisig aus dem Walde kam, sah man nichts als ein altes, armes Weib; jetzt aber, wo sie bei dem alten Herrn eintrat und nicht recht wußte, warum man sie gerufen, sah man ihr die Verschlagenheit an, und daß sie für all und jedes zu haben sei.

Sie blieb an der Thür stehen.

»Na, Buschen, kommt man 'ran oder stellt Euch da ans Fenster, daß ich Euch besser sehn kann. Es ist ja schon ganz schummrig.«

Sie nickte.

»Ja, mit mir is nich mehr viel los, Buschen. Und nu is auch noch Sponholz weg. Und den neuen Berlinschen, den mag ich nicht. Ihr sollt ja Kossät Rohrbeckens Frau damals wieder auf die Beine gebracht haben. Mit mir is es auch so was. Habt Ihr Courage, mich in die Kur zu nehmen? Ich zeig' Euch nicht an. Wenn einem einer hilft, is das andre alles gleich. Also nichts davon. Und es soll Euer Schaden nicht sein.«

»Ick weet joa, jnäd'ger Herr ... Se wihren joa nich. Un denn de Lüd', de denken ümmer, ick kann hexen un all so wat. Ick kann awer joar nix un hebb man blot en beten

Liebstöckel un Wacholder un Allermannsharnisch. Un alles blot, wie't sinn muß. Un de Gerichten können mi nix dohn.«

»Is mir lieb. Und geht mich übrigens auch nichts an. Mit so was komm' ich Euch nich. Kann ›Gerichte‹ selber nich gut leiden. Und nu sagt mir, Buschen, wollt' Ihr den Fuß sehn? Einer is genug. Der andre sieht ebenso aus. Oder doch beinah'.«

»Nei, jnäd'ger Herr. Loaten's man. Ick weet joa, wi dat is. Ihrst sitt et hier up de Bost, un denn sackt et sich, un denn sitt et hier unnen. Un is all een un dat sülwige. Dat möt allens 'rut, un wenn et 'rut is, denn drückt et nich mihr, un denn künnen Se wedder gapsen.«

»Gut. Leuchtet mir ein. ›Et muß 'rut‹, sagt Ihr. Und das sag' ich auch. Aber womit wollt Ihr's ›'rut‹bringen? Das is die Sache. Welche Mittel, welche Wege?«

»Joa, de Mittel hebb ick. Un hebben wi ihrst de Mittel, denn finnen sich ook de Weg'. Ick schick' hüt noch Agnessen mit twee Tüten; Agnes, dat is Karlinen ehr lütt Deern.«

»Ich weiß, ich weiß.«

»Un Agnes, de sall denn unnen in de Küch' goahn, to Mamsell Pritzbur, un de Pritzburn de sall denn den Thee moaken för'n jnäd'gen Herrn. Morgens ut de witte Tüt', un abens ut de blue Tüt'. Un ümmer man 'nen gestrichnen Eßlöffel vull un nich to veel Woater; awers bullern möt et. Un wenn de Tüten all sinn, denn is et 'rut. Dat Woater nimmt dat Woater weg.«

»Na gut, Buschen. Wir wollen das alles so machen. Und ich bin nicht bloß ein geduldiger Kranker, ich bin auch ein gehorsamer Kranker. Nun will ich aber bloß noch wissen, was Ihr mir da in Euern Tüten schicken wollt, in der weißen und in der blauen. Is doch kein Geheimnis?«

»Nei, jnäd'ger Herr.«

»Na also.«

»In de witte Tüt' is Bärlapp un in de blue Tüt' is, wat de Lüd' hier Katzenpoot nennen.«

»Versteh', versteh',« lächelte Dubslav, und dann sprach er wie zu sich selbst: »Nu ja, nu ja, das kann schon helfen. Dazwischen liegt eigentlich die ganze Weltgeschichte. Mit Bärlapp zum Einstreuen fängt die süße Gewohnheit des Daseins an und mit Katzenpfötchen hört es auf. So verläuft es. Katzenpfötchen ... die gelben Blumen, draus sie die letzten Kränze machen ... Na, wir wollen sehn.«

An demselben Abend kam Agnes und brachte die beiden Tüten, und es geschah, was beinah' über alles Erwarten hinaus lag: es wurde wirklich besser. Die Geschwulst schwand, und Dubslav atmete leichter. »Dat Woater nimmt dat Woater«, an diesem Hexenspruch, – den er, wenn er mit Engelke plauderte, gern citierte, – richteten sich seine Hoffnungen und seine Lebensgeister wieder auf. Er war auch wieder für Bewegung und ließ, wenn es das Wetter irgendwie gestattete, seinen Rollstuhl nicht bloß auf die Veranda hinausschieben, sondern fuhr auch um das Rundell herum und sah dem kleinen Springbrunnen zu, der wieder sprang. Ja, es kam ihm vor, als ob er höher spränge. »Findest du nich auch, Engelke? Vor vier Wochen wollt' er nich. Aber es geht jetzt wieder. Alles geht wieder, und es ist eigentlich dumm, ohne Hoffnung zu leben; wozu hat man sie denn?«

Engelke nickte bloß und legte die Zeitungen, die gekommen waren, auf einen neben dem Frühstückstisch stehenden Gartenstuhl, zu unterst die »Kreuzzeitung« als Fundament, auf diese dann die »Post« und zuletzt die Briefe. Die meisten waren offen, Anzeigen und Anpreisungen, nur einer war geschlossen, ja sogar gesiegelt. Poststempel: Berlin. »Gieb mir mal das Papiermesser, daß ich ihn manierlich aufschneiden kann. Er sieht nach was aus, und die Handschrift is wie von 'ner Dame, bloß ein bißchen zu dicke Grundstriche.«

»Is am Ende von der Gräfin.«

»Engelke,« sagte Dubslav, »du wirst mir zu klug. Natürlich is er von der Gräfin. Hier is ja die Krone.«

Wirklich es war ein Brief von Melusine, samt einer Einlage. Melusinens Zeilen aber lauteten am Schluß: »Und nun bitt' ich, Ihnen einen Brief beilegen zu dürfen, den unsre liebe Baronin Berchtesgaden gestern aus Rom erhalten hat und zwar von Armgard, deren volles Glück ich aus diesem Brief und allerhand kleinen, ihrem Charakter eigentlich fernliegenden Übermütigkeiten erst so recht ersehn habe.«

Dubslav nickte. Dann nahm er die Einlage und las:

»Rom, im März.
Teuerste Baronin!

An wen könnt' ich von hier aus lieber schreiben als an Sie? Vatikan und Lateran und Grabmal Pio Nonos, und wenn ich Glück habe, bin ich auch noch mit dabei, wenn am Gründonnerstage der große Segen gespendet wird. Man muß eben alles mitnehmen. Von Rom zu schwärmen ist geschmacklos und überflüssig dazu, weil man an die Schwärmerei seiner Vorgänger doch nie heranreicht. Aber von unserer Reise will ich Ihnen statt dessen erzählen. Wir nahmen den Weg über den Brenner und waren am selben Abend noch in Verona. ›Torre di Londra‹. Was mich andern Tags in der Capuletti- und Montecchi-Stadt am meisten interessierte, war ein großer Parkgarten, der ›Giardino Giusti‹, mit über zweihundert Cypressen, alle fünfhundert Jahre alt und viele beinah' so hoch wie das Berliner Schloß. Ich ging mit Woldemar auf und ab, und dabei berechneten wir uns, ob wohl die schöne Julia hier auch schon auf und ab gegangen sei? Nur eins störte uns. Zu solcher

Prachtavenue von Trauerbäumen gehört als Abschluß notwendig ein Mausoleum. Das fehlt aber. Im ›Giardino Giusti‹ trafen wir Hauptmann von Gaza vom ersten Garderegiment, der, von Neapel kommend, bereits alle Schönheit Italiens gesehen hatte. Wir fragten ihn, ob Verona, wie einem beständig versichert wird, wirklich die ›italienischste der italienischen Städte‹ sei? Hauptmann von Gaza lachte. ›Von Potsdam‹, so meinte er, ›könne man vielleicht sagen, daß es die preußischste Stadt sei. Aber Verona die italienischste? Nie und nimmer.‹

Über das vielgefeierte Venedig an dieser Stelle nur das eine. Unser Hotel lag in Nähe einer mit Barock überladenen Kirche: San Mosé. Daß es einen Sankt Moses giebt, war mir fremd und verwunderlich zugleich. Aber gleich danach dacht ich an unsere Gendarmentürme und war beruhigt. Moses geht doch immer noch vor Gendarm.

Florenz überspring' ich und erzähle Ihnen dafür lieber vom Trasimenischen See, den wir auf unserer Eisenbahnfahrt passierten. Woldemar, ein ganz klein wenig ›Taschen-Moltke‹, mochte nicht darauf verzichten, den großen Hannibal auf Herz und Nieren zu prüfen, und so stiegen wir denn in Nähe des Sees aus, an einer kleinen Station, die, glaub' ich, Borghetto-Tuoro heißt. Es war auch für einen Laien über Erwarten interessant, und selbst ich, die ich sonst gar keinen Sinn für derlei Dinge habe, verstand alles, und fand mich leicht in jeglichem zurecht. Ja, ich hatte das Gefühl, daß ich in diesem hochgelegenen Engpaß ebenfalls über die Römer gesiegt haben würde. Der See hat viele Zu- und Abflüsse. Einer dieser Abflüsse (mehr Kanal als Fluß) nennt sich der ›Emissarius‹, was mich sehr erheiterte. Noch interessanter aber erschien mir ein anderer Flußlauf, der, weil er am Schlachttage von Blut sich rötete, der ›Sanguinetto‹ heißt. Das Diminutiv steigert hier ganz entschieden die Wirkung. Der See ist übrigens sehr groß, zehn Meilen Umfang, und dabei flach, weshalb der erste Napoleon ihn auspumpen lassen wollte. Da hätte sich dann ein neues Herzogtum gründen lassen ...«

»Schau, schau,« sagte der alte Dubslav, »wer der blassen Comtesse das zugetraut hätte! Ja, reisen und in den Krieg ziehen, da lernt man, da wird man anders.«

Und er legte den Brief beiseite.

Zugleich aber war ein stilles Behagen über ihn gekommen und er überdachte, wie manche Freude das Leben doch immer noch habe. Vor ihm, in den Parkbäumen, schlugen die Vögel, und ein Buchfink kam bis auf den Tisch und sah ihn an, ganz ohne Scheu. Das that ihm ungemein wohl. »Etwas ganz besonders Schönes im Leben ist doch das Vertrauen, und wenn's auch bloß ein Piepvogel is, der's einem entgegenbringt. Einige haben eine schwarze Milz und sagen: alles sei von Anfang an auf Mord und Totschlag gestellt. Ich kann es aber nicht finden.«

Engelke kam, um abzuräumen. »Is ein schöner Tag heut,« sagte Dubslav, »und die Krokusse kommen auch schon 'raus. Eigentlich hab' ich nich geglaubt, daß ich so was Hübsches noch mal sehn würde. Und wenn ich dann denke, daß ich das alles der Buschen verdanke! Merkwürdige Welt! Sponholz hatte bloß immer seine grünen Tropfen, und Moscheles hatte nichts als seinen ewigen Torgelow, und nu kommt die Buschen und mit einem Mal is es besser. Ja, wirklich merkwürdig. Und nu krieg' ich auch noch, wenn auch bloß leihweise, solchen hübschen Brief von einer hübschen jungen Frau. Noch dazu Schwiegertochter. Ja, Engelke, so geht's; nich zu glauben. Und da hättest du vorhin den Buchfinken sehen sollen, wie mich der ansah. Bloß als du kamst, da flog er weg; er muß sich vor dir gegrault haben.«

»Ach, gnäd'ger Herr, vor mir grault sich keine Kreatur.«

»Will dir's glauben. Und du sollst sehn, heute haben wir 'nen guten Tag, und es kommt auch noch wer, an dem man sich freuen kann. Wie mir schlecht war, da kam Koseleger und die Prinzessin. Aber heute kam ein Buchfink. Und ich bin ganz sicher, der hat noch ein Gefolge.«

Dubslavs Ahnungen behielten recht; und als der Nachmittag da war, kam Lorenzen, der sich, seitdem der Alte seinen Katzenpfötchenthee trank, nur selten und immer bloß flüchtig hatte sehen lassen. Aber das war rein zufällig und sollte nicht eine Mißbilligung darüber ausdrücken, daß sich der Alte bei der Buschen in die Kur gegeben.

»Nun endlich,« empfing ihn Dubslav, als Lorenzen eintrat. »Wo bleiben Sie? Da heißt es immer, wir Junker wären kleine Könige. Ja, wer's glaubt! Alle kleinen Könige haben ein Cortege, das sich in Huldigungen und Purzelbäumen überschlägt. Aber von solchem Gefolge habe ich noch nicht viel gesehen. Baruch ist freilich hier gewesen und dann Koseleger und dann die Prinzessin, aber der, der so halb ex officio kommen sollte, der kommt nicht und schickt höchstens mal die Kulicke oder die Elfriede mit 'ner Anfrage. Sterben und verderben kann man. Und das heißt dann Seelsorge.«

Lorenzen lächelte. »Herr von Stechlin, Ihre Seele macht mir, trotz dieser meiner Vernachlässigung keine Sorge, denn sie zählt zu denen, die jeder Spezialempfehlung entbehren können. Lassen Sie mich sehr menschlich, ja für einen Pfarrer beinah lästerlich sprechen. Aber ich muß es. Ich lebe nämlich der Überzeugung, der liebe Gott, wenn es mal so weit ist, freut sich, Sie wiederzusehen. Ich sage, wenn es so weit ist. Aber es ist noch nicht so weit.«

»Ich weiß nicht, Lorenzen, ob Sie recht haben. Jedenfalls aber befind' ich mich in meinem derzeitig erträglichen Zustande nur mit Hilfe der Buschen, und ob mich das nach obenhin besonders empfehlen kann, ist mir zweifelhaft. Aber lassen wir die heikle Frage. Erzählen Sie mir lieber etwas recht Hübsches und Heiteres, auch wenn es nebenher etwas ganz Altes ist, etwa das, was man früher Miscellen nannte. Das ist mir immer das liebste gewesen und ist es noch. Was ich da so in den Zeitungen lese, voran das Politische, das weiß ich schon immer alles, und was ich von Engelke höre, das weiß ich auch. Beiläufig – natürlich nur vom alleregoistischsten Zeitungsleserstandpunkt aus – ein wahres Glück, daß es Unglücksfälle giebt, sonst hätte man von der Zeitungslektüre so gut wie gar nichts. Aber Sie, Sie lesen auch sonst noch allerlei, mitunter sogar Gutes (freilich nur selten), und haben ein wundervolles Gedächtnis für Räubergeschichten und Anekdoten aus allen fünf Weltteilen. Außerdem sind Sie Friederikus-Rex-Mann, was ich Ihnen eigentlich am höchsten anrechne, denn die Friederikus-Rex-Leute, die haben alle Herz und Verstand auf dem rechten Fleck. Also suchen Sie nach irgend was der Art, nach einer alten Zieten- oder Blücheranekdote, kann meinetwegen auch Wrangel sein – ich bin dankbar für alles. Je schlechter es einem geht je schöner kommt einem so was kavalleristisch Frisches und Übermütiges vor. Ich spiele mich persönlich nicht auf Heldentum aus, Renommieren ist ein elendes Handwerk; aber das darf ich sagen: ich liebe das Heldische. Und Gott sei Dank kommt dergleichen immer noch vor.«

»Gewiß kommt so was immer noch vor. Aber, Herr von Stechlin, all dies Heldische ...«

»Nun aber Lorenzen, Sie werden doch nicht gegen das Heldische sein? So weit sind Sie doch noch nicht! Und wenn es wäre, da würd' ich ernstlich böse.«

»Das läßt Ihre Güte nicht zu.«

»Sie wollen mich einfangen. Aber diesmal glückt es nicht. Was haben Sie gegen das Heldische?«

»Nichts, Herr von Stechlin, gar nichts. Im Gegenteil. Heldentum ist gut und groß. Und unter Umständen ist es das allergrößte. Lasse mir also den Heroenkultus durchaus gefallen, das heißt, den echten und rechten. Aber was Sie da von mir hören wollen, das ist, Verzeihung für das Wort, ein Heldentum zweiter Güte. *Mein* Heldentum – soll heißen, was ich für Heldentum halte – das ist nicht auf dem Schlachtfelde zu Hause, das hat keine Zeugen oder doch immer nur solche, die mit zu Grunde gehn. Alles vollzieht sich stumm, einsam, weltabgewandt. Wenigstens als Regel. Aber freilich, *wenn* die Welt dann ausnahmsweise davon hört, dann horch' ich mit auf, und mit gespitzterem Ohr, wie ein Kavalleriepferd, das die Trompete hört.«

»Gut. Meinetwegen. Aber Beispiele.«

»Kann ich geben. Da sind zunächst die fanatischen Erfinder, die nicht ablassen von ihrem Ziel, unbekümmert darum, ob ein Blitz sie niederschlägt oder eine Explosion sie in die Luft schleudert; da sind des weiteren die großen Kletterer und Steiger, sei's in die Höh', sei's in die Tiefe, da sind zum dritten, die, die den Meeresgrund absuchen wie 'ne Wiese, und da sind endlich die Weltteildurchquerer und die Nordpolfahrer.«

»Ach, der ewige Nansen. Nansen, der, weil er die diesseits verlorene Hose jenseits in Grönland wiederfand, auf den Gedanken kam: ›Was die Hose kann, kann ich auch.‹ Und daraufhin fuhr er über den Pol. Oder wollte wenigstens.«

Lorenzen nickte.

»Nun ja, das war klug gedacht. Und daß dieser Nansen sich an die Sache 'ran machte, das respektier' ich, auch wenn schließlich nichts draus wurde. Bleibt immer noch ein Bravourstück. Gewiß, da sitzt nu so wer im Eise, sieht nichts, hört nichts, und wenn wer kommt, ist es höchstens ein Eisbär. Indessen, er freut sich doch, weil es wenigstens was Lebendiges ist. Ich darf sagen, ich hab' einen Sinn für dergleichen. Aber trotzdem, Lorenzen, die Garde bei St. Privat ist doch mehr.«

»Ich weiß nicht, Herr von Stechlin. Echtes Heldentum, oder um's noch einmal einzuschränken, ein solches, das mich persönlich hinreißen soll, steht immer im Dienst einer Eigenidee, eines allereigensten Entschlusses. Auch dann noch (ja mitunter dann erst recht), wenn dieser Entschluß schon das Verbrechen streift. Oder, was fast noch schlimmer, das Häßliche. Kennen Sie den Cooperschen ›Spy‹? Da haben Sie den Spion als Helden. Mit andern Worten, ein Niedrigstes als Höchstes. Die Gesinnung entscheidet. Das steht mir fest. Aber es giebt der Beispiele noch andere, noch bessere!«

»Da bin ich neugierig,« sagte Dubslav. »Also wenn's sein kann: Name.«

»Name: Greeley, Leutnant Greeley; Yankee pur sang. Und im übrigen auch einer aus der Nordpolfahrergruppe.«

»Will also sagen: Nansen der Zweite.«

»Nein, nicht der Zweite. Was er that, war viele Jahre vor Nansen.«

»Und er kam höher hinauf? Weiter nach dem Pol zu? Oder waren seine Eisbär-Rencontres von noch ernsthafterer Natur?«

»All das würde mir nicht viel besagen. Das herkömmlich Heldische fehlt in seiner Geschichte völlig. Was an seine Stelle tritt, ist ein ganz andres. Aber dies andre, *das* gerade macht es.«

»Und das war?«

»Nun denn, – ich erzähle nach dem Gedächtnis und im Einzelnen und Nebensächlichen irr' ich vielleicht ... Aber in der Hauptsache stimmt es ... Also zuletzt, nach langer Irrfahrt, waren's noch ihrer fünf: Greeley selbst und vier seiner Leute. Das Schiff hatten sie verlassen, und so zogen sie hin über Eis und Schnee. Sie wußten den Weg, soweit sich da von Weg sprechen läßt, und die Sorge war nur, ob das bißchen Proviant, das sie mit sich führten, Schiffszwieback und gesalzenes Fleisch, bis an die nächste menschenbewohnte Stelle reichen würde. Jedem war ein höchstes und doch zugleich auch wieder geringstes Maß als tägliche Provision zubewilligt, und wenn man dies Maß einhielt und kein Zwischenfall kam, so mußt' es reichen. Und einer, der noch am meisten bei Kräften war, schleppte den gesamten Proviant. Das ging so durch Tage. Da nahm Leutnant Greeley wahr, daß der Proviant schneller hinschmolz als berechnet, und nahm auch wahr, daß der Proviantträger selbst, wenn er sich nicht beobachtet glaubte, von den Rationen nahm. Das war eine schreckliche Wahrnehmung. Denn ging es so fort, so waren sie samt und sonders verloren. Da nahm Greeley die drei andern beiseit und beriet mit ihnen. Eine Möglichkeit gewöhnlicher Bestrafung gab es nicht, und auf einen Kampf sich einzulassen, ging auch nicht. Sie hatten dazu die Kräfte nicht mehr. Und so hieß es denn zuletzt, und es war Greeley der es sagte: ›Wir müssen ihn hinterrücks erschießen.‹ Und als sie bald nach dieser Kriegsgerichtsscene wieder aufbrachen, der heimlich Verurtheilte vorn an der Tete, trat Greeley von hintenher an ihn heran und schoß ihn nieder. Und die That war nicht umsonst gethan; ihre Rationen reichten aus, und an dem Tage, wo sie den letzten Bissen verzehrten, kamen sie bis an eine Station.«

»Und was wurde weiter?«

»Ich weiß nicht mehr, ob Greeley selbst bei seiner Rückkehr nach New-York als Ankläger gegen sich auftrat; aber das weiß ich, daß es zu einer großen Verhandlung kam.«

»Und in dieser ...«

»... In dieser wurd' er freigesprochen und im Triumph nach Hause getragen.«

»Und Sie sind einverstanden damit?«

»Mehr; ich bin voll Bewunderung. Greeley, statt zu thun, was er that, hätte zu den Gefährten sagen können: ›Unser Exempel wird falsch, und wir gehen an des einen Schuld zu Grunde; töten mag ich ihn nicht, – sterben wir also alle.‹ Für seine Person hätt' er so sprechen und handeln können. Aber es handelte sich nicht bloß um ihn; er hatte die Führer- und die Befehlshaberrolle, zugleich die Richter-Pflicht und hatte die Majorität von drei gegen eine Minorität von einem zu schützen. Was dieser eine gethan, an und für sich ein Nichts, war unter den Umständen, unter denen es geschah, ein fluchwürdiges Verbrechen. Und so nahm er denn gegen die geschehene schwere That die schwere Gegenthat auf sich. In solchem Augenblicke richtig fühlen und in der Überzeugung des Richtigen fest und unbeirrt ein furchtbares Etwas thun, ein Etwas, das, aus seinem Zusammenhange gerissen, allem göttlichen Gebot, allem Gesetz und aller Ehre widerspricht, *das* imponiert mir ganz ungeheuer und ist in meinen Augen der wirkliche, der wahre Mut. Schmach und Schimpf, oder doch der Vorwurf des Schimpflichen, haben sich von jeher an alles Höchste geknüpft. Der Bataillonsmut, der Mut in der Masse (bei allem Respekt davor), ist nur ein Herdenmut.«

Dubslav sah vor sich hin. Er war augenscheinlich in einem Schwankezustand. Dann aber nahm er die Hand Lorenzens und sagte: »Sie sollen recht haben.«

Neununddreissigstes Kapitel.

Dubslav hatte nach Lorenzens Besuch eine gute Nacht. »Wenn man mal so was andres hört, wird einem gleich besser.« Aber auch der Katzenpfötchenthee fuhr fort, seine Wirkung zu thun, und was dem Kranken am meisten half, war, daß er die grünen Tropfen fortließ.

»Hör, Engelke, am Ende wird es noch mal was. Wie gefallen dir meine Beine? Wenn ich drücke, keine Kute mehr.«

»Gewiß, gnäd'ger Herr, es wird nu wieder, un das macht alles der Thee. Ja, die Buschen versteht es, das hab' ich immer gesagt. Und gestern abend, als Lorenzen hier war, war auch lütt Agnes hier un hat unten in der Küche gefragt, ›wie's denn eigentlich mit dem gnädigen Herrn stünn‹? Und die Mamsell hat ihr gesagt, ›es stünde gut‹.«

»Na, das is recht, daß die Alte, wie 'n richtiger Doktor, sich um einen kümmert und von allem wissen will. Und daß sie nicht selber kommt, ist noch besser. So 'n bißchen schlecht Gewissen hat sie doch woll. Ich glaube, daß sie viel auf 'm Kerbholz hat, und daß die Karline so is, wie sie is, daran is doch auch bloß die Alte schuld. Und das Kind wird vielleicht auch noch so; sie dreht sich schon wie 'ne Puppe, und dazu das lange blonde Zoddelhaar. Ich muß dabei immer an Bellchen denken, – weißt du noch, als die gnäd'ge Frau noch lebte. Bellchen hatte auch solche Haare. Und war auch der Liebling. Solche sind immer Liebling. Krippenstapel, hör' ich, soll sie auch in der Schule verwöhnen. Wenn die andern ihn noch anglotzen, dann schießt sie schon los. Es ist ein kluges Ding.«

Engelke bestätigte, was Dubslav sagte, und ging dann nach unten, um dem gnäd'gen Herrn sein zweites Frühstück zu holen: ein weiches Ei und eine Tasse Fleischbrühe. Als er aber aus dem Gartenzimmer auf den großen Hausflur hinaustrat, sah er, daß ein Wagen vorgefahren war, und statt in die Küche zu gehen, ging er doch lieber gleich zu seinem Herrn zurück, um mit verlegenem Gesicht zu melden, daß das gnäd'ge Fräulein da sei.

»Wie? Meine Schwester?«

»Ja, das gnäd'ge Frölen.«

»I, da soll doch gleich 'ne alte Wand wackeln,« sagte Dubslav, der einen ehrlichen Schreck gekriegt hatte, weil er sicher war, daß es jetzt mit Ruh' und Frieden auf Tage, vielleicht auf Wochen, vorbei sei. Denn Adelheid mit ihren sechsundsiebzig setzte sich nicht gern auf eine Kleinigkeit hin in Bewegung, und wenn sie die beinahe vier Meilen von Kloster Wutz her herüberkam, so war das kein Nachmittagsbesuch, sondern Einquartierung. Er fühlte, daß sich sein ganzer Zustand mit einem Male wieder verschlechterte, und daß eine halbe Atemnot im Nu wieder da war.

Er hatte aber nicht lange Zeit, sich damit zu beschäftigen, denn Engelke öffnete bereits die Thür, und Adelheid kam auf ihn zu. »Tag, Dubslav. Ich muß doch mal sehn. Unser Rentmeister Fix ist vorgestern hier in Stechlin gewesen und hat dabei von deinem letzten Unwohlsein gehört. Und daher weiß ich es. Eh' du persönlich deine Schwester so was wissen läßt oder einen Boten schickst ...«

»Da muß ich schon tot sein,« ergänzte der alte Stechlin und lachte. »Nun, laß es gut sein, Adelheid, mach dir's bequem und rücke den Stuhl da heran.«

»Den Stuhl da? Aber, Dubslav, was du dir nur denkst! Das ist ja ein Großvaterstuhl oder doch beinah'.« Und dabei nahm sie statt dessen einen kleinen, leichten Rohrsessel und ließ sich drauf nieder. »Ich komme doch nicht zu dir, um mich hier in einen großen Polsterstuhl mit Backen zu setzen. Ich will meinen lieben Kranken pflegen, aber ich will nicht selber eine Kranke sein. Wenn es so mit mir stünde, wär' ich zu Hause geblieben. Du rechnest immer, daß ich zehn Jahre älter bin als du. Nun ja, ich bin zehn Jahre älter. Aber was sind die Jahre? Die Wutzer Luft ist gesund, und wenn ich die Grabsteine bei uns lese, unter achtzig ist da beinah' keine von uns abgegangen. Du wirst erst siebenundsechzig. Aber ich glaube, du hast dein Leben nicht richtig angelegt, ich meine deine Jugend, als du noch in Brandenburg warst. Und von Brandenburg immer 'rüber nach Berlin. Na, das kennt man. Ich habe neulich was Statistisches gelesen.«

»Damen dürfen nie Statistisches lesen,« sagte Dubslav, »es ist entweder zu langweilig oder zu interessant, – und das ist dann noch schlimmer. Aber nun klingle (verzeih, mir wird das Aufstehn so schwer), daß uns Engelke das Frühstück bringt; du kommst à la fortune du pot und mußt fürlieb nehmen. Mein Trost ist, daß du drei Stunden unterwegs gewesen. Hunger ist der beste Koch.«

Beim Frühstück, das bald danach aufgetragen wurde – die Jahreszeit gestattete, daß auch eine Schale mit Kiebitzeiern aufgesetzt werden konnte – verbesserte sich die Stimmung ein wenig; Dubslav ergab sich in sein Schicksal, und Adelheid wurde weniger herbe.

»Wo hast du nur die Kiebitzeier her?« sagte sie. »Das ist was Neues. Als ich noch hier lebte, hatten wir keine.«

»Ja, die Kiebitze haben sich seit kurzem hier eingefunden, an unserm Stechlin, da, wo die Binsen stehn; aber bloß auf der Globsower Seite. Nach der andern Seite hin wollen sie nicht. Ich habe mir gedacht, es sei vielleicht ein Fingerzeig, daß ich nun auch welche nach Friedrichsruh schicken soll. Aber das geht nicht; dann gelt' ich am Ende gleich für eingeschworen, und Uncke notiert mich. Wer dreimal Kiebitzeier schickt, kommt ins schwarze Buch. Und das kann ich schon Woldemars wegen nicht.«

»Is auch recht gut so. Was zu viel ist, ist zu viel. Er soll sich ja mit der Lucca zusammen haben photographieren lassen. Und während sie da oben in der Regierung und mitunter auch bei Hofe so was thun, fordern sie Tugend und Sitte. Das geht nicht. Bei sich selber muß man anfangen. Und dann ist er doch auch schließlich bloß ein Mensch, und alle Menschenanbetung ist Götzendienst. Menschenanbetung ist noch schlimmer als das goldene Kalb. Aber ich weiß wohl, Götzendienst kommt jetzt wieder auf, und Hexendienst auch, und du sollst ja auch – so wenigstens hat mir Fix erzählt – nach der Buschen geschickt haben.«

»Ja, es ging mir schlecht.«

»Gerade, wenn's einem schlecht geht, dann soll man Gott und Jesum Christum erkennen lernen, aber nicht die Buschen. Und sie soll dir Katzenpfötchenthee gebracht haben und soll auch gesagt haben: ›Wasser treibt das Wasser.‹ Das mußt du doch heraushören, daß das ein unchristlicher Spruch ist. Das ist, was sie ›besprechen‹ nennen oder auch ›böten‹. Und wo das alles herstammt, ... Dubslav, Dubslav, ... Warum bist du nicht bei den grünen Tropfen geblieben und bei Sponholz? Seine Frau war eine Pfarrerstochter aus Kuhdorf.«

»Hat ihr auch nichts geholfen. Und nu sitzt sie mit ihm in Pfäffers, einem Schweizerbadeort, und da schmoren sie gemeinschaftlich in einem Backofen. Er hat es mir selbst erzählt, daß es ein Backofen is.«

Der erste Tag war immerhin ganz leidlich verlaufen. Adelheid erzählte von Fix, von der Schmargendorff und der Schimonski und zuletzt auch von Maurermeister Lebenius in Berlin, der in Wutz eine Ferienkolonie gründen wolle. »Gott, wir kriegen dann so viel armes Volk in unsern Ort und noch dazu lauter Berliner Bälge mit Plieraugen. Aber die grünen Wiesen sollen ja gut dafür sein und unser See soll Jod haben, freilich wenig, aber doch *so*, daß man's noch gerade finden kann.« Adelheid sprach in einem fort, derart, daß Dubslav kaum zu Wort kommen konnte. Gelang es ihm aber, so fuhr sie rasch dazwischen, trotzdem sie beständig versicherte, daß sie gekommen sei, ihn zu pflegen, und nur, wenn er auf Woldemar das Gespräch brachte, hörte sie mit einiger Aufmerksamkeit zu. Freilich, die italienischen Reisemitteilungen als solche waren ihr langweilig, und nur bei Nennung bestimmter Namen, unter denen »Tintoretto« und »Santa Maria Novella« obenan standen, erheiterte sie sich sichtlich. Ja, sie kicherte dabei fast so vergnügt wie die Schmargendorff. Ein wirkliches, nicht ganz flüchtiges Interesse (wenn auch freilich kein freundliches) zeigte sie nur, wenn Dubslav von der jungen Frau sprach und hinzusetzte: »Sie hat so was Unberührtes.«

»Nu ja, nu ja. Das liegt aber doch zurück.«

»Wer keusch ist, bleibt keusch.«

»Meinst du das ernsthaft?«

»Natürlich mein' ich es ernsthaft. Über solche Dinge spaß' ich überhaupt nicht.«

Und nun lachte Adelheid herzlich und sagte: »Dubslav, was hast du nur wieder für Bücher gelesen? Denn aus dir selbst kannst du doch so was nicht haben. Und von deinem Pastor Lorenzen auch nicht. Der wird ja wohl nächstens 'ne ›freie Gemeinde‹ gründen.«

So war der erste Tag dahingegangen. Alles in allem, trotz kleiner Ärgerlichkeiten, unterhaltlich genug für den Alten, der, unter seiner Einsamkeit leidend, meist froh war, irgend einen Plauderer zu finden, auch wenn dieser im übrigen nicht gerade der richtige war. Aber das alles dauerte nicht lange. Die Schwester wurde von Tag zu Tag rechthaberischer und herrischer und griff unter der Vorgabe, »daß ihr Bruder anders verpflegt werden müsse«, in alles ein, auch in Dinge, die mit der Verpflegung gar nichts zu thun hatten. Vor allem wollte sie ihm den Katzenpfötchenthee wegdisputieren, und wenn abends die kleine Meißener Kanne kam, gab es jedesmal einen erregten Disput über die Buschen und ihre Hexenkünste.

So waren denn noch keine acht Tage um, als es für Dubslav feststand, daß Adelheid wieder fort müsse. Zugleich sann er nach, wie das wohl am besten zu machen sei. Das war aber keine ganz leichte Sache, da die »Kündigung« notwendig von ihr ausgehen mußte. So wenig er sich aus

ihr machte, so war er doch zu sehr Mann der Form und einer
feineren Gastlichkeit, als daß er's zuwege gebracht hätte,
seinerseits auf Abreise zu dringen.

Es war um die vierte Stunde, das Wetter schön, aber
auch frisch. Adelheid hing sich ihren Pelzkragen um, ein
altes Familienerbstück, und ging zu Krippenstapel, um
sich seine Bienenstöcke zeigen zu lassen. Sie hoffte bei der
Gelegenheit auch was über den Pastor zu hören, weil sie
davon ausging, daß ein Lehrer immer über den Prediger
und der Prediger immer über den Lehrer zu klagen hat.
Jedes Landfräulein denkt so. Die Bienen nahm sie so mit
in den Kauf.

Es begann zu dunkeln, und als die Domina schließlich
aus dem Herrenhause fort war, war das eine freie Stunde
für Dubslav, der nun nicht länger säumen mochte, seine
Mine zu legen.

»Engelke,« sagte er, »du könntest in die Küche gehn und
die Marie zur Buschen schicken. Die Marie weiß ja Bescheid
da. Und da kann sie denn der alten Hexe sagen, lütt Agnes
solle heut abend mit heraufkommen und hier schlafen und
immer da sein, wenn ich was brauche.«

Engelke stand verlegen da.

»Nu, was hast du? Bist du dagegen?«

»Nein, gnäd'ger Herr, dagegen bin ich wohl eigentlich
nich. Aber ich schlafe doch auch nebenan, und dann is es
ja, wie wenn ich für gar nichts mehr da wär' und fast so gut
wie schon abgesetzt. Und das Kind kann doch auch nich all
das, was nötig is; Agnes is ja doch noch 'ne lütte Krabb'.«

»Ja, das is sie. Und du sollst auch in der andern Stube
bleiben und alles thun wie vorher. Aber trotzdem, die
Agnes soll kommen. Ich brauche das Kind. Und du wirst
auch bald sehn, warum.«

Und so kam denn auch Agnes, aber erst sehr spät, als sich
Adelheid schon zurückgezogen hatte, dabei nicht ahnend,

welche Ränke mittlerweile gegen sie gesponnen waren. Auf diese Verheimlichung kam es aber gerade an. Dubslav hatte sich nämlich wie Franz Moor – an den er sonst wenig erinnerte – herausgeklügelt, daß Überraschung und Schreck bei seinem Plan mitwirken müßten.

Agnes schlief in einer nebenan aufgestellten eisernen Bettstelle. Dubslav, gerade so wie seine Schwester, hatte das etwas auffällig herausgeputzte Kind bei seinem Erscheinen im Herrenhause gar nicht mehr gesehen; es trug ein langes, himmelblaues Wollkleid ohne Taille, dazu Knöpfstiefel und lange rote Strümpfe, – lauter Dinge, die Karline schon zu letzten Weihnachten geschenkt hatte. Gleich damals, am ersten Feiertag, hatte das Kind den Staat denn auch wirklich angezogen, aber bloß so still für sich, weil sie sich genierte, sich im Dorfe damit zu zeigen; jetzt dagegen, wo sie bei dem gnäd'gen Herrn in Krankenpflege gehen sollte, jetzt war die richtige Zeit dafür da.

Die Nacht verging still; niemand war gestört worden. Um sieben erst kam Engelke und sagte: »Nu, lütt Deern, steih upp, is all seben.« Agnes war auch wirklich wie der Wind aus dem Bett, fuhr mit einem mitgebrachten Hornkamm, dem ein paar Zähne fehlten, durch ihr etwas gekraustes langes Blondhaar, putzte sich wie ein Kätzchen, und zog dann den himmelblauen Hänger, die roten Strümpfe und zuletzt auch die Knöpfstiefel an. Gleich danach brachte ihr Engelke einen Topf mit Milchkaffee, und als sie damit fertig war, nahm sie ihr Strickzeug und ging in das große Zimmer nebenan, wo Dubslav bereits in seinem Lehnstuhl saß und auf seine Schwester wartete. Denn um acht nahmen sie das erste Frühstück gemeinschaftlich.

»So, Agnes, das is recht, daß du da bist. Hast du denn schon deinen Kaffee gehabt?«

Agnes knickste.

»Nu setz dich da mal ans Fenster, daß du bei deiner Arbeit

besser sehn kannst; du hast ja schon dein Strickzeug in der Hand. Solch junges Ding wie du muß immer was zu thun haben, sonst kommt sie auf dumme Gedanken. Nicht wahr?«

Agnes knickste wieder, und da sie sah, daß ihr der Alte weiter nichts zu sagen hatte, ging sie bis an das ihr bezeichnete Fenster, dran ein länglicher Eichentisch stand, und fing an zu stricken. Es war ein sehr langer Strumpf, brandrot und, nach seiner Schmalheit zu schließen, für sie selbst bestimmt.

Sie war noch nicht lange bei der Arbeit, als Adelheid eintrat und auf ihren im Lehnstuhl sitzenden Bruder zuschritt. Bei der geringen Helle, die herrschte, traf sich's, daß sie von dem Gast am Fenster nicht recht was wahrnahm. Erst als Engelke mit dem Frühstück kam und die plötzlich geöffnete Thür mehr Licht einfallen ließ, bemerkte sie das Kind und sagte: »Da sitzt ja wer. Wer ist denn das?«

»Das ist Agnes, das Enkelkind von der Buschen.«

Adelheid bewahrte mit Mühe Haltung. Als sie sich wieder zurechtgefunden, sagte sie: »So, Agnes. Das Kind von der Karline?«

Dubslav nickte.

»Das ist mir ja 'ne Überraschung. Und wo hast du sie denn, seit ich hier bin, versteckt gehalten? Ich habe sie ja die ganze Woche über noch nicht gesehn.«

»Konntest du auch nicht, Adelheid; sie ist erst seit gestern Abend hier. Mit Engelke ging das nicht mehr, wenigstens nicht auf die Dauer. Er ist ja so alt wie ich. Und immer 'raus in der Nacht und 'rauf und 'runter und mich umdrehn und heben. Das konnt' ich nich mehr mit ansehn.«

»Und da hast du dir die Agnes kommen lassen? Die soll dich nun 'rumdrehn und heben? Das Kind, das Wurm. Haha. Was du dir doch alles für Geschichten machst.«

»Agnes,« sagte hier Dubslav, »du könntest mal zu Mamsell Pritzbur in die Küche gehn und ihr sagen, ich möchte heute Mittag 'ne gefüllte Taube haben. Aber nich so mager und auch nich so wenig Füllung, und daß es nich nach alter Semmel schmeckt. Und dann kannst du gleich bei der Mamsell unten bleiben und dir 'ne Geschichte von ihr erzählen lassen, vom ›Schäfer und der Prinzessin‹ oder vom ›Fischer un sine Fru‹; Rotkäppchen wirst du wohl schon kennen.«

Agnes stand auf, trat unbefangen an den Tisch, wo Bruder und Schwester saßen, und machte wiederholt ihren Knicks. Dabei hielt sie das Strickzeug und den langen Strumpf in der Hand.

»Für wen strickst du denn den?« fragte die Domina.

»Für mich.«

Dubslav lachte. Adelheid auch. Aber es war ein Unterschied in ihrem Lachen. Agnes nahm übrigens nichts von diesem Unterschied wahr, sah vielmehr ohne Furcht um sich und ging aus dem Zimmer, um unten in der Küche die Bestellung auszurichten.

Als sie hinaus war, wiederholte sich Adelheids krampfhaftes Lachen. Dann aber sagte sie: »Dubslav, ich weiß nicht, warum du dir, so lang ich hier bin, gerade diese Hilfskraft angenommen hast. Ich bin deine Schwester und eine Märkische von Adel. Und bin auch die Domina von Kloster Wutz. Und meine Mutter war eine Radegast. Und die Stechline, die drüben in der Gruft unterm Altar stehn, die haben, soviel ich weiß, auf ihren Namen gehalten und sich untereinander die Ehre gegeben, die jeder beanspruchen durfte. Du nimmst hier das Kind der Karline in dein Zimmer und setzt es ans Fenster, fast als ob's da jeder so recht sehn sollte. Wie kommst du zu dem Kind? Da kann sich Woldemar freuen und seine Frau auch, die so was ›Unberührtes‹ hat. Und Gräfin Melusine! Na, die wird sich wohl auch freun. Und die darf auch. Aber ich wiederhole meine Frage, wie kommst du zu dem Kind?«

»Ich hab' es kommen lassen.«

»Haha. Sehr gut; ›kommen lassen‹. Der Klapperstorch hat es dir wohl von der grünen Wiese gebracht und natürlich auch gleich für die roten Beine gesorgt. Aber ich kenne dich besser. Die Leute hier thun immer so, wie wenn du dem alten Kortschädel sittlich überlegen gewesen wärst. Ich für meine Person kann's nicht finden und sagte dir gern meine Meinung darüber. Aber ich nehme häßliche Worte nicht gern in den Mund.«

»Adelheid, du regst dich auf. Und ich frage mich, warum? Du bist ein bißchen gegen die Buschen, – nun gut, gegen die Buschen kann man sein; und du bist ein bißchen gegen die Karline, – nun gut, gegen die Karline kann man auch sein. Aber ich sehe dir's an, das eigentliche, was dich aufregt, das ist nicht die Buschen und ist auch nicht die Karline, das sind bloß die roten Strümpfe. Warum bist du so sehr gegen die roten Strümpfe?«

»Weil sie ein Zeichen sind.«

»Das sagt gar nichts, Adelheid. Ein Zeichen ist alles. Wovon sind sie ein Zeichen? Darauf kommt es an.«

»Sie sind ein Zeichen von Ungehörigkeit und Verkehrtheit. Und ob du nun lachen magst oder nicht, – denn an einem Strohhalm sieht man eben am besten, woher der Wind weht – sie sind ein Zeichen davon, daß alle Vernunft aus der Welt ist und alle gesellschaftliche Scheidung immer mehr aufhört. Und das alles unterstützt du. Du denkst wunder, wie fest du bist; aber du bist nicht fest und kannst es auch nicht sein, denn du steckst in allerlei Schrullen und Eitelkeiten. Und wenn sie dir um den Bart gehn oder dich bei deinen Liebhabereien fassen, dann läßt du das, worauf es ankommt, ohne weiteres im Stich. Es soll jetzt viele solche geben, denen ihr Humor und ihre Rechthaberei viel wichtiger ist als Gläubigkeit und Apostolikum. Denn sie sind sich selber ihr Glaubensbekenntnis. Aber, glaube mir, dahinter steckt der Versucher, und wohin der am Ende führt, das weißt du, – so viel wird dir ja wohl noch geblieben sein.«

»Ich hoffe,« sagte Dubslav.

»Und weil du bist wie du bist, freust du dich, daß diese Zierpuppe (schon ganz wie die Karline) rote Strümpfe trägt und sich neue dazu strickt. Ich aber wiederhole dir, diese roten Strümpfe, die sind ein Zeichen, eine hochgehaltene Fahne.«

»Strümpfe werden nicht hochgehalten.«

»Noch nicht, aber das kann auch noch kommen. Und das ist dann die richtige Revolution, die Revolution in der Sitte, – das, was sie jetzt das ›Letzte‹ nennen. Und ich begreife dich nicht, daß du davon kein Einsehn hast, du, ein Mann von Familie, von Zugehörigkeit zu Thron und Reich. Oder der sich's wenigstens einbildet.«

»Nun gut, nun gut.«

»Und da reist du herum, wenn sie den Torgelow oder den Katzenstein wählen wollen, und hältst deine Reden, wiewohl du eigentlich nicht reden kannst ...«

»Das is richtig. Aber ich hab' auch keine gehalten ...«

»Und hältst deine Reden für König und Vaterland und für die alten Güter und sprichst gegen die Freiheit. Ich versteh' dich nicht mit deinem ewigen ›gegen die Freiheit‹. Laß sie doch mit ihrer ganzen dummen Freiheit machen, was sie wollen. Was heißt Freiheit? Freiheit ist gar nichts; Freiheit ist, wenn sie sich versammeln und Bier trinken und ein Blatt gründen. Du hast bei den Kürassieren gestanden und mußt doch wissen, daß Torgelow und Katzenstein (was keinen Unterschied macht) uns nicht erschüttern werden, uns nicht und unsern Glauben nicht und Stechlin nicht und Wutz nicht. Die Globsower, so lange sie bloß Globsower sind, können gar nichts erschüttern. Aber wenn erst der Buschen ihre Enkelkinder, denn die Karline wird doch wohl schon mehrere haben, ihre Knöpfstiefel und ihre roten Strümpfe tragen, als müßt es nur so sein, ja, Dubslav, dann ist es vorbei. Mit der Freiheit, laß mich das wiederholen, hat es nicht viel auf sich; aber die roten Strümpfe, das ist was. Und dir trau ich ganz und gar nicht, und der Karline natürlich erst recht nicht, wenn es auch vielleicht schon eine Weile her ist.«

»Sagen wir ›vielleicht‹.«

»O, ich kenne das. Du willst das wegwitzeln, das ist so deine Art. Aber unser Kloster ist nicht so aus der Welt, daß wir nicht auch Bescheid wüßten.«

»Wozu hättet ihr sonst euern Fix?«

»Kein Wort gegen den.«

Und in großer Erregung brach das Gespräch ab. Noch am selben Nachmittag aber verabschiedete sich Adelheid von ihrem Bruder und fuhr nach Wutz zurück.

Verweile doch.
Tod. Begräbnis.
Neue Tage.

Vierzigstes Kapitel.

Agnes, während oben die gereizte Scene zwischen Bruder und Schwester spielte, war unten in der Küche bei Mamsell Pritzbur und erzählte von Berlin, wo sie vorigen Sommer bei ihrer Mutter auf Besuch gewesen war. »Eins war da,« sagte sie, »das hieß das Aquarium. Da lag eine Schlange, die war so dick wie 'n Bein.«

»Aber hast du denn schon Beine gesehn?« fragte die Pritzbur.

»Aber, Mamsell Pritzbur, ich werde doch wohl schon Beine gesehn haben ... Und dann, an einem andern Tag, da waren wir in einem ›Tiergarten‹, aber in einem richtigen, mit allerlei Tieren drin. Und den nennen sie den ›Zoologischen‹.«

»Ja, davon hab' ich auch schon gehört.«

»Und in dem ›Zoologischen‹, da war ein ganz kleiner See, noch viel kleiner als unser Stechlin, und in dem See standen allerlei Vögel. Und einer, ganz wie 'n Storch, stand auf einem Bein.«

Als die Mädchen das Wort »Storch« hörten, kamen sie näher heran.

»Aber die Beine von dem Vogel, oder es waren wohl mehrere Vögel, die waren viel größer als Storchenbeine und auch viel dicker und viel röter.«

»Und thaten sie dir nichts?«

»Nein, sie thaten mir nichts. Bloß, wenn sie so 'ne Weile gestanden hatten, dann stellten sie sich auf das andre Bein.

Und ich sagte zu Mutter: ›Mutter, komm; der eine sieht mich immer so an.‹ Und da gingen wir an eine andere Stelle, wo der Bär war.«

Das Kind erzählte noch allerlei. Die Mädchen und auch die Mamsell freuten sich über Agnes, und sie trug ihnen ein paar Lieder vor, die ihre Mutter, die Karline, immer sang, wenn sie plättete, und sie tanzte auch, während sie sang, wobei sie das himmelblaue Kleid zierlich in die Höhe nahm, ganz so, wie sie's in der Hasenhaide gesehen hatte.

So kam der Nachmittag heran, und als es schon dunkelte, sagte Engelke: »Ja, gnäd'ger Herr, wie is das nu mit Agnessen? Sie is immer noch bei Mamsell Pritzbur unten, un die Mächens, wenn sie so singt und tanzt, kucken ihr zu. Sie wird woll auch so was wie die Karline. Soll sie wieder nach Haus, oder soll sie hier bleiben?«

»Natürlich soll sie hier bleiben. Ich freue mich, wenn ich das Kind sehe. Du hast ja ein gutes Gesicht, Engelke, aber ich will doch auch mal was andres sehn als dich. Wie das lütte Balg da so saß, so steif wie 'ne Prinzeß, hab' ich immer hingekuckt und ihr wohl 'ne Viertelstunde zugesehn, wie da die Stricknadeln immer so hin und her gingen und der rote Strumpf neben ihr baumelte. So was Hübsches hab' ich nicht mehr gesehn, seit zu Weihnachten die Grafschen hier waren, die blasse Comtesse und die Gräfin. Hat sie dir auch gefallen?«

Engelke griente.

»Na, ich sehe schon. Also Agnes bleibt. Und sie kann ja auch nachts mal aufstehn und mir eine Tasse von dem Thee bringen, oder was ich sonst grade brauche, und du alte Seele kannst ausschlafen. Ach, Engelke, das Leben is doch eigentlich schwer. Das heißt, wenn's auf die Neige geht; vorher is es so weit ganz gut. Weißt du noch, wenn wir von Brandenburg nach Berlin ritten? In Brandenburg war nich viel los; aber in Berlin, da ging es.«

»Ja, gnäd'ger Herr. Aber nu kommt es.«

»Ja, nu kommt es. Nu is Katzenpfötchen dran. So was gab es damals noch gar nicht. Aber ich will nichts sagen, sonst wird die Buschen ärgerlich, und mit alten Weibern muß man gut stehn; das is noch wichtiger als mit jungen. Und, wie gesagt, die Agnes bleibt. Ich sehe so gern was Zierliches. Es is ein reizendes Kind.«

»Ja, das is sie. Aber ...«

»Ach, laß die ›abers‹. Du sagst, sie wird wie die Karline. Möglich is es. Aber vielleicht wird sie auch 'ne Nonne. Man kann nie wissen.«

Agnes blieb also bei Dubslav. Sie saß am Fenster und strickte. Mal in der Nacht, als ihm recht schlecht war, hatte er nach dem Kinde rufen wollen. Aber er stand wieder davon ab. »Das arme Kind, was soll ich ihm den Schlaf stören? Und helfen kann es mir doch nicht.«

So verging eine Woche. Da sagte der alte Dubslav: »Engelke, das mit der Agnes, das kann ich nich mehr mit ansehn. Sie sitzt da jeden Morgen und strickt. Das arme Wurm muß ja hier umkommen. Und alles bloß, weil ich alter Sünder ein freundliches Gesicht sehn will. Das geht so nich mehr weiter. Wir müssen sehn, daß wir was für das Kind thun können. Haben wir denn nicht ein Buch mit Bildern drin oder so was?«

»Ja, gnäd'ger Herr, da sind ja noch die vier Bände, die wir letzte Weihnachten bei Buchbinder Zippel in Gransee haben einbinden lassen. Eigentlich war es bloß 'ne ›Landwirtschaftliche Zeitung‹, und alle, die mal 'nen Preis gewonnen haben, die waren drin. Und Bismarck war auch drin un Kaiser Wilhelm auch.«

»Ja, ja, das is gut; das gieb ihr. Und brauchst ihr auch nich zu sagen, daß sie keine Eselsohren machen soll; die macht keine.«

Wirklich, die »Landwirtschaftliche Zeitung« lag am andern Morgen da, und Agnes war sehr glücklich, mal was andres zu haben als ihr Strickzeug und die schönen Bilder ansehn zu können. Denn es waren auch Schlösser drin und kleine Teiche, drauf Schwäne fuhren, und auf einem Bilde, das eine Beilage war, waren sogar Husaren. Engelke brachte jeden Morgen einen neuen Band, und mal erschien auch Elfriede, die Lorenzen, um nach Dubslavs Befinden fragen zu lassen, von der Pfarre herübergeschickt hatte. »Die kann sich ja die Bilder mit ansehen,« sagte Dubslav; »am Ende macht es ihr selber auch Spaß, und vielleicht kann sie dem kleinen Ding, der Agnes, alles so nebenher erklären, und dann is es so gut wie 'ne Schulstunde.«

Elfriede war gleich dazu bereit. Und nun standen die beiden Kinder nebeneinander und blätterten in dem Buch, und die Kleine sog jedes Wort ein, was die Große sagte. Dubslav aber hörte zu und wußte nicht, wem von beiden er ein größeres Interesse zuwenden sollte. Zuletzt aber war es doch wohl Elfriede, weil sie den wehmütigen Zauber all derer hatte, die früh abberufen werden. Ihr zarter, beinahe körperloser Leib schien zu sagen: »Ich sterbe.« Aber ihre Seele wußte nichts davon; die leuchtete und sagte: »ich lebe.«

―――

Das mit den Bilderbüchern dauerte mehrere Tage. Dann sagte Dubslav: »Engelke, das Kind fängt heute schon wieder von vorn an; es ist mit allen vier Bänden, so dick sie sind, schon zweimal durch; ich sehe, wir müssen uns was Neues ausbaldowern. Das is nämlich ein Wort aus der Diebssprache; so weit sind wir nu schon. Übrigens ist mir was Gutes eingefallen: hol ihr eine von unsern Wetterfahnen herunter. Die stehn ja da bloß so 'rum, un wenn ich tot bin und alles abgeschätzt wird – was sie ›ordnen‹ nennen –, dann kommt Kupperschmied Reuter aus Gransee und taxiert es auf fünfundsiebzig Pfennig.«

»Aber, gnäd'ger Herr, uns' Woldemar ...«

»Nu ja, Woldemar. Woldemar ist gut, natürlich, und die Comtesse, seine junge Frau, is auch gut. Alles is gut, und ich hab' es auch nicht so schlimm gemeint; man red't bloß so. Nur so viel is richtig: meine Sammlung oben is für Spinnweb und weiter nichts. Alles Sammeln ist überhaupt verrückt, und wenn Woldemar sich nich mehr drum kümmert, so is es eigentlich bloß Wiederherstellung von Sinn und Verstand. Jeder hat seinen Sparren, und ich habe meinen gehabt. Bring aber nich gleich alles 'runter. Nur die Mühle bring und den Dragoner.«

Engelke gehorchte.

Den ersten Tag, wie sich denken läßt, war Agnes ganz für den Dragoner, der, als man ihn vor Jahr und Tag von seinem Zelliner Kirchturm heruntergeholt hatte, frisch aufgepinselt worden war: schwarzer Hut, blauer Rock, gelbe Hosen. Aber sehr bald hatte sich das Kind an der Buntheit des Dragoners sattgesehen, und nun kam statt seiner die Mühle an die Reihe. Die hielt länger vor. Meistens, – wenn sie nur überhaupt erst im Gange war, – brauchte das Kind bloß zu pusten, um die Mühlflügel in ziemlich rascher Bewegung zu halten, und der schnarrende Ton der etwas eingerosteten Drehvorrichtung war dann jedesmal eine Lust und ein Entzücken. Es waren glückliche Tage für Agnes. Aber fast noch glücklichere für den Alten.

Ja, der alte Dubslav freute sich des Kindes. Aber so wohlthuend ihm seine Gegenwart war, so war es auf die Dauer doch nicht viel was andres, als ob ein Goldlack am Fenster gestanden oder ein Zeisig gezwitschert hätte. Sein Auge richtete sich gerne darauf, als aber eine Woche und dann eine zweite vorüber war, wurd' ihm eine gewisse Verarmung fühlbar, und das so stark, daß er fast mit Sehnsucht an die Tage zurückdachte, wo Schwester Adelheid sich ihm bedrücklich gemacht hatte. Das war sehr unbequem gewesen, aber sie besaß doch nebenher einen guten Verstand, und in allem, was sie sagte, war etwas, worüber sich streiten und ein Feuerwerk von Anzüglichkeiten und kleinen Witzen abbrennen ließ. Etwas, was ihm immer eine Hauptsache war. Dubslav zählte zu den Friedliebendsten von der Welt, aber er liebte doch andrerseits auch Friktionen, und selbst ärgerliche Vorkommnisse waren ihm immer noch lieber als gar keine.

Kein Zweifel, der alte Schloßherr auf Stechlin sehnte sich nach Menschen, und da waren es denn wahre Festtage, wenn Besucher aus Näh' oder Ferne sich einstellten.

Eines Tages – es schummerte schon – erschien Krippenstapel. Er hatte seinen besten Rock angezogen und hielt ein übermaltes Gefäß, mit einem Deckel darauf, in seinem linken Arm.

»Nun, das ist recht, Krippenstapel. Ich freue mich, daß Sie mal nachsehn, ob unser Museum oben noch seinen ›Chef‹ hat. Ich sage ›Chef‹. Der Direktor sind Sie ja selber. Und nun kommen Sie auch gleich noch mit 'ner Urne. Hat gewiß Ihr Freund Tucheband irgendwo ausgegraben. Oder is es bloß 'ne Terrine? Himmelwetter, Krippenstapel, Sie werden mir doch nich 'ne Krankensuppe gekocht haben?«

»Nein, Herr Major, keine Krankensuppe. Gewiß nicht. Und doch is es einigermaßen so was. Es ist nämlich 'ne Wabe. Habe da heute mittag einen von meinen Stöcken ausgenommen und wollte mir erlaubt haben, Ihnen die beste Wabe zu bringen. Es ist beinah' so was wie der mittelalterliche Zehnte. Der Zehnte, wenn ich mir die Bemerkung erlauben darf, war eigentlich was Feineres als Geld.«

»Find' ich auch. Aber die heutige Menschheit hat für so was Feines gar keinen Sinn mehr. Immer alles bar und nochmal bar. O, das gemeine Geld! Das heißt, wenn man keins hat; wenn man's hat, ist es so weit ganz gut. Und daß Sie gleich an Ihren alten Patron – ein Wort, das übrigens vielleicht zu hoch gegriffen ist, und unser Verhältnis nicht recht ausdrückt, – gedacht haben! Lorenzen wird es hoffentlich nicht übel nehmen, daß ich Sie, wenn ich mich Ihren ›Patron‹ nenne, so gleichsam avancieren lasse. Ja, das mit der Wabe. Freut mich aufrichtig. Aber ich werde mich wohl nicht drüber her machen dürfen. Immer heißt es: ›*das* nicht‹. Erst hat mir Sponholz alles verboten und nu die Buschen, und so leb' ich eigentlich bloß noch von Bärlapp und Katzenpfötchen.«

»Am Ende geht es doch,« sagte Krippenstapel. »Ich weiß wohl, in eine richtige Kur darf der Laie nicht eingreifen. Aber der Honig macht vielleicht 'ne Ausnahme. Richtiger Honig ist wie gute Medizin und hat die ganze Heilkraft der Natur.«

»Is denn aber nicht auch was drin, was besser fehlte?«

»Nein, Herr Major. Ich sehe die Bienen oft schwärmen und sammeln, und seh' auch, wie sie sammeln und wo sie sammeln. Da sind voran die Linden und Akazien und das Heidekraut. Nu, die sind die reine Unschuld; davon red' ich gar nicht erst. Aber nun sollten Sie die Biene sehn, wenn sie sich auf eine giftige Blume, sagen wir zum Beispiel auf den Venuswagen niederläßt. Und in jedem Venuswagen, besonders in dem roten (aber doch auch in dem blauen), sitzt viel Gift.«

»Venuswagen; kann ich mir denken. Und wie sammelt da die Biene?«

»Sie nimmt nie das Gift, sie nimmt immer bloß die Heilkraft.«

»Na, Sie müssen es wissen, Krippenstapel. Und auf Ihre Verantwortung hin will ich mir den Honig auch schmecken lassen, und die Buschen muß sich drin finden und sich wohl oder übel zufrieden geben. Übrigens fällt mir bei der Alten natürlich auch das Kind ein. Da sitzt es am Fenster. Na, komm mal her, Agnes, und sage, daß du hier auch was lernst. Ich hab' ihr nämlich Bücher gegeben, mit allerlei Bildern drin, und seit vorgestern auch eine Götterlehre, das heißt aber noch eine aus guter, anständiger Zeit und jeder Gott ordentlich angezogen. Und da lernt sie, glaub' ich, ganz gut. Nicht wahr, Agnes?«

Agnes knickste und ging wieder auf ihren Platz.

»Und dann hab' ich dem Kind auch unsern Dragoner und die Mühle gegeben. Also unsre besten Stücke, so viel ist richtig. Ich denke mir aber, mein Museumsdirektor wird über diesen Eingriff nicht böse sein. Eigentlich is es doch besser, das Kind hat was davon als die Spinnen. Und was macht denn Ihr Oberlehrer in Templin? Hat er wieder was gefunden?«

»Ja, Herr Major. Münzenfund.«

»Na, das is immer das beste. Vermutlich Georgsthaler oder so was; Dreißigjähriger Krieg. Es war ja 'ne gräßliche Zeit. Aber daß sie damals aus Angst und Not so viel verbuddelt haben, das is doch auch wieder ein Segen. Is es denn viel?«

»Wie man's nehmen will, Herr Major; praktisch und profan angesehen ist es nicht viel, aber wissenschaftlich angesehen ist es allerdings viel. Nämlich drei römische Münzen, zwei von Diokletian und eine von Caracalla.«

»Na, die passen wenigstens. Diokletian war ja wohl der mit der Christenverfolgung. Aber ich glaube, es war am Ende nicht so schlimm. Verfolgt wird immer. Und mitunter sind die Verfolgten obenauf.«

Dabei lachte der Alte. Dann rief er Engelke, daß er den Honig herausnehme. Krippenstapel aber verabschiedete sich, seine leere Terrine vorsichtig im Arm.

Einundvierzigstes Kapitel.

Dubslav hatte sich über Krippenstapels Besuch und sein Geschenk aufrichtig gefreut, weil es ja das Beste war, was ihm die alte treue Seele bringen konnte. Er bestand denn auch darauf (trotzdem Engelke, der ein Vorurteil gegen alles Süße hatte, dagegen war), daß ihm die Wabe jeden Morgen auf den Frühstückstisch gestellt werde.

»Siehst du, Engelke,« sagte er nach einer Woche, »daß ich mich wieder wohler fühle, das macht die Wabe. Denn man muß jedes Fisselchen mitessen, Wachs und alles, das hat er mir eigens gesagt. Das is grad' so wie beim Apfel die Schale; das hat die Natur so gewollt und is ein Fingerzeig und muß respektiert werden.«

»Ich bin aber doch für abschälen,« sagte Engelke. »Wenn man so sieht, was mitunter alles dran ist ...«

»Ja, Engelke, ich weiß nicht, du bist jetzt so fein geworden. Aber ich bin noch ganz altmodisch. Und dann glaub' ich nebenher wirklich, daß in dem Wachs die richtige ›gesamte Heilkraft der Natur‹ steckt, fast noch mehr als in dem Honig. Krippenstapel übrigens is jetzt auch so furchtbar gebildet und hat so viele feine Wendungen, wie zum Beispiel die mit der ›gesamten Heilkraft‹. Aber so fein wie du is er doch noch lange nicht, darauf will ich mich verschwören. Und auch darauf, daß er sich keine Birne schält.«

In dieser guten Laune verblieb Dubslav eine ganze Weile, sich mehr und mehr zurechtlegend, daß er sich die Quälerei mit all dem andern Zeug eigentlich hätte sparen können; »denn wenn *alles* drin ist, so ist doch auch Bärlapp und

Katzenpfötchen drin und natürlich auch Fingerhut oder wie Sponholz sagt: ›Die Digitalis‹.« Engelke freilich wollte von diesen Sophistereien nichts wissen, sein Herr aber ließ sich durch solche Zweifel nicht stören und fuhr vielmehr fort: »Und dann, Engelke, macht es doch auch einen Unterschied, von wem eine Sache kommt. Die Katzenpfötchen kommen von der Buschen, und die Wabe kommt von Krippenstapel. Das heißt also, hinter der Wabe steht ein guter Geist, und hinter den Katzenpfötchen steht ein böser Geist. Und das kannst du mir glauben, an solchen Rätselhaftigkeiten liegt sehr viel im Leben, und wenn mir Lorenzen seine Patsche giebt, so ist das ganz was anders, wie wenn mir Koseleger seine Hand giebt. Koseleger hat solche weichen Finger und auf dem vierten einen großen Ring.«

»Aber er is doch ein Superintendent.«

»Ja, Superintendent is er. Und er kommt auch noch höher. Und wenn es nach der Prinzessin geht, wird er Papst. Und dann wollen wir uns Ablaß bei ihm holen; aber viel geb' ich nicht.«

Als Dubslav und Engelke dies Gespräch führten, saß Agnes wie gewöhnlich am Fenster, mit halbem Ohre hinhörend, und so wenig sie davon verstand, so verstand sie doch gerade genug. Krippenstapel war ein guter Geist und ihre Großmutter war ein böser Geist. Aber das alles war ihr nicht mehr, als ob ihr ein Märchen erzählt würde. Sie hatte schon so vieles in ihrem Leben gehört und war wohl dazu bestimmt, noch viel, viel andres zu hören. Ihr Gesichtsausdruck blieb denn auch derselbe. Sie träumte bloß so hin, und daß sie dies Wesen hatte, das war es recht eigentlich, was den alten Herrn so an sie fesselte. Das Auge, womit sie die Menschen ansah, war anders als das der andern.

Einundvierzigstes Kapitel

Engelke hatte sich in die nebenan gelegene Dienststube zurückgezogen; ein heller Schein fiel von der Veranda her durch die Balkonthür und gab dem etwas dunklen Zimmer mehr Licht, als es für gewöhnlich zu haben pflegte. Dubslav hielt die Kreuzzeitung in Händen und schlug nach einem Brummer, der ihn immer und immer wieder umsummte. »Verdammte Bestie,« und er holte von neuem aus. Aber ehe er zuschlagen konnte, kam Engelke und fragte, ob Uncke den gnädigen Herrn sprechen dürfe.

»Uncke, unser alter Uncke?«

»Ja, gnäd'ger Herr.«

»Na, natürlich. Kriegt man doch mal wieder 'nen vernünftigen Menschen zu sehn. Was er nur bringen mag? Vielleicht Verhaftung irgendwo: Demokratennest ausgenommen.«

Agnes horchte. Verhaftung! Demokratennest ausgenommen! Das war doch noch besser als ein Märchen »vom guten und bösen Geist.«

Inzwischen war Uncke eingetreten, Backenbart und Schnurrbart, wie gewöhnlich, fest angeklebt. In der Nähe der Thür blieb er stehen und grüßte militärisch. Dubslav aber rief ihm zu: »Nein, Uncke, nicht da. So weit reicht mein Ohr nicht und meine Stimme erst recht nicht. Und ich denke doch, Sie bringen was. Was Reguläres. Also 'ran hier. Und wenn es nicht was ganz Dienstliches is, so nehmen Sie den Stuhl da.«

Uncke trat auch näher, nahm aber keinen Stuhl und sagte: »Herr Major wollen entschuldigen. Ich komme so bloß ... Der alte Baruch Hirschfeld hat mir erzählt, und die alte Buschen hat mir erzählt ...«

»Ach so, von wegen meiner Füße.«

»Zu Befehl, Herr Major.«

»Ja, Uncke, wollte Gott es stünde besser. Immer denk' ich, wenn wieder ein Neuer kommt, ›nu wird es‹. Aber es will nicht mehr; es hilft immer bloß drei Tage. Die Buschen hilft nicht mehr, und Krippenstapel hilft nicht mehr, und Sponholz hilft schon lange nicht mehr; der kutschiert so in der Welt 'rum. Bleibt also bloß noch der liebe Gott.«

Uncke begleitete dies Wort mit einer Kopfbewegung, die seine respektvolle Stellung (aber doch auch nicht mehr) zum lieben Gott ausdrücken sollte. Dubslav sah es und erheiterte sich. Dann fuhr er in rasch wachsender guter Laune fort: »Ja, Uncke, wir haben so manchen Tag miteinander gelebt. Denke gern daran zurück – sind noch einer von den alten. Und der Pyterke auch. Was macht er denn?«

»Ah, Herr Major, immer noch tüchtig da; schneidig,« und dabei rückte er sich selbst zurecht, wie wenn er die überlegene Stattlichkeit seines Kollegen wenigstens andeuten wolle.

Dubslav verstand es auch so und sagte: »Ja, der Pyterke; natürlich immer hoch zu Roß. Und Sie, Uncke ja, Sie müssen laufen wie 'n Landbriefträger. Es hat aber auch sein Gutes; zu Fuß macht geschmeidig, zu Pferde macht steif. Und macht auch faul. Und überhaupt, Gebrüder Beeneke is schon immer das Beste. Da kann man nicht zu Fall kommen. Aber jeder will heutzutage hoch 'raus. Das is, was sie jetzt die ›Signatur der Zeit‹ nennen. Haben Sie den Ausdruck schon gehört, Uncke?«

»Zu Befehl, Herr Major.«

»Und die Sozialdemokratie will auch hoch 'raus und so zu Pferde sitzen wie Pyterke, bloß noch viel höher. Aber das geht nicht gleich so. Gut Ding will Weile haben. Und Torgelow, wenn er auch vielleicht reden kann, reiten kann er noch lange nicht. Sagen Sie, was macht er denn eigentlich? Ich meine Torgelow. Sind denn unsre kleinen Leute jetzt mehr zufrieden mit ihm?«

»Nein, Herr Major, sie sind immer noch nicht zufrieden mit ihm. Er wollte da neulich in Berlin reden und hat auch wirklich was zu Graf Posadowsky gesagt. Und das is so dumm gewesen, daß es die andern geniert hat. Und da haben sie ihn bedeutet: ›Torgelow, nu bist du still; so geht das hier nich‹.«

»Ja,« lachte Dubslav, »und wo *der* nu steht, da sollte ich eigentlich stehen. Aber es is doch besser so. Nu kann Torgelow zeigen, daß er nichts kann. Und die andern auch. Und wenn sie's alle gezeigt haben, na, dann sind wir vielleicht wieder dran und kommen noch mal oben auf, und jeder kriegt Zulage. Sie auch, Uncke, und Pyterke natürlich auch.«

Uncke schmunzelte und legte seine zwei Dienstfinger an die Schläfe.

»... Vorläufig aber müssen wir abwarten und den sogenannten ›Ausbruch‹ verhüten und dafür sorgen, daß unsere Globsower zufrieden sind. Und wenn wir klug sind, glückt es vielleicht auch. Glauben Sie nicht auch, Uncke, daß es kleine Mittel giebt?«

»Zu Befehl, Herr Major, kleine Mittel giebt es. Es hat's schon.«

»Und welche meinen Sie?«

»Musik, Herr Major, und verlängerte Polizeistunde.«

»Ja,« lachte Dubslav, »so was hilft. Musik und 'nen Schottschen, dann sind die Mädchen zufrieden.«

»Und,« bestätigte Uncke, »wenn die Mädchens zufrieden sind, Herr Major, dann sind alle zufrieden.«

Uncke hatte zusagen müssen, mal wieder vorzusprechen, aber es kam nicht dazu, weil Dubslavs Zustand sich rasch verschlimmerte. Von Besuchern wurde keiner mehr angenommen, und nur Lorenzen hatte Zutritt. Aber er kam meist nur, wenn er gerufen wurde.

»Sonderbar,« sagte der Alte, während er in den Frühlingstag hinausblickte, »dieser Lorenzen is eigentlich gar kein richtiger Pastor. Er spricht nicht von Erlösung und auch nicht von Unsterblichkeit, und is beinah', als ob ihm so was für alltags wie zu schade sei. Vielleicht is es aber auch noch was andres, und er weiß am Ende selber nicht viel davon. Anfangs hab' ich mich darüber gewundert, weil ich mir immer sagte: Ja, solch Talar- und Bäffchenmann, der muß es doch schließlich wissen; er hat so seine drei Jahre studiert und eine Probepredigt gehalten, und ein Konsistorialrat oder wohl gar ein Generalsuperintendent hat ihn eingesegnet und ihm und noch ein paar andern gesagt: ›Nun gehet hin und lehret alle Heiden‹. Und wenn man das so hört, ja, da verlangt man denn auch, daß einer weiß, wie's mit einem steht. Is gerade wie mit den Doktors. Aber zuletzt begiebt man sich und hat *die* Doktors am liebsten, die einem ehrlich sagen: ›Hören Sie, wir wissen es auch nicht, wir müssen es abwarten.‹ Der gute Sponholz, der nun wohl schon an der Brücke mit dem Ichthyosaurus vorbei ist, war beinah' so einer, und Lorenzen is nu schon ganz gewiß so. Seit beinah' zwanzig Jahren kenn' ich ihn, und noch hat er mich nicht ein einziges Mal bemogelt. Und daß man *das* von einem sagen kann, das ist eigentlich die Hauptsache. Das andre ... ja, du lieber Himmel, wo soll es am Ende herkommen? Auf dem Sinai hat nun schon lange keiner mehr gestanden, und wenn auch, was der liebe Gott da oben gesagt hat, das schließt eigentlich auch keine großen Rätsel auf. Es ist alles sehr diesseitig geblieben; du sollst, du sollst, und noch öfter ›du sollst *nicht*‹. Und klingt eigentlich alles, wie wenn ein Nürnberger Schultheiß gesprochen hätte.«

Gleich danach kam Engelke und brachte die Mittagspost. »Engelke, du könntest mal wieder die Marie zu Lorenzen 'rüberschicken – ich ließ' ihn bitten.«

Lorenzen kam denn auch und rückte seinen Stuhl an des Alten Seite.

»Das ist recht, Pastor, daß Sie gleich gekommen sind, und ich sehe wieder, wie sich alles Gute schon gleich hier unten belohnt. Sie müssen nämlich wissen, daß ich mich heute schon ganz eingehend mit Ihnen beschäftigt und Ihr Charakterbild, das ja auch schwankt wie so manch andres, nach Möglichkeit festgestellt habe. Würde mir das Sprechen wegen meines Asthmas nicht einigermaßen schwer, ich wär' imstande, gegen mich selber in eine Art Indiskretion zu verfallen und Ihnen auszuplaudern, was ich über Sie gedacht habe. Habe ja, wie Sie wissen, 'ne natürliche Neigung zum Ausplaudern, zum Plaudern überhaupt, und Kortschädel, der sich im übrigen durch französische Vokabeln nicht auszeichnete, hat mich sogar einmal einen ›Causeur‹ genannt. Aber freilich schon lange her, und jetzt ist es damit total vorbei. Zuletzt stirbt selbst die alte Kindermuhme in einem aus.«

»Glaub' ich nicht. Wenigstens Sie, Herr von Stechlin, sorgen für den Ausnahmefall.«

»Ich will es gelten lassen und mich auch gleich legitimieren. Haben Sie denn in Ihrer Zeitung gelesen, wie sie da neulich wieder dem armen Bennigsen zugesetzt haben? Mir mißfällt es, wiewohl Bennigsen nicht gerade mein Mann ist.«

»Auch meiner nicht. Aber, er sei, wie er sei, er ist doch ein Excelsior-Mann. Und wer hierlandes für ein freudiges ›excelsior‹ ist, der ist bei den Ostelbiern (Pardon, Sie gehören ja selbst mit dazu) von vornherein verdächtig und ein Gegenstand tiefen Mißtrauens. Jedes höher gesteckte Ziel, jedes Wollen, das über den Kartoffelsack hinausgeht, findet kein Verständnis, sicherlich keinen Glauben. Und bringt einer irgend ein Opfer, so heißt es bloß, daß er die Wurst nach der Speckseite werfe.«

Dubslav lachte. »Lorenzen, Sie sitzen wieder auf Ihrem Steckenpferd. Aber ich selber bin freilich schuld. Warum kam ich auf Bennigsen! Da war das Thema gegeben, und Ihr Ritt ins Bebelsche (denn weitab davon sind Sie nicht) konnte beginnen. Aber daß Sie's wissen, ich hab' auch mein Steckenpferd und das heißt: König und Kronprinz oder alte Zeit und neue Zeit. Und darüber hab' ich seit lange mit Ihnen sprechen wollen, nicht akademisch, sondern märkisch-praktisch, so recht mit Rücksicht auf meine nächste Zukunft. Denn es heißt nachgrade bei mir: ›Was du thun willst, thue bald.‹«

Lorenzen nahm des Alten Hand und sagte: »Gewiß kommen andre Zeiten. Aber man muß mit der Frage, was kommt und was wird, nicht zu früh anfangen. Ich seh' nicht ein, warum unser alter König von Thule hier nicht noch lange regieren sollte. Seinen letzten Trunk zu thun und den Becher dann in den Stechlin zu werfen, damit hat es noch gute Wege.«

»Nein, Lorenzen, es dauert nicht mehr lange; die Zeichen sind da, mehr als zu viel. Und damit alles klappt und paßt, geh' ich nun auch gerad' ins Siebenundsechzigste, und wenn ein richtiger Stechlin ins Siebenundsechzigste geht, dann geht er auch in Tod und Grab. Das is so Familientradition. Ich wollte, wir hätten eine andre. Denn der Mensch is nun mal feige und will dies schändliche Leben gern weiterleben.«

»Schändliches Leben! Herr von Stechlin, Sie haben ein sehr gutes Leben gehabt.«

»Na, wenn es nur wahr ist! Ich weiß nicht, ob alle Globsower ebenso denken. Und *die* bringen mich wieder auf mein Hauptthema.«

»Und das lautet?«

»Das lautet: ›Teuerster Pastor, sorgen Sie dafür, daß die Globsower nicht zu sehr obenauf kommen.‹«

»Aber, Herr von Stechlin, die armen Leute ...«

»Sagen Sie das nicht. Die armen Leute! Das war mal richtig; heutzutage aber paßt es nicht mehr. Und solch unsichere Passagiere wie mein Woldemar und wie mein lieber Lorenzen (von dem der Junge, Pardon, all den Unsinn hat), solche unsichere Passagiere, statt den Riegel vorzuschieben, kommen den Torgelowschen auf halbem Wege entgegen und sagen: ›Ja, ja, Töffel, du hast auch eigentlich ganz recht,‹ oder, was noch schlimmer ist: ›Ja, ja, Jochem, wir wollen mal nachschlagen.‹«

»Aber, Herr von Stechlin.«

»Ja, Lorenzen, wenn Sie auch noch solch gutes Gesicht machen, es ist doch so. Die ganze Geschichte wird auf einen andern Leisten gebracht, und wenn dann wieder eine Wahl ist, dann fährt der Woldemar 'rum und erzählt überall, ›Katzenstein sei der rechte Mann‹. Oder irgend ein andrer. Aber das ist Mus wie Mine; – verzeihen Sie den etwas fortgeschrittenen Ausdruck. Und wenn dann die junge gnädige Frau Besuch kriegt oder wohl gar einen Ball giebt, da will ich Ihnen ganz genau sagen, wer dann hier in diesem alten Kasten, der dann aber renoviert sein wird, antritt. Da ist in erster Reihe der Minister von Ritzenberg geladen, der, wegen Kaltstellung unter Bismarck, von langer Hand her eine wahre Wut auf den alten Sachsenwalder hat, und eröffnet die Polonaise mit Armgard. Und dann ist da ein Professor, Kathedersozialist, von dem kein Mensch weiß, ob er die Gesellschaft einrenken oder aus den Fugen bringen will, und führt eine Adelige, mit kurzgeschnittenem Haar (die natürlich schriftstellert) zur Quadrille. Und dann bewegen sich da noch ein Afrikareisender, ein Architekt und ein Portraitmaler, und wenn sie nach den ersten Tänzen eine Pause machen, dann stellen sie ein lebendes Bild, wo ein Wilddieb von einem Edelmann erschossen wird, oder sie führen ein französisches Stück auf, das die Dame mit dem kurzgeschnittenen Haar übersetzt hat, ein sogenanntes Ehebruchsdrama, drin eine Advokatenfrau gefeiert wird, weil sie ihren Mann mit einem Taschenrevolver über den Haufen geschossen hat. Und dann giebt es Musikstücke, bei denen der Klavierspieler mit seiner langen Mähne über die Tasten hinfegt, und in einer Nebenstube sitzen andere und blättern in einem Album mit lauter Berühmtheiten, obenan natürlich der alte Wilhelm und Kaiser Friedrich und Bismarck und Moltke, und ganz gemütlich dazwischen Mazzini und Garibaldi, und Marx und Lassalle, die aber wenigstens tot sind, und daneben Bebel und Liebknecht. Und dann sagt Woldemar: ›Sehen Sie da den Bebel. Mein politischer Gegner, aber ein Mann von Gesinnung und Intelligenz.‹ Und wenn dann ein Adeliger aus der Residenz an ihn herantritt und ihm sagt: ›Ich bin überrascht, Herr von Stechlin, – ich glaubte den Grafen Schwerin hier zu finden,‹ dann sagt Woldemar: ›Ich habe die Fühlung mit diesem Herrn verloren.‹«

Der Pastor lachte. »Und *Sie* wollen sterben. Wer so lange sprechen kann, der lebt noch zehn Jahr.«

»Nichts, nichts. Ich halte Sie fest. Kommt es so, oder kommt es nicht so?«

»Nun, es kommt sicherlich *nicht* so.«

»Sind Sie dessen sicher?«

»Ganz sicher.«

»Dann sagen Sie mir, *wie* es kommt, aber ehrlich.«

»Nun, das kann ich leicht, und Sie haben mir selber den Weg gewiesen, als Sie gleich anfangs von ›König und Kronprinz‹ sprachen. Dieser Gegensatz existiert natürlich überall und in allen Lebensverhältnissen. Es kommen eben immer Tage, wo die Leute nach irgend einem ›Kronprinzen‹ aussehn. Aber so gewiß das richtig ist, noch richtiger ist das andre: der Kronprinz, nach dem ausgeschaut wurde, hält nie das, was man von ihm erwartete. Manchmal kippt er gleich um und erklärt in plötzlich erwachter Pietät, im Sinne des Hochseligen weiterregieren zu wollen; in der Regel aber macht er einen leidlich ehrlichen Versuch, als Neugestalter aufzutreten und holt ein Volksbeglückungsprogramm auch wirklich aus der Tasche. Nur nicht auf lange. ›Leicht bei einander wohnen die Gedanken, doch eng im Raume stoßen sich die Sachen‹. Und nach einem halben Jahre lenkt der Neuerer wieder in alte Bahnen und Geleise ein.«

»Und so wird es Woldemar auch machen?«

»So wird es Woldemar auch machen. Wenigstens wird ihn die Lust sehr bald anwandeln, so halb und halb ins Alte wieder einzulenken.«

»Und diese Lust werden Sie natürlich bekämpfen. Sie haben ihm in den Kopf gesetzt, daß etwas durchaus Neues kommen müsse. Sogar ein neues Christentum.«

»Ich weiß nicht, ob ich so gesprochen habe; aber wenn ich so sprach, dies neue Christentum ist gerade das alte.«

»Glauben Sie das?«

»Ich glaub' es. Und was besser ist: ich fühl' es.«

»Nun gut, das mit dem neuen Christentum ist *Ihre* Sache; da will ich Ihnen nicht hineinreden. Aber das andre, da müssen Sie mir was versprechen. Besinnt er sich, und kommt zu der Ansicht, daß das alte Preußen mit König und Armee, trotz all seiner Gebresten und altmodischen Geschichten, doch immer noch besser ist als das vom neuesten Datum, und daß wir Alten vom Cremmer-Damm und von Fehrbellin her, auch wenn es uns selber schlecht geht, immer noch mehr Herz für die Torgelowschen im Leibe haben als alle Torgelows zusammengenommen, kommt es zu solcher Rückbekehrung, *dann*, Lorenzen, stören Sie diesen Prozeß nicht. Sonst erschein' ich Ihnen. Pastoren glauben zwar nicht an Gespenster, aber wenn welche kommen, graulen sie sich auch.«

Lorenzen legte seine Hand auf die Hand Dubslavs und streichelte sie, wie wenn er des Alten Sohn gewesen wäre. »Das alles, Herr von Stechlin, kann ich Ihnen gern versprechen. Ich habe Woldemar erzogen, als es mir oblag, und Sie haben in Ihrer Klugheit und Güte mich gewähren lassen. Jetzt ist Ihr Sohn ein vornehmer Herr und hat die Jahre. Sprechen hat seine Zeit, und Schweigen hat seine Zeit. Aber wenn Sie ihn und mich von oben her unter Kontrolle nehmen und eventuell mir erscheinen wollen, so schieben Sie mir dabei nicht zu, was mir nicht zukommt. Nicht *ich* werde ihn führen. Dafür ist gesorgt. Die Zeit wird sprechen, und neben der Zeit das neue Haus, die blasse junge Frau und vielleicht auch die schöne Melusine.«

Der Alte lächelte. »Ja, ja.«

Zweiundvierzigstes Kapitel.

So ging das Gespräch. Und als Lorenzen aufbrach, fühlte sich der Alte wie belebt und versprach sich eine gute Nacht mit viel Schlaf und wenig Beängstigung.

Aber es kam anders; die Nacht verlief schlecht, und als der Morgen da war und Engelke das Frühstück brachte, sagte Dubslav: »Engelke, schaff die Wabe weg; ich kann das süße Zeug nicht mehr sehn. Krippenstapel hat es gut gemeint. Aber es is nichts damit und überhaupt nichts mit der ganzen Heilkraft der Natur.«

»Ich glaube doch, gnäd'ger Herr. Bloß gegen die Gegenkraft kann die Wabe nich an.«

»Du meinst also: ›für 'n Tod kein Kraut gewachsen ist‹. Ja, das wird es wohl sein; das mein' ich auch.«

Engelke schwieg.

Eine Stunde später kam ein Brief, der, trotzdem er aus nächster Nähe stammte, doch durch die Post befördert worden war. Er war von Ermyntrud, behandelte die durch Koseleger und sie selbst geplante Gründung eines Rettungshauses für verwahrloste Kinder und äußerte sich am Schlusse dahin, daß, »wenn sich – hoffentlich binnen kurzem – ihre Wünsche für Dubslavs fortschreitende Gesundheit erfüllt haben würden,« Agnes, das Enkelkind der alten Buschen, als erste, wie sie vertraue, sittlich zu Heilende in das Asyl aufgenommen werden möchte.

Dubslav drehte den Brief hin und her, las noch einmal und sagte dann: »O, diese Komödie ... ›wenn sich meine Wünsche für Ihre fortschreitende Gesundheit erfüllt haben werden‹ ... das heißt doch einfach, ›wenn Sie sich demnächst den Rasen von unten ansehn‹. Alle Menschen sind Egoisten, Prinzessinnen auch, und sind sie fromm, so haben sie noch einen ganz besonderen Jargon. Es mag so bleiben, es war immer so. Wenn sie nur ein bißchen mehr Vertrauen zu dem gesunden Menschenverstand andrer hätten.«

Er steckte, während er so sprach, den Brief wieder in das Couvert und rief Agnes.

Das Kind kam auch.

»Agnes, gefällt es dir hier?«

»Ja, gnäd'ger Herr, es gefällt mir hier.«

»Und ist dir auch nicht zu still?«

»Nein, gnäd'ger Herr, es ist mir auch nicht zu still. Ich möchte immer hier sein.«

»Na, du sollst auch bleiben, Agnes, so lang es geht. Und nachher. Ja, nachher ...«

Das Kind kniete vor ihm nieder und küßte ihm die Hände.

Dubslavs Zustand verschlechterte sich schnell. Engelke trat an ihn heran und sagte: »Gnäd'ger Herr, soll ich nicht in die Stadt schicken?«

»Nein.«

»Oder zu der Buschen?«

»Ja, das thu'. So 'ne alte Hexe kann es immer noch am besten.«

In Engelkens Augen traten Thränen.

Dubslav, als er es sah, schlug rasch einen andern Ton an. »Nein, Engelke, graule dich nicht vor deinem alten Herrn. Ich habe es bloß so hingesagt. Die Buschen soll nich kommen. Es würde mir wohl auch nicht viel schaden, aber wenn man schon so in sein Grab sieht, dann muß man doch anders sprechen, sonst hat man schlechte Nachrede bei den Leuten. Und das möcht' ich nich, um meinetwegen nich und um Woldemars wegen nich ... Und dabei fällt mir auch noch Adelheid ein ... Die käme mir am Ende gleich nach, um mich zu retten. Nein, Engelke nich die Buschen. Aber gieb mir noch mal von den Tropfen. Ein bißchen besser als der Thee sind sie doch.«

―――――

Engelke ging, und Dubslav war wieder allein. Er fühlte, daß es zu Ende gehe. »Das ›Ich‹ ist nichts, – damit muß man sich durchdringen. Ein ewig Gesetzliches vollzieht sich, weiter nichts, und dieser Vollzug, auch wenn er ›Tod‹ heißt, darf uns nicht schrecken. In das Gesetzliche sich ruhig schicken, das macht den sittlichen Menschen und hebt ihn.«

Er hing dem noch so nach und freute sich, alle Furcht überwunden zu haben. Aber dann kamen doch wieder Anfälle von Angst, und er seufzte: »Das Leben ist kurz, aber die Stunde ist lang.«

―――――

Es war eine schlimme Nacht. Alles blieb auf. Engelke lief hin und her, und Agnes saß in ihrem Bett und sah mit großen Augen durch die halbgeöffnete Thür in das Zimmer des Kranken. Erst als schon der Tag graute, wurde durch das ganze Haus hin alles ruhiger; der Kranke nickte matt vor sich hin, und auch Agnes schlief ein.

Es war wohl schon sieben, – die Parkbäume hinter dem Vorgarten lagen bereits in einem hellen Schein – als Engelke zu dem Kinde herantrat und es weckte. »Steih upp, Agnes.«

»Is he dod?«

»Nei. He slöppt en beten. Un ick glöw, et sitt em nich mihr so upp de Bost.«

»Ick grul' mi so.«

»Dat brukst du nich. Un kann ook sinn, he slöppt sich wedder gesunn ... Un nu, steih upp un bind di ook en Doog um 'n Kopp. Et is noch en beten küll drut. Un denn geih in 'n Goaren un plück em (wenn du wat finnst) en beten Krokus oder wat et sünsten is.«

Die Kleine trat auch leise durch die Balkonthür auf die Veranda hinaus und ging auf das Rundell zu, um nach ein paar Blumen zu suchen. Sie fand auch allerlei; das beste waren Schneeglöckchen. Und nun ging sie, mit den Blumen in der Hand, noch ein paar mal auf und ab und sah, wie die Sonne drüben aufstieg. Sie fröstelte. Zugleich aber kam ihr ein Gefühl des Lebens. Dann trat sie wieder in das Zimmer und ging auf den Stuhl zu, wo Dubslav saß. Engelke, die Hände gefaltet, stand neben seinem Herrn.

Das Kind trat heran und legte die Blumen dem Alten auf den Schoß.

»Dat sinn de ihrsten,« sagte Engelke, »un wihren ook woll de besten sinn.«

Dreiundvierzigstes Kapitel.

Es war Mittwoch früh, daß Dubslav, still und schmerzlos, das Zeitliche gesegnet hatte. Lorenzen wurde gerufen; auch Kluckhuhn kam, und eine Stunde später war ein Gemeindediener unterwegs, der die Nachricht von des Alten Tode den im Kreise Zunächstwohnenden überbringen sollte, voran der Domina, dann Koseleger, dann Katzlers und zuletzt den beiden Gundermanns.

Den Tag drauf trafen zwei Briefe bei den Barbys ein, der eine von Adelheid, der andre von Armgard. Adelheid machte dem gräflichen Hause kurz und förmlich die Anzeige von dem Ableben ihres Bruders, unter gleichzeitiger Mitteilung, »daß das Begräbnis am Sonnabend mittag stattfinden werde.« Der Brief Armgards aber lautete: »Liebe Melusine! Wir bleiben noch bis morgen hier, – noch einmal das Forum, noch einmal den Palatin. Ich werde heute noch aus der Fontana Trevi trinken, dann kommt man wieder, und das ist für jeden, der Rom verläßt, bekanntlich der größte Trost. Wir gehen nun nach Capri, aber in Etappen, und bleiben unter anderm einen halben Tag in Monte Cassino, wo (verzeih meine Weisheit) das ganze Ordenswesen entstanden sein soll. Ich liebe Klöster, wenn auch nicht für mich persönlich. Neapel berühren wir nur kurz und gehen gleich bis Amalfi, wenn wir nicht das höher gelegene Ravello bevorzugen. Dann erst über Sorrent nach Capri, dem eigentlichen Ziel unsrer Reise. Wir werden nicht bei Pagano wohnen, wo, bei allem Respekt vor der Kunst, zu viel Künstler sind, sondern weiter abwärts, etwa auf halber Höhe. Wir haben von hier aus eine Empfehlung. In acht Tagen sind wir sicher da. Sorge, daß wir dann einen

Brief von dir vorfinden. Vorher sind wir so gut wie unerreichbar, ein Zustand, den ich mir als Kind immer gewünscht und mir als etwas ganz besonders Poetisches vorgestellt habe. Küsse meinen alten Papa. Nach Stechlin hin tausend Grüße, vor allem aber bleibe, was du jederzeit warst: die Schwester, die Mutter (nur nicht die Tante) deiner glücklichen, dich immer und immer wieder zärtlich liebenden Armgard.«

Armgards Brief kam kaum zu seinem Recht, weil sowohl der alte Graf wie Melusine ganz der Erwägung lebten, ob es nicht, trotz Armgards gegenteiliger Vorwegversicherung, vielleicht doch noch möglich sein würde, das junge Paar irgendwo telegraphisch zu erreichen; aber es ging nicht, man mußt es aufgeben und sich begnügen, allerpersönlichst Vorbereitungen für die Fahrt nach Stechlin hin zu treffen. Des alten Grafen Befinden war nicht das beste, so daß seitens des Hausarztes sein Fernbleiben von dem Begräbnis dringend gewünscht wurde. Daran aber war gar nicht zu denken. Und so brachen denn Vater und Tochter am Sonnabend früh nach Stechlin hin auf. Jeserich wurde mitgenommen, um für alle Fälle zur Hand zu sein. Es war Prachtwetter, aber scharfe Luft, so daß man trotz Sonnenschein fröstelte.

———

In dem alten Herrenhause zu Stechlin sah es am Begräbnistage sehr verändert aus; sonst so still und abgeschieden, war heute alles Andrang und Bewegung. Zahllose Kutschen erschienen und stellten sich auf dem Dorfplatz auf, die meisten ganz in Nähe der Kirche. Diese lag in prallem Sonnenschein da, so daß man deutlich die hohen, in die Feldsteinwand eingemauerten Grabsteine sah, die früher, vor der Restaurierung, im Kirchenschiff gelegen hatten. Epheu fehlte; nur Holunderbüsche, die zu grünen anfingen, und dazwischen Ebereschensträucher wuchsen um den Chor herum.

Der Tote war auf dem durch Palmen und Lorbeer in eine grüne Halle umgewandelten Hausflur aufgebahrt. Adelheid machte die Honneurs, und ihre hohen Jahre, noch mehr aber ihr Selbstbewußtsein, ließen sie die ihr zuständige Rolle mit einer gewissen Würde durchführen. Außer den Barbys, Vater und Tochter, waren, von Berlin her, noch Baron und Baronin Berchtesgaden gekommen, ebenso Rex und Hauptmann von Czako. Rex sah aus, als ob er am Grabe sprechen wolle, während sich Czako darauf beschränkte, das gesellschaftliche Durchschnittstrauermaß zu zeigen.

Aber diese Berliner Gäste verschwanden natürlich in dem Kontingent, das die Grafschaft gestellt hatte. Dieselben Herren, die sich – kaum ein halbes Jahr zurück – am Rheinsberger Wahltage zusammengefunden und sich damals, von ein paar Ausnahmen abgesehen, über Torgelows Sieg eigentlich mehr erheitert als geärgert hatten, waren auch heute wieder da: Baron Beetz, Herr von Krangen, Jongherr van dem Peerenbom, von Gnewkow, von Blechernhahn, von Storbeck, von Molchow, von der Nonne, die meisten, wie herkömmlich, mit sehr kritischen Gesichtern. Auch Direktor Thormeyer war gekommen, in pontificalibus, angethan mit so vielen Orden und Medaillen, daß er damit weit über den Landadel hinauswuchs. Einige stießen sich denn auch an, und Molchow sagte mit halblauter Stimme zu von der Nonne: »Sehn Sie, Nonne, das ist die ›Schmetterlingsschlacht‹, von der man jetzt jeden Tag in den Zeitungen liest.« Aber trotz dieser spöttischen Bemerkung, wäre Thormeyer doch Hauptgegenstand aller Aufmerksamkeit geblieben, wenn nicht der jeden Ordensschmuck verschmähende, nur mit einem hochkragigen und uralten Frack angethane Edle Herr von Alten-Frisack ihm siegreiche Konkurrenz gemacht hätte. Das wendisch Götzenbildartige, das sein Kopf zeigte, gab auch heute wieder den Ausschlag zu seinen Gunsten. Er nickte nur pagodenhaft hin und her und schien selbst an die vom ältesten Adel die Frage zu richten: »Was wollt ihr hier?« Er hielt sich nämlich (worin er einer ererbten Geschlechtsanschauung folgte) für den einzig wirklich berechtigten Bewohner und Vertreter der ganzen Grafschaft.

Das waren so die Hauptanwesenden. Alles stand dichtgedrängt, und von Blechernhahn, der in Bezug auf »Schneid« beinah' an von Molchow heranreichte, sagte: »Bin neugierig, was der Lorenzen heute loslassen wird. Er gehört ja zur Richtung Göhre.«

»Ja, Göhre,« sagte von Molchow. »Merkwürdig, wie der Zufall spielt. Das Leben macht doch immer die besten Witze.«

Weiter kam es mit dieser ziemlich ungeniert geführten Unterhaltung nicht, weil sich, als Molchow eben seinen Pfeil abgeschossen hatte, die Gesamtaufmerksamkeit auf jene Flurstelle richtete, wo der aufgebahrte Sarg stand. Hier war nämlich und zwar in einem brillant sitzenden und mit Atlasaufschlägen ausstaffierten Frack in eben diesem Augenblicke der Rechtsanwalt Katzenstein erschienen und schritt, nachdem er einen Granseeschen Riesenkranz am Fußende des Sarges niedergelegt hatte, mit jener Ruhe, wie sie nur das gute Gewissen giebt, auf Adelheid zu, vor der er sich respektvollst verneigte. Diese bewahrte gute Haltung und dankte. Von verschiedenen Seiten her aber hörte man leise das Wort »Affront«, während ein in unmittelbarer Nähe des Edlen Herrn von Alten-Frisack stehender, erst seit kurzem zu Christentum und Konservatismus übergetretener Katzensteinscher Kollege lächelnd vor sich hin murmelte: »Schlauberger!«

Und nun war es Zeit.

Der Zug ordnete sich, Militärmusik aus der nächsten Garnison schritt vorauf; dann traten die Stechliner Bauern heran, die darum gebeten hatten, den Sarg tragen zu dürfen. Diener und Mädchen aus dem Hause nahmen die Kränze. Dann kam Adelheid mit Pastor Lorenzen, an die sich die Trauerversammlung (viele von ihnen in Landstandsuniform) unmittelbar anschloß. Draußen sah man, daß eine große Zahl kleiner Leute Spalier gebildet hatte. Das waren die von Globsow. Sie hatten bei der Rheinsberger Wahl alle für Torgelow oder doch wenigstens für Katzenstein gestimmt; jetzt aber, wo der Alte tot war, waren sie doch vorwiegend der Meinung: »He wihr so wiet janz good.«

Die Musik klang wundervoll; kleine Mädchen streuten Blumen, und so ging es den etwas ansteigenden Kirchhof hinauf, zwischen den Gräbern hindurch und zuletzt auf das uralte, niedrige Kirchenportal zu. Vor dem Altar stellten sie den Sarg auf einen mit einer Versenkungsvorrichtung versehenen Stein, unter dem sich die Gruft der Stechline befand. Schiff und Emporen waren überfüllt; bis auf den Kirchhof hinaus stand alles Kopf an Kopf. Und nun trat Lorenzen an den Sarg heran, um über den, den er trotz aller Verschiedenheit der Meinungen so sehr geliebt und verehrt, ein paar Worte zu sagen.

»›Wer seinen Weg richtig wandelt, kommt zu seiner Ruhe in der Kammer.‹ Diesen Weg zu wandeln, war das Bestreben dessen, an dessen Sarge wir hier stehn. Ich gebe kein Bild seines Lebens, denn wie dies Leben war, es wissen's alle, die hier erschienen sind. Sein Leben lag aufgeschlagen da, nichts verbarg sich, weil sich nichts zu verbergen brauchte. Sah man ihn, so schien er ein Alter, auch in dem, wie er Zeit und Leben ansah; aber für die, die sein wahres Wesen kannten, war er kein Alter, freilich auch kein Neuer. Er hatte vielmehr das, was über alles Zeitliche hinaus liegt, was immer gilt und immer gelten wird: ein Herz. Er war kein Programmedelmann, kein Edelmann nach der Schablone, wohl aber ein Edelmann nach jenem alles Beste umschließenden Etwas, das Gesinnung heißt. Er war recht eigentlich frei. Wußt' es auch, wenn er's auch oft bestritt. Das goldene Kalb anbeten, war nicht seine Sache. Daher kam es auch, daß er vor dem, was das Leben so vieler andrer verdirbt und unglücklich macht, bewahrt blieb, vor Neid und bösem Leumund. Er hatte keine Feinde, weil er selber keines Menschen Feind war. Er war die Güte selbst, die Verkörperung des alten Weisheitssatzes: ›Was du nicht willst, daß man dir thu‹.

Und das leitet mich denn auch hinüber auf die Frage nach seinem Bekenntnis. Er hatte davon weniger das Wort, als das Thun. Er hielt es mit den guten Werken und war recht eigentlich das, was wir überhaupt einen Christen nennen sollten. Denn er hatte die Liebe. Nichts Menschliches war ihm fremd, weil er sich selbst als Mensch empfand und sich eigner menschlicher Schwäche jederzeit bewußt war. Alles, was einst unser Herr und Heiland gepredigt und gerühmt, und an das er die Segensverheißung geknüpft hat, – all das war sein: Friedfertigkeit, Barmherzigkeit und die Lauterkeit des Herzens. Er war das Beste, was wir sein können, ein Mann und ein Kind. Er ist nun eingegangen in seines Vaters Wohnungen und wird da die Himmelsruhe haben, die der Segen aller Segen ist.«

Einige der Anwesenden sahen sich bei dieser Schlußwendung an. Am meisten bemerkt wurde Gundermann, dessen der Rede halb zustimmende, halb ablehnende Haltung bei den versammelten »Alten und Echten« (die wohl *sich*, aber nicht *ihm* ein Recht der Kritik zuschrieben), auch hier wieder ein Lächeln hervorrief. Dann folgte mit erhobener Stimme Gebet und Einsegnung, und als die Orgel intonierte, senkte sich der auf dem Versenkungsstein stehende Sarg langsam in die Gruft. Einen Augenblick später, als der wiederaufsteigende Stein die Gruftöffnung mit einem eigentümlichen Klappton schloß, hörte man von der Kirchenthür her erst ein krampfhaftes Schluchzen und dann die Worte: »Nu is allens ut; nu möt ick ook weg.« Es war Agnes. Man nahm das Kind von dem Schemel herunter, auf dem es stand, um es unter Zuspruch der Nächststehenden, auf den Kirchhof hinauszuführen. Da schlich es noch eine Weile weinend zwischen den Gräbern hin und her und ging dann die Straße hinunter auf den Wald zu.

Die alte Buschen selbst hatte nicht gewagt, mit dabei zu sein.

———

Unter denen, die draußen auf dem Kirchhof standen, waren auch von Molchow und von der Nonne. Jeder von ihnen wartete auf seine Kutsche, die, weil der Andrang so groß war, nicht gleich vorfahren konnte. Beide froren bitterlich bei der scharfen Luft, die vom See herwehte.

»Ich weiß nicht,« sagte von der Nonne, »warum sie die Feier nicht im Hause, wo sie doch heizen konnten, abgehalten haben; es war ja da drin gar keine menschliche Temperatur mehr. Und nun erst hier draußen.«

»Is leider so,« sagte Molchow, »und ich werde wohl auch mit 'ner Kopfkolik abschließen. Und mitunter stirbt man dran. Aber wenn man in Berlin is (und ich habe da neulich auch so was mitgemacht), is es doch noch schlimmer. Da haben sie was, was sie 'ne Leichenhalle nennen, 'ne Art Kapelle mit Bibelspruch und Lorbeerbäumen, und dahinter verstecken sich ein paar Gesangsmenschen. Wenn man sie nachher aber sieht, sehen sie sehr gefrühstückt aus.«

»Kenn' ich, kenn' ich,« sagte Nonne.

»Nu, der Gesang,« fuhr Molchow fort, »das ginge noch, den kann man schließlich aushalten. Aber der Fußboden und der Zug durch die offenstehende Thür. Und wenn man noch bloß *den* kriegte. Wer aber Pech hat, der kommt, wenn's Winter is, dicht neben einen Kanonenofen zu stehn, und wenn ich sage, ›der pustet‹, so sag' ich noch wenig. Und der Geistliche kann einem auch leid thun. Er spricht so zu sagen für niemanden. Wer kann denn bei solchem Zug und solchem Ofenpusten ordentlich zuhören? Und bloß das weiß ich, daß ich immer an die drei Männer im feurigen Ofen gedacht habe. So halb Eisklumpen, halb Bratapfel is nich mein Fall.«

»Ja, die Berliner,« sagte Nonne ... »Nich zu glauben.«

»Nich zu glauben. Und dabei bilden sie sich ein, sie hätten eigentlich alles am besten. Und mancher von ihnen glaubt es auch wirklich. Aber die Hölle lacht.«

»Ich bitte Sie, Molchow, menagieren Sie sich! Das über Berlin, na, das ginge vielleicht noch. Aber so gleich hier von Hölle, hier mitten auf 'nem christlichen Kirchhof ...«

———

Bald danach hatte sich der Kirchhof geleert, und alles, was in der Grafschaft wohnte, war auf dem Heimwege. Nur die von Berlin her erschienenen Gäste, die den nächsten, an Gransee vorüberkommenden Rostocker Zug abzuwarten hatten, waren in das Herrenhaus zurückgekehrt, wo mittlerweile für einen Imbiß Sorge getragen war. Rex und Czako, desgleichen auch die Berchtesgadens, nahmen erst ein Glas Wein und dann eine Tasse Kaffee. Zwischen dem alten Grafen und Adelheid knüpfte sich ein mäßig belebtes Gespräch an, wobei der Graf der Vorzüge des Verstorbenen gedachte. Da Schwester Adelheid jedoch, wie so viele Schwestern, allerlei Zweifel und Bedenken hinsichtlich des Thuns und Treibens ihres Bruders hegte, so ging man bald zu den Kindern über und beklagte, daß sie bei einer so schönen Feier nicht hätten zugegen sein können. Dazwischen wurde dann freilich das fast entgegengesetzt klingende Bedauern laut, daß das junge Paar seinen Aufenthalt im Süden wohl werde abbrechen müssen. Der alte Graf in seiner Güte fand alles, was Adelheid sagte, sehr verständig, während sich Adelheids Gefühle mit der Anerkennung begnügten, daß sie sich den Alten eigentlich schlimmer gedacht habe.

Vierundvierzigstes Kapitel.

Melusine war aus der Kirche mit in das Herrenhaus zurückgekehrt und widmete sich hier auf eine kurze Weile zunächst ihren Freunden, den Berchtesgadens, dann Rex und Czako. Danach ging sie in die Pfarre hinüber, um Lorenzen zu danken und noch ein kurzes Gespräch mit ihm über Woldemar und Armgard zu haben, im wesentlichen eine Wiederholung alles dessen, was sie schon während ihres Weihnachtsbesuches mit ihm durchgesprochen hatte. Sie verplauderte sich dabei wider Wunsch und Willen, und als sie schließlich nach dem Herrenhause zurückkehrte, begegnete sie bereits jener Aufbruchsunruhe, die kein ernstes Eingehen auf irgend ein Thema mehr zuläßt. Sie beschränkte sich deshalb auf ein paar Worte mit Tante Adelheid. Daß man sich gegenseitig nicht mochte, war der einen so gewiß wie der andern. Sie waren eben Antipoden: Stiftsdame und Weltdame, Wutz und Windsor, vor allem enge und weite Seele.

»Welch ein Mann, Ihr Pastor Lorenzen,« sagte Melusine. »Und zum Glück auch noch unverheiratet.«

»Ich möchte das nicht so betonen und noch weniger es beloben. Es widerspricht dem Beispiele, das unser Gottesmann gegeben, und widerspricht auch wohl der Natur.«

»Ja, der Durchschnittsnatur. Es giebt aber, Gott sei Dank,

Ausnahmen. Und das sind die eigentlich Berufenen. Eine Frau nehmen, ist alltäglich ...«

»Und keine Frau nehmen, ist ein Wagnis. Und die Nachrede der Leute hat man noch obenein.«

»Diese Nachrede hat man immer. Es ist das erste, wogegen man gleichgültig werden muß. Nicht in Stolz, aber in Liebe.«

»Das will ich gelten lassen. Aber die Liebe des natürlichen Menschen bezeigt sich am besten in der Familie.«

»Ja, die des natürlichen Menschen ...«

»Was ja so klingt, Frau Gräfin, als ob Sie dem Unnatürlichen das Wort reden wollten.«

»In gewissem Sinne ›ja‹, Frau Domina. Was entscheidet, ist, ob man dabei nach oben oder nach unten rechnet.«

»Das Leben rechnet nach unten.«

»Oder nach oben; je nachdem.«

Es klang alles ziemlich gereizt. Denn so leichtlebig und heiter Melusine war, *einen* Ton konnte sie nicht ertragen, den sittlicher Überheblichkeit. Und so war eine Gefahr da, sich die Schraubereien fortsetzen zu sehen. Aber die Meldung, daß die Wagen vorgefahren seien, machte dieser Gefahr ein Ende. Melusine brach ab und teilte nur noch in Kürze mit, daß sie vorhabe, morgen mit dem frühesten von Berlin aus einen Brief zu schreiben, der mutmaßlich gleichzeitig mit dem jungen Paar in Capri eintreffen werde. Adelheid war damit einverstanden, und Melusine nahm Baron Berchtesgadens Arm, während der alte Graf die Baronin führte.

Das Verdeck des vor dem Portal haltenden Wagens war zurückgeschlagen, und alsbald hatten die Baronin und Melusine im Fond, die beiden Herren aber auf dem Rücksitz Platz genommen. So ging es eine schon in Kätzchen stehende Weidenallee hinunter, die beinahe geradlinig auf Gransee zuführte. Das Wetter war wunderschön; von der Kälte, die noch am Vormittag geherrscht hatte, zeigte sich nichts mehr; der Himmel war gleichmäßig grau, nur hier und da eine blaue Stelle. Der Rauch stand in der stillen Luft, die Spatzen quirilierten auf den Telegraphendrähten und aus dem Saatengrün stiegen die Lerchen auf. »Wie schön,« sagte Baron Berchtesgaden, »und dabei spricht man immer von der Dürftigkeit und Prosa dieser Gegenden.« Alles stimmte zu, zumeist der alte Graf, der die Frühlingsluft einsog und immer wieder aussprach, wie glücklich ihn diese Stunde mache. Sein Bewegtsein fiel auf.

»Ich dachte, lieber Barby,« sagte der Baron, »in meinen Huldigungen gegen Ihre märkische Frühlingslandschaft ein Äußerstes gethan zu haben. Aber ich sehe, ich bleibe doch weit zurück; Sie schlagen mich aus dem Felde.«

»Ja,« sagte der alte Graf, »und mir kommt es wohl auch zu. Denn ich bin der erste dran, davon Abschied nehmen zu müssen.«

Rex und Czako folgten in einem leichten Jagdwagen. Die beiden Schecken, kleine Shetländer, warfen ihre Mähnen. Daß man von einem Begräbnis kam, war dem Gefährt nicht recht anzusehen.

»Rex,« sagte Czako, »Sie könnten nun wieder ein ander Gesicht aufsetzen. Oder wollen Sie mich glauben machen, daß Sie wirklich betrübten Herzens sind?«

»Nein, Czako, so gröblich inscenier' ich mich nicht. Und käme mir so was in den Sinn, so jedenfalls nicht vor einem Publikum, das Czako heißt. Übrigens wollen Sie bloß etwas von sich auf mich abwälzen. *Sie* sind betrübt und wenn ich mir alles überlege, so steht es so, daß Sie bei dem Chateau Lafitte nicht auf Ihre Rechnung gekommen sind. Er wirkte – denn des Alten ›Bocksbeutel‹ hab' ich von unserem Oktoberbesuch her noch in dankbarer Erinnerung – wie wenn ihn Tante Adelheid aus ihrem Kloster mitgebracht hätte.«

»Rex, Sie sind ja wie vertauscht und reden beinah' in meinem Stil. Es ist doch merkwürdig, sowie die Menschen dies Nest, dies Berlin, erst hinter sich haben, fängt Vernunft wieder an zu sprechen.«

»Sehr verbunden. Aber eskamotieren Sie nicht die Hauptsache. Meine Frage bleibt, ›warum so belegt, Czako?‹ Denn daß Sie das sind, ist außer Zweifel. Wenn's also nicht von dem Lafitte stammt, so kann es nur Melusine sein.«

Czako seufzte.

»Da haben wir's. Thatsache festgestellt, obwohl ich Ihren Seufzer nicht recht verstehe. Sie haben nämlich nicht den geringsten Grund dazu. Gesamtsituation umgekehrt überaus günstig.«

»Sie vergessen, Rex, die Gräfin ist sehr reich.«

»Das erschwert nicht, das erleichtert bloß.«

»Und außerdem ist sie grundgescheit.«

»Das sind Sie beinah' auch, wenigstens mitunter.«

»Und dann ist die Gräfin eine Gräfin, ja, sogar eine Doppelgräfin, erst durch Geburt und dann durch Heirat noch mal. Und dazu diese verteufelt vornehmen Namen: Barby, Ghiberti. Was soll da Czako? Teuerster Rex, man muß den Mut haben, den Thatsachen ins Auge zu sehn. Ich mache mir kein Hehl draus, Czako hat was merkwürdig Kommißmäßiges, etwa wie Landwehrmann Schultze. Kennen Sie das reizende Ballett ›Uckermärker und Picarde‹? Da haben Sie die ganze Geschichte. Melusine ist die reine Picarde.«

»Zugegeben. Aber was schadet das? Italienisieren Sie sich und schreiben Sie sich von morgen ab Ciacco. Dann sind Sie dem Ghiberti trotz seiner Grafenschaft dicht auf den Hacken.«

»Sapristi, Rex, c'est une idée.«

Fünfundvierzigstes Kapitel.

Das junge Paar war, nach geplantem kurzen Aufenthalt erst in Amalfi und dann in Sorrent, in Capri angekommen. Woldemar fragte nach Briefen, erfuhr aber, daß nichts eingegangen.

Armgard schien verstimmt. »Melusine läßt sonst nie warten.«

»Das hat dich verwöhnt. Sie verwöhnt dich überhaupt.«

»Vielleicht. Aber, so dir's recht ist, darüber erst später einmal, nicht heute; für solche Geständnisse sind wir doch eigentlich noch nicht lange genug verheiratet. Wir sind ja noch in den Flitterwochen.«

Woldemar beschwichtigte. »Morgen wird ein Brief da sein. Schließen wir also Frieden, und steigen wir, wenn dir's paßt, nach Anacapri hinauf. Oder wenn du nicht steigen magst, bleiben wir, wo wir sind, und suchen uns hier eine gute Aussichtsstelle.«

Es war auf dem Frontbalkon ihres am mittleren Abhang gelegenen Albergo, daß sie dies Gespräch führten, und weil die Mühen und Anstrengungen der letzten Tage ziemlich groß gewesen waren, war Armgard willens, für heute wenigstens auf Anacapri zu verzichten. Sie begnügte sich also, mit Woldemar auf das Flachdach hinaufzusteigen, und verlebte da, angesichts der vor ihnen ausgebreiteten Schönheit, eine glückliche Stunde. Von Sorrent kamen Fischerboote herüber, die Fischer sangen, und der Himmel war klar und blau; nur drüben aus dem Kegel des Vesuv stieg ein dünner Rauch auf und von Zeit zu Zeit war es, als vernähme man ein dumpfes Rollen und Grollen.

»Hörst du's?« fragte Armgard.

»Gewiß. Und ich weiß auch, daß man einen Ausbruch erwartet. Vielleicht erleben wir's noch.«

»Das wäre herrlich.«

»Und dabei«, fuhr Woldemar fort, »komm' ich von der eiteln Vorstellung nicht los, daß, wenn's da drüben ernstlich anfängt, unser Stechlin mitthut, wenn auch bescheiden. Es ist doch eine vornehme Verwandtschaft.«

Armgard nickte, und von der Uferstelle her, wo die Sorrentiner Fischer eben anlegten, klang es herauf:

Tre giorni son che Nina, che Nina,
In letto ne se sta ...

Am andern Tage, wie vorausgesagt, kam ein Brief von Melusine, diesmal aber nicht an die Schwester, sondern an Woldemar adressiert.

»Was ist?« fragte Armgard, der die Bewegung nicht entging, die Woldemar, während er las, zu bekämpfen suchte.

»Lies selbst.«

Und dabei gab er ihr den Brief mit der Todesanzeige des Alten.

An ein Eintreffen in Stechlin, um noch der Beisetzung beiwohnen zu können, war längst nicht mehr zu denken; der Begräbnistag lag zurück. So kam man denn überein, die Rückreise langsam, in Etappen über Rom, Mailand und München machen, aber an jedem Orte (denn beide sehnten sich heim) nicht länger als einen Tag verweilen zu wollen. Von Capri nahm Woldemar ein einziges Andenken mit, einen Kranz von Lorbeer und Oliven. »Den hat er sich verdient.« –

Die letzte Station war Dresden, und von hier aus war es denn auch, daß Woldemar ein paar kurze Zeilen an Lorenzen richtete.

Lieber Lorenzen.

Seit einer halben Stunde sind wir in Dresden, und ich schreibe diese Zeilen angesichts des immer wieder schönen Bildes von der Terrasse aus, das auch auf den Verwöhntesten noch wirkt. Wir wollen morgen in aller Frühe von hier fort, sind um zehn in Berlin und um zwölf in Gransee. Denn ich will zunächst unser altes Stechlin wiedersehen und einen Kranz am Sarge niederlegen. Bitte, sorgen Sie, daß mich ein Wagen auf der Station erwartet. Wenn ich auch Sie persönlich träfe, so wäre mir das das Erwünschteste. Es plaudert sich unterwegs so gut. Und von wem könnt' ich mehr und zugleich Zuverlässigeres erfahren, als von Ihnen, der Sie die letzten Tage mit durchlebt haben werden. Meine Frau grüßt herzlichst. Wie immer Ihr alter, treu und dankbar ergebenster

Woldemar v. St.

Um zwölf hielt der Zug auf Bahnhof Gransee. Woldemar sah schon vom Coupé aus den Wagen; aber statt Lorenzen war Krippenstapel da. Das war ihm zunächst nicht angenehm, aber er nahm es bald von der guten Seite. »Krippenstapel ist am Ende noch besser, weil er unbefangener ist und mit manchem weniger zurückhält. Lorenzen, wenn er dies Wort auch belächeln würde, hat einen diplomatischen Zug.«
In diesem Augenblick erfolgte die Begrüßung mit dem inzwischen herangetretenen »Bienenvater«, und alle drei bestiegen den Wagen, dessen Verdeck zurückgeschlagen war. Krippenstapel entschuldigte Lorenzen, »der wegen einer Trauung behindert sei«, und so wäre denn alles in bester Ordnung gewesen, wenn unser trefflicher alter Museumsdirektor nur vor Antritt seiner Fahrt nach Gransee von einer Herausbesserung seines äußeren Menschen Abstand genommen hätte. Das war ihm aber unzulässig erschienen, und so saß er denn jetzt dem jungen Paare gegenüber, angethan mit einem Schlipsstreifen und einem großen Chemisettevorbau. Der Schlips war so schmal, daß

nicht bloß der zur Befestigung der Vatermörder dienende Hemdkragenrand in halber Höhe sichtbar wurde, sondern leider auch der aus einem keilartigen Ausschnitt hervorlugende Adamsapfel, der sich nun, wie ein Ding für sich, beständig hin und her bewegte. Die Verlegenheit Armgards, deren Auge sich – natürlich ganz gegen ihren Willen – unausgesetzt auf dies Naturspiel richten mußte, wäre denn auch von Moment zu Moment immer größer geworden, wenn nicht Krippenstapels unbefangene Haltung schließlich über alles wieder hinweg geholfen hätte.

Dazu kam noch, daß seiner Unbefangenheit seine Mitteilsamkeit entsprach. Er erzählte von dem Begräbnis und wer vom Grafschaftsadel alles dagewesen sei. Dann kam Thormeyer an die Reihe, dann Katzenstein und die Domina und zuletzt auch »lütt Agnes«.

»Des Kindes müssen wir uns annehmen,« sagte Armgard.

»Wenn du darauf dringst, gewiß. Aber es liegt schwieriger damit, als du denkst. Solche Kinder, ganz im Gegensatz zur Pädagogenschablone, muß man sich selbst überlassen. Der gefährlichere Weg, wenn überhaupt was Gutes in ihnen steckt, ist jedesmal der bessere. Dann bekehren sie sich aus sich selbst heraus. Wenn aber irgend ein Zwang diese Bekehrung schaffen will, so wird meist nichts draus. Da werden nur Heuchelei und Ziererei geboren. Eigner freier Entschluß wiegt hundert Erziehungsmaximen auf.«

Armgard stimmte zu. Krippenstapel aber fuhr in seinem Berichte fort und erzählte von Kluckhuhn, von Uncke, von Elfriede; Sponholz werde in der nächsten Woche zurückerwartet, und Koseleger und die Prinzessin seien ein Herz und eine Seele, ganz besonders – und das sei das allerneueste – seit man für ein Rettungshaus sammle. Seitens des Adels werde fleißig dazu beigesteuert; nur Molchow habe sich geweigert: »so was schaffe bloß Konfusion«.

Um zwei traf man in Schloß Stechlin ein. Woldemar

durchschritt die verödeten Räume, verweilte kurze Zeit in dem Sterbezimmer und ging dann in die Kirchengruft, um da den Kranz an des Vaters Sarge niederzulegen.

Am späten Nachmittag erschien auch Lorenzen und sprach zunächst sein Bedauern aus, daß er einer Amtshandlung halber (Kossäth Zschocke habe sich wieder verheiratet) nicht habe kommen können. Er blieb dann noch den Abend über und erzählte vielerlei, zuletzt auch von dem, was er dem Alten feierlich habe versprechen müssen.

Woldemar lächelte dabei. »Die Zukunft liegt also bei *dir*.« Und unter diesen Worten reichte er Armgard die Hand.

Sechsundvierzigstes Kapitel.

Armgard hatte sich von der im Stechliner Hause herrschenden Weltabgewandtheit angeheimelt gefühlt. Aber der Gedanke, hier ihre Tage zu verbringen, lag ihr doch vorderhand noch fern, und so kehrte sie denn, kurz nach Ablauf einer Woche, nach Berlin zurück, wo mittlerweile Melusine für alles gesorgt und eine ganz in der Nähe von Woldemars Kaserne gelegene Wohnung gemietet und eingerichtet hatte.

Das war am Belle-Allianceplatz. Als das junge Paar diese Wohnung bezog, ging die Saison bereits auf die Neige. Die Frühjahrsparaden nahmen ihren Anfang und gleich danach auch die Wettrennen, an denen Armgard voller Interesse teilnahm. Aber ihre Freude daran war doch geringer als sie geglaubt hatte. Weder das Großstädtische noch das Militärische, weder Sport noch Kunst behaupteten dauernd den Reiz, den sie sich anfänglich davon versprochen, und ehe der Hochsommer heran war, sagte sie: »Laß mich's dir gestehn, Woldemar, ich sehne mich einigermaßen nach Schloß Stechlin.«

Er hätte nichts Lieberes hören können. Was Armgard da sagte, war ihm aus der eignen Seele gesprochen. Liebenswürdig und bescheiden wie er war, stand ihm längst fest, daß er nicht berufen sei, jemals eine Generalstabsgröße zu werden, während das alte märkische Junkertum, von dem frei zu sein er sich eingebildet hatte, sich allmälig in ihm zu regen begann. Jeder neue Tag rief ihm zu: »Die Scholle daheim, die dir Freiheit giebt, ist doch das beste.« So reichte er denn seine Demission ein. Man sah ihn ungern scheiden, denn er war nicht bloß wohlgelitten an der Stelle, wo er stand, sondern überhaupt beliebt. Man gab ihm, als sein Scheiden unmittelbar bevorstand, ein Abschiedsfest, und der ihm besonders wohlwollende Kommandeur des Regiments sprach in seiner Rede von den »schönen, gemeinschaftlich durchlebten Tagen in London und Windsor«. –

All die Zeit über waren natürlich auch die von einer Übersiedlung auf's Land unzertrennlichen kleinen Mühen und Sorgen an das junge Paar herangetreten. Unter diesen Sorgen – Lizzi hatte abgelehnt, weil sie die große Stadt und die »Bildung« nicht missen mochte – war in erster Reihe das Ausfindigmachen einer geeigneten Kammerjungfer gewesen. Es traf sich aber so glücklich, daß Portier Hartwigs hübsche Nichte mal wieder außer Stellung war, und so wurde diese denn engagiert. Melusine leitete die Verhandlungen mit ihr. »Ich weiß freilich nicht, Hedwig, ob es Ihnen da draußen gefallen wird. Ich hoff' es aber. Und Sie werden jedenfalls zweierlei *nicht* haben: keinen Hängeboden und keinen ›Ankratz‹, wie die Leute hier sagen. Oder wenigstens nicht mehr davon, als Ihnen schließlich doch vielleicht lieb ist.«

»Ach, das ist nicht viel,« versicherte Hedwig halb scham-, halb schalkhaft. –

Am 21. September wollte das junge Paar in Stechlin einziehen und alle Vorbereitungen dazu waren getroffen: Schulze Kluckhuhn trommelte sämtliche Kriegervereine zusammen (die Düppelstürmer natürlich am rechten Flügel), während Krippenstapel sich mit Tucheband über ein Begrüßungsgedicht einigte, das von Rolf Krakes ältester Tochter gesprochen werden sollte. Die Globsower gingen noch einen Schritt weiter und bereiteten eine Rede vor, darin der neue junge Herr als einer der »ihrigen« begrüßt werden sollte.

Das alles galt dem Einundzwanzigsten.

Am Tage vorher aber traf ein Brief Melusinens bei Lorenzen ein, an dessen Schluß es hieß:

»Und nun, lieber Pastor, noch einmal das eine. Morgen früh zieht das junge Paar in das alte Herrenhaus ein, meine Schwester und mein Schwager. Erinnern Sie sich bei der Gelegenheit unsres in den Weihnachtstagen geschlossenen Paktes: es ist nicht nötig, daß die Stechline weiterleben, aber es lebe
der Stechlin.«

Anhang

»Es ist nicht nötig, dass die Stechline weiterleben,
aber es lebe der Stechlin«

Ein Roman ist nach Umberto Eco eine Maschine zur Erzeugung von Interpretationen, und einen guten Roman erkennt man gerade daran, daß er zahlreiche verschiedene Interpretationen hervorbringt. Dieses Kriterium erfüllt »Der Stechlin« zweifellos. Die Fülle bedeutsamer Bilder und märchenhafter Motive, die eingebettet ist in eine realistische Darstellung, fordert zur Interpretation heraus. Was, fragt man sich, ist denn eigentlich *der* Stechlin, der See, der, im letzten Winkel gelegen, die großen Weltbegebenheiten wie ein Seismograph registriert? Die Mark, das Land Preußen, das Reich? Und wer wäre dann Woldemar, wie erklärt sich seine sonderbare Ehe-Entscheidung, wer ist Armgard, wer das kleine Mädchen Agnes mit den roten Strümpfen? Welche Rolle spielt Melusine, die nach dem Willen des Erzählers das letzte Wort behalten soll? Welche Bedeutung hat Lorenzen, der Mentor Woldemars, der mit Melusine einen geheimen Bund über das Schicksal der Stechline schließt? Steht *der* Stechlin als ein abstraktes Symbol für politische Wachheit und Verantwortungsbewußtsein, ist er ein den räsonierenden Weltphilosophen an seinem Ufer, den würdigen Vertreter seiner Klasse, spiegelndes Pendant? Verkörpert er die Dichtkunst, steht er für den Schriftsteller und seinen Beruf, also für Fontane selbst? Repräsentiert er den Adel als gesellschaftliche Klasse oder als ethische Kategorie? Ist er Symbol für die Menschen, die alle neuen Ideen mitvollziehen müssen? Oder ist er nichts weiter als ein anderer Poggenpuhl, in dem der verarmte Adel herumquaddelt und mit dem er seine Nichtigkeit beschämt bemäntelt?

Alt und Neu

»Alles Alte, so weit es Anspruch darauf hat, sollen wir lieben, aber für das Neue sollen wir recht eigentlich leben. Und vor allem sollen wir, wie der Stechlin uns lehrt, den großen Zusammenhang der

Dinge nie vergessen. Sich abschließen, heißt sich einmauern, und sich einmauern ist Tod.« (Kap. 29, S. 320) Das ist kein kategorischer Imperativ, nicht das entschiedene Votum für eines von beiden, sondern das wägende Sowohl – Als-auch, das ein Handlungskriterium jenseits der Festlegung auf eine parteipolitische Richtung beschreibt, noch dazu in Figurenrede vorgetragen. Es lassen sich weitere Beiträge zu diesem Thema zitieren, etwa Lorenzens »Lieber mit dem Alten, soweit es irgend geht, und mit dem Neuen nur, soweit es muß« (Kap. 3, S. 34). In diesen grundsätzlichen Äußerungen repliziert Fontane offenbar auf das politische Bekenntnis Bismarcks, das dieser am 1. April 1895 in seiner »Ansprache an die Studenten der deutschen Universitäten und Technischen Hochschulen« formuliert hatte: »Halten wir, was wir haben, vor allen Dingen, ehe wir Neues versuchen. [...] Das Leben ist Kampf in der ganzen Schöpfung, und ohne innre Kämpfe kommen wir zuletzt beim Chinesenthum an und versteinern.« (Reden, Bd. 13, S. 317) Fontane hatte sich über diese Rede des Altkanzlers enthusiastisch geäußert. In einem Brief an Gustav Keyßner schrieb er am 2. April 1895: »Bismarcks Ansprache an die Studenten, die ich eben gelesen habe, ist großartig; sie scheint mir die ›Krönung des Gebäudes‹, ein Lebensextrakt, Sprüche Salomonis, aber mir lieber.« Und an einen nicht bekannten Adressaten schrieb er am selben Tag: »Eben habe ich Bismarcks Ansprache an die Studenten gelesen; sie erscheint mir nicht als das geistreichste und blitzendste, aber vielleicht als das Bedeutendste und programmartig Abgerundetste, das er je gesprochen.«

Im Roman »Der Stechlin« wird das Alt-Neu-Thema in unterschiedlichen Kreisen ausgeschritten. Zunächst stellt sich die Opposition von Alt und Neu als Verhältnis der Generationen dar, die in ihrer Ablösung gezeigt werden. Da sind auf der einen Seite die Alten: Dubslav und Barby mit ihren Dienern, auf der anderen die Jungen: die Generation der erwachsenen Erben der beiden befreundeten Familien, der auch Rex und Czako angehören. Auch in anderen Figuren wiederholt sich die Gegenüberstellung der Generationen, besonders auffällig in Baruch und Isidor Hirschfeld, Doktor Sponholz und Moscheles, der alten Buschen und der kleinen Agnes. An den zueinander ins Verhältnis gesetzten Vertretern der verschiedenen Generationen wird die historische Entwicklung greifbar. Nicht selten wird die Frage nach der Zukunft direkt in den Gesprächen thematisiert.

Für den Adel ist mit der Generationenfrage das Problem der Absicherung der Nachfolge verbunden. Die Ehe-Entscheidung Woldemars wird durch dieses Motiv bestimmt, das in ernsthafter wie humorvoller Weise immer wieder angesprochen wird. Auch die als übertrieben apostrophierte Zahl von Kindern, genauer: Töchtern, die Ermyntrud mit dem Oberförster hat, ist in diesem Zusammenhang zu sehen. Mit dem Schlußsatz wird das alte Prinzip der Erbfolge aufgehoben und durch ein neues ersetzt – die Befähigung, einer historischen Verantwortung gerecht zu werden.

Das Alt-Neu-Thema wird nicht allein am Schicksal einzelner Figuren erörtert, die Gesellschaftsklassen, die sie vertreten, werden in die Darstellung einbezogen. Das Hauptaugenmerk gilt dem Adel, dem gehobenen Bürgertum und der Geistlichkeit. Der vierte Stand rückt zwar in den Gesichtskreis des Erzählers, aber eher als eine Randerscheinung, etwa in den Figuren der Hedwig, der alten Buschen, in den Bediensteten oder dem betrunkenen Tuxen. Obwohl in den Gesprächen die Bedeutung des Proletariats für die zukünftige Entwicklung der Gesellschaft betont wird, ist in diesen Figuren keine historische Kraft gestaltet, die in einer modernen Gesellschaft eine führende Rolle übernehmen könnte. Symptomatisch ist, daß Dubslavs politischer Gegenspieler Torgelow als Person überhaupt nicht konturiert ist. Auch seine Wählerschaft wird nur sehr allgemein charakterisiert. Als Möglichkeit wird eine solche Perspektive allenfalls in der Figur der Agnes angedeutet.

Liebe und Kritik gelten vor allem dem Adel, dem sämtliche Hauptfiguren des Romans angehören. Illusionslos und mit beißendem Spott beschreibt der Erzähler den Landadel, seine Unfähigkeit, die Probleme, die mit der sozialen Umschichtung der Gesellschaft auf die Tagesordnung drängen, zu lösen, ein produktives Verhältnis zur zeitgenössischen Welt und den Zukunftsfragen zu finden. In ökonomischer, politischer und moralischer Hinsicht überlebt, fristet diese traditionell herrschende und im kulturellen Leben immer noch tonangebende Klasse ein Dasein am Rande der Gesellschaft, abseits des politischen Geschehens. Trotzdem wird der Adel nicht schlechthin verurteilt. Lediglich einzelne Exponenten eines übersteigerten, unbegründeten Adelsdünkels werden der Lächerlichkeit preisgegeben. Die liebevolle Zeichnung der Hauptfiguren, der Aufbau der Erzählung, die genußvolle Darstellung der geselligen Umgangsformen, insbesondere der Konversation, bezeugen das zwiespältige Verhältnis des Autors zu seinem Gegenstand. Innerhalb der dargestellten Gesellschaftsklasse erkennt er die Zeichen der Zeit, die Merkmale von Wandel und Niedergang, aber das Bedauern über den damit verbundenen Verlust einer traditionsreichen Kultursphäre ist unübersehbar.

Auch persönliche Äußerungen Fontanes lassen sich heranziehen, um das Verhältnis zum Adel, das im Roman thematisiert wird, zu erhellen. In einem Brief an Georg Friedlaender schrieb er am 6. Mai 1895: »Die Welt wird noch lange einen Adel haben und jedenfalls *wünsche* ich der Welt einen Adel, aber er muß danach sein, er muß eine Bedeutung haben für das Ganze, muß Vorbilder stellen, große Beispiele geben und entweder durch geistig moralische Qualitäten direkt wirken oder diese Qualitäten aus reichen Mitteln unterstützen.« Dagegen heißt es am 5. April 1897 ebenfalls an Friedlaender: »Preußen – und mittelbar ganz Deutschland – krankt an unsren Ost-Elbiern. Ueber unsren Adel muß hinweggegangen werden; man kann ihn besuchen wie das aegyptische Museum und sich vor Ramses und Amenophis verneigen, aber das Land *ihm* zu Liebe regieren, in dem Wahn: *dieser Adel sei das Land,* – das ist unser Unglück und so lange dieser Zustand fortbesteht, ist an eine Fortentwicklung deutscher Macht und deutschen Ansehns nach außen hin gar nicht zu denken.« Jahrzehntelang hatte sich Fontane mit der Rolle des Adels befaßt. Bereits in einem Brief vom 28. Mai 1860 an seine Mutter äußerte er: »Wer den Adel abschaffen wollte, schaffte den letzten Rest von Poësie aus der Welt.« Auch unter diesen Voraussetzungen wird die Ambivalenz jener berühmten, Melusine in den Mund gelegten Maxime greifbar: »Alles Alte, so weit es Anspruch darauf hat, sollen wir lieben, aber für das Neue sollen wir recht eigentlich leben.« (Kap. 29, S. 320)

Exponierter Vertreter des märkischen Landadels ist Dubslav

von Stechlin, der oft als Hauptfigur des Romans angesehen wird. Was besonders für ihn einnimmt, ist seine reiche Ausstattung mit menschlichen Eigenschaften, sein Humor, seine Lebensweisheit. In dieser Gestalt sind die positiven Eigenschaften des märkischen Landadels und seine Schwächen auf liebenswürdige Weise vereinigt. Dubslavs Rückzug in den Winkel bedeutet gleichzeitig die Abkehr von einer Welt, die als Bedrohung des Alten, Bewährten erscheint. Die Darstellung seines Sterbens, das mit besonderer Anteilnahme erzählt wird, wurde bereits von den Zeitgenossen als einer der Höhepunkte der deutschen Romanliteratur gefeiert. Es ist, als ob mit Dubslav eine ganze Gesellschaftsklasse, ein Zeitalter vom Schauplatz abtritt, so daß man den Roman auch als Beitrag zum Thema »Adel im Untergang« ansehen kann.

Erbe des Gutes und damit des Platzes am Ufer des Sees ist Woldemar von Stechlin, der als junger Offizier bei einem Garderegiment steht, gesellschaftlich erfolgreich und in der Konversation gewandt ist. Er ist zurückhaltender, weniger forsch, nicht von so ausgeprägtem Witz wie sein Vater, dabei aber doch klar und unverstellt in seinen Äußerungen, gleichzeitig romantisch und schwärmerisch. Vor allem aber ist er ein Vertreter der neuen Zeit. Nicht nur seine politischen und religiösen Anschauungen sind liberaler als die seines Vaters, er ist auch in seiner Weltaufgeschlossenheit, die sich in seinem Englandbesuch zeigt, Repräsentant eines moderneren Lebens. Eine gewisse Unsicherheit gegenüber diesem Staffelträger spricht sich allerdings in der Namensgebung aus. Der Name erinnert zuerst an Waldemar, den letzten brandenburgischen Fürsten aus dem Haus der Askanier, der 1319 starb, sowie an den falschen Waldemar, der sich 1348 für den Markgrafen Waldemar ausgab und dessen Auftreten die Mark Brandenburg in eine Periode politischer Wirrnis stürzte. Die dramatischen Ereignisse des 14. Jahrhunderts wurden in zahlreichen literarischen Werken des 19. Jahrhunderts verarbeitet, auch Fontane hat sich mehrmals mit dem Stoff und dessen Bearbeitungen befaßt. In seiner Theaterkritik vom 3. Dezember 1885 über das Schauspiel »Waldemar« von Gustav Heinrich Gans von und zu Putlitz schrieb er, bei den Theaterstücken über den falschen Waldemar »beschränkte sich […] alle Neugier und Spannung auf die wettlustige Frage: ›Hat er ihn als „echten" oder hat er ihn als „falschen" genommen?‹« Spätestens seit seinem Gedicht »Waldemar Atterdag« von 1888 ist für Fontane der Name Waldemar aber auch mit dem Charakterzug abwägenden Zögerns verbunden. Waldemar von Haldern in »Stine« läßt sich in seinen Unternehmungen durch »ein seiner Natur entsprechendes Abwarten und Hinausschieben« bestimmen. Waldemar ist ein Modename des 19. Jahrhunderts. Zwei Prinzen von Preußen tragen diesen Namen, der Sohn des Prinzen Friedrich Wilhelm, Bruder Friedrich Wilhelms III., und der Bruder Wilhelms II. Nicht zuletzt weist der Name darauf hin, daß »Der Stechlin« auch eine Reminiszenz an den Roman »Der falsche Woldemar« (1842) von Willibald Alexis ist, in dem anhand des historischen Stoffes der Adel in seiner Verantwortung für die Mark Brandenburg und die Geschicke des Reichs gezeigt wird. Im Theodor-Fontane-Archiv wird ein Exemplar des Romans von Alexis aufbewahrt, in dem Fontane zahlreiche Stellen angestrichen und mit Randglossen versehen hat (Q 21).

Wie Woldemars Wahl zwischen den beiden Barby-Töchtern Melusine und Armgard ausfallen wird, bleibt über längere Zeit in der Schwebe. Obwohl der Leser von Armgards Geständnis »Ich glaube fast, ich bin verlobt.« (Kap. 25, S. 289) schließlich überrumpelt wird und obwohl andere Figuren ihr Unverständnis für Woldemars Entscheidung äußern, ist diese nicht zufällig herbeigeführt oder von einer Augenblickslaune bestimmt, sondern Dreh- und Angelpunkt für den Erzähler und seine Aussageabsichten. Sie bedeutet die Entscheidung Woldemars für die Fortsetzung der Tradition, für den Rückzug in den Winkel, für Stechlin, oder besser gesagt für *den* Stechlin. Und das, obwohl er eigentlich ein »Neuer« ist. Woldemar ist also einer, der die Symbiose von Alt und Neu verkörpert. Er hat sowohl Anlagen zu einer Karriere wie der des Grafen Barby als auch zum Lebensstil eines märkischen Junkers.

Armgard oder Melusine, mit der Opposition dieser beiden Ehekandidatinnen ist ein zentrales Thema des Romans angeschlagen, dem der Autor von den ersten Entwürfen an große Aufmerksamkeit gewidmet hat (vgl. »Überlieferung«, S. 536 – 543). Die Verlobung Woldemars mit Armgard ergab sich beinahe zwangsläufig aus den

Konventionen der Konversationssituation. Sie wurde gründlich durch die vorhergehenden Gespräche vorbereitet. In der berühmten Szene auf dem Korridor erfolgt auf eine sehr feinsinnige Weise die gegenseitige Erklärung der beiden Beteiligten. Unmittelbar vorausgegangen war das Gespräch über England, das in der Gegenüberstellung der beiden Königinnen Elizabeth und Maria Stuart gipfelt und in dem Bekenntnis Armgards zu dem christlich-humanitären Vorbild der Elisabeth von Thüringen. Dieses Votum sollte schwerer wiegen als alles, womit Melusine ausgestattet ist?

Der Melusine-Komplex

Der Melusine-Komplex ist für den Roman von konstitutiver Bedeutung und stellt darüber hinaus für den Autor ein zentrales Schaffensprojekt dar.

Die Sage von der Wasserfee Melusine wurde erstmals um 1390 von Jean d'Arras aufgezeichnet, der im Auftrag von Jean, Duc de Berry, eine Chronik des Geschlechts derer von Lusignan verfaßte, das seine Abstammung von einer Meerfee mit einem Fischschwanz herleitete, die auch im Wappen enthalten ist. In seiner »Histoire des Lusignan« wird erzählt, daß Melusine von dem Fluch, sich jeden Samstag in ein Wesen mit einem Schlangenleib zu verwandeln, nur erlöst werden kann, wenn sie einen Mann findet, der ihr verspricht, ihrem Geheimnis niemals nachzuforschen. Sollte er sein Gelübde brechen, müßte sie ihn für immer verlassen und die ewige Verdammnis erleiden. Melusine heiratet den armen Ritter Raymondin, gründet an der Stätte ihrer Begegnung das Schloß Lusignan, sorgt für Wohlstand, Ehre und Glück der Familie. Jeder ihrer zehn Söhne kommt mit einem besonderen Zeichen zur Welt, das an die nichtmenschliche Abkunft erinnert. So hat Geoffroy einen großen Zahn, der ihm wie der Hauer eines Ebers aus dem Mund ragt. Mehrere ihrer Söhne gelangen in der Welt zu großen Ehren, einigen von ihnen gelingt es sogar, Königreiche zu erwerben. Als Raymondin, von seinem Bruder verleitet, seine Frau an einem Samstag heimlich in ihrem Gemach beim Bade beobachtet, ist sein Glück gefährdet; als er sie öffentlich schmäht und im Zorn einen Wurm nennt, verwandelt sich Melusine vor aller Augen in einen Drachen und verläßt ihn für immer. Raymondin zieht sich trauernd in ein Kloster zurück.

Auch in der metrischen Bearbeitung der Chronik, die der Troubadour Couldrette 1401 im Auftrag von Guillaume de Parthenay schuf, wird das Schicksal Melusines und Raymondins in derselben Weise erzählt. Auf diese Fassung berief sich der Schweizer Thüring von Ringoltingen in seiner deutschen Übersetzung von 1456, die später als Volksbuch weite Verbreitung fand. Hans Sachs (1556) und Jakob Ayrer (1598) haben den Stoff dramatisiert, Friedrich Wilhelm Zachariae (1772) und Ludwig Tieck (1800) episch bearbeitet. Im 19. Jahrhundert entstanden zahlreiche Bearbeitungen des Melusine- und des verwandten Undine-Stoffes, überhaupt wurden Meerfeen, Nixen und ähnliche Wesen mit der Romantik beliebte Gestalten der Literatur und der bildenden Künste. Zu den bedeutenderen Darstellungen zählen Friedrich de la Motte Fouqués Erzählung »Undine« (1811), die u. a. von E. T. A. Hoffmann (1816) und Albert Lortzing (1845) in Form von Opern bearbeitet wurde, Goethes »Neue Melusine« (1821), Grillparzers Opern- und Ballettlibretto »Melusine« (1823), Mörikes »Schiffer- und Nixen-Märchen« (1838), Ibsens »Die Frau vom Meere« (1888; vgl. Fontanes Besprechung von 1889) und Heyses »Melusine« (1895). Besonders anregend auf die Literatur wirkte der von Moritz von Schwind geschaffene Zyklus von Aquarellen zu Ludwig Tiecks »Märchen von der schönen Melusine«. Auch in Märchen und Sagen spielen Meerfrauen eine Rolle, etwa in den »Kinder- und Hausmärchen« der Brüder Grimm »Die Wassernixe« (Nr. 79) und »Die Nixe im Teich« (Nr. 181), in Musäus' Märchen »Die Nixe im Brunnen« oder in Andersens »Die kleine Seejungfrau«. In den Sagen wird u. a. berichtet, wie die Nixen Menschen unter das Wasser ziehen. Beispiele dafür finden sich auch in der märkischen Landschaft. In seinen »Wanderungen durch die Mark Brandenburg«, Bd. 2, »Das Oderland«, berichtet Fontane: »So ist auch der kleine Tornow einer von jenen Seen, an denen Sage und Märchen am liebsten verweilen und von Prinzessinnen erzählen, die in der Johannisnacht aus dem dunklen Wasser steigen und mit Silberrosen im Haar freundlich-traurig am Ufer sitzen [...] Aus der Tiefe des

›kleinen Tornow‹ herauf könnt uns eine Hand, eine Stimme vielleicht nach unten ziehn […]« (Kap. »Der große und kleine Tornow-See, S. 113 f.) Und über Hans Heinrich Arnold von Beeren teilt er in Bd. 3, »Spreeland«, mit, daß in seiner Familie ein Talisman in Gestalt einer kleinen Frau mit einem Fischleib überliefert wurde, den von Beeren mutwillig ins Feuer warf, worauf sich das Glück von ihm und seinem Geschlecht abwendete (Kap. »Geist von Beeren«, S. 302 f.).

Melusine, ursprünglich den Elementarwesen der Wasserwelt entstammend (vgl. Heines Aufsatz »Elementargeister«, 1837), wird in der Literatur meist als reizvolle, attraktive Frau dargestellt, die ein besonderes Geheimnis umgibt. Oft verfügt sie außerdem über besondere sensitive Fähigkeiten. Durch die Verbindung mit einem treuen Mann oder durch ein starkes emotionales Erlebnis kann sie von dem Makel der Seelenlosigkeit bzw. Gefühlskälte erlöst werden. Auch während ihres Versuches, in der Menschenwelt oder so wie andere Menschen zu leben, bleibt sie mit den Wassergeistern in Verbindung, die ihr die Sinnlosigkeit ihres Versuchs beweisen wollen und immer wieder versuchen, sie für sich zu vereinnahmen. Sie lebt also in beständiger Auseinandersetzung mit den ihr verwandten Elementen. Mißglückt ihr Versuch, wird sie für immer von dem Geliebten getrennt und in die Wasserwelt verbannt.

Fontane hatte sich, bevor er den »Stechlin« zu schreiben begann, immer wieder mit dem Melusine-Stoff beschäftigt. In zahlreichen seiner Frauengestalten finden sich Reminiszenzen an diesen Stoff. Mehrmals hat er ihn sogar zum Gegenstand eigener Werke machen wollen. 1877 entstanden Entwürfe zu einer Erzählung mit dem Titel »Melusine. An der Kieler Bucht«, deren Titelfigur »eine Art *Wassernixe*« sein sollte, die alles liebt, was mit dem Wasser zusammenhängt. Eine unstandesgemäße Liebe wird zum auslösenden Moment der Katastrophe. »*Sie* geht unter. Elementar. Wenigstens scheinbar. Eigentlich weil sie den Volksmann liebt und den Adligen heimführen soll. Am Abend vor der Hochzeit verschwindet sie. Es heißt: das Element nahm sie zurück.«

Während das Fragment »Melusine« nur wenige Seiten umfaßt, sind von dem auf 1882 datierbaren Entwurf »Oceane von Parceval« Vorarbeiten zu mehreren Kapiteln erhalten, aus denen sich wesentliche Details der Handlung entnehmen lassen. Bezeichnend ist die Charakteristik der Hauptfigur: »Es giebt Unglückliche, die statt des Gefühls nur die *Sehnsucht* nach dem Gefühl haben und diese Sehnsucht macht sie reizend und tragisch. Die Elementargeister sind als solche uns unsympathisch, die Nixe bleibt uns gleichgültig, von dem Augenblick an aber wo die Durchschnitts-Nixe zur exceptionellen Melusine wird, wo sie sich einreihen möchte in's Schön-Menschliche und doch nicht *kann*, von diesem Augenblick an rührt sie uns. Oceane von Parceval ist eine solche moderne Melusine. Sie hat Liebe, aber keine Trauer, der Schmerz ist ihr fremd, alles was geschieht wird ihr zum *Bild* und die Sehnsucht nach einer tiefen Herzens-Theilnahme mit den Schicksalen der Menschen, wird ihr selber zum Schicksal. Sie wirft das Leben weg, weil sie fühlt, daß ihr Leben nur ein Schein-Leben, aber kein wirkliches Leben ist. Sie weiß, daß es viele Melusinen giebt; aber Melusinen, die nicht wissen, *daß sie's sind*, sind keine; *sie* weiß es, und die Erkenntniß tödtet sie.« Auch dieser Entwurf sieht ein tragisches Ende der Hauptfigur vor. Nachdem sie eine stürmische Liebeserklärung erhalten und das Glück genossen hat, weinen zu können, verschwindet sie im Meer. Damit erfüllt sich ihre Bestimmung als Elementarwesen: »Elementar ist alles. Alles an und in uns ist Theil vom Ganzen und dieser Theil will ins Ganze zurück.«

Ein dritter Ansatz zu einer erzählerischen Behandlung der Melusinen-Thematik stammt aus den Sommermonaten und dem Frühherbst 1895, also aus der Zeit unmittelbar vor dem Beginn der Arbeit am »Stechlin«. Zahlreiche Motive, die später im »Stechlin« ausgeführt wurden, deuten sich in diesem Entwurf bereits an. Melusine von Cadoudal, so auch der Titel des Fragments, ist die letzte Trägerin eines alten bretonischen Adelsnamens. Sie lebt seit Jahren in einem kleinen, von einem entfernten Verwandten geerbten Haus in Myslowitz in der Grafschaft Glatz (Kłodzko). Obwohl sie in der Stadt beliebt und angesehen ist, verbringt sie ihre Tage einsam und zurückgezogen, denn »sie hatte sich [...] eine eigne Religion zurechtgemacht in der bestimmte Sätze der schärfsten Orthodoxie (grade diese bevorzugte sie) mit vollkommner Freiheitlichkeit – Freigeisterei wäre nicht das rechte Wort gewesen – wechselte«. Da sie nur über eine bescheidene Pension aus einer Familienstiftung verfügt, entschließt sie sich, ihren Pferdestall zu vermieten. Durch eine entsprechende Annonce macht sie die nähere Bekanntschaft des Obersten Krake von Tordenskjöld, der einen Stall für sein Pferd sucht. Krake hat seinen Abschied genommen und hofft, trotz der unruhigen politischen Konstellation – die Erzählung ist im Jahr 1875 angesiedelt – nicht mehr reaktiviert zu werden. Die Bekanntschaft zwischen Melusine und Krake führt schließlich zur Ehe. Daß es dabei um Nachkommen gehen kann, ist durch das Alter der beiden Ehepartner so gut wie ausgeschlossen. Auch die Möglichkeit einer bedeutenden materiellen oder politischen Zukunft wird nicht durch diesen Ehebund begründet. Der Prediger spricht auf der Hochzeit über den Stall zu Bethlehem und die Krippe, und der »jedesmal mit vibrirender Stimme vorgetragene ›Stall‹ blieb das Leitmotiv und daß das Kleine bestimmt sei zu Großem zu führen«. Diese Sätze werden von Melusine angezweifelt, worauf Krake entgegnet: »Wenn er die Sache verklären mußte, so hat er sie zu voll verklärt. Es war ein gerüttelt und geschüttelt Maß. Aber sei nicht zu demüthig in Deinem Gefühl. Du warst eine Cadoudal und bist eine Krake von Tordenskjöld. Laß uns demüthig sein, aber meiden wir ein zuviel.« Auch in diesem erzählerischen Fragment verfolgte Fontane offenbar die Absicht, mit Hilfe einer Ehegeschichte die Situation des Adels und seine Stellung in der modernen Gesellschaft zu beschreiben.

Eine ganz neue Gestaltung erfährt der Melusinen-Stoff im »Stechlin«, wenn auch Elemente der früheren Entwürfe in diesem Roman aufgehoben sind. Melusine von Barby ist eine attraktive, ausgesprochen kapriziöse Gestalt. Sie ist geschieden, ihr kurzes Ehe-Leben mit dem italienischen Grafen Ghiberti von einem Geheimnis umgeben, das vom Erzähler nicht preisgegeben wird. In den handschriftlichen Entwürfen findet sich der Hinweis, daß ihr geschiedener Mann ein Spieler und Roué gewesen sein soll. An anderer Stelle hat der Autor in Erwägung gezogen, die Ehetrennung auf einen Paragraphen 102 zu stützen (vgl. »Überlieferung«, S. 540). Damit ist das damals in Preußen gültige Familienrecht angesprochen, das durch das »Allgemeine Landrecht für die Preußischen Staaten« geregelt war. Im zweiten Teil dieser Gesetzessammlung findet sich der offenbar gemeinte § 102, in dem es heißt: »Fehler in dem moralischen Verhalten des einen Verlobten, weswegen Aeltern ihre Einwilligung nach §. 61. 62. 63. versagen könnten, berechtigen den andern Verlobten zum Rücktritte, wenn dieselben erst nach der Verlobung entstanden, oder ihm bekannt geworden sind.« (S. 354) Als Gründe, die Eltern berechtigten, ihre Einwilligung zu einer Verlobung zu versagen, werden an den herangezogenen Stellen genannt:

»§. 59. Erhebliche Gründe sind alle diejenigen, aus welchen eine vernünftige und wahrscheinliche Besorgniß, daß die künftige Ehe unglücklich und mißvergnügt seyn dürfte, entspringt.

§. 60. Dahin ist besonders zu rechnen, wenn den künftigen Eheleuten das nöthige Auskommen fehlen würde.

§. 61. Oder wenn der andre Theil zu einer infamirenden, oder auch nur sonst nach der gemeinen Meinung schimpflichen Strafe, durch ein rechtskräftiges Criminial-Erkenntniß verurtheilt worden.

§. 62. Ferner, wenn derselbe der Verschwendung, Trunkenheit, Liederlichkeit, oder sonst einem groben Laster ergeben ist.

§ 63. Desgleichen, wenn er schon einmal geschieden, und in dem Scheidungsurtel für den schuldigen Theil erklärt worden ist.

§. 64. Oder, wenn er mit epileptischen Zufällen, der Schwindsucht, venerischen oder andern ansteckenden Krankheiten behaftet ist.« (S. 353)

Mit der Figur der Melusine verknüpft sich auch das den Roman durchziehende Venus-Eva-Motiv. Adelheid wittert sofort die »Schlange« in ihr. Besonderes Interesse gewinnt Melusine durch ihre Verbindung mit der Sage vom Stechlinsee, die das Werk leitmotivisch strukturiert und dem erzählten Geschehen eine universelle, parabelhafte Bedeutung verleiht.

Während Melusine im Roman mit großer Aufmerksamkeit gezeichnet wird, bleibt ihre zehn Jahre jüngere Schwester Armgard vergleichsweise blaß, obwohl auch sie nicht ganz ohne literarische Mitgift geblieben ist. Beiläufig wird sie an einer Stelle mit der gleichnamigen Figur aus Schillers »Wilhelm Tell« verglichen, die als anklagende Bittstellerin dem Landvogt Geßler in die Zügel fällt, an einer anderen mit Cordelia aus Shakespeares »Lear«. Ausgeglichen, ruhig und bescheiden, ist Armgard in ihrem Wesen das gegeben hat. Zahlreiche Bruchstücke aus früheren Arbeitsphasen sind nur bei Petersen überliefert. Petersen hat ausführlich aus dem Konvolut im Märkischen Museum und aus Entwürfen aus dem Bestand des Theodor-Fontane-Archivs, die heute vermißt sind, zitiert, dabei besonders Stellen ausgewählt, die seine Interpretation stützen. Eine vollständige Darstellung auch nur der wichtigsten Entwürfe war nicht beabsichtigt. Die Transkription Petersens ist nicht ganz fehlerfrei, insbesondere sind Streichungen und Einfügungen oft nicht wiedergegeben worden. Außerdem existieren im Theodor-Fontane-Archiv Potsdam und im Deutschen Literaturarchiv Marbach einzelne Blätter, die Entwürfe und Textfragmente zum Roman »Der Stechlin« enthalten. Nicht erhalten sind die als Satzvorlage für den Abdruck in »Über Land und Meer« verwendete Abschrift von der Hand Emilie Fontanes, die von Fontane korrigierten Fahnen des Zeitschriftenabdrucks, das in Vorbereitung der Buchausgabe vom Autor durchgesehene Exemplar der »Folio-Ausgabe« des Zeitschriftenabdrucks sowie die Korrekturfahnen der Buchausgabe.

Stadtmuseum Berlin

Konvolut »Der Stechlin«, Inv.-Nr. V-67/865, 504 Blatt.

Bis auf geringfügige Lücken vollständiges Manuskriptkonvolut zu den (erst in einer späteren Fassung so bezeichneten) Kap. 21–45.

Die Blätter des Manuskriptkonvoluts sind nicht durchgängig numeriert, sondern jeweils in den einzelnen, den Kapiteln der Buchausgabe entsprechenden Abschnitten nachträglich mit einer gesonderten Blattzählung versehen worden (Kap. 30 und 31 sind durchgehend gezählt, in Kap. 33 setzt nach Blatt 12 eine neue Zählung ein). Die »Convolut«-Umschläge (vgl. unten, S. 529 f.) sind bei dieser Blattzählung nicht berücksichtigt worden. Kapitelangaben beziehen sich im folgenden stets auf die Einteilung der Druckfassung.

Das gesamte Manuskriptkonvolut, wie alle anderen bekannten handschriftlichen Textzeugen zum »Stechlin«, ist von Fontane eigenhändig geschrieben, und zwar fast ausschließlich mit Tinte. Nur wenige Textpassagen wurden mit Blei- oder Blaustift entworfen, die ansonsten Revisionsanmerkungen, Gliederungszeichen, Korrekturen und Ergänzungen vorbehalten waren. Neben verschiedenen Sorten von Konzeptpapier verwendete Fontane leere Rückseiten von eigenen Textentwürfen, aber auch von Einladungen, Programmzetteln und empfangenen Briefen, die teilweise Anhaltspunkte für die Datierung liefern. Darüber hinaus lassen sich die verschiedenen Fassungen am Schreibduktus und an der Farbe der verwendeten Tinte unterscheiden. Neben älteren Entwürfen, die in gleichmäßigeren Schriftzügen mit bräunlicher Tinte geschrieben sind, finden sich jüngere Fassungen, die offensichtlich sehr schnell »hingeworfen« worden sind. Die Tinte der jüngsten Textschicht ist tiefschwarz.

Das Manuskriptkonvolut läßt erkennen, daß der Roman Ergebnis eines intensiven Arbeitsprozesses ist, der sich in mehreren Etappen vollzog. Seine Entwürfe, oft mit großem Tempo und ohne Rücksicht auf Interpunktion und grammatische Kongruenz fixiert, wobei zweifelhafte Entscheidungen vorläufig mit einem Fragezeichen gekennzeichnet wurden, hat Fontane später gründlich überarbeitet. Mit dem Anwachsen der Stoffmassen entwickelte sich auch das Konzept des Romans. Mehrfach wurde umsortiert und neu zugeordnet, was an anderer Stelle besser zu passen schien. Brauchbare Passagen aus früheren Arbeitsphasen wurden übernommen, teilweise ausgeschnitten und aufgeklebt. Rückseiten von Blättern, die verworfene Partien enthielten, wurden zur Aufzeichnung jüngerer Fassungen verwendet. Schließlich wurde das Resultat wiederum einer strengen Revision unterzogen.

Das auf diese Weise entstandene Manuskriptkonvolut überliefert ein Konglomerat unterschiedlichster Textfassungen und Arbeitsnotizen, anhand deren sich die Entwicklung des Gesamtkonzepts des Romans wie die Genese einzelner Passagen teilweise bis in die frühesten Entwürfe zurückverfolgen läßt. Selbst in dem nur noch fragmentarisch vorhandenen Manuskript sind oft zahlreiche Fassungen derselben Passage überliefert – von ersten Dispositionen über verschiedene Entwürfe bis hin zu einer der Druckfassung weitgehend entsprechenden Version.

Fontane war sich der Tragweite seiner Aussagen bereits während der Niederschrift der ersten Entwürfe bewußt. In seinen Briefen nannte er den »Stechlin« mehrfach einen politischen Roman. Sich selbst sah er in den neunziger Jahren auf der Seite von Demokratie und Fortschritt. »Ich werde immer demokratischer, lasse höchstens noch einen richtigen Adel gelten«, bekannte er am 16. Februar 1894 seiner Tochter Martha, und Georg Friedlaender ließ er in einem Brief vom 6. Mai 1895 wissen: »Es ist ganz vorbei mit dem Alten, auf jedem Gebiet [...] Mein Haß gegen alles, was die neue Zeit aufhält, ist in einem beständigen Wachsen und die Möglichkeit, ja die Wahrscheinlichkeit, daß dem Sieg des Neuen eine furchtbare Schlacht voraufgehen muß, kann mich nicht abhalten, diesen Sieg des Neuen zu wünschen. Unsinn und Lüge drücken zu schwer, viel schwerer als die leibliche Noth.« Trotzdem bleibt es bei dem Einerseits – Andererseits, der Unterscheidung zwischen politischen Anschauungen und menschlichen Sympathien, zwischen dem Adel, »wie er bei uns sein *sollte* und wie er *ist*« (an Carl Robert Lessing, 8. Juni 1896). »Meine politischen Anschauungen – allerdings zu allen Zeiten etwas wackliger Natur – haben sich meist mit dem Nationalliberalismus gedeckt, trotzdem ich zu demselben [...] niemals in rechte Beziehungen getreten bin. Also eigentlich nationalliberal. In meinen alten Tagen indeß bin ich immer demokratischer geworden, ganz nach dem Vorbilde meines Lieblings ›Isegrimm‹ in Willibald Alexis' gleichnamigem herrlichen Roman, wohl das Beste, was er geschrieben. Aber wohin ich auch noch geschoben werden mag, ich werde immer zwischen politischen Anschauungen und menschlichen Sympathien zu unterscheiden wissen, und diese menschlichen Sympathien habe ich ganz ausgesprochen für den märkischen Junker [...] Die Rückschrittsprinzipien als solche sind sehr gegen meinen Geschmack, aber die zufälligen Träger dieser Prinzipien haben es mir doch nach wie vor angethan.« (»Von Zwanzig bis Dreißig«, Abschnitt »Der Tunnel über der Spree«, Kap. 7, Fußnote)

Eine dramatische politische Veränderung wird im Roman in der Wahlhandlung direkt vorgeführt. Da der Reichstagsabgeordnete des Wahlkreises Rheinsberg-Wutz gestorben ist, wird eine Reichstagsersatzwahl anberaumt, bei der der traditionell konservative Wahlkreis an die Sozialdemokraten verlorengeht. Auch wenn es einen solchen Wahlkreis in Wirklichkeit nicht gegeben hat, entspricht das dargestellte Geschehen weitgehend realen Vorgängen. Politisches Handeln wird im Rahmen des Parteienspektrums und des aktuellen politischen Diskurses der neunziger Jahre konkret vorgeführt. Präsentiert werden vor allem Vertreter der Konservativen Partei, besonders in den Karikaturen der märkischen Landadligen, wodurch die Ablösung der Konservativen von der Regierungsverantwortung auch innerlich begründet wird. In diesem Zusammenhang ist die Konzeptionsänderung der Wahlhandlung aufschlußreich. Ursprünglich sollte Dubslav von Stechlin in einer Wahl zum Abgeordnetenhaus des Preußischen Landtages und nicht für sich selbst, sondern als Wahlmann für einen anderen Adligen des Kreises kandidieren. Dubslav und sein Kontrahent, der jüdische Rechtsanwalt Katzenstein aus Gransee, Kandidat der Fortschrittspartei, sollten auf einer Wahlversammlung im Dorfkrug von Stechlin auftreten. Die Fragmente der Wahlkampfreden, die im Entwurf überliefert sind, enthalten zahlreiche Anspielungen auf aktuelle politische Vorgänge und Diskussionen (vgl. »Überlieferung«, S. 533–536). Aus dieser Wahl sollte der Kandidat der Fortschrittspartei schließlich als Sieger hervorgehen.

Damit hatte Fontane einen Vorgang realistisch beschrieben, der sich etwa zeitgleich in ähnlicher Weise wirklich ereignete. Da der Reichstagsabgeordnete Bernhard Bohm von der Freiheitlichen Volkspartei (FVp) am 17. Mai 1896 gestorben war, wurde im Wahlkreis Ruppin-Templin eine Ersatzwahl durchgeführt, bei der sich am 2. Juni 1896 in einem zweiten Wahlgang der Kandidat der FVp Gotthold Lessing, Sohn des Haupteigentümers der »Vossischen Zeitung« Carl Robert Lessing, gegen den Landrat von Arnim vom Bund der Landwirte (BdL) durchsetzte. Die Meldung, daß Lessing die Wahl gewonnen habe, erschien in der Abendausgabe der »Vossischen Zeitung« vom 4. Juni 1896. Vier Tage später schrieb Fontane an Carl Robert Lessing, daß er durch diese Vorgänge zu einer weitgehenden Konzeptionsänderung seines entstehenden Romans veranlaßt wurde (vgl. »Entstehung«, S. 491 f.). Was konnte der Familie Lessing an der Darstellung, die Fontane der Wahlhandlung in der Entwurfsfassung gegeben hatte, so unangenehm sein? Die FVp war eine kleinbürgerlich-liberale Oppositionspartei, monarchistisch und antisozialistisch ausgerichtet, der BdL vertrat die Interessen der preußischen Junker. Die Parallelen liegen auf der Hand. Rheinsberg-Wutz konnte leicht mit Ruppin-Templin identifiziert werden, Arnim als Vertreter der Großagrarier mit dem Kandidaten der Konservativen, Lessing aus Meseberg mit dem Rechtsanwalt Katzenstein aus Gransee, der von der Fortschrittspartei aufgestellt worden war und im Romanentwurf den Wahlkampf für sich entscheiden sollte. Für die Familie Lessing wäre eine solche Gleichsetzung aus mehreren Gründen ärgerlich gewesen. Augenfällig sind zunächst die antisemitischen Animositäten. Bereits 1892 war es im Zusammenhang mit der Klage von Paul Marx, einem entlassenen Mitarbeiter der »Vossischen Zeitung«, zu einer ernsten Verstimmung zwischen Fontane und Lessing gekommen. Paul Schlenther hatte in seiner Aussage vor Gericht eine Äußerung Fontanes wiedergegeben, aus der sich auf eine antisemitische Haltung Lessings schließen ließ. Tatsächlich war durch den Prozeß klargestellt worden, daß die Kündigung von Paul Marx antisemitisch motiviert war und nicht, wie behauptet wurde, durch seine Unfähigkeit als Redakteur selbst verschuldet. Dem Ansehen der »Vossischen Zeitung« hat dieser Prozeß geschadet, gab sich doch das Blatt den Anschein, den Antisemitismus zu bekämpfen.

Auch die politischen Implikationen einer Gleichsetzung von Gotthold Lessing mit dem Wahlsieger Katzenstein wären für die Familie Lessing zweifellos unerwünscht gewesen. Die Freisinnige Volkspartei war aus der Deutschen Fortschrittspartei und der Deutschen Freisinnigen Partei hervorgegangen. Auf den inneren Zusammenhang zwischen dem »Fortschritt« – der Begriff wird im Roman mehrdeutig verwendet: im allgemeinen Sinne von Progression und als Anspielung auf die Deutsche Fortschrittspartei – und der Sozialdemokratie weist nicht nur die Umwandlung des Wahlerfolgs des Kandidaten der Fortschrittspartei Katzenstein in den des Sozialdemokraten Torgelow hin, er wird im Roman auch explizit ausgesprochen, etwa durch die Feststellung, daß viele Fortschrittler für den Sozialdemokraten Torgelow gestimmt hätten.

Eine wesentliche Änderung ist auch die Verlagerung der Wahlhandlung auf den Reichstag. Während die Vertreter des Abgeordnetenhauses im Preußischen Landtag durch Wahlmänner bestimmt wurden, die aus Urwahlen hervorgingen, bei denen die Wahlberechtigten nach dem Steueraufkommen in drei Klassen eingeteilt waren, wurden die Reichstagsabgeordneten in allgemeinen, gleichen und direkten Wahlen gewählt. Nicht zufällig gibt es in der endgültigen Fassung des Werkes mehrere Anspielungen auf den Reichstag – »die Abstimmungsmaschine«, »das Haus mit den vier Ecktürmen«. Die im Roman verhandelten politischen Fragen sind mithin von erstrangiger Bedeutung nicht nur für das Land Preußen, sondern für das gesamte Reich.

Die konzeptionelle Änderung und der Ausgang der Wahl, deren Relevanz vom Erzähler allerdings heruntergespielt wird, lassen auf die politischen Aussageintentionen des Autors schließen. Statt eines Juden und Fortschrittlers gewinnt ein Nichtjude und Sozialdemokrat das Mandat für den Reichstag. Im Brief an Lessing heißt es, der Roman habe dadurch gewonnen. Nicht der »Fortschritt« als Partei ist das eigentliche Problem, um das es geht, sondern die Sozialdemokratie und der mit dem Vormarsch der Partei Bebels verbundene politische Fortschritt. Die Faszination, die von der neuen politischen Kraft ausging, und gleichzeitig das Erschrecken vor ihr sind für Fontanes politische Anschauungen in den neunziger Jahren charakteristisch. Tatsächlich spielen in der später veröffentlichten Fassung weder die Fortschrittspartei noch die Freisinnigen eine große Rolle. Die auch für den Reichstag charakteristische Opposition von Konservatismus und Sozialdemokratie ist in den Vordergrund gerückt.

Eng verknüpft mit dem politischen ist der historische Aspekt des Alt-Neu-Themas. Der Roman kann auch als ein Exkurs zur brandenburgisch-preußischen Geschichte gelesen werden, in dem die Geschicke des Landes von den Anfängen der Dynastie der Hohenzollern bis hin zur Reichsgründung von 1871 und darüber hinaus bis in die 1890er Jahre dargestellt werden. Es geht dem Autor um die Aufdeckung der inneren Kräfte, die die Entwicklung der Mark Brandenburg vorantreiben oder hemmend auf sie wirken. Alles, was im Kern- und Stammland Preußens geschieht, ist von ausschlaggebender Bedeutung für das gesamte Reich. Der pessimistischen Zukunftsvision, die der alte Stechlin formuliert, setzt Lorenzen entgegen: »Die Zeit wird sprechen, und neben der Zeit das neue Haus, die blasse junge Frau und vielleicht auch die schöne Melusine.« (Kap. 41, S. 440)

Die Stechlin-Sage als Leitmotiv

Zentrales Motiv des Romans ist die Sage vom Stechlin-See, durch die der diskursive Rahmen geöffnet und das Geschehen auf eine andere Ebene projiziert wird. Der See ist besonders durch seine Eigenschaft charakterisiert, revolutionäre Bewegungen auf der ganzen Welt anzuzeigen und mitzuvollziehen. Allein dadurch, daß der Roman in der Nachbarschaft dieses Sees spielt, bleibt fortwährend das Motiv des universellen Zusammenhangs zwischen den Dingen präsent. Alles, was auf den knapp 500 Seiten erzählt wird, muß in Verbindung zu den gesellschaftlichen Bewegungen der Zeit gesehen werden. Der Besuch, der die Protagonisten direkt an das Ufer des Sees führt, erfolgt jedoch im Winter. Die berühmte Stelle ist unter einer dicken Eisdecke verborgen. Als Dubslav vorschlägt, das Eis aufzuhacken, wehrt Melusine ängstlich ab: »Die Natur hat jetzt den See überdeckt; da werd' ich mich also hüten, irgend was ändern zu wollen.« (Kap. 28, S. 316) Und eine zweite Szene spielt am See, genau die Mitte des Romans einnehmend, die Begegnung Dubslavs mit der alten Buschen und ihrer Enkeltochter Agnes (Kap. 23, S. 267 f.).

Der Stechlin ist ein großer, zwischen Fürstenberg und Rheinsberg in der Menzer Forst gelegener See. Er hat mit 68 m eine beachtliche Tiefe, wenn er die von Fontane in den »Wanderungen« angegebenen 400 Fuß (125 m) auch nicht erreicht. Die Mitteilung, daß sich zur Zeit des Lissaboner Erdbebens am 1. November 1755 Strudel, Trichter und Wasserhosen auf dem See gebildet haben, findet sich nicht nur in der Landeskunde von Friedrich Wilhelm August Bratring, sondern auch im 10. Stück der »Beiträge zur mineralogischen und geognostischen Kenntniß der Mark Brandenburg« von Karl Friedrich von Klöden. Ähnliche Beobachtungen wurden auch von anderen Stellen Norddeutschlands gemeldet. Über den See heißt es in der Sage, daß ein roter Hahn in ihm wohne, der nicht dulde, daß an bestimmten Stellen gefischt oder die Tiefe ausgelotet wird. Ein Fischer namens Minack soll einmal an solch einer verbotenen Stelle seine Netze ausgeworfen haben. Daraufhin sei der Hahn aus der Tiefe aufgetaucht, habe mit mächtigen Flügeln das Wasser gepeitscht und den Fischer mit sich hinabgezogen. Fontane kannte diese Sage vermutlich aus einem der von ihm öfter benutzten Bücher von Bratring und Karl Eduard Haase. Im Roman erscheint der Hahn jedoch nicht als Wahrer des Sees, sondern als Verkünder heftiger Erschütterungen auf allen Weltteilen. Daß es sich dabei nicht nur um Vulkanausbrüche und Erdbeben handelt, sondern im übertragenen Sinne soziale Bewegungen, Revolutionen gemeint sind, wird mehrfach deutlich zum Ausdruck gebracht. Ähnlich wie in der Mummelsee-Episode, die Grimmelshausen in das 5. Buch seines Romans »Der abenteuerliche Simplicissimus« eingefügt hat, sind im »Stechlin« sagenhafte Elemente in eine realistische Darstellung integriert. Hier wie dort werden tradierte Wundergeschichten über einen See dadurch erklärt, daß eine geheimnisvolle Verbindung mit allen Weltteilen bestehe. Genau wie die das Zentrum der Welt bewohnenden Sylphen, die auch die Wunder im Mummelsee verursachen, die Verantwortung für alle Gewässer der Erde wahrnehmen, hat der Hahn im Stechlinsee die Aufgabe, durch sein Erscheinen heftige Bewegungen in allen Weltteilen anzuzeigen. Hier wie dort geht es um universelle Zusammenhänge, werden politische Aussagen mit der Darstellung verknüpft. Der Hahn wurde im Volksglauben als ein Wesen angesehen, das durch sein Krähen und durch sein Verhalten die Zukunft verkündet; der rote Hahn symbolisierte das Feuer. Er steht also nicht nur im Zusammenhang mit der Glasbläserei, mit der Industrialisierung im weiteren Sinne, die, wie Dubslav äußert, einen Beitrag zur »Generalweltanbrennung« leistet, er ist auch Bestandteil des Zukunftsvisionskomplexes im Roman, zu dem die Glaskugel und Melusine gehören, aber auch Lorenzen als eine Art Pythia des Sees (vgl. »Überlieferung«, S. 542).

Das Leitmotiv der Stechlin-Sage ist auch für den Romanschluß bestimmend. Armgard und Woldemar sind während ihrer Hochzeitsreise auf Capri angekommen, wo sie durch das einen Ausbruch ankündende Grollen des Vesuv an den Stechlin-See und seine »vornehme Verwandtschaft« erinnert werden. Am folgenden Tag erhalten sie die Nachricht vom Tode Dubslavs und treten die Heimreise an. Sie suchen das Grab in Stechlin auf und kehren darauf nach Berlin zurück. In der Handschrift findet sich der Bericht über einen Besuch beim Grafen Barby und bei Melusine, der nicht in die später publizierte Fassung übernommen wurde (Manuskriptkonvolut im Stadtmuseum Berlin, Kap. 36, Rückseiten der Blätter 14–15):

Melusine wartete nicht bis der Diener melden konnte, sie flog der Schwester stürmisch entgegen, umarmte sie, küßte sie und nahm dann den Schwager mit gleichem Ungestüm beim Kopf. Der alte Graf war bewegt, als er das junge Paar wieder sah und dann nahm man Platz um den runden Tisch unter der Hängelampe. Nebenan stand die Theemaschine und das heiße Wasser brodelte. [–] »Das brodelt ja wie der Stechlin,« sagte Woldemar. Lorenz hat mir von eurem Gespräch erzählt und daß Du mir nicht traust. Du hast Unrecht. Deine Schwester, meine geliebte Armgard, soll's beeiden. Als wir die Feuergarbe aus dem Vesuv aufsteigen sahen, da reichten wir uns die Hand. Wir sagten uns nichts, aber, was besser ist, wir fühlten dasselbe. Wir hatten das Gefühl von der Geschlossenheit und Einheit aller Dinge. Die chinesische Mauer fällt überall, in China selbst. Und sie sollte <u>nicht</u> fallen am Stechlin?

In der Druckfassung sind die konkreten Bezüge zurückgenommen und in einer allgemeinen, die Grundaussage des Romans zusammenfassenden Sentenz aufgehoben: »Es ist nicht nötig, daß die Stechline weiterleben, aber es lebe *der Stechlin*.«

Welt und Winkel

Bereits auf der ersten Seite des Romans wird die Diskrepanz zwischen der Provinzialität des Hauptschauplatzes und dem weltoffenen Blickpunkt der Darstellung betont. Der Erzähler führt die Leser in eine abgelegene Gegend, in der es nichts gibt als einen See mit ein paar Buchen, deren Zweige die Wasseroberfläche berühren, und einem Dorf, das gerade einmal aus einer langen schmalen Gasse besteht, die sich nur an einer Stelle »platzartig erweitert«

(Kap. 1, S. 6). Um diesen Platz drängt sich die »ganze Herrlichkeit« des Ortes – das Pfarrhaus, die Schule, das Schulzenamt, der Krug, der zugleich Eck- und Kramladen ist, die frühmittelalterliche Feldsteinkirche mit dem Kirchhof und schließlich, jenseits einer primitiven Holzbohlenbrücke, die über einen sumpfigen Graben führt, das Schloß. Alles heißt in dieser Gegend Stechlin, der See, der Wald, das Dorf, das Herrenhaus, in dem ein Adelsgeschlecht residiert, das schon vor den Hohenzollern da war, die Stechline. Eine unheimliche, spannungsvolle Stille herrscht in dieser Landschaft, eine unbestimmte Erwartung.

Auf die Verwandtschaft dieses Schauplatzes mit einer Jean-Paulschen »Idylle« hat Fontane durch die Benennung des nahe gelegenen Klosters »Wutz« vielleicht am deutlichsten hingewiesen (vgl. Jean Pauls »Leben des vergnügten Schulmeisterlein Maria Wutz in Auenthal. Eine Art Idylle«; 1793). Durch eine Kastanienallee, die direkt auf das Herrenhaus zuführt, ist das Dorf unmittelbar mit dem Stift verbunden, das nur noch eine Ruine ist, ein in sich zusammenfallendes Relikt einer längst vergangenen Zeit. Für einen ganzen Abschnitt des Romans verweilt der Erzähler an diesem Ort, der mit einer Menge schrulliger Gestalten und Gegebenheiten ausgestattet ist, darunter auch einem Rentmeister Fix (vgl. Jean Pauls »Leben des Quintus Fixlein«; 1796). Mit Adelheid von Stechlin, die als Domina des Fräuleinstifts und Genius loci diesen Schauplatz beherrscht, wird der konservative Flügel der protestantischen Geistlichkeit in einer beeindruckenden Figur karikiert. Das Wutzische ist für den Roman jedoch keine nebensächliche, lediglich der Lächerlichkeit preisgegebene Randerscheinung, sondern ein wichtiger Baustein, ein ernstzunehmendes zentrales Motiv. Das Kloster Lindow, Vorbild für das Stift Wutz, war noch am Anfang des 16. Jahrhunderts eines der reicheren und bedeutenden Stifte der Grafschaft Ruppin und besaß »außer der *Stadt* Lindow achtzehn Dörfer, zwanzig wüst liegende Feldmarken, neun Wassermühlen und alle die Seen, die teils innerhalb des Großen Menzer Forstes, teils am Rande desselben gelegen sind, darunter auch den Großen Stechlin« (»Wanderungen«, Bd. 1, »Die Grafschaft Ruppin«, Kap. »Lindow«, S. 500). Der Wahlkreis, in dem Dubslav von Stechlin als Abgeordneter der Konservativen für den Reichstag kandidiert, heißt Rheinsberg-Wutz, und in dieser Benennung ist das Prinzip des Romans auf paradoxe Weise geronnen, denn mit Rheinsberg verbindet sich die Erinnerung an Preußens Größe, an Geist, Geschichte und militärischen Ruhm, an Friedrich den Großen und den Prinzen Heinrich, während Wutz der Winkel ist, die Provinz, das Lächerlich-Kleingeistig-Beschränkte. Die Schauplätze sind Aktionsfeld für die dort angesiedelten Figuren, aber sie sind gleichzeitig auch ein Teil ihrer Charakteristik.

Mit Wutz und Rheinsberg sind zwei Pole benannt, die der Erzähler in seinem Roman kontrastierend gegeneinanderstellt. Vergleichbare Dichotomien bestehen zwischen den Schwestern Melusine und Armgard, zwischen Pastor Lorenzen und dem Superintendenten Koseleger, zwischen Dubslav und Adelheid von Stechlin, zwischen Dubslav und dem Grafen Barby, zwischen dem »altmodischen märkischen Gut« und dem »neumodischen gräflichen Hause« in der Weltstadt Berlin, zwischen der Provinzialität des märkischen Dorfes Stechlin und der Weltläufigkeit Londons (»an der Themse wächst man sich anders aus als am ›Stechlin‹«, Kap. 12, S. 136). Auch einzelne Motive sind in sich widersprüchlich aufgebaut – etwa die gesunde und die kranke Aloe im Kübel auf der Rampe im Hof von Schloß Stechlin mit der ihr nicht zukommenden Blüte. Dabei werden die Exponenten in ihren Eigenschaften nicht einseitig verabsolutiert, vielmehr enthalten viele wichtige Motive auch ihr Gegenteil in sich. England ist nicht nur der moderne Weltstaat, sondern auch ein Land, das besonders durch seine Geschichte Interesse erregt, das auf faszinierende Weise das widersprüchliche Verhältnis von Altem und Neuem verkörpert: »Alles modern und zugleich alles alt, eingewurzelt, stabilisiert.« (Kap. 27, S. 301) Die Mark Brandenburg ist nicht nur ein vergessener Winkel des deutschen Reiches, sondern auch historische Landschaft und Kristallisationspunkt des Reichs. Das Alte ist nicht nur das Alte, unbrauchbar Gewordene, Überlebte, wie auch das Neue nicht nur das Neue ist.

Das neue Zeitalter wird nicht als Einbruch der Moderne in die Idylle geschildert, vielmehr ist es längst da, auch in dem stillen Winkel, der Enklave, der kleinen Welt, in die sich das Alte zurückgezogen hat. Die Telegraphie ist solch ein Bote des Neuen, ein Telegramm erreicht sogar Kloster Wutz. Der Postbote muß es zu Fuß von Gransee herüberbringen. »Aber sie wollen ihm ein Rad anschaffen, solches wie jetzt überall Mode ist.« (Kap. 7, S. 93) Auch die Globsower Glasindustrie wird zu einem Zeichen der neuen Zeit. In Gestalt einer großen Glaskugel ist sie sogar ständig im Hof des Herrenhauses Stechlin und im Kloster Wutz präsent.

Dafür, daß das Alte noch eine Weile fortlebt, hat der Erzähler gesorgt. Der Roman endet nicht mit dem Tod des alten Stechlin, sondern mit dem Einzug des jungen Paares auf Schloß Stechlin. Auch für die Existenz des Klosters Wutz steht, wenigstens für die nächste Zeit, nichts zu befürchten. Auf der höchsten Spitze einer stehengebliebenen Giebelwand haben sich Störche eingenistet, »deren feines Vorgefühl immer weiß, ob etwas hält oder fällt« (Kap. 7, S. 92). Außerdem wird Woldemar nicht mit der emanzipierten, zukunftblickenden, kapriziösen Melusine verheiratet, sondern mit ihrer Schwester Armgard, die bescheiden zurücktritt, ein Gespür für Formen und Situationen entwickelt, um Ausgleich bemüht ist und sich zu einem mittelalterlichen sozialethischen Programm bekennt, das mit dem Vorbild der heiligen Elisabeth von Thüringen beschrieben wird und das politisch stabilisierend wirken kann. Ob die blasse junge Frau tatsächlich in der Lage sein wird, das Haus fortzupflanzen, bleibt offen. Schließlich ist da auch noch Agnes, das uneheliche Kind der Karline, dessen sich der alte Dubslav annimmt. Die Fontäne, die zeitgleich mit der Verlobung von Woldemar und Armgard versiegte, beginnt an dem Tag, als Agnes zum ersten Mal ins Haus kommt, wieder zu springen.

Entstehung

Ende November bis
Ende Dezember 1895: Erste Niederschrift.
21. Dezember 1895: Erste Erwähnung des Romans »Der Stechlin«.
1896 – 1. Hälfte August 1897: Ausarbeitung, Überarbeitung der ersten Niederschrift.
Juni 1896: Konzeptionsänderung der Wahlhandlung.

1896–1897:	Verhandlungen mit »Über Land und Meer« (Stuttgart).
16. Juli 1897:	Fertigstellung der Abschrift durch Emilie Fontane.
Mitte August 1897:	Absendung des Manuskripts an die Redaktion von »Über Land und Meer«.
August, Oktober – Ende 1897:	Autorkorrektur der Druckfahnen für den Zeitschriftenabdruck.
Oktober 1897 – Februar 1898:	Zeitschriftenabdruck in »Über Land und Meer« (»Folio-Ausgabe«).
Dezember 1897 – Juni 1898:	Zeitschriftenabdruck in »Über Land und Meer« (»Oktav-Ausgabe«).
18. November 1897:	Verlagsvertrag über die Buchausgabe mit dem Verlag F. Fontane & Co.
Juni – 8. Juli 1898:	Überarbeitung des Romans für die Buchausgabe.
Mitte Juli 1898 – spätestens 26. August 1898:	Autorkorrektur der Druckfahnen für die Buchausgabe.
3./4. September 1898:	Durchsicht der ersten vier Aushängebogen.
20. September 1898:	Tod Fontanes.
Mitte Oktober 1898:	Erscheinen der Buchausgabe, vordatiert auf 1899.

Die erste direkte Erwähnung des Romans »Der Stechlin« stammt vom 21. Dezember 1895. In einem Brief an Paul Schlenther schrieb Theodor Fontane: »Ich bin bei zwei letzten Kapiteln eines kleinen *politischen* (!) Romans, den ich noch vor Weihnachten beenden möchte, also in großer Aufregung und knausriger Zeitausnutzung.« Offenbar hatte er die erste Fassung des »Stechlin« in kürzester Frist niedergeschrieben. Seinen Sohn Theodor bat der Romancier am 25. Dezember 1895 um Verständnis für eine nicht eingelöste Briefschuld: »Der Grund, warum ich Dir den zugesagten längeren Brief nicht stiftete, war einfach der, daß ich seit vier oder fünf Wochen wie toll gearbeitet und in dieser verhältnismäßig kurzen Zeit einen ganzen Roman niedergeschrieben habe. Ist man mal im Zuge, so darf man sich nicht unterbrechen, man kommt in die entsprechende Stimmung fast nie wieder hinein und hat für die Arbeit, die einen gerade beschäftigt, einen schweren Schaden davon.« Die erste Niederschrift des neuen Romans begann also Ende November 1895 und war bereits zu Weihnachten abgeschlossen.

Der »Urstechlin« entstand in einer ausgesprochen arbeitsreichen, intensiven Zeit. Im Oktober 1895 begann der Abdruck des Romans »Die Poggenpuhls« in der Zeitschrift »Vom Fels zum Meer«. Am 17. Oktober erschien die Buchausgabe von »Effi Briest«. Am 19. November 1895 klagte Fontane in einem Brief an Georg Friedlaender: »Ich bin nun schon weit über 2 Monate aus Karlsbad zurück, aber in diesen 9 oder 10 Wochen noch immer nicht zum Arbeiten gekommen. Nur ein halbes Dutzend Gedichte, die schon vorher entworfen waren, habe ich fertig gemacht […] Seit vier, fünf Wochen gehe ich ganz in Effi Briest-Angelegenheiten auf, denn wenn mir ein Mann von Namen und Ansehn eine lange, liebevolle Kritik schickt, so muß ich ihm dafür danken.« Auch der Brief, den Fontane am selben Tag an Joseph Viktor Widmann schickte, war solch eine Höflichkeitsgeste. Widmann, Feuilletonredakteur beim Berner »Bund«, hatte im Sonntagsblatt zum »Bund« vom 17. November 1895 eine wohlwollende Rezension von »Effi Briest« veröffentlicht. Fontane ging in seinem Schreiben nicht nur ausführlich auf die Besprechung Widmanns zu seinem Roman ein, er äußerte sich auch zu einer in derselben Ausgabe des »Bunds« abgedruckten Kritik Widmanns über den Roman »Lacrimae Christi« von Adalbert Schroeter, dem der Rezensent unter anderem vorgeworfen hatte: »Eine Zeit lang glaubten wir […] der Verfasser verstehe sich wenigstens auf die Schilderung des Naturlebens; auch darin wurden wir enttäuscht, indem er von ›Strudeln‹ in einem See spricht, da doch Strudel nur in fließenden Gewässern vorkommen.« Dagegen wandte Fontane ein: »Ich glaube, es giebt Strudel in stehenden Gewässern. Ich kenne zwei kleine Seen in unsrer Mark, in denen sich Springfluthen und Trichter bilden, wenn in

Italien und Island die Vulkane los gehn. Auch aus andrer Veranlassung kommt es vor.«

Nachdem der neue Roman in relativ kurzer Zeit entworfen worden war, schoben sich im Frühjahr 1896 vorerst andere Arbeiten in den Vordergrund. Fontane arbeitete an der Fertigstellung einzelner Kapitel seiner Lebenserinnerungen, die zunächst in verschiedenen Zeitschriften abgedruckt wurden und 1898 unter dem Titel »Von Zwanzig bis Dreißig« als Buchausgabe im Verlag F. Fontane & Co. erschienen. Außerdem trug er sich zu diesem Zeitpunkt mit dem Plan, den im Entwurf weitgehend fertiggestellten Roman »Mathilde Möhring« zu überarbeiten und zu veröffentlichen. Spätestens im Juni wandte sich Fontane jedoch wieder dem »Stechlin« zu. Carl Robert Lessing, dem Miteigentümer und Herausgeber der »Vossischen Zeitung«, zu dem er durch seine langjährige Mitarbeit als Theaterkritiker ein vertrautes Verhältnis hatte, teilte er am 8. Juni 1896 mit: »Im Winter habe ich einen politischen Roman geschrieben (Gegenüberstellung von Adel, wie er bei uns sein *sollte* und wie er *ist*). Dieser Roman heißt: ›*Der Stechlin*‹. [–] Es ist dies der ganz in Nähe von Meseberg gelegene See, den Ihr Herr Sohn gewiß kennt und Sie vielleicht auch. – Um diesen See handelt es sich, trotzdem er nur zu Anfang und zu Ende mit etwa 5 Zeilen vorkommt. Er ist das Leitmotiv. Und nun kommt die Hauptsache: drei Kapitel, grad in der Mitte des Buches, beschäftigen sich mit einer Reichstagsersatzwahl im Kreise ›Rheinsberg-Wutz‹ (Wutz ist Lindow), und ein Adliger, der alte Herr v. Stechlin, und ein Fortschrittler stehen sich gegenüber. Der Fortschrittler siegt. Soweit möchte alles gehn. Aber dieser siegende Fortschrittler – wie fern lag mir, als ich das schrieb, jeder Gedanke an eine Kandidatur Ihres Herrn Sohnes –, dieser siegende Fortschrittler ist der semitische Rechtsanwalt Katzenstein aus Gransee!! Da können Sie sich nun denken, wie mir zumute wurde, als vor etwa 4 Wochen der Landwirt Gotthold Lessing von Meseberg auf dem Plane erschien! Daß ich meine Geschichte ändern müsse, stand mir sofort fest, und ich glaube, daß es mir gelungen ist. Ich lasse jetzt den Kampf zwischen dem alten Stechlin und einem *Sozialdemokraten* spielen und beginne, nach stattgehabter Wahl, das nächste Kapitel etwa so: ›Die Würfel waren inzwischen anders, als man erwartet, gefallen, denn weder der alte Stechlin noch der Sozialdemokrat waren gewählt worden – der Kandidat der Fortschrittspartei hatte gesiegt.‹ Dann nimmt die Erzählung ihren Fortgang. Ich hoffe, daß ich dadurch alles, was der Familie Lessing fatal sein könnte, beseitigt habe. Von ›Fortschritt‹ ist keine Rede mehr. Vorher auch nicht. Übrigens hat die Geschichte dadurch gewonnen.« Lessings Antwort ist nicht überliefert, aber dem folgenden Schreiben Fontanes läßt sich entnehmen, daß seine Beteuerungen auf wohlwollendes Entgegenkommen gestoßen waren. Am 19. Juni schrieb Fontane erleichtert an Lessing: »Die Romangeschichte machte mir doch Sorge, und ich bin froh, daß Sie keine Verstimmung darüber äußern. Denn wie ich es auch anfangen möge, ich werde, trotzdem es nicht zutrifft, dem Verdachte nicht entgehn, das Buch in einem gewissen Vossischen-Zeitungs-Sinne geschrieben zu haben, was doch Ihnen und Ihrem Herrn Sohne vielleicht nicht ganz angenehm sein könnte. Mir persönlich ist das *Grafschafts*urteil gleichgültig; ich bin seit Anno 70 daran gewöhnt, meine schließlich, als Untergrund, immer noch vorhandene Adelsvorliebe mit Soupçon behandelt zu sehn, bloß weil ich das Lied nach meiner Façon und nicht nach einem mir vorgelegten Notenblatt blase.«

Aus den Sommer- und Herbstmonaten des Jahres 1896 gibt es wiederholt Äußerungen, die eine intensive Arbeit am »Stechlin« bezeugen. Am 3. Juli 1896 schrieb Fontane an Ernst Heilborn, den Redakteur des deutschen Teils der Zeitschrift »Cosmopolis«, in der das Kapitel »Der 18. März« der Lebenserinnerungen Fontanes erscheinen sollte: »Das Kapitel ist fertig wie das ganze Buch, das übrigens erst im Frühjahr 97 erscheinen soll. [–] Sie können mithin den ›18. März‹ jederzeit haben, bitte aber doch, wenn's sein kann, mir eine Frist zu gewähren. Eine nochmalige Durchsicht ist nöthig und kann vielleicht eine ganze Zahl von Tagen kosten, die ich gerade jetzt, wo ich mitten in einem Roman stecke, nicht gut zur Verfügung habe.« Am 11. Juli 1896 entschuldigte sich Fontane bei seiner langjährigen Bekannten Marie Sternheim: »Eigentlich wollte ich Ihnen noch für Berlin einen kleinen Liebesbrief – der Sie am Morgen Ihrer Abreise treffen sollte – stiften, ich kam aber nicht dazu, weil mich meine gegenwärtige Schreiberei, in der sogar eine Gräfin Melusine vorkommt, ganz in Anspruch nahm.«

Am 6. August 1896 heißt es in einem Brief an Georg Friedlaender: »Zur Zeit nimmt mich mein Buch (Roman) mit schwierigen Korrekturen ganz in Anspruch.« Am 9. September 1896 teilte Fontane seinem Sohn Friedrich mit, daß er sich entschlossen habe, seinen seit dem 20. August dauernden Sommeraufenthalt in Waren an der Müritz noch etwas zu verlängern: »Ich werde mich, wenn ich erst wieder zurück bin, an meinem Roman – den in einem Blatt vorher drucken zu lassen, ich so gut wie aufgegeben habe – doch noch genugsam quälen müssen.« Maximilian Harden, dem Herausgeber der Zeitschrift »Die Zukunft«, in der das autobiographische Kapitel »Mein ›Onkel August‹« erscheinen sollte, schrieb Fontane am 20. Oktober 1896: »*Wann* ich es schicken kann, weiß ich in diesem Augenblick nicht genau, weil ich zur Zeit ganz in einer neuen Arbeit aufgehe, doch denk ich nicht später als Mitte Dezember.« Am 2. November 1896 heißt es in einem Brief an Friedlaender: »Mit meiner Romandurchsicht bez. Feilung will es nicht mehr recht gehn, die Nerven wollen ausspannen oder an andrer Stelle arbeiten und so gehören diese Tage der Abtragung von Briefschulden.« Im Tagebuch vermerkt Fontane in einem resümierenden Rückblick auf das Jahr 1896: »An diesem Stechlin-Roman arbeite ich schon von 1895 an durch das ganze Jahr 96 hin und beende ihn – freilich erst im ersten Entwurf – im Herbst 96. Gleich danach beginne ich die Überarbeitung, an die ich wenigstens noch ein halbes Jahr zu setzen habe.«

Auch nach dem Jahreswechsel setzte Fontane die Arbeit an seinem neuen Roman offenbar mit unverminderter Intensität fort. Am 1. Februar 1897 ersuchte er Maximilian Harden erneut um eine Fristverlängerung für die Lieferung des zugesagten Kapitels über »Onkel August«: »Ich bitte Sie nun inständigst, mir meine bisherige Säumigkeit nicht blos verzeihn, sondern mir auch noch eine Jahresfrist (ein bischen lange) gestatten zu wollen. Ich lebe ganz in meinem Roman, mit Freuden aber auch mit Sorgen, in beständiger Angst ob er überhaupt noch fertig werden wird und da werden Sie's nachsichtig beurtheilen, wenn ich drauf raus bin, die Tage für den *einen* Zweck zusammenzuhalten und keine Excurse zu machen.« Und an Georg Friedlaender schrieb er in einem Brief vom 5. und 6. April 1897, in dem er sich auch über eine vierwöchige Schreibpause beklagte: »Wir haben vor, wieder nach Karlsbad zu gehn, aber *sehr* spät, vielleicht erst Ende September. Ich muß nämlich, zum Herbst hin, einen Roman abliefern, mit dem ich leider vor September nicht fertig werde.« Auch Ernst Heilborn, der offenbar angefragt hatte, ob Fontane nicht einen weiteren Beitrag für die Zeitschrift »Cosmopolis« liefern könne, wurde auf später vertröstet: »Ob ich was habe, weiß ich selber nicht. Ich stecke so drin im Abschluß eines großen, noch dazu politischen (!!) und natürlich märkischen Romans, daß ich gar keine andern Gedanken habe und gegen alles andre auch gleichgültig bin. In solchem krankhaften Zustande kann man nicht einmal blättern und suchen, denn alles, worauf das Auge fällt, ist von vornherein verurtheilt, wenigstens so weit Eignes in Betracht kommt. [–] Leider bleibe ich noch drei, vier Monat in diesem Zustand, dann aber bin ich wieder frei und melde mich als Genesener und wieder freudig zu Diensten Stehender.« (12. Mai 1897) Allerdings scheint der Roman Ende Mai 1897 in einer ausgearbeiteten Entwurfsfassung im wesentlichen abgeschlossen gewesen zu sein. In dem später, aus der Rückschau verfaßten überblicksartigen Tagebucheintrag für 1897 resümierte Fontane: »Von Neujahr an bis Ende Mai beschäftigt mich mein Roman ›Der Stechlin‹; ich schreibe noch einige Kapitel, vor allem nimmt mich die Überarbeitung ganz in Anspruch.«

Am 9. September 1896 hatte Fontane in einem Brief an seinen Sohn Friedrich Zweifel geäußert, ob »Der Stechlin« überhaupt von einer Zeitschrift abgedruckt werden würde. Inzwischen war das Manuskript weit über den ursprünglichen Umfang hinausgewachsen. Trotzdem gelang es, den Roman der illustrierten Unterhaltungszeitschrift »Über Land und Meer« für den Abdruck in Fortsetzung zu vermitteln. Aus einer Zeit, in der es bereits erste Vorabsprachen gab, stammt ein Brief Fontanes an Adolf Hoffmann, den Direktor der Deutschen Verlagsanstalt, in der die Zeitschrift erschien. Dieser Brief ist nicht im Original, sondern nur in einem fragmentarisch überlieferten handschriftlichen Entwurf (Theodor-Fontane-Archiv, J 5, Rückseite Blatt 3) und einer offenbar aus der Zeit Friedrich Fontanes stammenden maschinenschriftlichen Abschrift (Theodor-Fontane-Archiv, Da 1216), die von dem damals noch vollständig vorhandenen Entwurf genommen worden ist, erhalten. Er wird hier nach der Abschrift wiedergegeben, die mit dem erhaltenen Bruckstück des handschriftlichen Entwurfs verglichen wurde:

Hochgeehrter Herr.
Ergebensten Dank für Ihre freundlichen Zeilen vom 25. d. M.; – was Sie so gütig sind als einen Wunsch Ihrer Verlags-Anstalt auszusprechen, entspricht durchaus meinen eigenen Wünschen. [–] Die Honorarfrage kann kaum zu Meinungsverschiedenheiten zwischen uns führen und der Stoff, so weit von einem solchen die Rede sein kann – denn es ist eigentlich blos eine Idee, die sich einkleidet – dieser Stoff wird sehr wahrscheinlich mit einer Art Sicherheit Ihre Zustimmung erfahren. Aber die Geschichte, das was erzählt wird. Die Mache! Zum Schluss stirbt ein Alter und zwei Junge heiraten sich; – das ist so ziemlich alles, was auf 500 Seiten geschieht. Von Verwicklungen und Lösungen, von Herzenskonflikten oder Konflikten überhaupt, von Spannungen und Ueberraschungen findet sich nichts. [–] Einerseits auf einem altmodischen märkischen Gut, andrerseits in einem neumodischen gräflichen Hause (Berlin) treffen sich verschiedene Personen und sprechen da Gott und die Welt durch. Alles Plauderei, Dialog, in dem sich die Charaktere geben, mit und [in] ihnen die Geschichte. Natürlich halte ich dies nicht nur für die richtige, sondern sogar für die gebotene Art, einen Zeitroman zu schreiben, bin mir aber gleichzeitig nur zu sehr bewusst, dass das grosse Publikum sehr anders darüber denkt und die Redaktionen (durch das Publikum gezwungen) auch. [–] Und so sehe ich denn Ihrer Entscheidung nicht so hoffnungsvoll entgegen wie ich wohl möchte. Vielleicht dass der beigelegte Briefbogen mit Inhaltsangabe meine Chancen wieder um Einiges steigert. Ein »ja« oder »nein« aber in die Zukunft legen ist gerade das, was man bei Verhandlungen wie diese so gern vermeiden möchte. [–] In vorzüglicher Ergebenheit [–] Th. F.

Titel: »Der Stechlin«. Inhalt: In einem Waldwinkel der Grafschaft Ruppin liegt ein See, »Der Stechlin«. Dieser See, klein und unbedeutend, hat die Besonderheit, mit der weiten Welt draussen in einer halb rätselhaften Verbindung zu stehen und wenn in der

Welt draussen »was los ist«, wenn auf Island oder auf Java ein Berg Feuer speit und die Erde bebt, so macht der »Stechlin«, klein und unbedeutend wie er ist, die grosse Weltbewegung mit und sprudelt und wirft Strahlen und bildet Trichter. Um dies – so ungefähr fängt der Roman an – und um *das* Thema dreht sich die ganze Geschichte. Das Agrariertum hat kein Auge dafür, der echte Adel [...] [In der Abschrift als »apokryph« markierte Stelle]

Andere Fassung: Ueber Titel und Inhalt gibt Ihnen das beigeschlossene Blatt Auskunft; entnehmen [S]ie demselben, dass der Roman für Ihre Zeitschrift passt, so möchte ich die Bitte aussprechen, dass Sie über Honorar, Zeit des Erscheinens und andre geschäftliche Dinge gütigst mit meinem Sohn Festsetzungen treffen wollen. [–] In vorzüglicher Ergebenheit

Leider ist die Korrespondenz zwischen Fontane und der Stuttgarter Redaktion nur lückenhaft überliefert, da das gesamte Verlagsarchiv im Zweiten Weltkrieg zerstört worden ist. Der hier wiedergegebene Brief ließ sich nicht genauer datieren, auch der weitere Verlauf der Absprachen ist nur aus wenigen vorhandenen Zeugnissen zu rekonstruieren, die nicht datiert sind. Offenbar kam es noch 1896 zu einer Einigung über den Abdruck des Romans in »Über Land und Meer«. Erst nach diesem Zeitpunkt formulierte Fontane in seinem Tagebuch seinen resümierenden Rückblick auf das Jahr 1896: »Ich habe nun infolge des Rückzuges von der Rundschau mit andern Blättern anzubändeln versucht und habe auch welche gefunden: Pan, Cosmopolis, ›Über Land und Meer‹ (früher Hallberger, jetzt eine Aktiengesellschaft). [...] Wichtiger war die Anbändelung mit ›Über Land und Meer‹, – die Redaktion will von Oktober 97 an meinen neuesten Roman ›Der Stechlin‹ bringen, unter beinah glänzenden Bedingungen. Honorar mehr als doppelt so hoch wie das der ›Rundschau‹.«

Fontanes Beziehungen zu »Über Land und Meer« sind allerdings nicht ganz ohne Vorgeschichte. Am 11. Mai 1870 erwähnte er in einem Brief an seine Frau Emilie, daß er von »Über Land und Meer« 50 Taler Honorar zu erwarten hätte, offenbar für den Abdruck einer Folge von vier Kapiteln des Bandes »Havelland«. Nach dem Erscheinen seines Romans »Vor dem Sturm« bedankte sich

Fontane bei Eduard Hallberger, dem Herausgeber von »Über Land und Meer«, am 19. November 1878 für eine in dem Blatt erschienene Rezension von Wilhelm Lübke. »Wenn ich bisher nur ein einziges Mal Gelegenheit nahm, Ihnen eine kleine Arbeit von mir zu gef. Aufnahme in ›Über Land und Meer‹ zu übersenden, so hat dies einzig und allein in der ganzen Art und Richtung meiner Schriftstellerei seinen Grund. Erwägen Sie gütigst, daß ich zwölf Jahre lang, die besten Jahre meines Lebens, nur Kriegsbücher geschrieben; vorher aber, von einigen Dichtungen abgesehen, nur ›märkische Wanderungen‹ und dem Ähnliches veröffentlicht habe. Publikationen in Betreff deren ich immer wieder die Wahrnehmung machen mußte, daß sie meinen heimatlichen Blättern sehr willkommen, den Blättern draußen im Reich aber ziemlich gleichgültig waren. So blieb ich im Lande und nährte mich redlich.« Fontane sagte Hallberger jedoch zu, der Redaktion eine seiner nächsten Arbeiten anzubieten. Erst 1884 kam es wirklich zur Annahme einer größeren Arbeit Fontanes – »Graf Petöfy« wurde in der Romanbibliothek zu »Über Land und Meer« abgedruckt. Daß es dabei nicht ganz ohne Irritationen abgegangen war, läßt sich einem Brief Fontanes an seine Frau vom 17. Juni 1884 entnehmen.

Die Entscheidung Fontanes, den »Stechlin« in »Über Land und Meer« zu veröffentlichen, war auch eine Entscheidung gegen die »Deutsche Rundschau«, die bislang so etwas wie Fontanes Stammblatt gewesen war. Neben zahlreichen kleineren Arbeiten waren Werke wie »Unwiederbringlich«, »Frau Jenny Treibel« und »Effi Briest« in der von Julius Rodenberg herausgegebenen Zeitschrift publiziert worden. Die finanzielle Frage mag für den Wechsel zu »Über Land und Meer« eine Rolle gespielt haben, ausschlaggebend war jedoch die Verstimmung, die zwischen Fontane und Rodenberg während des Abdrucks verschiedener Kapitel der »Lebenserinnerungen« eingetreten war. Ausführlich beklagte sich Fontane in seinem Tagebucheintrag zum Jahr 1896 über Rodenberg: »Er war immer artig und verbindlich, aber ohne jede Rücksicht auf das Interesse des andern. Das wurde mir zuletzt zuviel.« Auch von Rodenberg wurde Fontanes Entscheidung für »Über Land und Meer« als Affront empfunden. In seinem Tagebuch notierte er am 9. März

1897: »Gegen *Fontane* hat es mich ein wenig verstimmt, daß er seinen neuen Roman nicht der ›Rundschau‹ gegeben; wir haben uns gestern abend in aller Freundschaft darüber ausgesprochen, aber es ist mir dennoch nicht recht klar geworden, ob das Motiv ein materielles oder (ohne meinen Willen) verletzte Eitelkeit ist.« (Fontane, Briefe an Julius Rodenberg, Anm. zu Brief Nr. 108)

Der Redaktion von »Über Land und Meer« hatte Fontane zugesagt, das Manuskript bis zum 15. August 1897 zu liefern. Dieses Datum wurde mehrfach in der Korrespondenz Dritten gegenüber erwähnt. Am 21. Juni 1897 schrieb Fontane an Friedlaender: »Herzlichen Dank für Ihren lieben Brief, aber auch (leider) nur wenig mehr, da mich mein neuer Roman mit seinen letzten Kapiteln ganz in Anspruch nimmt. Am 15. August soll er in Stuttgart sein und da heißt es denn sich 'ranhalten, da die Korrektur von etwa 600 Seiten auch noch ein hübsches und schwieriges Stück Arbeit ist.« Nebenher beschäftigten Fontane allerdings auch andere Arbeiten. In Vorbereitung auf seinen Aufenthalt in Neubrandenburg vom 9. Juni bis zum 17. Juli 1897 schrieb er an seinen Verleger Wilhelm Hertz am 6. Juni 1897: »Im Augusta-Bad bei Neu-Brandenburg, am Ufer des Tollénse-Sees – oder wie andre sich kürzer fassen, des ›Tóllensee's‹ – will ich auch endlich an die Correktur bez. Anordnung meiner Gedichte für die fünfte Auflage gehn und bitte ganz ergebenst mir 2 Exemplare zu diesem Zwecke zur Verfügung stellen zu wollen.« Auch das Manuskript des neuen Romans »Der Stechlin« nahmen die Fontanes mit in die Sommerfrische. Es war inzwischen so weit gediehen, daß Emilie in Neubrandenburg mit der Abschrift beginnen konnte. Am 13. Juli 1897 berichtete Fontane seiner Tochter Martha: »Mama sitzt fest am Schreibtisch und packt Blatt auf Blatt; ich bewundre den Fleiß, aber nicht die Stimmung; sie leidet unter einer kolossalen Langenweile, deren zu Tage treten weder schmeichelhaft noch fördersam für mich ist, auch nicht durch die Resignation in die sie sich kleidet. Denn diese Resignation hat weniger von einer weichen Wehmuth als von einer stillen aber starken Verzweiflung. Schriebe ich *noch* einen Roman – allerdings undenkbar – so würde ich einen Abschreiber nehmen, coute que coute.« Bereits am 16. Juli scheint die Abschrift fertig gewesen zu sein. In der letzten Postkarte, die er seiner Tochter

Martha aus dem Sommeraufenthalt in Neubrandenburg schickte, teilte Fontane am 16. Juli 1897 mit: »Die 46 (!) Kapitel ruhen bereits verpackt im kleinen schwarzen Koffer; klingt wie Sarg, was hoffentlich nichts Schlimmes bedeutet.« Nach Berlin zurückgekehrt, setzte Fontane die Überarbeitung des Werkes allerdings fort. Am 28. Juli ließ er Emilie Zöllner wissen: »Ich bin […] seit vielen Wochen blos noch Arbeitsmaschine und *muß* es sein, wenn ich – wie versprochen – bis zum 15. August meine große und wohl letzte Arbeit nach Stuttgart hin abliefern soll. Ich sitze jeden Tag bis 3 an meinem Schreibtisch und bin dann hinterher so abgespannt, daß ich nicht mal mehr die Kraft zu einem Besuche bei einer so lieben Freundin […] aufbringen kann.« Offenbar hat Fontane den 15. August als Abgabetermin gehalten oder doch nicht wesentlich überzogen. In einem Telegramm, das, wie die beiden unmittelbaren Reaktionen Fontanes, die im folgenden zitiert sind, ohne Datierung im Nachruf von Paul Szczepański auf Theodor Fontane in »Über Land und Meer« abgedruckt ist, bedankte sich die Redaktion für die Zusendung des Manuskripts: »Hochverehrter Herr Doktor, intensiv mit allen Ihren Menschen mitlebend, vor allem mit dem alten Freiherrn, am Schlusse im Innersten erschüttert, danken wir Ihnen dafür, daß ›Ueber Land und Meer‹ ein solches Werk veröffentlichen darf.« Fontane antwortete überschwenglich: »Ihr Telegramm hat mich sehr beglückt. ›Verweile doch, du bist so schön,‹ – ich darf es sagen, denn ich sehe in den Sonnenuntergang. Herzlichen Dank.« Auch in seinem Brief vom folgenden Tag brachte Fontane seine Freude über die positive Reaktion der Redaktion zum Ausdruck: »In meinem gestrigen Telegramm habe ich einen auf diesem Gebiete wohl neuen Ton angeschlagen: den sentimentalen. Aber Sie werden es entschuldigen, wenn Sie hören, daß ich recht elend bin. Unmittelbar nach Absendung des Manuskriptpakets klappte ich zusammen. Ein oft stundenlanger Nervenhusten quälte mich. Doch wozu das? Spreche ich Ihnen lieber noch einmal aus, wie sehr mich Ihre Worte beglückt haben. Wer hörte nicht gern Lob? Aber es ist nicht das Lob als solches, was mir so wohlthut, sondern die *Grundempfindung*, aus der heraus es gesprochen wurde.« Rückblickend auf das Jahr 1897 schrieb Fontane in sein Tagebuch: »Wie schon vorher in Berlin, so war ich auch in der Sommerfrische wieder sehr fleißig, um endlich mit der Überarbeitung meines Stechlinromanes zustande zu kommen. Endlich war es soweit, und ich konnte das Manuskript an die Redaktion von ›Über Land und Meer‹ einsenden. Es wurde da sehr freundlich aufgenommen, und man schrieb mir Schmeichelhafteres, als sonst wohl Redaktionen und Verleger zu schreiben pflegen.«

Bis zur Erschöpfung hatte Fontane an der Fertigstellung des »Stechlin« gearbeitet. Erholungsuchend begab er sich am 23. August 1897 mit seiner Frau nach Karlsbad. Seine Nerven waren allerdings am Ende. Die Kräfte reichten nicht einmal mehr, die Korrekturfahnen, die ihm zunächst nach Karlsbad nachgeschickt wurden, zu lesen. Am 2. September 1897 schrieb er seinem Sohn Friedrich: »Sei bestens bedankt für Deine Zeilen und die beigeschlossenen Correkturfahnen. Ich schicke letztre morgen nach Stuttgart zurück, zugleich mit der Bitte, weitre Sendungen einstellen zu wollen, weil ich sofort einen tic douloureux kriege, wenn ich blos eine Zeile von meinem Roman lesen muß. Ich habe mir die Nerven dabei ganz zerschunden.« Sogar die Bitte, einen kleinen autobiographischen Text für »Über Land und Meer« zu schreiben, lehnte Fontane unter diesen Umständen ab. Auch anderen gegenüber erwähnte er seine »Nervenpleite«. An James Morris schrieb er am 19. August 1897, noch vor der Abreise nach Karlsbad: »Seit einem Monat bin ich aus Neubrandenburg wieder zurück, und am nächsten Montag will ich, wie alljährlich, mit meiner Frau nach Karlsbad. Ich sehne den Augenblick herbei, denn die hier seit meiner Rückkehr aus Mecklenburg verbrachten Wochen waren infolge von Hitze und schlechter Luft sehr unerquicklich. Dabei hatte ich scharf zu arbeiten, so daß ich zuletzt erschöpft zusammenbrach.« Und am 23. September 1897 heißt es in einem Schreiben an Ernst Heilborn: »Zu meiner großen Freude habe ich einen umfangreichen Roman noch fertig gekriegt – fast gegen eignes Erwarten – aber nun ist es auch vorbei. Die Kräfte sind hin, und selbst wenn's nicht so wäre, so würden sie durch die Vorstellung ›Du stehst nah vor 78‹ gelähmt werden.«

Nachdem er sich von den Strapazen der zurückliegenden Monate erholt hatte, vermutlich nach seiner Rückkehr nach Berlin, übernahm Fontane die Überwachung des Satzes für den Zeitschriftenabdruck wieder. Am 8. Oktober 1897 klagte er in einem Brief an Clara Stockhausen über »Correkturmassen – trotz hoher Semester«, und am 11. Oktober 1897 bedankte er sich bei Friedrich Spielhagen für zwei zugesandte Bücher, auf deren Lektüre er sich freue: »Aber das wird freilich bis in den November hinein dauern, da jetzt Fahnen – leider keine eroberten, sondern erst solche, die erobern sollen (und das ist immer mißlich) – mir beinah den Verstand und jedenfalls die Ruhe rauben.« Am 14. November 1897 bat Fontane Paul Schlenther, dem er das Manuskript »Mein Leipzig lob' ich mir« für den Abdruck in der »Vossischen Zeitung« zugesagt hatte, um einen kleinen Aufschub: »Es lagern so viele Korrekturfahnen bei mir, daß ich bitte die Ablieferung des M. S. bis etwa Donnerstag hinausschieben zu können.« Bis zum Jahresende hatte Fontane die Korrektur der Druckfahnen offenbar bewältigt. Erleichterung spricht aus den Worten, mit denen er den Abschluß der Arbeit verkündete. In einem Brief an Georg Friedlaender vom 25. Oktober 1897 heißt es: »Endlich – das Manuskript nach Stuttgart hin ist nun endgültig abgeliefert – komme ich dazu, Ihnen zu schreiben und zu danken.« Und am folgenden Tag schrieb Fontane an James Morris: »Ich habe lange nicht von mir hören lassen. Grund war eine große Arbeit (wohl meine letzte, wenigstens *der* Art), die ich nach Stuttgart hin an eine dort erscheinende Zeitschrift abzuliefern hatte. Das liegt nun seit drei Tagen alles glücklich hinter mir.« Auch Ludwig Pietsch gegenüber entschuldigte sich Fontane für eine verspätete Antwort: »Bei meiner Rückkehr aus Karlsbad, schon vor 4 Wochen und mehr, fand ich Ihre Karte vor und wollte gleich schreiben, bin aber vor mich quälender und durchaus zu erledigender Arbeit (dicker Romanwälzer) nicht dazu gekommen. In meinen Jahren erhebt jeder neue Tag den Finger mit der Drohung: ›Du, Du! Nur kein Aufschieben. Was Du thun willst, thue bald, *heute* noch.‹« (26. Oktober 1897) Rückblickend auf das Jahr 1897 hielt Fontane in seinem Tagebuch fest: »Schon nach Karlsbad hatten mich die Korrekturfahnen aus Stuttgart verfolgt; nach Berlin zurückgekehrt, steigerte sich das, und ich hatte bis gegen Weihnachten unausgesetzt damit zu tun.« Und im Tagebucheintrag über das Jahr 1898 heißt es:

»Beim Eintritt ins neue Jahr war mir noch ganz leidlich. Aber es dauerte nicht lange; Husten, Asthma und, was das schlimmste war, eine totale Nervenpleite stellten sich ein. Das ging so durch zwei Monate; ein Glück, daß die gesamte Stechlinkorrektur bereits hinter mir lag.«

Mit dem neuen Jahrgang 1897/98 begann der Abdruck des Romans in der Zeitschrift »Über Land und Meer«. In einer Mitteilung »An unsere Leser!« (Rückseite der Beilage »Aus Zeit und Leben«, Nr. 1) wurde der »Stechlin« folgendermaßen angekündigt: »Wie die Leser sehen, eröffnet den vierzigsten Jahrgang der *neueste Roman* von Theodor Fontane: ›Stechlin‹, in dem der erste lebende Meister der Kunst des Erzählens und Schilderns im Rahmen einer spannenden Handlung vielfach Schlaglichter auf die politischen Vorgänge und sozialen Strömungen des verflossenen Jahrzehnts wirft. Man wird nicht fehlgehen, wenn man dieses bedeutendste Werk Theodor Fontanes gleichsam als das Glaubensbekenntnis des greisen, aber jugendfrischen Meisters und als die Summe seiner Erfahrungen betrachtet, die er in dieser Form für die jüngere Generation nutzbar zu machen sucht.« In den wöchentlich oder vierzehntägig zu beziehenden Lieferungen der Folio-Ausgabe erschien der Roman ab Oktober 1897, der Abdruck zog sich bis Februar 1898 hin. In der Oktavausgabe, einer Umbruchausgabe der Folio-Ausgabe, deren Satz einer nochmaligen Hauskorrektur unterworfen worden war, erschien der Roman zeitlich etwas versetzt von Dezember 1897 bis Juni 1898.

Am 18. November 1897 unterzeichnete Fontane den Verlagsvertrag über die Buchausgabe des Romans mit der Firma seines Sohnes, F. Fontane & Co. Im Theodor-Fontane-Archiv hat sich eine Ausfertigung dieses Vertrages erhalten (W 374). Auf dem maschinenschriftlich abgefaßten Blatt änderte der Autor den wie im Zeitschriftenabdruck mit »Stechlin« angegebenen Titel, indem er eigenhändig den bestimmten Artikel hinzufügte. Vorgesehen war zunächst eine Auflage von 1120 Exemplaren, von denen der Autor 20 Freiexemplare erhalten sollte und 100 Exemplare zu Rezensionszwecken bestimmt waren. Als Honorar wurden für die erste Auflage 1500 Mark vereinbart, für jede folgende Auflage 1000 Mark. Das ist hinsichtlich des Honorars der günstigste Verlagsvertrag, den Fontane über die Buchausgabe eines seiner Romane abgeschlossen hat.

Mit der Überarbeitung des »Stechlin« für die Buchausgabe scheint Fontane bald nach Abschluß der Arbeiten an der Buchausgabe der Lebenserinnerungen »Von Zwanzig bis Dreißig« begonnen zu haben. Nachdem 1896 und 1897 einzelne Kapitel dieses umfangreichen autobiographischen Werkes in verschiedenen Zeitschriften abgedruckt worden waren, erschien die Buchausgabe am 10. Juni 1898 ebenfalls bei F. Fontane & Co. Fontane erhielt die Nachricht in Dresden, wo er sich vom 18. Mai bis zum 28. Juni zusammen mit seiner Frau im Lahmannschen Sanatorium auf dem Weißen Hirsch einquartiert hatte. In seinem Brief vom 14. Juni 1898 an seinen Verlegersohn reagierte der Autor erfreut auf die Mitteilung, daß der Band erschienen sei: »Das Buch ist nun also da, mög ihm gute Fahrt beschieden sein. Vorläufig bin ich neugierig, wie sich's ausnimmt und ob Oskar Bonde es mit den Druckfehlern gnädig gemacht hat.« Ein reiner Erholungsaufenthalt, eine bloße Sommerfrische waren die sieben Wochen in Dresden nicht. Auch hierher hatte sich Fontane einen Packen Arbeit mitgenommen. Am 24. Juni 1898 schickte er aus Dresden das erste Viertel des für die Buchausgabe bearbeiteten Manuskripts an den Verlag F. Fontane & Co. nach Berlin: »Diesen Zeilen lege ich die *Abschnitts-Titel* bei. Vielleicht ändern sie sich noch ein bischen, aber die vier ersten, die zunächst in Betracht kommen, bleiben. [–] Wichtig ist nur noch die Frage, ob sich diese Theilungen des Buchs überhaupt empfehlen? Ich glaube, ja; doch mag auch die entgegengesetzte Ansicht manches für sich haben. [–] Ich werde hier wohl noch bis etwa an die Hälfte und am Schluß der nächsten Woche (in Berlin) bis ans Ende kommen, so daß ich, bei Eintreffen der ersten Correkturbogen, die Durchsicht des Ganzen hinter mir habe.« Am 7. Juli 1898 teilte Fontane auf einer Postkarte an Georg Friedlaender mit: »Ich stecke bis über die Ohren in der Correktur meines ›Stechlin‹; vor grad einem Jahr hatte ich den Roman für den *Blatt*-Abdruck, jetzt ihn, für sein Erscheinen als *Buch*, zu corrigiren. Hundearbeit!« Am nächsten Tag schickte Fontane die noch ausstehenden Teile der Druckvorlage mit folgenden Begleitzeilen an den Verlag: »Mein lieber Friedel. [–] Anbei nun das *Stechlin*-Packet […] Du brauchst – wenn Du sie noch in Händen hast – Abtheilung 1 und 2 nur hinzupacken und alles an O. Bonde oder wer sonst dran ist, abgehn zu lassen. Je eher die Druckerei vorgeht, desto besser.« Bereits eine Woche darauf erwartete Fontane das Eintreffen der Korrekturbogen. Georg Friedlaender informierte er am 14.. Juli 1898: »[...] schon heute sah ich den ersten Korrekturbogen meines *Stechlin*-Romans entgegen und morgen kommen sie gewiß. Geht es damit erst los, bin ich viele Wochen lang daran gebunden.« Am 26. August 1898 konnte Fontane in einem Brief aus Karlsbad an Erich Sello berichten: »Zu meiner großen Freude bin ich mit den letzten drei, vier Korrekturbogen meines zum Herbst erscheinenden Romans (wohl der letzte: – ›laß, Vater, genug sein des grausamen Spiels‹) früher fertig geworden, als ich annahm und kann Ihnen nun nochmals sagen, wie sehr mich Ihr lieber Brief erfreut hat.« Noch am 23. August hatte Fontane Sello vertröstet: »In 8 oder 10 Tagen schreibe ich Ihnen ausführlich und bitte mich bis dahin gütigst entschuldigen zu wollen. Ich lebe hier nämlich in einer *Doppel*hitze und bin ganz kaduck.« Auch in seinem Brief an Georg Friedlaender vom 29. August 1898 erwähnte Fontane die ungewöhnliche Hitze in Karlsbad und sein Arbeitsfieber: »Wir sind schon seit dem 12. hier. Alles reizend wie immer; aber ich habe trotzdem etwas gelitten und zwar durch die kannibalische Hitze, bei der ich die Korrektur meines Roman's abschließen mußte.« Und seinem Sohn Theodor teilte er am gleichen Tag mit: »Unter den Karten, die Dich in der Schweiz aufsuchten, war keine von mir (der ›Stechlin‹ hielt mich in Banden) [...]«

Das Interesse an dem Roman ist offenbar bereits vor Erscheinen der Buchausgabe relativ groß gewesen. Am 4. September 1898 schrieb Fontane aus Karlsbad an seinen Sohn Friedrich: »Daß auf den ›Stechlin‹ so gut bestellt wird, erfreut mich natürlich, ängstigt mich aber auch wieder.« Fontane hatte vier der Aushängebogen gelesen und äußerte sich zufrieden mit der Arbeit der Potsdamer Druckerei Hayns Erben, »für noch vorhandene Mängel im Ausdruck hab ich den Schuldigen wo anders zu suchen«. Bis zu den Aushängebogen, also praktisch bis zur Fertigstellung des Drucks, hat Fontane die Entstehung seines letzten Werkes verfolgt. Das Erscheinen der Buchausgabe hat er nicht mehr erlebt. Als er am

20. September 1898 starb, lagen auf dem Schreibtisch »in einem Konvolut ›Gedichte und Anfänge‹«, wie Friedrich Fontane auf der von ihm angefertigten Abschrift (Theodor-Fontane-Archiv, H 51) vermerkte, der Gedichtentwurf »Als ich zwei dicke Bände herausgab« und eine Liste der Empfänger von Widmungsexemplaren.

In seinen Erinnerungen »Wie mein Vater starb« gab Friedrich Fontane ein Gespräch, das er noch am selben Tage – »Beim Täßchen Kaffee, gleich nach dem Mittagsmahl genommen« – mit seinem Vater geführt hatte, wieder.

»Nun, wie geht's, Papa?« »Danke! Na, so lala! Aber was kann man auch groß noch bei 38 Pulsschlägen verlangen?« [–] »Hat Mama geschrieben? Kommt sie bald zurück?« »Ich denke noch eine Woche. Für sie sind die paar Tage Ausspannung bei Treutlers die beste Nachkur. Hier langweilt sie sich nur. Namentlich jetzt, wo dein Verlag mich um die Korrekturen drängt und ich täglich davon einen ganzen Berg zu bewältigen habe.« [–] »Tut mir gewiß sehr leid. Aber es ist schon Ende September, und die Bestellungen auf den ›Stechlin‹ laufen weiter gut ein, die erste Auflage ist schon überschritten,« suchte ich ihn zu erfreuen. [–] »Nun, das ist schön! Besonders für dich. Aber ich fürchte, das Publikum wird später, wenn es sich erst den Schaden besieht, recht enttäuscht sein. Es ist nun einmal kein richtiger Roman im landläufigen Sinne. Eigentlich überhaupt kein Roman, vielmehr nur eine Aneinanderreihung von Anekdotischem, mit vielen Dialogen dazwischen. Und dann, die Hauptsache fehlt, wie du weißt: keine Spur von Handlung oder etwa gar Spannung.« [–] »Trotz alledem, Papa, die erhöhte Nachfrage spricht für den Erfolg, wenn auch nicht gleich wie bei ›Effi Briest‹.« [–] »Mag sein! Du warst ja immer Optimist! – Uebrigens, ich muß sagen, ich habe heute selbst mit Vergnügen in den Aushängebogen geblättert. Es ist das Buch, das ich für mich geschrieben habe. *Mir* gefällt's. Das ist mir noch bei keinem meiner Bücher passiert. Wenn sie erst gedruckt vorlagen, bin ich immer ängstlich drumrumgegangen.«

Die erste Auflage der Buchausgabe wurde Mitte Oktober 1898, vordatiert auf 1899, ausgeliefert. Im »Börsenblatt für den Deutschen Buchhandel« erschien am Freitag, dem 14. Oktober 1898, eine Annonce des Verlags F. Fontane & Co., in der es heißt: »Im Laufe dieser Woche bringen wir unsere Herbstnovitäten zur Versendung.« Als erstes Werk genannt ist: »Der Stechlin. Roman von Theodor Fontane.« Mit dem 21. Oktober setzt das Echo der Tagespresse auf die Buchausgabe ein. Im »Börsenblatt« vom 21. Oktober inserierte F. Fontane & Co. bereits die 3. Auflage des Romans, am 18. November die 4., am 1. Dezember die 4. und 5. Auflage. Im Impressum der 20. Auflage von 1909 heißt es: »Der Roman wurde im Jahre 1895 begonnen und zwei Jahre später vollendet. Der Journalabdruck erfolgte im Winter 1897 auf 98 in: ›Über Land und Meer‹. Von der Buchausgabe (nur bei F. Fontane & Co.) erschienen die ersten drei Auflagen im Jahre 1898. [–] Es erschienen ferner: die vierte und fünfte Auflage: 1898; die sechste und siebente: 1899; die achte: 1900; die neunte: 1901; die zehnte: 1903; die elfte bis vierzehnte: 1905; die fünfzehnte und sechzehnte: 1907; die siebzehnte und achtzehnte: 1908; die neunzehnte und zwanzigste: 1909 (jede Auflage 1000 Exemplare stark).« Zwar sind die Angaben, die seitens des Verlags über Auflagenzahl und -höhe verbreitet wurden, oft überhöht, mehr auf den Werbeeffekt berechnet als die tatsächlichen Produktions- und Verkaufszahlen widerspiegelnd, es spricht aber einiges dafür, daß der Start des letzten Romans Fontanes erfolgversprechend gewesen ist.

Wirkung

Bis zuletzt plagten Fontane allerdings Zweifel am Erfolg seines Romans. An Paul Schlenther, seinen Kritiker-Kollegen an der »Vossischen Zeitung«, schrieb er am 25. September 1897: »Ihr Abonnement auf den ›Stechlin‹ schmeichelt mir, aber ängstigt mich auch. Ich bin abergläubisch und ziemlich durchdrungen davon, daß man – ich denke dabei an die jetzt durch alle Zeitungen gehende Notiz – eine Sache ›bereden‹ kann.« Noch nachdem der Zeitschriftenabdruck längst abgeschlossen war und das Erscheinen der Buchausgabe unmittelbar bevorstand, äußerte Fontane

Unsicherheit über die zu erwartende Aufnahme seines Werkes. An seinen Verlegersohn Friedrich, der ihm die Aushängebogen zugeschickt hatte, schrieb er am 4. September 1898 aus Karlsbad: »[...] so angenehm mich das äußerliche Wohlgelungensein berührt hat, so hat sich mir doch auch wieder die Frage aufgedrängt ›ja, wird, ja, *kann* auch nur ein großes Publikum drauf anbeißen?‹ Ich stelle diesmal meine Hoffnungen auf die Kritik. Finden sich Wohlwollende, die der Welt versichern: ›ja, das ist was ganz Besondres‹ so glauben es die Leute. Ob auch aus *eigner* Kraft will mir zweifelhaft erscheinen.«

Das Urteil der Kritik – von Anfang an verbunden mit der Gesamtschau der Lebensleistung und dem Nachruf auf einen Autor, der mit dem gerade erschienenen Roman sein Leben und sein literarisches Werk vollendet hatte – war einhellig: »Der Stechlin« wurde allgemein als Meisterwerk anerkannt, mit dem ein bedeutender Schriftsteller sein Lebenswerk abschloß und krönte. »Fontane's nachgelassener Roman steht natürlich hoch über aller modernen Romanproduktion; er enthält eine Fülle des Bedeutenden und Interessanten; er ist eines der besten Kulturbilder der neunziger Jahre, vielleicht das beste und künstlerisch vollendetste, und jedenfalls ist er für die Zukunft ein unschätzbares kulturgeschichtliches Dokument.« (Bodo Wildberg) Die besondere Aufmerksamkeit, die »Der Stechlin« in der Presse fand, hängt aber nicht nur damit zusammen, daß das Erscheinen der Buchausgabe mit dem Tod des Autors zusammenfiel, wodurch der Roman den Rang eines Vermächtniswerks erlangte. Fontane war in seinen letzten Lebensjahren, wie es Rudolf Fürst in seiner Würdigung zum 80. Geburtstag des Autors zum Ausdruck brachte, so etwas wie der »Lieblingsdichter der Nation«, den man ungescheut einen Klassiker nennen konnte, der den Vergleich selbst mit den bedeutenden Autoren des Auslands nicht zu fürchten brauchte. »Als vor einigen Jahren eine Umfrage unter deutschen Schriftstellern nach dem besten deutschen Roman der letzten zehn Jahre gehalten wurde, da lautete die Antwort mit merkwürdiger Übereinstimmung: Theodor Fontanes ›Effi Briest‹. Wer es bis dahin nicht wußte, der mußte es fürderhin wissen, daß das moderne Deutschland in Fontane einen Romanschriftsteller gefunden hat, um dessentwillen es sich vor den Franzosen, Russen und Skandinaviern nicht mehr zu schämen braucht«, lautete das Fazit, das Max Messer in seiner »Stechlin«-Rezension zog. Das rege Interesse der Öffentlichkeit nährte sich auch aus dem Bewußtsein, daß mit Fontane ein bedeutender Repräsentant der Literatur des 19. Jahrhunderts abtrat, den die Rezensenten neben Autoren wie Flaubert und Daudet stellten, der mit Balzac, Zola und Anatole France verglichen wurde, mit Montaigne oder Thackeray (»Nur daß Thackeray mehr Richter ist und Fontane mehr Dichter.« – L. Kr.), mit Conrad Ferdinand Meyer, aber auch mit Raabe, Storm, Keller und Heyse. Eine vergleichsweise hohe Wertschätzung wurde Fontane auch im Ausland zuteil. Théodore de Wyzewa schrieb in seiner Besprechung des »Stechlin« für die renommierte Pariser Literaturzeitschrift »Revue des deux mondes« über Fontanes Romane: »Sie sind nicht so populär wie die Romane von Herrn Sudermann oder die Novellen von Herrn Heyse und könnten es auch gar nicht sein; aber obwohl sie weniger gelesen werden, werden sie doch mehr geschätzt. Man fühlt, daß es Werke sind, die in der Geschichte der Nationalliteratur zählen werden, und daß die Kenner sie mit Recht bewundern.« (Übersetzung aus dem Französischen, hier wie auf S. 516f., von Christine Hehle)

Die Reaktion der Presse auf das Erscheinen des letzten Romans Fontanes war beträchtlich. Bis zu 100 Rezensionsexemplare sind an die wichtigsten Zeitungen und Zeitschriften im Deutschen Reich und im Ausland geschickt worden. Etwa 50 Rezensionen und Anzeigen über den »Stechlin« konnten bisher ermittelt werden. Auch im Ausland hat es unmittelbare Reaktionen auf das Erscheinen des Buches gegeben – in der »Revue des deux mondes«, in der Wiener Wochenschrift »Die Zeit«, in der »Londoner Zeitung«, im »Prager Tageblatt« und in der in Kraków (Krakau) erscheinenden Zeitschrift »Przegląd Powszechny« (»Allgemeine Rundschau«).

Einige der zentralen Themen, die in den Rezensionen immer wieder eine Rolle spielen sollten, sind bereits in der vom Verlag verbreiteten Presseinformation vorgegeben, die zwar im Original bisher nicht bekannt geworden ist, deren Wortlaut sich aber relativ genau erschließen läßt. Die werbeorientierte Mitteilung, die der Verlag zweifellos zusammen mit den Rezensionsexemplaren an die Redaktionen der Zeitschriften und Zeitungen verschickte, entsprach weitgehend der im folgenden wiedergegebenen Notiz des »Berliner Fremdenblatts« vom 29. Oktober 1898. Meldungen mit identischem Wortlaut, allerdings teilweise gekürzt, finden sich in zahlreichen Zeitungen und Zeitschriften, die an den unterschiedlichsten Orten erschienen sind (vgl. »Zu diesem Band«, S. 699 bis 702), aber auch in Kritiken, die mit dem Anspruch auf Eigenleistung auftraten, wird nicht selten – direkt oder indirekt – aus dieser Verlagsanzeige zitiert.

Theodor Fontane: Der Stechlin. Roman.
Verlag von *F. Fontane u. Co.*, Berlin W. Preis 6 Mark.

Nicht vielen Schriftstellern ist es vergönnt, an ihr letztes Werk die letzte feilende Hand zu legen und es der Nachwelt so vollkommen zu hinterlassen, wie sie es im Interesse ihres Nachruhms und einer gerechten Würdigung oft wünschen mögen. Dem greisen märkischen Dichter, dem nach einem langen, arbeitsreichen Leben ein köstlicher Lebensabend und ein beneidenswerther Tod beschieden war, ist auch diese Gunst des Schicksals zu Theil geworden, und wenn wir seinen umfangreichen nachgelassenen Roman zur Hand nehmen, so ist es eine vollgiltige literarische Hinterlassenschaft, deren wir uns freuen können. Und dies ist es in doppeltem Sinne, denn wenn der Dichter auch in der Vorrede zu seiner Selbstbiographie: »Von 20 bis 30« erklärt hat, aus seinen späteren Lebensjahren keine Aufzeichnungen mehr machen zu wollen, so ist dies nur materiell richtig. Ideell hat er diese Aufzeichnungen bereits in diesem Roman niedergelegt. Es ist ein Buch der Lebenserfahrung und Lebensweisheit, gewissermaßen der Extrakt alles dessen, was in seinen Mannes- und Greisenjahren auf ihn eingewirkt, ihn bewegt und erhoben, ihn gerührt und erfreut hat. Es ist der ganze Fontane, wie er in der Anschauung so vieler seiner Zeitgenossen gelebt hat und in der Erinnerung ungezählter Tausende weiterleben wird, der aus diesem Buche zu uns spricht. Alle Figuren, die er in reicher Lebensfülle vor uns entstehen läßt, sind Fontanesche Menschen mit klarem Kopf und warmem Herzen, liebenswürdige Causeurnaturen und voll der inneren Tapferkeit, auf die es ihm immer ankam. Und wenn auch der eine oder der andere in der erzählten Handlung oder gewählten Darstellungsweise den ausgesprochenen Romancharakter vermissen sollte, so wird er dafür ein Buch der echten Menschlichkeit finden, das durch den Reichthum der Gedanken, die Abgeklärtheit der Weltanschauung und durch hohe Weisheit und innerlichste Empfindung aufs höchste entzückt und befriedigt.

Ein autobiographischer Roman

Der Gedanke, daß es sich beim »Stechlin« um ein autobiographisches Werk handle, wurde in zahlreichen Rezensionen aufgegriffen, meist in dem Sinne, daß der Autor sich in seinem letzten Roman nunmehr unmittelbar selbst ausspreche. »Von den Büchern, die Fontane in den letzten Jahren erscheinen ließ, ist Effi Briest dasjenige, das am meisten zu Herzen geht, Frau Jenny Treibel der beste von allen Berliner Romanen mit einer ganz unvergleichlichen Charakteristik ganzer Gesellschaftsschichten, die sonst nur sehr obenhin behandelt werden. ›Der Stechlin‹ aber ist das persönlichste von allen seinen Büchern, dasjenige, in das er am meisten von seinem eigenen Selbst hineingelegt hat und darum ein Buch, das diejenigen Leser liebgewinnen werden, die schon wissen, was sie an ihrem Fontane haben und das die andern auf den Weg rückwärts zu seinen andern Büchern leiten mag!« schrieb Sigmund Schott in seiner Besprechung des Romans für die »Neue Zürcher Zeitung« vom 5. November 1898. Ganz in diesem Sinne hatte sich Felix Poppenberg im September 1898 in der politisch-literarischen Wochenschrift »Die Nation« geäußert: »Nie hat Fontane einen Roman geschrieben, der weniger ein Roman war, als sein ›Stechlin‹; nie aber hat er sich, auch nicht in seinen biographischen Werken, so persönlich gegeben. [–] Waren Fontane's Erinnerungsbücher Dichtung und Wahrheit aus seinem Leben, so sind ›Stechlin‹ seine Gespräche. [–] Aus diesem Buch werden die jetzt verstummten Lippen nun lebendig, nimmer alternd zu uns reden. [–] Oder vielmehr nicht reden, reden ist nicht Fontanesch, – plaudern. Diese feine Fontanekunst, die er selbst an Bismarck so bewunderte, sie leuchtet hier in voller Liebenswürdigkeit: ›voll Liebe, voll Güte, voll Schnurrigkeit, doch die Schnurren treffen immer den Nagel auf den Kopf‹.«

Ebenso pauschal heißt es in den zeitgenössischen Rezensionen, Fontane habe seine Figuren, besonders Dubslav, »nach seinem eigenen Ebenbilde geschaffen« (Fritz Mauthner), sie seien »Art von seiner Art, Geist von seinem Geiste« (Max Uhse). »Vielleicht hatte sich Fontane nie so Fontaneisch gegeben wie in diesem ›Stechlin‹«, heißt es in einer anonym in der Zeitschrift »Cosmopolis« erschienenen Besprechung. Mauthner vermutete, Theodor Fontane habe »den Abschluß seiner Selbstbiographie« aus Diskretion in Form eines Romans gegeben: »Fontane hat sein Leben nur etwa bis zu seinem dreißigsten Jahre beschrieben; viele Rücksichten hielten ihn davon ab, in ebenso getreuer Weise zu berichten, wie er die Menschen und Dinge in den folgenden fünfzig Jahren gesehen hatte. Er liebte den lästigen Zuruf ›Namen nennen!‹ in der Oeffentlichkeit nicht. Man kann ja die Geschichte seiner Zeit schreiben, ohne persönlichen Klatsch, ohne zu verrathen, was für drollige Gesellen Freund Schulze und Freund Müller gewesen sind. Man setzt an Stelle von Theodor Fontane irgend einen anderen vornehmen Märker, z. B. den Krautjunker Dubslav von Stechlin und läßt ihn von 1848 bis in die Gegenwart hinein innerlich erleben und Fontanesch aussprechen, was Theodor Fontane im eigenen Namen zu verkünden keine Lust hat.«

Der Anschauung, der Roman ließe sich auf die Person des hinter dem Werk sichtbar werdenden Autors reduzieren, begegnet man immer wieder in den Besprechungen, so z. B. in der Rezension von A. B. im »Literarischen Centralblatt«, in der es über den »Stechlin« heißt: »Den subjectiven Reiz des Buches bildet dann die hervorragende Liebenswürdigkeit seines Verf.'s und dessen ungenierte Weise.« In diesem Sinn äußerte sich auch Paul Mahn in der »Vossischen Zeitung«: »Der moderne Roman setzt seinen Stolz zum Theil in seine ›Objektivität‹, in die Strenge, mit der er seine Menschen reden läßt, wie sie reden *können*, wie ihnen, gemeinhin ausgedrückt, der Schnabel nun einmal gewachsen ist. Der Reiz der Fontaneschen Gestalten ruht, wenn man so sagen darf, zum Theil gerade in dem Subjektiven ihrer Objektivität, darin, daß sie zwar das ihnen Mögliche, aber durchleuchtet von dem eigenthümlichen Flimmer Fontaneschen Geistes sagen, daß bei allem selbständigen Leben, das ihnen eingehaucht ist, doch auf der geringsten ihrer Aeußerungen ein Duft, ein Charme liegt, der unwidersprechlich auf den Gestalter hinweist. Es wird eben immer auf die Persönlichkeit ankommen, die hinter dem allen steht, es wird darauf ankommen, ob es sich lohnt, über dem Geschöpf den Schöpfer nicht zu vergessen. Eine machtvolle, weite Natur durchbricht besser das Gefüge der selbstgeschaffenen Charaktere und giebt sich ganz, als daß sie die Pedanterie der äußeren Schranke achtet und uns den eigenthümlichsten Zauber ihres Wesens vorenthält.«

»Fontanes Philosophie«

Wo nicht ästhetische Gründe herangezogen wurden, um die Besonderheiten des »Stechlin« zu rechtfertigen, hoben die Rezensenten inhaltliche Vorzüge des Werks hervor. »Rein als Kunstwerk angesehen, weist Fontanes letzter Roman manche Schwächen auf. Nicht nur die Komposition ist lockerer als je vorher, auch ein eigentliches Thema fehlt; überdies sind gewisse tote Strecken nicht vermieden. Aber der Inhalt wiegt diese Mängel überreichlich auf. Es spricht aus diesem Buche eine köstliche Weisheit des Lebens, wie sie nur das Leben selber zu geben vermag, eine klare und feste Weltanschauung: es ist durchweht von dem Geiste reinster und freister Humanität, die, erhaben über alle conventionelle und dogmenstarre Sittlichkeit, das Leben mit gesundem Realismus anschaut«, heißt es in der Rezension von Hans Landsberg im »Neuen Parnass«. Lebensweisheit bzw. Altersweisheit, Selbständigkeit des Urteils, Reife, Tiefe der Anschauung, Humanität, Güte, Gesinnung, Heiterkeit und Humor werden als Charakterzüge des Romans und seines Verfassers von vielen Rezensenten bewundernd genannt. »Über beide Bücher [»Von Zwanzig bis Dreißig« und »Der Stechlin«] schreibe ich einen gemeinsamen Titel: ›Fontanes Philosophie. Dem kommenden Jahrhundert als Erbe dargereicht.‹ Sie geben die Quintessenz von Fontanes Lebensgenuß und Lebensarbeit. Sie sind in hervorragendem Sinne ein pädagogisches Werk, ein System der Philosophie wie sie die Aristokratie der Seele ausmacht, keine in Paragraphen gefaßte Anleitung, sondern ein Kunstwerk, das durch seine Reinheit, seine Größe und seine einfache Tiefe von selbst wirkt.« (Martin Kriele)

Nur einmal heißt es in der zeitgenössischen »Krittikk« über den »Stechlin« rundweg »Kopf ab aus Prinzipp«. In seiner insgesamt ablehnenden Rezension für den »Przegląd Powszechny« kommt Maksymilian Kohlsdorfer zu dem Schluß: »Womöglich ist der vergiftete Geist, der aus dem ganzen Buch weht, der Bankrott eines der lebendigen Ideale des Christentums beraubten Intellekts angesichts des Todes – es ist doch offensichtlich, daß Fontane den ungläubigen Schriftstellern angehörte« (Übersetzung aus dem Polnischen K. P. M.).

Eigentlich kein Roman

Auch die in den meisten Rezensionen wiederholte Feststellung, daß »Der Stechlin« im eigentlichen Sinne kein Roman sei, jedenfalls keiner der herkömmlichen Art, findet sich vorgeprägt bereits in der vom Verlag verbreiteten Presseinformation. Die meisten Rezensenten beschränkten sich darauf, diese Besonderheit zu konstatieren, ohne sie dem Roman als schwerwiegenden Fehler anzurechnen. Deutlich wird allerdings die Schwierigkeit, die formalen und strukturellen Besonderheiten des Werkes mit den konventionellen Mitteln der Romantheorie zu beschreiben. »Fontanes Buch ist weder ein Sittenbild, noch ein sozialer Roman, noch sonst etwas, was sich irgendwie klassifizieren ließe, aber in ihm wird Geschichte lebendig, nicht wie sie sich auf den offiziellen Höhen offenbart, sondern wie sie aus ihren tiefsten Wurzeln heraufwächst«, schreibt Arthur Eloesser. Immer wieder wird die Handlungsarmut als besonderes Charakteristikum hervorgehoben, durch das sich »Der Stechlin« von den »banalen, stoff- und karrierehungrigen Modeerzählungen« (Paul Mahn) unterscheide. »Ein Roman! Die meisten Stammgäste der Leihbibliotheken werden – fürchten wir – leer ausgehen. Wer auf Spannung Jagd macht, der lasse das dicke Buch nur liegen, er wird nie in fieberhafte Aufregung gerathen, nie die Neigung fühlen, vorzeitig den Schluß zu naschen und in die letzten Seiten verstohlen zu blinzeln« (J. L., in: »Berliner Börsen-Courier«). Daß dies nicht dem Autor zur Unehre gereiche, sondern den Leihbibliothekslesern, expliziert Fritz Mauthner: »Es ist ganz richtig: Fontanes letzter Roman ist nicht spannend, ist kein

Leihbibliotheksfutter. Was will das sagen? Wenn Kaviar nichts für das Volk ist, so kann das schlimm sein für das Volk, keinesfalls für den Kaviar. So ein heißhungriger Massenleser, der jahraus jahrein täglich einen Band englischer, französischer oder deutscher Romanfabrikate verschlingt, der trotzdem den Namen Theodor Fontane vielleicht zuerst aus Anlaß der zahlreichen Todtenfeiern vernommen hat, und der nun unvorbereitet den ›Stechlin‹ herunterlesen will wie irgend einen spannenden Kriminalroman, der muß allerdings irre werden an seinen literarischen Berathern und sich zurücksehnen zu seinen Marlittiaden. Da blättert man im ›Stechlin‹ hundert, zweihundert, dreihundert Seiten um, und immer noch kein Mord, kein Diebstahl, keine Liebesgeschichte. Eine entzückende Darstellung? Aber um deren willen lesen wir doch keinen Roman!« In ähnlicher Weise äußert sich auch der nur mit den Initialen L. Kr. zeichnende Rezensent des »Posener Tageblatts«: »Der Dichter hat sein Werk selbst als Roman bezeichnet. Aber von dem, was ›romanhaft‹ ist, von rührsamen Liebesgeschichten, verschwundenen Testamenten, Duellen und anderen aufregenden Begebenheiten, von alle dem wird der Romanleser aus Neigung – auch Romanschlinger genannt – nichts finden.« Allerdings berichtet Richard Frank in seiner in der Literaturbeilage des »Hamburgischen Correspondenten« abgedruckten Rezension, daß »nach der Versicherung des bekanntesten Leihbibliotheksbesitzers von Berlin Fontane jetzt mehr verlangt wird als je und sein nachgelassenes Werk ›Der Stechlin‹ in hundertundfünfzig Exemplaren circulirt«. Gemeint ist offenbar der »Borstellsche Bücherlesezirkel«, die mit 600 000 Bänden und 5 000 Lesern größte deutsche Leihbibliothek am Ende des 19. Jahrhunderts, damals im Besitz von Hans Reimarus. Die Lieblingsbücher des Publikums wurden bei Borstell oft in mehreren Hundert Exemplaren angeschafft. So standen den Mitgliedern des »Bücherlesezirkels« bis 1898 Gustav Freytags »Soll und Haben« in 2 315, Felix Dahns »Ein Kampf um Rom« in 1688, Victor von Scheffels »Ekkehard« in 1317, die »Goldelse« von Marlitt in 1285, Paul Heyses »Kinder der Welt« in 1067 und Gottfried Kellers »Der Grüne Heinrich« in 758 Umlaufexemplaren zur Verfügung (Wittmann, S. 277). Auf dieser Bestsellerliste plazierte sich Fontanes Roman also nur mit mäßigem Erfolg.

Einige Rezensenten begnügen sich nicht mit der Feststellung, der Roman sei kein Roman, sondern versuchen eine Erklärung, was »Der Stechlin« dann sei, wie man ihn beschreiben könne, welcher literarischen oder Kunst-Form er ähnele. Begriffe wie Epos, Brevier, Vademecum, Memoirenwerk, Gespräche werden bemüht, mehrfach wird die Episodenstruktur des Romans zur Beschreibung herangezogen. Der mit den Initialen A. B. zeichnende Rezensent des »Literarischen Centralblattes« findet die Erklärung: »Er ist nämlich nicht ein bloßer Episodenroman, wie Alles, was F. seit der ›Adultera‹ geschaffen, sondern ein annähernd allseitiges Zeitgemälde und schließt sich so an des Dichters überhaupt ersten Roman, den historischen ›Vor dem Sturm‹ an [...]« Bemerkenswert sind die Schlußfolgerungen, die Richard Frank aus dem Vergleich des »Stechlin«-Romans mit dem Epos zieht: »Er ist mehr als ein Liebes-Zeitroman. Er ist überhaupt kein Roman, sondern wenn man genau wägend ihn liest, ein Heldengedicht. Die großen Epen haben einen gemeinsamen Zug. Die Einzelschicksale, die in ihnen erzählt werden, ordnen sich einem überragenden Zweck unter. Immer ist es die Geschichte vom Kampfe ganzer Völker, das Lied vom Untergang einer Epoche. Aus all' dem Schlachtenlärm und dem Triumpf und waffenklirrendem Sieg der lobebaren Helden klingt noch ein anderer Ton, eine klagende, wehmüthige Melodie, Mitleid und Trauer wegen der Vergänglichkeit alles Irdischen. Der Einzelheld kann Glück und Ehre erringen, aber mit all seinem Thun und Hoffen, seiner Kraft und siegenden Schönheit muß er schließlich der Zeit unterliegen, und erst sein Untergang vollendet seine Erscheinung als Held, macht ihn geeignet, im nationalen Epos das Sinnbild und die Verkörperung seiner Zeit zu sein. Und so ist jedes Heldenlied zugleich eine Totenklage an der Gruft versunkener Geschlechter. [–] Dieser charakteristische Zug ist auch das Leitmotiv ›des Stechlin‹. Noch ist alles scheinbar Leben und Kraft, noch scheinen die Gestalten voll stolzen Muthes und froher Zukunft gewiß. Aber in ihnen allen steckt der Verwesungskeim, sie alle sind absterbende Blüthen, die letzten Vertreter ihrer untergehenden Kaste. Denn es handelt sich um einen ganz abgeschlossenen Stand, der viel befeindet, vielgeschmäht, von großer Bedeutung gewesen und noch heute zu sein scheint, dessen neugeschwellte Kraft aber sein gerechtester und feinster Beurtheiler Fontane doch als das erkannt hat, was es ist: die Sammlung der Lebensgeister in der Agonie, das letzte Aufflackern vorm endgültigen Erlöschen. Der Held des ›Stechlin‹ ist der märkische Junker.«

In Opposition zu den Rezensenten, die an der Form des Romans nichts auszusetzen hatten, stellt sich der anonyme Kritiker der »Kölnischen Zeitung«: »Nun ist ›Der Stechlin‹ ein prächtiges, ein höchst originelles Buch, ein echter Fontane, aber trotz alledem künstlerisch nicht das Beste, was der Alte geschrieben hat. Auch bei einer sehr liberalen Auslegung der Grundbedingungen der Romantechnik wird man doch den Leser nicht in der Täuschung lassen dürfen, er fände in dem Werke Fontanes das, was er in einem Romane sucht, und unsere jungen Schriftsteller muß man geradezu davor warnen, sich dieses zum Vorbild der Romancomposition zu nehmen.« Immerhin konzediert er, nachdem er die Vorzüge des Werkes aufgezählt hat, das Buch sei »ein Kunstwerk im einzelnen, wenn es auch als Ganzes kein kunstgemäßer Roman ist«. Trotz solcher partiellen Kritik an dem Werk findet sich – bis auf die Rezension von Kohlsdorfer – keine vollständig ablehnende Beurteilung, vielmehr ist das immer wieder zu beobachtende »und doch« bzw. »trotzdem« charakteristisch. »Und doch ist dieser Roman, der nach landläufiger Klassifikation eigentlich keiner ist, ein echt zeitgeschichtlicher Roman« (L. Kr., »Posener Tageblatt«).

Ganz im Gegensatz zu der Feststellung, »Der Stechlin« sei eigentlich kein Roman, sieht Théodore de Wyzewa das letzte Werk Fontanes durchaus in der deutschen Romantradition, die sich von der französischen allerdings wesentlich unterscheide. »Was uns in diesen Romanen den wesentlichen Regeln der Gattung zu widersprechen scheint, die Handlungsarmut, die fehlende Einheit, die Langsamkeit der Entwicklung und die Vielzahl und Breite des Nebensächlichen, diese Mängel finden sich in allen großen Romanen der deutschen Literatur wieder, von Goethe und der Romantik bis hin zu Freytag und Gottfried Keller; und Mängel sind es nur für uns, die wir gewohnt sind, von einem Roman die entgegengesetzten Eigenschaften zu verlangen. Denn nach wie vor dem Naturalismus fahren wir fort, den Roman wie eine Art geschriebenes Drama zu betrachten, wo die Personen handeln und die Ereignisse ›vorwärtsschreiten‹ müssen, und zwar um eine zentrale Idee oder Begebenheit. Für die Deutschen dagegen ist die Trennung zwischen Roman und Drama eine absolute. Der Roman braucht für sie weder Handlung noch Verwicklungen; er kann sogar ein Zentrum entbehren und mehrere verschiedene Themen gleichzeitig behandeln; denn der Roman, so wie sie ihn fordern und wie alle ihre Romanciers ihn ihnen gegeben haben, ist einfach so etwas wie eine *Chronik*, eine gefällige Wiedergabe von Typen und Milieus, die ihnen vertraut sind. Danach steht es dem Autor frei, soviel Phantasie oder Realismus hineinzubringen, wie er will, Jean-Paul Richter oder Gustav Freytag zu sein: die Hauptsache ist, daß er ihnen Figuren präsentiert, deren Leben sie sich vorstellen können, und daß er diese Figuren dann frei vor ihnen lebendig sein läßt. [–] Und das ist es, was Theodor Fontane stets getan hat.«

»Romanplauderei oder Plauderroman«

Wenn es auch in den Rezensionen immer wieder heißt, der Roman sei eigentlich gar kein Roman, versagten die Kritiker der künstlerischen Gestalt des Werkes ihre Anerkennung nicht, mitunter wurde sie enthusiastisch gefeiert. Die Erzähltechnik des Autors, seine Kunst, die Figuren mittels Sprachporträts zu charakterisieren, die »liebevolle und naturgetreue Kleinmalerei von Dingen und Personen« (»Frankfurter Zeitung«) wurden immer wieder lobend hervorgehoben. Zwar finden sich vereinzelt auch Vorbehalte und Einwendungen gegen Stil oder Erzähltechnik Fontanes, aber es überwiegen Sympathie und Begeisterung für das Werk. Der anonyme Verfasser der in der »Illustrierten Zeitung« erschienenen Rezension ist fasziniert von dem »Zauber einer eigenartig naturwüchsigen, durch Bildung und Selbstzucht geläuterten Schilderungskraft, von der wol kaum jemals eine spurlos gebliebene Schöpfung ausgegangen ist. Mag diese Schreib- und Darstellungsweise immerhin bisweilen einige befremdende Wunderlichkeit, ja Manierirtheit mit sich führen, so läßt doch die lebens- und temperamentsstarke, immer anschaulich und geistreich ausgeführte Veranschaulichung der gezeichneten Menschen und Dinge an sich schon ein Erlahmen der Theilnahme nicht aufkommen.«

Einhellig ist das Lob für Fontanes Technik der Figurengestaltung. Insbesondere Dubslav ist der allgemeine Liebling der Kritik. Die Beschreibung seines Sterbens gehöre »zu dem ergreifendsten, innigsten und größten, das Fontane je geschrieben«, hob Max Messer hervor. Dies sei »der Tod des Philosophen«, hieß es im »Hamburger Fremdenblatt«. Und der anonyme Rezensent der »Kölnischen Zeitung« schrieb: »Die Schilderung der letzten Krankheit und des Todes des alten Herrn von Stechlin gehört zu den feinsten Blüten der humoristischen Kunst.«

Als Sprachkunstwerk übte »Der Stechlin« große Faszination auf die Rezensenten aus, auch wenn der Roman aufgrund seiner charakteristischen Eigenart, daß er über weite Strecken nichts anderes als Gespräch ist, schwer mit den Gattungsmerkmalen in Übereinstimmung zu bringen schien. Die Feststellung, daß auch die Sprache der Figuren – bei aller Kunst der Individualisierung und der Charakterisierung der den verschiedenen Ständen angehörenden Typen durch Sprachporträts – nicht frei ist vom Personalstil des Autors, wurde von den Rezensenten unterschiedlich bewertet. »Alle diese Menschen sprechen dieselbe Sprache«, heißt es in der Kritik von Richard Frank, »denn es ist die Sprache des Dichters, der stets gleichsam hinter seinen Menschen steht, ihnen über die Schulter blickt, uns zulächelt und sagt: ›Ja, das ist der und der, und so denkt er, und das hat er gesprochen.‹« Keinen wesentlichen Mangel sieht auch der mit den Initialen A. B. zeichnende Verfasser der im »Literarischen Centralblatt« veröffentlichten Kritik in dieser Eigenart des Romanciers Fontane: »[…] sein Hauptkunstmittel wird das charakterisierende Gespräch, aber dieses weiß er auch, trotzdem alle seine Menschen fast völlig gleich reden, mit großer Meisterschaft zu gebrauchen, fast kein Charakter bleibt leblos, und auf die Zustände fallen höchst bezeichnende Lichter. So entsteht nun zwar kein Romankunstwerk, eher etwas, was man eine Romanplauderei oder einen Plauderroman nennen könnte […]« Paul Mahn sieht diese Besonderheit sogar als einen besonderen Vorzug des Romans an. Kritisch wendet Bodo Wildberg dagegen ein: »Wenn also der Dichter in einer Erzählung, die noch dazu in der nüchternen Mark spielt, alle Personen, ja wirklich fast alle, in seiner eigenen geistreichen Manier sprechen läßt – selbst die als beschränkt Charakterisirten reden noch zehn Mal geistreicher, als es gescheidte Leute im wirklichen Leben thun –, dann verstößt er, den die Naturalisten als den ihrigen begrüßt hatten, gegen die obersten Gesetze der Lebenswahrheit und Wahrscheinlichkeit.« Sigmund Schott bemerkte in seiner Rezension in der »Allgemeinen Zeitung«, daß die beanstandete stilistische Besonderheit nur auf die Figuren der vornehmeren Kreise beschränkt sei, auch er sah darin jedoch keinen wesentlichen Mangel. »Den Ton der Leute in der Portierloge, in der Küche und im Dorf weiß der Verfasser so vorzüglich wiederzugeben, daß man hievon das Gefühl der vollen Naturtreue hat, und sie Alle, der Schulze Kluckhuhn, der Kutscher Robinson, die Immes, die so oft ›wechselnde‹ Hedwig und andere theils recht schnurrige Gestalten, Alle haben sie echtes Gepräge. Die vornehmen Leute aber reden bei aller scharfen Individualisirung doch zum Theil etwas gleichmäßig die weisheits- und erfahrungsvolle Fontane'sche Sprache.« Rudolf Fürst dagegen erklärt diese stilistische Besonderheit zu einem literarhistorischen Verdienst des Autors: »Nun hat der sogenannte Naturalismus alles daran gesetzt, auch die Form ängstlich zu individualisiren, ja er hat in allerlei äußerlichen Beobachtungen und harmlosen Kopirstückchen seine wichtigste Bethätigung erkannt. Fontane geht anders vor; er photographirt die Form nicht, er verachtet den Jargon, das Näseln und Rülpsen, aber er beherrscht, wie wenige vor ihm, den Vorstellungskreis einer jeden seiner männlichen Gestalten bis ins Feinste; vielleicht steht er den Frauen gegenüber nicht auf gleich festem Boden. Aber unter den Männern ist man so recht eigentlich zu Hause.« Arthur Eloesser ging sogar so weit, die Gesprächsform des »Stechlin« zur für den modernen Roman schlechthin gebotenen Form zu erklären: »Dieser Roman ist nichts, will nichts sein als Plauderei, oder wem das besser klingt, Causerie, und diese Form möchte heute als die einzig passende für einen ernsthaften Menschen erscheinen, der sich überhaupt noch entschließen mag, einen Roman zu lesen.«

Realismus, Naturalismus, Impressionismus?

In den Rezensionen finden sich mehrfach Passagen, in denen der »Stechlin« zu den verschiedenen zeitgenössischen literarischen Strömungen ins Verhältnis gesetzt wird. Allerdings geben diese Reflexe oft mehr Aufschluß über die Rezensenten und den Diskurs, in dem sie stehen, als über das rezensierte Werk selbst.

»[…] seit W. Alexis haben wir keinen Schriftsteller gehabt, der diese Mark auch so geliebt hätte, wie Fontane. Und diese seine Liebe hat so gar nichts ›Modernes‹ an sich, sie ist so gar nicht erkünstelt, aber noch viel weniger ›naturalistisch‹. Die Figuren seines Romanes sind nach der Natur gezeichnet, nicht *photographirt*. Jeder, der gleich Fontane für die märkische Eigenart Auge und Verständniß hat, kennt solche märkische Junker, wie den alten Stechlin, solche preußische Offiziere, wie den ›Alexandriner‹ und den von den ›Ersten Garde-Dragonern‹, solche Pastoren wie den christlich-sozial angehauchten Freund des Stechliners, solche Lehrer und auch solche – Juden! Aber natürlich sind sie von dem zarten Schimmer des Idealismus umwebt, keine nackte Alltagsmenschen, denn Fontane kennt sie nicht nur, sondern er liebt sie, er denkt und lebt mit ihnen«, schrieb ein anonymer Rezensent in der »Neuen Preußischen (Kreuz-) Zeitung«. Unmittelbar gegen die Strömung des Naturalismus richtet sich auch das Lob, das eine Leserin der »Straßburger Post« dem »Stechlin« spendete: »[…] daß ein Roman realistisch und doch erhebend zu wirken vermag.« Rudolf Fürst dagegen sieht im »Stechlin« einen »Roman, dessen Technik die Objektivität ist, und der in dieser Objektivität […] doch zum Impressionismus neigt. […] Und trotz dieser starren Objektivität, die dem Leser kaum jemals mit einem Fingerzeig zu Hilfe kommt, […] trotz dieser dem Zettelkastenrealismus kontradiktorisch entgegenstehenden Naturvermittelung, herrscht das Temperament des Künstlers mit solcher Königskraft, daß wir von Impressionismus zu sprechen versucht sind. Gerade weil es uns nirgend gesagt wird, stehen wir unverrückbar im Banne des geheimnißvollen Sehers, der uns gebieterisch dorthin zwingt, wo er selbst steht. Wir haben nicht einen Augenblick den Eindruck, daß jemand etwas erzähle, noch weniger, daß er *uns* erzähle; aber als würde uns der Schleier von einem Stück Welt gehoben, und als sagte uns deren Schöpfer: Seht, das ist meine Welt; seht sie euch an, wenn ihr mögt, befreundet euch mit meinen Menschen, wenn ihr könnt! Flauberts ›Art absolu‹ singt hier ihr hohes Lied.«

Ein moderner Roman?

Mehrfach spielt in den Rezensionen der Begriff »Moderne« eine Rolle, verstanden als Gegensatz zu »antiquiert« bzw. »altmodisch« und »altertümlich«. In der Rezension von A. B. im »Literarischen Centralblatt« heißt es über den Roman, er sei »durchaus modern, ein Hauptwerk der modernen Beobachtungskunst«. Es finden sich aber auch Stimmen, die Fontanes Roman – offenbar in Abgrenzung zu den literarischen Strömungen der Gegenwart, insbesondere zum Naturalismus – die Modernität absprechen. Ein mit den Initialen v. H. zeichnender Rezensent schrieb in der »Allgemeinen Konservativen Monatsschrift für das christliche Deutschland«: »Schon eins nimmt für den Roman ein: man merkt sofort, daß man es nicht mit einem ›modernen‹ Roman zu thun hat, sondern daß der Verfasser in seiner alten, guten Manier schreibt – manchmal ein bi[ß]chen schwatzhaft, hier und da auch derb und deutlich, aber immer vornehm in der Gesinnung, in eigenartiger Mischung von Ernst und Scherz.«

Auch unter dem Aspekt der politischen Aussage des Romans wird die Frage nach modern oder konservativ erörtert, wobei das Bemühen Fontanes, die Gegensätze in ein ausgewogenes Verhältnis zu bringen, dazu geführt hat, daß auch in diesem Punkt divergierende Meinungen geäußert wurden. Hans Landsberg konstatierte im »Magazin für Litteratur«: »Das Thema vom Alten und Neuen steht nämlich im Mittelpunkte unsres Romans. Unser Dichter hielt zum Alten, weil der innere Mensch mehr galt, die Welt voll Stetigkeit und Ruhe war, und nicht das Hasten und Drängen, den fieberhaften Wechsel der Verhältnisse zeigte wie in der modernen Zeit. […] Die alten Menschen und die alten Verhältnisse werden mit ungleich größerer Liebe und Anhänglichkeit geschildert als die modernen, ja wir haben das Gefühl, daß der alte Dubislav und sein enger Kreis zehnmal mehr wert sind, als der junge Nachwuchs, aber immer klingt es doch wieder mahnend hindurch: ›Der Lebende hat Recht‹. Der alte Stechlin stirbt, aber das Geschlecht der Stechline blüht fort.« Von anderer Seite wurde bemängelt, daß Fontane die Moderne gar nicht erfaßt habe. »Der eigentlich moderne Mensch, der den bürgerlichen Fortschritt vertritt und in Wahrheit mitten im Leben der Zeit steht, losgelöst von allen Traditionen und Standesrücksichten, kommt in Fontane's Roman nicht vor, kommt *garnicht* in ihm vor – und Das ist nicht nur schade, sondern ein Fehler, eine Schattenseite, weil das geistige Vermächtniß hier eine Lücke aufweist.« (Anonym, »Hamburger Fremdenblatt«) Dagegen heißt es in einer anonymen Rezension in der Internationalen Revue »Cosmopolis«: »Ein politischer Roman ist Theodor Fontanes Vermächtnis ›Der Stechlin,‹ und es wird hin- und hergestritten, und Parteien und Parteiungen werden von den verschiedenen Seiten beleuchtet. Und mit grosser, liebender Gerechtigkeit verteilt Theodor Fontane Licht und Schatten. In den Causerien ist es ihm eben um Causerie selbst zu tun. Und auf das Herz des Menschen nicht auf die Parteifarbe kommt es ihm an.«

Ein politischer Roman

Die Meinung, daß es sich beim »Stechlin« lediglich oder hauptsächlich um ein autobiographisches Werk handele, blieb nicht unwidersprochen. In der anonym in der »Neuen Preußischen (Kreuz-) Zeitung« vom 13. November 1898 erschienenen Rezension wurde im Gegensatz dazu betont, »daß es Fontane in diesem Roman offenbar darauf ankam, nicht sowohl, wie man wohl behauptet hat, seine *eigene* Lebensanschauung darzulegen, als vielmehr zu zeigen, wie die religiösen, politischen, sozialen Fragezeichen der Gegenwart in den Charakterfiguren des märkischen Lebens ihre Antwort finden«. Diese Fragezeichen wurden von den Rezensenten ganz unterschiedlich gesetzt. Ging es um die politische Aussage des Romans, kam zunächst die Wahlhandlung in Betracht. Aber es wurden auch prononcierte politische Äußerungen der einzelnen Figuren angeführt. Über die Frage, wer mit seinen politischen Anschauungen recht habe bzw. wie sich der Autor im

Parteienspektrum positioniere, geht kaum einer der Rezensenten hinaus. Die universelle Symbolik des Seemotivs in Verbindung mit dem roten Hahn und dem wiederholt anklingenden Freiheitsmotiv wird meist unterschätzt. Nur selten weisen die Rezensenten darauf hin, wie stark Fontanes letzter Roman durchdrungen ist von dem Wissen um die Bedeutung der politischen Klassen und Parteien für die Entwicklung von Staat und Gesellschaft. »Wer Theodor Fontane *nicht* kennt, der möchte fragen: in welchem Lager wohnt das Recht? – Nicht bei der Bourgeoisie. Mit der will Fontane nichts zu schaffen haben. Die denkt nur an sich und tanzt um's goldene Kalb. […] Recht hat das freie volle Menschentum, wie's sich auch stellt, diesseits und drüben«, schreibt Ernst Heilborn vermittelnd. Max Uhse zitiert in seiner Besprechung im »Leipziger Tageblatt und Anzeiger« ausführlich die emphatischen Worte Lorenzens über das Anbrechen einer neuen, glücklicheren Zeit und zieht daraus lediglich die Schlußfolgerung: »Welch Zeugniß für die staunenswerthe Lebenskraft und Lebensfülle des Autors legen diese Worte ab! Da ist nichts vom senilinen Greisenthum zu spüren, das nur in der Vergangenheit lebt, sie nur begreift, sie allein für maßgebend und gut hält – ein Fontane schreitet tapfer und frohgemuth mit der Zeit mit, und mehr noch als die Nachgeborenen begreift er, was sie der Menschheit in ihrem Werden und Wachsen Befreiendes schafft. Er hat's ja am eigenen Leibe erfahren, wie die so[g]enannte gute alte Zeit mit ihrer Enge Einem oft den Athem versetzte und die nach freier Regung lechzende Seele in den Bann ihrer Vorurtheile zwängte.« Bezeichnend in diesem Zusammenhang ist, daß Gustav Keyßner im Rahmen seines Nekrologs auf Theodor Fontane in den »Münchner Neuesten Nachrichten« die politische Frage des Romans in eine Kulturfrage auflöst. »Die Dinge aus sich heraus werden lassen, seine eigene Freiheit behaupten und den Andern die ihre gönnen, die Bildung nicht als ein Ding der Routine und äußerlichen Wissens, sondern als eine Sache des Herzens und des Könnens erkennen und pflegen: in diese Forderungen darf man wohl das zusammenfassen, was Fontane Kultur nannte und von echter Kultur forderte. Wie weit ihm die heutige Zivilisation, wenigstens in ihren patentirten Trägern, den ›Gebildeten‹, der ›Gesellschaft‹, von diesem Kulturideal noch entfernt scheint, das bildet vielleicht das Grundthema seines letzten Romans ›Stechlin‹.« Auch in der anonymen Rezension in der Zeitschrift »Die Frau« heißt es, »Der Stechlin« sei ein politischer Roman, allerdings »nicht im landläufigen Sinn, doch darin, daß der alte Fontane die neuen Ideen, die umgehen, hat Revue passieren lassen und auf ihren Wert hin geprüft hat. Und das Endurteil lautet: alles ist gut; aber für den märkischen Junker ist's vielleicht am besten, wenn er sich um die Ideen des Tages wenig kümmert und ruhig den Weg fortgeht, den ihm Charakter und Tradition weisen.« Richard Frank erkennt allerdings im »Stechlin« den bedeutenden Gesellschaftsroman, das Porträt einer Gesellschaftsklasse in ihrem Untergang. »Es ist das Lied vom Sterben des Junkerthums, und es ist neben dem hohen dichterischen Reiz zugleich eine culturhistorische Skizze von großer Bedeutung.« Und im »Dresdner Journal« vom 28. Oktober 1898 schrieb ein anonymer Rezensent: »Alles in allem aber ist ›Der Stechlin‹ ein letztes und bleibendes Zeugnis, wie mitten in der verworrenen Gärung unserer Tage eine echte Dichternatur den festen, tiefdringenden Blick für das Licht im Zwielicht einer Uebergangsperiode, für das Wahrhaftige in den Seelen im Zwange der Zustände bewahrt und bewährt hat.«

»Compendium des Märkerthums« und »Hohelied des Preußenthums«

Mehrfach wurde von den Rezensenten hervorgehoben, daß das Preußenthema für den Roman »Der Stechlin« von besonderer Bedeutung ist, allerdings ohne daß die politische Dimension erfaßt wurde, die Fontane diesem Thema beimaß, das eine Konstante seines gesamten erzählerischen Werkes bildet. Meist erklärte sich für die Kritiker diese Besonderheit hinlänglich aus der regionalen Verwurzelung, auf die der Autor der »Wanderungen« ohnehin festgelegt schien. Heimatverbundenheit, Patriotismus, Verherrlichung der sogenannten preußischen Tugenden sind Dinge, die einleuchten. Die Komplexität und Kompliziertheit des Preußenbildes, die der Autor in seinem letzten Werk erreicht, werden dagegen kaum wahrgenommen. »Insbesondere ist Stechlin eine Art Compendium des Märkerthums, das hohe Lied des Preußenthums«, heißt es im »Berliner Börsen-Courier«.»Wenn einmal eine Geschichte des Preußenthums in der Literatur geschrieben wird, so gebührt darin Theodor Fontane einer der ersten und ehrenvollsten Plätze. Denn in ihm ist der brandenburgisch-preußische Geist mit seinem starken Pflichtbewußtsein und seiner sittlichen Tüchtigkeit, mit seiner geistvollen und manchmal schroffen Schärfe und seiner unbezwinglichen Neigung zu überlegenem Spotte verkörpert wie kaum in einem anderen Schriftsteller«, hebt R. B. in der »Leipziger Zeitung« hervor. »Einige unsympathische Persönlichkeiten laufen nebenher, in der Hauptsache aber haben wir es nur mit höchst liebenswürdigen, kerntüchtigen Menschen, Männern und Frauen, zu thun, die in ihrer Gesamtheit eine ›Verherrlichung‹ des Altpreußentums und des norddeutschen Adels um so mehr bilden, als sie ihre und ihrer Heimat Schwächen selber gelegentlich zu belächeln wissen« (»Kölnische Zeitung«). In dem Beitrag von Richard Friedrich in den »Blättern für literarische Unterhaltung« wird die politische Aussage, mit der das Preußenthema im »Stechlin« verknüpft ist, in einer Auswahl von Zitaten über Kaiser Friedrich, Kaiser Wilhelm I., das Verhältnis der beiden Gesellschaftsklassen Adel und Proletariat zueinander spürbar. Friedrichs Beitrag schließt mit den Lorenzen in den Mund gelegten Worten über den Fortschritt und über das Heldentum.

Kleine Irrtümer und Mängel

Wie bei anderen Werken wurden auch beim »Stechlin« einige kleine »Irrtümer« von den Rezensenten angemerkt. In der namentlich nicht gezeichneten Rezension der »Straßburger Post« heißt es: »Nur zweimal ist uns auf den 517 Seiten ein kleiner Verstoß gegen das wirkliche Leben aufgefallen: Es gibt in Preußen keine ›Ministerialassessoren‹, und der schwedische Punsch ist kein heißes Getränk, sondern ein kaltes.« Der Verfasser der ebenfalls anonym erschienenen Besprechung in der »Neuen Preußischen (Kreuz-) Zeitung« stellte fest: »Daß hie und da kleine Irrthümer mit unterlaufen – so bei der höchst ergötzlichen Reichstagswahl, in der der Sozialdemokrat über Stechlin siegt, daß alle Wähler des Kreises nach Rheinsberg fahren, statt zu Hause zu wählen – ist sehr entschuldbar; wäre doch ohne dies ›Versehen‹ die ganz[e] wirklich vorzügliche Wahlepisode unmöglich geworden.« Sicher lassen sich weitere Fehler und Versehen des Autors entdecken, sogar noch heute, über 100 Jahre nach dem Erscheinen der Buchausgabe, werden weitere »Irrtümer« Fontanes festgestellt, was allerdings der Vorliebe des Publikums für den »Stechlin« keinen Abbruch tut. »Fontane's Bücher sind eben wie jene Elemente, die bei der Berührung Elektrizität hervorbringen, sie haben es an sich, daß sie Geist erzeugen, zugleich starke ›Ermunterungen zum Vergnügen des Gemüths‹ und Anregungen für den ›Verstand und Witz‹ sind«, urteilte Sigmund Schott in der »Allgemeinen Zeitung«.

Überlieferung

Handschriftliche Textzeugen

Etwa die Hälfte des Manuskriptkonvoluts zum »Stechlin«, das 1902 zusammen mit zahlreichen weiteren Manuskripten und Gegenständen aus dem Nachlaß des Schriftstellers an das Märkische Museum (heute Stadtmuseum Berlin) gelangt war, ist seit dem Ende des Zweiten Weltkrieges verschollen. Erhalten sind lediglich die Kapitel 21–45. Einzelne Blätter, die ursprünglich zu diesem Konvolut gehörten, sind 1997 mit der Fontane-Sammlung Christian Andree vom Theodor-Fontane-Archiv Potsdam erworben worden. Sie enthalten auf Vorder- und Rückseiten Entwürfe und Textfragmente zu verschiedenen Kapiteln des Romans, nur selten finden sich auf den Rückseiten Aufzeichnungen, die nicht mit dem Roman in Zusammenhang stehen. Das Papier ist identisch; auch hinsichtlich der verwendeten Schreibmaterialien, des Duktus, der Schreib- und Korrektur-Usancen stimmen diese Blätter mit dem Manuskriptkonvolut im Stadtmuseum Berlin überein. Eindeutig nachweisen läßt sich ihre frühere Zugehörigkeit mit Hilfe der Beschreibung, die Julius Petersen in seinem Aufsatz »Fontanes Altersroman« (Euphorion 29 [1928], S. 1–74) von dem damals noch vollständigen Konvolut ge-

»Convolut«-Umschläge

Strukturierende Einheiten des Manuskriptkonvoluts sind die sogenannten »Convolute«. Als »Convolut« bezeichnete Fontane das zu einem bestimmten Abschnitt oder thematischen Komplex gehörende Material, das durch einen Umschlag zusammengefaßt wurde, in den die Blätter lose eingelegt waren. Diese »Convolute« sind die Kristallisationskerne der Kapitel bzw. der größeren Abschnitte, es gab aber auch »Convolute«, deren Material der Autor nach Bedarf an verschiedenen Stellen benutzte. Die »Convolut«-Umschläge enthalten unterschiedliche Gliederungsbezeichnungen, knappe Inhaltsangaben bzw. Dispositionen, die mitunter nicht oder nicht so ausgeführt worden sind, sowie Arbeitsnotizen und Revisionsanmerkungen.

An den »Convolut«-Umschlägen läßt sich ablesen, daß die Disposition des Stoffes ein besonderer Schwerpunkt der Arbeit gewesen ist. Eingeführt wurden die Umschläge offenbar zu einem Zeitpunkt, als eine Gliederung des Romans in 12 Tage, die in den Entwürfen der frühesten Arbeitsphase nachweisbar ist, durch eine fortlaufende Kapitelzählung ersetzt wurde, die sich aber im Laufe der Arbeit noch mehrfach änderte, da später neu verfaßte Kapitel eingeschoben wurden, einzelne Kapitel zerfielen bzw. zusammengefaßt wurden. In Kap. 45 findet sich ein Umschlag, der zunächst mit Tinte die Aufschrift »25. Kapitel.« erhalten hatte, was später mit Blaustift korrigiert wurde zu »36. Kapitel.«. Darunter steht eine kurze Inhaltsangabe: »Woldemar erfährt von dem Tode des Vaters als er in Capri oder Sorrent ist. Die Rückreise. Ankunft in Berlin. In Gransee. Gespräch mit Lorenzen. Schlußbrief Melusinens.« Hier zeichnet sich also bereits der über mehrere immer wieder verworfene Fassungen erreichte Schluß des Romans ab, der zu diesem Zeitpunkt 36 Kapitel umfassen sollte. Die Einteilung des Werkes in die 46 Kapitel der Druckfassung erfolgte in einer späteren Arbeitsphase, wahrscheinlich erst in der von Emilie Fontane im Sommer 1897 angefertigten Abschrift (vgl. »Entstehung«, S. 498). Im Manuskriptkonvolut selbst findet sich kein Hinweis auf eine Einteilung in 46 Kapitel.

Da die Kapitelanordnung noch im Fluß war, fand Fontane in der Gliederung nach inhaltlichen Komplexen eine weitere Möglichkeit, das Material zu strukturieren. So trägt z. B. der Umschlag, der das Kap. 21 enthält, mit Blaustift die Aufschrift »<u>16. Kapitel.</u>«, mit Tinte ist am oberen Rand hinzugefügt: »<u>Erstes England=Kapitel.</u>« Das »Convolut« zu Kap. 23 enthält drei Umschläge: Auf dem äußeren Umschlag, in dem alle anderen Blätter liegen, steht mit Blaustift »<u>17. Kapitel.</u>«, mit Tinte am oberen Rand: »<u>Drittes England-Kapitel.</u>«, mit Bleistift ist hinzugefügt: »Das Kapitel folgt dem (18.) wo Woldemars Abschiedsbesuch bei den Barbys geschildert ist«. Der Text beginnt mit der Überschrift »<u>Drittes England Kapitel.</u>« In diesem Umschlag liegen die Bätter 1 bis 8, dann <u>folgt</u> ein Umschlag mit der Aufschrift: »<u>Einschubkapitel.</u> [–]Dubslav erfährt durch einen Brief Woldemars von dessen Commando nach England. Hat seine Betrachtungen darüber. Dann Begegnung mit der Buschen und ihrer Enkelin.«, darunter mit Blaustift die Kapitelbezeichnung »Kapitel 16. a.«, die später wieder gestrichen wurde. In diesen Umschlag eingelegt findet sich ein weiterer Umschlag mit der Aufschrift: »Dies ist das Kapitel mit der Buschen. [–] Dubslav hat einen Brief von Woldemar erhalten, worin ihm der die [*über der Zeile* bevorstehende] Reise nach England anzeigt.«, darunter »11. Kapitel.«, die Zahl 11 später gestrichen. Darunter mit Bleistift: »<u>Einzelkapitel.</u> Dubslav einsam in Stechlin; er hört von seines Sohnes Reise. Begegnung mit der alten Buschen im Wald. [–] Dies ist das <u>3</u>. Kapitel in dem <u>England</u>=Abschnitt, trotzdem es außerhalb der England Sphäre liegt. Es muß aber hier eingeschoben werden, was sich auch sehr gut macht, da dadurch die Scene mal wechselt.« Eingelegt in diese beiden Umschläge sind die Blätter 9–12 des Kapitels.

Einen interessanten Hinweis auf Fontanes Arbeitsweise enthält eine später verworfene »Convolut«-Aufschrift (Kap. 30, Rückseite Blatt 12):

Kapitelanfänge und Einzelscenen bis zum Eintreffen in Kloster Wutz. [–] Alles ist hier <u>allererster</u> Entwurf, also durch das Andre schon überholt; aber mancherlei aus diesem zuerst Hingeworfenen wird gut zu brauchen sein. [–] Ich muß es in die Kapitel=Convolute einschieben, liegen lassen, dann lesen und dann auf dem Convolut ganz kurze Angaben machen (in richtiger Reihenfolge): das, das etc. Aber nur ausnahmsweise kann ich das hier und in dem <u>zweiten</u> Entwurf Niedergeschriebene gebrauchen.

Vorderseiten

Auf den Vorderseiten des Manuskriptkonvoluts läßt sich bis auf kleine Lücken eine durchlaufende Textfassung der Kapitel 21 bis 45 verfolgen. Allerdings präsentieren sich diese Vorderseiten keineswegs als ein einheitliches Ganzes. Neben bereits früh fixierten Entwürfen finden sich später formulierte bzw. bearbeitete Passagen. Teilweise hat Fontane ältere Entwürfe unverändert oder wenig bearbeitet übernommen, teilweise Abschnitte völlig neu geschrieben. Zahlreiche Passagen sind gestrichen, andere stark überarbeitet worden. Teile älterer Fassungen wurden ausgeschnitten und an der entsprechenden Stelle eingeklebt. Abschnitte, die bei der Bearbeitung unübersichtlich geworden waren, wurden überklebt, mitunter wurden selbst die eingeklebten Streifen wieder durch neue Papierstücke überklebt. Auch die verwendeten Papierstreifen sind oft auf den Rückseiten beschrieben, nicht selten enthalten sie Bruchstücke älterer Fassungen des Werkes. Da viele Passagen mehrfach abgeschrieben wurden, finden sich sehr häufig mehrere Fassungen zu einzelnen Textstellen, oft sind die verworfenen Fassungen nicht gestrichen, sondern lediglich durch neue Texte bzw. Textbestandteile ersetzt worden. Daneben finden sich Notizen und Revisionsanmerkungen des Autors.

Die auf den Vorderseiten des Manuskriptkonvoluts enthaltene jüngste handschriftliche Fassung der Kapitel 21 bis 45 stimmt bereits weitgehend mit dem Text der Zeitschriftenabdrucke überein. Es lassen sich aber auch noch zahlreiche Abweichungen feststellen. Ein besonders auffälliger Unterschied ist die Einteilung in 46 Kapitel, die im Manuskriptkonvolut nicht nachweisbar ist. Außerdem haben stilistische und inhaltliche Erwägungen vielfach Änderungen nach sich gezogen. So wurde z. B. Lorenzens Aperçu über die Sekten (Kap. 23) in der Druckfassung »entschärft«, ursprünglich lautete es (Kap. 23, Blatt 6):

»Ja« lachte Lorenzen »da bin ich freilich gegen den Kardinal. Ich bin [*über der Zeile* nämlich] für hundert Sekten und ~~noch mehr~~ [*darüber* jedenfalls] bin ich für eine Sauce.«

Rückseiten

Der überwiegende Teil der beschriebenen Rückseiten des Manuskriptkonvoluts enthält Vorarbeiten zum »Stechlin«: Entwürfe, Gliederungsansätze, Dispositionen zu einzelnen Kapiteln oder zu größeren Komplexen, verworfene »Convolut«-Titel usw. Besonders interessant sind die Rückseiten dadurch, daß auf ihnen die ältesten erhaltenen Textstufen einzelner Passagen überliefert sind, die Rückschlüsse auf die Konzeption von Figuren, Motiven, geschilderten Vorgängen bzw. auf deren Entwicklung im Verlauf der Arbeit ermöglichen. Den Rückseiten läßt sich aber auch entnehmen, daß ein besonderes Problem der Arbeit an dem Roman offenbar darin bestand, das Material in seiner Beziehung auf das gesamte Werk zu überschauen und zu ordnen. Immer wieder finden sich auf den Rückseiten Aufzeichnungen, mit denen sich der Autor einen Überblick über das entstehende Werk zu verschaffen suchte, in denen er sich der Struktur des Romans und des Faktengerüsts vergewisserte. So ist beispielsweise in Kap. 24 eine Gesamtübersicht über das Werk überliefert, das zu diesem Zeitpunkt 28 Kapitel umfaßte (Kap. 24, Rückseite Blatt 16):

[*Mit Blaustift* Enthält in kurzer Charakteristik die acht Gruppen in die der Roman zerfällt.]
1. Fünf Kapitel in Stechlin und Wutz.
2. Drei Kapitel bei den Barbys.
3. Drei Kapitel Wahl in Rheinsberg-Wutz.
4. Vier Kapitel: Reise nach England.
5. Vier Kapitel: Verlobung, Reise des Brautpaars nach Stechlin. Tante Adelheid.
6. Zwei Kapitel: Hochzeit u. Abreise. Graf Barby und Dubslav.
7. Fünf Kapitel: Dubslav krank, stirbt, Begräbniß.
8. Zwei Schlußkapitel.

Mit Hilfe der Rückseiten läßt sich auch die Genese zahlreicher Figurennamen erschließen, die als wesentlicher Bestandteil der Figurencharakteristik mitunter über mehrere Stufen entwickelt wurden. Namen, die dem Autor noch nicht als passend erschienen, wurden mit einem Fragezeichen versehen oder vorläufig überhaupt nicht ausgeführt, sondern nur durch Auslassungspunkte angedeutet.

Die auf den Rückseiten überlieferten älteren Fassungen sind mitunter ausführlicher und lassen Motive deutlicher erkennen als die entsprechenden Passagen in den publizierten Fassungen, was im folgenden für die Wahlkapitel und den Melusine-Komplex anhand ausgewählter Beispiele gezeigt werden soll.

Wahlkapitel

Auf den Rückseiten des Manuskriptkonvoluts haben sich verschiedene Entwürfe für die Wahlkapitel erhalten, darunter auch Bruchstücke von Wahlreden Dubslavs und Katzensteins, in denen sensible politische Themen wie die Frage der Militärgerichtsbarkeit und der Bewilligung der Militärauslagen angesprochen werden.

Petersen, S. 24:

5. Tag.

Es war nicht zufällig, daß Woldemar in seinem Gespräch mit dem alten Grafen auch auf *Wahl*dinge gekommen war. In dem Landestheil, darin Stechlin gelegen war, gab es in jenen Tagen eine Ersatzwahl, der gute alte Herr von Brummschädel, der den Kreis 30 Jahre lang im Landtage vertreten hatte, war gestorben und es bereitete sich im Kreise Lindow-Loewenberg eine Neuwahl vor. Ja sie stand vor der Thür. Drei Tage nach den Besuchsabenden bei Graf Barby war Wahltag (in Loewenberg) an dem in den verschiedenen Gemeinden die Wahlmänner gewählt werden sollten und natürlich auch in der Gemeinde Stechlin. Eine Reihe von Jahren war es selbstverständlich gewesen, daß der »gnädige Herr« gewählt wurde. Bei den letzten zwei Wahlmännerwahlen aber war ein Fortschrittler gewählt worden, wie in Stechlin so an vielen andern Orten, besonders in den Städten. Aber das große Land war doch noch mächtiger und der Fortschritt hatte trotz dieser Siege im Kleinen, im Großen doch noch immer unterlegen.

Kap. 21, Rückseite Blatt 18; Kap. 23, Rückseite Blatt 6; Kap. 21, Rückseite Blatt 19; Kap. 23, Rückseite Blatt 7:

Zu 5. Tag. (Berichtigung.)

Die vorstehenden Blätter fassen die Sache nicht richtig an. [-] Es darf sich nicht um Wahl zum Abgeordnetenhaus, sondern um Wahl zum Reichstag handeln. [-] Der alte Herr v. Kortschädl ist gestorben. Ersatzwahl für ihn. Ein Conservativer und ein Fortschrittler stehen sich gegenüber. Der alte Stechlin candidirt nicht für sich selbst sondern für einen andern alten Adligen in der Nähe: v. Buch (?) auf Nassenheide. [–] Mit einer Vorversammlung in Schloß Stechlin beginnt es, die manches von dem von mir schon Niedergeschriebenen brauchen kann. [–] Dieser Vorversammlung folgt dann aber eine Hauptversammlung wo die Candidaten im Stechliner Krug sich gegenübertreten. Katzenstein ist auch da. Herr v. Buch aber nicht und statt seiner spricht der alte Stechlin, der den Herrn v. Buch (einen beßren, schwerfälligeren Namen nehmen) warm empfiehlt. [–] Die Rede nun, die der alte Stechlin dabei hält ist ein Hauptstück und muß sehr sorgfältig gearbeitet werden, um ihn nach allen Seiten hin, in seinen Vorzügen und seinen Schwächen, zu charakterisiren. Preußisch, loyal, protestantisch, wohlwollend, allen zu helfen bereit aber davon ausgehend, daß die Regierung das am besten mache, die Regierung und die Alt=Eingesessenen. Die haben eben die Erfahrung. Da sind die Globsower. Ja glaubt ihr denn, daß jeder solchen Ballon blasen kann? Ihr wißt, daß er es nicht kann. Und so ist es mit allem. Alles will gelernt sein. Wenn ich über unsren Stechlin fahren will, ist es mir am liebsten der alte Moesen fährt, der kennt den Stechlin, wenn aber ein Ladendiener aus Gransee mit zwei Cousinen hier ist und fährt über den Stechlin, dann wird mir immer himmelangst. Und wo soll er es auch her haben. Und dann fangen die Cousinen an zu singen und zuletzt schunkeln sie und baff da liegen sie und wer weiß ob sie heil wieder rauskommen. Und solche Ladendiener sind die Fortschrittler. Die denken, sie wissen es, die denken sie wissen alles und können alles, aber sie wissen nicht und können nichts und können auch nichts können, weil sie den großen Stechlin nicht kennen. Und dieser große Stechlin, den sie nicht kennen, das ist das Volk, das seid Ihr.« [–] Ungeheurer Beifall. [–] Ich sage Euch ich bin ein alter Mann aber wenn der König ruft oder Bismarck ruft oder so einer wie Bismarck, denn Bismarck ist nich mehr was ein Jammer und ein Elend ist, wenn einer ruft wie der alte Wilhelm oder wie der alte Bismarck, ich möchte ihn beinah unsren alten Otto nennen (Beifall) – wenn die rufen, dann komm ich aber wenn Rechtsanwalt Katzenstein ruft oder hundert Katzensteine die so was bilden was man Fraktion nennt, – Kinnings wenn die rufen, dann komm ich nicht. Und ihr dürft dann auch nich kommen. Die Ballons blasen is kein Spaß und so immer vorm großen Glasofen, wo alles wie Feuer ist, is auch kein Spaß aber so vorm Kriegsfeuer stehn, was die Katzensteine angefacht haben ohne daß sie was davon verstehn, denn das wißt ihr doch, daß nicht jeder so'n rechtes Feuer machen kann und daß alles in richtigen Fluß kommt, - in solchem Feuer stehn, das ist doch schlimmer. Denn da wird alles hingeopfert um nichts und alles fällt rechts und links um gar nichts und wäre gar nicht nöthig, daß welche fielen, blos weil sie nichts davon verstehn, - nein, Kinnings, da spielen wir nicht mit. Dafür geben wir unsre Knochen nicht her, solche Fortschrittsthorheiten die sind keinen Füsilier werth und einen Grenadir erst recht nicht. Und wie's mit dem Soldatenstand ist und mit der Armee, so ist es mit allem denn die Regierung versteht es am besten, weil sie nun schon zweihundert Jahre das Regieren gelernt hat ich weiß doch am besten ob ich Raps oder Roggen ~~sehn~~ säen soll, denn ich kenn mein Feld nun über 40 Jahr und wenn da so'n Windhund kommt und sät da was hin, blos weil er [*über der Zeile* in] seinem Buch gelesen hat, wo die Bonität so ist da muß es so und so gemacht werden, dann jag ich den

Der für die Fortschrittspartei kandidierende Rechtsanwalt Katzenstein sollte in seiner Wahlrede darauf entgegnen (Kap. 24, Rückseiten der Blätter 6 und 5; Kap. 21, Rückseite Blatt 1):
[…] Wir [*darüber* Meine Parteigenossen] sind so königlich und so preußisch wie die Conservativen sind, wir sind nur noch Einiges nebenher und gehen nicht davon aus, daß wir unsre Pflichten gegen unsre Wähler erfüllt haben, wenn wir eine [*über der Zeile* sogenannte gut] königliche Gesinnung bezeigen. Wer ein Politiker sein und seinem Volke bez. seiner Wählerschaft dienen will der hat noch andres zu bezeigen. Und dieser andern Dinge sind sehr viele, was von unsren Gegnern bestritten werden mag aber durch Bestreitung nicht aus der Welt geschafft wird. [-] Aus dem Hintergrunde vernahm man ein halblautes: »so is es«. [-] Ich bitte den Redner nicht zu unterbrechen, auch nicht durch Zustimmung. [-] »Ein Lieblingsgegenstand für die Betrachtung, ein Lieblingsgegenstand in den Wahlreden unsrer conservativen Gegner, ist die Armee. Auch heute wieder haben wir der Armee sich die besondre Vorliebe meines Herrn Vorredners zuwenden zu sehn und er hat uns die Zusicherung gegeben, daß er kommen würde wenn der König riefe aber nicht kommen würde, wenn der Fortschritt riefe. Meine Herren dies ist von keiner Bedeutung. Ich fühle mich frei von dem Ehrgeiz Schlachten schlagen und in Folge meiner ~~Moltkeschen Nich~~ ganz außerhalb der Mol[t]kesphäre liegenden Begabungen unsre hier hier versammelten Globsower schändlich hinopfern zu wollen, sogenannte Hekatomben .. [-] Bravo Katzenstein klang es aus der fortschrittlichen Ecke [-] »Schnauze« klang es aus der conservativen Ecke her, ein Wort das bei allen Parteien Heiterkeit weckte und vom Vorsitzenden ungerügt blieb, weil es die

Heiterkeit aller Parteien geweckt hatte. Selbst Katzenstein war erheitert und fuhr in gesteigert guter Laune fort. [-] Ich verbürge mich von jedem Versuch ein zweites Jena herauf zu beschwören Abstand zu nehmen ich dürste nicht mal nach Sedan selbst wenn meine Fähigkeiten (wie sehr unwahrscheinlich) dafür ausreichen sollten. Es geht besser ohne Krieg. Aber vielleicht ist es nöthig ihn beständig als eine Möglichkeit im Auge zu haben und darauf hin brauchen wir eine Armee. Es wäre besser wir brauchten sie nicht, aber gut wir brauchen sie und ~~wir~~ [*über der Zeile* weil wir sie brauchen,] bewilligen wir alles was die Armee braucht. Immer wieder und wieder und reichlich. Wir kümmern uns auch nicht darum, wie diese Waffe nun zu schärfen sei, wir verzichten darauf, weil wir nichts davon verstehn. Aber eins [*darüber* eine Frage] verstehen wir so gut wie irgend wer anders, die Frage ob ein armer Mensch unmenschlich behandelt worden ist und es gehört zu unsren Wünschen, ja unsren Forderungen mit dabei sein zu dürfen wenn die Frage nach der Schuld eines Vorgesetzten verhandelt wird. Wir wissen daß | diese Dinge im Ganzen genommen nicht schlecht bei uns liegen, | ein Zug von Wohlwollen und schöner Gerechtigkeit ganz besonders auch durch die Handhabe unsrer militairischen Rechtspflege geht, wir wissen daß diese Dinge besser bei uns liegen als an vielen andren Orten, aber sie liegen immer noch nicht gut genug, vor allem immer noch nicht <u>frei</u> genug. Und für diese Freiheit treten wir ein. Ich frage ob Herr v. Buch (?) auf Nassenheide auch dafür eintritt? Tritt er dafür ein. Und tritt er überall für all das ein, was ich, in aller Loyalität doch als freiheitliche Forderung aufstellen muß, so werd' ich mich freun wenn alle mir zugedachten Stimmen auf Herrn v. Buch übertragen werden. Denn ich bin nicht ohne eine gewisse Schönheitsempfindung und ziehe den Namen v. Buch dem Namen Katzenstein vor und würde es im höchsten Maße acceptabel finden, wenn in Zukunft

Melusine-Komplex

Die individuelle Charakteristik der beiden Schwestern war in den frühesten Phasen der Arbeit am »Stechlin« offenbar noch nicht festgelegt. Auf einer der Rückseiten hat sich der Entwurf zu einem Gespräch erhalten, in dem Armgard mit einem Temperament agiert, das eher für Melusine typisch ist, wie sie im ausgearbeiteten Roman beschrieben ist (Kap. 23, Rückseite Blatt 3):

er sagt. Denn das ist ein Neu=Christ. Das heißt er ist ein recht alter Christ; er ist so einer wie die ersten Christen gewesen sind, die alles hingaben und so recht der Ausdruck von Christi Satz [*darüber* Lehre] waren: »Gebet dem Kaiser was des Kaisers ist und Gott was Gottes ist.« Wer den Menschen helfen will mit seinem Wort, der muß das Irdische hinter sich haben, den darf das Irdische nicht drücken, nicht Weib, nicht Kind und er muß nicht raufsehn nach hoher Obrigkeit oder noch höher er muß ganz der Menschenliebe leben. Denn Menschenliebe ist Gottesliebe. Das steht mir fest. Ich bin ein strammer Protestant, aber all das hat die katholische Kirche immer besser verstanden und versteht es noch. Patriarchalität. [-] Nein Herr Graf. Es geht nicht mehr damit. Ein neuer Wein ist da und der Most, mag er gähren, läßt sich nicht in alte Schläuche füllen. Und die Patriarchalität, vor der ich allen Respekt habe, ist ein alter Schlauch. [-] Armgard nahm ihr Glas und hob es und sagte: »das bring ich Ihnen. So denk ich auch. Mir brennt es unter den Füßen, so ersehn ich einen andern Tag. Comtesse hin, Comtesse her; ich

Ausführliche Entwürfe zum Komplex um die Familie Barby zeigen, wie gründlich die Vorbereitung der Figur Melusine gewesen ist.

Kap. 24, Rückseite Blatt 3:
<u>Graf Barby</u>
geb. 1830 auf dem alten Barbyschen Schloß zwischen Mulde und Elbe, Zuckerrübengegend, großes reiches Gut. Das jetzt verpachtet ist.

1848 studirt er Jura. [1850 *überschrieben* 1851] ~~oder 51 eingezogen zu~~ [*darüber* als er mit den Studien fertig dient er sein Jahr ab bei] den Halberstädter Kürassieren. Er findet das Leben so reizend, daß er dabei bleibt. Er avancirt bis zum Rittmeister.

[*Mit Bleistift am linken Rand* Hier folgen nun die beiden andern Bogen]

1862 ist er in Tarasp und Pfäffers um gegen einen Rheumatismus eine Kur durchzumachen. Er macht hier die Bekanntschaft des reichen Fräuleins v. G...., einer alten Graubündter Familie zugehörig.

1863 verheirathet er sich, nimmt (Bedingung von Seiten der Frau) den Abschied und wird der Londoner Botschaft attachirt. Er avancirt rasch zum Bothschaftsrath.

1864 wird Melusine geboren. (in London)

1874 wird Armgard geboren. Auch in London. Die Mutter stirbt. Melusine vertritt bald Mutters Stelle.

Bis 1880 bleibt er in London. So daß Melusine 16, Armgard 6 Jahr ist. Im selben Jahre geht er auf seine Besitzungen nach Graubündten. Häufige Reisen in Italien. Florenz.

1884 verheirathet sich Melusine. 1885 getrennt.

1886 [~~unleserlich Alte~~] übersiedelt [*über der Zeile* der Alte] nach Berlin; Melusine, als Geschiedene, mit ihm. Seit 8 Jahren leben sie in Berlin, den Sommer in Graubündten, dann und wann in Paris, Baden=Baden, Kissingen. Italien vermeiden sie wegen schmerzlicher Erinnerungen.

Kap. 23, Rückseiten der Blätter 9−8, und Kap. 22, Rückseiten der Blätter 10−9:
[*Mit Bleistift* Die 10 ersten Zeilen von Bogen 1 gehen hier vorauf. Dann folgt das Nachstehende.]
1862 machte Graf Barby eine Reise nach Raggatz und Pfäffers, um sich von rheumatischen Zuständen, einer Folge eines naßkalten Bivouaks, zu befreien. Es gelang ihm auch und als ein eben Genesener unternahm er noch eine Reise bis an die italienischen Seen. Aber es war anders über ihn entschieden und er kam nur bis Thusis. Hier machte er an der Table d'hôte die Bekanntschaft eines alten Landeseingesessenen, des alten [*über der Zeile* verwittweten] Freiherrn v. Rothenbrunn, der reich begütert in der Nähe von Thusis, mit ~~seiner~~ Tochter, seinem einzigen Kinde, ihm gegenübersaß. Das Wesen Beider, das in Wahrhaftigkeit, Schlichtheit und Vornehmheit gipfelte, ließ sie schnell Freundschaft schließen und hatte eine Einladung zur Folge, ~~die~~ der Graf Barby gern folgte. Das freiherrliche Herrenhaus ~~lag auf~~ [*darüber* blickte von] einem niedrigen Waldhügel aus auf den in Entfernung einer halben Meile vorüberfließenden Rhein und das Zwischenland wie die Matten und Sennen die hinter dem Waldhügel anstiegen bildete den Besitz des Freiherrn. Als Graf Barby nach 5 tägigem Aufenthalt von Schloß Enz schied, war er mit Josephine v. Rothenbrunn verlobt. Es war gegenseitig ein glänzende Partie, und zwar in jedem Anbetracht. Die Jahre, die Charaktere paßten, zu Vorzügen der Erscheinung gesellten sich Gesundheit und feinste Sitte, Freiheit und Vornehmheit der Anschauung und Reichthum. Es war ein wundervolles Paar. Sich den Wünschen der Rothenbrunns unterzuordnen, fiel dem Grafen nicht schwer, weil es aussprach, was ihn selber schon beschäftigt hatte: Rücktritt aus dem Dienst. Aber im staatlichen Dienste zu bleiben, darauf bestand er seinerseits. All das regelte sich rasch. Ein halbes Jahr später waren beide ein glückliches Paar, der Abschied bewilligt und in den Dienst des auswärtigen Amtes eingetreten, übersiedelte das junge Paar nach London. Ein Jahr später war er Botschaftsrath auf der Londoner Gesandtschaft und mit seiner Ernennung fiel die Geburt einer Tochter zusammen. Das war im Frühjahr 64. Die Tochter aber war Melusine. Bei diesem einen Kinde das sich durch Schönheit und Klugheit aber vor allem durch eine seltene Herzensgüte

auszeichnete schien es verbleiben zu sollen. Beide Eltern hatten sich mit diesem Gedanken vertraut gemacht. Da kam noch ein Spätling. 1874 wurde abermals eine Tochter geboren. Aber, wie das so oft, [*über der Zeile* für] dies Glück hatte man zu zahlen: Josephine v. Barby starb. Das zurückbleibende zweite Kind war Armgard. Die zehnjährige Melusine ging auf in der Liebe zu der Schwester; zugleich hing sie an dem englischen Leben, was Ursach wurde, daß der Graf seinen Plan (?) aus dem Dienst zu scheiden von Jahr zu Jahr hinausschob. Erst als der Graubündtische alte Freiherr hinstarb, [*darüber* hingestorben war,] quittirte Graf Barby den Dienst und ging auf Jahre nach Graubündten um dort die Dinge zu regeln. | Ihre frühsten Mädchenjahre verbrachte Melusine | Im Winter war er in Florenz. Dort machte Melusine die Bekanntschaft eines durch vornehme Erscheinung und feinste Sitte sich auszeichnenden Grafen, des Conte Delpiombo, mit dem sie sich ein halbes Jahr später verheirathete. Leider hielt der Graf nicht das, was seine feine Sitten versprochen hatten und vor Ablauf eines Jahres wurde die Ehe getrennt. [*Über der Zeile* – Conte del Piombo hatte gegen eine {*unleserlich*}patische Trennung keine Einwendung erhoben] Melusine gedachte der unglücklichen Zeit in einem Mischgefühl von Spott und Bitterkeit. Meist scherzte sie darüber. Eingeweihte aber wußten wie sehr sie verletzt und beleidigt war. Auch ihr Vater der alte Graf wußte es, was Grund wurde daß er die italienischen Aufenthalte aufgab und sich wieder mehr seiner märkisch-anhaltischen Heimath zuwandte, so daß er während der Sommermonate in Schloß Sardino (?) während des größten Theils des Jahres aber in Berlin lebte. Melusine war ganz wieder Tochter und in sein Haus zurückgekehrt. Sie war der Sonnenschein des Hauses und lebte selbstsuchtslos ihrem Vater und der Schwester, zu der sie eine halb mütterliche Stellung einnahm. Sich wieder zu verheirathen, lag ihr fern. Sie lebte ganz der Schwester, deren Glück und Zukunft und stand dieser Zukunft nur dadurch im Wege, daß sie durch Erscheinung und mehr noch durch die Art ihres Wesens die Schwester in Schatten stellte. Diese von stillem, ruhigem, anspruchslosen Wesen, nahm daran keinen Anstoß und fand nichts natürlicher als daß Melusine die erste und sie die zweite sei.

Die Ursache für Melusines Scheidung bleibt hier ebenso im dunkeln wie in der Druckfassung. Etwas konkreter wird das »sittliche Defizit« ihres Ehemanns in einem bei Petersen überlieferten Entwurfsbruchstück benannt (S. 62, Anm. 48 b):

Melusine war 30, Armgard 23. Sie liebten einander sehr, vielleicht weil sie so verschieden waren und diese Verschiedenheit jeder Gelegenheit gab die andere zu necken. Melusine war nur kurze Zeit verheirathet gewesen mit dem Conte Rossi, hatte sich aber nach anderthalb Jahren von ihm getrennt. Der Graf war ein Spieler und Roué. Sie lebte seitdem wieder im elterlichen Hause und hieß die Dogaressa, ein Name der ihr schon während ihrer venezianischen Tage beigelegt worden war weil ihre Ähnlichkeit mit einem Tintorettoschen Bilde der Catharine Cornaro allgemein aufgefallen war. Wie sich denken läßt, hatte sie gegen diesen Namen, der auch wirklich ein Schmeichel- oder Ehrenname war, nichts einzuwenden. Ihrem Charakter nach schon gewiß nicht. Sie war reizend aber von Jugend auf verwöhnt und eitel. Aber doch so, daß ihr Reiz durch ihre Eitelkeit noch gewann.

In einem später entworfenen Gespräch, das Rex und Czako auf der Rückfahrt von Dubslavs Beerdigung führen sollten, deutet sich jedoch auch eine andere Erklärung für das Scheitern der Ehe an, jedenfalls wird hier die Schuld nicht einfach auf den Ehemann geschoben (Kap. 38, Rückseiten der Blätter 23–21):

[*Am linken Rand mit Bleistift* Rex.] Melusine will Sie; sie muß Sie wollen. Wissen Sie denn, wie das mit dem italienischen Conte liegt. Es heißt immer: [*über der Zeile mit Bleistift* er sei] ein Unwürdiger [*über der Zeile mit Bleistift* gewesen]. Und dann [*darüber mit Bleistift* dabei] begegnet man einem Gesicht, als ob es sich um ~~Dinge handle, die nur unter~~ [*darüber mit Bleistift* Paragraph 102 (?) und] Ausschluß der Oeffentlichkeit ~~verhandelt werden können.~~ [*darüber* handeln müßte.] Ja, wer bürgt Ihnen dafür? [*Über der Zeile mit Bleistift* Die Todten reden nicht und] Der Conte schweigt; [*am Rand mit Bleistift* warum?] feiner Mann, Cavalier. [*Über der Zeile* Aber wie dem auch sei,] Ich habe noch nie erlebt, daß man so seinen Namen um nichts und wieder nichts gehabt hätte. [*Über der Zeile* Name, – das ist unsre Prädestination im Großen und Kleinen, das ist das Entscheidende.] Haben Sie schon mal 'ne häßliche »Marie« gesehn? Ich nicht. Alle Jennys sind fidel und alle Theresen und Mathilden haben was Tantehaftes. Können Sie sich vorstellen, daß eine Brunhilde [*über der Zeile* klöppelt oder] Taschentücher stickt. ~~W~~ Man redet immer von Pathen. Pathen sind Menschen, die sich um nichts kümmern, höchstens schenken sie 'nen silbernen Papplöffel. Die eigentlichen [*darüber* wirklichen] Pathen, die werden nie in's Kirchenbuch geschrieben, das sind die, [*über der Zeile mit Bleistift* die draußen stehn, mitunter dreitausend Jahr zurück und] deren Namen man [*über der Zeile mit Bleistift* zufällig] führt [. *überschrieben* ,] [*über der Zeile mit Bleistift* wenn es einen Zufall gibt. Es gibt aber keine]. Ich will das nicht weiter ausführen und belegen. Aber wenn Sie [*über der Zeile* neben einem Bergsee hoch oben] auf einem

Graubündter Schloß sitzen, ~~und in der Tiefe~~ [*darüber* das sich unten] in einem Bergsee spiegelt und nun wird Ihnen eine Tochter geboren und kaum daß sie da ist, so sagen Sie zu Ihrer Frau »sie soll Melusine« heißen, so hört das die Melusine unten im See oder die Gespielinnen hören es oder das ganze Geschlecht hört es und sie nicken sich zu und von dem Augenblick an ist Ihre Melusine nicht mehr Ihre, sondern sie gehört den Pathen an, den uneingeschriebenen Pathen unten im See. Oder sagen wir ~~im~~ [*über der Zeile mit Bleistift* Oder wenn der See nach Italien hin liegt, unten im] Lago. Und nun können Sie mit Ihrer Melusine machen was Sie wollen, Sie können sie Nonne werden lassen oder bethanische Schwester Gemeindelehrerin Kindergärtnerin oder selbst bethanische Schwester, – es ist alles umsonst, sie gehört dem Bergsee. Hat sie Glück, so [*darüber* dann später wenn sie sich verheirathet Glück, das heißt paßt wer auf, so] badet sie bei Tage und niemand merkt was, aber wenn sich das verbietet [*darüber* das nicht geht, so] so ~~badet~~ [*darüber* plätschert] sie Nächtens mit ihres Gleichen herum und schleicht [*über der Zeile* sie] sich ~~unleserlich wenn sie verheirathet ist~~, [*darüber* Nächtens] von ihres Gatten Seite heimlich fort [. *überschrieben* ,] [*über der Zeile* um unten im See zu plätschern. []
Und wenn ich mir denke, Czako, daß Ihnen so was passiren könnte, [*über der Zeile* ~~Melusine~~ die Doppelgräfin] nächtlich weg von Ihrer Seite ...

Ganz undenkbar. [*darüber* Nicht zu denken, gedacht zu werden.] [*Über der Zeile* ~~Darin~~ {*darüber* In diesem Punkte} kenn ich mich.] Ich halte, was ich habe.

Czako, ~~Sie~~ renommiren Sie nicht.

Durch die Notiz »Paragraph 102 (?)« ist eine mögliche juristische Grundlage für die Ehescheidung angedeutet (vgl. »Es ist nicht nötig...«, S. 475 f.).

Bereits in der Entwurfsfassung wird Melusine mit intensiven Beziehungen zu anderen Figuren ausgestattet, während Armgard relativ isoliert bleibt. Besonders bemerkenswert ist die Beziehung Melusines zu Lorenzen, mit dem sie eine Art Geheimbund schließt. Über Lorenzen heißt es (Kap. 30, Rückseite Blatt 15):

Pastor Lorenz ist in einer Beziehung eine Hauptfigur: die Geschichte mit dem <u>Stechlin</u>=See – die den gedanklichen Kern des Ganzen bildet – wird durch <u>ihn</u> vertreten; was an der Stechlin=Geschichte <u>Symbol</u> und <u>Zeichen</u> ist, das wird durch ihn beständig gedeutet. Er entwickelt beständig <u>den</u> Gedanken, für den der Stechlin-See das Symbol ist. Er ist ein <u>christlich=Sozialer</u> von der freieren, beinah freisten Richtung und die Gespräche die er führt, mit Woldemar, Melusine, dem alten Stechlin vielleicht auch mit Adelheid drehen sich alle um das Programm der »Jungen«. Dabei ist er voll Liebe zu dem alten Stechlin. Ganz widerstrebend ist ihm Adelheid. [...]

Damit erhalten sämtliche Gespräche, an denen Lorenzen beteiligt ist oder die über über ihn geführt werden, eine symbolische Bedeutung und eine politische Dimension. Auf zwei Rückseiten ist ein später verworfener Schluß des Gesprächs überliefert, das Lorenzen mit Melusine während ihres Weihnachtsbesuchs führt (Kap. 33, 2. Teil, Rückseite Blatt 6, und Kap. 33, 1. Teil, Rückseite Blatt 9):
Nun folgt ein herzliches Gespräch zwischen diesen Beiden, dem ich eine besondre Aufmerksamkeit zuwenden muß. [*Am Rand und zwischen den Zeilen mit Bleistift* In diesem Gespräch muß aber nur <u>Kirchliches</u> mit Politik im Hintergrunde berührt werden, <u>nichts Persönliches</u> das sich auf Woldemar beziehen könnte, dessen Festigkeit sie nicht ganz vertraut.]

* *
*

[*Am Rand* Hier <u>nicht</u> die drei Sterne; erst später.]
Der Prediger bat die Gräfin begleiten zu dürfen, was sie annahm, sie werde sich sonst verirren, denn sie habe keinen Orientirungssinn. [–] Das habe ich mir gedacht. [–] Und das sagen Sie mir so unverhohlen? [–] Weil es das Schmeichelhafteste [*über der Zeile* (?)] ist was ich Ihnen sagen kann, das Schmeichelhafteste von den Gaben, die sich überhaupt nennen lassen. So vieles an Ihnen ist nicht zu nennen. [–] »Da bin ich doch neugierig.« [–] Der Orientirungssinn ist was sehr Gutes, aber etwas sehr Prosaisches. Die wahre Natur ist nie orientirt und schwankt immer zwischen links und rechts. [–] Im Moralischen haben Sie leider recht. [–] Und in allem andren ebenso [–] Während dieses Gespräches waren sie bis an die Einfahrt gekommen und der Pastor küßte ihr die Hand und empfahl sich.

Auch ein Entwurf des kurzen Gesprächs zwischen Armgard und Woldemar, in dem die Entscheidung für die jüngere der beiden Schwestern fällt, hat sich im Manuskriptkonvolut im Stadtmuseum Berlin erhalten (Kap. 25, Rückseite Blatt 18):
Woldemar [*überschrieben* Stechlin] ging. Armgard gab ihm das Geleit bis auf den Corridor. Es war eine Verlegenheit zwischen beiden und Woldemar fühlte, daß er etwas sagen müsse. ~~Melusine war dazu der be-~~

ste Ausweg. Sie ist doch zu reizend. [*Mit Bleistift am Rand* »Welche liebenswürdige Schwester sie haben].« Armgard erröthete. »Sie werden mich eifersüchtig machen.«
»Wirklich, Comtesse?«
[-Ja *überschrieben* -Wirklich *darüber* »Vielleicht …] Gute Nacht.«

Theodor-Fontane-Archiv

Theodor-Fontane-Archiv, V I, 19 (Fontane-Sammlung Christian Andree), 20 Blatt, 29 Seiten.

Dispositionen, Entwürfe und Bruchstücke einer fortlaufenden Niederschrift zu den Kapiteln 1, 9, 10, 12, 15, 16, 19–21, 27, 30, 31, 33, 43–46 aus verschiedenen Phasen der Entstehung. Auf den Rückseiten befindet sich überwiegend ebenfalls Material zum »Stechlin«; die Rückseite von Blatt 9 enthält einen Entwurf zur Rezension der »Kartäusergeschichten« von Otto Ernst.

Theodor-Fontane-Archiv, N 3, 1 Blatt, 1 Seite.

Entwurf zu Kap. 29: Gespräch zwischen Lorenzen und Melusine (vgl. Laufer, Nr. 276, S. 383). Auf der Rückseite Gedichtentwurf mit der Überschrift: »Fritsch, Tante Zöllner, Pietsch«.

Theodor-Fontane-Archiv, H 9, 1 Blatt, 1 Seite.

Entwurf zu Kap. 23: Gespräch Dubslavs mit Lorenzen über Kaiser Nikolaus (vgl. Laufer, Nr. 339, S. 425). Auf der Rückseite Entwurf zu dem Gedicht »Auch ein Stoffwechsel«.
hatte. Das war ein Tag gewesen. Dieser Kaiser, dieser Czar. So muß einer aussehn, wenn er Kaiser von Rußland sein will. Rußland ist zehnmal so groß wie Preußen und so war auch Nicolaus, zehnmal größer, hundertmal d. h. ich meine so bildlich oder moralisch oder innerlich oder wie man so was nennt. Solchen Mann mißt man nicht mit'm Zollstock aus, man hat mißt ihn mit ner Empfindung. D. h. wenn man sie hat, aber die Leute heute haben keine Empfindung, die Leute heute haben blos ihren Quatsch, Freiheit, Gleichheit, Bruderlichkeit. Sehn Sie, Pastor, Sie sind ein kluger Mann, wissen alles, lesen die verfluchten Zeitungen und was das noch mehr ist und noch klüger ist, lassen sich nicht verführen, immer gerade gestanden, immer treues Bekenntniß, Gott und der König und wenn ich mal nichts erlegt, und das kommt oft vor, dann geh ich zu meinem lieben Pastor und

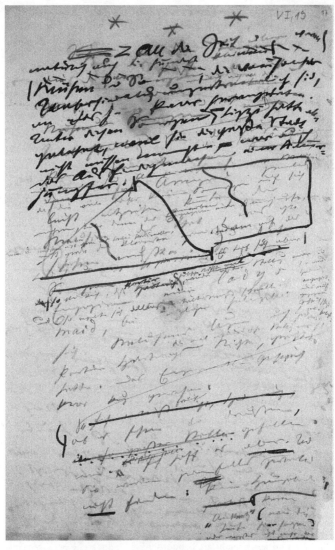

Theodor-Fontane-Archiv, V I, 19, Vorderseite Blatt 17
(Fontane-Sammlung Christian Andree):
Entwurfsbruchstück zum 46. Kapitel.
Blaustift, überarbeitet mit Tinte und Bleistift
(Foto: Günter Prust, Berlin)

Schiller-Nationalmuseum,
Deutsches Literaturarchiv Marbach a. N.

Nachlaß Kasack, 2 Blatt.
Entwurf zu Kap. 46: Abschied Woldemars vom Regiment.
Rückseite: Entwurf zu einem »Kapitel wo das Brautpaar und Melusine zum ersten Mal in Stechlin zu Besuch sind.« (= Kap. 30).
Entwurf zu Kap. 42: Ermyntruds Brief.
Rückseite: Entwurf zu Kap. 38: Beginn des Gesprächs zwischen Dubslav und Lorenzen.

Zeitschriftenabdrucke

»Folio-Ausgabe«: Stechlin. Roman von Theodor Fontane. In: Über Land und Meer, Stuttgart und Leipzig: Deutsche Verlags-Anstalt, 40. Jg. (Oktober 1897 – 1898). Bd. 79, Heft 1 – 19 (Oktober 1897 bis Februar 1898).

»Oktav-Ausgabe«: Stechlin. Roman von Theodor Fontane. In: Über Land und Meer, Stuttgart: Deutsche Verlagsanstalt, 14. Jg. (Juli 1897 – 1898), Bd. 2 – 3, Heft 6 – 12 (Dezember 1897 bis Juni 1898).

Erstmals abgedruckt wurde Fontanes Roman unter dem Titel »Stechlin« in der illustrierten Unterhaltungszeitschrift »Über Land und Meer«, die in wöchentlichen, zweiwöchentlichen oder monatlichen Lieferungen bezogen werden konnte. Der Abdruck in der »Folio-Ausgabe« (wöchentliche und zweiwöchentliche Lieferung) begann mit dem 1. Heft des 40. Jahrgangs, das im Oktober 1897 erschien. Vollständig lag der Roman in dieser Ausgabe im Februar 1898 vor. Die Abonnenten der »Illustrirten Oktav-Hefte« erhielten zwar mit jeder Lieferung umfangreichere Abschnitte als die Leser der »Folio-Ausgabe«, sie konnten den Roman aber erst etwas später lesen. Der Abdruck begann im Dezember 1897 und endete im Juni 1898.

Die »Oktav-Ausgabe« ist offenbar von demselben Satz gedruckt wie die »Folio-Ausgabe«. Nach der Herstellung der Matrizen für die großformatige, dreispaltige Ausgabe ist der Satz in das kleinere, zweispaltige Oktav-Format umbrochen worden. Daher unterscheiden sich die »Folio-« und die »Oktav-Ausgabe« nur geringfügig voneinander. Die festzustellenden Abweichungen in der Interpunktion und Orthographie resultieren vermutlich aus einer Hauskorrektur des für die »Oktav-Ausgabe« umbrochenen Satzes in der Redaktion von »Über Land und Meer«. Eine nochmalige Kollationierung mit der Satzvorlage oder eine weitere Autorkorrektur sind nicht nachweisbar und nicht wahrscheinlich.

Die Zeitschriftenabdrucke entsprechen bereits weitgehend der Textfassung der ersten Buchausgabe. Der Roman ist in 46 Kapitel unterteilt, die Überschriften der größeren Abschnitte, die sich schon in dem im Stadtmuseum Berlin aufbewahrten Manuskriptkonvolut als strukturierende Einheiten abzeichnen, finden sich in den Zeitschriftenabdrucken allerdings nicht. Die Kapitelbezeichnungen »XXVII.« und »XXX.« sind beim Umbruch des Satzes für die »Oktav-Ausgabe« irrtümlich getilgt worden.

Erste Buchausgabe

Der Stechlin. Roman von Theodor Fontane. Berlin W: F. Fontane & Co. 1899 (ausgeliefert ab Mitte Oktober 1898).

Textgrundlage für unsere Ausgabe ist das Exemplar des Theodor-Fontane-Archivs (58/7133). Zum Vergleich herangezogen wurden die Exemplare der Staatsbibliothek zu Berlin – Preußischer Kulturbesitz (Yx 30940ª) sowie der Bibliothek der Humboldt-Universität zu Berlin (Yv 50805 Rara, Fontane 75,2 und Fontane 75,3). Die Exemplare sind mit Ausnahme der Verlagswerbung im letzten Halbbogen satzidentisch. Fehler wie »Dubslaw« (Buchausgabe, S. 213, vgl. »Zu diesem Band«, S. 694), das umgekehrte Semikolon (S. 135, vgl. »Zu diesem Band«, S. 690) oder die Spalte im Satz mit einigen fehlenden, einigen verrutschten Buchstaben (S. 397, vgl. »Zu diesem Band«, S. 693) finden sich in allen untersuchten Exemplaren. Auf S. 445 tritt in den Folgeauflagen zunehmend Textverlust ein. Mehrere Lettern verschwinden vollständig. Das »a« in »Ja, es« (viertletzte Zeile) erscheint zunächst richtig, in den Folgeauflagen aber falsch herum gesetzt.

Satzvorlage für die Buchausgabe ist ein vom Autor durchkorrigiertes Exemplar des Zeitschriftenabdrucks gewesen, und zwar ein

Exemplar der »Folio-Ausgabe«. Wo die beiden Zeitschriftenabdrucke voneinander abweichen, stimmt die Buchausgabe meist mit der »Folio-Ausgabe« überein.

Erst in der Buchausgabe wurden die Bezeichnungen für die größeren Abschnitte – »Schloß Stechlin.«, »Kloster Wutz.«, »Nach dem Eierhäuschen.«, »Wahl in Rheinsberg-Wutz.«, »In Mission nach England.«, »Verlobung. Weihnachtsreise nach Stechlin.«, »Hochzeit.«, »Sonnenuntergang.« und »Verweile doch. Tod. Begräbnis. Neue Tage.« – eingeführt. Außerdem unterscheidet sich die Buchausgabe von den Zeitschriftenabdrucken durch geringfügige stilistische, orthographische und typographische Abweichungen. An zahlreichen Stellen wurde die Interpunktion geändert. Während in den Zeitschriftenabdrucken die Kapitel mit römischen Ziffern bezeichnet sind, finden sich in der Buchausgabe ausgeschriebene Kapitelnumerierungen.

Im einzelnen ist oft nicht zu entscheiden, welche Varianten der Buchausgabe auf in der Satzvorlage bzw. den Korrekturfahnen eingeführte Änderungen des Autors zurückgehen, welche beim Druck absichtlich oder unbeabsichtigt entstanden sind. Die stilistischen Korrekturen entsprechen sicher weitgehend der Intention des Autors, der das Erscheinen seines letzten Werkes bis hin zu den Aushängebogen überwacht hat. Die Hervorhebung bestimmter Wörter durch Sperrung ist ein stilistisches Mittel, das Fontane eingesetzt hat, um den Text deutlicher zu strukturieren bzw. sinntragende Satzglieder stärker zu betonen. Deutlich wird an mehreren Stellen das Bemühen, Wortwiederholungen in geringen Abständen zu tilgen. Mehrfach wurden Appositionen gestrichen oder erläuternde, mitunter für den Klang erforderliche Zusätze eingefügt. Tiefergreifende stilistische oder inhaltliche Änderungen sind selten.

ANMERKUNGEN

1.

5 *Grafschaft Ruppin* – Herrschaft im Norden Brandenburgs, Fontanes engere Heimat, die er im ersten Band seiner »Wanderungen« ausführlich beschrieben hat.
Gransee – Im Osten der Grafschaft Ruppin gelegene Stadt, als deren Besonderheiten Fontane unter anderem das Waldemar-Tor und die Warte hervorgehoben hat, einen Turm, an den sich eine Sage aus der Zeit des falschen Waldemars knüpft (vgl. »Wanderungen«, Bd. 1, Kap. »Gransee«, S. 503–517; zum falschen Waldemar vgl. »Es ist nicht nötig ...«, S. 469 f.).
Rheinsberg – Berühmtheit erlangte die in der Grafschaft Ruppin gelegene Stadt durch das gleichnamige Schloß, das Friedrich II. (1712–1786, König von Preußen seit 1740) während seiner Kronprinzenzeit (1734–1740) bewohnte und in dem ab 1753 sein Bruder, Prinz Heinrich (1726–1802), Hof hielt.
Waldung – Die Menzer Forst, in einer »verlorenen Grafschaftsecke« gelegen, ein Landstrich, in dem sich in hundert Jahren »wenig oder nichts geändert« hat, ein ausgedehnter Wald, »der ein Leben für sich führt, ein halbes Dutzend Wasserbecken mit grünem Arm umschließt und über Altes und Neues, über Teeröfen und Forsthäuser, über Glashütten und Fabriken nach wie vor seine Herrschaft übt.« (»Wanderungen«, Bd. 1, Kap. »Die Menzer Forst und der Große Stechlin«, S. 346 f.)
»der Stechlin« – Die Schilderung des Stechlinsees erinnert an die entsprechende Passage der »Wanderungen«, in der die Sagen vom Wasserstrahl und vom roten Hahn bereits enthalten sind (Bd. 1, Kap. »Die Menzer Forst und der Große Stechlin«, S. 349–353).
vor hundert Jahren in Lissabon – Am 1. November 1755 richtete ein Erdbeben schwere Zerstörungen in der Hauptstadt Portugals an.

5 *ein roter Hahn* – Vgl. »Es ist nicht nötig ...«, S. 484.
6 *das langgestreckte Dorf* – Schloß und Dorf Stechlin hat es in der Art, wie sie Fontane hier beschreibt, nicht gegeben.
Kloster Wutz – Als Vorbild läßt sich das am Wutz-See gelegene Kloster Lindow erkennen (vgl. »Wanderungen«, Bd. 1, Kap. »Lindow«, S. 499–502), was durch den Brief Fontanes vom 8. Juni 1896 an Carl Robert Lessing bestätigt wird: »Wutz ist Lindow«. Im Entwurf hieß das Kloster zunächst noch Lindow (Manuskriptkonvolut im Stadtmuseum Berlin, Kap. 29, Rückseite Bl. 13).
mit einem kleinen Mohren und ... Schwefelfäden – Der Mohr, sonst ein Symbol für Kolonialwaren, steht hier vielleicht auch – im Sinne des sprichwörtlich gewordenen Zitats: »Der Mohr hat seine Schuldigkeit getan, der Mohr kann gehn!« – für das Alte, Überlebte. Schwefelfäden wurden zum Lichtanzünden und zum Feuermachen verwendet.
7 *Schwedenzeit* – Die Zeit der kriegerischen Auseinandersetzungen mit Schweden in der zweiten Hälfte des 17. Jahrhunderts, vor allem die Jahre 1674/75, als große Teile Brandenburgs von einem schwedischen Heer besetzt waren, das 1675 bei Fehrbellin vom Großen Kurfürsten vernichtend geschlagen wurde (vgl. Anm. zu S. 69 *Fehrbellin*).
Regierungsantritt Friedrich Wilhelms I. – Der Regierungsantritt Friedrich Wilhelms I. (1688–1740) erfolgte am 25. Februar 1713. Über die zur Staatsräson erhobene Sparsamkeit des »Soldatenkönigs«, deren Auswirkungen auch in der Nüchternheit der Architektur jener Jahre zu beobachten sind, vgl. Kap. 18, S. 201.
Corps de logis – (frz.) Hauptteil eines Schlosses oder herrschaftlichen Wohnhauses, in dem sich die Wohnräume befanden, im Unterschied zu den Flügeln.
Glaskugel – War im 19. Jahrhundert tatsächlich als Schmuckelement in manchen Herrenhäusern anzutreffen.
Butomus umbellatus – (lat.) Doldige Schwanenblume, auch Blumenbinse genannt, eine Sumpf- und Wasserpflanze mit rötlichen Blüten, die im Röhricht an Flüssen und Teichen vorkommt.

8 *Dubslav von Stechlin* – Der im deutschen Sprachraum seltene slawische Name (ursprünglich Dobieslav, Zusammensetzung aus dobj-: tapfer, tüchtig, und slawa: Ruhm) findet sich gleichwohl bei einigen prominenten Vertretern des preußischen und des pommerschen Adels (z. B. v. Natzmer, v. Platen). Stechlin ist ein fiktiver Adelsname, der an das alte märkische Adelsgeschlecht von Stechow erinnert.
vor den Hohenzollern – Die Hohenzollern herrschten seit Beginn des 15. Jahrhunderts in der Mark Brandenburg. Sie mußten sich zunächst in Kämpfen gegen den Widerstand der alteingesessenen Adelsgeschlechter durchsetzen; vgl. Anm. zu S. 15 *Cremmen*.
Fähnrichsexamen – Wer die Offizierslaufbahn einschlagen wollte, mußte 17 bis 23 Jahre alt sein und durch Vorweisen eines höheren Schulabschlusses oder die Fähnrichsprüfung den Nachweis seiner geistigen Befähigung erbringen.
bei den brandenburgischen Kürassieren – Das Kürassier-Regiment Kaiser Nikolaus I. von Rußland (das »Brandenburgische«) Nr. 6 hatte seine Standorte u. a. in Fehrbellin, Kremmen und Barby, seit 1850 in Brandenburg.

9 *Regierungsantritt Friedrich Wilhelms IV.* – Nachdem Friedrich Wilhelm IV. (1795–1861) am 7. Juni 1840 den preußischen Thron bestiegen hatte, sahen sich weite Kreise in ihren Hoffnungen auf politische Veränderungen getäuscht.
anno vierundsechzig – Im preußisch-österreichischen Krieg gegen Dänemark (vgl. die Darstellung in Fontanes Buch »Der Schleswig-Holsteinsche Krieg im Jahre 1864«).
ein Sohn – Etwa zeitgleich mit dem Ausbruch des Krieges wurde (am 6. Februar 1864) Friedrich Fontane, der jüngste Sohn Theodor Fontanes, geboren.
einer links – Anspielung auf die morganatischen Trauungen »zur linken Hand«, die auch im preußischen Königshaus vollzogen worden waren.

10 *Joachim* – Name mehrerer brandenburgischer Fürsten, darunter Joachim I. (1484–1535, Kurfürst seit 1499) und Joachim II. (1505–1571, Kurfürst ab 1535).
Woldemar – Vgl. »Es ist nicht nötig…«, S. 469f.

10 *Bleib im Lande und taufe dich redlich* – Eigentlich: »[…] und nähre dich redlich«, Psalm 37,3.
Wer aus Friesack is, darf nicht Raoul heißen – Vgl. Fontanes Brief an seine Tochter Martha vom 30. August 1895: »Volk ist alles, Gesellschaft ist nichts, und nun gar unsre, die, die Juden abgerechnet, blos eine sein will und nichts ist wie Bonvivants auf einer kleinstädtischen Bühne. Friesack in Frack und Claque.« Über Friesack, eine auf halbem Wege zwischen Brandenburg und Neuruppin gelegene Herrschaft mit gleichnamigem Burgflecken (heute Kleinstadt), die eine der Stammbesitzungen der Bredows und der Quitzows war, heißt es in Fontanes im Umfeld der »Wanderungen« entstandenen Fragment »Das Ländchen Friesack und die Bredows«: »Im Herzen von Mark Brandenburg liegt das Havelland, und im Herzen des Havellands liegt das Ländchen Friesack. Ein Kern im Kern.« (»Wanderungen«, Bd. 7, S. 185) Am 13. Oktober 1894 enthüllte Wilhelm II. in Friesack ein Denkmal zur Erinnerung an den ersten brandenburgischen Kurfürsten aus dem Hause Hohenzollern, Friedrich I.
»comme philosophe« – (frz.) als Philosoph. Im Testament Friedrichs II. vom 8. Januar 1869 heißt es: »j'ai vécu en filosofe et je veux etre enteré Comme Tel«: »ich habe als Philosoph gelebt, und ich will als solcher begraben sein«.
Bismarck … bei den siebenten – Im Kürassier-Regiment von Seydlitz (dem »Magdeburgischen«) Nr. 7, bei dem Bismarck seit 1868 als General à la suite stand. Garnisonsorte des Regiments waren u. a. Halberstadt und Quedlinburg. Gedient hatte Bismarck 1838 beim Garde-Jäger-Bataillon in Potsdam und beim 2. Jäger-Bataillon in Greifswald, später war er mit zahlreichen militärischen Rängen und Titeln geehrt worden. 1876 wurde er General der Kavallerie. Am 1. April 1895 wurde er anläßlich seines 80. Geburtstages von Wilhelm II. zum Chef des Kürassier-Regiments Nr. 7 ernannt.
die kleinere Zahl ist in Preußen bekanntlich immer die größere – Weil die Zählung der preußischen Regimenter bei den älteren – und damit verdienstvolleren – Elite-Einheiten begann.

10 *Friedrichsruh* – Gut Bismarcks im Sachsenwald bei Hamburg, auf dem er seine letzten Lebensjahre verbrachte und wo er in einem Mausoleum beigesetzt wurde.

11 *mit den Boitzenburgern und den Bassewitzens verschwägert* – Alte brandenburgische und mecklenburgische Adelsfamilien.

Baruch Hirschfeld – Im Entwurf zunächst unter den Bezeichnungen »der alte Abram« (Manuskriptkonvolut im Stadtmuseum Berlin, Kap. 42, Rücks. Bl. 1) oder »Kaufmann Hirsch« (Kap. 21, Rücks. Bl. 10; Kap. 36, Rücks. Bl. 17).

Gerson – Berliner Konfektionshaus am Werderschen Markt 5/6, »der Inbegriff alles Feinen« (»Von Zwanzig bis Dreißig«, Abschnitt »›Mein Leipzig lob' ich mir‹«, Kap. 5).

Schuldverschreibung – Obligation, mit der sich der Aussteller seinem Kreditgeber gegenüber zu einer bestimmten Leistung verpflichtet. Der Plan Baruch Hirschfelds, das Gut Stechlin mittels Schuldverschreibungen an sich zu bringen, erinnert an Gustav Freytags Roman »Soll und Haben« (1855), in dem erzählt wird, wie die Familie von Rothsattel durch Veitel Itzig, einen durchtriebenen jüdischen Geschäftsmann, ruiniert und um den Besitz ihres Guts gebracht wird.

Isidor – Die Figur sollte im Entwurf zunächst Veitl heißen (Manuskriptkonvolut im Stadtmuseum Berlin, Kap. 36, Rücks. Bl. 17).

12 *Schlacht bei Prag* – Schlacht im Siebenjährigen Krieg, in der Friedrich II. am 6. Mai 1757 die Österreicher unter Prinz Karl von Lothringen schlug.

in der Perspektiv' – Wortspiel mit »das Perspektiv« (Fernglas) und »die Perspektive«.

Adelheid – Vgl. die Charakteristik in einem bei Petersen (S. 55 f.) überlieferten Entwurf: »Adelheid. Ein herbes, wenig liebenswürdiges Frl. v. R. aber durch ihre häßliche Herbheit sich von dieser unterscheidend. Von sehr schwacher Bildung, aber von gutem praktischen Verstand. Praktisch, prosaisch, ökonomisch, von natürlichem Mißtrauen gegen alles, was frei, forsch, geistvoll ist. Mißtrauisch, eingebildet, weiß alles besser. Sie will umschmeichelt sein. Dann wird sie menschlich und hülfebereit. In dieser Beziehung mehr Geh. Räthin H. als Frl. v. R. Nur hat sie von jener nicht das kleinstietzig Spießbürgerliche. Die Schmargendorf macht ihr die Kur. Ebenso Flix. Deshalb hält sie von Beiden viel. Ihr Liebling ist Woldemar. In den Beziehungen zu *diesem* kommt alles Gute, was in ihr steckt, zum Vorschein. Sie liebt ihn persönlich, aber auch von Familie wegen. Denn sie hat ein starkes Familiengefühl.« Vgl. auch den Brief an Emilie vom 12. April 1852, in dem Fontane über seine Begegnung mit seiner Cousine Adelheid, einer Nonne, berichtet.

12 *Domina* – (lat.) Herrin. Vorsteherin eines Frauenstifts.
sagte gut – Übernahm die Bürgschaft.

13 *Pastor Lorenzen* – Ein Pastor Lorenz, wie die Figur im Entwurf heißt, war ein langjähriger Freund Friedrich Fontanes gewesen; vgl. auch »Überlieferung«, S. 541f.

Krippenstapel – Die Figur erinnert an die gleichnamige komische Gestalt in Wilhelm Raabes »Chronik der Sperlingsgasse« (1856), aber auch an das »Leben des vergnügten Schulmeisterlein Maria Wutz in Auenthal« (1793) von Jean Paul. Der Name ist auch historisch belegt, er war in der Prignitz verbreitet. Im Entwurf sollte der Lehrer zunächst Kulike heißen (Manuskriptkonvolut im Stadtmuseum Berlin, Kap. 35, Rücks. Bl. 1).

Katzler – Vgl. Anm. zu S. 84 *Katzler ... historischer Name*.

Feldjäger – Leichte Infanterie-Truppe mit besonders guten Schützen.

Engelke – (niederdt.) Engelchen. Verbreiteter norddeutscher Adelsname. Im Entwurf hieß der Diener zunächst Jentsch (Manuskriptkonvolut im Stadtmuseum Berlin, Kap. 33, 1.Teil, Rücks. Bl. 9), später Engelbrecht (Kap. 32, Rücks. Bl. 9).

Heinrich – Prinz Heinrich von Preußen (1726–1802), Bruder Friedrichs II., erfolgreicher Feldherr im Siebenjährigen Krieg (vgl. Anm. zu S. 5 *Rheinsberg*).

von Kortschädel – Im Entwurf »von Brummschädel« (Petersen, S. 24).

ins märkische Provinzialmuseum – In die Sammlung des 1874 gegründeten Märkischen Provinzialmuseums (heute

Teil der Stiftung Stadtmuseum Berlin) war bereits am 6. Juni 1876 ein Brief Fontanes (an Leo Alfieri, 5. Mai 1876) aufgenommen worden.

14 *Meerschaum* – Meerschaumpfeife.

Poetensteig – »Jeder kennt die langgestreckten Laubgänge, die sich unter dem Namen ›Poetensteige‹ in allen altfranzösischen Parkanlagen vorfinden.« (»Wanderungen«, Bd. 4, Kap. »Die Leber ist von einem Hecht«, S. 15)

schwarz und weiß – Farben der Hohenzollern und Landesfarben Preußens.

wenn du was rotes dran nähst – Schwarz-Weiß-Rot waren die Farben des 1871 gegründeten Deutschen Reiches, Rot aber auch die Farbe der Sozialdemokratie.

Telegramm – 1837 war die erste elektromagnetische Telegraphenleitung in Deutschland gebaut worden, am Ende des Jahrhunderts hatte sich das Telegraphennetz über die ganze Welt ausgebreitet.

15 *Rex* – Alte Adelsfamilie, ursprünglich aus dem Königreich Sachsen.

Czako – Auch Tschako (von ungar. csákó), militärische Kopfbedeckung, die 1806 zuerst in der französischen Armee, danach allgemein eingeführt wurde. Zunächst war im Entwurf der Name Schlichting oder Schlichtling (Manuskriptkonvolut im Stadtmuseum Berlin, Kap. 32, Rücks. Bl. 9, undeutlich) in Aussicht genommen, darüber hat Fontane »Czako« geschrieben. Czako ist auch ein historischer Name, so hieß der Schauspieler und Dramatiker Sigmund Czakó (1820–1847).

Cremmen – Nördlich von Berlin gelegene Kleinstadt, bei der die Anhänger Friedrichs VI., Burggraf von Nürnberg (vgl. Anm. zu S. 120 *Burggraf*), am 24. Oktober 1412 einen ersten Sieg im Kampf gegen die brandenburgischen Adligen erfochten. Dieses als »Schlacht am Cremmer Damm« in die Annalen eingegangene Ereignis war trotz seiner nur geringen militärischen Bedeutung Zeichen einer historischen Wende in der Geschichte Brandenburgs. Die Zeit der Unsicherheit und der Willkür der eingesessenen Adelsfamilien wurde abgelöst durch die Herrschaft der Dynastie der Hohenzollern,

ANMERKUNGEN

unter der das Land im Laufe der folgenden Jahrhunderte zu einer europäischen Großmacht und zur Kaiserwürde aufstieg. Die Darstellung der Zusammenhänge in den »Wanderungen« ist getragen vom Verständnis Fontanes für die alteingesessenen Adelsfamilien (Bd. 5, Abschnitt »Quitzöwel«, Kap. 12, S. 81).

15 *in einer Pace* – in einem Ritt; pace: (engl.) Schritt, auch Gangart von Pferden.

Gundermanns – Der Gundermann ist eine verbreitete, oft massenhaft auftretende Pflanze. Ihre wissenschaftliche Bezeichnung »glechoma hederacea« (»strebender Efeu«) hängt mit den langen oberirdischen Ausläufern zusammen, mit denen sich die Pflanze, gleichsam über den Boden kriechend, vermehrt. Vgl. auch Anm. zu S. 53 ›*Waldmeisters Brautfahrt*‹.

16 *Klutentreter* – (niederdt.) Geringschätzig: Bauer.

Kornus – Scherzhaft: Korn, Schnaps.

2.

17 *Ministerialassessor* – Mit dem sonst nicht nachweisbaren Begriff meinte Fontane offenbar einen Bewerber für ein Ministerialamt. Assessor war in Preußen der offizielle Titel dessen, der sich durch eine Staatsprüfung für ein Verwaltungsamt qualifiziert hatte, aber noch nicht fest angestellt war (vgl. auch »Wirkung«, S. 525).

19 *Konservatismus* – Im Reichstag und im Preußischen Landtag hauptsächlich durch die Deutsche Reichspartei (Freikonservative Partei) und die Deutschkonservative Partei (DKP) vertretene politische Richtung. Die Bedeutung der konservativen Parteien nahm seit den 1880er Jahren ab. 1893 erreichte die DKP 13,53 % der Stimmen und war mit 72 Abgeordneten im Reichstag (insgesamt 397 Sitze) vertreten, die Reichspartei erreichte 5,7 % der Stimmen (28 Mandate).

Hippe – Winzermesser, Attribut des Todes.

20 *Frundsbergzeit* – Das frühe 16. Jahrhundert, so genannt nach dem kaiserlichen Feldhauptmann Georg von Frundsberg (1473–1528), dem »Vater der deutschen Landsknechte«.

22 *bis Anno sechs* – Bis 1806, dem Jahr der Niederlage Preußens gegen Napoleon, die durch die Schlacht von Jena und Auerstedt besiegelt worden war.

Regiment Garde du Corps ... Regiment Gensdarmes – Die beiden berühmten preußischen Garde-Kürassier-Regimenter Garde du Corps mit Garnison in Potsdam und Gensdarmes, das bereits 1807 aufgelöst worden war.

Marwitz, Wakenitz, Kracht, Löschebrand, Bredow, Rochow – Märkische Adelsfamilien.

Litauen – Ursprünglich ein Großherzogtum im polnischen Königreich, wurde Litauen im 18. Jahrhundert zwischen Rußland und Preußen aufgeteilt. Die Gebiete links des Njemen (vgl. Anm. zu S. 50 ›jenseits des Niemen‹) wurden 1795 im Zuge der 3. Polnischen Teilung Preußen angegliedert (Provinz Neuostpreußen), 1807 dem Herzogtum Warschau und 1812 Rußland, wo sie Ende des Jahrhunderts das Gouvernement Suwalki bildeten.

Masuren – Landschaft im Süden Ostpreußens.

piek – vornehm, vgl. »piekfein«.

pour combler le bonheur – (frz.) um das Glück vollständig zu machen.

›*Königin von Großbritannien und Irland*‹ – Anläßlich eines Besuchs in England verlieh Wilhelm II. 1889 seiner Großmutter, der Königin Victoria, das 1. Garde-Dragoner-Regiment (mit Garnison in Berlin). Es wurde Befehl nach Berlin gegeben, daß sofort eine Delegation des Regiments nach England kommen sollte, um sich dem neuen Chef vorzustellen. Die Vorstellung fand am 5. August 1889 in Osborne House statt. Wilhelm II. sagte in seiner Festansprache: »Ich habe das Regiment einerseits deshalb gewählt, weil es in seiner Geschichte durch Disciplin im Frieden, wie durch heldenmütiges Verhalten im Kriege, vor allem im letzten Feldzuge bei Mars-la-Tour, wohlverdiente Lorbeeren erworben hat. Anderseits aber auch, weil es das einzige Kavallerieregiment in der preußischen Armee ist, in welchem Mein Hochseliger Herr Vater seine kavalleristische Ausbildung genossen hat.« (Reden, Bd. 1, S. 61)

23 *manche sind eigentlich welche und dürfen es bloß nicht sagen* – Die unehelichen Kinder der Fürsten, etwa die nicht anerkannten Kinder König Friedrich Wilhelms II. mit der Gräfin Dönhoff.

à la suite – (frz.) im Gefolge. Offizierswürde, die ehrenhalber verliehen wurde und nicht mit einer entsprechenden Dienststellung verbunden war.

Parkett von Königen – Anspielung auf einen Ausspruch des französischen Schauspielers François-Joseph Talma (1763 bis 1826), der 1808 vor den Teilnehmern des Fürstenkongresses in Erfurt gespielt hatte.

Sozialdemokratie – Parteipolitische Grundrichtung, deren Anhänger eine Umgestaltung der Gesellschaft nach den Prinzipien des Sozialismus erstrebten. Im 19. Jahrhundert kam es, gefördert durch die theoretischen Arbeiten führender Sozialisten wie Karl Marx (1818–1883), Friedrich Engels (1820 bis 1895) und August Bebel (vgl. die folgende Anm.), zu einer wesentlichen Entwicklung der sozialistischen Ideen. Als politische Kraft spielten die sozialdemokratischen Parteien und Gewerkschaftsorganisationen in Deutschland zunehmend eine Rolle, besonders nach dem Fall des Sozialistengesetzes. Im Reichstag war die Sozialdemokratische Partei Deutschlands 1898 mit 56 von 397 Sitzen vertreten. Sie war damit die zweitstärkste Partei nach der Zentrumspartei (vgl. Anm. zu S. 230 *Zentrum*) mit 106 Sitzen. Hinsichtlich des prozentualen Anteils der abgegebenen Wählerstimmen übertraf die Sozialdemokratische Partei seit 1890 alle anderen Parteien.

verbebeln – August Bebel (1840–1913), einer der prominentesten Vertreter der deutschen Sozialdemokratie, gehörte 1869 in Eisenach zu den Gründern der Sozialdemokratischen Arbeiterpartei und wurde wiederholt in den Reichstag und in parlamentarische Ländervertretungen gewählt.

eines schickt sich nicht für alle – Zitat aus Goethes Gedicht »Beherzigung« (entstanden 1776/77, Erstdruck 1789).

23 *Vom alten Adam* – Vom Menschen mit seinen Schwächen, insbesondere seiner Sexualität.
24 *die von Alexander* – Vom preußischen Garde-Grenadier-Regiment Nr. 1, das seit 1814 den Ehrennamen Alexanders I. (1777–1825, Zar seit 1801) trug. Garnison des Regiments war Berlin, die Kasernen befanden sich in der Alexanderstraße 56, Am Königsgraben 17 und Am Kupfergraben 1-3.
die Reckes – Alte Adelsfamilie, in der es mehrfach hohe geistliche Würdenträger gegeben hat. Adalbert Graf von der Recke-Volmerstein (1791–1878) spielte in der pietistischen Erweckungsbewegung des 19. Jahrhunderts eine Rolle.
englische – Rasiermesser aus englischer Produktion.
Solingen oder Suhl – Deutsche Standorte von Messerfabriken.
25 ›*niedergefahren zur Hölle*‹ – Formulierung aus dem protestantischen Glaubensbekenntnis (vgl. ähnliche Äußerungen in den Briefen Fontanes an Georg Friedlaender vom 1. August 1893 und vom 29. November 1893 sowie an Emilie Fontane vom 12. April 1852).
er schraubt ihn – er neckt ihn.
Angewohnheit ... zweite Natur – »Consuetudo quasi altera natura est« (Redensart nach Cicero, »De finibus«).
Höflichkeit der Könige – »Pünktlichkeit ist die Höflichkeit der Könige«, soll Louis XVIII. (1755–1824, König von Frankreich seit 1815) gesagt haben.

3.

26 *sowohl des preußischen wie des wendischen Kronenordens* – Der preußische Kronenorden, von König Wilhelm I. (1797 bis 1888, seit 1871 deutscher Kaiser) bei seiner Krönung in Königsberg am 18. Oktober 1861 gestiftet, wurde in vier Klassen verliehen. Fontane war am 18. Januar 1867 mit dem preußischen Kronenorden 4. Klasse geehrt worden. Auch der am 12. Mai 1864 von den beiden Großherzögen von Mecklenburg gestiftete wendische Kronenorden unterteilte sich in Klassen. Fontane erhielt ihn im April 1871.

27 *Marabufächer* – Fächer aus den Federn des Marabus, einer exotischen Storchenart.
28 ›*Der häßlichste Mops sei der schönste*‹ – Dasselbe Paradoxon verwendete Fontane in dem Brief an seine Tochter Martha vom 8. Juni 1889. Es spielt außerdem eine Rolle in dem Diskurs über die Schönheit in »Schach von Wuthenow«, Kap. 7, wo mit den Worten »le laid c'est le beau« ein auf Victor Hugo zurückzuführender Ausspruch des Malers Karl Gussow zitiert wird. Fontane kannte den Ausspruch aber auch aus Shakespeares »Macbeth« (1605/06; I,1).
Zeichen der Zeit – Vgl. Matthäus 16,3: »Ihr Heuchler! Über des Himmels Gestalt könnet ihr urteilen; könnet ihr denn nicht auch über die Zeichen dieser Zeit urteilen?« Vgl. Anm. zu S. 432 ›*Signatur der Zeit*‹.
Neuerungen, an denen sich leider auch der Staat beteiligt – Durch eine Reihe von Maßnahmen der Sozialgesetzgebung – Krankenversicherung (1883), Unfallversicherung (1884), Invaliditäts- und Altersversicherung (1889), Arbeiterschutzgesetz (1891) – sollte in den 1880er und 90er Jahren die Arbeiterbewegung beschwichtigt werden.
Wasser auf die Mühlen der Sozialdemokratie – Vgl. Fontane an Georg Friedlaender, 12. Februar 1892: »Alles ist Wind in die Segel der Sozialdemokratie [...]«
29 *Pariser Septemberrevolution* – Nach der Schlacht bei Sedan am 1./2. September 1870 und dem Zusammenbruch des Kaiserreiches wurde am 4. September 1870 in Paris die Dritte Republik ausgerufen, die im Frühjahr 1871 durch die Errichtung der Pariser Commune schwer erschüttert wurde.
Eine war im Juni, 'ne andre war im Juli – Die Pariser Junirevolution von 1848 und die Julirevolution von 1830. Im Juli (am 14. Juli 1789) hatte auch der Sturm auf die Bastille stattgefunden, mit dem die Große Französische Revolution 1789–1795 begann.
Gourmandise – (frz.) Naschhaftigkeit, Schlemmerei.
Phosphor ... macht ›*helle*‹ – Den Lichterscheinungen, die mit der Oxidation des Stoffes verbunden sind, verdankt das Element auch seinen Namen (griech. phosphoros: Lichtträger),

im übertragenen Sinn ist aber auch die das Denkvermögen anregende Wirkung von Phosphor gemeint.

29 *eh' die Schwedischen aufkamen* – In der ersten Hälfte des 19. Jahrhunderts wurden verschiedene Reibzündhölzchen aus Schwefel oder Phosphor hergestellt. Die Gefahr der Explosion oder der Vergiftung (Phosphor ist hochgiftig) war bei ihrer Verwendung nicht auszuschließen. Erst 1848 erfand der Frankfurter Chemiker Rudolf Christian Boettger (1806 bis 1881) die Sicherheitszündhölzer, auch schwedische Zündhölzer genannt, weil sie zunächst von Schweden aus vertrieben wurden.

30 *Mooskarpfen* – Vgl. »Wanderungen«, Bd. 3, Kap. »Das Belvedère im Schloßgarten zu Charlottenburg«, S. 184. »Moos« wurde in der Studentensprache als Attribut für hohes Alter verwendet, etwa in »Moosbuckel« und »bemoostes Haupt«.

Lissaboner Aktion – Vgl. Anm. zu S. 5 *vor hundert Jahren in Lissabon.*

Ausbruch des Krakatowa – Der gewaltige Vulkanausbruch auf der zwischen Sumatra und Java gelegenen Insel Krakat'au (Krakatoa, Rakata) von 1883.

Ins Innere der Natur dringt kein erschaffener Geist – Zitat aus dem Gedicht »Falschheit menschlicher Tugenden« (1732) von Albrecht von Haller (1708–1777), das Goethe in seinem Gedicht »Allerdings. Dem Physiker« (1821) zurückgewiesen hat.

31 »*stabiliert*« … »*Stabilierung*« – Friedrich Wilhelm I. (vgl. Anm. zu S. 7 *Regierungsantritt Friedrich Wilhelms I.*) hatte an den Rand eines Einspruchs der preußischen Stände gegen die von ihm beabsichtigte Einführung einer Generalhufensteuer geschrieben: »Ich komme zu meinem Zweck und stabiliere die Souveränetät und setze die Krone fest wie einen rocher von bronce und lasse den Herren Junkers den Wind von Landtag.«

32 ›*im engen Kreis verengert sich der Sinn*‹ – Schiller, »Wallenstein« (1799), Prolog, V. 59.

›*Globetrotter*‹ – Die widersprüchliche Gestalt eines Globetrotters hat Fontane in seinem Fragment »Rudolf v. Jagorski, Globetrotter« (1896) skizziert.

33 *Stöckers Auftreten und seine Mission* – Adolf Stoecker (1835 bis 1909), protestantischer Theologe und Politiker, 1874 bis 1890 Hof- und Domprediger in Berlin, von 1881 bis 1893 und von 1898 bis 1908 Abgeordneter des Reichstags. Aufsehen erregte er durch seine Auftritte auf Volksversammlungen, bei denen es mehrfach zu tumultartigen Szenen kam. 1878 hatte Stoecker die Christlichsoziale Arbeiterpartei (1881 umbenannt in Christlichsoziale Partei) gegründet, die sich in den achtziger Jahren mit den deutschkonservativ und antisemitisch gesinnten Kräften um die »Kreuzzeitung« zur sog. »Berliner Bewegung« verband. Stoecker gehörte zu den Wegbereitern des Antisemitismus (»Das moderne Judentum in Europa«, 1880). Er war außerdem Vorsitzender der Berliner Stadtmission, einer Einrichtung der Inneren Mission, deren Tätigkeit auf die Konsolidierung von Staat und Gesellschaft gerichtet war, die durch eine religiös-sittliche Erneuerung innerhalb der christlichen Gemeinden und die Stärkung des lebendigen Glaubens herbeigeführt werden sollte.

Krispin – Märtyrer, der von den Schustern und Gerbern als Schutzheiliger verehrt wird. Von ihm wird berichtet, daß er Leder gestohlen habe, um unentgeltlich Schuhe für die Armen anfertigen zu können.

Bauerngut ... in Franken – Stoecker hatte 1880 den Reintaler Hof bei Partenkirchen in Oberbayern (nicht Franken) erworben.

›Gehet hin und lehret alle Heiden‹ – Nach Matthäus 28,19, Missionsbefehl.

34 *Wörishofener Pfarrer* – Sebastian Kneipp (1821–1897), katholischer Pfarrer und Heilpraktiker, der die nach ihm benannte Kur entwickelt hat, die auf Wasseranwendung und Bewegungstherapie beruht. Seine Heilanstalt in Wörishofen im Allgäu war Ende des 19. Jahrhunderts gut besucht.

Schwarzsauer – Einfaches, in Pommern und Mecklenburg bekanntes süß-saures Gericht aus Schweine- oder Gänseblut und verschiedenen Zutaten – mitgekochten Haxen und Schnauzen (»Snuten und Poten«), Backobst, Gewürzen –, das als Soße zu Kartoffeln bzw. als Suppe mit Klößen verzehrt wurde. Für Fontane gehörte der schwarze Sud zu den Schrecknissen seiner Kindheit (vgl. »Meine Kinderjahre«, Kap. 9).

35 *Anno 13* – 1813 begannen die Befreiungskriege gegen Napoleon.

Plankammer – Kartographische Abteilung.

Münzstraße ... Linienstraße, Ecke der Weinmeister – Die Ortskenntnisse der Frau von Gundermann erweisen sich als ziemlich zweifelhaft. Die Kaserne des Kaiser-Alexander-Garde-Grenadier-Regiments lag zwar in der Nähe des Alexanderplatzes, aber nicht in der Münzstraße (vgl. Anm. zu S. 24 *die von Alexander*). Eine Kreuzung Linien-/Weinmeisterstraße, an der sie gewohnt haben will, gibt es nicht, die beiden Straßen kreuzen sich nicht.

Schönhauser Allee – Straße im Prenzlauer Berg, einem im Zuge der Industrialisierung entstandenen Arbeiterviertel im Nordosten Berlins.

36 *sechzehn* – Das Prestige des Adels war abhängig vom Alter, also von der Anzahl nachweislicher Vorfahren, die dem Adelsstand angehörten.

Rhin – Nebenfluß der Havel, der nördlich von Rheinsberg entspringt.

37 *Bel-Etage* – Das »schöne Stockwerk«, das Pracht- oder Wohngeschoß, über dem Parterre gelegen.

Oeil de Boeuf – (frz., wörtl.) Ochsenauge.

Quack – Unmündiges Kind.

38 *Rattenfänger von Hameln* – Nach der Sage soll ein Rattenfänger 1284 die Stadt Hameln mit Hilfe einer Pfeife von der Ratten- und Mäuseplage befreit haben. Da ihm der versprochene Lohn vorenthalten wurde, habe er noch einmal auf seiner Pfeife geblasen und 130 Kinder aus der Stadt geführt, die nie wieder gesehen wurden.

Katakomben – Unterirdische, jüdisch-frühchristliche Grabanlagen, insbesondere die labyrinthartigen Höhlen in Rom, die während der Zeit der Christenverfolgungen als Versteck und heimlicher Versammlungsort dienten.

39 *Mr. Carver* – Kalifornischer Kunstschütze, der für seine Fertigkeit berühmt war, vom galoppierenden Pferd aus auf Kugeln und Bälle zu schießen.
Venus – Die berühmte Marmorskulptur »Venus von Milo«, die auf der Insel Melos gefunden wurde, heute im Louvre.
Niemann – Albert Niemann (1831–1917), berühmter Wagner-Tenor aus Erxleben bei Magdeburg, 1866–1889 Mitglied der Königlichen Hofoper in Berlin.
dell'Era – Antoinetta dell'Era (geb. 1861), Tänzerin aus Mailand, 1879–1892 Primaballerina an der Königlichen Hofoper in Berlin.

40 *Nero* – Römischer Kaiser (37–68, Kaiser seit 54), der als grausamer Verfolger der Christen in die Geschichte eingegangen ist. Seine Opfer ließ er, mit Pechlappen umwickelt, an Pfähle binden und als lebende Fackeln anzünden. Dieser Stoff wurde in der Literatur und Kunst des 19. Jahrhunderts mehrfach gestaltet. Das Gemälde »Die Fackeln des Nero« (1876; heute Kraków, Nationalmuseum, Galerie der polnischen Kunst und Skulptur des 19. Jahrhunderts, Tuchhallen) des polnischen Historienmalers Henryk Siemiradzki (1843–1902), das auch in Berlin gezeigt worden war, hat Fontane mehrfach erwähnt (»Die Poggenpuhls«, Kap. 9; »L'Adultera«, Kap. 19).
einer mit einem etwas längeren Namen – Zu Christenverfolgungen kam es bis zum Beginn des 4. Jahrhunderts unter fast allen römischen Kaisern, namentlich unter Decius (249–251) und Diokletian (284–305).
der große König – Friedrich II.; vgl. Anm. zu S. 5 *Rheinsberg*.
Prinz Heinrich – Vgl. Anm. zu S. 5 *Rheinsberg* und zu S. 13 *Heinrich*.

4.

41 *Karoline* – Eig. Karamboline, eine der Kugeln beim Karambolespiel, einer Spielart des Billards, bei dem es darauf ankommt, den Spielball mit den anderen Bällen in einer bestimmten Reihenfolge zum Zusammenstoß (Karambolage) zu bringen.

41 *Kongestionen* – Blutandrang, Hyperämie.
42 *das schlägt nieder* – das senkt den Blutdruck.
›*Dehors*‹ – (frz.) Anstand, gesellschaftliche Umgangsformen.
44 *eingesegnet* – konfirmiert. Konfirmation (lat. Bestätigung) ist in den protestantischen Kirchen die Feier der Aufnahme der Jugendlichen in die Gemeinde der Erwachsenen. Ein besonders ausgewählter Bibelspruch soll den Konfirmanden auf seinem Lebensweg begleiten.
45 *Dusche* – Weicher, beschränkter Mensch (vgl. Fontanes Briefkonzept an Anna Witte vom Juni/Juli 1882).
Dohnenstrich – Anlage zum Vogelfang, Reihe von Schlingen (Dohnen) aus Pferdehaar.
Eva ... Potiphar – Alttestamentarische Versucherinnen (vgl. 1. Mose 3 und 1. Mose 39).
46 *Causeuse* – (frz., wörtl.) Plauderin; kleines Sofa.
Curaçao – Ein Magenlikör, aus den Schalen einer Pomeranzenart hergestellt, die hauptsächlich auf der Insel Curaçao (Antillen) wächst.
Danziger Goldwasser – Ein traditionell in Danzig hergestellter Kräuterlikör, der auch eine geringe Menge Blattgold enthielt.
47 *Helfrich* – Vgl. Anm. zu S. 334 *Hauptmann ... Schlacht bei Leipzig*.
Markthalle – Die 1886 eröffnete Große oder Central-Markthalle am Alexanderplatz/Neue Friedrichstr. 24/27, die Fontane in seinem Erzählfragment »Obristleutnant v. Esens« (1886) mit dem »Bauch von Paris« (Zola) vergleicht.
Alexanderkaserne – Vgl. Anm. zu S. 24 *die von Alexander*.
Obersten von Zeuner – Karl Ludwig Barnim von Zeuner (1821–1904), seit 1870 Kommandeur des Kaiser-Alexander-Garde-Grenadier-Regiments, 1874 Generalmajor, 1880 Generalleutnant, 1883 pensioniert, 1895 General der Infanterie, 1904 in Köpernitz beigesetzt (Priesdorff, Bd. 2, S. 46 f., Nr. 2737).
Zeunergegend ... Köpernitz – Das zwischen Lindow und Rheinsberg gelegene Gut Köpernitz und das dort ansässige

Geschlecht von Zeuner beschrieb Fontane in einem eigenen Kapitel in seinen »Wanderungen«, Bd. 1, S. 326–328.

48 *uralte Dame ... La Roche-Aymon* – Karoline Amalie, Gräfin La Roche-Aymon, geb. von Zeuner (1771–1859), die um 1800 zum Hof des Prinzen Heinrich gehörte und seit 1826 auf dem Gut Köpernitz wohnte, das den La Roche-Aymons seit 1802 gehörte (vgl. »Wanderungen«, Bd. 1, Kap. »Rheinsberg. Graf und Gräfin La Roche-Aymon«, S. 316–325, wo auch die Anekdote um den Tausch »Wurst wider Wurst« – in etwas anderer Form – erzählt wird). Die Tante Amelie in Fontanes Roman »Vor dem Sturm« ist nach dem Vorbild der Gräfin La Roche-Aymon gestaltet.

49 *Goldspeilerchen* – Speiler: dünner Stab oder Holzspan zum Schließen und Aufhängen der Wurst.

ziehe solchen guten Einfall einer guten Verfassung vor – Die unnachgiebige Haltung Friedrich Wilhelms IV. in der Verfassungsfrage war einer der Gründe, die zum Ausbruch der Revolution von 1848 führten. Am 5. Dezember 1848 oktroyierte der König der Bevölkerung Preußens die Verfassung, die bis 1918 gültig bleiben sollte.

Vernunft ist immer nur bei wenigen – Wörtlich lautet das Zitat aus Schillers Dramenfragment »Demetrius« (1805; »Reichstags-Fassung«, I,1): »Die Mehrheit? / Was ist die Mehrheit? Mehrheit ist der Unsinn, / Verstand ist stets bei wen'gen nur gewesen. / Bekümmert sich ums Ganze, wer nichts *hat*? / Hat der Bettler eine Freiheit, eine Wahl? / Er muß dem Mächtigen, der ihn bezahlt, / Um Brot und Stiefel seine Stimm verkaufen. / Man soll die Stimmen wägen und nicht zählen; / Der Staat muß untergehn, früh oder spät, / Wo Mehrheit siegt und Unverstand entscheidet.«

Programm ... Rußland – Preußen und Rußland pflegten im 19. Jahrhundert über viele Jahre freundschaftliche Beziehungen auf staatlicher Ebene. Während der Befreiungskriege kämpften die Russen gemeinsam mit Österreich und Preußen gegen Napoleon. 1815 schufen die Siegermächte die »Heilige Allianz« (vgl. Anm. zu S. 51 *heilige Alliance*). Auch durch dynastische Verbindungen zwischen den Hohenzollern und den Romanows wurde das Verhältnis Preußens und

Rußlands befestigt. Am 13. Juli 1817 wurde die Prinzessin Charlotte von Preußen (1798–1860; als russische Zarin trug sie den Namen Alexandra Fjodorowna), älteste Tochter Friedrich Wilhelms III., mit dem Zarewitsch Nikolai Pawlowitsch, dem späteren Zaren Nikolaus I., verheiratet. Am Ende des Jahrhunderts kam es unter Alexander III. aufgrund widerstreitender Interessen der beiden Mächte zu einer deutlichen Abkühlung der Beziehungen. Die Kehrseite der glanzvollen Freundschaft der beiden europäischen Großmächte, die auf pomphaften gegenseitigen Besuchen zelebriert wurde, war die allgemeine Kritik der Öffentlichkeit an den rückschrittlichen Verhältnissen in Rußland, am Byzantinismus, der Unfreiheit, der Unterdrückung und rücksichtslosen Russifizierung der fremdsprachigen und andersgläubigen Minderheiten und der unterworfenen Gebiete, allen voran Polens und des Baltikums.

49 *die ›russische Kirche‹ und das ›russische Haus‹* – Gemeint sind vermutlich nicht die 1829 eingeweihte russische Kapelle »Alexander Newski« auf dem Pfingstberg bei Potsdam und das Wirtshaus in der russischen Kolonie Alexandrowka, die Friedrich Wilhelm III. 1826–1829 für die russischen Sänger des 1. Garde-Regiments hatte bauen lassen, sondern das 1819 errichtete russische Blockhaus Nikolskoe und die von 1835 bis 1837 von Schadow und Stüler in russischem Stil erbaute Peter-Pauls-Kirche (vgl. »Wanderungen«, Bd. 5, Abschnitt »Dreilinden«, Kap. 10, S. 413–417).

50 *Klappkragen statt Stehkragen* – In sämtlichen preußischen Regimentern waren die Uniformen das gesamte 19. Jahrhundert hindurch mit Stehkragen ausgestattet. Auch die russischen Uniformen hatten Stehkragen.

›jenseits des Niemen‹ – In Rußland. Rhein und Njemen (russischer Name für die Memel) wurden von Fontane immer wieder als die preußischen Grenzflüsse im Westen und Osten genannt.

›drei Alexander‹ – Alexander I. (1777–1825, Zar seit 1801), Alexander II. (1818–1881, Zar seit 1855) und Alexander III. (1845–1894, Zar seit 1881).

50 *Nikolaus* – Nikolaus I. (1796–1855, Zar seit 1825), der wegen seiner reaktionären Politik, der verschärften Zensur und eines ausgeprägten Spitzelsystems auch als »Gendarm Europas« bezeichnet wurde. 1825 schlug er den Dekabristenaufstand, 1830 die polnische Insurrektion und 1849 die ungarische Revolution nieder. Während seines ersten Englandbesuches hatte Fontane Nikolaus I. gesehen und war von seiner Erscheinung tief beeindruckt: »in allem das Bild der Macht, der ungeheuren Ueberlegenheit« (»Von Zwanzig bis Dreißig«, Abschnitt »Bei ›Kaiser Franz‹«, Kap. 2).

51 *Nikolaus-Kürassiere* – Vgl. Anm. zu S. 8 *bei den brandenburgischen Kürassieren.*

heilige Alliance – 1815 zwischen Rußland, Österreich und Preußen geschlossenes Abkommen, in dem die Regenten der drei Großmächte als Garanten der Beschlüsse des Wiener Kongresses einander Bruderliebe, Hilfe und gegenseitigen Beistand bei ihren Bemühungen um Religion, Frieden und Gerechtigkeit zusicherten. Später traten dem Bündnis fast alle christlichen Monarchen bei – bis auf den Papst und den Prinz-Regenten von England. Im Laufe des 19. Jahrhunderts wurde die Heilige Allianz mehr und mehr zu einem Schlagwort für die reaktionäre Politik der tonangebenden Großmächte.

Waffenbrüderschaft von Anno dreizehn – Der gemeinsame Kampf von Russen und Preußen gegen Napoleon.

Jesum Christum erkennen lernen – Nach Johannes 17,3.

Großgörschen – In der Schlacht bei Großgörschen, nach der nahe gelegenen Stadt auch als Schlacht bei Lützen bezeichnet, wurde das russisch-preußische Heer am 2. Mai 1813 in einem für beide Seiten verlustreichen Kampf von den Franzosen geschlagen. Es war die erste Schlacht der verbündeten russischen und preußischen Streitkräfte.

Waffenbrüderschaft der Orgeldreher und der Mausefallenhändler – Anspielung auf den 1882 von Bismarck initiierten Dreibund zwischen Deutschland, Österreich-Ungarn und Italien. Als Mausefallenhändler wurden Ende des 19. Jahrhunderts die in Deutschland hausierenden Italiener bezeichnet. Orgeldreher und Mausefallenhändler stehen für Bettler und Hausierer.

51 *Preobrashensk, Semenow, Kaluga* – Russische Garnisonsstädte, nach denen auch die dort stationierten Eliteregimenter bezeichnet wurden.

52 *Kaleschwagen* – Leichter vierrädriger Wagen mit halbem Verdeck oder ohne Verdeck.

Chaise – Leichter Einspänner mit Verdeck.

53 ›*wenn gute Reden sie begleiten*…‹ – Zitat aus Schillers »Lied von der Glocke« (1799), das fortfährt: »[…] dann fließt die Arbeit munter fort.«

›*Waldmeisters Brautfahrt*‹ – In dem romantischen »Rhein-, Wein- und Wandermärchen« (1851) von Otto Roquette (1824 bis 1896), das in zahllosen Auflagen weite Verbreitung gefunden hat, wird im Rahmen der Traumgeschichte eines jungen, vom Maiwein beschwingten Wanderers erzählt, wie der Prinz Waldmeister nach Rüdesheim fährt, um die Prinzessin Rebenblüte, die Tochter des Königs Feuerwein, zu freien. Gundermann, der Kanzler am Hofe Waldmeisters und Gegenpol zum Haushofmeister Wachholder, der »Blume aller schönen Geister«, wird hier als »Pedantisch alter Tropf« charakterisiert (vgl. auch Anm. zu S. 15 *Gundermanns*).

Karambolespieler – Vgl. Anm. zu S. 41 *Karoline*.

eisernes Kreuz – Preußische Kriegsauszeichnung, die Friedrich Wilhelm III. 1813 für Offiziere und Mannschaften gestiftet hatte und die von Wilhelm I. im Deutsch-Französischen Krieg erneuert wurde.

Stöcker … Verurteilung – Wilhelm II. hatte Stoecker am 28. Februar 1896 in einem Telegramm an den Geheimen Rat Hinzpeter in Bielefeld, das von der »Post« am 10. Mai veröffentlicht wurde, verurteilt: »Politische Pastoren sind ein Unding. Wer Christ ist, der ist auch ›sozial‹, christlich-sozial ist Unsinn und führt zu Selbstüberhebung und Unduldsamkeit, beides dem Christenthum schnurstracks zuwiderlaufend. Die Herren Pastoren sollen sich um die Seelen ihrer Gemeinden kümmern, die Nächstenliebe pflegen, aber die Politik aus dem Spiele lassen, dieweil sie das *gar nichts angeht.«* Vgl. Anm. zu S. 33 *Stöckers Auftreten und seine Mission.*

53 *der ›neue Luther‹* – Stoecker.

einer der allerjüngsten – Die »Jungen« waren eine liberale Richtung innerhalb der Christlichsozialen Partei, deren Anhänger in den 1890er Jahren den schärferen Rechtskurs der Partei ablehnten und sich dem 1896 von Friedrich Naumann gegründeten Nationalsozialen Verein (NV) anschlossen, zu dessen Gründungsmitgliedern u. a. Adolf Damaschke, Max Lorenz, Rudolf Sohm, Max Weber und Paul Göhre gehörten. Mit den »allerjüngsten« ist offenbar der linke Flügel des NV gemeint, der der Sozialdemokratie aufgeschlossener gegenüberstand. Der führende Vertreter dieser Richtung war Paul Göhre, der 1898 aus dem NV austrat und zur Sozialdemokratie überwechselte.

54 *Konventikel* – Außerhalb der Kirche stattfindende, oft geheime Zusammenkünfte protestantischer Christen zu religiösen Andachten und erbaulichen Übungen, namentlich die Treffen der Pietisten.

Dieb – Nebendocht an einer Kerze, der Talg bzw. Wachs abfließen läßt, so daß das Licht vorzeitig verbraucht wird.

über alten und neuen Glauben – Anspielung auf die 1872 erschienene Schrift »Der alte und der neue Glaube. Ein Bekenntnis« von David Friedrich Strauß (1808–1874), die Fontane 1886 gelesen hatte (vgl. Tagebuch, 29. April – 15. September 1886, und den Brief an Emilie Zöllner vom 19. August 1886).

Stubbe – Anspielung auf Auguste Stubbe, deren Verhältnis zu Alexander Agejewitsch Abaza (1821–1895), Zeremonienmeister und Hofmeister der Großfürstin Jelena Pawlowna, Aufsehen am Hof in St. Petersburg erregt hatte. »Die Gerüchte, welche ihren guten Ruf gefährdeten, waren so arg geworden, und seine Leidenschaft für sie war noch so frisch geblieben, daß eine Combination dieser beiden Prinzipien ihn zu dem unerwarteten, aber gewiß höchst ehrenhaften Entschluß gebracht hat, Frl. Stubbe zu seiner Frau zu machen. [...] Inwiefern später seine Stellung haltbar bleiben kann, ob er nicht den Hofdienst mit einer anderen Carriere vertauschen wird, in welcher seine Frau ihm weniger hinderlich ist, lasse ich dahingestellt.« (Editha von Rahden an August von Haxthausen, Petersburg, 8. Februar 1862)

5.

55 *Schönhausen* – Im Norden Berlins gelegenes Dorf (heute Ortsteil von Berlin), in dem sich auch das Schloß Niederschönhausen befindet, auf dem Königin Elisabeth Christine (1715-1797), die Gattin Friedrichs II., lebte. In diesem Schloß hat Friedrich Wilhelm II. Julie von Voß (1766-1789) kennengelernt, die er 1787 in bigamistischer Ehe »zur linken Hand« heiratete und als Gräfin Ingenheim in den Hochadel erhob (vgl. »Wanderungen«, Bd. 4, Kap. »Julie von Voß«, S. 176-185). Fontanes Großvater Pierre Barthélemy Fontane (1757-1826) war von 1808 bis 1811 Kastellan auf Niederschönhausen gewesen.

Finkenkrug – Ausflugslokal an der Südspitze des Brieselang, eines westlich von Spandau gelegenen Waldgebietes (vgl. »Wanderungen«, Bd. 3, Kap. »Finkenkrug«, S. 111-118).

die Religion wieder geben wollen – Zu den Bemühungen Wilhelms I., die Religiosität der Bevölkerung zu heben, vgl. den Brief Fontanes vom 3. Juni 1878 an seine Frau Emilie: »Mit Gesetzesparagraphen und langweiligen Pastoren zwingt man's nicht.«

Mischungen ... reine Rasse – Vgl. Fontanes Brief an seinen Sohn Theodor vom 15. März 1886 anläßlich dessen Verlobung mit Martha Soldmann: »Die frühere Deklination Deiner Gefühle nach der semitischen Seite hin, so begreiflich sie mir war, war doch nicht das Richtige. Das Richtige ist: Verbleib innerhalb der eigenen Sphäre, dieselbe Nationalität, dieselbe Religion, dieselbe Lebensstellung. Nur aus dieser Gleichheit ergibt sich auch die Gleichheit der Anschauungen, die Übereinstimmung in den entscheidenden Dingen, ohne die kein rechtes Glück und keine rechte Freude möglich ist.«

56 *Legitimität* – Rechtmäßigkeit, eheliche Geburt. Die Bezeichnung geht auf Talleyrand (vgl. Anm. zu S. 59 *Talleyrand*) zurück und bedeutete zunächst das Recht der legitimen Fürsten. Die Legitimität von unehelichen Kindern kann per Legitimation (Ehelichkeitserklärung) hergestellt werden.
Fackel – Attribut des Hymenaios, des antiken Hochzeitsgottes.
Königin Elisabeth – Anspielung auf Elizabeth I. (1533–1603, Königin von England seit 1558) oder Elisabeth von Preußen (1801–1873).
Rentmeister – Rechnungsbeamter, der für die Einziehung und Verwaltung regelmäßiger Einkünfte verantwortlich ist.
Fix – Der Name erinnert an Jean Pauls »Leben des Quintus Fixlein« (1796). Die Figur hieß im Entwurf zunächst Flix (Manuskriptkonvolut im Stadtmuseum Berlin, Kap. 35, Rückseite Bl. 8).

57 *Thaten sehen* – Anspielung auf das »Vorspiel auf dem Theater« zu Goethes »Faust« (V. 214 f.): »Der Worte sind genug gewechselt, / Laßt mich auch endlich Taten sehn!«
Anschlag ... Korn – Fachausdrücke aus der Schießlehre.
Görbersdorf – (Sokołomsko), Kurort für Lungenkrankheiten (Schwindsucht) bei Waldenburg (Wałbrzych; Schlesien); vgl. auch »Unwiederbringlich«, Kap. 10.

58 *daß die Stechline weiterleben ... in aeternum* – Vgl. den Schluß des Romans. Gleichzeitig Reminiszenz an Gustav Freytags Roman »Soll und Haben«, in dem die Familie von Rothsattel durch den unangemessenen Anspruch, in Ewigkeit fortzuleben, ins Unglück stürzt.
Mit unsrer eignen Kraft ist nichts gethan – Nach dem Lied »Ein feste Burg ist unser Gott« (1528) von Martin Luther, dessen zweite Strophe mit den Worten beginnt: »Mit unsrer Macht ist nichts gethan [...]«

59 *à la bonne heure* – (frz.) das lasse ich mir gefallen (eig.: zu guter Stunde).
Garde-Assessor – Vgl. Anm. zu S. 17 *Ministerialassessor*.
Thee – Die Europäer lernten den Tee im 17. Jahrhundert kennen, allgemein üblich wurde der Teekonsum erst Mitte

des 18. Jahrhunderts. Die Vorbildwirkung Englands führte im 19. Jahrhundert auch in Deutschland zu einer neuen Mode des Teetrinkens.

59 *Talleyrand* – Charles Maurice de Talleyrand-Périgord (1754 bis 1838), einflußreicher französischer Diplomat und Staatsmann, vertrat Frankreich auf dem Wiener Kongreß (1815). Der Ausspruch »Der Kaffee muss heiß wie die Hölle, schwarz wie der Teufel, rein wie ein Engel, süß wie die Liebe sein« wird ihm zugeschrieben (Büchmann, S. 381).

60 *Wilhelm von Humboldt* – (1767–1835) Gelehrter und Politiker, Vertreter Preußens auf dem Wiener Kongreß, Gründer der Berliner Universität und des humanistischen Gymnasiums (vgl. »Wanderungen«, Bd. 3, Kap. »Tegel«, S. 161 bis 175).
Friedrich Gentz – (1764–1832) Publizist, Vertreter Österreichs und Protokollführer auf dem Wiener Kongreß.
›*Hier steh' ich, ich kann nicht anders*‹ – Geflügeltes Wort, das Martin Luther 1521 auf dem Reichstag zu Worms vor dem Kaiser und den versammelten Ständen gesprochen haben soll, als er gedrängt wurde, seine Lehren zu widerrufen. Durch seine unnachgiebige Haltung riskierte er Leib und Leben.
von einem armen russischen Lehrer – Nicht ermittelt.
Dienstpflicht – Die allgemeine Wehrpflicht wurde in Rußland 1874 eingeführt.

61 ›*der preußische Schulmeister habe die Österreicher geschlagen*‹ – Der Leipziger Professor für Erdkunde Oskar Peschel (1826–1875) hatte in einem am 17. Juli 1866 in der Zeitschrift »Ausland« publizierten Aufsatz nachzuweisen versucht, daß der Sieg der Preußen über Österreich und Sachsen in der Schlacht bei Königgrätz am 3. Juli 1866 auf die Überlegenheit des preußischen Schulsystems zurückzuführen sei.
Zündnadelgewehr – Ein mit Zündnadelschloß ausgestattetes Gewehr. Es war von Johann Nikolaus von Dreyse (1787–1867) entwickelt worden und wurde bereits in den 1840er Jahren in mehreren preußischen Regimentern eingeführt. Im Krieg von 1866 erwies sich die Verwendung dieser Waffe als strategischer Vorteil, weil Hinterlader leichter zu handhaben

waren und eine höhere Feuergeschwindigkeit gestatteten als die herkömmlichen Vorderlader.

61 *Steinmetz* – Karl Friedrich von Steinmetz (1796–1877), preußischer Generalfeldmarschall, der im Krieg von 1866 die Siege von Nachod, Skalitz und Schweinschädel erfocht (vgl. »Der deutsche Krieg von 1866«, Bd. 1).

Alexander von Humboldt – (1769–1859) Bruder Wilhelm von Humboldts (vgl. Anm. zu S. 60 *Wilhelm von Humboldt*), universeller Naturwissenschaftler und Weltreisender.

Koch – Robert Koch (1843–1910), Begründer der Bakteriologie. Zu seinen bedeutendsten wissenschaftlichen Leistungen gehörten die Entdeckung des Tuberkelbazillus, des Erregers der Tuberkulose (1882), die Entdeckung des Komabazillus, des Erregers der Cholera (1883) sowie die Entwicklung des Tuberkulins, eines Heilmittels gegen die Tuberkulose (1890).

Edison – Thomas Alva Edison (1847–1931), amerikanischer Ingenieur mit ca. 800 Patenten, darunter für ein Batterie-Telefon (1875), ein Kohlekörner-Mikrophon (1876), den Phonographen (1877), die Kohlefaden-Glühlampe (1879) und das Vitaskop (1896).

62 *Cicerone* – (ital.) Beredter Fremdenführer. In Deutschland ist die Bezeichnung durch das Buch »Cicerone. Anleitung zum Genuß der Kunstwerke Italiens« von Jacob Burckhardt (1818–1897) bekannt geworden, das seit 1855 in zahlreichen Auflagen erschienen ist.

pièce de résistance – (frz.) Hauptstück (eig.: Widerstandsstück); beim Essen: großes Fleischstück.

bunte Scheiben ... Naturbeleidigung – Dubslav empört sich dagegen, Landschaften durch getönte Gläser zu betrachten, eine romantisierende Modeerscheinung, die sich auf die Methode des französischen Landschaftsmalers Claude Lorrain (1600 bis 1682) berief, dessen »Sinn für zauberhafte Beleuchtung« Fontane bewunderte (»Wanderungen«, Bd. 1, Kap. »Karl Friedrich Schinkel«, S. 111). Fontane kannte die auf dem Monte Caprino (Ziegenberg), einem Aussichtspunkt bei Freienwalde, von Francesco Valentini (1789–1862) errichtete Villa »Valentini's

Ruh«, deren Fenster mit roten und blauen Scheiben ausgestattet waren (»Wanderungen«, Bd. 2, Kap. »Freienwalde«, S. 54 f.).

63 *Globsow ... Glasindustrie* – In seinen »Wanderungen« stellt Fontane die Ansiedelung von Glashütten in der Menzer Forst als einen fehlgeschlagenen Versuch dar, das 24 000 Morgen große Waldgebiet zu bewirtschaften: »[...] es entstanden ihrer verschiedene zu Dagow, Globsow und Stechlin; ein Feuerschein lag bei Nacht und eine Rauchsäule bei Tag über dem Walde; vergeblich; auch der Glashüttenbetrieb vermochte nichts, und der Wald bracht es nur spärlich auf seine Kosten.« (Bd. 1, Kap. »Die Menzer Forst und der große Stechlin«, S. 346 f.)

64 *Verdruß* – Vgl. das Porträt des Hauslehrers Dr. Lau, an dessen Unterricht auch Fontane in Swinemünde 1828–1830 teilnahm (»Meine Kinderjahre«, Kap. 13), und das Selbstporträt Wilhelm von Merckels, das Fontane in »Von Zwanzig bis Dreißig« wiedergegeben hat (Abschnitt »Der Tunnel über der Spree«, Kap. 9). Das Wort »Verdruß« in der Bedeutung von körperlicher Mißbildung, Verwachsenheit wird auch von Major Crampas verwendet, um die Gestalt des Apothekers Alonzo Gieshübler zu beschreiben (»Effi Briest«, Kap. 16).

65 *Rubinglas* – Rubinrotes Glas, aus dem wertvolle, in Gold gefaßte Pokale hergestellt wurden, eine Erfindung des brandenburgischen Hofalchimisten Johann Kunckel von Löwenstern (1630–1703), der in verschiedenen Glashütten bei Potsdam und auf dem Kaninchenwerder (Pfaueninsel) experimentiert hatte (»Wanderungen«, Bd. 3, Kap. »Die Pfaueninsel«, S. 200–202).

Massenantwort – Das gemeinsame Skandieren der Antwort durch die Schüler, eine übliche Lehrmethode.

66 *Burgemeister ... Stiefel* – In ähnlicher Weise äußert sich Kurfürst Friedrich Wilhelm in Heinrich von Kleists Drama »Prinz Friedrich von Homburg« (1811), als eine Rebellion droht: »Mit meinem Stiefel, vor sein Haus gesetzt, / Schütz ich vor diesen jungen Helden ihn!« (V,3)

Katzenkopp – Ohrfeige.

ANMERKUNGEN   575

67 *nach der Dzierzonschen Methode* – Von dem katholischen Pfarrer Johannes Dzierzon (1811–1906) entwickeltes Verfahren, bei dem die Waben einzeln an herausnehmbaren Stäbchen befestigt sind.

Bienen ... auf das Staatliche so gut verstehen – Vergil prägte diese Vorstellung in seinen »Georgica« (Buch IV).

drei Gruppen oder Klassen – Anspielung auf das preußische Dreiklassenwahlrecht.

68 *Prince-Consort* – (engl.) Prinzgemahl, Ehrentitel des Prinzen Albert von Sachsen-Coburg (1819–1861), der ihm 1857 von seiner Gemahlin, Königin Victoria von Großbritannien und Irland, verliehen wurde.

der Heinesche Asra – Titelheld des Gedichtes »Der Asra« aus Heinrich Heines »Romanzero« (1851), Vertreter jenes jemenitischen Volksstammes, von dem es in dem Gedicht heißt: »Und mein Stamm sind jene Asra, / Welche sterben wenn sie lieben.«

69 *Dagow* – Nachbardorf von Neuglobsow, auf der anderen Seite des Dagowsees gelegen.

Fehrbellin – Brandenburgische Kleinstadt, ca. 13 km südlich von Neuruppin, nach der eine der berühmtesten Schlachten der Geschichte Brandenburgs benannt ist. Am 28. Juni 1675, bzw. nach dem alten Julianischen Kalender, an dem die protestantischen Stände Deutschlands bis 1700 festhielten, am 18. Juni, schlug der Große Kurfürst in der Gegend von Fehrbellin das 15 000 Mann starke Heer der Schweden unter Wrangel; vgl. Anm. zu S. 7 *Schwedenzeit*.

Leipzig – Die Völkerschlacht bei Leipzig vom 16. bis 18. Oktober 1813.

Immer achtzehnter bei uns – Auch die Krönung Wilhelms I. fand an einem 18. statt, und zwar am 18. Oktober 1861. Am 18. Januar 1871, 170 Jahre nach der Krönung Friedrichs I. zum ersten König in Preußen, erfolgte die Proklamation Wilhelms I. zum deutschen Kaiser. Der 18. April 1864 ist der Tag von Düppel (vgl. Anm. zu S. 182 *Sedan oder Düppel oder der Übergang nach Alsen*), der 18. Juni 1815 der Tag der Schlacht von Waterloo.

69 *Nickel* – Es gab Nickelmünzen zu 5, 10 und 20 Pfennig.
70 *Inhaberband des Adlers von Hohenzollern* – Ordensband des Königlichen Hausordens von Hohenzollern. Fontane war selbst Träger des Ritterkreuzes des Hohenzollernschen Hausordens, das ihm am 10. Dezember 1888 verliehen worden war. An Friedlaender schrieb er am 7. Januar 1889: »Man kriegt die Orden für *Andre*, nur in *dieser* Beleuchtung haben sie Werth […]«
Zeit von Bischof Luger – Nicht ermittelt.
Prämonstratenser-Bau – Prämonstratenser: 1120 gegründeter geistlicher Orden. Auf einer ihm vom Himmel gezeigten Wiese bei Coucy errichtete Norbert (um 1085 –1134) das Stammkloster »Prémontré« (frz. gezeigte Wiese), von dem aus im Verlauf des 12. Jahrhunderts zahlreiche Klöster in ganz Europa gegründet wurden. 1126 wurde Norbert Erzbischof von Magdeburg. Kloster Lindow wurde Ende des 12., Anfang des 13. Jahrhunderts als Prämonstratenser-Nonnenkloster gegründet. Vgl. Fontanes Aufsatz »Erzbischof Norbert und die Prämonstratenser in der Mark« (»Wanderungen«, Bd. 6, S. 369–381).
Brandenburger Krypte – Die Brandenburger Domkirche war um 1170 als Pfeilerbasilika erbaut worden, die Krypta wurde vor 1235 vollendet.
Herr von Quast – Alexander Ferdinand von Quast (1807 bis 1877), Baumeister und Pionier der Denkmalpflege, Schüler Karl Friedrich Schinkels. Quast bemühte sich, nachdem er 1843 Baurat und Konservator der Kunstdenkmale Preußens geworden war, um eine Inventarisierung sämtlicher Bau- und Kunstdenkmale des Landes. Fontane kannte ihn persönlich (vgl. »Von Zwanzig bis Dreißig«, Abschnitt »Der Tunnel über der Spree«, Kap. 3) und richtete mehrfach briefliche Anfragen an ihn.
Geheimrat Adler – Friedrich Adler (1827–1908), Architekt und Bauhistoriker, seit 1863 Professor an der Berliner Bauakademie, bekannt durch seine Schriftenreihe »Mittelalterliche Backsteinbauwerke des preußischen Staates« (1859 bis 1898).

70 *Wahlangelegenheiten* – Dubslav verwechselt den Konservator Alexander von Quast mit seinem Sohn, dem Landrat von Quast.

Wrangel – Karl Gustav Graf von Wrangel (1613–1676), schwedischer Reichsadmiral und Feldmarschall, Heerführer im Dreißigjährigen Krieg und im 1. Nordischen Krieg (1655 bis 1660). In Schillers Drama »Wallensteins Tod« (1799) wird Wrangel als Unterhändler der Schweden mit Wallenstein gezeigt (vgl. Anm. zu S. 7 *Schwedenzeit*).

›*Vater Wrangel*‹ – Friedrich Heinrich Ernst Graf von Wrangel (1784–1877), preußischer Offizier, der an zahlreichen Schlachten der Befreiungskriege beteiligt war, Generalfeldmarschall in den beiden Deutsch-Dänischen Kriegen (1848 bis 1850 und 1864) und Befehlshaber der Truppen, die am 9./10. November 1848 in Berlin einmarschierten, die Nationalversammlung aufhoben, die Bürgerwehr entwaffneten und damit die Revolution beendeten. 1848 drohte Wrangel, daß für jedes Haus, »das die dänische Marine an deutschen Küsten in Brand schießen sollte, *ein Dorf in Jütland brennen wird*« (»Der Schleswig-Holsteinsche Krieg im Jahre 1864«, Kap. »Die verbündete Armee«).

71 *Tucheband* – Dorf im Oderbruch.

Templin – Stadt in der Uckermark; vgl. die folgende Anm.

von mehr mecklenburgischem und uckermärkischem als brandenburgischem Charakter – Die Uckermark, der nördlichste Teil der Mark Brandenburg, wurde Mitte des 13. Jahrhunderts Bestandteil der Mark Brandenburg und blieb lange ein Streitobjekt zwischen Pommern, Mecklenburg und Brandenburg.

Himmelpfort – 1299 im Lande Lychen (Uckermark) von Markgraf Albrecht III. von Brandenburg gegründetes Zisterzienser-Kloster, eine Filiale des Klosters Lehnin (vgl. »Wanderungen«, Bd. 3, Kap. »Die Zisterzienser in der Mark«, S. 42).

Gransee – Vgl. Anm. zu S. 5 *Gransee*. Die Marienkirche in Gransee stammt aus dem frühen 13. Jahrhundert.

6.

73 *Sanssouci-Fontäne* – Anspielung auf die Große Fontäne im Park von Sanssouci.

74 *Orest und Pylades* – Freundespaar der antiken Mythologie. Orest und Pylades waren gemeinsam aufgewachsen und hatten in ihrer Jugend einen Freundschaftsbund geschlossen. Auch als Orest nach dem Mord an seiner Mutter, von den Eumeniden verfolgt, in Raserei fiel, verließ Pylades ihn nicht. Er begleitete ihn nach Tauris und raubte mit ihm unter Todesgefahr die Statue der Artemis.

Weltverbesserer – Das Wort ist in der literarischen Tradition ironisch konnotiert, vgl. z. B. Christoph Martin Wieland, »Geschichte der Abderiten« (1781), 1. Buch, 10. Kap.; Friedrich Schiller, »An einen Weltverbesserer« (1795); Georg Herwegh, »Die deutschen Professoren« (1840); Annette von Droste-Hülshoff, »An die Weltverbesserer« (1841/42).

Déjeuner à la fourchette – (frz.) Gabelfrühstück. Es wurde um 12 Uhr eingenommen und bestand aus einem kleinen Mittagessen (ohne Suppe) oder kalten Speisen und einem Dessert. Damen erschienen in Promenadentoilette, Herren im Gehrock (Rex, Bd. 2, S. 89 f.).

75 *Toujours perdrix* – (frz.) Alle Tage Rebhuhn. Mit diesen Worten soll sich der Beichtvater Henris IV. von Frankreich beklagt haben, als ihm mehrere Tage hintereinander Rebhühner vorgesetzt wurden, worauf der König, der von seinem Beichtvater wegen seiner Liebschaften getadelt worden war, erwiderte, daß er ihm nur die Notwendigkeit einer Abwechslung habe begreiflich machen wollen.

Krammetsvögel – Der französische Name des Vogels ist grive litorne (Stranddrossel).

76 *Patrimonium* – (lat.) Väterliches Erbteil, Besitz.

77 *mit 'nem Dukaten den Großen Kurfürsten vergolden* – Redensart: aus wenig viel machen. Gemeint ist wohl das von Andreas Schlüter (1660–1714) geschaffene Reiterstandbild Friedrich Wilhelms, das damals auf der Berliner Kurfürstenbrücke stand.

77 *mein berühmter Miteinsiedler* – Bismarck, der nach seiner Entlassung und nach dem Tod seiner Frau am 27. November 1894 einsam auf seinem Schloß Friedrichsruh lebte; vgl. Anm. zu S. 10 *Friedrichsruh*. Während der Sitzung der Zweiten Kammer des Preußischen Landtages am 18. Oktober 1849 hatte Bismarck den roten Bordeaux »das naturgemäße Getränk des Norddeutschen« genannt (Reden, Bd. 1, S. 134).
Bocksbeutelflasche – Kurzhalsige, rundbauchige, etwas plattgedrückte Flasche. In solchen Flaschen werden die besten Frankenweine vertrieben.

78 ›*Laßt mich dicke Leute sehn*‹ – Zitat aus Shakespeares »Julius Caesar« (1599/1600; I,2), wo es (in der Schlegel/Tieckschen Übersetzung) heißt: »Laßt wohlbeleibte Männer um mich sein, / Mit glatten Köpfen, und die nachts gut schlafen: / Der Cassius dort hat einen hohlen Blick; / Er denkt zu viel: die Leute sind gefährlich.«

79 *Idiosynkrasie* – Heftige Abneigung.
was Celestes – etwas Himmlisches.

80 *Martini* – 11. November.
Neulandtheorie – Von Friedrich Naumann (1860–1919; vgl. Anm. zu S. 53 *einer der allerjüngsten*) und Gerhart von Schulze-Grävenitz (1864–1943) vertretene Theorie, die Entwicklung auf dem Lande durch die Parzellierung des Großgrundbesitzes und die Schaffung neuer Besitzverhältnisse zu begünstigen.
Bischöfe mit Krummstab ... Äbte – Die Äbte von Lehnin hatten seit 1450 das Recht auf bischöflichen Ornat, sie durften also auch den Krummstab, das Symbol der Bischofswürde, führen; vgl. »Wanderungen«, Bd. 3, Kap. »Kloster Lehnin«, S. 47.

81 *Halbchaise* – Kutsche mit zurückklappbarem Dachschirm.
die langweiligen Leute wären ... gerade so gut wie die interessanten – Ähnlich äußert sich Ebba von Rosenberg in »Unwiederbringlich«: »[...] je klüger und witziger die Hochgestellten sind und je mehr Sinn und Auge sie für das Lächerliche haben, desto sichrer und rascher kommen sie dazu, die langweiligen Menschen gerade so nett und unterhaltlich zu finden, wie die interessanten.« (Kap. 21)

83 *Seehundsfellmütze* – Zu den Ausstattungsstücken, die Robinson Crusoe, Romanfigur von Daniel Defoe (1661–1731), während seines Insellebens für sich herstellt, gehört eine Mütze aus Ziegenfell.
Eulengesicht – Diese physiognomische Besonderheit ist für mehrere Figuren Fontanes charakteristisch, u. a. für Fräulein Riekchen in »L'Adultera«. Über die »Eulenphysiognomie« des Deckenflechters Grüneberg heißt es, daß »Stirn, Kinn und Nasenspitze an derselben senkrechten Linie, Mund und Augen aber weit zurück und so zu sagen wie im Schatten« lagen (»Vor dem Sturm«, Bd. 3, Kap. 4).

84 *vom Brombeerstrauch keine Trauben* – Nach Lukas 6,44: »Ein jeglicher Baum wird an seiner eigenen Frucht erkannt. Denn man liest nicht Feigen von den Dornen, auch liest man nicht Trauben von den Hecken.«
Katzler ... historischer Name – Im Adels-Lexikon von Zedlitz-Neukirch sind mehrere preußische Generäle dieses Namens verzeichnet, u. a. Nikolaus Andreas von Katzler (1696–1760), verheiratet mit Marie Kunigunde von Bardeleben aus dem Hause Ribbeck, die ihm sieben Kinder gebar, und Friedrich Georg von Katzler (1765–1834), der aus der Ehe des Oberforstmeisters von Katzler und einer Frau von Versen stammte.

85 *Genshagen* – Dorf südlich von Berlin in der Nähe von Großbeeren, wo am 23. August 1813 durch die Schlacht von Großbeeren ein Eindringen der Franzosen in Berlin verhindert wurde.
Sittlichkeitsregimenter ... Cromwell ... Puritaner – Oliver Cromwell (1599–1658), Lord Protector von Großbritannien seit 1653, war einer der bedeutendsten Heerführer während der Zeit des Bürgerkrieges in England. Selbst vom Geist des Puritanismus durchdrungen, reformierte er 1642 das Parlamentsheer nach den Grundsätzen der Frömmigkeit und des strengen Gehorsams und trug damit wesentlich zum Sieg über die königlichen Truppen bei.
›*long, long ago*‹ – (engl.) lang, lang ist's her. Refrain eines von Thomas Haynes Bayly (1797–1839) verfaßten Liedes, das zum Volkslied geworden ist.

86 *Blondine mit ... Vergißmeinnichtaugen* – Ein Frauentyp, den Fontane wiederholt gestaltet hat, u. a. in Käthe von Sellenthin (»Irrungen, Wirrungen«), Helene Treibel (»Frau Jenny Treibel«) und Hulda Niemeyer (»Effi Briest«).
lymphatisch – blaß, kränklich, schlaff. »Das Langweiligste von der Welt ist die lymphatisch-phlegmatische beauté, die beauté par excellence. Sie kränkelt hier, sie kränkelt da, ich will nicht sagen immer und notwendig, aber doch in der Mehrzahl der Fälle [...]« (»Schach von Wuthenow«, Kap. 7)
a tempo – (ital.) gleichzeitig.

87 *Ippe-Büchsenstein* – Fiktiver Adelsname, im Entwurf zunächst Lippe-Büxenstein (Manuskriptkonvolut im Stadtmuseum Berlin, Kap. 35, Rückseite Bl. 19).
Koseleger – Vgl. Anm. zu S. 213 *mehr Kose oder mehr Leger*.

88 *Konfessions* – Geständnisse, Bekenntnisse.
Königin Luise – Luise von Mecklenburg-Strelitz (1776–1810), Königin von Preußen seit 1797. Seit 1793 war sie mit dem Kronprinzen und späteren König Friedrich Wilhelm III. verheiratet und brachte in ihrer kurzen Ehe neun Kinder zur Welt.
Doktor Heim – Der Arzt Ernst Ludwig Heim (1747–1834), »der alte Heim«, war ein stadtbekanntes Berliner Original des frühen 19. Jahrhunderts.

89 *sechs Fuß* – Das Gardemaß für das königliche Grenadier-Regiment Nr. 6, die sog. »Langen Kerls«. Keiner der Grenadiere war kleiner als 6 Fuß (188,31 cm).
Landbuch Kaiser Karls IV. – Das 1375 als Steuerkataster angelegte Urbarium der Mark Brandenburg ist eine wichtige historische Quelle.

7.

91 *Kloster Wutz* – Vgl. Anm. zu S. 6 *Kloster Wutz*.
92 *Palatin* – Einer der sieben Hügel Roms, auf dem die seit 1861 planmäßig ausgegrabenen Ruinenanlagen von den ehemals prächtigen antiken Gebäuden zeugen.
Rollkammern – Räume, in denen die Wäsche gerollt (gemangelt) wurde.

93 *Rad ... das fremde Wort* – Seit den 1860er Jahren erfreute sich das Fahrrad zunehmender Beliebtheit in breiten Kreisen. Die ursprüngliche Bezeichnung war Velociped, gebildet aus lat. velox: schnell, und pes: Fuß.
Finkennäpfchen – Ein sehr kleines Gefäß, eine winzige Waschschüssel, eig. das Wassernäpfchen am Finkenbauer.

94 *Schmargendorf* – Dorf im ehemaligen Regierungsbezirk Potsdam, heute Stadtteil von Berlin.
»*Sichadjustieren*« – (soldatenspr.) Sich vorbereiten, rüsten, die Kleidung zurechtrücken.
Astrallampe – Hell strahlende moderne Petroleumlampe mit Glaskuppel.
Lipa – Dorf bei Königgrätz (Hradec Králové), wo sich auf einem Hügel eine zentrale Stellung der Österreicher befand, die in der Schlacht bei Königgrätz am 3. Juli 1866 heiß umkämpft war und schließlich von den Preußen genommen wurde. In dem Zimmer, das Effi Briest bei ihrem Besuch in Hohen-Cremmen bewohnt, hängt ein Bild »König Wilhelm und Graf Bismarck auf der Höhe von Lipa« (»Effi Briest«, Kap. 24).

95 *Karlsbader Granatbrosche* – In Böhmen wird traditionell Granatschmuck hergestellt. Vielleicht auch Anspielung auf die Karlsbader Beschlüsse von 1819, auf Grund deren in Deutschland ein Unterdrückungs- und Überwachungsstaat installiert wurde.
»*Sieben-Kurfürsten-Brosche*« – Sieben Fürsten hatten im Heiligen Römischen Reich Deutscher Nation, das bis 1806 bestand, die Kurwürde, also das Recht, den König/Kaiser zu wählen.
beichte – Obwohl der Beichtzwang und der sakramentale Charakter der Beichte von den Reformatoren verworfen worden waren, hielten Luther und Melanchthon an der Beichte fest. Seit Mitte des 18. Jahrhunderts wurde in der evangelisch-lutherischen Kirche die persönliche Beichte von der allgemeinen Beichte abgelöst, bei der das Sündenbekenntnis vom Geistlichen gesprochen und die Beichtfrage von allen Anwesenden gemeinsam mit »Ja« beantwortet wurde, worauf die Absolution erfolgte.

96 *Es giebt viele Wohnungen in meines Vaters Hause* – Nach Johannes 14,2.

Du sollst keine andern Götter haben neben mir – Nach 2. Mose 20,3 (Erstes Gebot).

unfehlbar – Nach den Beschlüssen des 1. Vatikanischen Konzils (1870/71) ist der Papst in Fragen des Glaubens unfehlbar. Seitens der protestantischen Kirchen wurde die Unfehlbarkeitslehre stets bestritten.

100 *Irvingianer* – Angehöriger der von Edward Irving (1792–1834) gegründeten Apostolisch-katholischen Kirche, einer chiliastischen Sekte. In den zeitgenössischen Welterschütterungen sahen die Irvingianer das Anzeichen für das unmittelbare Bevorstehen der Wiederkehr Christi und die Errichtung seines Tausendjährigen Reiches.

101 *Priegnitz* – Prignitz, Landschaft im Norden der Mark Brandenburg um Wittstock, Pritzwalk, Perleberg, Wittenberge.

Radowa – Redowaczka, auch: Redowa. Aus Böhmen stammender Gesellschaftstanz, auch »böhmischer Walzer« genannt.

Baczko – Altes ungarisches Adelsgeschlecht.

Sekondelieutenant – Die unterste Offizierscharge, Unterleutnant.

sechsundsechzig Schock … – Ein sog. Zungenbrecher.

102 *Velleitäten* – Gelüste, Launen.

Name … ist Schall und Rauch – »Faust«, Erster Teil, Szene »Marthens Garten« (V. 3457).

bis … dritten Kreuzzug – 1189–1191.

Huß – Jan Hus (1369–1415), böhmischer Reformator, der auf dem Konzil in Konstanz zum Tode verurteilt und hingerichtet wurde; vgl. Anm. zu S. 151 *Hussiten*.

Ziska – Jan Žiška (1360–1424), Feldherr der Hussiten; vgl. Anm. zu S. 151 *Hussiten*.

die Hunyadis – Berühmtes ungarisches Adelsgeschlecht, aus dem unter anderem Matthias I. stammte, der 1458 den ungarischen Thron bestieg.

Czako – Vgl. Anm. zu S. 15 *Czako*.

103 *Vielliebchen* – Eine Zwillingsfrucht, die sich eine Dame und ein Herr teilen, womit ein kleiner Wettstreit verknüpft ist.

Wer am nächsten Tage zuerst zu dem andern sagt: »Guten Morgen, Vielliebchen!«, hat gewonnen, wer das vergißt, wird mit einer Buße bestraft. Ein Vielliebchen darf eigentlich nur ein Mann einer Dame anbieten, die ihm sehr gut bekannt ist, wobei sie jederzeit das Recht hat, dieses Angebot auszuschlagen (Rex, Bd. 2, S. 230).

104 *Triglaff* – Der »Dreiköpfige«, eine der Hauptgottheiten der slawischen Bevölkerung im Gebiet des späteren Pommern mit Heiligtümern in Stettin und Wolin.

8.

106 *Thadden* – Altes pommersches Adelsgeschlecht. Adolf von Thadden-Trieglaff (1796–1877) spielte in der Erweckungsbewegung in Pommern eine wichtige Rolle. Marie von Thadden-Trieglaff, eine Jugendfreundin Bismarcks, bemühte sich Anfang der 1840er Jahre, den »tollen Bismarck« zu bekehren. Sie vermittelte auch die Bekanntschaft zu Johanna von Puttkamer, Bismarcks späterer Frau.
Kloster Zehdenick – Um 1250 gegründetes Zisterzienserinnenkloster, später Stift für adlige Damen.
Synodalplauderei – Synode: Versammlung von Vertretern mehrerer Gemeinden, Kirchenprovinzen bzw. Bistümer. Ende des 19. Jahrhunderts waren die Synoden nur von geringer Bedeutung.

108 *Montefiascone* – Berühmter Muskatellerwein aus der Gegend von Montefiascone bei Rom.
Lacrimae Christi – (lat.) »Tränen Christi«, ein berühmter Wein, so genannt nach dem gleichnamigen Kloster am Vesuv und der Lacrima-Traube, die in dieser Gegend angebaut wird; vgl. auch »Entstehung«, S. 490f.

109 *›Milch der Greise‹* – Vgl. das Sprichwort: Vinum lac senum (lat.: Wein ist die Milch der Greise).
›Liebfrauenmilch‹ – Riesling aus Rheinhessen, der um die Kirche des Liebfrauenstifts in Worms angebaut wird.
noch andre, decidiertere – Weinsorten mit Namen wie »Piesporter Goldtröpfchen« (Mosel), »Pisse dru« (Burgund).

110 *Empressement* – (frz.) Eifer, Dringlichkeit.
    Holunderbaum – Der Holunderbaum ist in der literarischen Tradition oft erotisch konnotiert. Auf die Traumszene (IV,2) in Heinrich von Kleists »Das Käthchen von Heilbronn« (1810) spielt Fontane in »Effi Briest« (Kap. 5) direkt an. Unter einem Holunderbaum offenbart Käthchen in einem Traumgespräch dem Ritter vom Strahl ihre schicksalhafte Liebe. Zu dem Studenten Anselmus in E. T. A. Hoffmanns »Der goldene Topf« (1814) spricht der Holunderbusch: »Du lagst in meinem Schatten, mein Duft umfloß dich, aber du verstandest mich nicht, der Hauch ist meine Sprache, wenn sie die Liebe entzündet.« (1. Vigilie)

9.

113 *Schimonski* – Altes schlesisches Adelsgeschlecht.
    Teschendorf – Dorf zwischen Oranienburg und Gransee.
    bei den Esterhazys – Bei der bekannten ungarischen Fürstenfamilie.
    Schwarzenberg – Joseph Fürst zu Schwarzenberg (1769–1833), dessen Frau Pauline, geb. von Arenberg (geb. 1774), 1810 bei einem Brandunglück auf einem Ball ums Leben gekommen war, den sein Bruder, der österreichische Botschafter Karl von Schwarzenberg, anläßlich der Vermählung Napoleons I. mit Maria Louise von Österreich gegeben hatte. Fontane kannte den Bericht Varnhagens »Das Fest des Fürsten von Schwarzenberg zu Paris im Jahre 1810« im »Historischen Taschenbuch« von 1833; vgl. Fontanes Brief an Georg Friedlaender vom 12. April 1894.
    ›*Wortlaut*‹ – Das unverfälschte Bibelwort, auf das sich die protestantische Theologie in oft dogmatischer Strenge berief (vgl. 5. Mose 4,2 und 13,1 sowie Offenbarung 22,18 f.). Von katholischer Seite wurde dagegen für eine Auslegung der Schrift dem Sinn nach plädiert: »Denn der Buchstabe tötet, aber der Geist macht lebendig« (2. Korinther 3,6).
114 ›*Umwertung*‹ – Durch Friedrich Nietzsche (1844–1900) geprägter Begriff. Fontane beschäftigte sich in den 1890er Jah-

ren wiederholt mit der Philosophie Nietzsches, besonders mit dessen Forderung nach der Umwertung aller Werte. »Das Wort von einer immer nothwendiger werdenden ›Umwerthung‹ aller unsrer Vorstellungen, ist das Bedeutendste was Nietzsche ausgesprochen hat.« (An Karl Zöllner, 31. August 1895)

114 *geuzt* – geneckt.
115 *ein bißchen auf der Wippe* – Am Rande des Akzeptablen.
vor unserm Hallischen Thor – Gegend im Süden Berlins um das Hallesche Tor (heute Mehringplatz). Dort befand sich die Kaserne Woldemars, und zwar an der Belle-Alliance-Straße (heute Mehringdamm) 6.
Tempelhofer Feld – Tempelhof war ein beliebter Sommeraufenthalt und Vergnügungsort der Berliner, das Tempelhofer Feld wurde seit Friedrich Wilhelm I. als Truppenübungsplatz genutzt.
Rotherstift – 1840 vom preußischen Staatsminister Christian von Rother (1778–1849) gegründete Stiftung zur Versorgung von Töchtern verstorbener Staatsdiener. Das Gebäude befand sich in der Belle-Alliance-Straße in unmittelbarer Nähe der Kaserne des 1. Garde-Dragoner-Regiments. Auch die Erziehungsanstalt für sittlich verwahrloste Kinder, ebenfalls eine Stiftung Rothers, befand sich in dieser Gegend. Sie lag am Urban direkt gegenüber der Kaserne des Kaiser-Franz-Garde-Grenadier-Regiments Nr. 2, in dem Fontane 1844/45 gedient hatte. Woldemar verschweigt das »Tivoli«, die »Berliner und Spandauer Bockbrauerei« und den Tanzpalast »Neue Welt« in der Hasenheide, die zu den größten Vergnügungslokalen Berlins gehörten.
Spreewaldsamme – Die mit der charakteristischen Tracht bekleideten Ammen aus dem Spreewald gehörten im 19. Jahrhundert zu den typischen Erscheinungen im Berliner Straßenbild. Vgl. »Cécile«, Kap. 24: »In diesem Augenblicke kam eine Spreewalds-Amme mit einem Kinderwagen und nahm neben ihm Platz. Er sah nach ihr hin, aber die gewulsteten Hüften sammt dem Ausdruck von Stupidität und Sinnlichkeit waren ihm in der Stimmung, in der er sich befand, geradezu widerwärtig […]«

115 *Äquivokenmensch* – Zahlreiche Figuren Fontanes ließen sich zu dieser Gattung zählen, der Autor selbst hatte großes Vergnügen an Wortspielereien. Äquivoken sind (oft schlüpfrige) Zweideutigkeiten.
116 *bei den zweiten Dragonern* – Beim 2. Garde-Dragoner-Regiment Kaiserin Alexandra von Rußland mit Standort in Berlin.
Mars la Tour – Dorf westlich von Metz, nach dem die berühmt gewordene verlustreiche Schlacht vom 16. August 1870 benannt worden ist.
je ne sais quoi – (frz.) ich weiß nicht was.
das hundertfünfundvierzigste – Das Königs-Infanterie-Regiment (6. Lothringische) Nr. 145, 1890 errichtet, dessen Chef Kaiser Wilhelm II. war.
117 *Blechmützen* – Mützen mit einem hohen Blechschild gehörten zur Uniform der Infanterie-Regimenter im 18. Jahrhundert, sie waren insb. ein Zeichen des Königs-Regiments, der sog. »Langen Kerls« und des später daraus gebildeten 1. Garde-Regiments zu Fuß. Ende des 19. Jahrhunderts waren sowohl das 1. als auch das 2. Garde-Dragoner-Regiment mit einem Helm ausgerüstet. Das 1. Garde-Regiment zu Fuß wurde 1740, das 2. Garde-Regiment zu Fuß wurde 1813 aufgestellt.
Holländerinnen – Waren wegen ihrer Schönheit begehrte Ehekandidatinnen der Soldaten.
›*Potsdamer Wachtparade*‹ – Seit der Zeit Friedrichs II. zog die Garde täglich vor dem Potsdamer Stadtschloß mit einer prachtvollen Parade zur Wache auf. Scherzhaft wurde die ganze Armee Friedrichs II. »Potsdamer Wachtparade« genannt.
Römer – Julius Caesar. Sein Ausspruch angesichts eines kleinen Alpenstädtchens »Ich möchte lieber der Erste hier als der Zweite in Rom sein« ist bei Plutarch überliefert.
dieser ›*Erste*‹ – Friedrich II.
als das zweite Garderegiment geboren wurde – Das 2. Garde-Dragoner-Regiment wurde 1860 aufgestellt und erhielt 1896 den Ehrennamen der Kaiserin Alexandra von Rußland.
Siebenjährigen Krieg – Das 1. Garde-Dragoner-Regiment Königin Viktoria von Großbritannien und Irland wurde

nicht vor dem Siebenjährigen Krieg, sondern erst 1815 aufgestellt.
117 *Alles ist göttliches Geschenk* – Vgl. die Worte Armgards in Kap. 25, S. 289.

10.

119 *Cremmer Damm* – Weg, der sich von Kremmen aus nördlich durch das Kremmener Luch zieht; vgl. Anm. zu S. 15 *Cremmen*.
der Wulkowsche – Wulkow, ein Dorf zwischen Neuruppin und Lindow.
Hohenlohedenkmal ... wallfahrtartig – Das Ehrenmal für den Grafen Johannes von Hohenlohe, der in der Schlacht auf dem Kremmer Damm am 24. Oktober 1412 gefallen war, erinnert Czako an den Kardinal Gustav Adolf Prinz zu Hohenlohe-Schillingsfürst (1823–1896), der 1872 als deutscher Botschafter beim päpstlichen Stuhl ernannt, von Pius IX. aber abgelehnt worden war, worauf Bismarck am 14. Mai 1872 im Reichstag ausrief: »*Nach Canossa gehen wir nicht* – weder körperlich noch geistig« (Reden, Bd. 5, S. 338).
ad vocem – (lat.) Soviel wie: zum Thema.
120 *Burggraf* – Friedrich VI. von Hohenzollern, Burggraf von Nürnberg (1372–1440), wurde 1411 von König Sigismund zum erblichen Statthalter in den Marken eingesetzt, erhielt 1415 die Würde eines Markgrafen und Erzkämmerers des Reiches und wurde 1417 mit Brandenburg belehnt (Friedrich I.). Der neue Landesherr mußte sich zunächst gegen den Widerstand des alteingesessenen Adels durchsetzen, der sich unter der Führung der Brüder Dietrich (1366–1417) und Johann von Quitzow (1370–1437), Wichard von Rochow (gest. um 1450) und Achim von Bredow gegen ihn erhoben hatte. Der Aufstand wurde in den Jahren 1412–1414 niedergeschlagen; vgl. Anm. zu S. 15 *Cremmen*.
im Brandenburgischen Kinderfreund – In dem von dem Berliner Theologen und Pädagogen Friedrich Philipp Wilmsen (1770–1831) verfaßten Lesebuch, das seit 1800 in zahl-

reichen Auflagen erschienen war. Fontane selbst hatte anhand dieses Buches lesen gelernt (vgl. »Meine Kinderjahre«, Kap. 2 und 13).

121 *der alte Fürst* – Chlodwig Karl Victor Fürst zu Hohenlohe-Schillingsfürst (1819–1901), der nach dem Sturz Caprivis (1831–1899) am 29. Oktober 1894 zum Reichskanzler und preußischen Ministerpräsidenten ernannt wurde.
Reichskanzlerpalais – Wilhelmstraße 77, das einstige Palais Radziwiłł.
das andre Paar – Mephistopheles und die Witwe Marthe Schwerdtlein (in Goethes »Faust«, Erster Teil, Szene »Garten«).
Hahnenfeder – Attribut des Teufels.
›*Habe-nun-ach-Mann*‹ – Faust, nach den Eingangsworten seines berühmten Monologs in der Szene »Nacht«.
Von meiner Martha lass'ich nicht – Parodie der Eingangszeile des bekannten Kirchenliedes »Meinen Jesum laß ich nicht« von Christian Keimann (1607–1662).

122 *der Beweis* – Der Tschako, zu Beginn des 19. Jahrhunderts eingeführt, wurde in der preußischen Armee unter Friedrich Wilhelm IV. durch den Helm ersetzt.
Célibataire – (frz.) Junggeselle.

123 *Xylanders* – Bayerische Adelsfamilie. Generalmajor Emil von Xylander (1835–1911) war 1884–1890 Militär- und Bundesratsbevollmächtigter in Berlin.
Berchtesgadens – Fiktiver Adelsname; Name einer Region in Oberbayern und eines bekannten oberbayerischen Kurorts. Im Entwurf hatte Fontane mit den Namen Tattenberg (Manuskriptkonvolut im Stadtmuseum Berlin, Kap. 28, Rücks. Bl. 6) bzw. Tattenbach (Kap. 35, Rücks. Bl. 19), Battenbach (Kap. 24, Umschlag) und Wattenbach experimentiert.
Barbys – Alte Adelsfamilie aus dem Fürstentum Anhalt, wo es bis ins 19. Jahrhundert eine Grafschaft Barby gab, die 1659 nach dem Erlöschen der Stammlinie an Kursachsen fiel und nach dem Wiener Kongreß zu Preußen kam. Im 15. Jahrhundert waren die Grafen von Barby durch Kaiser Friedrich III. mit der Grafschaft Mühlingen belehnt worden, die zuvor den Grafen von Arnstein gehört hatte, die seit dem 13. Jahrhundert

die Herrschaft Ruppin regierten. Die Grafen zu Barby waren mit den Grafen zu Ruppin nahe verwandt, man findet sogar die Angabe, daß »die Grafen zu Barby mit den Grafen zu Arnstein einerley Geschlechts« wären (Dieterich, S. 3). Lindow bei Zerbst gehörte zu den Stammgütern der Barbys. Noch heute existiert eine Stadt Barby südlich von Magdeburg an der Elbe. Im 19. Jahrhundert gab es mehrere hervorragende Offiziere mit dem Namen von Barby; vgl. »Der Krieg gegen Frankreich 1870–1871«, Bd. 1, Kap. »Die Schlacht bei Vionville«.

123 *mankiert* – fehlt.

124 *Ghiberti* – Der florentinische Bildhauer gleichen Namens war Lorenzo Ghiberti (1378–1455).

125 *Kandidaten* – Theologe, der für ein geistliches Amt kandidiert. Kandidaten arbeiteten zunächst oft als Hauslehrer.
Ostrowo – Kleinstadt im damaligen preußischen Regierungsbezirk Posen (Poznań).
Was Hänschen nicht lernt – […] das lernt Hans nimmermehr (Sprichwort).
Stereoskopenkasten … Panoptikumbildung – Das Stereoskop, 1838 von Charles Wheatstone (1802–1875) erfunden und seit der zweiten Hälfte der 1850er Jahre sehr verbreitet, ist ein optisches Gerät, durch das eine räumliche Darstellung vorgetäuscht wird, indem zwei Bilder auf die beiden Augen des Betrachters fokussiert werden. Als Panoptikum wurden die oftmals obskuren Sammlungen von optischen Geräten oder Gegenständen aller Art, insbesondere die Wachsfigurenkabinette, bezeichnet. Aus dem Stereoskopenkasten oder dem Panoptikum bezogene Bildung ist also in mehrfacher Hinsicht eine Scheinbildung.
Scheidung – Das Reichszivilehegesetz, das 1875 in Kraft trat, hatte eine Erleichterung der Ehescheidung zur Folge, da Ehen nunmehr auch ohne Zustimmung der Kirche mit rechtlicher Wirkung geschlossen werden konnten. Grundlage für das Eherecht blieb im gesamten 19. Jahrhundert das »Allgemeine Landrecht für die Preußischen Staaten« von 1794, das bis zur Einführung des Bürgerlichen Gesetzbuchs (1900) gültig war. Es enthielt eine detaillierte Beschreibung sämt-

Anmerkungen 591

licher Gründe, die zu einer Scheidung führen konnten; vgl. auch »Es ist nicht nötig ...«, S. 475 f.
125 *Melusine* – Vgl. »Es ist nicht nötig ...«, S. 471–473.
126 *Markgrafen Otto* – Es gab mehrere Markgrafen von Brandenburg dieses Namens, u. a. Otto I. (gest. 1184), Sohn Albrechts des Bären, Gründer von Kloster Lehnin, und Otto IV. »mit dem Pfeil« (um 1283–1308), von dem es in »Grete Minde« heißt, er sei ein »schöner Herr und sehr ritterlich, und war ein Dichter und liebte die Frauen« (Kap. 12). In der Manessischen Liederhandschrift (1. Hälfte des 14. Jahrhunderts) ist eine Darstellung des Markgrafen Otto IV. enthalten, wie er mit seiner Gemahlin Heilwig von Holstein Schach spielt. Vgl. Fontanes Notizen über »Markgraf Otto mit dem Pfeil« (»Wanderungen«, Bd. 7, S. 84–86).

11.

127 *»Eierhäuschen«* – Berliner Ausflugsstätte bei Treptow. Das neue Eierhäuschen wurde 1890–1892 erbaut.
Kronprinzenufer – Straße am Spreebogen, nördlich des Tiergartens, heute Ludwig-Erhard-Ufer. Die Häuser am Kronprinzenufer 9 bis 15, die zwischen der Alsenbrücke und der Moltkestraße lagen, waren von höheren Verwaltungsbeamten und besser situierten Bürgern bewohnt. Den Häusern gegenüber lag die Spree, über die der Blick auf den Humboldt-Hafen, das Marine-Panorama, den Lehrter Bahnhof und den Ausstellungspalast ging.
128 *Lennéstraße* – Südöstliche Begrenzung des Tiergartens zwischen Kemper-Platz und Königgrätzer Straße.
Lessing ... Goethe – Das Lessing-Denkmal von Otto Lessing (1846–1912) im Tiergarten in unmittelbarer Nähe der Lennéstraße und das etwas tiefer im Tiergarten stehende Goethe-Denkmal von Friedrich Schaper (1841–1919).
Stadtbahnwaggons – Von der Wohnung der Barbys sieht man auf die Stadtbahn und den Lehrter Bahnhof.
Ausstellungsparktürmchen – Westlich vom Lehrter Bahnhof, zwischen Invalidenstraße und Alt-Moabit, lag der Ausstel-

lungspark mit dem Ausstellungspalast und dem 1889 von der Urania eröffneten Planetarium.

128 *grüne Tiergartenwand* – Ursprünglich ein kurfürstliches Wildgehege westlich vor Berlin, wurde das Gelände um 1700 zu einem Park umgestaltet, der in den Jahren 1833 bis 1838 von Peter Joseph Lenné neu gestaltet wurde. Im 19. Jahrhundert war der Tiergarten Ausflugsziel und Promenade der Berliner Oberschicht.

Ballbecher – Geschicklichkeitsspielzeug, bei dem eine an einer Schnur befestigte Kugel in die Luft geworfen und mit einem kleinen Becher aufgefangen wird. Fontane selbst besaß ein solches »Bilboquet«, zu dem er griff, um sich während der Arbeitspausen zu entspannen. Es wird heute im Märkischen Museum Berlin aufbewahrt (vgl. Paul Meyer, »Theodor Fontanes Fangeball«; Otto Pniower, »Theodor Fontane und sein Ballbecher«; »Fontane und sein Jahrhundert«, S. 262).

130 *Gersonscher* – Vgl. Anm. zu S. 11 *Gerson*.

Escarpins – (frz.) Flache Schuhe ohne Schnürung, Tanzschuhe.

Rittmeister – Offizierscharge der Kavallerie, entsprach dem Rang eines Hauptmanns der Infanterie.

131 *Irland laß ich absichtlich fallen* – Wohl wegen der ständigen Spannungen zwischen England und Irland und der starken Autonomiebestrebungen Irlands. Es könnte sich aber auch um einen Scherz über Wilhelm II. handeln, der in seiner Ansprache am 5. August 1889 anläßlich der Verleihung des Ehrennamens gesagt hatte: »Vor allem aber schlagen die Herzen der Offiziere und Mannschaften Eurer Majestät Regiments höher, welches der Ehre teilhaftig geworden ist, ›Königin von England‹ zu heißen.« (Reden, Bd. 1, S. 61)

Indien – Die Faszination, die von der Sanskritliteratur, der Tempelarchitektur und dem Buddhismus ausging, führte im 19. Jahrhundert zu einer neuen Indienbegeisterung. Die Stelle ist zugleich eine scherzhafte Erinnerung an den »Seitentrieb« des »Tunnels über der Spree«, der sich nach dem indischen Heiligtum »Ellora« nannte und dessen Symbol der

Elefant war. Auch der Punsch soll aus Indien gekommen sein (vgl. Anm. zu S. 177 *Punsch*). Königin Victoria war seit 1876 Kaiserin von Indien.

132 *Paris* – Der trojanische Königssohn entschied den Streit zwischen den Göttinnen Hera (Macht), Athene (Klugheit) und Aphrodite (Liebe), wer von ihnen die Schönste sei, zugunsten von Aphrodite, weil diese ihm die Liebe Helenas versprochen hatte, und wurde damit zum Auslöser des Trojanischen Krieges.
Jeserich – Jeserich Kubalke heißt der Küster von Hohen-Vietz in »Vor dem Sturm«.
Verzug – Verwöhnter Liebling.
›*Tristan und Isolde*‹ – Oper (1865) von Richard Wagner (1813 bis 1883), deren Thema die verbotene, schicksalhafte, ehebrecherische Liebe ist.

12.

135 *Wedel* – Von Wedell ist ein altes Adelsgeschlecht in Pommern und den brandenburgischen Marken, aus dem eine Reihe hervorragender Offiziere und Ministerialbeamter stammte. Ein Leutnant von Wedell, der bei den Garde-Dragonern steht, spielt als Freund Botho von Rienäckers in »Irrungen, Wirrungen« eine Rolle.

136 *Armgard ... Bühnenfigur* – Bittstellerin und Anklägerin in Schillers »Wilhelm Tell« (1804), die dem Landvogt Geßler in die Zügel fällt und Zeugin seiner Ermordung wird (IV,3).
Fräulein Stolberg – Leopoldine Stollberg (1851–1927), Schauspielerin, seit 1873 am Königlichen Schauspielhaus zu Berlin. Während in den Besprechungen der Aufführungen vom 9. Oktober 1880 und 10. November 1883 Fontanes Kritik an der Stollberg überwiegt, schreibt er in der Besprechung der Aufführung vom 16. Oktober 1889, sie habe in der Rolle der Armgard den Höhepunkt ihres Könnens erreicht.
Ritterschaftsrat – Vertreter der Ritterschaft, der Gesamtheit der Ritter des Landes (ein politischer Stand, dem der niedere Adel angehörte) bzw. die Korporation, die zur Vertretung der Rechte dieses Standes gebildet wurde.

136 *Junker* – Sohn eines Gutsherrn (Jungherr), im weiteren Sinne der gesamte Stand des Landadels.

138 *Ziegelstreichersohn* – Hand- oder Streichziegel wurden hergestellt, indem der Ton in eiserne oder hölzerne Formen gefüllt und per Hand gestrichen wurde.
Kaputt – Eig. Caputh (bei Potsdam), Wortwitz.

139 *Pluvius* – (lat.) Regen spendend, vom Regen herrührend, auch Beiname Jupiters. Eine Hagelversicherung dieses Namens hat es nicht gegeben.

140 *Thaler, nicht Mark* – Auch nach Einführung der Goldwährung am 1. Juli 1878 galt der Taler weiterhin als gesetzliches Zahlungsmittel, 1898 hatte er einen Kurs von etwa 3 Mark, während sein Wert (Silbergehalt) bei ca. 1,50 Mark lag.

141 *Invalidenkirchhof* – Berliner Friedhof an der Scharnhorststraße, der 1748 als Ehrenfriedhof für die Invalidengemeinde angelegt wurde und bis in die Mitte des 20. Jahrhunderts als Begräbnisplatz hervorragender Militärs eine Rolle spielte.
mit Liebesgaben bis dicht an den Feind – Er gehörte also den rückwärtigen Diensten an. »Liebesgaben« hießen die Sendungen der Angehörigen an ihre Soldaten im Feld.

142 *Steglitzer Villa* – Steglitz, südwestlicher Berliner Vorort, vornehme Wohnlage.
Georgenkirchstraße – Kleine Straße in Friedrichshain, im Nordosten von Berlin, an der die Jungsche Apotheke lag, in der Fontane 1848 angestellt war.
Dolgorucki – Bedeutende russische Adelsfamilie, für Fontane der Inbegriff des Reichtums.
Devonshire – Englische Grafen- und Herzogswürde, die sich seit 1618 im Besitz des Adelsgeschlechts Cavendish befand. Bekannte Persönlichkeiten aus dieser Familie waren im 19. Jahrhundert die Kunstmäzene William George Spencer Cavendish, 6. Herzog von Devonshire (1790–1858) und William Cavendish, 7. Herzog von Devonshire (1808–1891) sowie der einflußreiche Politiker Spencer Compton Cavendish, 8. Herzog von Devonshire (1833–1908).
Oreiller – (frz.) Kissen.

143 *hasardier'* – Hasardieren: dem Zufall vertrauen; eig. an einem Glücksspiel teilnehmen.

144 *Magnaten* – Vertreter des Hochadels in Ungarn und Polen.
gerade als die Franzosen Algier bombardierten und nebenher das Haus Bourbon endgültig beseitigten – Am 4. Juli 1830 wurde das Artilleriefeuer auf Algier mit einer solchen Heftigkeit eröffnet, daß der Dei Hussein am folgenden Tag kapitulierte. Die Julirevolution, die am Ende desselben Monats in Paris ausbrach, führte zur Abdankung Charles' X. und zum Ende der Dynastie Bourbon.

Ritterakademie – Höhere Lehranstalt zur Ausbildung junger Adliger. Die meisten Ritterakademien wurden Anfang des 19. Jahrhunderts aufgehoben, in Gymnasien oder Kadettenanstalten umgewandelt.

Gardeducorps – Vgl. Anm. zu S. 22 *Regiment Garde du Corps* ... *Regiment Gensdarmes*.

Schwadron – Taktische Einheit der Kavallerie mit einer Stärke von ca. 150 Pferden in 2 Kompanien. 5 Schwadronen bilden ein Regiment. Geführt wird eine Schwadron von einem Rittmeister.

Ragaz – Badeort im schweizerischen Kanton St. Gallen, der am Ende des 19. Jahrhunderts einer der meistbesuchten Kurorte Europas war.

von Planta – Graubündner Adelsgeschlecht. Im Entwurf zum »Stechlin« war zunächst der Name Rothenbrunn (Manuskriptkonvolut im Stadtmuseum Berlin, Kap. 22, Rücks. Bl. 9) bzw. von G. (Kap. 24, Rücks. Bl. 3) vorgesehen.

Schloß Schuder – Im Entwurf zunächst Schloß Enz genannt (Manuskriptkonvolut im Stadtmuseum Berlin, Kap. 23, Rücks. Bl. 8).

145 *Noch im selben Jahre* – Der Englandaufenthalt Barbys begann also in den 1860er Jahren. Auch Fontane war etwas über 30 Jahre alt, als er zu seinem mehrjährigen Englandaufenthalt aufbrach.

Attaché – Beigeordneter, insb. im diplomatischen Dienst. Fontane war 1856–1859 Attaché des preußischen Gesandten Albrecht Graf von Bernstorff (1809–1873) in London.

145 *bis in die Tage der Aufrichtung des Deutschen Reichs* – Mit der Proklamation Wilhelms I. von Preußen zum deutschen Kaiser am 18. Januar 1871 wurde das Deutsche Reich begründet.

146 *Frommel* – Emil Frommel (1828–1896), protestantischer Theologe und Schriftsteller, seit 1867 Garnisonprediger, seit 1872 Hofprediger in Berlin.

Wrschowitz – Vielleicht Anlehnung an die preußische Adelsfamilie Wrschowetz. Kochan von Wersowetz heißt der Kanzler Karls IV. in Alexis' »Der falsche Woldemar«. Es existieren aber auch mehrere kleine Orte mit ähnlich klingenden Namen in Böhmen und Polen.

13.

146 *Hallische Brücke* – Ältere Bezeichnung für die Belle-Alliance-Brücke über den Landwehrkanal.

Ringbahn – Gemeint ist nicht die später unter diesem Namen bekannte Eisenbahnstrecke, die in den Jahren 1851–1877 erbaut wurde und die Stadt mit einem äußeren Ring umgibt, sondern die als Ringbahn bezeichnete Strecke der Pferdebahn.

Potsdamer-…thor – Tor am Potsdamer Platz, das die Leipziger Straße in Richtung Westen abschloß.

147 *Kaffeemädchen* – Die Beschreibung des Werbeplakats erinnert an das berühmte Pastell »Schokoladenmädchen« von Jean-Étienne Liotard (1702–1789).

coûte que coûte – (frz.) koste es, was es wolle.

149 *heilige Musik* – Musica sacra, geistliche Musik, im Gegensatz zur Musica profana.

Niels Gade-Schwärmer – Niels Wilhelm Gade (1817–1890), dänischer Komponist und Dirigent. Nachdem er 1841 für seine Ouvertüre »Nachklänge an Ossian« mit dem Preis des Kopenhagener Musikvereins ausgezeichnet worden war, begab er sich 1843 mit einem königlichen Stipendium nach Leipzig und wurde Schüler von Mendelssohn Bartholdy. 1845 wurde er zweiter Dirigent, 1847 Nachfolger Mendelssohns als Dirigent des Leipziger Gewandhausorchesters.

Nach Ausbruch des Krieges zwischen Preußen und Dänemark kehrte er 1848 in die Heimat zurück, wo er als Dirigent und Hofkapellmeister arbeitete. In seinem Nachruf in der »Deutschen Rundschau« würdigte Philipp Spitta den Komponisten als bedeutendsten Vertreter einer dänischen Nationalmusik.

149 *Wagnerianer* – Daß sich für Fontane mit dem Begriff noch eine andere Bedeutung verband als die eines Wagner-Enthusiasten, kann man seinem Brief vom 7. Juli 1894 an Hermann Wichmann entnehmen: »Ich finde eigentlich nur eine Kategorie von Menschen, die nur in Deutschland leben und ein Genüge finden kann. Das sind die ›Wagnerianer‹, worunter man sowohl die Anhänger Richard Wagners wie die des ›schweren Wagner‹ verstehen kann.« Der »schwere Wagner« war ein gut besuchtes Bierrestaurant Ecke Charlotten- und Behrenstraße. »Hier fanden sich an ungedeckten Tischen Männer aus den besten Gesellschaftskreisen zu kurzem Frühstückstrunke und zu längerer Abendunterhaltung zusammen.« (Kastan, S. 109)

150 *gens irritabilis* – (lat.) Gattung der leicht erregbaren Wesen, nach Horaz (65–8 v. Chr.), Epistulae II,2,V. 102.

151 *Hubert Herkomer* – Porträtmaler (1849–1914).
Hussiten – Anhänger des Reformators Jan Hus (vgl. Anm. zu S. 102 *Huß*), die in den nach ihnen benannten Hussitenkriegen (1420–1435) Böhmen, Österreich, Ungarn, Bayern, Sachsen, Schlesien und Brandenburg überzogen und den von Papst und Kaiser gegen sie aufgebotenen Heeren vernichtende Niederlagen beibrachten. Wegen ihres zerstörerischen Vorgehens und ihrer militärisch überlegenen Führer, zu denen u. a. Jan Žiška (vgl. Anm. zu S. 102 *Ziska*) zählte, galten die Hussiten lange Zeit als unbesiegbar und waren der Schrecken der Bewohner der Nachbarländer Böhmens.
schob den Cognac ... beiseit – Alkohol wurde zu den Auslösern von Neuralgie gezählt, Graf Barby muß also aus Gründen der Diät auf diesen Genuß verzichten.
Oginski – Der polnische Komponist Michał Kleofas Graf von Ogiński (1765–1833).

151 *Erlkönig ... die Glocken von Speier* – Lieder von Franz Schubert (1797–1828) und Carl Loewe (1796–1869) nach Texten von Goethe und Maximilian von Oër (1806–1846), die zu den beliebtesten Salonstücken gehörten (vgl. »L'Adultera«, Kap. 6; »Frau Jenny Treibel«, Kap. 4 und 5; »Effi Briest«, Kap. 11).

die Zeit vom ›Alten Feldherrn‹ und von ›Denkst du daran, mein tapferer Lagienka‹ – Die Zeit des Vormärz, in der die Polenlyrik zu einer Ausdrucksform der Freiheitsschwärmerei der jungen Literaten wurde. Auch Fontane verfaßte in den 1840er Jahren eine Reihe von Texten in dieser Tradition. Das Lied »Denkst du daran, mein tapferer Lagienka« aus dem Singspiel »Der alte Feldherr« (1826) von Karl von Holtei (1798 bis 1880), das an den polnischen Befreiungskampf des Jahres 1794 und die Taten von Tadeusz Kościuszko (1746–1817) erinnert, war und blieb eine Ikone der Polenlyrik und der Stimmung des Vormärz (vgl. »Meine Kinderjahre«, Kap. 12; »Stine«, Kap. 5; »Unterm Birnbaum«, Kap. 5; »Irrungen, Wirrungen«, Kap. 9, 15, 21).

152 *de tout mon cœur* – (frz.) von ganzem Herzen.

›*König Renés Tochter*‹ – Das Schauspiel »Kong Renés Datter« (1848), dem der dänische Dichter Henrik Hertz (1798–1870) seine internationale Anerkennung verdankte und das mehrfach ins Deutsche übersetzt worden ist, unter anderem von Fontanes Tunnelkollegen Heinrich Smidt.

Tolstoj ... Kreuzersonate – Die Erwähnung dieser Erzählung (1889, dt. 1890) von Lew Nikolajewitsch Tolstoi (1828–1910) birgt eine Invektive gegen die Musik, über deren verderbliche Wirkung der Erzähler Posdnyschow, ein zum Mörder gewordener betrogener Ehemann, tiefgründig reflektiert.

die Mischung von Kunst und Sektierertum – Tolstoi war, inspiriert von den Ideen des Urchristentums, zu radikalen sozialethischen Anschauungen gelangt. Da seine religiösen Lehr- und Bekenntnisschriften von der Zensur in Rußland verboten wurden, brachte er seine fundamentale Kritik an Kultur und Gesellschaft, Staat und Kirche in seinen erzählerischen Werken zum Ausdruck. Mit schonungsloser Offenheit thematisierte Tolstoi beispielsweise in seiner Erzählung »Kreutzersonate« die Perversion des Geschlechterverhältnisses und die Scheinmoral der gehobenen Gesellschaftskreise.

153 *selber märkisch oder doch beinah'* – Vgl. Anm. zu S. 123 *Barbys.*

Saatwinkel ... Grunewald – Beliebte Berliner Ausflugsstätten, heute Ortsteile von Berlin. Saatwinkel: Dorf in der Jungfernheide nördlich von Spandau. Grunewald: ausgedehntes Waldgebiet im Südwesten Berlins, der »zweite Thiergarten« (Dominik, S. 147) mit dem von Friedrich Wilhelm Richter gegründeten Wirtshaus am Halensee.

Stromtid ... Franzosentid – In humorvoller Weise wird der niederdeutsche Schriftsteller Fritz Reuter (1810–1874), dessen Romane »Ut mine Stromtid« und »Ut de Franzosentid« Fontane bei einer Umfrage 1889 unter den besten Büchern genannt hat, in Verbindung mit dem Begriff der Romantik gebracht.

154 *das Carlylesche Buch* – Thomas Carlyles (1795–1864) »History of Frederic II., called Frederic the Great« erschien 1858 bis 1865 in sechs Bänden.

Sanssouci ... Rheinsberg – Die beiden Schlösser, die im Leben Friedrichs II. eine wichtige Rolle gespielt haben; vgl. Anm. zu S. 5 *Rheinsberg.*

Orden de la générosité – »Orden des Großmutes«, 1667 gestiftet, von Friedrich II. 1740 in den Orden »Pour le mérite« umgewandelt.

Heinrich – Vgl. Anm. zu S. 5 *Rheinsberg* und zu S. 13 *Heinrich.*

die Malcontenten – Die Unzufriedenen; Bezeichnung oppositioneller Parteiungen.

Frondeurs – (frz.) Kritiker, Verschwörer. Das Wort leitet sich von »Fronde« her, der Bezeichnung einer oppositionellen Adelspartei in Frankreich, die sich in der Mitte des 17. Jahrhunderts gegen das zentralistische Königtum richtete. Bei Fontane sind Frondeurs »Träger einer Opposition quand même, die sich gegen Armee und Ministerium und gelegentlich auch gegen das Hohenzollernthum selbst« richtet (»Cécile«, Kap. 20). Auch die gegen den Burggrafen von Nürnberg opponierende Adelspartei (vgl. Anm. zu S. 15 *Cremmen* und zu S. 120 *Burggraf*) nannte Fontane »Fronde«.

155 *große Revolution. Kopf ab aus Prinzipp* – Anspielung auf die Französische Revolution 1789–1795, während der zahlreiche Franzosen guillotiniert wurden, darunter auch Louis XVI. (1754–1793, König von Frankreich 1774–1792).
Misogyne – Frauenfeind, Frauenhasser, hier Umschreibung für Homoerotiker (vgl. »Wanderungen«, Bd. 1, Kap. »Major von Kaphengst«, S. 309–316).

156 *geheimnisvolle Vorliebe für jungfräuliche Tote* – Vgl. »Vor dem Sturm«, Bd. 2, Kap. 3, wo es über Generalmajor von Bamme heißt: »Starb wer Junges im Dorf, Bursch oder Mädchen, so ließ er ein großes Begräbniß anrichten, vorausgesetzt, daß die Leidtragenden ihre Zustimmung gaben, die Leiche zu schminken und in einem mit vielen Lichtern geschmückten Flur aufzubahren. Dann stellte er sich zu Füßen, rauchte aus einem Meerschaumkopf und sah, halbzugekniffenen Auges, die Leiche eine halbe Stunde lang an. Was dabei durch seine Seele ging, wußte niemand.«

157 *in favorem* – (lat.) zugunsten. Gemeint ist der Rechtsgrundsatz »in dubio pro reo«: im Zweifelsfalle für den Angeklagten.
Aber von dem ganz alten – Im Unterschied zu Prinz Heinrich (1862–1929), dem Bruder Wilhelms II.

158 *Vierwaldstätter* – Der in der Mittelschweiz gelegene See ist nicht nur durch die Großartigkeit der Landschaft, sondern auch durch die an seinen Ufern angesiedelte Tell-Sage und den Rütli-Schwur (vgl. Anm. zu S. 186 *Rütli*) bemerkenswert.
Sterlet oder Felchen – Sterlet (Acipenser ruthenus), eine Art der Störe, die in den Zuflüssen des Asowschen und Kaspischen Meeres beheimatet ist. Felche (Coregonus), auch Maräne oder Schnäpel, ein lachsartiger Fisch.
Steckerlinge – Stichlinge, kleine Fische der Familie der Stachelflosser, daher kann »Stichling« im übertragenen Sinn auch »Stichelei« bedeuten.

159 *den Gothaischen* – Der »Gothaische genealogische Hofkalender« erschien seit 1764 und war eines der ältesten genealogischen Taschenbücher.

14.

160 ›*Eierhäuschen*‹ – Vgl. Anm. zu S. 127 »*Eierhäuschen*«.
Jannowitzbrücke – Östlich vom Stadtzentrum gelegene Spreebrücke, bei der sich die Anlegestelle der Dampfschiffe nach der Oberspree befand (Stralau, Treptow, Eierhäuschen, Neuer Krug, Sedan, Sadowa, Köpenick).

161 *Berlin sei so kirchenarm* – Mit dem raschen Anwachsen der Bevölkerung Berlins hatte der Kirchenbau nicht Schritt gehalten, so daß Ende der 1880er Jahre die Klagen über den Mangel an Kirchen allgemein wurden. Deshalb gründete das Kronprinzenpaar, der spätere Kaiser Wilhelm II. und seine Frau Auguste Viktoria, 1887 den Berliner Evangelisch-Kirchlichen Hülfsverein zur »Bekämpfung der religiös-sittlichen Nothstände unter den großen verarmten Volksmassen in Berlin und andern großen Städten« (Auguste Viktoria an Kaiser Friedrich, 18. April 1888, in: »Die drei ersten Kirchen der Kaiserin für Berlin«, S. 14). Später wurde mit der gleichen Zielstellung der Kirchenbauverein für Berlin gegründet, dessen Patronat ebenfalls Kaiserin Auguste Viktoria übernahm. In den 1890er Jahren wurden mehr als 20 Kirchen in Berlin errichtet, darunter die Kaiser-Wilhelm-Gedächtniskirche. 1899 stellte Dalton fest, daß die Anzahl der Gemeindemitglieder pro Sitzplatz sich zwar von 32,76 auf 25,3 vermindert habe, dies aber noch eine »um das Achtfache zu hohe Ziffer« sei (S. 17).
Nikolaikirche – Dreischiffiger Backsteinbau aus dem 12. Jahrhundert, ältester Sakralbau der Stadt, in der Nähe des Molkenmarktes an der Poststraße gelegen. Die Kirche wurde 1876 bis 1878 grundlegend umgestaltet und mit einem zweiten Turm versehen. Nachdem sie 1944 bis auf die Umfassungsmauern ausgebrannt war, wurde die Kirche ab 1981 wiederhergestellt.
Petrikirche – Neugotischer Backsteinbau am Petriplatz, 1846 bis 1853 errichtet. Der 96,4 m hohe Turm dieser Kirche war seinerzeit das höchste Bauwerk Berlins. Die Ruinen der 1945 durch Bomben schwer beschädigten Kirche wurden 1960 bis 1964 abgetragen.

161 *Waisenkirche* – Die Kirche, Teil des an der Stralauer Straße gelegenen, von Friedrich I. anläßlich der Erlangung der Königswürde gestifteten Großen Friedrichs-Waisenhauses, wurde 1716 vollendet. Der 1707–1728 errichtete Kirchturm wurde wegen Baufälligkeit 1782 abgetragen. Der Turmstumpf gab dem Gebäude bis zum Abriß des Waisenhauses und der Kirche im Jahre 1905 ein charakteristisches Gepräge.
Schloßkuppel ... Rathausturm – Daß diese Profanbauten in der Aufzählung sakraler Bauten genannt werden, ist vielleicht ein ironischer Kommentar zur Renommiersucht Wilhelms II. und der Berliner. Das Berliner Stadtschloß, das im Zweiten Weltkrieg beschädigt worden war, wurde 1950 abgetragen. Das Rote Rathaus mit dem 74 m hohen Turm, 1861–1870 errichtet, im März 1945 bei einem Luftangriff stark in Mitleidenschaft gezogen, wurde in den Jahren nach dem Krieg restauriert und konnte 1955 wieder benutzt werden.

162 *Parochialkirche ... Glockenspiel* – 1695–1703 erbaute Kirche an der Ecke Kloster-/Parochialstraße. Sie erhielt 1713/14 einen Turm, 1715 ein Glockenspiel, das 1717 durch ein holländisches Glockenspiel ersetzt wurde, das von den Berlinern »die Singuhr« genannt wurde. Dieses Glockenspiel, das halbstündlich einen Choral wiedergab, war bis zu seiner Zerstörung 1944 ein besonderes Wahrzeichen Berlins (vgl. dazu den Beginn von »Vor dem Sturm«). Die im Zweiten Weltkrieg stark beschädigte Kirche wird seit den 1990er Jahren restauriert.
Sappeurbart – Vollbart, wie ihn die Sappeure (Pioniere) der französischen Armee trugen, von Fontane mehrfach erwähnt (z. B. »Effi Briest«, Kap. 20; »Quitt«, Kap. 16). »Hohe Männer, durch große Bärenmützen mit roten Federbüschen noch vergrößert, mit braunem Gesicht, langen schwarzen Bärten, die bis auf den Magen reichten und grell gegen ein langes, schneeweißes Schurzfell abstachen, blinkende Äxte auf der Schulter, Gewehr auf den Rücken geschnallt, zogen zum Tore ein. Es waren die Sappeurs, und ein Grausen befiel uns, als wir diese Gestalten erblickten [...]« (»Wanderungen«, Bd. 7, Kap. »Die Franzosen in Berlin. I. Der Einzug der Löffelgarde«, S. 112)

163 *Bayrisch* – Bayerisches Bier.
Neue Friedrichstraße – Sie befand sich dort, wo heute Littenstraße, Rochstraße, Burgstraße und Bodestraße verlaufen.
164 *Zillen* – Lange, schmale Schiffe, Spreekähne.
Mörtelwerke – Die Mörtelwerke befanden sich in der Mühlenstraße 66/67, am nördlichen Ufer der Spree.
›*Liebesinsel*‹ – Die am Eingang des Rummelsburger Sees gelegene Insel Entenwerder, im Volksmund Liebesinsel genannt, spielt in mehreren Werken Fontanes eine Rolle, z. B. in »Irrungen, Wirrungen«, Kap. 3 und 20.
165 ›*Rummelsburger*‹ *See* – Rummelsburg gehörte zu den beliebten Berliner Ausflugsstätten. In Sophie von Poggenpuhls Kirchenmalerei dient der See als Vorbild für die Sintflut (»Die Poggenpuhls«, Kap.12).
es giebt Leute, die sich vor ›*Melusine*‹ *fürchten* – Wegen des mit dem Namen verknüpften schicksalhaften Verhängnisses (vgl. »Es ist nicht nötig ...«, S. 471–473).
166 *liberal* – Im Gegensatz zum Konservatismus stand der Liberalismus, dessen Anhänger sich für Veränderungen des politischen Systems einsetzten. Im preußischen Abgeordnetenhaus waren die Liberalen durch die Altliberale Partei vertreten, aus der sich 1861 die Fortschrittspartei bildete, von der sich 1866 die Nationalliberale Partei abspaltete. Aus der Vereinigung der von der Nationalliberalen Partei abgetrennten Liberalen Vereinigung (Secessionisten) mit der Deutschen Fortschrittspartei entstand die Deutsche Freisinnige Partei, die sich 1893 in Freisinnige Volkspartei und Freisinnige Vereinigung spaltete.
Rom ist ewig – »Roma aeterna«, geflügeltes Wort nach Tibull II,5, V. 23.
Quirinal ... Vatikan – Der auf dem Quirinal, einem der sieben Hügel Roms, gelegene päpstliche Palast, der 1870 von der italienischen Regierung (das Königreich Italien bestand seit 1861) in Besitz genommen wurde und seitdem als Königspalast bzw. Regierungssitz diente; daher in diesem Zusammenhang Synonym für die weltliche Macht des Staates im Gegensatz zur geistlichen Macht des Papsttums, das seit

der Auflösung des Kirchenstaates (1870) im Vatikanpalast zentralisiert ist.

167 *Nilreich* – Nachdem es in Ägypten 1879–1882 zu einem von Arabi Pascha geführten Volksaufstand gekommen war, wurde das Land 1882 von britischen Truppen besetzt und in ein britisches Protektorat verwandelt.

Japan – In Japan setzte Mitte des 19. Jahrhunderts ein Prozeß beschleunigter Entwicklung und Modernisierung ein. Nach der Auflösung des Shogunats im Jahr 1868 übernahm der Kaiser die alleinige Regierungsgewalt. Der Hof wurde von Kyoto nach Tokio verlegt und das Land in eine konstitutionelle Monarchie nach preußischem Vorbild umgewandelt. Das 1869 verkündete Programm der »Neuen Ära« leitete eine Periode umfangreicher Reformen ein. Es kam zu einer raschen, staatlich gelenkten Industrialisierung. Das Territorium Japans wurde durch imperialistische Eroberungen vergrößert.

China – China war im 19. Jahrhundert Spielball kolonialer Interessen der imperialistischen Großmächte, insbesondere Englands, Frankreichs und Japans.

der vierte Stand – Das Proletariat, das sich im 19. Jahrhundert als neue politische Klasse formierte. Am 22. Februar 1896 schrieb Fontane an James Morris, der ihm ein Exemplar der von James Keir Hardie (1856–1915) herausgegebenen Arbeiter-Zeitung »The Labour Leader« geschickt hatte: »Alles Interesse ruht beim vierten Stand. Der Bourgeois ist furchtbar, und Adel und Klerus sind altbacken, immer wieder dasselbe. Die neue, bessere Welt fängt erst beim vierten Stande an. Man würde das sagen können, auch wenn es sich bloß erst um Bestrebungen, um Anläufe handelte. So liegt es aber nicht; *das*, was die Arbeiter denken, sprechen, schreiben, hat das Denken, Sprechen und Schreiben der altregierenden Klassen tatsächlich überholt, alles ist viel echter, wahrer, lebensvoller. Sie, die Arbeiter, packen alles neu an, haben nicht bloß neue Ziele, sondern auch neue *Wege*.«

168 *Spindler ... geheimnisvollen Künste* – In Spindlersfeld befand sich die 1832 von Johann Julius Wilhelm Spindler (1810–1873) gegründete Färberei, Wäscherei und Appretur.

170 *in den vereinigten drei Königreichen* – England, Schottland und Irland.

Weil Witib vor Jungfrau geht – Vielschichtige laszive Anspielung, vgl. etwa Jean Pauls Bonmot: »Sie war eine blonde Witwe von 30 Jahren, also um 5 oder 7 Jahre jünger als eine Jungfrau von 30« (»Flegeljahre«, 2. Bändchen, Nr. 20) oder das Gespräch der jungen Offiziere in »Ellernklipp«: »Trauer kleidet immer. Und die hübscheste Braut verblaßt vor einer hübschen Wittwe. Woran es nur liegt?« [–] »Eben an der Trauer. Es ist das doppelt Verbotene ...« (Kap. 18)

171 *hoop* – (engl.) Reifen.

abgeäschert – ausgetobt, erschöpft.

172 *zugreifsch* – raffgierig, unverschämt.

174 *Trockenwohner* – Mieter, die eine neuerrichtete Wohnung für eine geringe Miete bewohnten, solange die Wände noch feucht waren. Fontane hatte Ostern 1835 in der Großen Hamburger Straße ein Zimmer bezogen, »das so feucht war, daß das Wasser in langen Rinnen die Wände hinunterlief« (»Von Zwanzig bis Dreißig«, Abschnitt »Mein Leipzig lob' ich mir«, Kap. 6).

Kuhstall – Reine warme Luft wurde Tuberkulosekranken als heilsam empfohlen, vom Aufenthalt in Kuhställen, einem alten volkstümlichen Mittel gegen Lungentuberkulose, Ende des 19. Jahrhunderts von medizinischer Seite aber abgeraten.

Marinepanorama – Das in der Nähe des Lehrter Bahnhofs gelegene, von Ludwig Heim (1844–1917) als massiver Ziegelbau errichtete Panorama, weithin sichtbar durch die von einer Laterne gekrönte Flachkuppel. Das erste hier gezeigte Rundgemälde war eine Apologie der Hohenzollern, daher hieß das Panorama zunächst Hohenzollern-Galerie. Es wurde später durch eine Darstellung der Einfahrt in den Hafen von New York, gesehen vom Promenadendeck eines Ozeandampfers des Norddeutschen Lloyd, abgelöst.

Kunstausstellung, wo es so furchtbar zieht – Vgl. Anm. zu S. 128

Ausstellungsparktürmchen.

175 *schudderst* – (niederdt.) schauderst.

176 *Robinson* – Figur von Defoe (vgl. Anm. zu S. 83 *Seehundsfell-mütze*), dessen Roman in zahllosen Ausgaben, besonders als Kinderbuch, verbreitet war. Einen Schirm gegen Hitze und Regen baut sich Robinson aus Fellen. Zu seinen Haustieren gehören Ziegen.

15.

177 *Punsch* – Alkoholisches Getränk, das aus fünf Bestandteilen (daher sein Name, sanskr. pantscha: fünf), nämlich aus Arrak (Rum), Tee, Zucker, Wasser und Zitronensaft, gemischt war und warm oder kalt (»Schwedischer Punsch«) getrunken wurde. Ende des 17. Jahrhunderts aus Ostindien eingeführt, hatte der Punsch im 19. Jahrhundert ganz Europa erobert.
liking – (engl.) Vorliebe. Melusines Schwärmerei für Schweden hat auch damit zu tun, daß die Schweden »ein Meervolk, ein Volk der See« sind, wie es in einem von Doktor Bie zu einem Glase Punsch ausgebrachten Toast heißt (»Unwiederbringlich«, Kap. 26).

178 *den sonst ›Meistbegünstigten‹ unter den Nationen* – Seit 1860 wurde in Handelsverträge die sogenannte Meistbegünstigungsklausel aufgenommen, mit der die Vertragspartner sich gegenseitig zusicherten, daß keiner von ihnen dritten Staaten günstigere Zollbedingungen einräumen würde. So entstand neben dem allgemeinen Generaltarif ein Konventionaltarif für alle dem Vertragssystem angehörenden Staaten.
Mut und Eisen – Schweden hatte in der Neuzeit mehrfach durch militärische Interventionen Einfluß auf die europäische Politik genommen. Die Eisenproduktion war einer der wichtigsten Industriezweige des Landes. Der zeitgenössische Leser mußte in der Formel »Mut und Eisen« aber vor allem eine Anspielung auf das berühmte Schlagwort »Blut und Eisen« erkennen, das Bismarck erstmals am 30. September 1862 formuliert hatte: »nicht durch Reden und Majoritätsbeschlüsse werden die großen Fragen der Zeit entschieden – das ist der große Fehler von 1848 und 1849 gewesen – sondern durch Eisen und Blut« (Reden, Bd. 2, S. 30).

178 ›*Säkerhets Tändstickors*‹ – (schwed.) Sicherheitszündhölzer; vgl. Anm. zu S. 29 *eh' die Schwedischen aufkamen.*
schwedische Nachtigall – Die weltberühmte Sopranistin Jenny Lind, die am 6. Oktober 1820 in Stockholm geboren wurde, zunächst in Schweden, später in Paris, Berlin (1844 bis 1847), London und anderen Städten Europas und in Nordamerika ein Millionenpublikum begeisterte, 1852 den Komponisten und Pianisten Otto Goldschmidt (1829–1907) heiratete und danach nur noch selten zu hören war. Seit Mitte der 1850er Jahre lebte sie in England. Sie starb 1887 auf ihrem Landsitz in Malvern (Worcestershire) und wurde mit einem Marmordenkmal in Westminster Abbey in London geehrt (vgl. auch Heinrich Heines Ausführungen über die Lind im Anhang zu »Lutetia«, Kap. »Musikalische Saison 1844«).
›*Goldschmidts Töchterlein*‹ – Ballade (1808/1813) von Ludwig Uhland (1787–1862).

179 *Maler ... Nationalgalerie* – Fontane kannte nicht nur das 1846 entstandene Gemälde der Lind von Eduard Magnus (1798–1872), das seit 1877 der Berliner Nationalgalerie gehört, sondern auch das Porträt von Ludwig Wichmann (vgl. »Ludwig Wichmann«, in: »Männer der Zeit«, Sp. 231 bis 233).
Rubensschen Kreuzabnahme – Die zu den Hauptwerken des flämischen Malers Peter Paul Rubens (1577–1640) zählende Kreuzabnahme (1611–1614; Antwerpen, Onze Lieve Vrouwe-Kerk) wurde vielfach gestochen und kopiert.

180 *reinen Herzens* – Formulierung aus Matthäus 5,8, für Fontane ein Schlüsselwort.

182 *Friedrichsfelde* – Mehrfach war das Schloß Zufluchtsstätte und Wohnort unglücklicher Personen gewesen, darunter Katharina von Holstein-Beck (1750–1811), die von Fürst Iwan Barjatinski geschieden lebte, gegen den sie eine so tiefe Abneigung empfand, daß sie ihren Mädchennamen wieder angenommen hatte. Ab 1816 gestaltete Karl Sigismund von Treskow (1819–1882) das Gut unter wirtschaftlichen Gesichtspunkten um (vgl. »Wanderungen«, Bd. 4, Kap. »Friedrichsfelde«, S. 132–151).

182 *Schwester der Frau von Hülsen* – Adelheid von Treskow, die Gattin Karl von Treskows, und Helene von Hülsen (1829 bis 1892), die schriftstellernde Frau des Intendanten der königlichen Hoftheater Botho von Hülsen (1815–1886), waren Schwestern, geb. Gräfinnen Haeseler.
Sedan oder Düppel oder der Übergang nach Alsen – Das Feuerwerk wird mit berühmten militärischen Ereignissen des 19. Jahrhunderts verglichen, die Fontane in seinen Kriegsbüchern ausführlich beschrieben und in seinen belletristischen Werken immer wieder erwähnt hat. Bei Sedan wurde am 1. September 1870 die Entscheidungsschlacht des Deutsch-Französischen Krieges geschlagen. Die Erstürmung der Schanzen, die in der Nähe des dänischen Dorfes Düppel zur Verteidigung des Alsensundes angelegt worden waren, am 18. April 1864 und der Übergang über den Alsensund am 29. Juni gehörten zu den spektakulärsten Aktionen des Deutsch-Dänischen Krieges von 1864.
es soll auch Personen geben, die ganz dafür leben und ihr Vermögen hinopfern wie früher die Holländer für die Tulpen – Wohl eine Anspielung auf die Heeresvorlage Wilhelms II., die am 6. Mai 1893 vom Reichstag abgelehnt wurde, worauf der Kaiser den Reichstag auflöste; der neue Reichstag nahm das Gesetz an. Die Vorliebe für Tulpen war im 17. Jahrhundert in Holland so groß, daß für eine einzelne Tulpenzwiebel mitunter ein Vermögen gezahlt wurde.
in die Luft fliegen ... Reiz – Feuerwerkerei war auch eine Bezeichnung für die Artillerie. Noch im 19. Jahrhundert gab es Feuerwerkskompanien und militärische Ränge wie Feuerwerksleutnant. Als Kind hatte sich Fontane damit beschäftigt, Feuerwerkskörper zu basteln (»Meine Kinderjahre«, Kap. 15).
183 *Torpedoboote* – Die Gefahr bestand nicht nur in den Abwehrmaßnahmen des Gegners, es kam öfter vor, daß die Torpedoboote selbst beim Angriff in Mitleidenschaft gezogen und zerstört wurden. Der Torpedo wurde im Laufe des 19. Jahrhunderts entwickelt und kam in der zweiten Jahrhunderthälfte stärker zum Einsatz.

183 *Tunnel unter dem Meere* – Die erste bedeutende Unterquerung eines Gewässers, der von Marc Isambard Brunel (1769 bis 1849) erbaute Themse-Tunnel zwischen Wapping und Rotherhithe, der 1825–1843 unter großen Schwierigkeiten realisiert wurde und mehrere Opfer gefordert hat, war damals weltberühmt. Der Name der 1827 gegründeten Berliner Sonntagsgesellschaft »Tunnel über der Spree«, deren aktives Mitglied Fontane in den Jahren 1844–1866 war, ist eine humorvolle Reminiszenz an den Tunnel (vgl. »Von Zwanzig bis Dreißig«, Abschnitt »Bei ›Kaiser Franz‹«, Kap. 2). Der Themse-Tunnel wurde 1865–1869 als Eisenbahntunnel ausgebaut und wird heute von der »Underground« genutzt.
Luftballons – Nach den eindrucksvollen Flugversuchen der Brüder Montgolfier und des Physikers Jacques Aléxandre Césare Charles Ende des 18. Jahrhunderts kam es in Europa zu einem regelrechten Ballonfieber. Wasserstoffballons waren wegen des hochexplosiven Gasgemischs, mit dem sie gefüllt waren, besonders gefährlich (vgl. »Von Zwanzig bis Dreißig«, Abschnitt »In Bethanien«, Kap. 2). Weitere Gefahren drohten durch Absturz, Sauerstoffmangel in großer Höhe, Luftturbulenzen usw.
Luftschifferschlachten – Im 19. Jahrhundert gab es immer wieder Versuche, den Ballon zu militärischen Zwecken einzusetzen, wobei lediglich Fesselballons zur Beobachtung und zur Signalübermittlung einige Bedeutung erlangten. Immerhin wurden erstmals Luftschifferabteilungen gebildet, Vorläufer der modernen Luftwaffe.
Aëronauten – Luftschiffer.
ein Excelsior-, ein Aufsteigemensch – Nach lat. excelsior: höher. Die aufregendste Phase einer Ballonfahrt war das Aufsteigen. Der Begriff ist bei Fontane nicht negativ konnotiert wie Parvenu oder Aufsteiger.
die Hoffnung und sogar die Liebe! Wo bleibt aber das Dritte? – Anspielung auf 1. Korinther 13,13: »Nun aber bleibt Glaube, Hoffnung, Liebe, diese drei; aber die Liebe ist die größte unter ihnen.«

184 *An ihren Früchten sollt ihr sie erkennen* – Matthäus 7,16.

184 *attention au jeu* – (frz.) Aufmerksamkeit beim Spiel; Aufforderung im Spielkasino.

Ein Buch von Tolstoj – Im Nachwort zu seiner Erzählung »Die Kreutzersonate« entwickelt Tolstoi das Ideal eines asketischen, zölibatären Lebens.

einer fand einen Seeweg – In Frage kommen mehrere Seefahrer, besonders Vasco da Gama (1469–1524), der 1498 den Seeweg nach Indien um das Kap der Guten Hoffnung fand, aber auch Fernão de Magellan (um 1480–1521), der 1520 die später nach ihm benannte Seestraße zwischen Südamerika und Feuerland entdeckte.

185 *Mit einem großen C fängt er an* – Luis Vaz de Camões (1524 bis 1580), der portugiesische Nationaldichter.

Calderon – Don Pedro Calderón de la Barca (1600–1681), einer der bedeutendsten spanischen Dramatiker. Die Baronin verwechselt also nicht nur die beiden Dichter, sondern auch ihre Heimatländer Spanien und Portugal, was Woldemar rücksichtsvoll pariert.

Joao de Deus – João de Deus Ramos (1830–1896). Fontane war offenbar durch den von Hedwig Wigger für die Zeitschrift »Das Magazin für Litteratur« verfaßten Nachruf auf den populären portugiesischen Lyriker und Pädagogen aufmerksam geworden, in dem es unter anderem heißt: »›E' um santo‹, (er ist ein Heiliger) hörte ich vor Jahren, als ich selbst in Lissabon lebte, oft sagen, ohne damals als Fremde die ganze Größe dieses schlichten Mannes zu fassen. Heute freilich wiederhole ich ›e' um santo‹, ich weiß, daß Volkes Stimme Gottes Stimme ist.« (Sp. 297)

Und du hättest der Liebe nicht ... – Vgl. 1. Korinther 13.

186 *Les jours de fête ...* – (frz. les jours de fête sont passés) Die Festtage sind vorbei, sprichwörtliches Zitat aus der Oper »Le tableau parlant« (1769) von Louis Anseaume (1721–1784).

über Kreuz – Zur Bekräftigung eines Schwurs reichten sich Verschwörer die Hände über Kreuz.

Rütli – Bergwiese im Kanton Uri am Westufer des Vierwaldstätter Sees (vgl. Anm. zu S. 158 *Vierwaldstätter*), wo sich nach der Sage die Vertreter der Kantone Schwyz, Uri und

Unterwalden in einem ewigen Bund gegen die habsburgische Herrschaft vereinigten. In den literarischen Bearbeitungen, besonders in Schillers Dramatisierung, wurde der Rütlischwur mit der Sage von Wilhelm Tell verknüpft. Ein »Seitentrieb« der literarischen Sonntagsgesellschaft »Tunnel über der Spree« nannte sich »Rütli«.

16.

187 *Wahl in Rheinsberg-Wutz* – Vgl. »Es ist nicht nötig ...«, S. 479–482.
188 *Schweizerin... Milchkübel* – Wortspiel mit dem Begriff Schweizer, der nicht nur Bezeichnung für die Bewohner des Landes ist, sondern auch Berufsbezeichnung für Personen, die Viehzucht und Milchwirtschaft betreiben.
Ein freies Land – Die Schweiz ist das älteste republikanische Staatswesen in Europa.
Nachbar- und Schwesterprovinz – Pommern, das auf vielfältige Weise mit den historischen Geschicken Brandenburgs verbunden war. 1181 erhielt Otto I. von Brandenburg aus der Hand Kaiser Friedrichs I. die Lehnshoheit von Pommern. In den folgenden Jahrhunderten wurden die Ansprüche der Brandenburger auf Pommern auf unterschiedliche Weise – als Lehnshoheit oder als Erbfolgerecht – immer wieder bestätigt und 1571 durch eine Erbverbrüderung der Herzöge befestigt. Durch den Westfälischen Frieden wurde Hinterpommern Brandenburg, die anderen Gebiete Pommerns Schweden zugeteilt. 1679 gewann der Große Kurfürst einen kleinen Landstrich Schwedisch-Pommerns am rechten Oderufer. Im Frieden von Stockholm mußte Schweden 1720 große Teile Pommerns an Preußen abtreten. Nach dem Sturz Napoleons wurde der bei Schweden verbliebene Teil Pommerns in 1815 geschlossenen Verträgen mit Schweden und Dänemark an Preußen abgetreten.
rheinischen jungen Damen – Das Rheinland, auch Rheinprovinz genannt, gelangte 1815 durch Beschluß des Wiener Kongresses an Preußen.

189 *was andres* – Jüdisch.

westfälischen – Gebietsteile der Provinz Westfalen gelangten im 17. und 18. Jahrhundert an Preußen, 1815 wurden durch Beschluß des Wiener Kongresses die restlichen Landesteile angeschlossen.

Schlesien – Das Land wurde 1742 im Frieden von Breslau als Ergebnis der von Friedrich II. geführten Schlesischen Kriege von Österreich an Preußen abgetreten.

ostpreußischen – Das Gebiet Preußens wurde 1283 nach über 50jährigem Kampf mit der einheimischen Bevölkerung, den Pruzzen (Preußen), unterworfen und in der Folge von deutschen Einwanderern kolonisiert. In Pomerellen (Westpreußen) wurde der Staat des Deutschen Ordens gegründet. 1510 wurde Markgraf Albrecht von Brandenburg-Ansbach zum Hochmeister des Deutschen Ordens gewählt. Er hob den Ordensstaat auf und verwandelte Preußen 1525 in ein erbliches Herzogtum. Nach dem Aussterben der Linie Brandenburg-Ansbach wurde Preußen 1618 mit Brandenburg zu einem Staat vereinigt. Am 16. November 1700 wurde in Wien zwischen Kaiser Leopold und Friedrich III. der Krontraktat geschlossen, der eine neue Königskrone, gestützt auf das souveräne Herzogtum Preußen, begründete. Am 18. Januar 1701 krönte sich Friedrich III. in Königsberg zum König und führte nunmehr den Titel Friedrich I. König in Preußen, auch Rex Borussiae bzw. Rex Borussorum. Unter seinem Nachfolger Friedrich Wilhelm I. wurde der Name Preußen auf das gesamte Herrschaftsgebiet der Hohenzollern übertragen, die sich seitdem Könige von Preußen nannten.

Litauer Füllen – Vgl. Anm. zu S. 245 *Trakehnen*.

nie Heilige gegeben ... keine Ketzer verbrannt – Das Zitat (Herkunft nicht ermittelt) verwendet Fontane auch in seinen »Wanderungen«, Bd. 2, Kap. »Unter Markgraf Hans«, S. 289 f., und in etwas abgewandelter Form in seinem Brief an Paula Schlenther-Conrad vom 11. Februar 1895: »Sie wissen, daß man von der Mark gesagt hat, sie habe keinen Heiligen, aber auch keinen Groß-Inquisitor hervorgebracht. Das ist richtig und es scheint, als ob wir durch einen an und für sich etwas langweiligen Mittelkurs auch jetzt wieder gesegnet werden sollten.«

189 *die reine Lehre* – Das Luthertum.
das reine Blut – Vgl. Anm. zu S. 55 *Mischungen ... reine Rasse.*
Wenn das Herz gesund ist ... – Anspielung auf Schillers »Wilhelm Tell« (1804): »wo / Der Sinn noch frisch ist und das Herz gesund« (I,4).

190 *die Wurzeln unsrer Kraft* – Das Zitat aus Schillers »Wilhelm Tell« (II,1) lautet wörtlich: »Ans Vaterland, ans teure, schließ' dich an, / Das halte fest mit deinem ganzen Herzen. / Hier sind die starken Wurzeln deiner Kraft [...]« Wilhelm II. zitierte es sinngemäß in seiner Rede beim Festmahl des Brandenburgischen Provinziallandtages am 26. Februar 1897: »Zusammengeführt wie eins ist das Hohenzollernsche Haus und die Mark, und aus der Mark stammen und in der Mark wurzeln die Fäden unserer Kraft und unseres Wirkens.« (Reden, Bd. 2, S. 40)
heirate heimisch und heirate lutherisch – Vgl. Anm. zu S. 55 *Mischungen ... reine Rasse.*
Geld erniedrigt – Fontane hat sich oft kritisch über die Geldgier geäußert, vgl. etwa das Kapitel »Das goldne Kalb« in »Ein Sommer in London«.

17.

191 *Fortschrittler* – Anhänger der Deutschen Fortschrittspartei (DFP), die 1861 in Preußen von demokratischen und liberalen Kräften gegründet worden war; vgl. Anm. zu S. 166 *liberal.*
nichts neues vor Paris – Mit dieser Wendung faßte General Theophil von Podbielski (1814–1879) in seinen Depeschen vom 25. September, 8. und 11. Oktober 1870 und vom 26. Januar 1871 die Lage vor Paris zusammen (Büchmann, S. 445).

193 *wenn ich wähle, wähl' ich für die Menschheit* – Die Sozialdemokratische Partei verfolgte mit ihrem Erfurter Programm (vgl. die folgende Anm.) nicht nur nationale Ziele,

sondern setzte sich für die Befreiung der Menschheit von Ausbeutung und Unterdrückung ein.

193 *jetzt wollen sie auch noch teilen* – Mit ihrem 1891 angenommenen Erfurter Programm stellte die Sozialdemokratische Partei Deutschlands ihre Tätigkeit theoretisch und praktisch konsequent auf die Grundlagen der Marxschen Lehre. Zu ihrem Hauptziel erklärten die Sozialdemokraten die Umgestaltung der Gesellschaft durch Umwandlung des kapitalistischen Privateigentums an Produktionsmitteln in gesellschaftliches Eigentum, wodurch nicht nur das Proletariat, sondern die gesamte Menschheit von Ausbeutung und Unterdrückung befreit würde.

194 *Achtstündiger Arbeitstag und Lohnerhöhung* – Forderungen des Erfurter Programms der Sozialdemokratischen Partei Deutschlands.

Finkenkrug – Vgl. Anm. zu S. 55 *Finkenkrug*. In seinen »Wanderungen«, Bd. 3, Kap. »Finkenkrug«, S. 112 f., beschreibt Fontane eine Wahlszene, die er möglicherweise für die Wahlkapitel des »Stechlin« benutzte.

manchen Schottischen – Der »Schottische« war ein beliebter Tanz.

195 *Uncke* – Sprechender Name. Als Unke wird in der Umgangssprache ein Schwarzseher bezeichnet.

Pyterke – Vielleicht gebildet aus niederdt. pütern: etwas langsam und umständlich betreiben, bzw. püterig: kleinlich, umständlich, kompliziert, mühselig. Eine gleichnamige Figur, Wendelin Pyterke, wird in »Vor dem Sturm« (Bd. 1, Kap. 9) als Amtsvorgänger des Schulzen Kniehase in Hohen-Vietz erwähnt.

auflöste – Presse-, Vereins- und Versammlungsfreiheit gehörten im 19. Jahrhundert zu den politischen Forderungen der Liberalen. Sie wurden in der oktroyierten Verfassung Preußens vom 21. Dezember 1848 und in der Frankfurter Reichsverfassung vom 28. März 1849 garantiert. Die Reichsverfassung von 1871 besaß keine entsprechenden Artikel. Nicht genehmigte Versammlungen konnten jederzeit von der Polizei aufgelöst werden.

196 *St. Marie aux Chênes* – Dorf bei St. Privat, das in der Schlacht bei Gravelotte am 18. August 1870 von der 1. Gardedivision unter Generalmajor von Pape in einem verlustreichen Angriff genommen wurde.

in Substanz – Nur an hohen Festtagen wurden die Orden selbst getragen, sonst begnügte man sich mit dem Ordensband.

Düppelmedaille ... Alsen – Fontane selbst war im Dezember 1864 mit dem Düppeler Sturmkreuz und der Alsen-Militär-Medaille ausgezeichnet worden; vgl. auch Anm. zu S. 182 *Sedan oder Düppel oder der Übergang nach Alsen.*

Kriegerbundleute – Der 1873 gegründete Deutsche Kriegerbund war eine Vereinigung der Kriegervereine, die sich nach den Befreiungskriegen und nach den Kriegen 1864, 1866 und 1870/71 in allen Teilen des Reichs gebildet hatten.

Spichern – Ort bei Saarbrücken, um den mehrere Höhenzüge gelegen sind, die am 6. August 1870 in einer der ersten Schlachten des Deutsch-Französischen Krieges von den Preußen erstürmt wurden.

Pionier Klinke – Der legendäre Held des Tages von Düppel (vgl. Anm. zu S. 182 *Sedan oder Düppel oder der Übergang nach Alsen*), der den Preußen bei der Erstürmung der Schanzen im entscheidenden Augenblick durch eine Sprengung, durch die er selbst ums Leben kam, den Weg zum Sieg bereitet haben soll. Vgl. Fontanes Gedicht »Der Tag von Düppel« (Bd. 1, S. 211).

197 *Rolf Krake* – Legendäres dänisches Panzerschiff, das nach dem zwergengestaltigen dänischen Sagenkönig Rolf Krake, Sohn aus einem unbewußten Vater-Tochter-Inzest, benannt war (vgl. Fontanes Reisebericht »Roeskilde«, Kap. »VIII. Die Grabsteine«, Fußnote).

soziale Revolution – Revolution der sozialen Verhältnisse durch Umverteilung des Eigentums an Produktionsmitteln; vgl. Anm. zu S. 193 *jetzt wollen sie auch noch teilen.*

Bebel – Vgl. Anm. zu S. 23 *verbebeln.*

198 *Und ob die Welt voll Teufel wär'* – Vers aus Martin Luthers Kirchenlied »Ein' feste Burg ist unser Gott« (1528).

Welt des Abfalls – Eig. vom Christentum bzw. der reinen Lehre; vgl. 2. Thessalonicher 2,3 f. Der Begriff »Abfall« ist ein

Archaismus, der auf die Zeit der Reformation zurückweist. Wörtlich findet sich das Zitat in Christoph Martin Wielands Drama »Lady Johanna Gray« (1758; zitiert bei Lessing, 64. Literaturbrief).

198 *»Stätten«* – An denen das Christentum bzw. die reine Lehre gepflegt wird.

Brombeerstrauch ... Beeren – Vgl. Anm. zu S. 84 *vom Brombeerstrauch keine Trauben.*

pro memoria – (lat.) zum Gedächtnis.

199 *Pallasch* – Langer, schwerer Degen der Kürassiere.

18.

200 *heilige Elisabeth* – Elisabeth von Thüringen (1207–1231), Tochter des Königs Andreas II. von Ungarn und der Gertrud von Meran. Seit ihrer Verlobung mit dem elfjährigen Ludwig, Sohn des Landgrafen Hermann von Thüringen, lebte Elisabeth auf der Wartburg. 1221 wurde ihre Ehe mit Ludwig IV. geschlossen, der 1227 auf dem 5. Kreuzzug in Otranto starb. 1235 erfolgte ihre Heiligsprechung durch Gregor IX. Elisabeth, die sich als Angehörige des europäischen Hochadels den neuen religiösen Bewegungen angeschlossen hatte und deren Ideale – Demut, Nächstenliebe, Hinwendung zu den Armen – in ihrer Person verwirklichte, gehört bis heute zu den beliebtesten Heiligen. Eines der Wunder, das sie vollbracht haben soll, ist, daß sie während der großen Hungersnot von 1226 täglich 900 Menschen speiste. Als »Rosenwunder« wird eine Legende bezeichnet, die für die Ikonographie der heiligen Elisabeth besondere Bedeutung erlangt hat, obwohl sie nicht in der Lebensbeschreibung und in den großen Legendensammlungen überliefert ist. Ludwig, von seinen Ratgebern gegen Elisabeth aufgebracht, die den Verdacht der Verschwendung gegen sie erregt hatten, ertappte sie, wie sie mit einem Korb voller Brote von der Wartburg herabstieg. Auf seine Frage, was sie im Korb trage, antwortete sie ihm, es seien nur Rosen. Ludwig überzeugte sich, und er fand wirklich nichts als Rosen im Korb. Die Brote hatten sich in Rosen verwandelt.

200 *das Bild auf der Wartburg* – Die Darstellung des Rosenwunders in dem von Moritz von Schwind (1804–1871) geschaffenen Freskenzyklus zur Elisabeth-Legende in der Galerie der Wartburg.
Quaden-Hennersdorf – Fiktive Ortsbezeichnung. Ein Hennersdorf liegt zwischen Doberlug und Finsterwalde, Quaden ist mehrdeutig und leitet sich ab von niederdt. quad: schlimm, böse, zornig, oder Quad: der Kleine, Jüngste.
201 *Bauten aus der Zeit Friedrich Wilhelms I.* – Vgl. Anm. zu S. 7 *Regierungsantritt Friedrich Wilhelms I.*
Gesicht wie 'ne Eule – Vgl. Anm. zu S. 83 *Eulengesicht.*
Frau Kulicke – Ein Lehrer Kulike wird erwähnt in »Stine«, Kap. 4, ein Nachtwächter Kulicke in »Effi Briest«, Kap. 24.
202 *Watteausche Reifrockdamen auf einer Schaukel* – Jean Antoine Watteau (1684–1721), einer der Hauptvertreter der Rokokomalerei.
Großfürstin Wera – Vielleicht die Großfürstin Wera Constantinowna (1854–1936), Tochter des Großfürsten Konstantin von Rußland. Prinz Wilhelm, der spätere König Wilhelm I. von Württemberg, und seine Frau, Großfürstin Olga, Tochter des Zaren Nikolaus I., hatten sie 1863 an Kindes Statt angenommen. 1874 heiratete sie Herzog Wilhelm Eugen von Württemberg.
Antwerpen – Während seines Besuchs in der Stadt vom 17. bis 19. April 1852 besichtigte Fontane auch die Kathedrale, in der er Rubens' Gemälde (vgl. Anm. zu S. 179 *Rubensschen Kreuzabnahme*) sah.
Flamänderinnen – Flamländerinnen, Fläminnen, Motiv der Malerei Rubens'.
Bilderbogen – Die von Gustav Kühn (1794–1868) in Ruppin herausgegebenen Neuruppiner Bilderbogen, kolorierte Einblattdrucke, auf denen in einfachen Darstellungen Tagesereignisse kolportiert wurden (vgl. »Wanderungen«, Bd. 1, Kap. »Gustav Kühn«, S. 131–133).
203 *Knaus* – Ludwig Knaus (1820–1910), Berliner Genremaler.
204 *Elfriede, die hoffentlich nicht Kulicke heißt* – Durch ihren Vornamen (urspr. altengl., zusammengesetzt aus aelf, »Elf,

Elfe«, und thryth, »Kraft, Stärke«) erhält die Figur etwas Geheimnisvolles, Märchenhaftes, eine Beziehung zum Reich der Elementarwesen. Eine der Kurzformen des Namens ist Effi. Elfriede ist auch der Name der Hauptfigur des Schauspiels »Aschenbrödel« (1867) von Roderich Julius Benedix, in dem die Geschichte eines Mädchens erzählt wird, über dessen Herkunft zunächst nichts bekannt ist, das sich schließlich aber als eine Gräfin erweist.

204 *auf dem ›toten Mann‹* – Die Gegend um Teupitz, die Fontane in seinem Wanderungskapitel »Eine Pfingstfahrt in den Teltow« (Bd. 4, S. 259–268) als ausgesprochen karg beschreibt. Der Höhenzug um Teupitz heißt »der Brand«, das darauf gelegene Wirtshaus »Der Tote Mann«.

Tuchler Heide – Die Tucheler Heide (Bóry Tucholskie) ist ein ausgedehntes, von Seen, Mooren und Wäldern durchzogenes Heideland in dem von Kaschuben bewohnten Grenzland Westpreußens.

›*du bist in den Skat gelegt*‹ – (ugs.) du bist überflüssig, im Abseits, aus dem Rennen. Beim Skatspiel werden zwei Karten ausgesondert, d. h. in den Skat gelegt.

Unglücklich sind immer bloß die Halben – Halbheit ist eine charakteristische Eigenschaft mehrerer Figuren Fontanes. In »Effi Briest« sagt Sidonie von Grasenabb in Anspielung auf Offenbarung 3,15 f. über Pastor Lindequist: »[…] er ist ein Halber, einer von denen, die verworfen sind, weil sie lau sind.« (Kap. 14) Vgl. auch Ebbas Worte über Holk (»Unwiederbringlich«, Kap. 18 und 30).

205 *Amsterdam … Scheveningen … Gent … Brügge* – Von den genannten Städten hat Fontane auf seiner Reise nach London im April 1852 nur Gent kennengelernt; vgl. seinen Artikel »Eine Kunstausstellung in Gent« und das Tagebuch, 20. und 21. April 1852.

Hans Memling – Niederländischer Maler (um 1433–1494), den Fontane schätzte. Zu seinen bekanntesten Werken gehört der Reliquienschrein der heiligen Ursula von 1487 (Brügge, Johannishospital). Über eine geplante Reise nach Brügge, die aber nicht zustande kam, schrieb Fontane am

30. September 1894 an seine Tochter Martha: »ich hoffe, daß wir bis Brügge kommen, wegen Memmling«; vgl. auch den Brief an Emilie Zöllner vom 18. August 1885.

205 *faule Grete* – Riesengeschütz, das Friedrich I. (vgl. Anm. zu S. 120 *Burggraf*) Anfang des 15. Jahrhunderts einsetzte. Fontane hatte 1852 in Gent ein ähnliches Geschütz, die »Tolle Grete«, gesehen (Tagebuch, 20. und 21. April 1852).
Cabaret – (frz.) Kaffeebrett, Speisenplatte.

206 ›*Fortiter in re, suaviter in modo*‹ – (lat.) Stark in der Sache, milde in der Form. Ausspruch, den der Jesuitengeneral Claudio Acquaviva (1543–1615) geprägt haben soll.
tropft er den Leuten Gift ins Ohr – Vgl. Shakespeare, »Hamlet« (1600/01; I,5): »Und träufelt' in den Eingang meines Ohrs / Das schwärende Getränk.«

208 *Torfinspektor Etzelius* – Vielleicht Anspielung auf Attila (Etzel). Vgl. Pastor Eccelius in »Unterm Birnbaum« und den Spitznamen Van der Straatens in »L'Adultera«.

209 *Sponholz* – Einen Dr. Julius Sponholz (1817–1897), Amtsarzt in Dobbertin und Verfasser einer Schrift über das Mineralbad in Goldberg, hatte Fontane im August 1870 während seines Besuchs im Kloster Dobbertin kennengelernt.
Stinten – Stint (Osmerus eperlanus), auch Alander, ein kleiner Speisefisch. Das Wort »Stint« wurde in der Umgangssprache des 19. Jahrhunderts auch als Bezeichnung für etwas nicht ganz Ernstzunehmendes verwendet, z. B. in Wendungen wie »verliebt wie ein Stint« (unmäßig verliebt) und »sich freuen (ärgern) wie ein Stint«.

210 *Heideläufertochter* – Erinnert an das Gemälde »Heideprinzeßchen« von Fritz von Uhde (1889; Nationalgalerie Berlin).

19.

211 *das mit dem Mammon und dem goldnen Kalb* – Vgl. 2. Mose 32 und Matthäus 6,24.
General von der Marwitz auf Friedersdorf – Friedrich August Ludwig von der Marwitz (1777–1837). In seinen Memoiren

hatte er geschrieben: »Ich hätte nun eigentlich den Abschied nehmen sollen. Noch mehr als diese Zurücksetzung [bei der Beförderung] trieb meine Neigung mich zum ruhigen Landleben. Allein das schlechteste aller Motive, das Geld, vermochte mich, noch länger in der Sklaverei zu bleiben.« (Bd. 1, S. 587)

212 *Kladderadatsch* – Pech, Pleite, Unglück, Kalamität; ursprünglich Interjektion bei einem heftigen Sturz. »Kladderadatsch« nannte sich auch ein bekanntes humoristisches Wochenblatt, das von 1848 bis 1944 in Berlin erschien.

gute Leute ... Aber schlechte Musikanten – Menschen, denen man nichts Schlechtes nachsagen kann, die aber nicht zu brauchen sind, weil sie von der Sache, um die es geht, nichts verstehen, hier: weil sie politisch nicht zuverlässig sind. Die Redensart geht auf Clemens Brentanos Lustspiel »Ponce de Leon« (1804; V,2) zurück und wurde später vielfach aufgegriffen, zum Beispiel von E. T. A. Hoffmann (»Seltsame Leiden eines Theaterdirektors«) und Heinrich Heine (»Ideen. Das Buch Le Grand«).

213 *mehr Kose oder mehr Leger* – mhd. kose: Gerede; niederdt. leger: schlechter.

214 *Galopin* – (frz.) Laufbursche, Ordonnanz.

Scheiterhaufenmann – Anspielung auf den sog. »Scheiterhaufen-Brief«, den Adolf Stoecker (vgl. Anm. zu S. 33 *Stöckers Auftreten und seine Mission*) am 14. August 1888 an Wilhelm von Hammerstein (1838–1904), den Chefredakteur der »Kreuzzeitung«, geschickt hatte und der, nachdem er 1895 im sozialdemokratischen »Vorwärts« abgedruckt worden war, Aufsehen erregt hatte. Es heißt darin: »Man muß also rings um das politische Zentrum resp. das Kartell Scheiterhaufen anzünden und sie hell auflodern lassen, den herrschenden Opportunismus in die Flammen werfen und dadurch die Lage beleuchten.«

comme il faut – (frz.) mustergültig, wie er sein soll.

216 *Dagmar und Thyra* – Töchter des Königs Christian IX. von Dänemark; vgl. Anm. zu S. 253 *Prinzessin von Wales ... Dagmar und Thyra*.

216 *Inez* – Ines de Castro, Geliebte des Infanten Dom Pedro von Portugal, die ihm vier Kinder gebar. Da König Alfons IV. eine andere Heirat des Infanten wünschte, wurde Ines 1355 ermordet. Nach dem Tod Alfons' IV. 1357 leistete der Thronfolger einen Schwur, daß Ines seine angetraute Gattin gewesen sei, und ließ sie in der königlichen Gruft beisetzen. Camões (vgl. Anm. zu S. 185 *Mit einem großen C fängt er an*) hat die Liebesgeschichte in seinen »Lusiadas« dargestellt.
Maud – Charlotte Mary Victoria (1869–1938), Prinzessin von Großbritannien und Irland, Tochter von Edward VII. und Alexandra (vgl. Anm. zu S. 253 *Prinzessin von Wales ... Dagmar und Thyra*), verheiratet 1896 mit Prinz Carl von Dänemark (1872–1957), dem späteren Haakon VII. von Norwegen (seit 1905).
Arabella – Arabella Stuart (1575–1615), Tochter von Charles Stuart. Sie war als Enkeltochter von König Henry VII. nach der Königin Elizabeth die zweite Prätendentin auf den Thron von England und Schottland. Arabella Howard heißt die Mutter des Grafen Petöfy (Kap. 16).
Rebekka – Die Ehefrau Isaaks und Mutter von Esau und Jakob, dem Stammvater des Volkes Israel (1. Mose 24–27).
»Zum Prinzregenten« – Restaurant in Rheinsberg.
Wahlmänner – Die Wahlen der Abgeordneten zum Abgeordnetenhaus des Preußischen Landtages erfolgten durch Wahlmänner (je einer auf 250 Mann), die in Urwahlbezirken mittels öffentlicher Stimmabgabe gewählt wurden. Als Urwähler zugelassen waren nur Männer, die 24 Jahre alt waren, die bürgerlichen Rechte besaßen, seit sechs Monaten in der Gemeinde wohnten und keine Armenunterstützung empfingen. Nach ihrem Steueraufkommen waren die Urwähler in drei Klassen unterteilt (»Dreiklassenwahlrecht«).
Zühlen – Dorf südwestlich von Rheinsberg.
Storbeck – Dorf nordwestlich von Neuruppin.
Peerenboom – (niederld.) Birnbaum.

217 *Haupteigenschaft eines ... in Batavia geborenen holländisch-javanischen Kaffeehändlers* – Reichtum. Batavia (heute Jakarta), die Hauptstadt von Indonesien, an der Westküste Javas

gelegen, war die bedeutendste Handelsstadt des gesamten Archipels. Zu den wichtigsten Exportgütern gehörte der Kaffee, der in Batavia auf großen Auktionen verkauft wurde. Seit dem 17. Jahrhundert war Indonesien niederländische Kolonie.

218 *Allasch ... Chartreuse* – Liköre. Allasch ist ein süßer Kümmellikör, der seinen Namen einem Gut in der Nähe von Riga verdankt, wo er traditionell hergestellt wurde. Chartreuse (frz.: Kartause) hieß ein Kräuterlikör aus der Grande Chartreuse bei Grenoble.

Molchow – Dorf und See nördlich von Neuruppin.

Krangen – Dorf nördlich von Neuruppin, Nachbardorf von Molchow.

Gnewkow – Gnewikow heißt ein am östlichen Ufer des Ruppiner Sees gelegenes Dorf.

Beetz – Dorf nördlich von Kremmen.

Pasquille niedriger hängen zu lassen – Anspielung auf eine Anekdote, derzufolge Friedrich II. angesichts eines Menschenauflaufes um eine am Stadtschloß zu Berlin angebrachte Schmähschrift über ihn selbst gesagt haben soll: »Hängt es doch niedriger, damit die Leute sich nicht den Hals ausrenken müssen!«

Herz des Prinzen – Prinz August Wilhelm (1722–1758), jüngerer Bruder Friedrichs II. und älterer des Prinzen Heinrich. Sein Leichnam soll im Berliner Dom beigesetzt worden sein, während sich sein Herz in einer Urne im Prinz-Heinrich-Obelisken (vgl. Anm. zu S. 221 *Prinz Heinrich-Obelisken*) befinden soll, was Fontane bezweifelt (vgl. »Wanderungen«, Bd. 3, Kap. »Schloß Oranienburg. Die Zeit des Prinzen August Wilhelm, von 1744 bis 1758«, S. 155 f.).

219 *Pyramide* – Grabmal des Prinzen Heinrich (vgl. Anm. zu S. 5 *Rheinsberg*).

Sesostris – Gemeint ist Ramses II. (1290–1224 v. Chr.). In »Fünf Schlösser« gibt Fontane den Bericht des Prinzen Friedrich Karl über seine Orientreise wieder, in dem es unter anderem heißt: »Schweigend war der Prinz vor den Mumien seines Lieblingshelden in der Geschichte der Ägypter, des Königs Sesostris, stehengeblieben, den die Denkmäler unter dem Namen Ramses II. kennen und preisen. Er ist der Zeitgenosse Moses, denn seine Tochter war es, die das Moseskind aus dem Schilfdickicht aufnahm. Einst durchhallte sein Ruhm die ganze Welt.« (»Wanderungen«, Bd. 5, Abschnitt »Dreilinden«, Kap. 8, S. 376)

219 *Bismarcken ... Amerikanerin* – Quelle der Anekdote nicht ermittelt.

220 *Granito* – Gekörntes Fruchteis.

Quattrocentisten – Die Renaissancemaler (ital. quattrocento: 15. Jahrhundert).

221 *Tod, wo ist dein Stachel, Hölle, wo ist dein Sieg?* – 1. Korinther 15,55.

des Philosophen von Sanssouci – Vgl. Anm. zu S. 10 »*comme philosophe*«.

»*c'est le premier pas qui coute*« – (frz. [...] coûte) der erste Schritt (der Anfang) ist schwer.

Prinz Heinrich-Obelisken – Monument, das Prinz Heinrich 1891 auf der dem Rheinsberger Schloß gegenüberliegenden Seite des Sees für seinen Bruder August Wilhelm (vgl. Anm. zu S. 218 *Herz des Prinzen*) errichten ließ. In seiner 1877 in der Zeitschrift »Die Gegenwart« erschienenen Rezension der von Leo Graf Henckel von Donnersmarck herausgegebenen »Briefe der Brüder Friedrichs des Großen an meine Großeltern« bezeichnet Fontane den Obelisken als »Demonstrationsmonument« des Prinzen Heinrich gegen seinen inzwischen verstorbenen Bruder, Friedrich II., denn der Obelisk diente nicht nur der Würdigung des in Ungnade gefallenen Prinzen August Wilhelm, sondern erinnerte durch Inschriften in französischer Sprache auch an preußische Feldherren, deren Verdienste von der offiziellen Historiographie nicht gewürdigt worden waren.

222 *Etappenfranzösisch* – Kauderwelsch, wie es während des Deutsch-Französischen Krieges in der Etappe gesprochen wurde.

Feilenhauer – Die Berufsbezeichnung leitet sich aus einem Arbeitsschritt bei der Produktion der Feilen her, dem sog. Hauen, bei dem die Zähne der Feilen durch Meißelhiebe gegen die gleichmäßig eingeschnittene Oberfläche der Rohlinge gebildet werden.

222 *Torgelow* – Dorf im Kreis Ueckermünde im preußischen Regierungsbezirk Stettin, heute Stadt in Mecklenburg-Vorpommern.
Drechslergeselle – Anspielung auf August Bebel (vgl. Anm. zu S. 23 *verbebeln*), der von Beruf Drechsler war.
Söderkopp – (niederdt.) Hitzkopf, Siedekopf.
zusammengejobbert – Durch Spekulationsgeschäfte zusammengebracht, nach engl. Jobber: Börsenspekulant; bei Fontane überhaupt: geldgieriger Geschäftemacher.
der Fortschritt ist ... die ›Vorfrucht‹ ... der ›Vater‹ der Sozialdemokratie – Vgl. Bismarcks Reichstagsrede vom 9. Oktober 1878: »Der Fortschritt ist, um landwirthschaftlich zu sprechen, eine sehr gute Vorfrucht (Heiterkeit.) für den Socialismus als Bodenbereiter, er gedeiht danach vorzüglich.« (Reden, Bd. 7, S. 282)

223 *Kraatz* – Dorf südwestlich von Gransee.
Erst frondierte Fritz gegen seinen Vater – Der Konflikt mit seinem Vater, König Friedrich Wilhelm I., war für die Jugendjahre Friedrichs II. prägend. Sein Fluchtversuch wurde von Friedrich Wilhelm I. als Desertion gewertet, für die Hans Hermann von Katte (1704–1730), der den Prinzen unterstützt hatte, zum Tode verurteilt wurde. Am 6. November 1730 wurde er in Küstrin hingerichtet, Friedrich wurde gezwungen, der Enthauptung von einem Fenster aus zuzusehen. »Mit diesen beiden Tagen, dem heiteren 18. Juni [Tag von Fehrbellin, vgl. Anm. zu S. 69 *Fehrbellin*] und dem finsteren 6. November, beginnt unsere Großgeschichte. Aber der 6. November ist der größere Tag, denn er veranschaulicht in erschütternder Weise jene *moralische* Kraft, aus der dieses Land, dieses gleich sehr zu hassende und zu liebende Preußen, erwuchs.« (»Wanderungen«, Bd. 2, Kap. »Die Katte-Tragödie«, S. 299)
dann frondierte Heinrich gegen seinen Bruder – Der auf Schloß Rheinsberg residierende Prinz Heinrich versammelte einen Kreis von Personen um sich, die mit dem Regi-

ment Friedrichs II. unzufrieden waren; vgl. Anm. zu S. 221
Prinz Heinrich-Obelisken.

223 *zuletzt frondierte … Prinz August … gegen die Moral* – Prinz
August von Preußen (1779 – 1843), der während seiner Gefangenschaft in Frankreich ein Verhältnis mit Julie Récamier
(1777–1849), der Gattin eines Pariser Bankiers, hatte. Prinz
August bewohnte Rheinsberg von 1813 bis 1843.

224 *Fels der Kirche* – Petrus; vgl. Matthäus 16,18.

elftausend Jungfrauen – Märtyrerinnen, die nach der Legende
der heiligen Ursula im Jahr 452 in Köln von den Hunnen umgebracht wurden.

20.

224 *Freisinnigen* – Vgl. Anm. zu S. 166 *liberal.*

Chablis – Weißer Burgunder (nach dem Anbaugebiet).

225 *Domänenpächter* – Pächter eines land- oder forstwirtschaftlich genutzten Gutes, das dem Landesherrn gehört.

Gros d'Armee – (frz.) Hauptteil des Heeres.

Rektor Thormeyer – Ein Lehrer gleichen Namens (1765–1837)
war während Fontanes Gymnasialzeit Rektor des Neuruppiner Gymnasiums. In den »Wanderungen« schrieb Fontane
über ihn: »Er war eine Kolossalfigur mit Löwenkopf und
Löwenstimme, lauter Schreckensattribute, die dadurch nicht
an Macht verloren, daß man sich schaudernd erzählte, ›er sei
überhaupt nur von Stendal nach Ruppin versetzt worden,
weil er sich an ersterem Ort an seinem Ephorus hart vergriffen habe‹. […] Ein Donnerer in den Klassen, erwies er
sich als ›devotest ersterbend‹ jeder vorgesetzten Behörde gegenüber, diese mochte sein, was und wie sie wollte.« (Bd. 1,
Kap. »Civibus aevi futuri«, S. 192 f.)

Tannhäusermarsches – Marsch zu Beginn der 4. Szene des
2. Aktes von Richard Wagners Oper »Tannhäuser« (1845),
Einmarsch zum Sängerkrieg auf der Wartburg mit dem Chor
der Ritter und Edlen »Freudig begrüßen wir die edle Halle«.

Herr von Alten-Friesack – Nach dem am südlichen Ausgang
des Ruppiner Sees gelegenen Ort. Der 1857 bei Altfriesack

gefundene Wendengötze (heute Staatliche Museen zu Berlin – Preußischer Kulturbesitz, Museum für Vor- und Frühgeschichte) hat Fontane offenbar bei der Beschreibung des Edlen Herrn inspiriert.

226 *Präbendenkreuz* – Abzeichen der Mitglieder eines Domkapitels, die Inhaber einer Pfründe (Präbende) waren.
veau en tortue – (frz.) Kalbfleisch auf Schildkrötenart.

227 »*Heil dir im Siegerkranz*« – 1793 von Balthasar Gerhard Schumacher (1755 – nach 1801) durch geringfügige Änderung des patriotischen Liedes des dänischen Pfarrers Heinrich Harries (1762–1802) auf König Christian VII. von Dänemark (1790) geschaffene preußische Königs- und Kaiserhymne, Nationalhymne 1871–1918, die auf die Melodie der englischen Nationalhymne (von Henry Carey, gest. 1743) gesungen wurde: »Heil dir im Siegerkranz, / Herrscher des Vaterlands! / Heil, Kaiser, dir! / Fühl in des Thrones Glanz / Die hohe Wonne ganz, / Liebling des Volks zu sein! / Heil, Kaiser, dir!«

'*ne Hinrichtung* – In seinem Brief vom 30. Mai 1893 an Georg Friedlaender schreibt Fontane: »Die Treutler-Geschichte ist erschütternd. Aber wie die bei dem Gregy-Mord betheiligte Madam auf dem Schaffot sagte: ›ja, meine Herrn, *das kommt davon.*‹ Pardon, es war nicht die Gregy-Madam, sondern ein andres altes dickes Weib, die, *aus Liebe zu ihrem Lehrling*, den sie heirathen wollte, ihren Ehemann (in der Biersuppe) mit Arsenik vergiftet hatte.« Nach einem Bericht in »Didaskalia«, Nr. 216 vom 5. August 1864, wurden am 29. Juli 1864 in Moabit die 49jährige Johanna Karoline Knothe und der 28jährige Maurergeselle Johann Friedrich Steinmann hingerichtet, die gemeinsam den Ehemann der Frau Knothe vergiftet hatten. Wegen eines starken Kropfes mußte der Block für die Knothe speziell präpariert werden.

228 *Fortschritt* – Vgl. Anm. zu S. 191 *Fortschrittler*.
Abstimmungsmaschine – Eine mechanische Abstimmungsapparatur. Gemeint ist wahrscheinlich die Institution der allgemeinen, gleichen, direkten Wahl der Abgeordneten des Reichstages.

228 *das große Haus mit den vier Ecktürmen* – Das Reichstagsgebäude auf dem Königsplatz (heute Platz der Republik) in Berlin, 1884 – 1894 von Paul Wallot (1841 – 1912) errichtet.

229 »*ohne Geld hört die Gemütlichkeit auf*« – Ursprünglich lautet die Redensart, die 1847 von dem Bankier und Politiker David Hansemann (1790 – 1864) geprägt wurde: »Bei Geldfragen hört die Gemütlichkeit auf.«

die Franzosen als die ›glorreich Besiegten‹ – Im ersten Band seines Werks »Der Krieg gegen Frankreich 1870 – 1871« zitiert Fontane den Herzog von Persigny, der der Meinung Ausdruck gab: »[…] daß unsere *Soldaten* nicht aus der Art ihrer glorreichen Väter geschlagen waren, und daß, was auch immer gesagt und wiederholt worden ist, *unsere Armee eben so gut und eben so vortrefflich war*, wie irgend eine jener, die in vergangenen Zeiten die halbe Welt eroberten, und daß, wäre nicht das Verhängniß gewesen, welches es wollte, daß sie einzeln überrumpelt wurde, ehe sie im Stande war, sich zu concentriren, dieselbe leicht die Wunder von Jena und Auerstädt wiederholt haben würde.« (Fußnote zur Einleitung, Kap. »Die Französische Armee«)

230 *Zentrum* – Die am 13. Dezember 1870 von den katholischen Abgeordneten des Preußischen Landtages gegründete Zentrumspartei (Z), ein Zusammenschluß katholischer, föderalistischer Kräfte, die sich der Gründung eines deutschen Einheitsstaates unter preußischer Führung widersetzten und während des Kulturkampfes in scharfer Opposition zu Bismarck und zum Liberalismus standen. Später erfolgte ein Einschwenken auf die Regierungspolitik. Das Zusammengehen der klerikalen Kräfte mit der Konservativen Partei richtete sich vor allem gegen die zunehmend erstarkende Sozialdemokratie. Seit 1881 war das Zentrum die stärkste Partei im Reichstag.

Wrietzen – Wriezen: Stadt im Kreis Oberbarnim im preußischen Regierungsbezirk Potsdam.

des »Hohenfriedbergers« – Preußischer Parademarsch, den Friedrich II. im Zweiten Schlesischen Krieg nach seinem

Sieg bei Hohenfriedberg (4. Juni 1745) komponiert haben soll.
230 *der »Prager«* – Ein preußischer Militärmarsch. In der Schlacht bei Prag (vgl. Anm. zu S. 12 *Schlacht bei Prag*) fiel der preußische Generalfeldmarschall Kurt Christoph Graf von Schwerin (1684–1757).
sich ... bene zu thun – (studentenspr.) sich gütlich zu tun.
231 *Lilli ... Vetter heiraten* – Vielleicht Anspielung auf die Ehe von Heinrich Richter mit seiner Nichte Lilli Köhler, die im Briefwechsel zwischen Fontane und Friedlaender mehrfach erwähnt wird.
Hauslehrer ... Kandidat – Vgl. Anm. zu S. 125 *Kandidaten*.
Gretna Green – Südschottisches Dorf, in dem Paare ohne Wartezeit und ohne die sonst üblichen Formalitäten getraut wurden. Auch eine Zustimmung der Vormundschaft wurde nicht verlangt. Daher endeten zahlreiche Entführungsgeschichten im 19. Jahrhundert in Gretna Green. Die Eheschließungen, die auch in Preußen anerkannt waren, wurden vom Schmied des Dorfes, der zugleich Friedensrichter war, vollzogen. Seit 1856 wurden seine Rechte jedoch eingeschränkt.
232 *Purgatorium* – (lat.) Fegefeuer; vgl. 1. Korinther 3,13–15. In der katholischen Lehre das Feuer, in dem die Seelen der Verstorbenen durch eine zeitlich beschränkte Buße von ihren läßlichen Sünden gereinigt werden.
Kirchenväter – Die ältesten christlichen Theologen, deren Schriften zu den Grundlagen der christlichen Glaubenslehre gehören, wie Ambrosius, Augustinus, Gregorius, Hieronymus.
weil sich mein protestantisches Gewissen dagegen sträubt – Da Ablaß von den Bußen im Fegefeuer durch gute Werke erkauft werden konnte, auch im voraus oder für bereits Verstorbene, lehnten die Reformatoren die Lehre vom Fegefeuer ab.
wegen des Anklangs – Lat. purgare bedeutet sowohl »reinigen« als auch »sühnen«. Die medizinische Bezeichnung für abführen war »purgieren«, daher auch »Purgiermittel« (»Purgativum«) für Abführmittel.

Anmerkungen

232 *Purifikation* – Reinigung, Läuterung.
Blut sühnt – Vgl. 3. Mose 17,11.

233 *nicht satisfaktionsfähig* – Nicht standesgemäß, daher nicht zum Duell zugelassen. Bürgerliche Reserveoffiziere galten als satisfaktionsfähig.
Siam – Königreich in Hinterindien (Asien), heute Thailand. Vgl. auch die Erzählung der Witwe Hansen über den Besuch ihrer Tochter Brigitte in Siam (»Unwiederbringlich«, Kap. 11). Die Quelle für die hier dargebotene Anekdote wurde nicht ermittelt.

234 *Synod* – Vgl. Anm. zu S. 106 *Synodalplauderei*.
Virginität – Jungfräulichkeit.

235 *Igni et ferro* – (lat.) Mit Feuer und Schwert; vgl. auch Anm. zu S. 178 *Mut und Eisen*.
Teufel ... Beelzebubartiges – Die sprichwörtliche Redensart »den Teufel mit dem Beelzebub austreiben« bedeutet: etwas Schlechtes schlimmer machen; vgl. Matthäus 12,24 u. a.

236 *alle Wohlgerüche Arabiens* – »Noch immer riecht es hier nach Blut; alle Wohlgerüche Arabiens würden diese kleine Hand nicht wohlriechend machen.« (Shakespeare, »Macbeth«, 1605/06; V,I)
Annam ... Frankreich – Das Königreich Annam (auf dem Gebiet des heutigen Vietnam gelegen) stand seit 1884 unter französischem Protektorat.

237 *Nehmitzsee* – Auf halbem Wege zwischen Rheinsberg und dem Stechlin gelegen.
Dietrichs-Ofen – Am Nehmitzsee gibt es einen Flecken Dietrichswinkel.
Tuxen – Vielleicht ironisch nach lat. dux: Anführer, Held.
»Awer Tuxen ...« – (niederdt.) »Aber Tuxen, was machst du denn hier? Wenn kein Mondschein wäre, wärst du nun bereits kaputt.«
»Nei, nei, Martin ...« – (niederdt.) »Nein, nein, Martin, nicht da; pack mich lieber vorne auf den Bock.«

238 *»Joa, se seggen joa ...«* – (niederdt.) »Ja, sie sagen ja, er *will* etwas für uns tun und ist so sehr für die armen Leute. Und

dann kriegen wir ja ein Stück Kartoffelland. Und sie sagen auch, er ist klüger, als die anderen sind.« Vgl. Anm. zu S. 80 *Neulandtheorie.*

21.

239 *Dressel* – Eines der vornehmsten Berliner Weinhäuser, Unter den Linden 50, von Rudolf Dressel 1869 in den Räumen der Konditorei Spargnapani eröffnet.
Borchardt – Restaurant, Delikatessen- und Weinhandlung des Hoflieferanten F. W. Borchardt in der Französischen Straße 48, gegründet 1853.
240 *Gnadenkirche* – 1890–1895 an der Invalidenstraße zum Gedächtnis der Kaiserin Augusta errichtete Kirche, die, im Krieg in Mitleidenschaft gezogen, 1967 gesprengt wurde.
von dem Bau neuer Kirchen ... Umschwung erwartete – Auf der Gründungsveranstaltung des Berliner Evangelisch-Kirchlichen Hülfsvereins (vgl. Anm. zu S. 161 *Berlin sei so kirchenarm*) hatte Kronprinz Wilhelm zur Unterstützung der Stadtmission aufgerufen: »In den großen Volksmassen, namentlich der großen Städte, nehmen die Umsturz-Ideen immer mehr überhand. Gesetze oder Gewaltmaßregeln sind dagegen nicht ausreichend. Der wirksamste Schutz für Thron, Altar und Vaterland bestehe darin, die der Kirche entfremdeten Massen zum Christenthum und zur Kirche zurückzuführen. Dazu müsse der christlich-sociale Gedanke mehr Ausbreitung gewinnen. Durch die Verkündung und Bethätigung des Evangeliums müssen wir uns besonders der armen verwahrlosten Massen annehmen. Die Kirche ist die Macht, die hier hauptsächlich mit dauerndem Erfolge arbeiten kann und muß. Da aber die Kirche vorläufig keine ausreichende Macht in den großen Volksmassen besäße, so müßten nicht nur in Berlin, sondern in allen großen Städten Stadtmissionen und ähnliche Werke begründet und dauernd unterstützt werden.« (»Die drei ersten Kirchen der Kaiserin für Berlin«, S. 6)
241 *Malerprofessor* – Vorbild für diese Figur ist vielleicht der Berliner Maler Carl Gottfried Pfannschmidt (1819 – 1887), der

mehrere Jahre bei Cornelius studiert hatte und seit 1855 Mitglied der Berliner Akademie der Künste war. Er schuf hauptsächlich Werke mit geistlichen Themen.

241 *Peter Cornelius-Enthusiasmus* – Peter Cornelius (1783 – 1867), einer der führenden Vertreter der nazarenischen Fresko- und Monumentalmalerei. Er studierte an der Düsseldorfer Akademie, hatte während seines Aufenthalts in Rom Verbindung zu den Nazarenern, wurde 1819 von Kronprinz Ludwig nach München, gleichzeitig an die Düsseldorfer Akademie, und 1841 von Friedrich Wilhelm IV. nach Berlin berufen. Zu seinen Hauptwerken gehören »Das jüngste Gericht« (Fresko in der Münchener Ludwigskirche, 1836–1839) und die Kartons für die geplanten, aber nicht ausgeführten Fresken der Grabkapelle (Camposanto) der Hohenzollern im Berliner Dom, darunter »Die apokalyptischen Reiter« (ehemals Staatliche Museen zu Berlin, seit 1945 verschollen). In seinem Nachruf in der »Neuen Preußischen (Kreuz-)Zeitung« Nr. 56 vom 7. März 1867 schrieb Fontane: »Wem ständen die ›Apokalyptischen Reiter‹ nicht vor Augen? Wessen Herz hätten sie nicht erschüttert?«

Tubabläser – Posaunenbläser hat Cornelius auf seinen Cartons mehrfach dargestellt, etwa in einer für den Camposanto bestimmten Lünette, in der das Erscheinen Gottvaters mit den vier apokalyptischen Tieren zu sehen ist.

Effronterie – Unverschämtheit, Frechheit.

König Friedrich Wilhelm IV. – Vgl. Anm. zu S. 9 *Regierungsantritt Friedrich Wilhelms IV.*

Zeit des Abfalls – Vgl. Anm. zu S. 198 *Welt des Abfalls.*

zu den dreien ... heutzutage noch ein vierter – Bereits Albrecht Dürer hatte 1598 auf seinem berühmten Holzschnitt der apokalyptischen Reiter (vgl. Offenbarung 6,1 – 8) vier Figuren dargestellt, drei als gewaltig daherrasende Ritter, mit Bogen, Schwert und Waage ausgerüstet, den vierten als dürren Tod mit einem Dreizack, auf einem ausgemergelten Pferd hinter ihnen herzottelnd, langsamer, näher dem Erdboden, während die drei andern hoch in der Luft einherjagen. Bei Cornelius stürmen die vier Reiter nebeneinander daher, drei davon wie auf dem Bild von Dürer mit Bogen, Waage und Schwert, der vierte, mit mächtigem Schwung in die Diagonale des Bildes hineinstürzend und mit einer Sense weit ausholend.

242 *Böcklinsche Meerfrau mit dem Fischleib* – Ein mehrfach von dem Schweizer Maler Arnold Böcklin (1827–1901) dargestelltes Motiv, etwa in dem Gemälde »Meeresstille« (1887, heute im Kunstmuseum Bern), das hier wohl gemeint ist. Vgl. auch »Es ist nicht nötig ...«, S. 471–473.

an den Zelten – Beliebtes Berliner Lokal, an der Straße »In den Zelten« gelegen, die sich parallel zur Spree am nördlichen Rand des Tiergartens hinzog. 1745 in einem einfachen Leinenzelt begründet, war das Restaurant im Lauf der Jahre auf mehrere Zelte ausgedehnt, schließlich durch massive Bauten ersetzt worden. Die Zelte befanden sich etwa an der Stelle, wo heute das Haus der Kulturen der Welt steht.

Bellevue – Zum Schloß Bellevue, in dessen Nähe sich der Bahnhof Bellevue der Berliner Stadtbahn befand. Die Berliner Stadtbahn verkehrte zwischen dem Schlesischen Bahnhof und Charlottenburg und hatte 1896 elf Bahnhöfe und Haltestellen, darunter Friedrichstraße und Alexanderplatz.

243 *Patriarchen* – Die Stammväter der Menschheit im Alten Testament: Abraham, Isaak, Jakob.

Pharisäer – Eine Gruppe orthodoxer Schriftgelehrter im Neuen Testament, denen Jesus Heuchelei, angemaßten Hochmut und Selbstgerechtigkeit vorwarf; vgl. Matthäus 23 u. a.

244 *zu den Reichsunmittelbaren* – Reichsunmittelbar waren im Heiligen Römischen Reich deutscher Nation Personen, Städte oder Herrschaften, die direkt dem Kaiser und dem Reich unterstanden. Zahlreiche Reichsunmittelbare verloren ihre Unabhängigkeit in der in großem Maßstab durchgeführten Mediatisierung durch den Reichsdeputationsrezeß von 1803 und nach der Gründung des Rheinbundes 1806.

›*Gottesgnadenschaft*‹ – Legitimationsformel, mit der Vertreter des höheren Klerus und weltliche Fürsten ihre Souveränität begründeten. Wilhelm II. betonte mehrfach: »[...]

daß Wir Uns als von Gott eingesetzt betrachten [...]« (Reden, Bd. 1, S. 101)

245 *Bildnis des »hohen Chefs« des Regiments* – Vgl. Anm. zu S. 22 ›*Königin von Großbritannien und Irland*‹.

Trompete ... Stabstrompeter Wollhaupt – In seinem Buch »Der Krieg gegen Frankreich 1870–1871« gibt Fontane einen Augenzeugenbericht über den Tod des Trompeters der Garde-Dragoner wieder: »[...] unsern braven Stabstrompeter riß eine Granate in Stücke, nachdem er dicht vor den feindlichen Bajonetten das ›Marsch, marsch‹ hell und rein wie auf dem Tempelhofer Felde in die Luft geschmettert hatte [...]« (Bd. 1, Kap. »Die Schlacht bei Vionville. Der Kampf gegen das 3. Corps Leboeuf und das 4. Corps L'Admirault bis zur Cavallerie-Attake Barby. Linker Flügel; 4 bis 7 Uhr.«)

seines Obersten – Adalbert von Auerswald (1822–1870), Kommandeur des 1. Garde-Dragoner-Regiments (vgl. ebenda).

von Grumbach – Im Entwurf zunächst von Grumbkow, wie der Finanzminister und Berater Friedrich Wilhelms I. (Manuskriptkonvolut im Stadtmuseum Berlin, Kap. 21, Vorders. Bl. 16).

Sendens – Wortspiel mit dem Namen der Familie von Senden, deren Angehörige traditionell im 1. Garde-Dragoner-Regiment Königin von Großbritannien und Irland dienten. Anfang der 1890er Jahre standen drei Freiherren von Senden gleichzeitig als Leutnants bei diesem Regiment: Max, Werner und Carl Otto von Senden.

Trakehnen – Dorf im ostpreußischen Regierungsbezirk Gumbinnen (Jasnaja Poljana), bekannt vor allem durch das in der Nähe gelegene gleichnamige Gestüt, das 1732 von Friedrich Wilhelm I. durch die Zusammenführung der zerstreut in Litauen gelegenen Pferdezuchten gegründet worden war.

ajustiert – Vgl. Anm. zu S. 94 »*Sichadjustieren*«.

Windsor – Schloß Windsor bei London, die Residenz der Könige von Großbritannien.

246 *kennt seine Pappenheimer* – Redensart nach Schillers Drama »Wallensteins Tod« (1799): »Daran erkenn' ich meine Pappenheimer.« (III,15)

247 *in Südrußland* – Im Manuskriptkonvolut im Stadtmuseum Berlin zusätzlich die Angabe »bei Wutki« (Kap. 21, Vorders. Bl. 17).
Amendement – (frz.) Änderung, Zusatz.
Parlament – Houses of Parliament, eine der berühmtesten Sehenswürdigkeiten Londons. Im Tagebuch vom 23. April 1852 vermerkte Fontane seinen Besuch: »Die Parlamentshäuser; kein Zutritt.«
Oxford, Cambridge – Über die beiden traditionsreichsten und angesehensten Universitäten Großbritanniens hielt Fontane am 7. März 1860 einen Vortrag in Arnims Hotel in Berlin. Er hatte Oxford vom 10. bis 13. August 1856 besucht.
Gladstone – William Ewart Gladstone (1809–1898), langjähriger Premierminister Großbritanniens.
248 *Old-Wapping* – Londoner Hafenviertel.
Querstraße von Oxford-Street – Gemeint ist vermutlich Charing Cross Road (vgl. Anm. zu S. 276 *Charing Croß-Hotel*).
Chinese – Ein Chinese ist die Projektionsgestalt des Schreckenerregenden und Erotisch-Unheimlichen in Fontanes Roman »Effi Briest«.

22.

250 *Militärattaché* – Offizier, der der Botschaft eines Landes in einem fremden Staat angehört und dessen Aufgabe es ist, die militärpolitischen Verhältnisse des Landes einzuschätzen. Der Rang eines Militärattachés kann zwischen Hauptmann und General schwanken.
Steeple Chase – Hindernisrennen (eig. »Kirchturmrennen«); Galopprennen über mindestens 3000 m.
Russel ... Cavendish – Alte englische Adelsfamilien. Die Russells waren Herzöge von Bedford, die Cavendishs von Devonshire (vgl. Anm. zu S. 142 *Devonshire*). Ruth (Ruth 1–4) zieht nach dem Tod ihres Mannes mit ihrer Schwiegermutter Naemi nach Bethlehem, wo sie Boas heiratet. König David ist ihr Enkel aus dieser Ehe. Ruth heißt auch die Tochter Obadja Hornbostels, in die sich Lehnert Menz verliebt (»Quitt«).

250 *Emin* – Der deutsche Arzt und Afrikaforscher Eduard Schnitzler (1840–1892), der sich 1865 in türkische Dienste begab und den Namen Emin Pascha annahm, 1875 in ägyptische Dienste trat, von 1878 bis 1889 Gouverneur der Äquatorialprovinz war, erforschte Arabien und Uganda sowie seit 1890 das ostafrikanische Seengebiet. 1892 wurde er in Zentralafrika ermordet.

›*Erhörung kam nicht geschritten*‹ – Nach dem Gedicht August von Platens (1796–1835) »Oft, wenn wir lang im Dunkel schweifen« (1820), in dem es in der letzten Strophe heißt: »Zwar kommt Erhörung oft geschritten / Mit ihrer himmlischen Gewalt, / Doch dann erst hört sie unsre Bitten / Wenn unsre Bitten lang verhallt.«

›*Czako*‹ – Vgl. Anm. zu S. 15 *Czako*.

das Slavische drin – Poln. czekac, bulg. czakam: warten.

251 *Winterpalais* – Zarenpalast in St. Petersburg.

was von Astrachan – etwas Asiatisches. Astrachan an der Wolga war bekannt für seinen Kaviar. »Diese schwarzen Körner, was sind sie anders, als ein Vortrab aus dem Osten, als eine Avantgarde der großen slavischen Welt. Sendboten von der Wolga her; Astrachan rückt ein in dieses alte Land Lebus. Ein tiefsinniges Symbol dieses alles!« (»Vor dem Sturm«, Bd. 1, Kap. 14)

was von Colchester – Die Stadt im ostenglischen Essex ist bekannt für ihre Austernzucht.

an der Majorsecke scheitern – Den Rang eines Majors nicht erreichen.

Derfflinger – Georg Freiherr von Derfflinger (1606–1695), brandenburgischer Feldmarschall, seit 1654 im Dienst des Großen Kurfürsten, an den Kämpfen gegen die Schweden beteiligt. Über seine Jugend heißt es in den »Wanderungen«: »›Er wuchs auf in Gottesfurcht und Redlichkeit, und sein Vater, um niemanden zu beschweren, ließ ihn Schneider werden.‹ So berichtet Pauli in seinem ›Leben großer Helden‹, und aller entrüsteten Gelehrsamkeit zum Trotz ist es im Herzen des Volkes dabei geblieben.« (Bd. 2, Kap. »Der alte Derfflinger«, S. 197)

252 *Blücher* – Gebhard Leberecht von Blücher (1742 –1819), Feldherr der Befreiungskriege, der als »Marschall Vorwärts« in die preußischen Annalen eingegangen ist. In den »Vaterländischen Reiterbildern« (»Wanderungen«, Bd. 6, S. 473 bis 482) berichtet Fontane, daß Blücher, aus einfachen Verhältnissen stammend, zum Landwirt bestimmt war und daß er sich der Spielleidenschaft ergeben hat.

›*Jeu*‹ *er* – Spieler.

Wrangel … verwegenes Spiel mit ›*mir und mich*‹ – Gemeint ist die im Berliner Idiom zu beobachtende Vertauschung von »mir« und »mich«, eine auch für die Redeweise Wrangels charakteristische Besonderheit, wie in zahlreichen Anekdoten überliefert; vgl. Anm. zu S. 70 ›*Vater Wrangel*‹.

›*Denk' Er nur immer, daß Er hunderttausend Mann hinter sich hat*‹ – Fontane zitiert diesen Ausspruch Friedrichs II. in einer anderen Version auch in seinen »Wanderungen« (Bd. 4, Kap. »Freiherr von Canitz«, S. 205). Die Anekdote hat auch im Preußischen Landtag eine Rolle gespielt, und zwar auf den Sitzungen vom 3. März 1863 und vom 7. April 1865. Im Zusammenhang mit der Erhebung der preußischen Gesandten in England und Frankreich zu Botschaftern war eine höhere Budgetierung notwendig geworden, da die Botschafter ihrer Repräsentationspflicht nachkommen mußten (Bismarck, Reden, Bd. 2, S. 141 f. und 336). Friedrich soll einem Gesandten auf seine Beschwerde, daß er nicht genug Geld habe, um zu Hofe zu fahren, geantwortet haben: »dann gehe Er zu Fuß und sage, daß Er eine Armee von 200 000 Mann hinter sich habe« (S. 141).

Venus – Die Göttin der Schönheit und Liebe soll nach Hesiod aus dem Schaum des Meeres geboren und an der Küste Zyperns an Land gestiegen sein, daher ihr Beiname »Anadyomene«: die aus dem Meer Auftauchende.

Hero … Leander – Nach der griechischen Sage durchschwamm Leander Nacht für Nacht den Hellespont, um bei seiner Geliebten Hero sein zu können. Dabei orientierte er sich an einer Fackel, die Hero für ihn anzündete. Als das Licht in einer stürmischen Nacht erlosch, ertrank Leander.

ANMERKUNGEN 637

252 *verwechselte Schillerstelle* – Friedrich Schiller hat die Sage von Hero und Leander in einer Ballade (1801) bearbeitet.
253 *Prinzessin von Wales … Dagmar und Thyra* – Töchter Christians IX. von Dänemark (1818–1906, König seit 1863). Alexandra (1844–1925) war seit 1863 mit dem Prinzen von Wales, dem späteren König Edward VII. (1841–1910, König seit 1901), verheiratet. Dagmar (1847–1928) war seit 1866 mit Alexander III. verheiratet und trug als Zarin den Namen Maria Fjodorowna. Thyra (1853–1933) war seit 1878 mit Ernst August von Cumberland (1845–1925), Sohn König Georgs V. von Hannover, verheiratet.
   Corpus juris – (lat.) Gesetzessammlung. Ähnlich war es Fontane bei seinem Apothekerexamen ergangen; vgl. »Von Zwanzig bis Dreißig«, Abschnitt »Fritz, Fritz, die Brücke kommt«, Kap. 3.
254 *Westminster* – Westminster Abbey, Krönungskirche und Grablege der englischen Könige in London und Pantheon der berühmtesten Persönlichkeiten der britischen Geschichte, gotischer Bau aus dem 13./14. Jahrhundert, die Krönungskapelle stammt aus dem 15. Jahrhundert (vgl. auch »Von Zwanzig bis Dreißig«, Abschnitt »Bei ›Kaiser Franz‹«, Kap. 2, und »Ein Sommer in London«, Kap. »The Poets' Corner«).
   Richmond-Hill – Hügel im Stadtbezirk Richmond im Südwesten Londons mit einem berühmten, bei schönem Wetter bis Windsor reichenden Blick über das Themsetal; vgl. »Ein Sommer in London«, Kap. »Richmond«, sowie die Anm. zu S. 276 *Richmond*.
   Werbekneipen – Von einem Besuch in einer der Kneipen in der Charles Street berichtet Fontane in seinem Artikel »Eine Stunde unter den Werbern« (1858).
   ›*Straßen-Raffael*‹ – Vgl. »Ein Sommer in London«, Kap. »Tavistock-Square und der Straßen-Gudin«.
255 *Sixtina* – Sixtinische Madonna (1512/13), berühmtes Gemälde von Raffaelo Sanzio (1483–1520), 1753/54 von August III. von Sachsen erworben, heute in der Dresdner Galerie Alte Meister. Das Gemälde ist im Auftrag von Papst Julius II. für die Klosterkirche San Sisto in Piacenza entstanden, deren

Titelheiliger, der Papst Sixtus II., im Bild als Vermittler zwischen der auf Wolken schwebenden Madonna und dem Betrachter dargestellt ist.

255 *Ruysdael* – Es gab zwei niederländische Maler dieses Namens, Salomon van Ruysdael (um 1600/03–1670) und dessen Neffen Jacob van Ruysdael (1628–1682).
Hobbema – Meindert Hobbema (1638–1709), holländischer Landschaftsmaler, Schüler von Jacob van Ruysdael.
Die Klippe von Dover – Ein solches Bild beschreibt Fontane in »Ein Sommer in London« mit folgenden Worten: »[...] die Dover-Bucht bei Mondschein. Dunkelblau lag sie da, ein heller Lichtstreif lief drüber hin, von rechts und links aber sprangen die Schatten dunkler Klippen und diese selber dann weit in's Meer hinein. Ich war ganz Bewundrung [...]« (Kap. »Tavistock-Square und der Straßen-Gudin«)
Hampton-Court – Südwestlich von London gelegener Palast, erbaut 1415–1420 als Residenz des Kardinals Wolsey (1475 bis 1530). Nachdem Wolsey bei Henry VIII. in Ungnade gefallen war, da er seine Zustimmung zu dessen Scheidung von Katharina von Aragón verweigert hatte, wurde er enteignet. Auf Hampton Court lebten alle späteren Frauen Henrys VIII. Hampton Court war aber auch Lieblingsaufenthalt von Elizabeth I. Der Palast ist seit 1838 für Besucher geöffnet. Von der Gemäldegalerie dieses Schlosses war Fontane nachhaltig beeindruckt; vgl. »Ein Sommer in London«, Kap. »Ein Picknick in Hampton-Court«, »Von Zwanzig bis Dreißig«, Abschnitt »Bei ›Kaiser Franz‹«, Kap. 2, sowie »Cécile«, Kap. 16.
Waltham-Abbey – In der Grafschaft Middlesex (heute Teil von Greater London) gelegene Abtei, bei der König Harold II. (um 1022–1066), der letzte angelsächsische König, bestattet worden sein soll. Der Sage nach schickte der Abt von Waltham Abbey zwei Mönche aus, um den in der Schlacht bei Hastings am 14. Oktober 1066 gefallenen König auf dem Schlachtfeld zu suchen. Da sie ihn nicht finden konnten, wurde Edith Schwanenhals, die ehemalige Geliebte des Königs, gerufen, die seinen Leichnam entdeckte. Der Stoff wurde literarisch bearbeitet u. a. durch Heinrich Heine

(»Schlachtfeld bei Hastings« im »Romanzero«). Auch Fontane hat sich mehrfach damit befaßt. In seinem Bericht über einen Besuch in Waltham Abbey schrieb er 1857: »Die Forscher streiten sich, wo Harald liegt. Die einen sagen, er liege im Dünensande bei Pevensey, bespült vom Meer. [...] Das klingt nach Wahrheit; aber die Sage spricht von Edith und von Waltham-Abtei, und die Sage hat immer recht, selbst dann noch, wenn sie unrecht hätte.«

255 *Cordelia* – Cordelia heißt die jüngste der drei Töchter in Shakespeares »König Lear« (Uraufführung 1606), die, obwohl sie sein Liebling ist, von Lear verstoßen wird, weil sie, nach ihrer Liebe zu ihrem Vater befragt, nicht, wie ihre Schwestern, heucheln will. Das ihr zugedachte Drittel seines Erbes teilt der König unter ihre beiden Schwestern auf, die, an die Macht gelangt, sofort beginnen, gegen ihren Vater zu intrigieren. Am Ende geben sie den Auftrag, Cordelia zu ermorden, deren Liebe zu ihrem Vater sich bis zum Schluß bewährt. Lear stirbt, die tote Cordelia in den Armen.

256 *Martins le Grand* – Die beeindruckende Szene des Postschlusses hatte Fontane bereits in seinem Artikel »Die Große Post (General Post Office)« (1858) beschrieben.

›*Look at it* ... ‹ – (engl.) ›Schau dir das an, liebe Armgard. Dort stand Tyburn-Gallows (die Galgen von Tyburn).‹

257 *Hansom-Cab* – Zweisitzige, zweirädrige Kutsche.

258 *Traitors-Gate* – (engl.) Verrätertor. In »Ein Sommer in London«, Kap. »Der Tower«, beschreibt Fontane diesen Eingang zum Tower; vgl. auch »James Monmouth«, Kap. 5.

Tower – Der Tower, in seinem ältesten Teil 1078 von William dem Eroberer nach der Schlacht bei Hastings errichtet, diente bis 1509 als Residenz, war danach Staatsgefängnis und Richtstätte und ist heute Museum, Arsenal und Aufbewahrungsort der Kronjuwelen; vgl. »Ein Sommer in London«, Kap. »Der Tower«.

259 *Essex* – Englischer Grafentitel seit 1139. Robert Devereux (1566–1601), Earl of Essex, Günstling der Königin Elizabeth I., Statthalter in Irland, versuchte 1601 einen Aufstand und wurde hingerichtet.

259 *Sir Walter Raleigh* – Seefahrer (um 1522–1618), gründete 1585 die erste englische Kolonie in Nordamerika. Er wurde 1603 wegen Teilnahme an einer Verschwörung zum Tode verurteilt, aber nicht hingerichtet. 1616 freigelassen, unternahm Raleigh eine Expedition nach Guyana, wo er eine spanische Stadt zerstörte. Auf Verlangen Spaniens ließ James I. daraufhin das Todesurteil vollstrecken. In seiner Ballade »Sir Walter Raleighs letzte Nacht« (1851) läßt Fontane die Hinrichtung unmittelbar auf das Todesurteil folgen. In der Nacht vor seinem Tod findet Raleigh die Inschrift »Essex« und ein Sterbekreuz ins Glas seiner Zelle eingeritzt. Essex war sein Nebenbuhler in der Gunst der Königin gewesen, und Raleigh hatte ihn beseitigt, indem er der Königin abriet, Essex zu begnadigen.
Thomas Morus – Lordkanzler und humanistischer Schriftsteller (1477–1535), wurde hingerichtet, nachdem er sich geweigert hatte, den Suprematseid zu leisten und Henry VIII. als Oberhaupt der anglikanischen Kirche anzuerkennen.
Clanhäuptlinge ... Prince Charlie – Charles Edward Stuart (1720–1788), Enkel James' II. (1633–1701, König von England und Schottland 1685–1688, in der »Glorious Revolution« abgesetzt), versuchte 1745, gestützt auf die schottischen Hochlandclans, den Anspruch der Stuarts auf den Thron gewaltsam wiederherzustellen. Der Aufstand wurde am 27. April 1746 in der Schlacht bei Culloden Moor niedergeschlagen. Prince Charlie floh, die Verschwörer wurden, soweit man ihrer habhaft werden konnte, hingerichtet (vgl. »Jenseit des Tweed«, Kap. »Culloden Moor«, sowie »Jakobitenlieder«, »Gedichte«, Bd. 1, S. 321–329).
Temple-Bar – 1680 erbautes Tor, das die Grenze zwischen Westminster und der City markierte, 1880 durch ein Denkmal ersetzt.
Lord Palmerston – Henry John Temple, Viscount Palmerston (1784–1865), gehörte zur Partei der Whigs, war 1830–1841 und 1846–1851 Außenminister, 1855–1858 und 1859–1865 Premierminister. Das Zitat findet sich in ähnlicher Form auch im Brief Fontanes an Georg Friedlaender vom 16. November 1891.

259 *koburgische Nebenpolitik* – Albert von Sachsen-Coburg-Gotha (vgl. Anm. zu S. 68 *Prince-Consort*) wurde von Palmerston bezichtigt, eine Politik zu betreiben, die nicht im Interesse Großbritanniens sei (vgl. Fontanes unechte Korrespondenz in der »Kreuzzeitung« vom 16. November 1860). Über Wilhelm II., Alberts Enkel, schrieb Fontane am 16. November 1891 an Georg Friedlaender: »[…] das Koburgsche steckt ihm tief im Geblüt.«

Krimkriegtage – 1853–1856, Krieg zwischen Rußland und der Türkei, Großbritannien und Frankreich (seit 1854) und Sardinien (seit 1855) um die Vorherrschaft im Nahen Osten, dessen wichtigster Schauplatz die auf der Halbinsel Krim gelegene Festung Sewastopol war. Rußland wurde im Frieden von Paris am 30. März 1856 zu Zugeständnissen gezwungen.

Könige … hinaufgestiegen – Charles I. (geb. 1600, König von Großbritannien seit 1625), am 30. Januar 1649 in London hingerichtet.

260 *berühmter deutscher Professor* – Friedrich Christoph Dahlmann (1785–1860). Fontane erwähnt den Ausspruch öfter.

261 *Ralph Waddington* – Im Entwurf: Ralph Robeson (?) (Manuskriptkonvolut im Stadtmuseum Berlin, Kap. 22, Vorders. Blatt 23).

Irvingianern – Vgl. Anm. zu S. 100 *Irvingianer*.

Dissenter – (engl.) Andersdenkende, Bezeichnung für die nicht der anglikanischen Kirche angehörenden protestantischen Konfessionsgemeinschaften in England.

Chapels … Tabernakels – Hier: Andachtsräume nonkonformistischer religiöser Zirkel in England.

Quäker – Die im 17. Jahrhundert von George Fox (1624 bis 1691) gegründete Society of Friends, eine auf protestantischer Tradition basierende freikirchliche Gemeinschaft, heute verbreitet vor allem in Pennsylvania und Großbritannien. Die Bezeichnung leitet sich her von engl. quake: zittern; die Angehörigen der Society sollten vor dem Herrn zittern.

23.

262 ›historische Familie‹ – Vgl. »Effi Briest«, Kap. 4: »Wir sind doch nun 'mal eine historische Familie, laß mich hinzufügen Gott sei Dank, und die Innstetten's sind es *nicht*; die Innstetten's sind bloß alt, meinetwegen Uradel, aber was heißt Uradel?«
all – (niederdt.) schon.

263 *Volksstimme, Gottesstimme* – Sprichwort nach Hesiod, »Werke und Tage«, V. 763 f.
Napoleon – Napoléon I. Bonaparte (1769–1821, Kaiser der Franzosen 1804–1814) hatte die Militärschulen in Brienne und Paris besucht und war 1785 Artillerieleutnant geworden.
zwischen Marengo und Austerlitz – Am 14. Juni 1800 schlug Napoleon die Österreicher bei Marengo, am 2. Dezember 1805 die Österreicher und die Russen bei Austerlitz, zwei der bedeutendsten Siege in den napoleonischen Kriegen.

264 *die Beefeaters* – Vgl. »Ein Sommer in London«, Kap. »Der Tower«: »Am ersten oder zweiten Thore gewahrt man eine Art Wachtlokal, vor dem ein halbes Dutzend seltsam gekleideter Gestalten auf und ab patrouilliren und gähnend in die Morgensonne blicken: es sind die Towerwächter in ihrem mittelalterlichen Trabantencostüm. Vordem hießen sie ›Yeomen‹; die große Masse Rindfleisch indeß, die sie in der königlichen Vorhalle zu vertilgen pflegten, wenn sie Dienst im Schlosse hatten, zog ihnen den Namen ›Beefeater‹ (Rindfleischesser) zu, eine Bezeichnung, die ihnen – und ihren wohlgenährten Gestalten nach mit vollem Recht – bis auf den heutigen Tag geblieben ist.« Die Bezeichnung wurde später auf alle Engländer ausgeweitet.
Kardinal – In »Graf Petöfy«, Kap. 6, wird der Giacomo Antonelli (1806–1876), Kardinal-Staatssekretär unter Pius IX., zugeschriebene Ausspruch etwas abweichend zitiert: »Ich mag kein Volk, das vierzig Sekten und *eine* Sauce hat.« Vgl. auch »Wanderungen«, Bd. 4, Kap. »Gabriel Lukas Woltersdorf«, S. 154, und »Überlieferung«, S. 531.
England ... schwärmte – Auch Fontane war zeitlebens ein Englandschwärmer.

265 *Kult vor dem goldenen Kalbe* – Vgl. »Ein Sommer in London«, Kap. »Das goldne Kalb«: »Spekulation, Rennen und Jagen nach Geld, Hochmuth, wenn es erjagt ist, und Verehrung vor dem, der es erjagt hat, der ganze Kultus des goldnen Kalbes ist die große Krankheit des englischen Volkes.« Vgl. Anm. zu S. 211 *das mit dem Mammon und dem goldnen Kalb.*
Jobber – Vgl. Anm. zu S. 222 *zusammengejobbert.*
sie sagen ›Christus‹ und meinen Kattun – Mit dem Begriff »Kattun-Christentum« verbindet Fontane seine Kritik an einer Missionspolitik, die vor allem auf Unterwerfung und Ausbeutung der Kolonien abzielt. In seinem satirischen Gedicht »Britannia an ihren Sohn John Bull« schreibt er: »Daß die Meere dir gehören, / Brauch ich dir nicht erst zu schwören, / Aber auch die Terrafirmen / Mußt du Christi willn beschirmen, / Christi willn und cottons wegen, / Our Navy gibt den Segen.« (Bd. 1, S. 67) In seinem Gedicht »Arm oder reich« gibt Fontane seinem Wunsch Ausdruck, daß »Das Kattun-Christentum aus der Welt verschwände« (Bd. 1, S. 70).
Nikolaus – Vgl. Anm. zu S. 50 *Nikolaus.*
seine Uniform … Garnisonskirche – In der Potsdamer Garnisonkirche, die als Ruhestätte Friedrich Wilhelms I. und Friedrichs II. eine besondere Bedeutung als preußisches Nationalsymbol erlangt hatte, wurden im 19. Jahrhundert die in den verschiedenen Kriegen eroberten Fahnen und Standarten ausgestellt. An das Bündnis Preußens mit Rußland und Österreich während der Befreiungskriege gegen Napoleon erinnerte von 1816 bis zur Neugestaltung der Kirche im Jahr 1898 eine marmorverkleidete Nische auf der unteren Empore hinter der Kanzel mit den Wappen der drei Staaten, vor der sich drei Zedernholzschreine mit den Uniformen des 1. preußischen Garde-Regiments zu Fuß, des Kaiser-Alexander-Garde-Grenadier-Regiments Nr. 1 und des Kaiser-Franz-Garde-Grenadier-Regiments Nr. 2 befanden. Als 1826 die Trauerfeier für Alexander I. in der Garnisonkirche stattfand, wurde hier die Uniform, die der Zar als Chef des Kaiser-Alexander-Garde-Grenadier-Regiments getragen hatte, feierlich ausgestellt. Über die Uniform des Zaren Nikolaus I.

heißt es im Tagesbefehl Friedrich Wilhelms IV. zum 23. April 1855: »Am 20. 4. 1855 begibt sich eine Deputation des 6. Kürassierregiments [...] von Brandenburg nach Berlin, um daselbst im Schloß um 10 Uhr morgens die Uniform, welche des verewigten Kaisers Nicolaus Majestät dem Regiment als ein ehrendes Andenken bestimmt hat, von Mir entgegen zu nehmen. Die Deputation überbringt die Uniform nach Brandenburg und wird sie dort dem zu versammelnden Regiment übergeben [...] Darauf wird die Uniform nach dem Dom gebracht, wo sie bis zu der am 23. 4. 1855 statthabenden Gedächtnisfeier verbleibt. Nach Beendigung derselben wird sie durch das Regiment nach der Paulinen-Kirche, als derzeitigen Garnisonkirche von Brandenburg, gebracht und hier in einem Behältnis aufbewahrt, zu welchem der jedesmalige Kommandeur des 6. Kürassierregiments (Kaiser Nikolaus I. von Rußland) einen Schlüssel führen, ein anderer aber in der Sakristei verwahrt werden soll.« (Priesdorff, Bd. 4, S. 378, Nr. 1355)

265 *Krückstock ... Dreimaster ... Taschentuch* – Charakteristische Ausstattungsstücke, die zur Erscheinung Friedrichs II. gehörten. Als Dreimaster oder Dreispitz wurde sein dreieckiger Hut bezeichnet.

Tabatiere – Nicht ermittelt.

'ne letzte Zuflucht – Eine eiserne Reserve, die zu Geld gemacht werden kann.

266 *Prinzeß Karl* – Marie von Sachsen-Weimar (1808–1877), Frau des Prinzen Karl von Preußen (1801–1883).

Baron Krech – Ein Baron Krech war nicht zu ermitteln. Adolf Krech (1803–1869) hieß ein Berliner Schuldirektor.

malte ... Figuren in den Sand – Mehrfach finden sich im Romanwerk Fontanes vergleichbare Passagen, oft vor zentralen Höhepunkten (»Ellernklipp«, Kap. 12; »Graf Petöfy«, Kap. 30; »Unterm Birnbaum«, Kap. 18; »Stine«, Kap. 15). Zugrunde liegt vielleicht Johannes 8,6.

267 *Enzianstauden* – Der im Hochgebirge beheimatete Enzian wird als Heilpflanze gegen verschiedene Magenerkrankungen und Blutarmut, aber auch für den Liebeszauber verwendet.

267 »*Geih man vorupp ...*« – (niederdt.) »Geh nur weiter, Agnes; er tut dir nichts.«

Agnes – In dem Namen, der auf griech. hagnos: heilig, rein, zurückgeht, ist wohl weniger eine Anspielung auf die heilige Agnes zu sehen, die ihre Keuschheit sogar bewahrt, als sie nackt in ein Freudenhaus gebracht wird, indem sie sich in ihre langen Locken hüllt wie in einen Mantel, und vor der selbst die Flammen des Scheiterhaufens zurückweichen, als eine Reminiszenz an Agnes, die Frau des Markgrafen Waldemar. Als 1348 der falsche Waldemar auftaucht, wird seine lange Abwesenheit dadurch erklärt, daß er sich auf eine Pilgerfahrt begeben habe, weil seine Ehe gesetzwidrig sei, denn Agnes und Waldemar waren miteinander verwandt. Vgl. auch »Es ist nicht nötig ...«, S. 469f.

»*Jott, jnädiger Herr ...*« – (niederdt.) »Gott, gnädiger Herr, wenn Sie dabei sind, dann wird er ja wohl nicht.«

»*Ne, he will joa nich*« – (niederdt.) »Nein, er will ja nicht.«

»*Joa, se seggt so ...*« – (niederdt.) »Ja, sie sagt es so. Aber er sagt, er war es nicht.«

268 »*Dat hebb ick ehr ook all seggt ...*« – (niederdt.) »Das hab ich ihr auch schon gesagt. Und Karline weiß es auch nicht so recht und lacht bloß immer. Und sie braucht ihn auch nicht.«

»*Joa; man kann et binah seggen ...*« – (niederdt.) »Ja; man kann es beinahe sagen. Sie plättet immer. Alle solche plätten immer. Ich war auch diesen Sommer mit Agnes (sie heißt Agnes) in Berlin, und da waren wir ja zusammen im Zirkus. Und Karline war ganz fidel.«

»*Joa, det is se ...*« – (niederdt.) »Ja, das ist sie. Und ist auch ein gutes Kind; sie weint gleich und ist immer so patschlich mit ihren kleinen Händen. Solche sind immer so.«

24.

268 *Cujacius* – Name wohl in Anlehnung an den französischen Juristen Jacques de Cujas, latinisiert Cujacius (1522–1590), der in der »Harzreise« (1824) von Heinrich Heine und in den

»Glücksrittern« (Kap. 1, »Suppius und Klarinett«) von Joseph von Eichendorff in humorvoller Weise erwähnt wird.
268 *Dr. Pusch* – (schles.) Pusch: Wald.
269 *Skarbina* – Franz Skarbina (1849–1910), Berliner Impressionist und Mitbegründer der Secession, der in den 1890er Jahren regelmäßig auf der Kunstausstellung vertreten war.

Gaslaternen im Nebel – Eine Stimmung, wie sie mehrfach auf Gemälden Skarbinas dargestellt ist.

Hotelkorridor ... Damenstiefelchen – Das Gemälde wurde nicht ermittelt.

fürs Japanische ... Kranich – Für einen japanischen Bettschirm, »schwarz und goldene Vögel darauf, alle mit einem langen Kranichschnabel«, schwärmt Effi Briest (Kap. 4). Vgl. auch »Mathilde Möhring«, Kap. 11.

Storch – Anzüglichkeiten wurden in der Konversation gemieden, insbesondere alles, was mit Zeugung und Geburt zu tun hat.

270 *mit den Briefen bei Hofe* – Leberecht von Kotze (1850–1920), Zeremonienmeister des Kaisers, war 1893 beschuldigt worden, Verfasser anonymer Briefe zu sein, in denen Mitglieder der Hofgesellschaft kompromittiert worden waren. Er wurde vor ein Militärgericht gestellt, das Verfahren erwies jedoch seine Unschuld (vgl. Fontanes Brief an Paula Schlenther-Conrad vom 12. April 1895). Die »Vossische Zeitung« kritisierte am 30. Juni 1894 in einem Bericht über den Fall das Militärgerichtswesen. An Friedrich Stephany schrieb Fontane am 2. Juli 1894: »Die Details sind mir ganz gleichgültig – Liebesgeschichten, in ihrer schauderösen Ähnlichkeit, haben was Langweiliges –, aber der Gesellschaftszustand, das Sittenbildliche, das versteckt und gefährlich Politische, das diese Dinge haben, das (speziell hier) beständig an die Verschwörung Grenzende, *das* ist es, was mich so sehr daran interessiert.« Der Skandal zog ein Duell mit tödlichem Ausgang nach sich.

272 *Haberfeldtreiben* – Oberbayerischer Brauch. Maskierte Burschen, die »Haberer«, zogen nachts vor das Haus dessen, der gegen Herkommen und Sitte verstoßen hatte, um dort zu lär-

men und allerhand Unfug zu treiben und den Verstoß zu rügen, meist scherzhaft.

272 *Fehme* – Heimliches Gericht, das über todeswürdige Verbrechen urteilte, wenn diese nicht von der offiziellen Gerichtsbarkeit verfolgt wurden. Das geheimnisvolle Zusammentreten der Freischöffen zur nächtlichen Beratung und ihr unerbittlicher Richterspruch werden in Kleists Schauspiel »Das Käthchen von Heilbronn« (1810) und in Goethes »Götz von Berlichingen mit der eisernen Hand« (1773) als furchterregend dargestellt. In Alexis' »Der falsche Woldemar« wird Mathilde von Nordheim von den Freischöffen gerichtet.

bloß wegen dieser Scene – Die Szene »In einem finstern engen Gewölbe« im 5. Akt, in der das heimliche Gericht zusammentritt, um über Adelheid von Weislingen zu richten.

Poppe – Die Schauspielerin Rosa Poppe (1867 –1940), die von 1889 bis 1915 am Königlichen Schauspielhaus in Berlin wirkte.

schwarze Mann ... im Urtext – Der Rächer, der vom Femegericht den Auftrag erhält, das Urteil zu vollstrecken, und Adelheid von Weislingen nach verzweifelter Gegenwehr ersticht. Die in der Urfassung »Geschichte Gottfriedens von Berlichingen dramatisiert« von 1771 enthaltene Hinrichtungsszene wurde von Goethe in der Fassung »Götz von Berlichingen mit der eisernen Hand« von 1773 gestrichen, in die Bühnenbearbeitung von 1804 aber wieder aufgenommen.

das große Messer muß wieder stecken im Baum – Hatten die Freischöffen einen der Feme Verfallenen hingerichtet, wurde ein Messer in einen Baum gesteckt (vgl. »Wanderungen«, Bd. 4, Kap. »Werneuchen«, S. 211).

273 *Quatremains* – (frz.) Klavierstück zu vier Händen.

»goldener Rücksichtslosigkeiten« – Zitat aus Theodor Storms Gedicht »Für meine Söhne« (1853), dessen zweite Strophe lautet: »Blüte edelsten Gemütes / Ist die Rücksicht; doch zuzeiten / Sind erfrischend wie Gewitter / Goldne Rücksichtslosigkeiten.«

Au contraire – (frz.) Im Gegenteil.

273 *pour moi en particulier et pour les étrangers en général* – (frz.) für mich im besonderen und für Ausländer im allgemeinen.

274 *Vanitas vanitatum* – (lat.) Eitelkeit der Eitelkeiten, sprichwörtlich nach Prediger Salomo 1,2 und 12,8.
Schildhalter – Figuren, die in der Heraldik die Wappen halten, oft sog. »wilde Männer«.
Medisance – (frz. médisance) Verleumdung, Lästerei, Schmährede.

275 *Borsig … Stephenson* – Johann Karl Friedrich August Borsig (1804–1878) gründete 1837 in Berlin vor dem Oranienburger Tor eine Fabrik, in der u. a. Lokomotiven hergestellt wurden. Die erste betriebsfähige Lokomotive war 1814 von George Stephenson (1781–1848) gebaut worden. Aus der von ihm 1824 in Newcastle errichteten Maschinenbauanstalt stammten die ersten Eisenbahnen, die in England, auf dem europäischen Kontinent und in Amerika eingesetzt wurden.
Rudolf Hertzog – (1815–1894) Inhaber eines 1839 gegründeten Textilwarengeschäftes mit Filialen in der Berliner Breiten Straße 12 und 14–16 sowie in der Brüderstraße 27–29.
Herzog Rudolf – Es hat mehrere berühmte Herzöge dieses Namens gegeben, Rudolf von Burgund (König von Frankreich 923–936), Rudolf IV. (1339–1365, Herzog von Österreich seit 1358), Rudolf, Erzherzog und Kronprinz von Österreich (1858–1889).
Pfefferküchler Hildebrand – Theodor Hildebrand & Sohn, eine Berliner Konditorei und Süßwarenfabrik in der Pankstraße mit mehreren Geschäften und Betriebsteilen in der Spandauer Str. 47/48, Leipziger Straße 100, Potsdamer Straße 22 b, ferner in der Kurfürsten-, Charlotten- und Berliner Straße.
Papst Hildebrand – Gregor VII. (um 1020–1085, Papst seit 1073), der vor seiner Wahl zum Papst Hildebrand hieß.
Speziffisch in Berlin bloß die Madamm – Vgl. den Brief Fontanes an Moritz Lazarus vom 8. Juli 1889: »Welche inferiore Rolle spielt die ›Berliner Madamm‹, nicht einmal unsre reichen Jüdinnen können sich […] neben ihren Kolleginnen aus Odessa, Petersburg, Wilna, Lodz etc. behaupten.«

275 *Helikon* – Gebirgszug in Griechenland, Sitz der Musen.
Libanon ... Ceder – Die Schönheit der Zedern im Gebirge Libanon ist eine oft benutzte Metapher im Alten Testament.
276 *rien du tout* – (frz.) nichts von allem, überhaupt nichts.
Divorçons – (frz.: Lassen wir uns scheiden) Titel eines Stücks (1880) von Victorien Sardou (1831–1908). Im Manuskriptkonvolut im Stadtmuseum Berlin (Kap. 21, Vorders. Bl. 18) steht »Ehescheidung« statt »Divorçons«.
Charing Croß-Hotel – 1864 eröffnetes Hotel in der Nähe des Trafalgar Square. Charing Cross ist die Stelle, wo das letzte der zwölf Kreuze stand, die Edward I. 1290 am Trauerweg für seine verstorbene Frau nach Westminster aufstellen ließ.
Richmond – Stadtbezirk im Südwesten Londons und gleichnamiges Schloß, das 1501 von Henry VII. errichtet wurde. In Richmond Palace lebte Henry VIII., bevor er nach Hampton Court Palace umzog. Hier starb Elizabeth I.; vgl. auch Anm. zu S. 254 *Richmond-Hill*.
Windsor – Vgl. Anm. zu S. 245 *Windsor*.
Nelsonsäule – Zur Erinnerung an Admiral Horatio Viscount Nelson (1758 – 1805) auf dem Trafalgar Square errichtet; vgl. »Ein Sommer in London«, Kap. »Die öffentlichen Denkmäler«. Nelson hatte in der Seeschlacht von Trafalgar am 21. Oktober 1805 die französisch-spanische Flotte vernichtend geschlagen und damit Großbritannien die Vorherrschaft zur See gesichert.

25.

279 *in England seien die Frauen überhaupt schön* – Diesen Ausspruch hat Fontane in seinem ersten Reisebrief aus Kopenhagen (1865) Julius Rodenberg zugeschrieben: »In allen Ländern *gibt* es schöne Frauen; die *englischen* Frauen *sind* schön.«
280 *Kondescenz* – (eig. Kondeszendenz) Herablassung.
Schule der Präraffaeliten – 1848 von Dante Gabriel Rossetti (1828 – 1882), William Holman Hunt (1827 – 1910) und John Everett Millais (1829 – 1896) gegründete Vereinigung englischer Maler (Pre-Raphaelite Brotherhood), die sich auf die

Tradition der Frührenaissance, die Zeit vor Raffael, beriefen, ein sorgfältiges Naturstudium forderten, nach neuen Ausdrucksmöglichkeiten in Farbgebung und Komposition suchten und gegen unreflektierte Nachahmung auftraten. Vgl. »Aus Manchester«, »Zehnter Brief. Die Präraffaeliten« (1857).

281 *Millais* – Einer der Hauptvertreter der Schule der Präraffaeliten; vgl. die vorhergehende Anm.

Millet – Der französische Maler und Graphiker Jean-François Millet (1814–1875), dessen Gemälde »L'Angélus du soir«, auch »Das Abendgebet« genannt (1858/59; heute in Paris, Musée d'Orsay), 1889 zum sensationellen Preis von 110 000 Dollar von James Sutton, dem Präsidenten der American Art Association, erworben wurde.

282 *Das ist der Fluch der bösen That* – Cujacius verzichtet darauf, das Zitat aus Schillers »Die Piccolomini« (Uraufführung 1799; V,1): »Das eben ist der Fluch der bösen Tat, / Daß sie, fortzeugend, immer Böses muß gebären«, vollständig auszusprechen, weil Wörter wie »zeugen« und »gebären« in der Konversation als unschicklich galten.

William Turner – Der englische Maler und Graphiker Joseph Mallord William Turner (1775–1851), die »hervorragendst[e] Erscheinung unter den englischen Landschaftsmalern dieses Jahrhunderts« (»Aus Manchester«, »Neunter Brief. Die Landschaftsmaler: Wilson, Stanfield, Turner«; 1857). Vgl. auch »Zwanzig Tunersche Landschaften in Marlborough-House« (1857).

›*drei Männer im feurigen Ofen*‹ – »Shadrach, Meshach and Abednego in the Burning Fiery Furnace«, erstmals ausgestellt 1832, heute Tate Gallery, London. Das in der Malerei oft dargestellte Motiv geht zurück auf Daniel 3. Drei Männer, die sich geweigert haben, das goldene Bild Nebukadnezars anzubeten, werden zur Strafe in einen glühenden Ofen geworfen, überstehen das Martyrium durch Gottes Hilfe aber unbeschadet.

Mundus vult decipi – (lat.) Die Welt will betrogen sein.

Koloristen – Maler, bei denen die Bedeutung der gegenständlichen Darstellung hinter die Arbeit mit den Ausdrucksmöglichkeiten der Farben zurücktritt. Höhepunkt des Kolorismus ist der Impressionismus. Fontane stand dieser Richtung kritisch gegenüber. »Die bildenden Künste führen ihren Namen nicht umsonst; die Malerei soll sich nicht von aller Form trennen, soll nicht in bloße […] Farbenakkorde verklingen wollen, und wenn sie's *doch* tut, so gebiert sich daraus zuletzt […] eine Art Farbenwahnsinn, eine Hasardierlust, ein halb bewußtes, halb unbewußtes Nachtwandlertum, das zuletzt nicht ohne Einfluß bleibt auf den Menschen selbst.« (Nachruf »Eduard Hildebrand«; 1868)

282 *nicht parceque, sondern quoique* – (frz.) nicht weil, sondern obwohl.

283 *viel Feind', viel Ehr'* – Ausspruch Frundsbergs; vgl. Anm. zu S. 20 *Frundsbergzeit.*

›*Hier stehe ich*‹ – Vgl. Anm. zu S. 60 ›*Hier steh'ich, ich kann nicht anders*‹.

Töchter Albions – Engländerinnen.

›*Sir Isumbras*‹ – Das Bild »Sir Isumbras at the Ford«, auch »A Dream of the Past« (1857), heute in »The Lady Lever Art Gallery«, Port Sunlight bei Liverpool, auf dem der alte Isumbras mit seinen beiden Kindern auf dem Rücken eines Pferdes vor einer Wasserfläche dargestellt ist. Der Stoff geht auf die mittelalterliche englische Romanze »Sir Isumbras« zurück, eine Adaption der Eustachius-Legende.

Tizian – Tiziano Vecellio (um 1477–1576), einer der Hauptvertreter der venezianischen Renaissance.

284 *Radmantel … Kalabreser* – Charakteristische Kleidungsstücke, mit denen sich Künstler ausstatteten. Ein Radmantel ist ein Mantel von kreisförmigem Zuschnitt, ein Kalabreser ein ursprünglich aus Kalabrien stammender breitkrempiger, nach oben spitz zulaufender Filzhut.

Giotto – Giotto di Bondone (1266–1337), florentinischer Maler und Architekt.

Giottinos – Diminutivum von Giotto, gemeint sind die unbedeutenden Kleinkünstler.

285 *Es predigt sein Christus allerorten* – Abgewandeltes Zitat aus Goethes »Faust«, Erster Teil, Szene »Studierzimmer«: »Das

preisen die Schüler aller Orten, / Sind aber keine Weber geworden.« Vgl. Anm. zu S. 241 *Malerprofessor*.
286 *Gigerl* – Eitler Geck, Modenarr. Verwandt mit: Gockel.
Waltham-Abbey – Vgl. Anm. zu S. 255 *Waltham-Abbey*.
Mausoleum in Charlottenburg ... Potsdamer Friedenskirche – Im Mausoleum im Park von Schloß Charlottenburg wurden u. a. Friedrich Wilhelm III. und Königin Luise, Kaiser Wilhelm I. und Kaiserin Augusta beigesetzt, außerdem das Herz Friedrich Wilhelms IV., das in einer Steinkapsel aufbewahrt wird. Das Mausoleum an der Potsdamer Friedenskirche wurde für Friedrich III. errichtet (vgl. Anm. zu S. 363 *Kaiser Friedrich*), in der Gruft ist die Ruhestätte Friedrich Wilhelms IV. und seiner Frau Elisabeth.
287 *König Harald* – Vgl. Anm. zu S. 255 *Waltham-Abbey*.
Bild von Horace Vernet – Das Gemälde von Horace Vernet (1789–1863) wird mehrfach von Fontane erwähnt. In seinem Bericht »Die Londoner Kunstausstellung« (1857) schrieb er: »Es ist jetzt länger als ein Dutzend Jahre, daß ich die Edith Schwanenhals des Horace Vernet sah, und bis auf diesen Augenblick hab' ich in furchtbarer Klarheit das ganze Bild vor Augen. Ich sehe das Palisadenwerk, die Erschlagenen drüber hin, den Leichnam Harolds mit der tiefen Seitenwunde, die vorschreitenden Mönchsgestalten und vor allem Editha selbst, mit dem im Winde flatternden roten Haar und dem Auge voll versteinerndem Entsetzen.«
Col de Cygne – (frz.) Schwanenhals; vgl. Anm. zu S. 255 *Waltham-Abbey*.
288 *Kapelle Heinrichs des Siebenten* – Grabkapelle Henrys VII. (1457–1509, König von England seit 1485) in der Apsis von Westminster Abbey.
Tudors – Englische Königsfamilie, die den Thron von 1485 bis 1603 innehatte. Henry VII. war der erste Tudor auf dem Thron, Elizabeth I. die letzte.
›*Tromben*‹ – Charakteristisches Zierelement der Kapelle Henrys VII. (engl. trombone: Posaune).
der beiden feindlichen Königinnen – Elizabeth I. (1533–1603, Königin von Großbritannien seit 1558) und Maria Stuart

(1542 – 1587, Königin von Schottland 1542 – 1568). Der Prozeß gegen Maria Stuart, der u. a. vorgeworfen wurde, ihren Gatten Darnley ermordet zu haben, und das Ringen der beiden Königinnen um Macht und Leben, das mit der Hinrichtung Maria Stuarts endet, ist ein bedeutender Stoff der Weltliteratur, vgl. besonders Schillers Tragödie »Maria Stuart« (1800). Maria Stuart wird dabei meist als schön, leidenschaftlich und hinreißend gezeichnet, Elizabeth als kühl, machtbewußt und mit politischer Klugheit agierend. Fontane war fasziniert von der historischen Persönlichkeit Maria Stuarts; vgl. u. a. »Jenseit des Tweed«, Kap. »Edinburg-Castle«, »Ein Sommer in London«, Kap. »Ein Picknick in Hampton-Court«, den Romanzenzyklus »Maria Stuart« (Bd. 1, S. 119 – 126) und »Cécile«, Kap. 16.

289 *Elisabeth von Thüringen* – Vgl. Anm. zu S. 200 *heilige Elisabeth*.

Aber man erringt sich nichts. Alles ist Gnade – Die Sentenz verweist auf die Lehre von der Gnadenwahl, die ein wichtiges Element der reformierten Theologie ist.

›*die Mädchen von Dahomey*‹ – Zu den Kuriositäten, die im Passage-Panoptikum in der Kaiser-Galerie zwischen den Linden und der Friedrichstraße gezeigt wurden, gehörte eine Gruppe bewaffneter Mädchen aus Dahomey (Staat in Westafrika, heute Benin). Die Garde des Fürsten dieses Landes soll aus 5 000 Mädchen bestanden haben.

26.

291 *alea jacta est* – (lat.) Der Würfel ist gefallen. Diesen Satz soll Caesar gesagt haben, als er den Entschluß gefaßt hatte, mit seinem Heer den Rubikon, Grenzfluß seiner Provinz, zu überschreiten, denn dieser Schritt war eine Kriegserklärung an die Römische Republik.

am dritten Oktober morgens – Am 3. Oktober war das Telegramm eingetroffen, das Gespräch wurde am darauffolgenden Morgen geführt.

291 *Post-Stephan* – Heinrich von Stephan (1831–1897), Generalpostmeister und Begründer des Weltpostwesens, auch der »Post-Bismarck« genannt.
Reichshaus – Reichstag.
Kroll – Am Königsplatz, in unmittelbarer Nähe des Reichstags gelegenes Vergnügungsetablissement, die sog. »Kroll-Oper«, 1844 von Joseph Kroll (1797–1849) eröffnet, seit 1896 Neues Königliches Opernhaus.

292 ›*Du glaubst zu schieben und Du wirst geschoben.*‹ – Worte Mephistopheles' aus Goethes »Faust« (Erster Teil, Szene »Walpurgisnacht«, V. 4116 f.): »Der ganze Strudel strebt nach oben; / Du glaubst zu schieben und du wirst geschoben.«
Spandau – Festung bei Berlin, im 19. Jahrhundert Staatsgefängnis.
Stuart – Schottisches Adelsgeschlecht, das seit 1371 die schottische und von 1603 bis 1688 auch die Krone von Großbritannien und Irland innehatte.
Wasa – Schwedisches Adelsgeschlecht, das 1523–1654 die schwedische und 1587–1668 die polnische Krone innehatte.
einen von uns – Zusammenhang nicht ermittelt.

293 *marchandierten nicht* – handelten, feilschten nicht.
Polonaise von Oginski – Vgl. Anm. zu S. 151 *Oginski*.

294 *on dit* – (frz.) Gerücht; wörtl.: man sagt.
Dame d'honneur – (frz.) Ehrendame.

295 *da alles schon durcheinander geht* – Im Kanton Graubünden, wo rätoromanisch, italienisch und deutsch gesprochen wird.

297 *Landstandsuniform* – Die Uniform der Ritterschaft. Vgl. »Vor dem Sturm«, Bd. 3, Kap. 1: »Er wählte […] den rothen Frackrock der kurbrandenburgischen Ritterschaft […]«

298 *Gesamtchaussure* – frz. chaussure: Schuh, Schuhwerk.
Mistelbusch – Der in England und Frankreich gepflegte Brauch, einen Mistelbusch als Haus- und Fruchtbarkeitssegen aufzuhängen, fand im 19. Jahrhundert auch in Deutschland Nachahmung. Die Verbindung des Mistelbuschs mit den Todessymbolen Glockenschlag und Hippenmann könnte darauf hinweisen, daß Fontane auch die Sage vom tötenden

Mistelzweig kannte. In der »Edda« wird berichtet, daß Balder durch einen Mistelzweig, den der blinde Hôd auf ihn warf, getötet wurde.

27.

300 *Samenkorn* – Reminiszenz an Johannes 12,24: »Es sei denn, daß das Weizenkorn in die Erde falle und ersterbe, so bleibt's allein; wo es aber erstirbt, so bringt es viele Früchte.«
Nordbahn – Die Berliner Nordbahn, eine Eisenbahnlinie von Berlin über Oranienburg, Neustrelitz und Neubrandenburg nach Stralsund, deren Bau 1871 von einer Aktiengesellschaft begonnen worden war, die aber 1874 Konkurs anmelden mußte. Der preußische Staat kaufte die Bahn 1875 und vollendete sie am 1. Januar 1878. Der Schreckensname »Mordbahn« hing damit zusammen, daß mehrere Aktionäre bei dem Unternehmen ihr Vermögen einbüßten und einige sich das Leben nahmen.
Kopenhagener Linie – Der Abzweig über Rostock-Warnemünde mit einer Fährverbindung nach Dänemark und Anschluß nach Kopenhagen.
»Apfelsinenbahn« – Weil auf der Bahnlinie der Transport der Südfrüchte von den Häfen nach Berlin erfolgte.

301 *Tunnel* – Vgl. Anm. zu S. 183 *Tunnel unter dem Meere.*
›*in einem Tage mehr gewinnen* ...‹ – »Du wirst, mein Freund, für deine Sinnen / In dieser Stunde mehr gewinnen / Als in des Jahres Einerlei.« (Goethe, »Faust«, Erster Teil, Szene »Studierzimmer« I, V. 1436 f.)

302 *mit Wilden umgehn* – Mit den Bewohnern der Kolonien.
einer ihrer Könige – Henry VIII. (1491-1547, König von England seit 1509). Er war sogar sechsmal verheiratet, nacheinander mit Katharina von Aragón (geschieden), Anna Boleyn (hingerichtet), Johanna Seymour (im Kindbett gestorben), Anna von Cleve (geschieden), Katharina Howard (hingerichtet). Seine sechste Frau, Katharina Parr, überlebte ihn.
eine Deutsche – Anna von Cleve (1515-1557).

302 *Krieg* – Die Rosenkriege (1455–1585) zwischen den Häusern York und Lancaster um die Thronfolge, in denen der alte englische Adel fast vollständig aufgerieben wurde und in deren Folge die mit den Lancasters verwandte Tudor-Dynastie den Thron bestieg und die Zentralgewalt des Königshauses festigte.

303 *fangen auch schon wieder an katholisch zu werden* – Durch die Zuwanderung aus Irland und durch Konversionen nahm der Anteil der Katholiken in England, Wales und Schottland in der zweiten Hälfte des 19. Jahrhunderts rasch zu. Während 1845 zwei Prozent der Bevölkerung Englands katholisch waren, betrug der Anteil 1891 fünf Prozent.

›*Schicksal, nimm deinen Lauf*‹ – Nach Shakespeare, »Julius Caesar« (1599; III,2).

damals geführten Prozesses – Über diesen Londoner Rechtsstreit berichtete das »Morgenblatt für gebildete Leser« vom 16. Juli 1862. Madame Rachel, die ihre Kundinnen »emaillierte«, habe die Mistreß Carnegie verklagt, die den vereinbarten Preis von 935 Pfund Sterling nicht zahlen wollte. Die Klage wurde abgewiesen, obwohl Madame Rachel beteuerte: »ich habe sie *ewig schön gemacht*«.

High life-Prozesse – Skandalprozesse aus den höchsten Gesellschaftssphären.

305 *Coventgardenmarkt* – Traditioneller Londoner Obst- und Gemüsemarkt, ursprünglich ein Klostergarten, daher der Name (»Convent garden«).

307 *Wenden* – Slawischer Volksstamm, der zur Zeit der sächsischen Ostexpansion im 10. bis 12. Jahrhundert das Land zwischen Elbe und Weichsel besiedelte. Die Slawen wurden in langen Kämpfen unterworfen, ihre Kultstätten zerstört. Ende des 19. Jahrhunderts lebten noch etwa 120 000 Sorben im Gebiet des Spreewaldes und der Lausitz. Daß die Bevölkerung Brandenburgs aus der Verschmelzung sächsischer und slawischer Bevölkerungsanteile entstand, ist eines der Lieblingsthemen Fontanes; vgl. z. B. »Wanderungen«, Bd. 3, Kap. »Die Wenden in der Mark«, S. 13–36. Auch an dem Namen Dubslav und seiner Herkunft aus einer in Pommern ange-

28.

309 *enchantiert* – entzückt.
311 *verpurrt* – (niederdt.) versperrt.
   Charpie zupfen – Leinenzeug zu Verbandsmaterial zerreißen, karitative Beschäftigung von Frauen in Kriegszeiten.
312 *zweideutig … den ich nicht nennen will* – Gundermann.
316 *Lune* – Auch Luhme: Loch im Eis.
   Blame – (frz. blâme) Tadel, Makel.

29.

317 *Putzstube* – Gute Stube, Prunk-, Staatszimmer.
318 *en vue* – (frz.) mit Blick auf.
   Lind – Vgl. Anm. zu S. 178 *schwedische Nachtigall*.
   Bild in der Nationalgalerie – Vgl. Anm. zu S. 179 *Maler … Nationalgalerie*.
319 *am Tajo* – In Portugal. Der Tejo (span. Tajo) ist der größte Fluß des Landes. Er mündet bei Lissabon in den Atlantik.
322 *Soldatenkönig* – Vgl. Anm. zu S. 7 *Regierungsantritt Friedrich Wilhelms I.*
   ›*rocher de bronce*‹ – (frz.) eherner Felsen, Bronzefelsen, Beiname Friedrich Wilhelms I.; vgl. Anm. zu S. 31 *»stabiliert« … »Stabilierung«*.
   Genie – Friedrich II., der von weiten Kreisen in Europa bewundert wurde.
   von Begeisterung durchleuchtet – Gemeint ist die Zeit der wirtschaftlichen, sozialen und Verwaltungsreformen von Stein und Hardenberg, der Militärreform durch Scharnhorst, der Gründung der Königlichen Friedrich-Wilhelms-Universität in Berlin (1809) und der Befreiungskriege (1813–1815).

323 *der ›Non soli cedo-Adler‹* – Das Wappen Preußens, das den preußischen Adler enthielt und die Umschrift »Nec (bzw. »non«) soli cedit«, den Wahlspruch Friedrich Wilhelms I. (lat.: »Er weicht der Sonne nicht«, hier jedoch in der 1. Person Singular, »cedo«). Sinnbildlich triumphiert der Adler über die Sonne, wie Friedrich Wilhelm I. am 11. September 1709 in der Schlacht von Malplaquet über Louis XIV., den Sonnenkönig.

rückläufige Bewegung – Die Restaurierungsbestrebungen Wilhelms II., der seine Herrschaft auf Adel, Militär und Kirche stützte.

das spanische Rohr – Spazierstock, charakteristisches Ausstattungsstück Friedrich Wilhelms I.

Tabakskollegium – Friedrich Wilhelm I. versammelte auf seinen Residenzen regelmäßig eine Abendgesellschaft, die sich mit Tabakrauchen und derben Späßen unterhielt.

Krückstock von Sanssouci – Vgl. Anm. zu S. 265 *Krückstock … Dreimaster … Taschentuch.*

James Watt – Schottischer Mechaniker (1736–1819), Erfinder der Dampfmaschine.

Siemens – Werner Siemens (1816–1892), Berliner Elektrotechniker, der zusammen mit J. G. Halske 1847 eine Telegraphenbaugesellschaft gründete, aus der die Siemens & Halske AG hervorging, die verschiedene Telegraphen herstellte, ausgedehnte Telegraphennetze schuf und Seekabel verlegte. Siemens erfand 1866 den Dynamo und baute 1879 die erste elektrische Eisenbahn.

du Guesclin und Bayard – Die beiden bedeutenden französischen Feldherren Bertrand du Guesclin (1320–1380) und Pierre du Terrail, Seigneur de Bayard (1476–1524), der den Beinamen »der Ritter ohne Furcht und Tadel« trug.

324 *Ich liebe … die alten Familien* – Vgl. das »Schlußwort« zu den »Wanderungen«, Bd. 4, S. 441–443, und »Es ist nicht nötig …«, S. 467–469.

30.

325 *Ludwig XVI.* – Vgl. Anm. zu S. 155 *große Revolution. Kopf ab aus Prinzipp.*

Danton – Georges Jacques Danton (geb. 1759), führender Politiker während der Französischen Revolution, der durch seine zündenden Reden den Sturz des Königtums und als Justizminister die Hinrichtung zahlreicher französischer Aristokraten im September 1792 veranlaßte. Er wurde 1794 hingerichtet.

Robespierre – Maximilien de Robespierre (geb. 1758), führender Politiker während der Französischen Revolution und einer der entschiedensten Befürworter der Hinrichtung Louis' XVI. Er wurde 1794 gestürzt und guillotiniert.

Küstriner Schloßfenster – Vgl. Anm. zu S. 223 *Erst frondierte Fritz gegen seinen Vater.*

328 *Lebuser Bischof* – Lebus, an der Oder zwischen Frankfurt und Küstrin gelegen, war 1325–1385 Bischofssitz.

Anachoreten – Frühchristliche Einsiedler.

Derfflingerschen Dragoner – Aus dem Dragoner-Regiment Derfflinger; vgl. Anm. zu S. 251 *Derfflinger.* Das Regiment kam u. a. in der Schlacht bei Fehrbellin (vgl. Anm. zu S. 69 *Fehrbellin*) zum Einsatz.

1675 – Vgl. Anm. zu S. 7 *Schwedenzeit* und zu S. 69 *Fehrbellin.*

329 *Mörner* – Bernd Joachim von Mörner, kurbrandenburgischer Oberst, der in der Schlacht bei Fehrbellin gefallen ist.

Zellin – (Zielina) Nördlich von Küstrin auf der rechten Oderseite gelegen.

330 *Bockmühle* – Älteste Form der Windmühle, auch deutsche Windmühle, bei der das ganze Haus auf einem hölzernen Bock steht und nach der Windrichtung gedreht werden kann; im Unterschied zur Turm- oder holländischen Windmühle, bei der nur der oberste Teil drehbar ist.

331 *das Herz … macht den Redner* – Nach Quintilians »Institutio oratoria«: »pectus est quod disertos facit«. Auch von Pfarrer Seidentopf, der die Predigt auf Lewins Hochzeit hält, heißt

es: »[...] es ist doch wahr, daß das Herz den Redner macht.« (»Vor dem Sturm«, Bd. 4, Kap. 28)

332 *Königgrätz* – Vgl. Anm. zu S. 94 *Lipa*.
Mars-la-Tour – Vgl. Anm. zu S. 116 *Mars la Tour*.

31.

334 *Hauptmann ... Schlacht bei Leipzig* – Könnte sich auf den in den »Wanderungen« wiedergegebenen Bericht des Leutnants Goßlar beziehen, ein junger Tambour habe in der Schlacht bei Möckern am 16. Oktober 1814, einem der Teilgefechte der Völkerschlacht bei Leipzig (vgl. Anm. zu S. 69 *Leipzig*), durch sein Trommeln den Sieg herbeigeführt (Bd. 1, Kap. »Regiment Mecklenburg-Schwerin Nr. 24«, S. 235).

335 *Benediktiner* – Ein ursprünglich im Benediktinerkloster in Fécamp (Normandie) hergestellter Kräuterlikör.
Woltersdorf – Dorf ca. 15 km nördlich von Berlin, an der Straße, die von Fürstenberg über Zehdenick nach Berlin führt.
Josty – Die Berliner Konditorei Josty & Co., die Fontane bereits als Kind mit seiner Mutter besucht hatte, war 1793 An der Stechbahn 1 (in der Nähe des Schloßplatzes) eröffnet worden, wurde 1865 an die Schleusenbrücke (Schloßfreiheit) verlegt und befand sich in den 1890er Jahren in der Bellevuestraße 21/22 (Nähe Potsdamer Platz). Josty war eines der bekanntesten Berliner Lesecafés.

336 *Rock ... Bluse* – Die um die Jahrhundertwende aufkommende Mode, die das obligatorische Kleid ablöste.
Tablette – (frz.) Täfelchen, Präsentierteller.
schlachtest Gänse – In »Meine Kinderjahre« (Kap. 9) hat Fontane ausführlich die Schrecknisse der »Gänseschlacht-Epoche« beschrieben, zu denen auch die alten Frauen gehörten, die zum Schlachten ins Haus kamen.
verurscht – verbraucht, verschwendet.

337 *Zeisig* – Eigentlich lautet die Redensart: seinem Affen Zucker geben (seinem Laster frönen).

338 *Eva ... Schlange* – Vgl. 1. Mose 3.

32.

339 *Conte* – (ital.) Graf.
340 *hautaine* – (frz.) hochmütig, stolz.
341 *Gobbo* – Figur in Shakespeares Drama »Der Kaufmann von Venedig« (1596/97), der Vater von Lanzelot Gobbo, ein armer alter Mann.
343 *hors concours* – (frz.) außer Konkurrenz.
344 *sei ruhig, freundlich Element* – Mit diesen Worten bannt Mephistopheles das Feuer in der Szene »Auerbachs Keller in Leipzig« (Goethe, »Faust«, Erster Teil, V. 2300).

33.

344 *Frommel* – Vgl. Anm. zu S. 146 *Frommel*.
Garnisonkirche – 1701–1703 an der Wallstraße (heute Littenstraße) beim Spandauer Tor errichtet, zweimal nach Zerstörungen wiederaufgebaut, 1943 ausgebrannt, 1960/61 abgerissen. In der Kirche hingen fünf allegorische Gemälde hervorragender preußischer Militärs von Christian Bernhard Rode (1725–1782), darunter Darstellungen Schwerins und Zietens. Im Grabgewölbe waren mehrere Schwerins beigesetzt.
345 *unter den Carbonaris* – Carbonari (Köhler) nannten sich die Mitglieder eines italienischen Geheimbundes, der 1806 zur Zeit der französischen Herrschaft in Neapel gegründet wurde und sich über ganz Italien ausdehnte. Die Carbonari setzten sich für die Unabhängigkeit Italiens ein.
346 *en petit comité* – (frz.) in kleiner Runde.
Baron von Planta – Vgl. Anm. zu S. 144 *von Planta*.
Szilagy – In der Handschrift zunächst Leutnant v. Scheliha (Manuskriptkonvolut im Stadtmuseum Berlin, Kap. 35, Rücks. Bl. 11), auf dem Umschlag zum Konvolut, das die Bezeichnung »18.«, später »28. Kapitel« trägt, hat Fontane mit Blaustift festgehalten: »Statt Scheliha Baron Schellenberg so daß zwei Barone auftreten: Baron Planta (vielleicht einen andern Schweizer namen nehmen) und Baron Schellenberg.« (Kap. 34, Umschlag)

347 *Hotel de Brandebourg* – Hotel in der Charlottenstraße 59 (Ecke Mohrenstraße) am Gendarmenmarkt. Karl Friedrich Krause kaufte das um 1781 errichtete palaisartige Gebäude im Jahr 1799, eröffnete zunächst ein Kaffeehaus, später ein Hotel, das in der ersten Hälfte des 19. Jahrhunderts zu den angesehensten Etablissements Berlins gehörte. Das Hotel wurde 1886 geschlossen. Auch das Gebäude stand in den 1890er Jahren nicht mehr, es war 1889 durch einen Neubau ersetzt worden.

Hotel Bristol – Hotel Unter den Linden 5, das am 22. November 1891 eröffnet wurde. Der Inhaber war Conrad Uhl.

Glasbrenner ... Beckmann – Der Journalist und Schriftsteller Adolf Glaßbrenner (1810–1876) und der Schauspieler und Bühnenautor Friedrich Beckmann (1803–1866) waren die bekanntesten Berliner Humoristen des »Vormärz«; vgl. Fontanes Brief an Bernhard von Lepel vom 27. Juli 1846. Später hat sich Fontane kritisch über die Witzkultur dieser Zeit geäußert (vgl. »Von Zwanzig bis Dreißig«, Abschnitt »Berlin 1840«, Kap. 2).

Haberfeldtreiber – Vgl. Anm. zu S. 272 *Haberfeldtreiben*.

348 *Kaiser Wilhelm* – Wilhelm I.

dem letzten Menschen ... Übermenschen – Von Friedrich Nietzsche (vgl. Anm. zu S. 114 ›*Umwertung*‹), vor allem in »Also sprach Zarathustra« (1883–1885), geprägte Begriffe. Der »letzte Mensch« ist in seinem Sprachgebrauch der verächtlichste Mensch, der nicht mehr nach Höherem strebt, nichts begehrt und nichts fürchtet, der »Übermensch« dagegen ist der vollkommene Mensch, das Ziel der menschlichen Entwicklung. Vom Untermenschen spricht Nietzsche nicht.

Regentag in Gastein – In den »Erinnerungen an Kaiser Wilhelm I. und Gastein«, die Emil Frommel in seine Sammlung »Nachtschmetterlinge« (1890) aufgenommen hat, ist es nicht Frommel selbst, der den Kaiser beim Zusammenlegen der Teppiche antrifft, sondern der Kammerdiener, dem der Kaiser auf die überraschte Frage: »Aber Majestät, was thun Sie da, warum lassen Sie mich das nicht thun?«, entgegnet: »Ja, das habe ich nun einmal selber gemacht. Da unten wohnt ein schwerkranker Badegast, der zu Bette liegt und wenig schlafen kann. Da habe ich die Teppiche alle zusammengelegt, damit der Mann mich beim Gehen nicht hört, da geht sich's doch leichter, und man macht sich so was am besten selbst.« (S. 37)

349 *Es wächst der Mensch mit seinen größern Zwecken* – Sprichwörtlich gewordenes Zitat aus Schillers Prolog zum »Wallenstein« (1799), V. 60.

Landauer – Viersitziger Wagen, dessen Verdeck sich nach vorn und hinten klappen ließ. Joseph I. soll 1702 in einem solchen Wagen zur Belagerung von Landau gereist sein, daher der Name.

350 *Anhalter Bahnhof* – Am 15. Juni 1880 in Betrieb genommener Bahnhof an der Königgrätzer Straße/Möckernstraße, von dem die Züge der Berlin-Anhaltischen Eisenbahn abfuhren, ab 1882 auch die Personenzüge nach Dresden. Der Anhalter Bahnhof, seinerzeit einer der größten und schönsten Bahnhöfe der Welt, wurde bei Luftangriffen 1943 beschädigt und 1960 bis auf das Eingangsportal abgerissen.

Juchtenkoffer – Koffer aus Juchtenleder, einem festen, mit Birkenteeröl eingeriebenen und daher stark riechenden Leder.

ein »Internationaler« – Gemeint ist wohl ein jüdischer Handelsreisender.

Coupé apart – Gesondertes Abteil.

351 *Apennintunnel* – Die Eisenbahnlinie Florenz – Bologna, die den Etruskischen Apennin durchquert, hat über 50 Tunnel.

352 *Restaurant Bellevue* – Grandhotel am Potsdamer Platz 1.

34.

352 *an der Assessorecke gescheitert* – Durch das juristische Examen gefallen, vgl. Anm. zu S. 17 *Ministerialassessor*.

353 *Weihenstephan* – Biersorte aus Oberbayern.

Sandringham ... Hatfieldhouse ... Chatsworth ... Pembroke-Lodge – Englische Schlösser, die für verschiedene politische Richtungen bzw. deren Repräsentanten stehen. Sandringham ist ein Landsitz des englischen Königshauses in der Grafschaft Norfolk. Chatsworth House, in der Grafschaft Derby, war der Sitz des Herzogs von Devonshire (vgl. Anm. zu S. 142 *Devonshire*). Auf diesem Schloß war Maria Stuart 13 Jahre lang inhaftiert gewesen. Hatfield House, in der Grafschaft Hertford, war der Sitz von Robert Arthur Talbot Gascoigne Cecil, Marquis of Salisbury (1830–1903), der ein bedeutender Politiker der Tories war. Der mit der Grafschaft Pembroke, gleichzeitig Stadt und Schloß im Fürstentum Wales, verbundene Titel war in wechselndem Besitz, u. a. trug Anna Boleyn den Titel Marquise von Pembroke. Im 19. Jahrhundert war das Schloß im Besitz von Sidney Herbert, 14. Graf von Pembroke (1853–1913), einem einflußreichen konservativen Politiker.

354 »*Wirklicher Geheimer Ober-Regierungsrat*« – »Rat« war der Titel eines höheren Beamten, durch die Zusätze »Geheimer«, »Ober« und »Wirklicher« wurden jeweils höhere Rangstufen bezeichnet. Mit dem Titel »Wirklicher Geheimer Ober-Regierungsrat« war die Anrede »Exzellenz« verbunden.

Herzog von Ujest oder Herzog von Ratibor ... ›Hohenlohes‹ – Hugo, 4. Fürst zu Hohenlohe-Öhringen (1816–1897), seit 1861 Herzog von Ujest, und Viktor Prinz zu Hohenlohe-Waldenburg-Schillingsfürst (1818–1893), seit 1840 Herzog von Ratibor. Ujest und Ratibor waren Herrschaften in Oberschlesien.

Siechen – 1854 von Karl Siechen gegründetes Bierrestaurant, das sich zunächst an der Ecke Königstraße/Burgstraße im Gebäude der Alten Post befand, später in die Jägerstraße verlegt wurde und 1874 in die Behrenstraße 23/24 umzog, bekannt vor allem durch seinen Künstlerstammtisch (Kastan, S. 124–128).

beim ›schweren Wagner‹ – Vgl. Anm. zu S. 149 *Wagnerianer*.

355 »*Bellis perennis*« – (lat.) Gänseblümchen. Als Gänseblümchen bezeichnet Fontane auch die heranwachsenden Mädchen (»Wanderungen«, Bd. 3, Kap. »Caputh«, S. 401).

delphischen Ausspruch – Die Sprüche des Apollon-Orakels in Delphi waren oft dunkel in ihrer Bedeutung und bedurften der Auslegung und Erklärung.

356 *über dem Strich* – Im Nachrichtenteil der Zeitung, der durch einen Strich vom Unterhaltungsteil abgetrennt war.

›*Sommerleutnant*‹ – (soldatenspr.) Reserveleutnant.

357 *Peter von Amiens* – Französischer Prediger (1050–1115), der 1095 mit seinen fanatischen Predigten die Massen für den ersten Kreuzzug mobilisierte. Nachdem er sein Denkmal in Amiens besichtigt hatte, resümierte Fontane: »[...] dieses schöne, bevorzugte, verfallende Land, wenn es wieder empor will aus diesem Verfall, bedarf es dessen, was dieses Eremiten-Bildniß repräsentirt, bedarf es der *selbstsuchtlosen Hingabe an eine große Idee.*« (»Aus den Tagen der Occupation«, Bd. 1, »Amiens«, Kap. »Peter von Amiens«)

358 *Salzmann* – Der deutsche Maler Karl Saltzmann (1847–1923), der 1878–1880 den Prinzen Heinrich von Preußen, seit 1888 Kaiser Wilhelm II. auf allen größeren Seereisen begleitete, 1894 Lehrer für Marinemalerei an der Berliner Akademie und 1896 Professor und Mitglied der Akademie der Künste wurde.

Gudin – Théodore Baron Gudin (1802–1880), französischer romantischer Maler, bekannt für seine maritimen Motive.

Turner – Vgl. Anm. zu S. 282 *William Turner.* Turner malte ebenfalls zahlreiche Seebilder.

Melby – Anton Melbye (1818–1875), dänischer Maler und Graphiker.

pur sang – (frz.) durch und durch, wörtl. »Reinblut, Vollblut«.

359 *ossianische Meereszauber* – Gades (vgl. Anm. zu S. 149 *Niels Gade-Schwärmer*) Kompositionen sind mehrfach von nordischen Sagenstoffen inspiriert. Der keltische Sagenheld Ossian ist besonders durch die 1760 von James Macpherson publizierte Sammlung »Fragments of ancient poetry collected in the Highlands of Scotland and translated from the Gaelic« bekannt geworden, die aber nicht echt ist.

Mendelssohn – Felix Mendelssohn Bartholdy (1809–1847).

culbütieren – umwerfen, stürzen.

Personen aus unkontrolierbaren Grenzbezirken – Aus dem Grenzgebiet von Böhmen, Mähren und Schlesien, aus dem Wrschowitz stammt.

359 ›Der Deutsche lüggt...‹ – »Im Deutschen lügt man, wenn man höflich ist« (Goethe, »Faust«, Zweiter Teil, Akt 2, Szene »Hochgewölbtes enges gotisches Zimmer«, V. 6771).
»En quoi vous réussissez à merveille.« – (frz.) »Worin Sie ausgezeichneten Erfolg haben.«
Jamais – (frz.) Niemals.

360 »*Je vous assure...*« – »Ich versichere Sie, Herr Baron, er ist ein Irrer und mehr als das – ein Aufschneider.«
Kaschube – Angehöriger des slawischen Volksstammes der Kaschuben, der im Nordosten Pommerns und in Pommerellen beheimatet war, hier Schimpfwort.
Wende – Vgl. Anm. zu S. 307 *Wenden*, hier Schimpfwort.
Böhmake – Böhme, Schimpfwort.

35.

360 *Estaminet* – (frz.) Rauchzimmer, Kaffeestube.

361 ›*Benediktinerabtei*‹ – Likörkasten, vgl. Anm. zu S. 335 *Benediktiner*.
als Johanniter – Der 1099 während des ersten Kreuzzuges gegründete Orden der Ritter des Hospitals des Heiligen Johannes zu Jerusalem, der nach dem Schutzpatron des Hospitals, Johannes dem Täufer, Johanniterorden genannt wurde, widmet sich hauptsächlich der Pflege von Kranken und Verwundeten.

362 *sie nennen ihn jetzt den ›Großen‹* – Der Kult um die Person Wilhelms I., der sich in den 1890er Jahren entwickelte, diente seinem Enkel Wilhelm II. in nicht geringem Maße zu seiner eigenen Glorifizierung.
Fridericus Rex – (lat.) König Friedrich; Friedrich II.
wie den Grenadieren bei Torgau – Den zurückweichenden Grenadieren soll Friedrich II. in der Schlacht bei Torgau am 3. November 1760 zugerufen haben: »Rackers, wollt ihr denn ewig leben!«
unser Jahr dreizehn – Vgl. Anm. zu S. 35 *Anno 13*.

363 *patentierte Freiheit* – Vgl. Anm. zu S. 195 *auflöste*.

363 *Jungfernheide* – Wald- und Wiesengebiet nordwestlich von Berlin, das den Blick aus der Wohnung der Barbys abschloß. Der Name weist darauf hin, daß die Nonnen des Jungfrauenklosters von Spandau die ursprünglichen Besitzer waren.
Kaiser Friedrich – Friedrich III. (geb. 1831), der am 9. März 1888 den Thron bestieg und am 15. Juni 1888, nach nur 99tägiger Regierungszeit, an Kehlkopfkrebs starb. Die Hoffnungen auf eine Liberalisierung und Modernisierung des Landes, die sich mit seiner Person verbanden, wurden durch seinen frühen Tod enttäuscht.

364 *Quitzows* – Vgl. Anm. zu S. 120 *Burggraf.*
den ›18. März‹ – Die Revolution von 1848, die in Berlin am 18. März begann. Fontane hat an den Ereignissen von 1848 regen Anteil genommen (vgl. »Von Zwanzig bis Dreißig«, Abschnitt »Der achtzehnte März«).
Sachsenwalder ... Zivil-Wallenstein – Bismarck; vgl. Anm. zu S. 10 *Friedrichsruh.* Seiner Tochter Martha schrieb Fontane am 29. Januar 1894: »Er [Bismarck] hat die größte Aehnlichkeit mit dem Schillerschen Wallenstein: Genie, Staatsretter und sentimentaler Hochverräther.«

365 *das bessere Teil erwählt* – Vgl. Lukas 10,42.
Trebbin – Kleine Stadt südlich von Berlin an der Eisenbahnlinie Berlin – Leipzig – Halle.
ging der Prophet zum Berge – Das Sprichwort lautet eigentlich: »Wenn der Berg nicht zum Propheten kommt, muß der Prophet zum Berge gehen.« Es soll von Mohammed (570 bis 632), dem Stifter des Islam, stammen.
Parthenon – Haupttempel auf der Akropolis von Athen, gewidmet der »Athena Parthenos« (griech.: die jungfräuliche Athene), zwischen 461 und 429 v. Chr. erbaut, das berühmteste Zeugnis für die Blüte der attischen Kunst. Zahlreiche zu diesem Bauwerk gehörende Skulpturen befinden sich seit 1816 im British Museum in London.
Pergamum – Pergamon, antike Stadt im Nordwesten Kleinasiens, wo sich einer der größten griechischen Altarbauten befand, der Pergamonaltar. Das um 160 v. Chr. errichtete, unvollständig gebliebene Bauwerk wurde im 8. Jahrhundert

von den Byzantinern als Steinbruch verwendet. Nachdem 1871 die ersten Platten des Götter- und Gigantenfrieses vom Sockel des Tempels in der Mauer des Burgberges von Pergamon entdeckt worden waren, kam es 1878–1886 im Auftrag Preußens und unter Leitung der Archäologen Karl Humann und Alexander Christian Leopold Conze zu einer Ausgrabung, bei der u. a. zahlreiche Relief- und Architekturfragmente des Altars gefunden und nach Berlin gebracht wurden. Nach 1900 wurde dort eine Rekonstruktion des Altars mit den Originalteilen des ehemals den Sockel dieses Bauwerks schmückenden Reliefs, einer 120 m langen Darstellung des Kampfes der Götter mit den Titanen, zusammengesetzt, die heute im Berliner Pergamonmuseum zu besichtigen ist.

365 *Mykenä* – Bedeutende Burganlage in der nordöstlichen Argolis aus dem 2. Jahrtausend v. Chr. Die seit 1876 unter der Leitung von Heinrich Schliemann vorgenommenen aufsehenerregenden Ausgrabungen förderten zahlreiche Kunstschätze zutage, darunter die »Maske des Agamemnon«.
Olympia – Heiligtum des Zeus in Elis auf der westlichen Peloponnes, in der Antike Austragungsort der Olympischen Spiele. Die 1875–1881 auf Kosten des Deutschen Reiches unternommenen Ausgrabungen unter der Leitung von Ernst Curtius förderten zahlreiche Kunstwerke zutage.

366 *Luther- beziehungsweise Apfelkuchenstation* – Vgl. Fontanes Gedicht »Hubert in Hof« (1887), in dem es heißt: »In Wittenberg, wie Sirenengesang, / ›Apfelkuchen‹ klingt es den Bahnsteig entlang, / Aber Wachs ins Ohr, nur nicht kosten wolln, / Es ruft ja der beßre Weihnachtsstolln –« (Bd. 1, S. 255)
Sixtinische Madonna – Vgl. Anm. zu S. 255 *Sixtina*.

367 *Café Cavour* – Café in Rom, das Fontane 1874 während seiner Italienreise öfter aufgesucht hat.
Palazzo Borghese – Berühmt ist die alte römische Adelsfamilie Borghese besonders wegen ihrer Kunstsammlung, die seit 1891 Staatsbesitz ist und im Casino der Villa Borghese in Rom untergebracht wurde. Während seiner ersten Reise nach Italien hatte Fontane die Galerie am 23. und am 26. Oktober 1874 besucht.

36.

369 *Wolfsschur* – Wolfspelz.
370 *druste* – (niederdt.) dämmerte.
   Sponholz – Vgl. Anm. zu S. 209 *Sponholz*.
   »*Joa, Herr Doktor* ... « – (niederdt.) »Ja, Herr Doktor, ich muß doch sagen, er sieht ein bißchen verändert aus; ihm war schon nicht so richtig letzten Sonntag und da mußte er ja nun gerade nach Berlin. Und ich weiß schon, wenn erst einer nach Berlin muß, dann ist auch immer was los. Ich weiß nicht, was sie da mit 'nem alten Menschen machen.«
372 *Fingerhut* – Digitalis. Aus dieser Pflanze gewonnene Arzneimittel werden zur Behandlung von Herz-Kreislauf-Erkrankungen eingesetzt (vgl. »Cécile«, Kap. 23).
   ›*Keine Lupine mehr!*‹ – Der Anbau der Lupine wurde im 19. Jahrhundert in mehreren agronomischen Schriften diskutiert, u. a. von Wilhelm Kette: »Die Lupine als Feldfrucht« (1854), und Christian Theodor Gottfried Gumprecht: »Bemerkungen zu W. Kette's Lupine als Feldfrucht« (1856).
374 *Umsturz* – Als eine zentrale Aufgabe seiner Politik sah Wilhelm II. den »*Kampf gegen den Umsturz* mit allen Mitteln« an (Reden, Bd. 2, S. 40). Die »Umsturzvorlage«, ein 1894 im Reichstag eingebrachter Gesetzesvorschlag, der dem Schutz der Staatsordnung durch eine weitgehende Verschärfung der geltenden Strafgesetze dienen sollte, wurde in der zweiten Beratung am 8. Mai 1895 abgelehnt. Da sie die Freiheit der Presse, der Wissenschaft und der Künste bedroht sahen, protestierten zahlreiche Journalisten, Wissenschaftler und Künstler gegen diesen Gesetzesvorschlag, auch Fontane unterzeichnete eine Petition (vgl. seinen Brief an Paul Schlenther vom 24. Februar 1895).

37.

377 *Prison* – (frz., engl.) Gefängnis.
   Kreisphysikus – Für den gesamten Landkreis zuständiger praktischer Arzt.

377 *Karbolwatte* – Mit Karbol (Phenol) getränkte Watte zur Desinfektion.
Pfäffers – Heute: Pfäfers. Badeort im Schweizer Kanton Sankt Gallen, den Fontane auf dem Weg nach Italien am 7. August 1875 besucht hatte.

378 *Tamina* – Nebenfluß des Rheins im Schweizer Kanton Sankt Gallen, der dem Gletscher des Surenstocks entspringt, die Taminaschlucht durchfließt und bei Ragaz mündet. Fontane hatte die Felsenschlucht von Ragaz aus besucht. An seine Frau schrieb er am 7. August 1875: »Heute Vormittag haben wir [...] eine Fahrt, die berühmte Tamina-Schlucht aufwärts, nach *Pfäffers* gemacht. Bei Pfäffers wird die Schlucht zur bloßen Spalte, an der hin eine schmale Gallerie führt; unten die Tamina, oben die Felsen wieder sich berührend oder doch nur handbreiter Zwischenraum. Unter allem derartigen, was ich gesehn, ist es das Großartigste.«
Zauberflöte – Pamina und Tamino heißen die Hauptgestalten von Mozarts Oper »Die Zauberflöte« (1791).

379 *Viamala* – (lat., ital.) Böser Weg, so heißt seit der Zeit der Römer die Straße, die, angeschmiegt an die bis zu 500 m hohen Felswände, durch die Klamm des Hinterrheins zwischen den Tälern Schams und Domleschg im schweizerischen Kanton Graubünden führt.
Splügen – Alpenpaß zwischen den Orten Splügen in Graubünden und dem italienischen Chiavenna. Fontane war 1875 über diesen Paß nach Italien gereist (vgl. an Emilie Fontane, 7. und 9. August 1875).
Paletot – Zweireihiger Herrenmantel.
ein Bild davon – Das 1870 von Arnold Böcklin geschaffene Gemälde »Drache in einer Felsenschlucht«, heute in München, Schack-Galerie. Seine Eindrücke von der Fahrt durch die Viamala teilte Fontane seiner Frau in einem Brief vom 9. August 1875 mit: »Beständig drängte sich mir die Erinnerung an das Böcklinsche Bild auf; alles war da; nur der Ichthyosaurus kuckte *nicht* aus seinem Felsenfenster heraus. Und dennoch fehlte auch *er* nicht; denn der Ichthyosaurus, den der Künstler so genial erfunden hat, ist allerdings der

Genius loci dieses Orts, nichts als die Verkörperung des Schreckhaften, des Elementar-Ungeheuerlichen, das, aus Fabelzeiten her, hier seine Stätte hat.«

379 *Böcking ... Böckling* – (niederdt.) Böcklein ... Bückling.

381 *Brünn* – Stadt in Mähren (Brno), die eine starke jüdische Gemeinde besaß.

»Moscheles« – Der Name erinnert Dubslav an den Musikpädagogen Ignaz Moscheles (1794–1870), dessen Etüden im Klavierunterricht verwendet wurden. – Zu einem jüdischen Arzt nahm auch die Familie Fontane 1896 ihre Zuflucht, als der Hausarzt verreist war und ein anderer nicht in Frage kam (vgl. Fontanes Brief an Martha Fontane, 14. Juli 1896).

Logenbrüder – Loge wird bei den Freimaurern sowohl der Versammlungsraum als auch der einzelne Verband genannt.

Kirstein – Eine Figur gleichen Namens wird als Bürgermeister von Kessin erwähnt in »Effi Briest«, Kap. 10, ein Justizrat Kirstein in »Meine Kinderjahre«, Kap. 11.

Burmeister ... ›Hokuspokus‹ – Zusammenhang nicht ermittelt.

bei Gott kein Ding unmöglich ist – Vgl. Lukas 1,37.

auskultieren – abhorchen; medizinischer Fachbegriff.

382 *Affables* – Liebenswürdiges.

383 *›praesente medico‹* – (lat.) in Gegenwart des Arztes. Gemeint ist, daß angesichts des Arztes oft alle Leiden verschwinden.

384 *Seminarist* – Besucher, Zögling eines Lehrerseminars.

von den Heilsgütern – Vom Wort Gottes und den Sakramenten.

385 *Altlutheraner* – Die Evangelisch-Lutherische Kirche, die 1830 von der lutherischen Orthodoxie als Reaktion auf die durch den königlichen Erlaß vom 27. September 1817 in Preußen eingeführte Kirchenunion zwischen Lutheranern und Reformierten gegründet wurde, sich als wahre lutherische Kirche verstand und der Union nicht beitrat. Die Altlutheraner wurden 1845 durch Friedrich Wilhelm IV. anerkannt und bildeten die erste von direkter staatlicher Leitung unabhängige lutherische Kirche (Freikirche) in Preußen.

386 *Konventiklerbeschränktheit* – Vgl. Anm. zu S. 54 *Konventikel.*

386 *in unsern Äquatorialprovinzen* – In den deutschen Kolonien, die seit 1885 in Afrika und in der Südsee erworben worden waren. 1883 hatte der Bremer Tabakwarenhändler Adolf Lüderitz (1834–1886) die Bucht von Angra Pequana erworben und für diese um den Schutz des Deutschen Reiches gebeten.

387 *um zwölf ist alles aus* – Der Satz erinnert an das Trostwort, das Louis Schneider Fontane empfohlen haben soll: »[...] wir hatten da, als ich noch auf der Bühne herum mimte, einen Trostsatz, der lautete: ›um neun ist alles aus‹. Und mit diesem Satze haben wir manchen über schwere Stunden weggeholfen.« (»Von Zwanzig bis Dreißig«, Abschnitt »Der Tunnel über der Spree«, Kap. 6)

Wo bist du Sonne geblieben! – Vers aus Paul Gerhardts Abendlied »Nun ruhen alle Wälder« (1647), den Fontane auch in seinem Gedicht »Lebenswege« zitiert (Bd. 1, S. 28).

389 *in einem Diakonissenhause* – In einer Anstalt zur Ausbildung und zum Einsatz von Diakonissen (Dienerinnen; vgl. Römer 16,1), einer den Klöstern vergleichbaren protestantischen Institution. Die Frauen treten im Alter von 18 bis 36 Jahren ein, werden eingekleidet, müssen eine Probezeit bestehen, sind zum Gehorsam verpflichtet und werden nach Absolvierung einer Prüfung meist in Krankenstationen oder Lehrerinnenseminaren eingesetzt. Sie können jederzeit austreten oder sich verheiraten. 1836 gründete Theodor Fliedner (1800 bis 1864) in Kaiserswerth die erste Diakonissenanstalt, nach deren Vorbild zahlreiche ähnliche Einrichtungen entstanden. 1894 gab es 72 Mutterhäuser mit etwa 11 000 Schwestern, die sich vorrangig der Armen- und Krankenpflege, der Kindererziehung und der Lehrerinnenbildung widmeten. In Bethanien, dem 1847 gegründeten ältesten Diakonissenhaus in Berlin, war Fontane vom 15. September 1848 bis zum 30. September 1849 als Lehrer für zwei Diakonissen angestellt, die zu Pharmazeutinnen ausgebildet wurden.

391 *wer schnell giebt, der giebt doppelt* – Die 235. Sentenz des Publilius Syrus (1. Jh. v. Chr.): »Inopi beneficium bis dat, qui dat celeriter« (»dem Bedürftigen gibt doppelt Wohltat, wer schnell gibt«), die allgemein verkürzt zitiert wird: »Bis dat qui cito dat.«

392 *Der Alte auf Sanssouci* – An den Rand einer Kabinettsvorlage vom 22. Juni 1740 über die Beschwerde des Generalfiskus, daß in Berlin protestantische Kinder in katholischen Schulen unterrichtet und dadurch zwangsläufig zum Katholizismus bekehrt würden, schrieb Friedrich II. die sprichwörtlich gewordenen Worte: »Die Religionen Müsen alle Tolleriret werden und Mus der Fiscal nuhr das Auge darauf haben, das keine der andern abrug Tuhe, den hier mus ein jeder nach Seiner Fasson Selich werden.«

38.

394 *Kornblume* – Lieblingsblume der Königin Luise und ihres Sohnes Wilhelm I. Zu Kaisers Geburtstag und anderen hohen Festtagen wurde als Zeichen der Verbundenheit mit dem Königshaus eine Kornblume aus Papier im Knopfloch getragen. Als am 11. Juni 1879 anläßlich der goldenen Hochzeit des Kaiserpaares in Berlin viele Passanten die blaue Blume angesteckt hatten, schrieb Fontane an seine Frau: »Heute läuft alles mit ›Kornblumen‹ im Knopfloch herum. Es ist eine lederne Blume, *blos* blau, ohne Duft, ohne Schönheit, ohne Poesie. So recht wie geschaffen für uns; irgendwo müßte sie noch einen rothen Hosenstreifen haben.«
Bäcker Knaack – In Berlin, Neue Königstraße 31.
Generalkladderadatsch – Vgl. Anm. zu S. 212 *Kladderadatsch*.

395 »*Ick weet nich*…« – (niederdt.) »Ich weiß nicht, Mutter, warum er den jungen Doktor rausgegrault hat. Der Junge ist doch klüger, als der alte Sponholz ist. Da muß man bloß die Globsower über Sponholz hören. ›Ja, der alte Sponholz‹, so sagen sie, ›der is ja so weit ganz gut, aber er sagt bloß immer: Kinder, krank ist er eigentlich nicht, er braucht bloß 'ne Suppe mit ein bißchen was drin!‹ Ja, Sponholz, der kann so was sagen, der hat was dazu. Aber die Globsower! Wo solln die 'ne Suppe herkriegen mit ein bißchen was drin?«
Kossät – Häusler, Tagelöhner.

396 *Walpurgis* – In der Walpurgisnacht (vor dem 1. Mai) treffen sich nach älterem Aberglauben die Hexen auf dem Blocksberg (Brocken) zum Hexensabbat.
397 *Michaelis* – Tag des Erzengels Michael, 29. September.
eingesegnet – Vgl. Anm. zu S. 44 *eingesegnet*.
»*Ick weet joa* ...« – (niederdt.) »Ich weiß ja, gnäd'ger Herr ... Sie werden [es] ja nicht [tun]. Und dann die Leut', die denken immer, ich kann hexen und all so was. Ich kann aber gar nichts und hab ja bloß ein bißchen Liebstöckel und Wacholder und Allermannsharnisch. Und alles bloß, wie's sein muß. Und die Gerichte können mir nichts tun.«
398 *Liebstöckel un Wacholder* – Liebstöckel, auch Maggikraut, Küchengewürz, zugleich als harntreibendes und verdauungsförderndes Mittel sowie als Aphrodisiakum verwendet. Wacholderbeeren helfen gegen Gicht, Blasenerkrankungen und spielen in der Magie eine wichtige Rolle.
Allermannsharnisch – Lauchart, deren Wurzeln als Arzneimittel und zu magischen Zwecken, etwa gegen Unfruchtbarkeit, verwendet werden.
»*Nei, jnäd'ger Herr* ...« – (niederdt.) »Nein, gnäd'ger Herr. Lassen Sie's nur. Ich weiß ja, wie das ist. Erst sitzt es hier auf der Brust, und dann sackt es sich, und dann sitzt es hier unten. Und ist alles ein und dasselbe. Das muß alles 'raus, und wenn es 'raus ist, dann drückt es nicht mehr, und dann können Sie wieder japsen.«
»*Joa, de Mittel hebb ick* ...« – (niederdt.) »Ja, die Mittel hab ich. Und haben wir erst die Mittel, dann finden sich auch die Wege. Ich schick' heut noch Agnes mit zwei Tüten; Agnes, das ist Karline ihr kleines Mädel.«
»*Un Agnes, de sall denn* ...« – (niederdt.) »Und Agnes, die soll dann unten in die Küche gehn, zu Mamsell Pritzbur, und die Pritzbur, die soll dann den Tee machen für'n gnäd'gen Herrn. Morgens aus der weißen Tüte, und abends aus der blauen Tüte. Und immer nur 'nen gestrichnen Eßlöffel voll und nicht zu viel Wasser; aber bullern [brodeln] muß es. Und wenn die Tüten alle sind, dann ist es 'raus. Das Wasser nimmt das Wasser weg.«

399 »*In de witte Tüt' is Bärlapp* ...« – (niederdt.) »In der weißen Tüte ist Bärlapp und in der blauen Tüte ist, was die Leut' hier Katzenpfötchen nennen.«
Bärlapp zum Einstreuen – Aus Bärlapp (auch Hexenkraut, Drudenfuß u. a.) wurde auch ein Babypuder gewonnen.
die süße Gewohnheit des Daseins – Zitat aus Goethes »Egmont« (1788; 5. Akt, Szene »Gefängnis«): »Süßes Leben! schöne freundliche Gewohnheit des Daseins und Wirkens! von dir soll ich scheiden!«
Katzenpfötchen – Harntreibende Arzneipflanze.
»Kreuzzeitung« – Die »Neue Preußische Zeitung« (1848–1938), eine Berliner Tageszeitung, nach dem Eisernen Kreuz im Titel auch »Kreuzzeitung« genannt. Das Blatt war das führende Organ der Konservativen in Preußen. Fontane arbeitete von 1852 bis 1859 als Korrespondent und von 1860 bis 1870 als Redakteur für die Zeitung (vgl. Anm. zu S. 33 *Stöckers Auftreten und seine Mission* und zu S. 214 *Scheiterhaufenmann*).
»Post« – Konservative Berliner Tageszeitung (1866–1921).
400 *Grabmal Pio Nonos* – Grabmal des Papstes Pius IX. (1792 bis 1878) in der Basilika San Lorenzo fuori le Mura. Pius IX. hatte das 1. Vatikanische Konzil einberufen, auf dem 1870 das Unfehlbarkeitsdogma verkündet wurde; vgl. Anm. zu S. 96 *unfehlbar*.
der große Segen – (lat.) Urbi et Orbi: der Stadt (Rom) und dem Erdkreis. Mit dieser Formel spenden die Päpste den Ostersegen.
›*Torre di Londra*‹ – (ital.) Turm von London; in Verona. Fontane hatte den Turm am 4. Oktober 1874 besichtigt.
Capuletti- und Montecchi-Stadt – Verona. Capulet und Montague heißen die beiden verfeindeten Familien in Shakespeares Trauerspiel »Romeo und Julia« (1597).
›*Giardino Giusti*‹ – Garten aus dem 16. Jahrhundert in Verona, angelegt vom Grafen Giusti. Fontane hatte ihn am 4. Oktober 1874 besichtigt und im Tagebuch festgehalten: »drei hundert sehr alte Cypressen; 120 Fuß hoch, kostbare Trauerweide. Anblick von der Höhe des Gartens«. Bereits

Goethe hatte die Zypressen bewundert (»Italienische Reise«, 17. September 1786).

401 *Abschluß ... Mausoleum* – Ein solches Ensemble findet man beispielsweise im Park von Charlottenburg.

San Mosé – Fontane und seine Frau waren 1874 im Hotel Bauer-Grünwald am Campo di San Moisé in der Nähe des Markusplatzes abgestiegen. Die Kirche San Moisé stammt aus dem 8. Jahrhundert und wurde im 17. Jahrhundert barockisiert.

Gendarmentürme – Die Türme der Französischen und der Deutschen Friedrichstadtkirche auf dem Berliner Gendarmenmarkt, 1780–1785 von Karl von Gontard und Georg Christian Unger erbaut, im Mai 1944 schwer beschädigt und in den 1970er und 1980er Jahren restauriert.

vom Trasimenischen See – An dem größten See Mittelitaliens (auch Lago di Perugia) hatte Hannibal 217 v. Chr. im Zweiten Punischen Krieg den Römern eine vernichtende Niederlage bereitet. Im Reisetagebuch vom 15. Oktober 1874 rekonstruierte Fontane den Verlauf der Schlacht.

›*Taschen-Moltke*‹ – Schlachtenerklärer. Hellmuth Graf von Moltke (1800–1891) war nicht nur Feldherr, sondern auch Verfasser militärhistorischer Werke, darunter einer »Geschichte des Deutsch-französischen Krieges von 1870–71«. An den Generalstabswerken über die Kriege von 1866 und 1870/71 war er maßgeblich beteiligt.

›*Emissarius*‹ – (lat.) Abfluß, aber auch Abgesandter, Späher, Spion.

›*Sanguinetto*‹ – (ital.) Blutflüßchen.

402 *erste Napoleon* – Vgl. Anm. zu S. 263 *Napoleon*. Napoleon gründete mehrere Herzogtümer und Königreiche und setzte seine Angehörigen als Herrscher ein. Über seinen Plan, den Trasimenischen See trockenzulegen, vgl. Fontanes Reisetagebuch vom 15. Oktober 1874.

Einige haben eine schwarze Milz – Sie sind Melancholiker. Nach dem Vorherrschen der vier Körperflüssigkeiten unterschied die antike Medizin die vier Temperamente: Choleriker (gelbe Galle), Sanguiniker (Blut), Melancholiker (schwarze Galle), Phlegmatiker (Lymphe bzw. Schleim).

403 *Cortege* – (frz. cortège) Gefolge.
ex officio – (lat.) von Amts wegen.
405 *Nansen* – Fridtjof Nansen (1861–1930), norwegischer Polarforscher, der 1888 Grönland durchquerte und mit seiner Driftfahrt durch das Nordpolarmeer 1893–1896 Aufsehen erregte.
406 *St. Privat* – Vgl. Anm. zu S. 196 *St. Marie aux Chênes*.
den Cooperschen ›*Spy*‹ – Gemeint ist der Roman »The Spy« (Der Spion; 1821) von James Fenimore Cooper (1789–1851).
Greeley – Adolphus Washington Greely (1844–1935), amerikanischer Offizier, der 1881 mit der Leitung einer Expedition ins Nordpolargebiet zur Errichtung meteorologischer Stationen betraut wurde. Von den 25 Mitgliedern dieser Expedition konnten 1884 nur Greely und fünf weitere Überlebende gerettet werden. Greely erstattete schriftlich Bericht an das amerikanische Kriegsministerium über die Erschießung eines Soldaten, der Lebensmittel aus den knappen Vorräten entwendet hatte.
Eisbär-Rencontres – Zusammenstöße mit Eisbären (frz. rencontre: Treffen, Gefecht).

39.

411 *du kommst à la fortune du pot* – du kommst auf gut Glück zum Essen.
Kiebitzeier ... nach Friedrichsruh ... eingeschworen – Nach der Entlassung Bismarcks im Jahre 1890 mußte Wilhelm II. die demonstrativen Sympathiebekundungen, die Bismarck von weiten Kreisen entgegengebracht wurden, etwa durch Übersendung der von ihm geschätzten Kiebitzeier, als Affront ansehen. Vgl. Anm. zu S. 10 *Friedrichsruh*.
Lucca – Bismarck ließ sich 1865 während eines Aufenthalts in Bad Ischl aus einer Laune heraus zusammen mit der Opernsängerin Pauline Lucca (1841–1908), die er bereits seit längerer Zeit kannte, fotografieren. Einen Abzug schickte er an seine Frau. Ein Skandal drohte, als der Fotograf begann, Abzüge des Fotos öffentlich zu verkaufen. Er wurde gezwun-

gen, die Platte und die noch vorhandenen Abzüge zu vernichten.

412 ›böten‹ – (niederdt.) Durch die magische Kunst des Besprechens heilen.

Lebenius ... Ferienkolonie – Kein historisches Vorbild ermittelt.

413 »*Tintoretto*« – (ital.) Beiname des italienischen Malers Jacopo Robusti (1518–1594), wörtlich etwa »Färberchen«.

»*Santa Maria Novella*« – Dominikanerkirche in Florenz aus dem 13. Jahrhundert mit einer Marmorfassade aus dem 14./15. Jahrhundert. Fontane sah sie im Vorbeifahren am 14. Oktober 1874. Der Name heißt übersetzt etwa Neue Marienkirche, Adelheid denkt aber wohl an Novelle, Erzählung.

415 *Franz Moor* – Figur aus Schillers Schauspiel »Die Räuber« (1782). In der ersten Szene des zweiten Aktes überlegt Franz Moor, wie er seinen Vater ohne nachweisbare Mittel am schnellsten umbringen könnte und zieht Sorge, Gram, Furcht und Schreck in Erwägung.

»*Nu, lütt Deern ...*« – (niederdt.) »Nun, kleines Mädchen, steh auf, es ist schon sieben.«

417 vom ›*Schäfer und der Prinzessin*‹ oder vom ›*Fischer un sine Fru*‹ – In dem Märchen »Der Schweinehirt« von Hans Christian Andersen und dem Grimmschen Märchen »Von dem Fischer un syner Fru« (»Kinder und Hausmärchen«, Nr. 19) werden boshafte oder lächerliche Frauen dargestellt.

Radegast – Name einer wendischen Gottheit, der soviel bedeutet wie »Vernunft, geistige Kraft«; vgl. »Wanderungen«, Bd. 3, Kap. »Die Wenden in der Mark«, S. 27.

418 *alle gesellschaftliche Scheidung ... aufhört* – Ein Zeichen der Auflösung der ständischen Gesellschaft war auch die Abschaffung der Kleiderordnung, durch die noch in der frühen Neuzeit Art und Aufwand der Bekleidung geregelt war. Purpur galt als Königsfarbe und durfte nur vom Souverän getragen werden.

Apostolikum – Das Apostolische Glaubensbekenntnis, das sich seit dem 9. Jahrhundert in allen Kirchen des Westens als Bestandteil der Liturgie durchsetzte.

40.

421 *Verweile doch* – Das Signalwort, um das sich die Wette zwischen Faust und Mephisto dreht: Wenn Faust sich verleiten läßt, es auszusprechen, verfällt seine Seele dem Teufel (Goethes »Faust«, Erster Teil, Szene »Studierzimmer« II, V. 1700).
Aquarium ... ›Zoologischen‹ – Der Berliner Zoologische Garten wurde 1844 als erster Zoo in Deutschland eröffnet, das Aquarium, hier verwechselt mit Terrarium, öffnete 1913.
Schlange ... Bein ... Storch – Vgl. Anm. zu S. 269 *Storch* und zu S. 282 *Das ist der Fluch der bösen That.*
422 *in der Hasenhaide* – Vgl. Anm. zu S. 115 *Rotherstift.*
423 *›Landwirtschaftliche Zeitung‹* – In Frage kommen verschiedene Zeitungen mit diesem Titel, so die »Illustrierte landwirtschaftliche Zeitung«, die in Berlin in den Jahren 1893 bis 1930 erschien, und die »Landwirtschaftliche Zeitung für ganz Deutschland«, erschienen in Berlin und Halberstadt 1896 bis 1903.
425 *Sparren* – (ugs.) Absonderlichkeit, kleine Verrücktheit.
426 *Goldlack* – Beliebte Gartenzierpflanze mit gelben bis dunkelbraunen Blüten.
427 *der mittelalterliche Zehnte* – Ursprünglich eine in Naturalien zu leistende Abgabe, die den zehnten Teil des Rohertrages umfaßte, seit dem 19. Jahrhundert in eine Geldrente umgewandelt oder abgeschafft.
›Patron‹ ... avancieren lasse – Dem Grundherrn als Inhaber des Patronats stand u. a. das Recht zu, den Pfarrer der Patronatskirche vorzuschlagen. Krippenstapel wird also wie ein Pfarrer angeredet. Zahlreiche Theologen fanden zunächst nur Stellen als Lehrer und warteten auf eine der wesentlich besser dotierten Pfarrstellen.
Venuswagen – Blauer Eisenhut (Aconitum Napellus), gehört zu den giftigsten Pflanzen. Ein Roter Eisenhut existiert unter den einheimischen Pflanzen nicht, die Blüten der einzelnen Arten können in der Farbe jedoch unterschiedlich ausfallen.
428 *Georgsthaler* – Taler mit einer Darstellung des heiligen Georg, wie sie besonders im 16. und 17. Jahrhundert in Mans-

feld geprägt wurden. Sie wurden häufig als Amulett getragen.
428 *Diokletian* – Caius Aurelius Valerius Diocletianus (245–316, römischer Kaiser 284–305). Als Kaiser soll er sehr geizig, zugleich auf äußerlichen Pomp bedacht gewesen sein.
Caracalla – Beiname des Marcus Aurelius Antoninus (186–217, römischer Kaiser seit 211), den dieser wegen eines sog. gallischen Mantels erhalten hat, den er gewöhnlich trug. Während seiner Regentschaft führte er zahlreiche Kriege, darunter auch gegen die Germanen. Das Heer gewann er durch Geldgeschenke, seine Gegner ließ er umbringen.
mitunter sind die Verfolgten obenauf – Vermutlich Anspielung auf das Sozialistengesetz, das 1878 erlassen wurde, um die Sozialdemokratie als politische Kraft auszuschalten. Das Gesetz, das bis 1890 in Kraft war, führte jedoch im Gegenteil zu einer Stärkung der sozialdemokratischen Bewegung.

41.

432 ›*Signatur der Zeit*‹ – Schlagwort, das durch den Historiker und Staatstheoretiker Heinrich Leo (1799–1878) geprägt wurde, der 1848 seine Schrift »Signatura Temporis« veröffentlichte. Leo vertrat eine an der ständischen Gesellschaft des Mittelalters orientierte Staatstheorie. Auch Sidonie von Grasenabb in »Effi Briest« bedient sich dieses Ausdrucks: »Keine Zucht. Das ist die Signatur unserer Zeit.« (Kap. 18; vgl. Anm. zu S. 28 *Zeichen der Zeit*)
433 *Graf Posadowsky* – Arthur Adolf Graf Posadowsky-Wehner, Freiherr von Postelwitz (1845–1932), konservativer Politiker, 1882 ins preußische Abgeordnetenhaus gewählt, seit 1897 Innenminister und Stellvertreter des Reichskanzlers.
434 *Auf dem Sinai hat nun schon lange keiner mehr gestanden* – Auf dem Berg Sinai hat Gott Moses die Zehn Gebote mitgeteilt und ihm die Gesetzestafeln übergeben (2. Mose 19 f., 34).
435 *Charakterbild, das ja auch schwankt* – Nach Schillers Prolog zum »Wallenstein« (1799; V. 102 f.): »Von der Parteien Gunst

und Haß verwirrt, / Schwankt sein Charakterbild in der Geschichte.«

435 *Bennigsen* – Der führende nationalliberale Politiker Rudolf von Bennigsen (1824–1902), seit 1866 Mitglied des preußischen Abgeordnetenhauses und seit 1871 im Reichstag.
Excelsior-Mann – Vgl. Anm. zu S. 183 *ein Excelsior-, ein Aufsteigemensch.*

436 ›*Was du thun willst, thue bald.*‹ – Johannes 13,27.
König von Thule – In Goethes Ballade »Der König in Thule« (1774) vermacht der alternde König seinen Erben alle Güter, nur einen Becher, den er von der Hand seiner Geliebten empfangen hat, hält er bis zum letzten Augenblick fest, nimmt angesichts des Todes einen letzten Trunk aus ihm und schleudert ihn darauf ins Meer.

437 *Mus wie Mine* – Soviel wie: Jacke wie Hose. Über die ursprünglich obszöne Bedeutung der Redensart vgl. Kügler.
von Ritzenberg – Historisches Vorbild nicht ermittelt.
Kathedersozialist – Von Heinrich Bernhard Oppenheim (1819 bis 1880) in seiner Schrift »Der Kathedersozialismus« (1872) geprägter Begriff zur Verspottung der Nationalökonomen, die für eine staatliche Sozialpolitik eintraten, deren Ziel es sein sollte, die Klassengegensätze zu mildern und die Lebensbedingungen der Arbeiter zu verbessern.
Quadrille – (frz.) Tanz zu vier Paaren.

438 *Mazzini* – Giuseppe Mazzini (1805–1872), führender Politiker des Risorgimento in Italien, der für eine geeinte Republik Italien kämpfte.
Garibaldi – Giuseppe Garibaldi (1807–1882), führender Politiker der Zeit des italienischen Risorgimento, der für die Einigung Italiens kämpfte.
Marx – Karl Marx (1818–1883), Begründer der sozialistischen Gesellschafts-, Wirtschafts- und Staatstheorie, auf die sich die Sozialdemokratische Arbeiterpartei seit dem Eisenacher Parteitag (1869) berief. Bei den Reichstagswahlen von 1874 erzielten die Sozialdemokraten 340000 Stimmen, von denen jeweils etwa die Hälfte auf die Eisenacher und die Lassalleaner entfiel. Auf dem Gothaer Parteitag vollzog sich 1875 die

Einigung der sozialdemokratischen Parteien zunächst als Kompromiß beider Richtungen, nach dem Fall des Sozialistengesetzes wurde 1891 auf dem Erfurter Parteitag ein konsequent marxistisches Programm angenommen; vgl. Anm. zu S. 193 *jetzt wollen sie auch noch teilen.*

438 *Lassalle* – Ferdinand Lassalle (1825–1864), Agitator des Sozialismus, der in der Frühphase der deutschen Sozialdemokratie von großem Einfluß war. Er schuf das Programm des 1863 gegründeten Allgemeinen Deutschen Arbeitervereins, der ersten sozialdemokratischen Partei Deutschlands.

Bebel – Vgl. Anm. zu S. 23 *verbebeln.*

Liebknecht – Wilhelm Liebknecht (1826–1900), einer der Führer der Sozialdemokratischen Partei Deutschlands, Reichstagsabgeordneter seit 1874.

Schwerin – Wohl Maximilian Graf von Schwerin (1804–1872), Führer der Altliberalen Partei im Preußischen Abgeordnetenhaus.

439 ›*Leicht bei einander wohnen die Gedanken* ...‹ – Zitat aus Schillers Drama »Wallensteins Tod« (1799; II,2): »Leicht beieinander wohnen die Gedanken, / Doch hart im Raume stoßen sich die Sachen.«

440 *Sprechen hat seine Zeit, und Schweigen hat seine Zeit* – Vgl. Prediger Salomo 3,1 und 3,7.

42.

440 ›*für 'n Tod kein Kraut gewachsen ist*‹ – Zeile aus dem Gesang des Galgenmännleins in der »Geschichte vom Galgenmännlein« (1810) von Friedrich de la Motte Fouqué (1777 bis 1843).

442 *Das ›Ich‹ ist nichts* ... – Gedanken, wie sie Arthur Schopenhauer (1788–1860) in seinen Werken entwickelt.

Das Leben ist kurz, aber die Stunde ist lang – Nach Goethe: »Was wird mir jede Stunde so bang? – / Das Leben ist kurz, der Tag ist lang.« (»West-östlicher Divan«, 1819, »Hikmet Nameh. Buch der Sprüche«)

443 »*Steih upp* ...« – (niederdt.) »Steh auf, Agnes.« – »Ist er tot?« – »Nein. Er schläft ein bißchen. Und ich glaube, es sitzt ihm nicht mehr so auf der Brust.« – »Ich graul' mich so.« – »Das brauchst du nicht. Und kann auch sein, er schläft sich wieder gesund ... Und nun steh auf und binde dir auch ein Tuch um den Kopf. Es ist noch ein bißchen kühl draußen. Und dann geh in den Garten und pflück ihm (wenn du was findest) ein bißchen Krokus oder was es sonst ist.«
»*Dat sinn de ihrsten* ...« – (niederdt.) »Das sind die ersten ... und werden auch wohl die besten sein.«

43.

444 *Forum* – Fontane besichtigte das Forum Romanum am 19. Oktober 1874 »oberflächlich«, wie es im Reisetagebuch heißt.
Fontana Trevi – Am 1. November 1874, ihrem letzten Tag in Rom, verabschiedeten sich die Fontanes mit einem Besuch an der Fontana di Trevi: »Um 7½ nach Fontana Trevi und jeder von uns dreimal aus dem Brunnen getrunken. Ins Hôtel; gepackt.«
Capri – Theodor und Emilie Fontane besuchten die Insel im Golf von Neapel am 6. November 1874.
Monte Cassino – Montecassino, im südlichen Latium oberhalb der Stadt Cassino gelegen, ist das Mutterkloster des Benediktinerordens, des ältesten abendländischen monastischen Ordens. Es wurde 529 von Benedikt von Nursia gegründet.
Pagano – Hotel auf Capri, berühmte Künstlerherberge, wo die Fontanes am 6. November 1874 aßen.

446 *Blechernhahn* – »Blecherner Hahn« hieß ein Eichenwald in der Nähe von Gentzrode, nordwestlich von Neuruppin gelegen; vgl. »Wanderungen«, Bd. 1, Kap. »Alexander Gentz«, S. 530.
in pontificalibus – (lat.) in voller Amtstracht.
die ›Schmetterlingsschlacht‹ – Die Ordensbänder erinnern an Schmetterlinge; zugleich Anspielung auf das Drama »Die

Schmetterlingsschlacht« (1895) von Hermann Sudermann (1857–1928), das von der Presse verrissen wurde (vgl. Fontane an seine Tochter Martha, 8. Oktober 1894).
447 *Göhre* – Wortspiel. Göre: Berliner Ausdruck für »Straßenkind«. Zu Paul Göhre (1864–1928) vgl. Anm. zu S. 53 *einer der allerjüngsten.*
448 *Landstandsuniform* – Vgl. Anm. zu S. 297 *Landstandsuniform.*
»*He wihr so wiet janz good.*« – (niederdt.) »Er war so weit ganz gut.«
›*Wer seinen Weg richtig wandelt* ...‹ – Jesaja 57,2.
449 ›*Was du nicht willst, daß man dir thu'*‹ – Das sprichwörtlich gewordene Zitat nach Tobias 4,16 fährt fort: »das füg auch keinem andern zu«.
mit den guten Werken – Während nach der katholischen Theologie gute Werke die Seligkeit des Menschen befördern, beharrte Martin Luther auf dem Grundsatz, der Mensch werde selig allein durch den Glauben.
er hatte die Liebe – Vgl. Anm. zu S. 185 *Und du hättest der Liebe nicht ...*
Nichts Menschliches war ihm fremd – Sprichwörtlich gewordenes Zitat nach Terenz: »Homo sum; humani nihil a me alienum puto«: »Ich bin ein Mensch; drum gilt mir nichts Menschliches fremd.« (»Heautontimoroumenos«, 163 v. Chr.; I,1)
wird da die Himmelsruhe haben – Das ist eine ungewöhnliche Schlußwendung für eine Leichenpredigt, denn normalerweise wird am Ende versichert, der Verstorbene habe die ewige Seligkeit erlangt. Auch der unmittelbar davor angebrachte Hinweis auf Johannes 14,2: »In meines Vaters Hause sind viele Wohnungen«, ist in diesem Zusammenhang auffällig.
450 »*Nu is allens ut* ...« – (niederdt.) »Nun ist alles aus; nun muß ich auch weg.«
451 *die drei Männer im feurigen Ofen* – Vgl. Anm. zu S. 282 ›*drei Männer im feurigen Ofen*‹.
menagieren Sie sich! – mäßigen Sie sich!
Rostocker Zug – Gransee liegt an der Bahnlinie Stralsund – Berlin (vgl. Anm. zu S. 300 *Nordbahn*), 1886 wurde die Strecke Neustrelitz – Rostock eröffnet.

44.

452 *unser Gottesmann* – Martin Luther (1483–1546), der sich als ehemaliger Augustinermönch am 13. Juni 1525 mit Katharina von Bora (1499–1552), einer ehemaligen Zisterziensernonne, verheiratet hatte. In seiner Predigt »Ein Sermo vom ehelichen Stand« hatte Luther 1519 begründet, daß die Ehe für alle Menschen normal, natürlich und gottgewollt sei. Das Leben in Keuschheit sei der Ehe zwar vorzuziehen, aber die Fähigkeit dazu sei eine besondere, von Gott verliehene Gnade.

454 *Chateau Lafitte* – Roter Bordeaux, ein Spitzenwein aus dem Médoc. Offenbar gab es aber häufig minderwertige Produkte mit der Bezeichnung »Lafitte«; vgl. »Stine«, Kap. 12.

455 *fängt Vernunft wieder an zu sprechen* – Zitat aus Goethes »Faust«, Erster Teil, »Studierzimmer« I, V. 1198.

Landwehrmann Schultze – Figur in »Kurmärker und Picarde«; vgl. die folgende Anm.

›*Uckermärker und Picarde*‹ – Eigentlich »Kurmärker und Picarde. Genrebild mit Gesang in 1 Akt« (1870) von Louis Schneider (1805–1878). Landwehrmann Fritz Wilhelm Schulze vom Dritten Kurmärkischen Landwehr-Regiment erhält während des Deutsch-Französischen Krieges in der Picardie Quartier bei der Bäuerin Marie, der er eine Ohrfeige versetzen will, weil er sich geschworen hat, seine Schwester, die einmal in Frankfurt an der Oder von einem französischen Kriegsgefangenen eine Ohrfeige erhalten hatte, an allen Französinnen zu rächen. Marie, gewandt, reizend und kokett, bringt den plump, ungebildet und kommißmäßig auftretenden Schulze aber dahin, daß er von seinem Vorhaben abläßt und froh ist, zum Abschied sogar einen Kuß zu bekommen.

»*Sapristi, Rex ...*« – (frz.) »Hol's der Teufel, Rex, das ist eine Idee.«

45.

456 *Anacapri* – Auf einem Plateau in 268 m Höhe gelegene Stadt auf der Insel Capri, die man über einen in den Felsen gehauenen Fußweg von 536 Stufen erreicht.
457 *Tre giorni son che Nina ...* – (ital.) »Drei Tage sind es, daß Nina in ihrem Bett geblieben ist.« Italienisches Volkslied.
458 *von der Terrasse* – Von der Brühlschen Terrasse aus, die von Heinrich Graf von Brühl (1700–1763) am Elbufer angelegt wurde.
460 *Zschocke* – Anklang an Heinrich Zschokke (1771–1848), Schriftsteller und Wortführer des Schweizer Liberalismus.

46.

460 *Belle-Allianceplatz* – Kreisrunder Platz am südlichen Ende der Friedrichstraße (heute Mehringplatz). Der Name erinnerte an die Schlacht von Belle Alliance – so die preußische Bezeichnung für das Gefecht von Waterloo –, in der Napoleon am 18. Juni 1815 von den englischen und preußischen Truppen vernichtend geschlagen wurde. Im Süden Berlins befanden sich auch mehrere große Kasernen und der Exerzierplatz (vgl. Anm. zu S. 115 *Rotherstift*). Fontane hatte 1859 bis 1863 in der Tempelhofer Straße 51 (später Belle-Alliance-Straße, heute Mehringdamm) in unmittelbarer Nähe der Kaserne des 1. Garde-Dragoner-Regiments Königin Victoria von Großbritannien und Irland gewohnt.
461 ›*Ankratz*‹ – Annäherungsversuch, »Anmache«.

Zu diesem Band

Unsere Ausgabe gibt buchstaben- und zeichengetreu den Text der ersten Buchausgabe wieder: Der Stechlin. Roman von Theodor Fontane. Berlin W: F. Fontane & Co. 1899. Zugrunde gelegt wurde das Exemplar des Theodor-Fontane-Archivs (58/7133), zum Vergleich herangezogen wurden die Exemplare der Staatsbibliothek zu Berlin – Preußischer Kulturbesitz (Yx 30940[a]) und der Humboldt-Universität zu Berlin (Yv 50805 Rara; Fontane 75,2; Fontane 75,3).

An folgenden Stellen (Seite, Zeile) wurde, unter Berücksichtigung der handschriftlichen Textzeugen und der Zeitschriftenabdrucke, in den Text der Erstausgabe eingegriffen:

10,26 wie den ›Stechlin‹] wie den »Stechlin«
10,32 ›Schloß‹] »Schloß«
12,9 ›Herr von Stechlin, ich werde schreiben siebeneinhalb,‹] »Herr von Stechlin, ich werde schreiben siebeneinhalb,«
13,23 richtige] richige
15,17 Und ›Rex und von Czako begleiten mich‹.] Und Rex und von Czako begleiten mich.
17,24 einen Punkt] einem Punkt
18,5 ›abheben‹] »abheben«
21,29 ›perfekten Gentleman‹] »perfekten Gentleman«
22,14 ›Die Prinzen machen ihm den Hof‹] »Die Prinzen machen ihm den Hof«
22,15 ›Ja, das ist es eben‹] »Ja, das ist es eben«
22,33 ›Königin von Großbritannien und Irland‹] »Königin von Großbritannien und Irland«
23,27 alten und] alten uud
25,2 bei ›niedergefahren zur Hölle‹] bei »niedergefahren zur Hölle«
25,13 ›Streber‹] »Streber«
30,24 oder] ober
31,2 und meist] uud meist

44,7 und der Junge] uud der Junge
45,18 da sind] da find
46,34 wie sie] wie Sie
47,29 einem Ihrer] einem ihrer
50,12 brave Leute] brave Lente
50,26 gehabt] gebabt
52,15 Sie] sie
54,6 Gundermann] Gnndermann
57,33 ganz und gar] ganz uud gar
59,22 ›schwarz] »schwarz
59,23 Hölle‹] Hölle«
59,26 ›Ja] »Ja
59,27 Kongreßwitze.‹] Kongreßwitze.«
62,5 Ihnen] ihnen
64,16 haben] baben
64,21 Rex und Czako] Rex und Cazko
74,34 à] á
75,15 »Toujours perdrix.] „Toujours perdrix."
76,14 Ordnung] Ordnuag
76,26 sagte Czako] sagt Czako
83,31 überlegen.«] überlegen.
84,33 Ihre Grafschaft] ihre Grafschaft
85,1 mach'] macht
85,2 Schritt] Schrit'
85,22 Ihnen versichern] ihnen versichern
85,34 Aber ›long] Aber, long
90,9 ›Die Platzfrage geht über die Stilfrage.‹] »Die Platzfrage geht über die Stilfrage.«
93,13 Stunde] Stnnde
97,20 begnügen und] begnügen nnd
98,6 Mitte] Mitter
98,32 Sie solche] sie solche
99,26 »Wir haben noch] Wir haben noch
101,12 Einquartierung] Einqartierung
109,21 haben wir] haben wie
114,19 sie wisse] »sie wisse
114,33 Freund] Freuud

117,17 Potsdam.«] Potsdam.
118,20 Damen.«] Damen.
123,23 das?«] das.«
125,18 Sie] sie
126,17 Billard;] Billard:
134,18 oder ist es die?«] oder ist es die?
144,31 Hauses] Haufes
150,10 irritabilis] irrtabilis
153,4 erzählt.«] erzählt.
154,1 Ist es richtig, und kennen Sie's?] Ist es richtig. Und kennen Sie's?
154,9 und den Orden] nnd den Orden
154,20 Wrschowitz.] Wrschowitz.«
154,30 »Aber] Aber
155,18 zu haben.] zu habe.
156,13 freut] fruet
157,21 zu] zn
161,18 lag] lang
165,3 Sie wissen] sie wissen
171,20 Minuten] Minuren
172,9 denn?«] denn?
177,30 Sie konnten] sie konnten
178,27 Sie sagten] sie sagten
182,3 dem Finger] demFinger
185,27 nicht ...".] nicht ...".
185,28 Ja] »Ja
185,34 ›Er] »Er
186,1 Höre.‹] Höre.«
186,2 ›„... Und] »... Und
186,10 sich."«] sich.‹"«
187,7 Erscheinung] Erscheiuung
194,17 Dubslav] Dubslaw
194,26 schräg gestellt,] schräg gestellt.
197,13 und Sorge] uud Sorge
201,6 davon] davvn
204,4 schlechtesten] Schlechtesten
204,7 heißt, – sonst] heißt. – sonst

210,3 durfte] durste
210,32 er: »Ich] er. »Ich
211,17 und doch] uud doch
215,21 ganz und gar] ganz nnd gar
215,22 Lorenzen] Lorenzeu
218,12 Liqueurkasten] Liquerkasten
218,15 Kreis- und Parteigenossen] Kreis- uud Parteigenossen
223,10 plauderten] plauderteu
227,14 vielleicht] vielleich
228,30 giebt] gieht
228,31 *der?*] *der?*«
235,16 Minuten] Minuteu
238,6 so?«] so?
243,18 sie da] Sie da
245,18 unter] unser
247,8 fünfzig.‹] fünfzig?‹
250,30 ›Czako‹] »Czako«
254,23 ›Land und Leute‹] »Land und Leute«
259,2 Traitors-Gate] Traitors-Gatte
259,26 ›Dieser] »Dieser
259,31 König.‹«] König.«
260,25 ist Ihnen] ist ihnen
261,3 lege Ihnen] lege ihnen
261,9 kann Ihnen] kann ihnen
263,4 sagt: ›Hier bin ich.‹«] sagt: »Hier bin ich.«
264,13 dazu?] dazu.
264,31 ›Ja] »Ja
270,4 sie jetzt] Sie jetzt
276,27 »und] und
276,34 Richmond, Windsor] Richmond Windsor
278,4 und meldete] nnd meldete
278,10 ›Dienst‹] »Dienst«
279,34 Ihre Meinung] ihre Meinung
281,7 Cujacius] Cujacias
281,22 Kulturvölker] Kulturvölkr
282,14 und keucht] uud keucht
284,19 wäre,«] wäre,»

285,24   „Es] ›Es
285,25   geworden".«] geworden‹.«
286,8   im Tower?] in Tower?
286,22   ›das] »das
286,24   Stralau.«] Stralau.«
288,5   Daß Sie] Daß sie
288,10   Kapelle?«] Kapelle?
288,26   Berechnung, von] Berechnung von
290,7   wäre.] wäre.«
291,17   Ermyntrud] Ermytrud
292,7   ›wir Kleinen, wir machten alles und könnten alles,‹] »wir Kleinen, wir machten alles und könnten alles,«
292,8   ›Du glaubst zu schieben und Du wirst geschoben.‹] »Du glaubst zu schieben und Du wirst geschoben.«
293,20   natürlich] natülich
295,9   is gut. Und] is gut Und
304,17   Rechnung] Rechnnng
304,20   auf] anf
304,25   »Zahlreiche] Zahlreiche
305,9   „beautifying for ever".‹] ›beautifying for ever‹.
305,18   unsrer Mark] unser Mark
305,22   Raffinements] Rafsinements
308,29   legen.] legen.«
309,12   Vierteljahr] Vieteljahr
310,16   über dem] über den
312,25   »Er] Er
319,23   und beinah'] uud beinah'
320,16   was Sie] was sie
326,33   Spinnen ...] Spinnen.,.
327,11   gut] gnt
330,8   freilich] frielich
331,7   und traf] uud traf
331,11   das ist gut] daß ist gut
332,6   drein] drin
333,19   Sie] sie
335,11   Liqueurflaschen] Liquerflaschen
340,15   fällt] sällt

344,10 und hatte] uud hatte
348,11 ›Über‹] »Über«
350,1 wieder] wider
350,18 Bewegung] Bewegnng
353,19 Sandringham] Sandrigham
355,1 Novellistik] Novellestik
357,24 Und nun] Und un
357,25 Ihnen] Ihe^n
357,26 nähernde] nähernd^e
361,12 Benediktinerabtei] Benedektinerabtei
365,18 überhaupt] überhanpt
371,17 Sie] sie
371,22 vorfahren.«] vorfahren.
372,24 ›Keine Lupine mehr!‹«] »Keine Lupine mehr!«
373,1 wo] wv
375,19 Sie] sie
383,17 ›praesente medico‹] „praesente medico"
391,1 Dubslav] Dublav
391,19 Sie haben sie] Sie haben Sie
399,3 »Versteh', versteh'] »Versteh', Versteh'
401,2 ›Giardino Giusti‹] ›Giardino Guisti‹
401,7 Städte‹] Städt‹
401,11 Über] »Über
401,12 Barock] Barok
401,16 Gendarm.] Gendarm.«
401,17 Florenz] »Florenz
401,19 ›Taschen-Moltke‹] »Taschen-Moltke«
402,4 »Schau, schau,«] »Schau, Schau,«
402,31 haben.«] haben.
405,4 Sie] sie
406,21 zu?] zu.
409,23 Engelke] »Engelke
422,28 dem] dom
426,27 Ihr] ihr
427,13 ›Patron‹] »Patron«
430,5 »Und] »Uud
431,10 Uncke?] Unke?

431,21 Dubslav] Dubslaw
435,30 ›excelsior‹] ›excelsior·
437,5 heutzutage] heuzutage
438,28 Sie haben] sie haben
440,3 Stechlin] Sechlin
447,23 Rechtsanwalt] Rechtanwalt
449,13 Und] »Und
456,4 fragte] fragt

Literaturhinweise
(vgl. auch »Zu dieser Ausgabe«)

Literarische und historische Quellen und Nachschlagewerke

Willibald Alexis, Der falsche Woldemar. Roman. 3. Aufl. Berlin o. J. [1871] (Exemplar aus Fontanes Handbibliothek, Theodor-Fontane-Archiv, Q 21).
Allgemeines Landrecht für die Preußischen Staaten von 1794. Mit einer Einführung von Hans Hattenhauer u. einer Bibliographie von Günther Bernert. 2., erw. Aufl. Neuwied u. a. 1994.
anon., Correspondenz-Nachrichten. London, Juni. In: Morgenblatt für gebildete Leser. Jg. 56, Nr. 29 (16. Juli 1862), S. 691 bis 694.
Otto von Bismarck, Die politischen Reden des Fürsten Bismarck. Historisch-kritische Gesammtausgabe. Hrsg. von Horst Kohl. 14 Bände. Stuttgart 1892–1905.
Friedrich Wilhelm August Bratring, Die Grafschaft Ruppin in historischer, statistischer und geographischer Hinsicht. Ein Beitrag zur Kunde der Mark Brandenburg. Berlin 1799.
Brockhaus' Konversations-Lexikon. 16 Bände, 1 Supplementband. 14. vollst. neubearb. Aufl. Revidierte Jubiläums-Ausgabe. Berlin, Wien 1898.
Georg Büchmann, Geflügelte Worte. Der Citatenschatz des Deutschen Volkes. Berlin^{12}1880.
Die bürgerlichen Parteien in Deutschland. Handbuch der Geschichte der bürgerlichen Parteien und anderer bürgerlicher

Interessenorganisationen vom Vormärz bis zum Jahre 1945.
2 Bände. Leipzig 1968–1970.

Martin Dieterich, Historische Nachricht von denen Grafen zu Lindow und Ruppin. Berlin 1725.

Friedrich Fontane, Wie mein Vater starb. In: Deutsche Allgemeine Zeitung, 28. April 1929. Wiederabgedruckt in: Fontane Blätter, Bd. 4, H. 4 (1978), S. 315–318.

Theodor Fontane, Unechte Korrespondenzen 1866–1870. Hrsg. von Heide Streiter-Buscher. 2 Bände. Berlin, New York 1995.

Emil Frommel, Gesammelte Schriften. Bd. X. Nachtschmetterlinge. Berlin ⁵1897.

Karl Eduard Haase, Volkstümliches aus der Grafschaft Ruppin und Umgegend. Theil 1. Saagen. Neu-Ruppin 1887.

August von Haxthausen, Editha von Rahden, Ein Briefwechsel im Hintergrund der russischen Bauernbefreiung 1861. Hrsg. von Alfred Cohausz. Paderborn 1975.

Hermann Kügler, Quellen zu Theodor Fontane. In: Willibald-Alexis-Bund. 2. Jahresbericht. Berlin-Zehlendorf 1927 (S. 23 f., Anm. und weiterführende Literatur zu »Mus wie Mine«).

Friedrich August Ludwig von der Marwitz, Ein märkischer Edelmann im Zeitalter der Befreiungskriege. 2 Bände. Berlin 1908 bis 1913.

Paul Meyer, Theodor Fontanes Fangeball. In: Vossische Zeitung, 27. Januar 1929.

Otto Pniower, Theodor Fontane und sein Ballbecher. In: Vossische Zeitung, 12. Januar 1930.

Erwin Rex [d. i. Paul Langenscheidt], Fremdwörterbuch. Lexikon der Fremdwörter und fremdsprachlichen Redensarten im Deutschen. Berlin o. J. [ca. 1891] (Bibliothek des geselligen Lebens 1).

Erwin Rex [d. i. Paul Langenscheidt], Fesch und vornehm. Lexikon der guten Lebensart für alle Verhältnisse des häuslichen und geselligen Lebens. Berlin o. J. [ca. 1891] (Bibliothek des geselligen Lebens 2).

Erwin Rex [d. i. Paul Langenscheidt], Wem bring' ich wohl das erste Glas? Ernste und heitere Original-Tischreden für alle Verhältnisse des geselligen Lebens. Berlin o. J. [ca. 1891] (Bibliothek des geselligen Lebens 3).

Otto Roquette, Waldmeisters Brautfahrt. Ein Rhein-, Wein- und Wandermärchen. 79. und 80. Aufl. Stuttgart, Berlin 1909.

Louis Schneider, Kurmärker und Picarde. Genrebild mit Gesang in 1 Akt. Mühlhausen [1910] (Kurze Scenen 16).

Fritz Specht, Die Reichstags-Wahlen von 1867 bis 1897. Eine Statistik der Reichstagswahlen nebst den Programmen der Parteien und dem Verzeichnis der gewählten Kandidaten. Berlin 1898.

Philipp Spitta, Niels W. Gade. In: Deutsche Rundschau, Bd. 67, April–Juni 1891, S. 340–355.

Adolf Stoecker, Reden im Reichstag. Amtlicher Wortlaut. Hrsg. von Reinhard Mumm. Schwerin 1914.

Karl August Varnhagen von Ense, Das Fest des Fürsten von Schwarzenberg zu Paris, im Jahre 1810. (Aus persönlichen Denkwürdigkeiten). In: Historisches Taschenbuch. Hrsg. von Wilhelm Maurenbrecher. Leipzig 4 (1833), S. 1–43.

Victoria & Albert, Vicky & The Kaiser. Ein Kapitel deutsch-englischer Familiengeschichte. Hrsg. von Wilfried Rogasch. Berlin 1996 (Ausstellung Victoria & Albert, Vicky & The Kaiser – Ein Kapitel deutsch-englischer Familiengeschichte, im Deutschen Historischen Museum Berlin vom 10. Januar bis zum 25. März 1997).

Hedwig Wigger, Joao de Deus. In: Das Magazin für Litteratur. 65. Jg., Nr. 9 (26. Februar 1896), Sp. 295–298.

[Wilhelm II.] Die Reden Kaiser Wilhelms II. Gesammelt u. hrsg. von Johannes Penzler. 4 Bände. Leipzig o. J. [1897–1912].

Reinhard Wittmann, Geschichte des deutschen Buchhandels. München ²1999.

Leopold von Zedlitz-Neukirch, Neues preußisches Adels-Lexicon oder genealogische und diplomatische Nachrichten von den in der preussischen Monarchie ansässigen oder zu derselben in Beziehung stehenden *fürstlichen, gräflichen, freiherrlichen* und *adeligen* Häusern, mit der Angabe ihrer Abstammung, ihres Besitzthums, ihres Wappens und der aus ihnen hervorgegangenen Civil- und Militärpersonen, Helden, Gelehrten und Künstler. Bd. 1–4. Leipzig 1836–1837. Supplementbd. 1–2. 1839, 1843.

Literatur zu Berlin und der Mark Brandenburg

Adreßbuch für Berlin und seine Vororte. 1897. Unter Benutzung amtlicher Quellen. Berlin [1896].

Berlin, Potsdam und Umgebungen. Separat-Abdruck aus Baedeker's Nord-Deutschland. Leipzig 1878 (Faksimile Freiburg 1987).

Berlin und seine Bauten. Bearb. u. hrsg. vom Architekten-Verein zu Berlin und der Vereinigung Berliner Architekten. Bd. 1–3. Berlin 1896.

C. Brecht, Die Garnison-Kirche in Berlin. Zur Erinnerung an die 150jährige Einweihungs-Feier derselben am 2. Juni 1872. Berlin 1872.

Hermann Dalton, Über evangelischen Kirchenbau mit besonderem Bezug auf Berlin. Berlin 1899.

Die drei ersten Kirchen der Kaiserin für Berlin. Erlöser-Kirche. Himmelfahrt-Kirche. Gnaden-Kirche. [Berlin] 1902.

Die Hof- und Garnisonkirche zu Potsdam. Hrsg. vom Gemeindekirchenrat. [1932].

Emil Dominik, Quer durch und ringsum Berlin. Eine Fahrt auf der Berliner Stadt- und Ringbahn. Etwas Geschichte und viel Geschichten. Berlin 1883 (Reprint Leipzig 1988).

Gesellschaft von Berlin. Hand- und Adreßbuch für die Gesellschaft von Berlin, Charlottenburg und Potsdam. 1. Jg. Berlin 1889 (Exemplar aus Fontanes Handbibliothek, Theodor-Fontane-Archiv, Q 82).

Isidor Kastan, Berlin wie es war. Berlin 1925.

Gustav Lehmann, Die Trophäen des Preußischen Heeres in der königlichen Hof- und Garnisonkirche zu Potsdam. Berlin 1898, ^{2}1899.

Samuel Heinrich Spiker, Berlin und seine Umgebungen im neunzehnten Jahrhundert. Berlin 1833 (Reprint Leipzig 1974).

Robert Springer, Berlin die deutsche Kaiserstadt nebst Potsdam und Charlottenburg mit ihren schönsten Bauwerken und hervorragendsten Monumenten. Darmstadt 1878.

Franz Weinitz, Bernhard Rodes Allegorische Gemälde Preußischer Kriegshelden aus der Zeit Friedrichs des Großen in der Berliner Garnisonkirche. Berlin 1912.

Literatur und Nachschlagewerke zur Kunstgeschichte

Frank Büttner, Peter Cornelius. Fresken und Freskenprojekte. Bd. 1–2. Wiesbaden 1980–1999.
Martin Butlin/Evelyn Joll, The paintings of J. M. W. Turner. New Haven, London 1977.
Laura L. Meixner, Jean-François Millet's *Angelus* in America. In: The American Art Journal, Bd. 12 (1980), Nr. 4, S. 78–84.
Geoffroy Millais, Sir John Everett Millais. London 1979.
M. H. Spielmann, Millais and his works. With special reference to the exhibition at the Royal Academy 1898. Edinburgh, London 1898.

Militärgeschichtliche Darstellungen und Nachschlagewerke

Bredow-Wedel, Historische Rang- und Stammliste des deutschen Heeres. Bearb. von Claus von Bredow. Berlin 1905 (Faksimile Osnabrück 1972).
Max Hein, Das kleine Buch vom Deutschen Heere. Ein Hand- und Nachschlagebuch zur Belehrung über die deutsche Kriegsmacht. Nach den neuesten Bestimmungen bearbeitet. Kiel, Leipzig 1901.
Hermann Hiller von Gaertringen/Karl von Schirmeister, Geschichte des Kürassier-Regiments von Seydlitz (Magdeburgisches) Nr. 7. Berlin 1890.
A. von Kries, Geschichte des Kaiser Alexander Garde-Grenadier-Regiments Nr. 1 und seiner Stammtruppen. Berlin 1864.
A. von Kries, Geschichte des Kaiser Alexander Garde-Grenadier-Regiments Nr. 1, fortgeführt durch W. v. Renthe gen. Fink. Berlin ²1904.
Klaus-Peter Merta, Das Heereswesen in Brandenburg und Preußen von 1640 bis 1806. Die Uniformierung. Berlin 1991.
Eike Mohr, Heeres- und Truppengeschichte des Deutschen Reiches und seiner Länder 1806 bis 1918. Eine Bibliographie. Osnabrück 1989.
W. von Oechelhaeuser, Kurzgefaßte Geschichte des Kürassier-

Regiments von Seydlitz (Magdeburgisches) Nr. 7. Im Auftrage
des Regiments zusammengestellt. Halberstadt 1906.
Potsdam. Staat, Armee, Residenz in der preußisch-deutschen Mi-
litärgeschichte. Im Auftrag d. Militärgeschichtlichen Forschungs-
amtes hrsg. von Bernhard R. Kroener unter Mitarbeit von Heiger
Ostertag. Frankfurt a. M., Berlin 1993.
Kurt von Priesdorff, Soldatisches Führertum. 10 Bände. Hamburg
[1937–1942].
Rang- und Quartier-Liste der Königlich Preußischen Armee.
Berlin 1890–1897.
Carl von Reinhard, Geschichte des Königlich Preußischen Ersten
Garde-Regiments zu Fuß zurückgeführt auf die historische Abstammung des Regiments vom 1. Bataillon Leibgarde, dem Re-
giment Garde und dem Grenadier-Garde-Bataillon. 1740–1857.
Potsdam 1858.
Friedrich von Restorff, Geschichte des Kürassier-Regiments Kai-
ser Nikolaus I. von Rußland (Brandenburgischen) Nr. 6. Berlin
1897.
Kurd Wolffgang von Schöning, Des General-Feldmarschalls Dubislav Gneomar von Natzmer auf Gannewitz Leben und Krie-
gesthaten mit den Hauptbegebenheiten des von ihm errichteten
und 48 Jahre als Commandeur en Chef geführten bekannten
Garde-Reuter-Regiments Gensd'armes. Berlin 1838.
Otto von Schwerin, Das Regiment Gens d'armes sowie die Geschichte der anderen Stammtruppen des Kürassier-Regiments
Kaiser Nicolaus I. von Rußland (Brandenburgisches) Nr. 6.
3 Bände. Berlin 1912–1917.
Kurt Zeisler, Die »Langen Kerls«. Geschichte des Leib- und Garde-
regiments Friedrich Wilhelms I. Frankfurt a. M., Berlin 1993.

Briefausgaben

Theodor Fontane, Briefe an Georg Friedlaender. Aufgrund der
Edition von Kurt Schreinert und der Handschriften neu hrsg.
von Walter Hettche. Frankfurt a. M., Leipzig 1994.
Theodor Fontane, Briefe an Julius Rodenberg. Eine Dokumen-

tation. Hrsg. von Hans-Heinrich Reuter. Berlin, Weimar 1969.
Unveröffentlichte und wenig bekannte Briefe Theodor Fontanes an Paul und Paula Schlenther. Hrsg. von Frederick Betz und Hans Ester. In: Fontane Blätter 57 (1994), S. 7–47.
Gabriele Radecke, »... möge die Firma grünen und blühn«. Theodor Fontane: Briefe an den Sohn Friedrich. In: Fontane Blätter 64 (1997), S. 10–63.
Paul Szczepański, Theodor Fontane †. In: Über Land und Meer, Bd. 81 (1898/99), S. 56.

Rezensionen zu »Der Stechlin« 1898/99

(Mit * gekennzeichnet sind Kurzmeldungen, in denen lediglich die vom Verlag F. Fontane & Co. zusammengestellte Presseinformation, auch in Auszügen oder nur geringfügig verändert, wiedergegeben ist.)

Felix Poppenberg, Theodor Fontane. In: Die Nation. Wochenschrift für Politik, Volkswirtschaft und Litteratur. 15. Jg. (1897/98), Nr. 52 (24. September 1898), S. 749 f.
Ernst Heilborn, *Der Stechlin*. Roman von *Theodor Fontane*. In: Das litterarische Echo. Halbmonatsschrift für Litteraturfreunde. 1. Jg. (1898/99), H. 1 (1. Oktober 1898), Sp. 57–59.
Gustav Keyßner, Theodor Fontane. In: Münchner Neueste Nachrichten, 8. Oktober 1898, Morgenblatt.
Paul Mahn, Theodor Fontanes letzter Roman. In: Vossische Zeitung, Nr. 493 (21. Oktober 1898, Morgenausgabe), 1. Beilage.
M[ax] Uhse, Das letzte Werk Theodor Fontane's. In: Leipziger Tageblatt und Anzeiger, Nr. 537 (22. Oktober 1898, Morgen-Ausgabe).
* anon., Der bereits erwähnte letzte Roman *Theodor Fontanes* ... In: Berliner Neueste Nachrichten, Nr. 496 (22. Oktober 1898).
anon., »*Der Stechlin*. Roman von *Theodor Fontane*«. In: Straßburger Post, Nr. 848 (25. Oktober 1898).
* anon., *Theodor Fontane:* Der Stechlin. Roman. In: Lübeckische Anzeigen (25. Oktober 1898).

n, Neue Romane und Erzählungen. In: Dresdner Journal, Nr. 251 (28. Oktober 1898, Abendausgabe), S. 2015 f.

Ph. St., Fontanes Abschiedsbuch. In: Berliner Zeitung. 22. Jg. (1898), Nr. 506 (28. Oktober 1898, Abend-Ausgabe).

* anon., Vom Büchertisch. *Theodor Fontane*: Der Stechlin. Roman. In: Berliner Fremdenblatt, Nr. 254 (29. Oktober 1898).

* anon., Im Verlage von F. Fontane & Co. ... In: Fränkischer Kurier, Nr. 554 (30. Oktober 1898).

* anon., *Der Stechlin*. Roman von Theodor *Fontane*. In: Deutsche Worte. Monatshefte. Wien, 18. Jg., H. 11 (November 1898), S. 507 f.

anon., Der Stechlin. Roman von Theodor Fontane. In: Cosmopolis. Internationale Revue. Bd. 12, Nr. 35 (November 1898), S. 584.

Bodo Wildberg, »Der Stechlin«. In: Deutsche Wacht (Dresden), Nr. 302 (2. November 1898).

* anon., Theodor Fontane: Der Stechlin. In: Die Post. 33. Jg. (1898), Nr. 301 (3. November 1898), 2. Beilage.

anon., *Der Stechlin*. Roman von Theodor *Fontane*. In: Literatur- und Unterhaltungsblatt. Beilage zum Hamburger Fremdenblatt, Nr. 260 (5. November 1898).

* anon., Theodor Fontane: Der Stechlin. In: Kieler Zeitung. Große Ausgabe, Nr. 18848 (5. November 1898, Abendausgabe), Zweites Blatt.

Sigmund Schott, Theodor Fontanes Roman »Der Stechlin«. In: Neue Züricher Zeitung, Nr. 30 (5. November 1898, Morgenblatt).

Paul Linsemann, Der letzte Fontane. In: Die Zeit. Wiener Wochenschrift für Politik, Volkswirtschaft, Wissenschaft und Kunst. Bd. 17–18 (1898/99), Nr. 214 (5. November 1898), S. 92 f.

* anon., Theodor Fontane: Der Stechlin. In: Freisinnige Zeitung. 14. Jg. (1898), Nr. 261 (6. November 1898), 1. Beiblatt.

M. G., *Der Stechlin*, Roman von *Theodor Fontane*. In: Didaskalia. Beilage zum Frankfurter Journal, Nr. 264 (10. November 1898).

Sigmund Schott, Theodor Fontane's letzter Roman. In: Allgemeine Zeitung (Augsburg), Nr. 256 (11. November 1898), Beilage, S. 2–5.

A. B., 1) *Fontane*, Theodor, *Der Stechlin*. Roman. 2) *Ders., Zwischen zwanzig und dreißig.* Autobiographisches. In: Literarisches Centralblatt für Deutschland, Nr. 45 (12. November 1898), Sp. 1798–1800.

anon., *Theodor Fontane: Der Stechlin*. Roman. In: Neue Preußische (Kreuz-)Zeitung, Nr. 533 (13. November 1898, Morgen-Ausgabe, 2. Beilage).

anon., Wir haben neulich... In: Straßburger Post, Nr. 905 (15. November 1898).

Fritz Mauthner, Fontanes letzter Roman. In: Berliner Tageblatt. 27. Jg., Nr. 585 (18. November 1898, Morgen-Ausgabe).

E. H., *Der Stechlin*. Roman von *Theodor Fontane*. In: Nachrichten für Stadt und Land, Nr. 268 (18. November 1898), 1. Beilage.

*anon., *Litterarische Notiz. Theodor Fontane: Der Stechlin*. Roman. In: Breslauer Morgenzeitung, Nr. 541 (19. November 1898).

J. L., Theodor Fontane's Vermächtniß. In: Berliner Börsen-Courier. 31. Jg., Nr. 543 (20. November 1898, Morgen-Ausgabe), 1. Beilage.

Rudolf Presber, Fontane's letzter Roman. In: General-Anzeiger (Frankfurt a. M.), Nr. 275 (24. November 1898).

R. B. [Richard Béringuier?], *Der Stechlin*. Roman von *Theodor Fontane*. In: Leipziger Zeitung, Nr. 272 (24. November 1898), S. 4564.

*anon., *Theodor Fontane: »Der Stechlin.«* Roman. In: Londoner Zeitung, Nr. 2082 (26. November 1898).

anon., Belletristische Spaziergänge. In: Kölnische Zeitung, Nr. 1116 (27. November 1898), 1. Beilage.

anon., *»Der Stechlin«*. Roman von *Theodor Fontane*. In: Die Frau. Monatsschrift für das gesamte Frauenleben unserer Zeit. 6. Jg. (1898/99), H. 3 (Dezember 1898), S. 187.

v. H., 1. *Von Zwanzig bis Dreißig*. Autobiographisches. 2. *Der Stechlin*. Roman. In: Allgemeine Konservative Monatsschrift für das christliche Deutschland. 55. Jg. (1898), Dezember, S. 1342.

-o-s., *Der Stechlin*. Roman von Theodor Fontane. In: Prager Tageblatt, Nr. 334 (4. Dezember 1898), S. 18.

L. Kr., Stechlin. Roman von Theodor Fontane. In: Posener Tageblatt, Nr. 580 (11. Dezember 1898, Morgen-Ausgabe).

Théodore de Wyzewa, Le dernier roman de Théodore Fontane. In: Revue des deux mondes, 68. Jg. (1898), Bd. 150, 15. Dezember 1898, S. 926–935.

anon., »Der Stechlin«. Theodor Fontane's letzter Roman. In: Illustrierte Zeitung. Leipzig, Nr. 2893 (16. Dezember 1898).

Richard Friedrich, Neue Romane. 4. Der Stechlin. Roman von *Theodor Fontane.* In: Blätter für litterarische Unterhaltung, Nr. 52 (29. Dezember 1898), S. 828 f.

Richard Frank, Ein neues Heldenlied. In: Zeitung für Litteratur, Kunst und Wissenschaft. Beilage des Hamburgischen Correspondenten, Nr. 1 (1. Januar 1899).

Martin Kriele, Zum Gedächtnis Theodor Fontanes III. In: Allgemeine Deutsche Universitäts-Zeitung. Zeitschrift für geistige Bestrebungen. Organ für die Interessen der Allgemeinen Deutschen Studentenschaft. Organ der Deutschen Akadem. Vereinigung. Organ der Frauen-Gruppe der Deutschen Akadem. Vereinigung. 13. Jg. (1899), Nr. 2 (15. Januar 1899), S. 18.

a., »*Der Stechlin*«. In: Frankfurter Zeitung, Nr. 15 (15. Januar 1899).

Hans Landsberg, *Theodor Fontane*, »Der Stechlin«. In: Neuer Parnass. Februar 1899, Sp. 62 f.

Maksymilian Kohlsdorfer, *Der Stechlin*. Roman. In: Przegląd Powszechny [Allgemeine Rundschau]. 16. Jg., Bd. 62 (April, Mai, Juni 1899), Kraków, Kwiecień [April] 1899, S. 129 f.

Max Messer, Der letzte Fontane. In: Die Gesellschaft. Halbmonatsschrift für Litteratur, Kunst und Sozialpolitik. 15. Jg. (1899), 2. April-Heft, S. 142–144.

Hans Landsberg, Fontanes »Stechlin«. In: Das Magazin für Litteratur 68 (1899), Nr. 14 (8. April 1899), Sp. 325–327.

Arthur Eloesser, Neue Bücher. In: Neue Deutsche Rundschau. 10. Jg. (1899), 1. Halbband (1. u. 2. Quartal), S. 485–488.

Rudolf Fürst, Das letzte Werk von Theodor Fontane. Ein Gedenkblatt zum Geburtstage des Dichters. In: Berliner Neueste Nachrichten. 19. Jg. (1899), Nr. 610 (30. Dezember 1899, Morgen-Ausgabe).

Nicht in der Bibliographie von Charlotte Jolles
verzeichnete Forschungsliteratur

Manfred Allenhöfer, Vierter Stand und Alte Ordnung bei Fontane. Zur Realistik des bürgerlichen Realismus. Stuttgart 1986.

Rainer Bachmann/Peter Bramböck (Hrsg.), Theodor Fontane, Der Stechlin. München 1975.

Frederick Betz, The Contemporary Critical Reception of Theodor Fontane's Novels, *Vor dem Sturm* and *Der Stechlin:* 1878-1899. Diss. Indiana University 1973.

Renate Böschenstein [= Schäfer], Melusine in der Neuzeit. In: Verführer, Schurken, Magier. Hrsg. von Werner Wunderlich und Ulrich Müller. St. Gallen 2001, S. 645-661 (Mittelalter-Mythen Bd. 3).

Klaus Briegleb, Fontanes Elementargeist: Die Preußin Melusine. Eine Vorstudie zum *Stechlin*. In: Theodor Fontane. Am Ende des Jahrhunderts. Bd. 2, S. 109-122.

Gisela Brude-Firnau, Die literarische Deutung Kaiser Wilhelms II. zwischen 1889 und 1989. Heidelberg 1996.

Eckehard Czucka, Faktizität und Sprachskepsis in Fontanes *Stechlin* und die Sprachkritik der Jahrhundertwende. In: Theodor Fontane. Am Ende des Jahrhunderts. Bd. 2, S. 27-39.

Regina Dieterle, Fontane und Böcklin. Eine Recherche. In: Theodor Fontane. Am Ende des Jahrhunderts. Bd. 1, S. 269-283.

Julia Encke, Kopierwerke. Bürgerliche Zitierkultur in den späten Romanen Fontanes und Flauberts. Frankfurt a. M. 1998 (Münchener Studien zur literarischen Kultur in Deutschland 29).

Mario Ferrara, Die sprachliche Verdichtung in Fontanes Roman »Der Stechlin«. Diss. Wien 1969.

Michael Fleischer, »Kommen Sie, Cohn.« Fontane und die »Judenfrage«. Berlin 1998.

Fontane und die bildende Kunst. Hrsg. von Claude Keisch, Peter-Klaus Schuster und Moritz Wullen. Berlin 1998 (Staatliche Museen zu Berlin, Nationalgalerie, Ausstellung vom 4. September bis 29. November 1998).

Fontane und sein Jahrhundert. Hrsg. von der Stiftung Stadtmuseum Berlin. Berlin 1998 (Ausstellung 11. September 1998 bis 17. Januar 1999).

Walter Gebhardt, »Der große Zusammenhang der Dinge« bei Fontane: »Die Welt als Gespräch«. In: W. G., »Der Zusammenhang aller Dinge«. Weltgleichnis und Naturverklärung im Totalitätsbewußtsein des 19. Jahrhunderts. Tübingen 1984, S. 447–469.

E. F. George, The symbol of the lake and related themes in Fontane's *Der Stechlin*. In: Forum for modern language studies 9 (1973), S. 143–152.

Willi Goetschel, Causerie: Zur Funktion des Gesprächs in Fontanes *Der Stechlin*. In: The Germanic Review. Jg. 70 (1995), H. 3, S. 116–122.

Heinz E. Greter, Der Tod des alten Stechlin. In: H. E. G., Vom Tod im Leben und vom Sterben in der Literatur. Zug 1996 (Veröffentlichungen der Kantonsschule Zug 10).

Sylvain Guarda, »Schach von Wuthenow«, »Die Poggenpuhls« und »Der Stechlin«. Fontanes innere Reisen in die Unterwelt. Würzburg 1997.

Geno Hartlaub, Melusine und der See Stechlin. In: Deutsches Allgemeines Sonntagsblatt, 6. Juli 1969 (Wiederabdruck u. d. T. »Fontanes Melusine«. In: Bücher und Zeiten. 125 Jahre Buchhandlung am Jungfernstieg. Hamburg 1969, S. 21–24).

Peter Hasubek, »... wer am meisten red't ist der reinste Mensch«. Das Gespräch in Theodor Fontanes Roman »Der Stechlin«. Berlin 1998.

Christine Hehle, »... es ist nicht nötig, daß die Stechline weiterleben, aber es lebe *der Stechlin*.« Der Schluß von Fontanes letztem Roman im Spiegel der Handschriften. In: Die Fontane-Sammlung Christian Andree. Hrsg. von der Kulturstiftung der Länder in Verbindung mit dem Theodor-Fontane-Archiv, Potsdam. Potsdam 1998, S. 21–35 (Patrimonia 142).

Patricia Howe, The child as metaphor in the novels of Fontane. In: Oxford German Studies 10 (1979), S. 121–138.

Walter Jens, Wer am besten redet, ist der reinste Mensch. Über Fontane. Weimar 2000.

Charlotte Jolles, »Und an der Themse wächst man sich anders aus als am ›Stechlin‹.« In: Fontane Blätter, Bd. 1, H. 5 (1967), S. 173–191.

Charlotte Jolles, »Der Stechlin«: Fontanes Zaubersee. In: Fontane aus heutiger Sicht. Analysen und Interpretationen seines Werks. Zehn Beiträge. Hrsg. von Hugo Aust. München 1980, S. 239–257.

Annette Kaufmann, Zur Symbolik der vier Elemente in den späten Romanen Fontanes. Marburg 1996.

Jörg Kilian, »Alles Plauderei«? Fontanes »Stechlin« im Blick der historischen Dialogforschung. In: Muttersprache 4 (1999), S. 338–357.

Hans-Christian Kirsch, Theodor Fontanes »Effi Briest« und »Der Stechlin« als Beispiele realistischer Romankunst. In: Brigitte Dörrlamm u. a., Klassiker heute. Realismus und Naturalismus. Frankfurt a. M. 1983, S. 229–263.

Johannes Kunstmann, Zum Kommentar des »Stechlin«. In: Fontane Blätter, Bd. 3, H. 5 (1975), S. 396 f.

Christel Laufer, Vollständige Verzeichnung und Erschließung der Werkhandschriften »Unwiederbringlich«, »Effi Briest«, »Der Stechlin« von Theodor Fontane. 2 Bände. Diss. Berlin 1973.

Martin Lowsky, Schloß Stechlin, den 2. Oktober 1896. Ein paar Gedanken über Daten und Uhrzeiten. In: Mitteilungen der Theodor Fontane Gesellschaft 7 (1994), S. 30–32.

Michael Masanetz, »Die Frauen bestimmen schließlich doch alles« oder die Vorbildlichkeit des Bienenstaates. Vom (un)heimlichen Niedergang männlicher Macht und der Macht der Liebe im *Stechlin*. In: Theodor Fontane. Am Ende des Jahrhunderts. Bd. 2, S. 187–200.

Norbert Mecklenburg, Theodor Fontane. Romankunst der Vielstimmigkeit. Frankfurt a. M. 1998.

Erich Meuthen, Poesie des Neben-Sächlichen. Über Fontanes »Stechlin« und die Kunst der Rede. In: Jahrbuch der deutschen Schillergesellschaft 38 (1994), S. 147–170.

Herman Meyer, Theodor Fontane. »L'Adultera« und »Der Stechlin«. In: H. M., Das Zitat in der Erzählkunst. Zur Geschichte der Poetik des europäischen Romans. Stuttgart 1961, ²1967, S. 155 bis 185.

Peter Michelsen, Nebensächliches zu Theodor Fontanes ›Stechlin‹. In: Literarisches Doppelporträt Theodor Fontane/Fritz Mauthner. Hrsg. von Uta Kutter. Stuttgart 2000, S. 61–80 (Schriften der Akademie für gesprochenes Wort 4).

Ekhard Nadler, Die Familie Krippenstapel. Ein Beitrag zu Fontanes »Stechlin«. In: Jahrbuch für brandenburgische Landesgeschichte 23 (1972), S. 119–122.

Stefan Neuhaus, Fontane und der Tunnel unter der Themse. Anmerkungen zu einem Motiv aus dem »Stechlin«, seiner Geschichte und Bedeutung. In: Fontane Blätter 56 (1993), S. 63–79.

Stefan Neuhaus, Still ruht der See. Revolutionäre Symbolik und evolutionärer Wandel in Theodor Fontanes Roman »Der Stechlin«. In: Fontane Blätter 57 (1994), S. 48–77.

Helmuth Nürnberger, »Der große Zusammenhang der Dinge«. »Region« und »Welt« in Fontanes Romanen. In: Fontane Blätter 55 (1993), S. 33–68.

Helmuth Nürnberger, Wann war der alte Stechlin jung? Dubslavs problematische Lebensdaten. In: Mitteilungen der Theodor Fontane Gesellschaft 5 (1993), S. 17–19.

Helmuth Nürnberger, Fontanes Welt. Berlin 1997.

Hubert Ohl, Melusine als Mythos bei Theodor Fontane. In: Helmut Koopmann (Hrsg.), Mythos und Mythologie in der Literatur des 19. Jahrhunderts. Frankfurt a. M. 1979, S. 289 bis 305.

Hubert Ohl, Melusine als Mythologem bei Theodor Fontane. In: Fontane Blätter, Bd. 6, H. 4 (1986), S. 426–440.

Wolfgang Paulsen, Im Banne der Melusine. Theodor Fontane und sein Werk. Bern u. a. 1988.

Julius Petersen, Fontanes Altersroman. In: Euphorion 29 (1928), S. 1–74.

Bettina Plett, Die Kunst der Allusion. Formen literarischer Anspielungen in den Romanen Theodor Fontanes. Köln, Wien 1986.

Bettina Plett, »Sie … mit einer Hinneigung zu Rußland, ich zu England«. Die Rußlandbilder Theodor Fontanes. In: Russen und Rußland aus deutscher Sicht. 19./20. Jahrhundert: Von der Bismarckzeit bis zum Ersten Weltkrieg. Hrsg. von Mechthild Keller. München 2000, S. 566–598.

Christine Renz, Geglückte Rede. Zu Erzählstrukturen in Theodor Fontanes *Effi Briest*, *Frau Jenny Treibel* und *Der Stechlin*. München 1999.

Edgar R. Rosen, Kronprinzenufer 12? In: Mitteilungen der Technischen Universität Carolo-Wilhelmina zu Braunschweig 18 (1983), H. 11.

Wolfgang E. Rost, Örtlichkeit und Schauplatz in Fontanes Werken. Berlin, Leipzig 1931 (Germanisch und Deutsch. Studien zur Sprache und Kultur 6).

Eda Sagarra, Der Stechlin. Roman. In: Fontane-Handbuch. Hrsg. von Christian Grawe und Helmuth Nürnberger. Stuttgart 2000, S. 662 bis 679.

Renate Schäfer [= Böschenstein], Fontanes Melusine-Motiv. In: Euphorion 56 (1962), S. 69–104.

Hartwig Schlegelberger, Der Stechlin. Lebendige Gesellschaftskritik oder Bilder aus deutscher Vergangenheit? In: Grenzfriedenshefte Husum 4 (1970), S. 145–164.

Magnus Schlette, Fontanes Adelstypologie im *Stechlin*. Eine Untersuchung ihres sozialgeschichtlichen Gehalts. In: Literatur für Leser 22 (1999), H. 3, S. 127–143.

Heinrich Schmidt, Einige Anmerkungen zu Theodor Fontanes »Stechlin«. In: Ernst Hinrichs/Klaus Saul/H. S. (Hrsg.), Zwischen ständischer Gesellschaft und »Volksgemeinschaft«. Beiträge zur norddeutschen Religionsgeschichte seit 1750. Oldenburg 1993, S. 163–182.

Heide Streiter-Buscher, Das letzte Wort. Autobiographische Spiegelungen im »Stechlin«. In: Fontane Blätter 65/66 (1998), S. 318 bis 345.

Tae-Hyun Kim, Eine Studie über Theodor Fontanes »Der Stechlin«. In: Dogilmunhak (Seoul). Jg. 33 (1992), H. 49, S. 363 bis 387.

Kazuko Takeda, Fontanes *Der Stechlin*. Der Stechlin und die Gespräche im Zusammenhang mit der Reichstagswahl. In: Forschungsberichte zur Germanistik (Osaka). Jg. 37 (1995), S. 19 bis 36.

Theodor Fontane. Am Ende des Jahrhunderts. Internationales Symposium des Theodor-Fontane-Archivs zum 100. Todestag Theodor Fontanes 13.–17. September 1998 in Potsdam. Hrsg. von Hanna Delf von Wolzogen in Zusammenarbeit mit Helmuth Nürnberger. 3 Bände. Würzburg 2000.

Matthias Vogel, »Melusine ... das lässt aber tief blicken.« Studien zur Gestalt der Wasserfrau in dichterischen und künstlerischen Zeugnissen des 19. Jahrhunderts. Bern u. a. 1989.

Wulf Wülfing, Fontane, Bismarck und die Telegraphie. In: Fontane Blätter 54 (1992), S. 18–31.

Wulf Wülfing, »Wasser auf die Mühlen der Sozialdemokratie«. Zur politischen Bildlichkeit Theodor Fontanes. In: Theodor Fontane. Am Ende des Jahrhunderts. Bd. 1, S. 81–96.

Gotthart Wunberg, Rondell und Poetensteig. Topographie und implizite Poetik in Fontanes »Stechlin«. In: Literaturwissenschaft und Geistesgeschichte. Fs. für Richard Brinkmann. Hrsg. von J. Brummach u. a. Tübingen 1981, S. 458–473.

Edda Ziegler, Die Zukunft der Melusinen. Weiblichkeitskonstruktionen in Fontanes Spätwerk. In: Theodor Fontane. Am Ende des Jahrhunderts. Bd. 2, S. 173–185.

Hans Dieter Zimmermann, Was der Erzähler verschweigt. Zur politischen Konzeption von *Der Stechlin*. In: Theodor Fontane. Am Ende des Jahrhunderts. Bd. 1, S. 129–141.

Für freundliche Unterstützung danken wir dem Theodor-Fontane-Archiv Potsdam, dem Stadtmuseum Berlin, insbesondere Frau Bettina Machner, dem Deutschen Literaturarchiv im Schiller-Nationalmuseum Marbach, der Sächsischen Landesbibliothek – Staats- und Universitätsbibliothek, der Staats- und Universitätsbibliothek Hamburg, der Bismarck-Stiftung, dem Heimatmuseum der Stadt Goldberg sowie Margrit Bröhan, Hans Ester, Michel Grimberg, Walter Hettche, Peter Höhnke, Françoise Knopper, Gisbert Porstmann, Wolfgang Rasch, Peter Schaefer, Klaus Stelling und Jürgen Udolph. Mein persönlicher Dank gilt Magdalena Frank und Christine Hehle.

K. P. M.

Zu dieser Ausgabe

Die Abteilung »Das erzählerische Werk« innerhalb der Großen Brandenburger Ausgabe enthält alle Romane, Romanfragmente und Erzählungen Fontanes. Sie stützt sich auf die Bestände des Theodor-Fontane-Archivs Potsdam sowie auf alle verfügbaren Materialien in anderen Archiven und Sammlungen.

Die Edition folgt in buchstaben- und zeichengetreuer Wiedergabe dem jeweils zuverlässigsten Text, d. h. in den meisten Fällen der ersten Buchausgabe. Dabei sind Inkonsequenzen in Orthographie und Interpunktion, die sich aus dem Fehlen verbindlicher Normen erklären, im allgemeinen beibehalten. Eine Ausnahme bildet die sehr unterschiedlich gehandhabte Kennzeichnung von wörtlicher Rede, Zitaten und Zitaten innerhalb wörtlicher Rede: Fehlende An- und Abführungszeichen werden ergänzt, bei mehrfacher Anführung ist die Abfolge der Zeichen folgende: » › „ ‚ ' " ‹ «. Offensichtliche und eindeutig zu korrigierende Druckfehler und Setzerversehen werden im Text berichtigt. Alle Eingriffe in den Text sind in dem Abschnitt »Zu diesem Band« nachgewiesen; problematische Fälle werden gegebenenfalls durch eine Anmerkung erläutert. Nicht übernommen werden typographische und drucktechnische Verfahren wie andere bzw. kleinere Schrift für fremdsprachige Textstellen und Verse, Doppelstrich für Wortkoppelung und Silbentrennung, Sternchen für die Kennzeichnung größerer Zwischenräume, Einzug bei den Kapitelanfängen.

Im Rahmen dieser Ausgabe werden generell spitze Anführungszeichen verwendet. Hervorgehobene Worte und Satzteile erscheinen in kursiver Schrift. Es werden stets drei Auslassungspunkte gesetzt, auch wenn in der ersten Buchausgabe teils weniger, teils mehr stehen. Anstelle des im damaligen Buchdruck geläufigen Zeichens für »etc.« erscheint im edierten Text die heute gebräuchliche Abkürzung.

Der Kommentar gliedert sich in folgende Abschnitte: Stoff, Interpretation, Entstehung, Wirkung, Überlieferung, Anmerkungen. In der Beschreibung der handschriftlichen Überlieferung werden folgende Begriffe verwendet:

Notizen – Materialsammlungen, Namenslisten, Skizzen, aufgeklebte Zeitungsausschnitte

Entwürfe – Aufzeichnungen, die erkennen lassen, daß mit dem gesammelten Material bereits produktiv umgegangen wird

Brouillon – Zusammenhängendes Textkonvolut; überwiegend fortlaufender, meist mehrfach überarbeiteter Text

Abschrift – Meist von Emilie Fontane angefertigt, z. T. noch mit Korrekturen und Überarbeitungen des Autors, als Vorlage für den Setzer bestimmt.

Die verschiedenen Überlieferungsstufen werden durch ausgewählte Beispiele charakterisiert. Handschriftlich überlieferte Texte sind buchstaben- und zeichengetreu wiedergegeben, wobei die Kennzeichnung der Doppelkonsonanten durch einen Strich (z. B. ñ) aufgelöst wurde. Zusätze der Herausgeber erscheinen kursiv.

Im interpretatorischen Kapitel äußert sich der jeweilige Herausgeber zu inhaltlichen oder gestalterischen Aspekten. Die Anmerkungen erklären Personen und Sachverhalte, erläutern veraltete und regionale Worte und Wendungen, übersetzen fremdsprachige Textstellen, erschließen Motivzusammenhänge und verweisen auf andere Werke Fontanes. Innerhalb von Zitaten erfolgt die Kennzeichnung von Absätzen durch [–]. Die Band- und Seitenzahlen bei den Gedichten, den Tagebüchern und den »Wanderungen« beziehen sich auf die Große Brandenburger Ausgabe. Für die zitierten Briefe vgl.: Die Briefe Theodor Fontanes. Verzeichnis und Register. Hrsg. von Charlotte Jolles und Walter Müller-Seidel. München 1988.

Für die Neuausgabe und Neukommentierung des erzählerischen Werks werden folgende Fontane-Editionen und ihre Kommentare dankbar genutzt:

Sämtliche Werke. Hrsg. von Edgar Groß, Kurt Schreinert, Rainer Bachmann, Charlotte Jolles, Jutta Neuendorff-Fürstenau und Peter Bramböck. München 1959 ff., Abt. I–III (Nymphenburger Ausgabe).

Werke, Schriften und Briefe. Hrsg. von Walter Keitel und Helmuth Nürnberger. München 1962 ff., Abt. I–IV (Hanser-Ausgabe).

Romane und Erzählungen in acht Bänden. Hrsg. von Peter Goldammer, Gotthard Erler, Anita Golz und Jürgen Jahn. 4. Aufl. Berlin und Weimar 1993 (Aufbau-Ausgabe).

Autobiographische Schriften. Hrsg. von Gotthard Erler, Peter Goldammer und Joachim Krueger. Bd. I–III. Berlin und Weimar 1982.

Gedichte. Hrsg. von Joachim Krueger und Anita Golz. 2., durchgesehene und erweiterte Aufl. Berlin 1995 (Große Brandenburger Ausgabe).

Tagebücher. Hrsg. von Charlotte Jolles und Gotthard Erler unter Mitarbeit von Rudolf Muhs und Therese Erler. Berlin 1994 (Große Brandenburger Ausgabe).

Wanderungen durch die Mark Brandenburg. Hrsg. von Gotthard Erler und Rudolf Mingau. Bd. 1–8. Berlin 1997 (Große Brandenburger Ausgabe).

Emilie und Theodor Fontane, Der Ehebriefwechsel. Hrsg. von Gotthard Erler unter Mitarbeit von Therese Erler. Bd. 1–3. Berlin 1998 (Große Brandenburger Ausgabe).

Die wesentliche Forschungsliteratur zu Fontanes Leben, Werk und Wirkung, die von den Herausgebern herangezogen wurde, ist verzeichnet in:

Charlotte Jolles, Theodor Fontane. 4., überarbeitete und erweiterte Aufl. Stuttgart – Weimar 1993 (Sammlung Metzler, Realien zur Literatur).

Darüber hinaus benutzte Arbeiten sind in dem Abschnitt »Zu diesem Band« genannt.

INHALTSVERZEICHNIS
DER STECHLIN

Schloß Stechlin.

Erstes Kapitel.	5
Zweites Kapitel.	16
Drittes Kapitel.	26
Viertes Kapitel.	40
Fünftes Kapitel.	55
Sechstes Kapitel.	72

Kloster Wutz.

Siebentes Kapitel.	91
Achtes Kapitel.	105
Neuntes Kapitel.	111
Zehntes Kapitel.	119

Nach dem »Eierhäuschen«.

Elftes Kapitel.	127
Zwölftes Kapitel.	135
Dreizehntes Kapitel.	146
Vierzehntes Kapitel.	159
Fünfzehntes Kapitel.	176

Wahl in Rheinsberg-Wutz.

Sechzehntes Kapitel. 187
Siebzehntes Kapitel. 190
Achtzehntes Kapitel. 199
Neunzehntes Kapitel. 211
Zwanzigstes Kapitel. 224

In Mission nach England.

Einundzwanzigstes Kapitel. 239
Zweiundzwanzigstes Kapitel. 249
Dreiundzwanzigstes Kapitel. 261
Vierundzwanzigstes Kapitel. 268

Verlobung. Weihnachtsreise nach Stechlin.

Fünfundzwanzigstes Kapitel. 278
Sechsundzwanzigstes Kapitel. 290
Siebenundzwanzigstes Kapitel. 299
Achtundzwanzigstes Kapitel. 308
Neunundzwanzigstes Kapitel. 317
Dreißigstes Kapitel. 325
Einunddreißigstes Kapitel. 334

Hochzeit.

Zweiunddreißigstes Kapitel. 339
Dreiunddreißigstes Kapitel. 344
Vierunddreißigstes Kapitel. 352
Fünfunddreißigstes Kapitel. 360

Sonnenuntergang.

Sechsunddreißigstes Kapitel. 368
Siebenunddreißigstes Kapitel. 376
Achtunddreißigstes Kapitel. 393
Neununddreißigstes Kapitel. 408

Verweile doch. Tod. Begräbnis. Neue Tage.

Vierzigstes Kapitel. 421
Einundvierzigstes Kapitel. 429
Zweiundvierzigstes Kapitel. 440
Dreiundvierzigstes Kapitel. 444
Vierundvierzigstes Kapitel. 452
Fünfundvierzigstes Kapitel. 456
Sechsundvierzigstes Kapitel. 460

ANHANG

»Es ist nicht nötig, daß die Stechline weiterleben,
  aber es lebe *der Stechlin*« 465
Entstehung 488
Wirkung 506
Überlieferung 526
Anmerkungen 548
Zu diesem Band 687
Zu dieser Ausgabe 709

Fontane, Das erzählerische Werk
ISBN 3-351-03113-0
Bd. 17
ISBN 3-351-03129-7

1. Auflage 2001
Alle Rechte an dieser Ausgabe
Aufbau-Verlag GmbH, Berlin
Lektorat Magdalena Frank
Gesamtgestaltung Heinz Hellmis
Satz LVD GmbH, Berlin
Druck und Binden GGP Media, Pößneck
Printed in Germany

www.aufbau-verlag.de